ISBN 978-0-364-82827-4
PIBN 11276599

Das

Königreich Böhmen.

Bunzlauer Kreis.

Königreich Böhmen;

statistisch-topographisch dargestellt

von

Johann Gottfried Sommer.

Zweiter Band.

Bunzlauer Kreis.

Prag,
in der J. G. Calve'schen Buchhandlung.
1834.

Böhmen.

Bunzlauer Kreis

von

Johann Gottfried Sommer.

MÜNCHENGRÄTZ

Prag,
J. G. Calve'sche Buchhandlung.
1834.

Seiner Excellenz

dem

Hochgebornen Herrn Herrn

Kaspar Grafen von Sternberg,

Herrn auf Radnitz und Darowa, Lehnsherrn der Stadt und Herrschaft Lieberose, dann der Güter Sarko, Lesko und Reichersfrenz in der Lausitz, k. k. wirklichem Geheimen Rath, Commandeur des kais. österr. Leopold-Ordens, Präsidenten der Gesellschaft des vaterländischen Museums in Böhmen und der k. k. Patriotisch Oekonomischen Gesellschaft zu Prag, Protector und Präsidenten der Prager Humanitäts-Privatgesellschaft, wirklichem und Ehrenmitgliede mehrer gelehrten Gesellschaften des In- und Auslandes,

dankbar und ehrerbietigst zugeeignet

vom

Verfasser.

Böhmen.

Bunzlauer Kreis

von

Johann Gottfried Sommer.

MÜNCHENGRÄTZ.

Prag,
J. G. Calve'sche Buchhandlung.
1834.

Seiner Excellenz

dem

Hochgebornen Herrn Herrn

Kaspar Grafen von Sternberg,

Herrn auf Radnitz und Darowa, Lehnsherrn der Stadt und Herrschaft Lieberose, dann der Güter Sarko, Lesko und Reicherskreuz in der Lausitz, k. k. wirklichem Geheimen Rath, Commandeur des kais. österr. Leopold-Ordens, Präsidenten der Gesellschaft des vaterländischen Museums in Böhmen und der k. k. Patriotisch-Oekonomischen Gesellschaft zu Prag, Protector und Präsidenten der Prager Humanitäts-Privatgesellschaft, wirklichem und Ehrenmitgliede mehrer gelehrten Gesellschaften des In- und Auslandes,

dankbar und ehrerbietigst zugeeignet

vom

Verfasser.

Vorrede.

Der erste Band dieses Werkes ist vom Publikum so wohlwollend aufgenommen und bereits in mehren öffentlichen Blättern des In- und Auslandes so günstig beurtheilt worden, daß ich für den glücklichen Fortgang des Unternehmens die besten Hoffnungen schöpfen darf.

Bei der Bearbeitung dieses zweiten Bandes habe ich mich ebenfalls der eifrigsten Unterstützung Sr. Excellenz des Herrn Oberst-Burggrafen und Präsidenten des hohen Landes-Guberniums, Grafen Karl von Chotek rc. rc., zu erfreuen gehabt, auf dessen hohe Verfügung mir sowohl vom löbl. k. k. Kreisamte zu Jung-Bunzlau, als auch von dem löbl. k. ständischen Rectificatorium und der löbl. k. k. Staatsbuchhaltung alle Auskünfte, deren ich bedurfte, mitgetheilt worden sind. Eben so verdanke ich den Veranstaltungen Sr. Excellenz des Herrn Grafen Kaspar von Sternberg, als Präsidenten der k. k. Patriotisch-Oekonomischen Gesellschaft, und den Bemühungen des Sekretärs derselben, Herrn Wirthschaftsrath Seidel, die sehr vollständigen, auf die neueste

Zählung vom 30. April 1833 gegründeten Angaben der landwirthschaftlichen Hausthiere.

Die allgemeinen geographischen und statistischen Verhältnisse des Bunzlauer Kreises hat Herr Custos und Professor Zippe in der Einleitung zu diesem Bande nicht minder klar und vollständig dargestellt, als dieses beim Leitmeritzer Kreise geschehen war. Eben so hat derselbe gütige Freund die ihm aus eigner Ansicht besonders genau bekannten, im Werke selbst mit einem * bezeichneten und den nördlichen Theil des Kreises bildenden, Dominien Alt-Aicha, Wartenberg, Niemes, Reichstadt, Gabel, Lämberg, Grafenstein, Reichenberg, Friedland, Morchenstern, Klein-Skal, Nawarow, Jessoney und Semil selbst bearbeitet, und mir außerdem zu den übrigen Dominien die geognostischen Notizen geliefert.

Die erwähnte allgemeine Uebersicht des Leitmeritzer Kreises ist im vorigen Jahrgange des zu Gotha erscheinenden Allgemeinen Anzeigers der Teutschen, dem Anscheine nach als ein eigener, für diese Zeitschrift besonders eingesandter Aufsatz, vollständig abgedruckt worden. Herrn Zippe und mir kann, im Interesse der Wissenschaft, eine solche Verbreitung neuer Ansichten und Thatsachen nicht anders als angenehm seyn; es würde uns aber gefreut haben, wenn der Einsender oder Herausgeber die Quelle genannt hätte, aus welcher der Aufsatz entlehnt ist.

Mein am Schlusse der Vorrede zum ersten Bande ausgesprochener Wunsch, daß es mir vergönnt seyn möge, auch bei den folgenden Bänden dieses Werkes mich der Nachhilfe des würdigen Herrn Canonicus Kreybich zu erfreuen, ist selbst in

Beziehung auf diesen zweiten Band leider nur theilweise in Erfüllung gegangen. Dieser Veteran der böhmischen Geographen war schon seit dem Oktober vorigen Jahres sorgsam und unermüdet mit der Durchsicht der ersten Hefte meines Manuscripts beschäftigt, als ihn am 17. Dezember nach kurzer Krankheit ein plötzlicher Tod der Wissenschaft und seinen zahlreichen Freunden entriß. Wenige Tage vorher schrieb er mir noch umständlich über einiges die Herrschaft Melnik Betreffende. Wahrscheinlich war dieses der letzte Brief seines Lebens. Ich bewahre ihn heilig auf, als ein theures Andenken an einen Mann, der die freien Stunden, welche ihm sein priesterlicher Beruf übrig ließ, ganz der Wissenschaft widmete, mit Aufopferung seiner Gesundheit und seines spärlichen Einkommens die erste genaue topographische Kenntniß des Vaterlandes, durch die Bearbeitung seiner trefflichen Karten möglich machte, und außerdem noch Muße zu finden wußte, jedem, der sich an ihn wandte, mit Rath und That gefällig zu seyn. Herr Professor Hackel zu Leitmeritz hat die Güte gehabt, sich nach dem Tode des würdigen Kreybich der Durchsicht des übrigen Manuscripts zu unterziehen, und der genauen Lokalkenntniß, die dieser verdienstvolle Gelehrte, ehemals Cooperator zu Widim im Bunzlauer Kreise, besitzt, verdanken Herr Zippe und ich mehre höchst schätzbare Berichtigungen und Zusätze.

Aus dem vom k. k. landtäflichen Registrator Herrn Joseph Hasner im Jahre 1824 zu Prag herausgegebenen Werke: „Handbuch des landtäflichen Verfahrens im Königreiche Böhmen“ rc. rc., Seite 445 bis 484, sind die bei jedem einzelnen Dominium eingeschalteten Nachweisungen über den Theil und das Folium des landtäflichen Hauptbuchs, wo das betreffende Dominium eingetragen ist, entlehnt worden.

Die von Herrn Dr. Riemann gefälligst mitgetheilten Höhenberechnungen gründen sich auf die gewöhnliche Annahme, daß Prag 91,94 Pariser Toisen über dem Meere liege.

Einige von freundlichen Händen erhaltene Berichtigungen zum ersten Bande dieser Topographie habe ich dem Schlusse dieses zweiten Bandes als Nachtrag beigefügt.

Prag, am 21. April 1834.

J. G. Sommer.

Abkürzungen.

Brettm.	bedeutet	Brettmühle.
D.	=	Dorf.
Dfch.	=	Dörfchen.
Dom.	=	Dominium.
eingpf.	=	eingepfarrt.
emph.	=	emphyteutisch oder emphyteutisirt.
frdhschftl.	=	fremdherrschaftlich.
Frsth.	=	Forsthaus o. Försterhaus.
G.	=	Gut.
Gärtn.	=	Gärtnerei oder Gärtnerswohnung.
Hft.	=	Herrschaft.
hschftl.	=	herrschaftlich.
Jägh.	=	Jägerhaus.
Mahlm.	=	Mahlmühle.
Mfl.	=	Marktflecken.
Mhf.	=	Maierhof.
n.	=	nördlich.

nnö.	bedeutet	nordnordöstlich.
nnw.	=	nordnordwestlich.
nö.	=	nordöstlich.
nw.	=	nordwestlich.
obrktl.	=	obrigkeitlich.
ö	=	östlich.
onö.	=	ostnordöstlich.
osö.	=	ostsüdöstlich.
s.	=	südlich.
Schäf.	=	Schäferei.
s. g.	=	sogenannt.
sö.	=	südöstlich.
ssö.	=	südsüdöstlich.
ssw.	=	südsüdwestlich.
St.	=	Stunde.
sw.	=	südwestlich.
w.	=	westlich.
Wirthsh.	=	Wirthshaus.
wnw.	=	westnordwestlich.
wsw.	=	westsüdwestlich.

Allgemeine Uebersicht der physikalischen und statistischen Verhältnisse des Bunzlauer Kreises.

Von F. X. M. Zippe.

Der Bunzlauer Kreis gehört zum nördlichen Theile von Böhmen, und liegt zwischen 50° 10′ und 51° 2′ nördlicher Breite und 32° und 33° 8′ östlicher Länge von Ferro. Er gränzt gegen Nordwesten an den Lausitzer Kreis des Königreiches Sachsen, gegen Norden und Nordosten an den Laubaner und den Löwenberger Kreis der preußischen Provinz Schlesien; gegen Osten und Südosten ist sein Nachbar der Bidschower Kreis Böhmens, gegen Süden der Kaurzimer, gegen Südwesten der Rakonitzer, und gegen Westen der Leitmeritzer Kreis. Seine größte Ausdehnung ist von Süden nach Norden; sie beträgt in gerader Richtung von seiner Gränze, etwas südlich von Nimburg, bis an die sächsische Gränze bei Wiese, $12\frac{1}{2}$ teutsche Meilen; die Linie von seinem westlichsten Punkte bei Mekehost, auf der Herrschaft Melnik, bis hinter Roždialowitz, an der östlichen Gränze, ist $8\frac{1}{2}$ teutsche Meile; eben so lang die von Domaschitz an der Westgränze bis Wranowsko an der Ostgränze; die von Dobern bis zum östlichsten Punkte des Kreises an der Iser bei Hochstadt beträgt 8 teutsche Meilen. Die gerade Linie jedoch von Hohenwald an der sächsischen Gränze bis unter den Keulichten Stein an der schlesischen Gränze beträgt nur 3 Meilen. Der Flächeninhalt des Kreises beträgt nach dem Kataster $77\frac{1}{4}$ □Meilen, nach Kreibich's Berechnung jedoch nur 75 □Meilen.

Beschaffenheit der Oberfläche. Das Gebiet des Bunzlauer Kreises ist zum größeren Theile Flachland, welches sich, von Hügelrücken und mehr oder weniger tiefen Thaleinschnitten durchzogen, von der Mitte des Kreises bis an seine südliche Gränze allmählich abdacht. Von ähnlicher Beschaffenheit ist der nördlichste Theil des Kreises; ebenfalls Flachland, von Hügelrücken durchzogen; dieses verflächt sich nordwestlich. Zwischen diesen beiden Theilen von flachem Lande erheben sich Gebirge, welche theils in zusammenhangender Verzweigung, theils als isolirte Berge und Berggruppen sich über die genannten ebenen Theile des Kreises erheben, und sich mit ihren Gehängen hauptsächlich über die nördlichen, nordwestlichen und westlichen Gegenden des Kreises verbreiten, wo sie dann mit den Gebirgen des Leitmeritzer Kreises zusammenhangen. Die Gebirge des Kreises im Einzelnen betrachtet sind folgende:

1. Das Isergebirge; dieser mächtige Gebirgsstock verbreitet sich mit seinen Abhängen und Verzweigungen hauptsächlich in diesem Kreise, und durchstreicht den nördlichen Theil desselben in einer Richtung von Südosten nach Nordwesten. Von einigen Geographen wird dieses Gebirge noch zum Riesengebirge gerechnet, und als dessen westlicher Flügel betrachtet; eigentlich ist es der nordwestliche Theil der Sudeten, welche Gebirgskette sich bekanntlich zwischen den Ländern Böhmen, Schlesien und Mähren erhebt. Sonst heißt dieses Gebirge auch das Lausitzer Gebirge, weil es sich hauptsächlich gegen die Gränze der Lausitz zu erhebt und einige Theile dieses Landes mit seinen Gehängen bedeckt. Das Isergebirge ist seiner Form nach ein Massengebirge, welches sich nach seinen Ausdehnungen in die Länge und Breite fast gleichförmig verbreitet; es zerfällt in mehrere Zweige, welche auch durch besondere Benennungen von einander unterschieden werden, nämlich:

a. Das eigentliche, auch das Hohe Isergebirge und auch die Hohe Iser genannt. Dieses Gebirgsstück bildet eine Gebirgsplatte, welche sich, mit einer Höhe von beiläufig 450 Wiener Kl. über der Meeresfläche, auf 8 Meilen in die Länge und fast eben so viel in die Breite erstreckt, und über welche die höhern Punkte als langgezogene Rücken und einzelne Kuppen bis 150 Wiener Kl. und darüber hervorragen, und so die Oberfläche derselben wellenförmig gestalten. Diese Gebirgsrücken werden gewöhnlich Kämme genannt; sie laufen im höhern östlichen Theile des Gebirges ziemlich parallel in nordwestlicher Richtung, und bestehen aus Reihen von Bergkuppen, deren einzelne Namen nur den wenigen im Gebirge hausenden Forstleuten und Holzfällern bekannt sind. Die bedeutendsten dieser Kämme sind der Mittel-Iserkamm und der Wohlische Kamm. Durch das Thal des hier entspringenden Iserflusses wird das Isergebirge von dem, im angränzenden Bidschower Kreise verbreiteten Riesengebirge getrennt, und der Hohe Iserkamm in Schlesien, an der Ostseite des Iserthales, gehört eigentlich schon zum Riesengebirge. Im westlichen, bedeutend niedrigern Theile des Gebirges gruppiren sich die Kuppen nicht mehr reihenförmig; sie isoliren sich mehr und gehen allmählich in niedriges Gebirge und Hügelland über. Von der nördlichen Seite betrachtet erhebt sich das Isergebirge plötzlich mit Steilheit aus dem, nordwärts davon gelegenen Flachlande; gegen Mittag hängt es mit der folgenden Gebirgsabtheilung zusammen, und seine Gränzen erstrecken sich bis Přichowitz und bis zum Schwarzbrunnenberge, von wo es eine sanftere Abdachung annimmt; südwestlich bildet das vom letztgenannten Berge auslaufende Thal der Neisse eine scharfe und bestimmte Gränze des Hohen Isergebirges.

b. Das Hochstädter Gebirge; unter dieser Benennung begreifen wir den vom Wohlischen Kamme südlich auslaufenden Gebirgsrücken zwischen der Iser und der Kamenitz, von Přichowitz anfangend bis nach Semil herab. Es ist dieser lange Gebirgsrücken gewissermaßen nichts als eine Fortsetzung des Wohlischen Kammes, welcher nach Süden zu allmählich sich abdacht und in Mittelgebirge und niedriges Gebirge übergeht; seine südliche Gränze wird, so wie seine östliche, durch das Iserthal bezeichnet.

c. Die dritte Abtheilung des Isergebirges bildet der, vom Schwarzbrunnenberge in nordwestlicher Richtung fortlaufende Gebirgszug, welcher sich in seinem höchsten Punkte, dem Jeschken, bis 525 Wiener Kl. über die Meeresfläche erhebt, und den wir daher am schicklichsten mit dem Namen Jeschkengebirge bezeichnen. Am Schwarzbrunnenberge hängt dieser Gebirgszug mit dem Hohen Isergebirge zusammen und wird in seinem nordwestlichen Verlaufe durch das Neissethal von ihm getrennt; südöstlich erstreckt sich sein Fuß bis an die Kamenitz, welche diese und die vorhergehende Abtheilung des Isergebirges von einander scheidet; südlich begränzt der Lauf der Iser diesen Gebirgszweig, und südwestlich erhebt er sich mit Steilheit aus der Ebene des Bunzlauer Kreises; seine Länge beträgt fast 5 Meilen, bei einer Breite von 1½ Meile. Gegen das nordwestliche Ende wird er bedeutend niedriger, und der von seinem Anfangspunkte ununterbrochen fortlaufende ziemlich hohe Rücken, über welchen sich noch einige höhere Kuppen bedeutend erheben, gestaltet sich hier zu einem, aus einzelnen Gipfeln gruppenförmig zusammengesetzten niedrigen Gebirge.

Die übrigen Gebirge des Kreises sind:

2. Die Verzweigungen des im Leitmeritzer Kreise herrschenden Mittelgebirges, welche sich von dort ostwärts bis in diesen Kreis verbreiten; sie sind:

a. Der nordöstliche Theil desselben; er wird in der Umgegend gewöhnlich das Röhrsdorfer Gebirge genannt und auch von Geographen oft auch als zum Lausitzer Gebirge gehörig betrachtet, weil dieser Gebirgszweig sich ebenfalls an den Gränzen Böhmens mit der Lausitz hinzieht und diese zum Theile bezeichnet. Dieses Gebirge erscheint als eine zusammenhangende Kette und ist die Fortsetzung der vierten Abtheilung des Mittelgebirges im Leitmeritzer Kreise, rechts der Elbe und nordwärts der Pulsnitz (S. die Uebersicht der physikalischen und statistischen Verhältnisse im 1. Bande.) In dieser Gebirgskette erhebt sich der schöne kegelförmige Mittagsberg, auch die Lausche genannt, und als nordöstliches Ende derselben, gleichsam als Gränzstein, der Hochwald, bei Krombach. Der Raum zwischen diesem Gebirgszuge und dem Jeschkengebirge wird durch niedrige Bergkuppen ausgefüllt, welche diese beiden Gebirge mit einander verbinden, und die Scheidung zwischen beiden wird durch den Paß bei Gabel genau bezeichnet. Die südliche Gränze dieser Kette läuft durch die Orte Gabel, Kummersdorf, Zwickau und Röhrsdorf.

b. Südwärts dieser zuletzt angegebenen Gebirgsgränze ist flaches Land verbreitet, über welches sich zerstreute, meist kegelförmige Berge, theils vereinzelt, theils in Gruppen versammelt erheben, und sich so fast bis gegen die Mitte des Kreises vorfinden. Diese bilden die zweite oder mittlere Abtheilung des Mittelgebirges im Bunzlauer Kreise, und sind die östliche Fortsetzung der, in der Uebersicht zum Leitmeritzer Kreise angeführten fünften Abtheilung des Mittelgebirges, ostwärts des Robitzer und des Sporkabaches. Die südliche Gränze dieser Gebirgsabtheilung wird durch den Bach, welcher von Weißwasser der Iser zufließt, und durch den, durch die Teiche bei Hirschberg in den Neuschlosser Teich laufenden Bach bezeichnet. Aus der bedeutendsten dieser zerstreuten Kegelberge wollen wir hier nur des Rollberges bei Niemes, und des über die Ebenen Böhmens weit hinschauenden Bösigs gedenken, da die übrigen, so wie überhaupt die einzelnen Berge aller Abtheilungen, in der Topographie ohnehin näher bezeichnet werden.

c. Südlich der im Vorhergehenden angenommenen Gränze findet sich an der Westseite ein zusammenhangendes Gebirge, nicht von bedeutender Höhe, eigentlich bloß der höchste Theil des südlichen Flachlandes dieses Kreises, welches sich von hier aus allmählich ost- und südwärts gegen das Iser- und das Elbthal abdacht; aber einzelne, obwohl unbedeutende, Kuppen ragen hier über das Plateau hervor, und dieses selbst ist hier von tiefen Thälern mit steilen pralligen Felswänden durchschnitten, so daß es sich zu einer eigentlichen pitto-

rauhen Gebirgsgegend gestalten, welches in solcher Beschaffenheit sich an die zweite Abtheilung des Mittelgebirges im Leitmeritzer Kreise, rechts der Elbe, anschließt. Es begreift diese Abtheilung das Gebirge von Dauba, Hauska und Kokořin, und den ganzen übrigen südwestlichen Theil des Kreises, bis zur Iser und Elbe, welcher als Hochebene gleichfalls von tiefen Thälern durchschnitten ist, deren Gehänge an ihren Ausmündungen in das Elbthal und Iserthal an Höhe allmählich abnehmen.

Im östlichen Theile des Kreises erhebt sich

3. das Kosakower (Kozakowar) Gebirge, auch das Semiler Gebirge genannt; es setzt östlich in den Bidschower Kreis fort und wird durch das Iserthal von dem Hochstädter und dem Jeschkengebirge geschieden. Südlich und südwestlich scheidet das Thal von Libun diesen Gebirgsrücken, der sich am Kosakow (Kozakow) zu einer Höhe von 387 Wiener Kl. erhebt, von der

4. Gebirgsabtheilung des Kreises, dem Großskaler Sandstein-Gebirge, an welches sich der ganze übrige südöstliche, ebene Theil des Kreises, zwischen der Iser und der Elbe, anschließt. Es erhebt sich dieses Gebirge am westlichen Gehänge des Libunner Thales zwar nicht bedeutend, aber mit den, der Sandstein-Formation eigenthümlichen, grotesken Felswänden; diese finden sich besonders bei Groß-Skal, dann am Muskey und an den Gehängen des Iserthales. Südwestlich und südlich verflächt sich dieses Gebirge und geht in ebenes Land über, welches sich allmählich gegen das Elbthal abdacht. Diese Ebene ist zwar von Thälern durchschnitten, sie haben aber nicht die hohen steilen Gehänge wie die im südwestlichen Theile des Kreises, und im Ganzen ist das Land links der Iser niedriger, als das am rechten Ufer. Ueber die Ebene erheben sich hie und da einige langgezogene, von Westen nach Osten streichende Hügelrücken, oder vielmehr bloße Anhöhen, so der Chlomek und die Höhe von Lautschin; durch diese Anhöhen gestaltet sich das südliche Flachland des Kreises sanft wellenförmig, und durch die Thaleinschnitte, welche diese Hochebene durchziehen und wodurch sie sich von einer eigentlichen Niederung unterscheidet, nimmt sie selbst hie und da den Charakter einer Gebirgsgegend an.

Der nördlichste Theil des Kreises, jenseits des Isergebirges, ist gleichfalls eine von Hügelrücken durchzogene Niederung, deren Höhe über die Meeresfläche wahrscheinlich noch geringer ist, als die der tiefsten Punkte an der Elbe im südlichen Theile des Kreises. Dieses nördliche Flachland schließt sich an die große Ebene des nördlichen Teutschlands an.

Obwohl der Bunzlauer Kreis, in Hinsicht auf malerische Schönheit und Mannichfaltigkeit der Formen, seinem in dieser Hinsicht berühmten westlichen Nachbar bedeutend nachsteht, und ein großer Theil desselben, besonders das mit Kieferwäldern bedeckte sandige Flachland, sehr einförmig ist: so gehören doch seine Vor- und Mittelgebirgsgegenden unter die wahrhaft schönen unseres Vaterlandes, und selbst die Einförmigkeit der Hochebene im mittlern und südlichen Theile wird durch das liebliche Iserthal und die grotesken Felsenthäler im südwestlichen Theile unterbrochen, und die Ansicht des Gebirges, welche man auf den meisten Punkten der Ebene genießt, über welche sich besonders schön der mit Ruinen gekrönte Pösig und sein Nachbar, so wie der gewaltige Jeschken, der höchste Berg im Innern von Böhmen, hervorheben, gestaltet die weitverbreitete Fläche zu einer großartig schönen Landschaft.

In geognostischer Hinsicht unterscheiden wir im Kreise folgende Formationen:

1. die Granit-Formation; sie ist das herrschende Gebilde im Hohen Isergebirge, welches größtentheils aus einem grobkörnigen, porphyrartigen Granit besteht. Von anderer Bildung und Beschaffenheit findet sich der Granit als felsiger Untergrund im nördlichsten Theile des Kreises, wo er sich an einigen Hügeln zeigt, welche sich über das Flachland erheben.

2. Die Gneus-Formation; sie erscheint in einem schmalen Striche im nördlichen Theile des Hohen Isergebirges, bildet dessen höchsten Punkt, die Tafelfichte, verbreitet sich aber dann mehr am Fuße desselben, und bildet im nordwestlichen Theile die niedrigen Vorberge des Hochgebirges, wo sich dieses allmählich zum Hügellande verflächt. Hier erscheint der Gneus meist grobkörnig granitartig.

3. Die Glimmerschiefer-Formation; am nördlichen Abhange des Hohen Isergebirges erscheint der Glimmerschiefer in einem schmalen Striche, auf den Gneus folgend; hier ist er vorherrschend chloritartig. Mehr verbreitet ist er am südlichen Gebirgsabhange, und die zweite und dritte oben angeführte Abtheilung des Isergebirges ist in ihren höchsten Gegenden, zunächst der Granit-Formation, aus dieser Felsart zusammengesetzt; sie erscheint hier meist talkartig, enthält mächtige Lager von Quarzschiefer und geht in

4. Talkartigen Thonschiefer über, welcher sich als herrschende Formation über den größten Theil der vorerwähnten zwei Abtheilungen des Isergebirges, fast bis an den Fuß derselben, verbreitet.

Diese Formation enthält viele Lager von körnigem Kalkstein und von Eisenerz.

5. Die Uebergangs-Formation; sie erscheint in geringer Verbreitung an der Nordwestseite des Jeschkengebirges, wo sie mit der vorigen Formation verschmilzt und nur durch einzeln vorkommende grauwackenartige Felsarten und durch dichten grauen Kalkstein, in welchem sich jedoch keine Versteinerungen finden, charakterisirt wird.

6. Die Formation des Rothen Sandsteines erscheint in einem schmalen Striche am südlichen Abhange des Jeschkengebirges, etwas mehr verbreitet am Fuße des Hochstädter Gebirges, herrschend am Kosakower Gebirge; sie ist hier hauptsächlich aus Massen von Mandelstein zusammengesetzt; Porphyr und eigentlicher Rother Sandstein erscheint fast untergeordnet; erst an der Ostgränze des Kreises findet sich letztere Felsart mehr vorherrschend.

7. Die Quadersandstein- und Plänerkalk-Formation; sie ist die vorherrschende in diesem Kreise und bildet im ganzen mittlern und südlichen Theile den Untergrund, verbreitet sich daher hauptsächlich im Flachlande, wo der Sandstein in den erwähnten Thaldurchrissen in seinen eigenthümlichen, schroffen, zerrissenen Formen ansteht, der Plänerkalk aber meist die obern Schichten bildet und sich in großer Verbreitung unter der Dammerde und dem aufgeschwemmten Lande findet. In malerisch schönen Formen findet sich der Quadersandstein ferner am Groß-Skaler Sandsteingebirge, und zieht sich von da bis an den Abhang des Kosakow hinauf; er bildet ferner den Fuß des Jeschkengebirges und zeigt sich an demselben überall längs dem Streichen dieses Gebirgszuges, da wo er sich aus der Ebene hervorhebt, ohne jedoch hoch an seine Gehänge hinaufzureichen. Zwischen diesem Gebirge und dem nordöstlichen Ausläufer des Mittelgebirges tritt er als Verbindungsglied dieser beiden Gebirgszüge ein, und füllt die Kluft zwischen denselben aus; er hebt sich hier als, obwohl nicht beträchtlich, hohes Gebirge hervor, und hier ist einer der wenigen Punkte, wo Böhmens Urgebirgskranz unterbrochen ist und wo diese Flötzformation den Wall desselben ergänzt. Von hier verbreitet er sich weiter westlich am Fuße des Röhrsdorfer Gebirges, und steht im Zusammenhange mit der, wegen seiner malerischen Schönheiten berühmten Gebirgspartie vom Oybin in Sachsen; ähnliche Formen ruft er, seinem plastischen Charakter getreu, auch in diesem Theile Böhmens hervor; insbesondere finden sie sich in großer Verbreitung und Mannich-

faltigkeit an der Südwestgränze des Kreises, wo die Formation als Gebirgsmasse über die Ebene hervortritt, und von zahlreichen und tiefen Thaleinschnitten, den sogenannten Gründen, durchzogen ist. Am Fuße der zerstreuten Kegelberge und in der Ebene zwischen denselben zeigt er sich ebenfalls als Felsmasse, doch sind hier seine schroffen Formen seltener *). Der Quadersandstein enthält hie und da Spuren und Lager von Braunkohlen, obwohl diese wegen ihrer geringen Mächtigkeit noch nirgends bauwürdig befunden wurden.

8. Die Braunkohlen-Formation; sie findet sich in sehr geringer Verbreitung im Neissethale bei Grottau, wo sie mit der in der Gegend von Zittau weiter verbreiteten im Zusammenhange steht.

9. Die Vulkanische Trapp-Formation (Basalt und Klingstein) herrscht im Röhrsdorfer Gebirge, und bildet die zerstreuten Kegelberge, so wie eine Menge Bergkuppen im Gebirge bei Hauska und Dauba, und auch einige an der Ostseite des Kreises. In dieser bezeichneten Region ist sie mit der Quadersandstein-Formation in Verbindung, und diese durchbrechend erhebt sie sich über dieselbe meist in kegelförmigen Bergen. Eine merkwürdige Erscheinung ist hier ferner die sogenannte Teufelsmauer; es ist dieß ein mächtiger Basaltgang im Sandsteine, welcher am Fuße des Jeschken unterhalb Swietlay anfängt, und in südsüdwestlicher Richtung über 3 Stunden weit fortsetzt; er ist 2 Klafter mächtig und ragt besonders an der Westseite 2 bis 3 Klafter über die Erdoberfläche mauerartig hervor. Gleich nach seinem Anfange unterhalb Swietlay setzt der Gang durch den

*) Durch den merkwürdigen Bohrversuch nach Lagern von Steinsalz bei Stranow, südlich von Jung-Bunzlau, ist man auch zur Kenntniß der Zusammensetzung dieser Formation im Flachlande gelangt, wo die Thaldurchrisse nicht mehr die bedeutende Tiefe erreichen. Das Bohrloch, bereits auf 1000 Fuß niedergetrieben, hat dessenungeachtet bis jetzt bloß die Glieder dieser Formation, nämlich Plänerkalkstein, Quadersandstein und plastischen Thon, in abwechselnden mächtigen Schichten, durchstoßen; Sandstein und sandiger Kalkstein wechseln in beträchtlicher Tiefe einige Male, und bei 900 Fuß Tiefe traf der Bohrer ein sehr mächtiges Lager von plastischem Thon, welches unter der Formation nach ihrer ganzen Ausdehnung verbreitet zu seyn scheint; denn nach Durchbohrung desselben fanden sich wasserhaltende lockere Schichten, aus welchen das im gespannten Zustande vorhandene Wasser über die obere Mündung des Bohrloches sich ergießt, wie aus einem sogenannten artesischen Brunnen. Dieses Vorhandenseyn von wasserführenden Schichten in so beträchtlicher Tiefe giebt zugleich einen negativen Wink für die Bohrung von artesischen Brunnen, welche sonst in diesen wasserarmen Gegenden von großem Nutzen seyn würden.

Horkaberg, und verliert sich nachher unter dem Sande; er erscheint an seinen Enden überhaupt mehr dammartig als mauerförmig, und ist mehrmals unterbrochen, so daß man ihn nur durch eine Reihe unbedeutender Hügel, welche seine Spur bezeichnen, verfolgen kann; eigentlich vollkommen mauerförmig und zusammenhangend erscheint er nur bei den Dörfern Kessel und Zabrt, in der Länge einer Stunde, und hier sind zur Unterhaltung der Verbindung zwischen den Ortschaften auf beiden Seiten dieser natürlichen Mauer künstliche Durchbrüche gemacht worden. In seiner Richtung weicht der Gang einige Male, wiewohl sehr unbedeutend, ab und macht sanfte Krümmungen. Weiter südwestlich, in der Entfernung von einigen Stunden von der eigentlichen Teufelsmauer, finden sich ähnliche Erscheinungen von dammartigen Erhöhungen, welche man für unterbrochene Fortsetzungen derselben hält. Auch in andern Gegenden des Kreises kommt der Basalt ebenfalls gangförmig vor. Außerhalb der Verbreitung des Quadersandsteines erscheint er auch in der Region des Rothen Sandsteines, selbst mitten im Mandelsteine, und in einigen Bergkuppen und einzelnen zerstreuten Massen und Kegeln am nördlichen Fuße des Isergebirges, bei Friedland und in dem dort verbreiteten Flachlande; selbst auf der Höhe des Isergebirges, mitten in der Granitformation, erscheint er am Keulichten Buchberge, wo er über 500 Kl. über die Meeresfläche emporsteigt.

10. Die Diluvial-Formationen; sie finden sich hauptsächlich im südlichen Theile des Kreises, im Flachlande an der Elbe, verbreitet, und Ablagerungen von Sand und Grus, in welchen sich hie und da Ueberreste vorweltlicher Landsäugethiere, als das Rhinoceros und Elephanten finden, bedecken in bedeutender Mächtigkeit die festanstehenden Felsarten der Quadersandstein-Formation. Eine merkwürdige Erscheinung ist ferner das auf der Höhe des Isergebirges verbreitete edelsteinführende Diluvial-Gebilde, von welcher in der Topographie der Herrschaft Friedland Näheres gesagt werden wird; auch goldführende Gebilde dieser Art scheinen hie und da vorhanden gewesen und in früherer Zeit bearbeitet worden zu seyn.

11. Endlich müssen wir auch der besondern Verhältnisse gedenken, unter welchen die Alluvial-Formationen, oder das aufgeschwemmte Land, hier stellenweise erscheint. Es finden sich nämlich am Fuße des Jeschkengebirges, in der Ebene und in den Flußthälern, namentlich im Iserthale, sehr verbreitete Ablagerungen von Grus und Gerölle, welche einen großen Reichthum von sogenannten Halbedel-

steinen, Achat, Onyx, Chalcedon, Jaspis, u. d. gl. enthalten, Mineralien, deren ursprüngliche Lagerstätte der Mandelstein der Rothen Sandstein-Formation ist, welcher hier erstaunlich reich daran erscheint, und durch dessen Zerstörung diese Gesteine in die Dammerde gerathen, von wo sie durch Regen und Thaufluthen in die Bäche und Flüsse fortgeführt und an flachen Stellen bei Ueberschwemmungen abgesetzt werden. In frühern Zeiten, als diese Art von Steinen noch häufiger verarbeitet wurde, hatten sie einen größern Werth und wurden oft von herumwandernden Steinsuchern, hauptsächlich von Italiänern, aufgesucht. Die Meinung von dem Werthe dieser Mineralien hat sich noch in vielen Gegenden Böhmens beim Landvolke erhalten, und man pflegt noch hie und da zu sagen, daß der Hirte in diesen Gegenden oft mit einem Steine nach einer Kuh werfe, welcher mehr werth sei als die Kuh; in unsern Zeiten haben diese Mineralien bekanntlich ihren Werth größtentheils verloren. Torfbildungen endlich trifft man in einigen Gegenden des Isergebirges.

Gewässer. Zwei große Stromgebiete sind es, welchen die Gewässer dieses Kreises zufließen. Der größte Theil derselben vereinigt sich theils im Kreise selbst, theils in den benachbarten, mit Böhmens Hauptstrome, der Elbe; ein kleinerer Theil des Kreises gehört zum Stromgebiete der Oder. Die Flüsse des Kreises sind:

1. Die Elbe; sie fließt an der Südseite des Kreises, zwischen diesem und dem Bidschower und Kaurimer Kreise, bald in diesen, bald in jenen übertretend und auf lange Strecken auch die Gränzen bezeichnend. Kurz vor Nimburg tritt sie aus dem Bidschower Kreise in den Bunzlauer; eine Stunde unterhalb Nimburg verläßt sie diesen und bildet die Gränze zwischen den beiden Kreisen bis zur Ruine Medliwar, von da bis unterhalb Bischitzek fließt sie zwischen dem Kaurimer und Bunzlauer Kreise, wo sie in den ersten eintritt. Bis hieher fließt sie in mancherlei Krümmungen in westlicher Richtung; von da wendet sie sich nordwestlich, berührt bei Tuhan abermals den Bunzlauer Kreis, und tritt eine Stunde von Melnik in denselben, verläßt ihn aber unterhalb dieser Stadt bei Weißkirchen gänzlich. Auf dieser letzten kurzen Strecke nimmt sie Melnik gegenüber

2. die Moldau auf; dieser zweite Hauptfluß Böhmens gehört jedoch bloß mit seinen Mündungen diesem Kreise an. Er kommt in östlicher Richtung durch die Niederungen des Rakonitzer Kreises, und tritt in den links der Elbe gelegenen Theil des Bunzlauer Kreises,

wendet sich nordöstlich und vereinigt sich in mehre Arme getheilt mit der Elbe.

3. Die Iser; sie ist eigentlich der Hauptfluß des Kreises und entspringt innerhalb der Gränzen desselben im Hohen Isergebirge auf der Herrschaft Friedland (s. die Topographie derselben), tritt bei Pollaun (Herrschaft Semil) zwischen den Bidschower und Bunzlauer Kreis, und bildet von da bis vor Semil die Gränze zwischen diesen Kreisen; sie fließt in südlicher Richtung bis Sittow; hier wendet sie sich südwestlich und bei Semil nordwestlich bis Eisenbrod, von wo sie bis Klein-Skal westlich und von da südwestlich fließt bis Münchengrätz, von wo sie sich mehr südlich wendet. Unterhalb Benatek tritt sie in den Kaukimer Kreis ein und fällt in diesem, Tauschim gegenüber, in die Elbe. Das Thal der Iser ist im Hochgebirge tief und enge, und heißt an seinem obern Ende der Isergrund; es erweitert sich allmählich, so wie der Fluß ins Mittelgebirge tritt, doch ist es auch da noch hie und da felsig und enge. Durch den mittlern und südlichen Theil des Kreises fließt die Iser in einem, in das Plateau der Flötzformation eingeschnittenen Thale, in welchem die steilen oft felsigen Gehänge mehr zurückweichen und sich gegen das südliche Ende allmählich erniedrigen und im Flachlande verlieren. Die Gewässer, welche die Iser aufnimmt, sind, mit Uebergehung der minder wichtigen:

4. Die Kamenitz (Kamenice); sie entspringt im Hochgebirge auf der Herrschaft Friedland, fließt durch das Gebiet der Herrschaften Reichenberg und Morchenstern, nimmt die Desse auf, welche aus dem Zusammenflusse der Weißen und Schwarzen Desse, gleichfalls vom Isergebirge herabkommend, entsteht, und fließt bei Spalow auf der Herrschaft Semil in die Iser. Ihr Thal, wie das der Nebenflüsse, ist tief und enge und meistens felsig.

5. Der Mohelka-Bach; er entspringt am Rücken des Jeschkengebirges bei Kukan, vereinigt fast alle an der Südseite dieses Gebirgszuges entspringenden Gewässer und führt sie bei Mohelnitz in die Iser. Von minderer Bedeutung sind die übrigen an der rechten Seite sich in die Iser ergießenden Bäche; sie fließen in den tiefen Thaleinschnitten des Quadersandstein-Plateaus, und mehre derselben versiegen in trocknen Sommern fast ganz. Unter den von der Ostseite kommenden Bächen sind die bedeutendsten

6. Der Popelka-Bach, im obern Theile seines Laufes auch Libunka genannt, welcher im Bidschower Kreise nordwestlich von Gitschin, auf dem Gebiete der Herrschaft Welisch-Wokschitz, ent-

springt, nordwestlich fließt, und mit den ihm zuströmenden Flüßchen das schöne Thal zwischen dem Kosakower Gebirge und den Groß-Skaler Felsenwänden bewässert; er ergießt sich unterhalb Turnau in die Iser.

7. Der Klenice-Bach entspringt bei Sobotka, fließt meist durch flaches Land und ergießt sich bei Jung-Bunzlau in die Iser. In die Elbe fließen noch

8. Der Mrdlina-Bach; er entspringt bei Marquaritz, vereinigt alle kleinen Gewässer, welche an der Ostseite des Kreises in der Hochebene entspringen, fließt südwärts, bald im Gebiete des Bunzlauer, bald des Bidschower Kreises, und fällt bei Nimburg in die Elbe.

9. Der Hronietitzer Bach, welcher die in der Hochebene zwischen dem Chlomek und dem Lautschner Höhenzuge entspringenden Gewässer vereinigt und sie in mehren Armen, unfern Groß-Kostomlat, Wustra und Littol, der Elbe zuführt.

10. Der Forellenbach; er entspringt im Gebirge bei Hauska, fließt längs der Westseite des Kreises durch ein tiefes romantisches Felsenthal und fällt bei Melnik in die Elbe;

11. Die Pulsnitz; sie entspringt an der Südwestseite des Jeschkengebirges, vereinigt fast alle Gewässer der nordwestlichen Gegend dieses Gebirges und des Röhrsdorfer Gebirges, so wie die, welche in dem zwischen beiden befindlichen Sandsteingebirge entspringen, nimmt erst bei Niemes den Namen Pulsnitz (auch Polzen) an, und fällt im Leitmeritzer Kreise bei Tetschen in die Elbe.

Zum Stromgebiete der Oder gehörend sind vorzüglich zu bemerken:

12. Die Neisse, auch zum Unterschiede des gleichnamigen Flusses in Schlesien die Görlitzer Neisse genannt; sie entspringt am Schwarzbrunnenberge, fließt nordwestlich durch das nach ihr benannte Thal zwischen dem Jeschken- und dem Isergebirge, nimmt alle vom nordöstlichen Abhange des ersten, so wie die meisten aus dem westlichen Theile des letztgenannten Gebirges kommenden Bäche auf, und fließt unterhalb Grottau über die Landesgränze auf Zittau zu.

13. Die Wittich; sie versammelt alle Gewässer, welche im Hohen Isergebirge entspringen und durch die Thalschluchten des steilen nördlichen Abhanges desselben hinabstürzen, so wie die meisten übrigen, welche das nördliche Flachland bewässern, tritt bei Wiese, wahrscheinlich dem tiefsten Punkte des Kreises, über die Gränze und fließt dann bei Radmeritz in die Neisse. Die Wasserscheide der beiden Stromgebiete, der Elbe und der Oder, geht, im nordwestlichen Theile des Kreises am

fangend, über den Nesselsberg, von da längs der Landesgränze über den Mittagsberg, den Heydeberg bei Schanzendorf und über den Hochwald auf den Lückendorfer Berg und das Rabenschloß in Sachsen, wendet sich von da südwärts auf den Hufeisenberg an der Gränze und weiter auf den Schwarzen Berg, und bezeichnet weiterhin den Rücken des Jeschkengebirges, über den Weitenberg, Trögelberg, Fuchsberg und die Berge zwischen Schönbach und Christophsgrund auf die Spitze des Jeschken zulaufend, und weiter über den Raschen und Jaberlich; hier wendet sie sich nördlich auf Kohlstadt zu, und von da östlich auf den Schwarzbrunnenberg, von welchem sie, Neudorf und Wiesenthal östlich, und Morchenstern westlich lassend, über den Bramberg und weiter über die Berge zwischen Grafendorf und Karlsberg nördlich fortläuft; dann wendet sie sich nordwestlich über die Berge bei Friedrichswald, und von da nordwärts über Neuwiese auf die Vogelberge, von wo sie wieder südöstlich auf den Steghübelberg und von diesem endlich nördlich über den Hauerberg, den Keulichenstein und die Tafelfichte zuläuft.

Unter den stehenden Gewässern ist der Hirschberger Teich, einer der größten in Böhmen, das merkwürdigste. Die Area sämmtlicher Teiche des Kreises beträgt 6344 Joch 173 □Kl.; es sind jedoch seit der Vermessung eine bedeutende Anzahl kassirt und in Aecker und Wiesen umgeschaffen worden. Reich an Quellen und sehr gut bewässert ist der gebirgige Theil des Kreises; hingegen herrscht Mangel an Wasser im südlichen ebenen Theile des Kreises, wo die wenigen Bäche oft austrocknen und mehre Ortschaften oft nur einen gemeinschaftlichen Brunnen haben, daher das Wasser oft aus großer Entfernung herbeigeholt werden muß. Als Mineralquellen sind die von Liebwerda, auf der Herrschaft Friedland, berühmt.

Klima. Bei dem großen Unterschiede der Erhöhung über die Meeresfläche zwischen den Gebirgsgegenden und dem Flachlande, welcher im Mittel gegen 300 Kl. betragen mag, ist das Klima natürlich sehr verschieden, scheint aber für das Flachland, welchem der größte Theil des Kreises angehört, ziemlich gleichförmig. Es fehlt für genauere Angaben der klimatischen Verhältnisse an ausreichenden mehrjährigen meteorologischen Beobachtungen. Bloß in Jung-Bunzlau sind von den Jahren 1817 bis 1819 dergleichen gesammelt worden; diesen zufolge ist die mittlere Jahreswärme 7,5 Grad Reaumur. Die Seehöhe und die Breite ist mit der von Schüttenitz im Leitmeritzer Kreise (S. die Uebersicht zu diesem Kreise) ziemlich gleich; doch dürften durch mehre Jahre fortgesetzte Beobachtungen wahrscheinlich eine etwas geringere mittlere Jahreswärme ausweisen, wie schon die Vergleichung der Jahre 1818 und 1819 darthut, in welchen die Jahrestemperatur in Schüttenitz um 0,5° höher ausfiel. Im südlichsten Theile des Kreises, im Flachlande an der Elbe, vorzüglich im südwestlichen, in der Gegend von Melnik, zeigt schon die Art der Vegetation und das Gedeihen des Weinstockes ein milderes Klima an. Die Gebirgsgegenden haben ein rauheres, aber auch nach ihrer besondern Lage und abwechselnden Höhe verschiedenes Klima; im Neissethale, welches durch das Isergebirge vor den rauhen Nordwinden ziemlich geschützt ist und welches nicht so beträchtlich hoch über dem Flachlande liegt, ist die Erndte in der Regel 14 Tage später, so beträchtlich ist die Einwirkung der nahen hohen Gebirge. Die höchste Temperatur, welche hier im Verlaufe von mehren Jahren beobachtet wurde, war + 26°, die niedrigste — 25°; plötzliche Temperaturwechsel, besonders im Frühjahre, zuweilen von + 8° auf — 18° sind hier sehr häufig und verzögern das Fortschreiten der Vegetation. Die Ursache davon ist ohne Zweifel die Nähe der in dieser Jahreszeit noch mit Schnee bedeckten Gebirge. Auf den Gebirgsrücken selbst ist das Klima noch weit rauher; man sieht diese oft noch mit Schnee bedeckt, wenn im Frühjahre im Flachlande die Fröste bereits aufgehört, die Saaten aller Art längst bestellt, die Vegetation im vollen Gange und die Obstbäume schon in der Blüthe sind. Am rauhesten ist das Klima im Hohen Isergebirge, und die wenigen in dem mit Walde bedeckten Theile zerstreuten Wohnungen entbehren deshalb auch des Feldbaues fast gänzlich. In dem sehr stark bevölkerten Theile des hohen Gebirges, auf den Herrschaften Semil, Klein-Skal und Morchenstern, fällt der Schnee meist mehr als klafterhoch und stellenweise noch viel höher. Der Winter dauert in der Regel volle 6 Monate, und die wenigen Getreidefrüchte werden häufig bei dem schon wieder beginnenden Winter, Ende Oktobers, eingebracht. In den Wäldern des Hochgebirges hält sich der Schnee stellenweise bis gegen das Ende des eigentlichen Frühlings.

Naturprodukte. Das Mineralreich dieses Kreises ist in Beziehung auf seine Benützung von geringer Bedeutung, und der Bunzlauer Kreis steht hinsichtlich seiner Mineralprodukte gegen die meisten Kreise von Böhmen zurück. Durch eigentlichen Bergbau werden bloß geringe Quantitäten von Eisenerzen und Braunkohlen zu Tage gefördert. Torf, der in ziemlicher Menge vorhanden scheint, ist zur Zeit noch kein Bedürfniß, doch hat man angefangen, ihn zu benützen. Wichtiger sind die im Schiefergebirge verbreiteten Lager von

Kalkstein, durch welche der Kreis nicht nur seinen Bedarf vollkommen deckt, sondern auch noch die angränzenden Gegenden des Leitmeritzer Kreises damit versieht. Thonschiefer wird an mehren Orten gebrochen und zu Dachschiefertafeln gespalten, welche im Kreise selbst verwendet und auch in andere Gegenden verführt werden. Von Wichtigkeit sind ferner die in bedeutender Menge vorkommenden sogenannten Halbedelsteine, als Achat, Carneol, Jaspis u. dgl., welche meist zu Ring- und Petschaftsteinen und zu Poliersteinen geschliffen werden; aber auch wirkliche Edelsteine liefert der Kreis, nämlich den Saphir und den Chrysolith, ersteren zwar nicht in solcher Menge, daß er als Handelswaare benützt werden kann, wohl aber den letztern, welcher an Farbe und Reinheit dem orientalischen nahe kommt.

Hinsichtlich der Produkte des Pflanzenreiches gehört der Bunzlauer Kreis unter die fruchtbaren Bezirke von Böhmen. Er erzeugt nicht nur an allen Produkten der Landwirthschaft seinen Bedarf, sondern hat auch an manchen derselben noch Ueberfluß. Der südliche und mittlere Theil des Kreises ist eigentliches Getraideland, und der Landbau ist hier die Hauptbeschäftigung der Einwohner und die vorzüglichste Nahrungsquelle. Mit seinem Ueberflusse hilft er der übervölkerten Gebirgsgegend, welche ihren Bedarf nicht erzeugen kann, aus. Korn ist die Hauptfrucht, neben welcher aber auch noch die andern Getraidearten, vornämlich Gerste und Waizen, erbaut werden. Das Gebirge, so weit es den Getraidebau seiner Lage und Höhe nach noch betreibt, erzeugt vorzüglich Haber; nebstdem ist Flachs eines der Hauptprodukte desselben *). Hülsenfrüchte, Raps, Mohn, Erdäpfel (im Gebirge die Hauptfrucht und die gewöhnlichste Nahrung der arbeitenden Klasse), Kohlkraut, Rüben

*) Nach einem zehnjährigen Durchschnitte der Getraidepreise auf den 6 Hauptmärkten des Kreises, zu Gabel, Jung-Bunzlau, Melnik, Rimburg, Turnau und Reichenberg, von 1821 bis 1830, ist der Mittelpreis auf dem Markte zu Gabel von einem n. ö. Metzen Waizen in W. W. 7 fl. 20 kr., Korn 5 fl. 37 kr., Gerste 4 fl. 19½ kr., Haber 3 fl. 6½ kr. Der höchste Preis war 1828 von Waizen 9 fl. 16 kr., von Korn 8 fl. 5 kr., von Gerste 6 fl. 5 kr., von Haber 3 fl. 30 kr., und der niedrigste 1825 von Waizen 5 fl. 10 kr., von Korn 3 fl. 20 kr., von Gerste 2 fl. 21 kr., von Haber 1 fl. 56 kr. in W. W. Mit diesen fast gleich sind die Preise auf dem Markte zu Turnau. Auf dem Markte zu Reichenberg sind die Preise im Durchschnitte 20 bis 40 kr. pr. Metzen höher, in den Städten des Flachlandes dagegen um 15 bis 30 kr. pr. Metzen niedriger, als in Gabel und Turnau.

mancherlei Art, sind nebst den erwähnten Getraidearten die gewöhnlichen Produkte des Landbaues. In der neuesten Zeit hat auf den Herrschaften Dobrawitz und Lautschin auch der Bau der Runkelrüben und die Verwendung derselben zur Zuckererzeugung im ausgedehnten Verhältnisse begonnen. Hopfen wird hauptsächlich im südwestlichen Theile des Kreises in bedeutender Menge erbaut, so daß er als Handelsartikel von da in andere Gegenden und ins Ausland verführt wird, so wie in dem daran gränzenden Theile des Leitmeritzer Kreises, mit welchem diese Gegend die Lage und Produkte gemein hat. Außerdem ist der Hopfenbau auch in andern Gegenden des Kreises verbreitet, und viele Dominien erzeugen ihren eigenen Bedarf an demselben. Der Gartenbau und die Obstbaumzucht sind in diesem Kreise von geringerer Bedeutung als im Leitmeritzer; doch hat der Obstbau auch in den südlichen und südwestlichen Gegenden, die ihrer Lage nach sich mehr dazu eignen, eine größere Ausdehnung erhalten. Die Area der ackerbaren Felder des Kreises beträgt 262,717 Joch 700 □Kl., die der Trischfelder 43,813 Joch 136⅔ □Kl., Wiesen sind 47,911 Joch 1515 □Kl., und Gärten 7709 Joch 1107⅔ □Kl., Hutweiden und Gestrippe 30,775 Joch 1311 □Kl. Berühmt ist der Kreis wegen seines Weinbaues, welcher in den Gegenden bei Lissa, Benatek, hauptsächlich aber bei Melnik, verbreitet ist. Der hier erzeugte Wein ist durchgängig von rother Farbe; die Reben stammen aus Burgund und der Melniker Wein gehört unter die im Innlande und auch im Auslande mit Recht geschätzten Weinsorten. Die Area sämmtlicher Weinberge im Kreise beträgt 940 Joch 749 □Kl.

Die Waldungen des Kreises nehmen beiläufig den dritten Theil der nutzbaren Bodenfläche ein; sie betragen 212,638 Joch 499⅔ □Kl. Im Zusammenhange verbreitet, bedecken sie das Hohe Isergebirge und zum Theile die davon auslaufenden Gebirgszweige, so wie das nordwestliche Gränzgebirge bei Röhrsdorf, wo sie wieder mit denen des Leitmeritzer Kreises zusammenhangen. Auch die Abhänge der zerstreuten Kegelberge sind mit Wald bedeckt, von welchen er sich auch über einen Theil der Ebenen zwischen denselben verbreitet. Im südöstlichen Flachlande finden sich gleichfalls ausgedehnte gutbestandene Waldungen, und obwohl in einigen Gegenden Holzmangel herrscht, so deckt der Kreis doch sein Bedürfniß, und im Gebirge bleibt ein bedeutendes Quantum für Betreibung von holzverzehrenden Industrialwerken übrig; auch wird aus einigen Gegenden noch in den Leitmeritzer Kreis und nach Sachsen Holz abgelassen. Im Hochgebirge ist die Fichte die vorherrschende Holzart, im Mittelgebirge finden sich auch die übrigen Nadelholzarten, und unter den Laubhölzern vornehmlich die Buchen und Birken verbreitet. Die Kiefer bedeckt fast ausschließlich die sandigen Ebenen im westlichen und nordwestlichen Theile; im südöstlichen bildet die Kiefer und Eiche den Hauptbestand der Waldungen. Nebst der Benützung zur Feuerung und zum Bauen wird das Holz in den Gebirgsgegenden zu mancherlei Geräthen, als Schaufeln, Schachteln, Spinnwerkzeugen u. dgl. verarbeitet, mit welchen im Lande ein beträchtlicher Handel getrieben wird. Die Benützung des Holzes zur bloßen Erzeugung der Potasche und der sogenannten Zunderasche, welche in den waldreichen Gebirgsgegenden vordem Statt fand, hat seit der bessern Verwerthung desselben in Folge der Zunahme der Bevölkerung und der Industrie aufgehört, und Potasche wird nur noch als Nebenprodukt aus der gesammelten Holzasche der Herd- und Ofenfeuer erzeugt. Andere Nebenprodukte der Kieferwaldungen im mittlern und westlichen Theile des Kreises sind Kienruß, Pech und Theer.

Daß die Vegetation überhaupt bei solchem Wechsel von geognostischen und klimatischen Verhältnissen eine bedeutende Mannichfaltigkeit darbieten müsse, läßt sich wohl vermuthen. Mit Uebergehung derjenigen Pflanzen, welche unter ähnlichen Verhältnissen und bei ähnlicher Lage in unserm Vaterlande unter die fast allgemein verbreiteten gehören, führen wir aus der gesammten Flora des Kreises nur diejenigen auf, welche ihm fast ausschließlich eigen und zugleich für die klimatischen und geognostischen Verhältnisse bezeichnend sind *). Auf dem Isergebirge und seinen Vorbergen finden sich: **Linnaea borealis Gronov.**; **Juniperus nana, Salix iserana,** *Presl.*; **Pinus pumilio,** *Haenke*; **Valeriana exaltata,** *Mikan*; **Valeriana sambucifolia,** *Mikan*; **Galium hercinium,** *Weigel*; **Pneumonanthe asclepiadea,** *Presl*; **Meum athamantinum,** *Jacqu.*; **Scheuchzeria palustris,** *L.*; **Epilopium nutans,** *Schmidt*; **Vaccinium uliginosum,** *L.*; **Empetrum nigrum,** *L.*; **Lycopodium inundatum,** *L.*; **Orchis longebracteata,** *Schmidt*; **Drosera longifolia,** *L.*; **Abama ossifraga,** *Lam.*; **Allium victoriale,** *L.*; **Streptopus amplexicaulis,** *Pohl*; **Veratrum Lobelianum,** *Bernh.*; **Andromeda polyfolia,** *L.*; **Saxifraga muscoides,** *Sternb.*; **Stellera pasterina,** *L.*; **Orchis strictifolia,** *Opitz*; **Lilium bulbiflorum,** *L.*;

*) Der um die vaterländische Pflanzenkunde sehr verdiente Botaniker, Herr Philipp Max. Opiz, hat uns dieses Verzeichniß gefälligst mitgetheilt.

Poa sudetica, *Haenke*; Ranunculus aconitifolius, *L.*; Phleum alpinum, *L.*; Swertia perennis, *L.*; Juncus trifidus, *L.*; Aconitum amoenum et Braunii, *Reichenb.*; Botrychium matricarioides, *W.*; Splachnum gracile, Grimmia rivularis, *Bridel*; Grimmia striata, *Schrad.*; Trichostomum aviculare aquaticum, *Bridel*; Hypnum umbratum, *Hoffm.* Am Jeschken und seinen Abhängen: Cardamine silvatica, *Link*; Alnus incana, *W.* Im Neissethale bei Kratzau: Arum maculatum, *L.* Auf den Vorbergen: Polygala montana, *Opitz.* An den Kegelbergen bei Wartenberg: Myosotis lithospermifolia, *Hornem.*; Verbascum montanum, *Schrad.* Bei Melnik: Cytisus canescens, *Maly.* Bei Kokořin: Cypripedium calceolus, *L.* Im Sandlande: Silene tenerrima, *Presl*; Hesperis inodora, *L.* An den Basaltfelsen der Teufelsmauer: Lecidea olivacea, *Opitz*; endlich in der reichbewässerten Gegend von Hirschberg: Ledum palustre, *L.*; Cineraria sibirica, *L.*; Littoralis lacustris, *L.*; Calla palustris, *L.*; Rhinchospora alba et Rh. fusca, *Pohl*; Oxycoccus palustris, *Pers.*; Dianthus sylvaticus, *Hoppe*; Orchis palustris, *Jacq.*; Euphorbia palustris, *L.*

Der landwirthschaftliche Viehstand betrug nach der von der k. k. Oekonomisch-Patriotischen Gesellschaft mitgetheilten Tabelle, am 30. April 1833, zufolge der von der hohen Landesstelle veranlaßten Zählung:

	bei den Obrigkeiten.	bei den Unterthanen.	Zusammen.
Pferde	719 (702 Alte, 17 Fohlen)	12655 (11460 Alte, 1195 Fohlen)	13374
Rindvieh	9113 (229 Zuchtstiere, 275 junge Stiere, 4821 Kühe, 2307 Kalbinnen, 41 Mastochsen, 1086 Zugochsen, 354 junge Ochsen)	97750 (506 Zuchtstiere, 510 junge Stiere, 64014 Kühe, 18228 Kalbinnen, 329 Mastochsen, 11081 Zugochs., 3082 junge Ochsen)	106863
Schafe	106861 (82789 Alte, 24072 Lämmer)	55155 (41997 Alte, 13158 Lämmer)	162016

Im Jahre 1788 betrug die Anzahl der Pferde 13934, der Ochsen 13920, der Kühe 66990 und die der Schafe 94785. Nach der verschiedenen Lage und den verschiedenen Gegenden des Kreises ergeben sich hiezu folgende Bemerkungen. Die Pferdezucht findet fast ausschließlich im flachen Lande, und am meisten in den südlichen und südöstlichen Gegenden des Kreises Statt. Von der oben angegebenen Anzahl der Fohlen entfällt nur eine unbedeutende Zahl auf die Gebirgs-Gegenden und das nördliche Flachland. So ist auch die Anzahl der Ochsen überwiegend in den Gebirgsgegenden gegen die der Pferde, welche in einigen Gegenden des Flachlandes gegen jene vorherrschen, in den meisten sich aber fast gleichstellen; bloß die Herrschaft Reichenberg macht hievon eine Ausnahme, wo eine bedeutende Menge Pferde für andere als landwirthschaftliche Zwecke gehalten werden. Im nördlichen Flachlande übertrifft dagegen wieder die Anzahl der Ochsen die der Pferde um ein Bedeutendes, und überhaupt ist in diesen Gegenden, so wie im Gebirge, das Verhältniß des Rindviehes zur Area bedeutend größer, als im südlichen Flachlande. Der Schlag des Rindviehes ist dort auch bedeutend größer und kräftiger als hier, mit Ausnahme jedoch des Viehstandes auf den herrschaftlichen Maiereien. Aus den Gebirgsgegenden werden eine bedeutende Anzahl Kälber im Winter nach der Hauptstadt geliefert, sonst wird aber Schlachtvieh noch eingeführt, da der Kreis, besonders bei der starken Consumtion in den Industrialgegenden, seinen Bedarf nicht erzeugt. Die Schafzucht findet sich im mittlern und südlichen Theile verbreitet; sie fehlt gänzlich im höhern Gebirge, und ist unbedeutend in den Mittelgebirgsgegenden, wo sie fast nur auf den herrschaftlichen Maiereien betrieben wird. Im Gebirge vertritt die Ziege häufig die Stelle der Kuh, besonders bei den ärmern Häuslern; im Jahre 1788 war die Anzahl der Ziegen 9288, sie dürfte jetzt eher zu- als abgenommen haben. Die Schweinzucht ist nicht unbedeutend, im vorgedachten Jahre betrug die Anzahl derselben 14701; in den südlichen Gegenden findet sie sich auch beim gemeinem Landmanne verbreitet. Federviehzucht, besonders die der Gänse, wird häufig betrieben; von minderer Bedeutung, als sie seyn könnte, ist die Bienenzucht. Ein Stand von freiem Wild (Hirsche und Rehe) findet sich noch in den Wäldern des Hochgebirges, außerdem ist dieß Wild, so wie die Damhirsche, auf die Thiergärten beschränkt, von welchen sich einige von Bedeutung finden. Im Flachlande ist der Hase der Hauptgegenstand der Jagd. Von Federwild finden sich das Auerhuhn und Birkhuhn in den Gebirgswaldungen, seltener erscheint das Haselhuhn, das Rebhuhn sehr häufig im Flachlande, und Fasanerien finden sich vorzüglich im südöstlichen Theile des Kreises. Die Vogelstellerei wird im Gebirge, besonders stark in einigen Ortschaften der Industrialgegend, betrieben. Unter den schädlichen Thieren erscheint der Fuchs häufig, seltner der Dachs; Wölfe, welche in früherer Zeit, so wie Bären, im Hochgebirge hausten, sind schon längst gänzlich ausgerottet. Die Gewässer des Hochgebirges sind reich an Forellen; in den größern Bächen und in den Flüssen finden sich auch Aale und Aalrupen, in den Teichen hauptsächlich Karpfen und Hechte.

Einwohner. Die Volksmenge betrug nach dem Konskriptions-Summarium vom Jahre 1831: 399585; nach Abschlag jedoch von 14583 theils in andern Gegenden Böhmens, theils im Auslande Abwesenden, und Zurechnung von 7300 anwesenden Fremden, im Ganzen 392302, nämlich 182127 männliche und 210175 weibliche Individuen. Unter dieser Gesammtzahl sind 297 Geistliche, 72 Adelige, 569 Beamte und Honoratioren, 5428 Gewerbsinhaber, Künstler und Studirende, und 11876 Bauern.

Der Kreis zählt ferner 2 königliche Städte, 1 königliche Leibgedingstadt, 12 Schutzstädte und 30 Städtchen und Märkte, 6 Vorstädte und 1032 Dörfer, und zusammen 59660 Häuser. Die Fläche des Kreises im Ganzen genommen, ergeben sich auf eine □Meile 5078 Bewohner; zieht man jedoch den unfruchtbaren, nicht benutzbaren Theil ab, so kommen auf die □Meile urbaren Bodens 6662 Einwohner. Die Bevölkerung des Kreises ist jedoch keineswegs gleichförmig vertheilt, und das Verhältniß derselben zur Area ist im Gebirge auffallend größer als im flachen Lande, ja in einigen Gegenden ein mehrfaches gegen das Letztere. Im Durchschnitte ist die Bevölkerung im Flachlande, welches $\frac{1}{3}$ von der Area des Kreises einnimmt, die Hälfte von der in den übrigen $\frac{2}{3}$ des Gebirgslandes, wozu wir hier die Hften. Groß-Skal, Münchengrätz, Swigan, Semil, Klein-Skal, Jessenev, Nawarow, Alt-Aicha, Böhmisch-Aicha, Mohoseh, Morchenstern, Reichenberg, Friedland, Grafenstein, Lämberg, Gabel, Reichstadt und Wartenberg zählen. Es beträgt nämlich die Volksmenge dieser genannten Dominien 260959, und die des flachen Landes 131,343. Am dichtesten ist die Bevölkerung auf den Herrschaften Reichenberg, Morchenstern und im nördlichen Theile der Herrschaften Semil und Klein-Skal. Seit dem Jahre 1788 ergiebt sich eine Vergrößerung der Volkszahl von 114392, und der Häuserzahl von 5614. Es ist merkwürdig und für die Beschäftigungs- und Lebensweise der Einwohner nicht ohne Interesse, daß auch die Zunahme der Bevölkerung seit dem Jahre 1788 in den Gebirgsgegenden in einem weit stärkern Verhältnisse statt gefunden hat, als im Flachlande; es findet sich nämlich der Zuwachs in der oben bezeichneten Gebirgsgegend im Durchschnitte von 80 auf 100, während sich im übrigen Theile des Kreises bloß eine Vermehrung von 31 auf 100 zeigt. Nach dem zehnjährigen Durchschnitte von 1821 bis 1830 kommen auf ein Jahr 15458 Geburten, ohne die Todtgebornen, und 10909 Sterbefälle: daraus ergiebt sich der jährliche Bevölkerungszuwachs mit 4549 Seelen. Die Anzahl der Todtgebornen ist jährlich 230.

In kirchlicher Hinsicht gehört der Kreis zur Diözes des Leitmeritzer Bisthums. Er ist in 9 Vikariate eingetheilt, nämlich Friedland, Hirschberg, Gabel, Reichenberg, Semil, Turnau, Melnik, Jung-Bunzlau und Nimburg. Die Seelsorge ist in 141 Kirchsprengel vertheilt, welchen 13 Dechante, 91 Pfarrer, 33 Lokalisten und 4 Expositen vorstehen. Klöster von Ordensgeistlichen sind 6, nämlich ein Piaristen-Collegium mit einem Rektor und 11 Priestern in Jung-Bunzlau; ein Augustiner-Kloster in Weißwasser, mit einem Prior und 2 Priestern; ein Franziskaner-Kloster in Haindorf, mit einem Guardian, 3 Priestern und 2 Laien; ein Franziskaner-Kloster in Turnau, mit 1 Guardian, 2 Priestern und 2 Laien; ein Kapuziner-Kloster in Melnik, mit einem Subprior, 2 Priestern und 2 Laien und eines dergleichen in Reichstadt mit einem Guardian, 2 Priestern und 3 Laien. Die Akatholiken haben im südlichen Theile des Kreises 6 Bethäuser, und sind in 5 Pastorate der helvetischen Confession, und 1 der lutherischen Confession vertheilt; die im nördlichen Theile in den Gränzorten wohnenden sind zur Seelsorge der protestantischen Kirchen in Seidenberg und Waigsdorf in Sachsen zugewiesen. Die Juden haben eine Synagoge und einen Kreisrabbiner. Schulen sind 304, worunter 2 Hauptschulen, 3 Fabriksschulen und 2 Mädchen- und Industrialschulen, dann eine Israelitenschule; die Anzahl der Schulkinder ist 52223. Von höhern Schulanstalten ist hier ein Gymnasium und eine Realschule wird so eben errichtet.

Die oberste politische Behörde des Kreises ist das k. k. Kreisamt in Jung-Bunzlau, welchem in politischer Hinsicht die sämmtlichen Magistrate der königlichen und der Municipal-Städte, und die Aemter der Dominien untergeordnet sind. Die Anzahl der Dominien (Herrschaften und Güter), von welchen zuweilen mehre unter Einer Verwaltung vereinigt sind, ist 75. Für die Justizverwaltung in erster Instanz bestehen 17 Magistrate zweiter Klasse, und 58 Ortsgerichte, welche in Judicialibus dem k. k. Apellations-Gerichte zu Prag unterstehen. Das Richteramt verwalten in den Städten 3 geprüfte

Bürgermeister und 22 geprüfte Räthe, in den Ortsgerichten 27 Justiziäre; von Letztern versehen einige mehre Dominien. Die Criminal-Gerichtsbarkeit wird vom Criminal-Gerichte in Jung-Bunzlau verwaltet.

In militärischer Hinsicht bildet der Kreis den Werbbezirk eines Infanterieregimentes (gegenwärtig Nr. 36, Palombini), zu welchem aber noch ein Theil des Leitmeritzer Kreises gehört; von diesem Regiments-Commando wird auch die Conscriptions-Revision besorgt, und der Kreis ist für diesen Zweck in folgende 9 Sektionen eingetheilt:

1. Sektion; die Dominien Benatek, Bezno, Koschatek, Lieblitz, Lissa, Melnik, Nebuzel, Niměřitz, Řepin, Sowinka, Stranow, Čegtitz, Ober-Widim und Wrutitz, sammt den Städten Benatek, Melnik, Nimburg und Wegstadtel.

2. Sektion: die Dominien Brodetz, Březno, Diettenitz, Dobrawitz, Domausnitz, Kost, Krinetz, Lautschin, Mladiegow, Rozdialowitz und die Stadt Jung-Bunzlau, sammt dem dazu gehörigen Gute.

3. Sektion: die Herrschaften Groß-Skal, Münchengrätz und Swigan, mit den incorporirten Gütern.

4. Sektion; die Herrschaften Klein-Skal und Semil, mit den Gütern Nawarow und Jessenep.

5. Sektion; das Gut Alt-Aicha, die Stadt und Hft. Böhmisch-Aicha, die Hft. Groß-Rohosetz, und die Stadt Turnau.

6. Sektion; die Hft. Morchenstern und die Stadt und Herrschaft Reichenberg.

7. Sektion; die Stadt und Herrschaft Friedland, sammt der Stadt Neustadtel, und die Herrschaft Grafenstein mit der Stadt Kratzau.

8. Sektion; die Stadt und Herrschaft Gabel und die Herrschaften Lämberg, Reichstadt und Wartenberg.

9. Sektion; die Dominien Groß-Wschelis, Hauska, Hirschberg, Klein-Wschelis, Kosmanos, Krnsko, Mscheno-Lobes, Neu-Perstein, Niemes, Skalsko, Stranka, Weißwasser und Wiska, sammt der Stadt Weißwasser.

Das Sanitätswesen wird von einem k. k. Kreisphysikus und einem k. k. Kreischirurgen, 7 graduirten Aerzten, Doktoren der Medizin, 3 Doktoren der Chirurgie und 68 Chirurgen, dann 341 geprüften Hebammen besorgt; Apotheken sind 18.

Erwerbsquellen der Einwohner. Nach der verschiedenen Lage und der Dichtheit der Bevölkerung der verschiedenen Gegenden dieses Kreises, fließen die Nahrungs- und Erwerbsquellen der Einwohner entweder aus dem Landbaue, oder aus der Industrie. In dem größten Theile des Kreises, nämlich im ganzen mittlern und südlichen Theile, ist Landbau fast die ausschließliche Nahrungsquelle, und nur zerstreut finden sich einige große Industrie-Anstalten. In den Vor- und Mittelgebirgs-Gegenden ist nebst dem Landbaue auch Betreibung von Gewerben die Beschäftigung; im Hochgebirge hingegen findet sich Industrie von mannichfaltiger Art als Hauptbeschäftigung, und der kärgliche Landbau liefert für die überaus dichte Bevölkerung einen sehr geringen Beitrag zu den nothwendigen Bedürfnissen. Die beiden letzten Regionen sind daher auch der Sitz eigentlicher Commerzial-Gewerbe, während im Flachlande sich bloß Gewerbtreibende für die Befriedigung der unentbehrlichsten Bedürfnisse, oder sogenannte Polizeigewerbe, und selbst in den meisten Städten dieser Gegenden nur wenig Commerzial-Gewerbe vorfinden, wie aus dem Gewerbsstande, welcher bei der Topographie der Dominien und Ortschaften angeführt wird, ersichtlich ist. Die Anzahl aller Gewerbtreibenden, mit Inbegriff des Hilfspersonale, beträgt im ganzen Kreise 29966 Personen. Die Mannichfaltigkeit und Wichtigkeit der eigentlichen Commerzial-Gewerbe wird aus der folgenden Uebersicht, welche aus den einzelnen ämtlichen mitgetheilten Gewerbstabellen der Dominien und Städte vom Jahre 1832 zusammengetragen ist, ersichtlich seyn. Es finden sich von größern Industrial-Anstalten: 25 Baumwollenspinnereien mit 1138 Arbeitern, 10 Baumwollenwebereien mit 1028 Webstühlen, 47 Garn- und Leinwandbleichen, 1 Eisenwerk mit 36 Arbeitern, 6 Glashütten; die Glasfabrikation und Bearbeitung, mit Inbegriff der Glasschmelz- oder Compositions-Bearbeitung, beschäftigt 2742 Personen. Kattunfabriken sind 16 mit 2404 Arbeitern; eine Maschinenfabrik beschäftigt 150 Personen; Papiermühlen sind 8 mit 60 Arbeitern; Papiermaché-Fabrikanten sind 6 mit 73 Gehilfen. Ferner sind 33 Schafwollspinnereien mit 990 Arbeitern, 6 Tuch- und Kasimirfabriken mit 850 Arbeitern, 3 Türkischroth-Färbereien, 2 Wollzeugfabriken mit 65 Gehilfen. Die Zuckererzeugung aus Runkelrüben beschäftigt 150 Menschen. Commerzial-Gewerbe treibende Meister und Gewerbsinhaber sind außerdem von folgenden Gewerbsarten, als: 4 Bandwirker, 7 Blattbinder, 17 Buchbinder, 23 Büchsenmacher, 9 Drechsler, 70 Färber, 6 Feilenhauer, 43 Gelbgießer, 9 Gold- und Silberarbeiter, 3 Granatenbohrer, 4 Hammerschmiedte, 51 Handschuhmacher, 51 Hutmacher, 14 Kammmacher, 80 Kürschner, 14 Klämpner, 5 Knopfmacher, 7 Kupferschmiedte, 130 Lohgärber, 5 Maschinenbauer, 20 Nagelschmiedte, 4 Posamentierer, 6 Pottaschensieder, 45 Riemer, 13 Sägenschmiedte, 42 Sattler, 85 Seifensieder, 65 Seiler, 160 Schilf- und Strohflechter, 105 Schlosser, 51 Steinschneider, 76 Strumpfstricker, 183 Strumpfwirker, 62 Töpfer, 34 Tuchbereiter, 1061 Tuchmacher mit 1169 Gesellen und Lehrlingen, 129 Tuchscheerer, 12 Tuchwalker, 25 Uhrmacher, 11 Wachszieher, 171 Wagner, 3670 Weber mit 1245 Gesellen und Lehrlingen, 61 Weißgärber, 9 Zeugweber, 4 Zinngießer, 8 Zirkelschmiedte. Ueber die Anzahl der Flachsspinner ist keine vollständige Angabe vorhanden; doch ist die Anzahl sowohl derjenigen, welche die Spinnerei als einzige Erwerbsquelle, als auch derer, welche sie nebenbei betreiben, gewiß äußerst beträchtlich.

Die Anzahl der mit Handel beschäftigten Personen beträgt 1346; darunter sind gegen 600 Hausirer, von welchen besonders viele in der Gebirgsgegend der Herrschaften Semil, Nawarow, Klein-Skal, Swigan ꝛc. ansässig sind, welche den Hausirhandel vorzüglich mit Glasprodukten sowohl im Inlande als auch im fernen Auslande betreiben.

Der Werth sämmtlicher durch Gewerbs-Industrie erzeugten Produkte betrug im J. 1825 die bedeutende Summe von 9,987494 W. W.

Die Post- und Commercial-Hauptstraßen, welche diesen Kreis durchschneiden, sind folgende: 1) die von Prag über Brandeis nach Jung-Bunzlau führende Straße; sie theilt sich hier in 3. Zweige, wovon der 1. von da nach Sobotka, der 2. über Münchengrätz und Liebenau nach Reichenberg, und weiter über Friedland nach Seidenberg in der Lausitz führt; der 3. Zweig führt von Jung-Bunzlau nach Weißwasser, und theilt sich hier abermals in 2 Arme, wovon der eine über Hühnerwasser, Niemes, Gabel nach Zittau, der andere über Hirschberg auf die Rumburger Post- und Commerzialhauptstraße führt, mit welcher er sich bei Neuschloß vereinigt. 2) Die von Tetschen an der Elbe nach Mähren und Schlesien führende Straße geht von Haide, im Leitmeritzer Kreise, über Reichstadt, Niemes, Hühnerwasser, Münchengrätz und Sobotka nach Gitschin im Bidschower Kreise; sie durchschneidet alle vorher angeführten Straßenzweige, und verbindet sie untereinander. 3) Endlich führt eine Hauptstraße von Jung-Bunzlau über Nimburg und Podiebrad, wo sie die von Prag nach Königgrätz führende Hauptstraße durchschneidet, nach Kollin auf die Wiener Hauptstraße. Außer diesen Hauptstraßen giebt es viele Landstraßen zur Verbindung der Ortschaften und Dominien; diese sind im Gebirge grossentheils gut und chaussééartig unterhalten, im Flachlande aber, aus Mangel an geeignetem Pflasterungs-Material, theils sandig, theils lehmig, und dann in nasser Jahrszeit schlecht zu befahren. Ein k. k. Strassenkommissär zu Münchengrätz, und das in die Orte Nimburg, Jung-Bunzlau, Liebenau, Reichenberg, Friedland, Niemes, Hirschberg und Sobotka vertheilte k. k. Strassenaufsichts-Personale trägt Sorge für die Herstellung und Erhaltung der Hauptstraßen.

Die Erhebung der Zölle, Aufrechthaltung der Zollgesetze und Bewahrung der Gränze steht unter der k. k. Kameral-Bezirksverwaltung in Jung-Bunzlau, welchem das k. k. Zollkommissariat in Reichenberg und die k. k. Zoll-Legstätte daselbst, die k. k. Commerzial-Zollämter in Grottau, Ebersdorf und Petersdorf, die k. k. Gränzzollämter in Kohlige, Kunnersdorf, Heinersdorf und Neustadtel, dann die k. k. Commerzial-Stempelämter in Mergenthal, Zwickau und Gabel, und die 9. Compagnie der k. k. Gränzwache untergeordnet sind.

Sprache der Einwohner. Beide Landessprachen, die teutsche und die böhmische, herschen in diesem Kreise. Erstere ist die ausschließliche Volkssprache im ganzen nördlichen Theile und längs der Gränze mit dem Leitmeritzer Kreise, bis zum südlichsten Theile derselben; letztere herrscht am südlichen Abhange des Gebirges und im ganzen mittlern und südlichen Theile des Kreises. Von den 141 Kirchsprengeln desselben herrscht die teutsche Sprache in 58, mit 186,850 Einwohnern, die böhmische in 69, mit 172,571 Einwohnern, und in 14 Kirchsprengeln mit 40156 Einwohnern ist die Sprache gemischt. Der teutsche Dialekt des Landmannes ist von dem im Leitmeritzer Kreise und in der angränzenden Lausitz herrschenden nicht verschieden; eine Eigenthümlichkeit desselben besteht in der ganz besondern Aussprache des Lautes L in der Mitte und am Ende der Worte, welches meist so klingt, wie das sogenannte grobe L in der polnischen Sprache; diese Aussprache findet sich vorzüglich in der Gegend von Reichenberg. Die böhmische Sprache wird in diesem Kreise mit besonderer Reinheit in den Gebirgsgegenden gesprochen.

Sitten und Gebräuche. Was in Beziehung auf diese in der allgemeinen Uebersicht des Leitmeritzer Kreises angeführt worden ist, hat auch hier seine Giltigkeit, und es ist merkwürdig, daß dieselben althergebrachten Gebräuche sich sowohl bei den teutschen als bei den böhmischen Bewohnern finden. Etwas mehr Verschiedenheit herrscht in

der Kleidung. Der böhmische Landmann trägt seine kurzen Beinkleider gern von ungefärbtem Leder, liebt als Kopfbedeckung die hohe Pudelmütze, und wählt für seinen langen Rock gern lichtgraue Farben, während der teutsche Landmann meist schwarzgefärbte Lederhosen, einen Hut mit breiter Krämpe, welche zuweilen aufgestützt wird, und einen kürzern Rock von meist dunkelblauer Farbe trägt. Auch die Tracht des weiblichen Geschlechtes hat viel Eigenthümliches. Die runde Kappenhaube mit einem schmalen, glatt an Stirne und Wange anliegenden Spitzenbesatz, ist fast bloß Eigenthum der Verheuratheten; die ledige weibliche Jugend trägt das Haar meist in Zöpfe geflochten, welche auf dem Scheitel zu einem nestartigen Geflechte zusammengelegt und mit einer querdurchgesteckten langen Nadel befestigt werden; dieser Kopfputz wird dann bloß durch ein Tuch bedeckt. Steife Mieder mit hohem Latze, oft mit Goldborten und an den Achseln mit bunten Bandschleifen besetzt, kurze faltenreiche Röcke, und in einigen Gegenden rothe Strümpfe und Schuhe mit hohen Absätzen, vollenden das Charakteristische desselben. In den Industrie treibenden Gegenden ist die Kleidung beider Geschlechter mehr städtisch und dem Wechsel der Mode unterworfen. Talent und Liebe zur Musik finden sich auch hier, sowohl bei den teutschen als bei den böhmischen Einwohnern, und Musik und Tanz, so wie Schauspiele, gehören unter die vorzüglichsten Volksbelustigungen. Das Vogelschießen, welches sich aus Sachsen in die Städte des Leitmeritzer Kreises verpflanzt zu haben scheint, ist im Bunzlauer Kreise nicht üblich, wohl aber das Scheibenschießen, und nicht bloß die Städte, sondern auch viele Dörfer in den Industriegegenden haben ihre Schießstätten und Schützengesellschaften.

Was für Wohlthätigkeits-Anstalten sowohl in früherer als in der neuesten Zeit geschehen ist, wird in der Topographie bei den Dominien und Ortschaften angezeigt werden.

Königliche Kreisstadt Jung-Bunzlau.

Die königliche Kreisstadt Jung-Bunzlau (böhm. Mlada Boleslaw, latein. Neo-Boleslavia) liegt fast mitten in der südlichen Hälfte des Kreises, 117,5 Wien. Klafter über der Nordsee und 15 W. Kl. über der Iser, am linken Ufer dieses Flusses, welcher hier den aus dem Podoletzer Teiche abfließenden Bach Klenice aufnimmt, 7 Postmeilen von der Hauptstadt Prag, an den von derselben nach Schlesien und der Ober-Lausitz führenden Hauptstraßen, unter 50° 24′ 50″ nördlicher Breite und 32° 34′ 12,5 östlicher Länge, nach Astronom David *).

Das Gebiet der Stadt, wozu auch das weiterhin als ein besonderes Dominium näher zu beschreibende Gut Jung-Bunzlau gehört, gränzt gegen Norden an die Hschft. Münchengrätz, gegen Osten an die Hschft. Brezno, gegen Süden an die Hft. Dobrawitz und gegen Westen an das Gut Tscheptitz und die Hschft. Kosmanos.

Der Boden, auf dem die Stadt liegt, gehört zu der Hochebene, welche die ganze südliche Hälfte des Bunzlauer Kreises einnimmt und sich allmählich mit sanft wellenförmiger Oberfläche nach Süden gegen das Elbthal abdacht. Diese Hochebene wird hier vom Iserthale und dem in dasselbe mündenden nicht sehr breiten Thale des Klenice-Baches durchschnitten. Die Gehänge dieser Thäler sind sehr steil, zum Theil felsig; die Felsarten, welche den Untergrund hier wie im ganzen südlichen Theile des Kreises bilden, nämlich Quadersandstein und Plänerkalk, kommen an diesen Thalgehängen häufig zum Vorschein; eben so in einigen Hohlwegen und sogenannten Racheln. Auf dem Vorsprunge, welcher durch das Zusammentreffen der beiden Thäler gebildet wird, liegt das Schloß von Jung-Bunzlau. Die Stadt verbreitet sich auf der Hochebene und an den Gehängen der Thäler. Auf dem Grunde derselben, am Klenice-Bache, liegt die Vorstadt Podoletz. Der Horizont von Jung-Bunzlau wird südlich von der Hügelreihe Chlomek (oder Chlum), nördlich von den Anhöhen bei Kosmanos begränzt. Nordöstlich breitet sich die Ebene weiter aus, und über die Vorberge des Riesen- und Isergebirges, so wie über den Kozakower Gebirgszug schweift der Blick bis an den südöstlichen Theil des Isergebirges, die Gebirge von Hochstadt. Gegen Westen ist

*) Astronomische Ortsbestimmungen von Prag aus über Georgenberg, Melnik ꝛc. Prag 1828.

die Aussicht durch das rechte Thalgehänge der Iser, welches sich etwas mehr hervorhebt, beschränkt; doch zeigen sich nordwestlich die Vorposten des Kegelgebirges, die beiden Pösige.

Jung-Bunzlau besteht aus der eigentlichen Stadt und den Vorstädten. Die Erstere wird in die Altstadt, Neustadt und Judenstadt eingetheilt. Die Vorstädte heißen Podoletz und Ptak. Die Altstadt enthielt bei der letzten Conscription im Jahre 1831 116 H. mit 1205 E.; die Neustadt 114 H. mit 1082 E.; die Judenstadt hatte 32 H. mit 794 E. Von den beiden Vorstädten zählte Podoletz 108 H. mit 895 E., und Ptak 84 H. mit 486 E. Ganz Jung-Bunzlau enthielt demnach 452 H. und 4462 E. Zu bemerken ist hierbei, daß 2 Nummern der Vorstädte zur Hft. Kosmanos gehören, nämlich in Podoletz der sogenannte Friedrichshof oder Podhrad, ein im J. 1823 ganz neu erbauter obrigkeitlicher Maierhof sammt einer dazu gehörigen Schäferei, und in Ptak das ebenfalls obrigkeitliche Bräuhaus. Die meisten Häuser der Stadt sowohl als der Vorstädte sind von Stein aufgeführt. Die Bauart und die Anlage der Stadt im Ganzen ist indessen bei dem Mangel an regelmäßigen Plätzen und geraden Straßen weniger gefällig, als die vieler andern Kreisstädte Böhmens. Das nöthige Quellwasser erhält die Stadt durch einen schon im J. 1547 von Ernest Kragir von Krag angelegten Wasserthurm bei der Unterstaupner Mühle, welcher mittelst eines kunstvollen Werks das Wasser aus der hier befindlichen, sehr ergiebigen, mit der Iser selbst in keiner Verbindung stehenden Quelle nach allen Theilen der Stadt leitet.

Jung-Bunzlau hat sein eignes Stadtwappen, den böhmischen (weißen) Löwen im blauen Felde darstellend, und besitzt einen regulirten Magistrat, welcher zugleich für den Bunzlauer Kreis die Criminal-Gerichtsbehörde ist. Er besteht aus 1 geprüften Bürgermeister, 5 geprüften Räthen, 1 geprüften Sekretär, 2 Criminal-Aktuaren und dem nöthigen Kanzlei-Personale. Außerdem ist hier der Sitz: a. des k. k. Kreisamtes für den Bunzlauer Kreis, bestehend aus 1 Kreishauptmann, 3 Kreis-Kommissären, 2 Concepts-Praktikanten, 8 andern Beamten, nebst 1 Kreis-Ingenieur, 1 Kreis-Physikus, 1 Kreis-Wundarzt und 1 Kreis-Forstexaminator; b. der k. k. Kameral-Bezirks-Verwaltung für den Bunzlauer Kreis; c. einer k. k. Fahr- und Briefpost; und d. eines k. k. Militär-Verpflegs-Magazins.

Außerdem befindet sich in Jung-Bunzlau seit dem J. 1784 das bis dahin in Kosmanos bestandene Piaristen-Collegium, und zwar in dem ehemaligen schon 1345 durch Johann von Michalowitz gegründeten Klostergebäude der Minoriten, welche durch Kaiser Joseph II. hier aufgehoben, und an andere Klöster ihres Ordens vertheilt wurden.

Oeffentliche Lehranstalten sind das von den Piaristen besorgte k. k. Gymnasium, und die theils mit weltlichen Lehrern, theils mit Geistlichen desselben Ordens besetzte Hauptschule.

Bemerkenswerthe öffentliche Gebäude sind: a. das mit 2 Thürmen gezierte, 3 harmonisch zusammenstimmenden Glocken und einer Schlaguhr versehene Rathhaus. Es ist bereits im J. 1550 erbaut worden, und enthält im Innern einen durch seine Höhe merkwürdigen Sitzungssaal und eine vom ehemaligen Stadt-Dechant Rossi gegründete Kapelle. Seit dem J. 1823 ist damit auch das Gebäude des Criminalgerichts für den Bunzlauer Kreis in Verbindung gebracht worden; b. das alte, gegenwärtig in eine Militär-Kaserne umgeschaffene, Schloß Boleslaw, welches bereits Herzog Boleslaw II. (oder der Fromme) im J. 973 angelegt, und zum Unterschiede von dem am rechten Elbufer erbauten, denselben Namen führenden, Mlada Boleslaw (Jung-Bunzlau) genannt haben soll, während das Letztere von nun an Stara Boleslaw (Alt-Bunzlau) hieß; c. das, der bräuberechtigten Bürgerschaft gehörige, von derselben im J. 1822 mit großem Aufwande erbaute Bräuhaus auf der Neustadt, worin im vollen Guß 30 Faß gebraut werden können; d. das von dem vorigen k. k. Postmeister, Ritter von Minkewitz, mit beträchtlichem Kostenaufwande verschönerte, ebenfalls in der Neustadt gelegene Posthaus; und e. das im J. 1817 von Grund auf neuerbaute k. k. Militär-Spital an der nördlichen, gegen Kosmanos gerichteten Seite der Stadt.

Am Ufer der Iser liegt die Stiegenmühle und die Schloßmühle, und östlich von der Vorstadt Podolet, am Bache Klenice, die Dürre Mühle.

Unter den Kirchen verdient zuvörderst 1. die Dechantei- oder Pfarrkirche zu Mariä-Himmelfahrt, auf der Altstadt, unsere Aufmerksamkeit. Sie steht unter dem Patronate des Stadt-Magistrats und soll ihrer jetzigen Gestalt nach schon im J. 1200 an der Stelle der frühern, bereits von Herzog Boleslaw 973 errichteten hölzernen, von Stein erbaut worden, damals aber noch mit Holz gedeckt gewesen seyn, bis im J. 1566 eine Bürgersfrau, Katharina Millitka die Kirche durch ein steinernes Deckengewölbe verschönern ließ. Das Dach brannte in den J. 1631 und 1697 ab, wurde aber jedes Mal bald wieder hergestellt. Die Kirche erhielt 1702 eine neuhinzugebaute Vorhalle, und im J. 1755 durch die Freigebigkeit des damaligen Dechanten Rossi eine wesentliche Verschönerung mittelst steinerner Heiligenbilder. Auch ließ derselbe damals die Dechantei auf seine Kosten überbauen, und eine eigne Wohnung für den Kirchendiener errichten. Bei den Feuersbrünsten der J. 1761 und 1779 wurde die Kirche gleichfalls eingeäschert, und konnte nach dem letzten Brande, mit Ausnahme der Bedachung, selbst bis zum J. 1800 noch nicht vollständig wiederhergestellt werden, so daß die Erneuerung des Hochaltars und der Kanzel, so wie das Ausmalen des Presbyteriums, erst im J. 1822 vollendet wurden. Das Innere der Kirche enthält gute Altarblätter, aber von unbekannten Meistern, und mehre Grabmäler aus früherer Zeit. Merkwürdig darunter ist der beim linken Seitenaltare der schmerzhaften Mutter Gottes eingemauerte rothmarmorne Leichenstein der am 5. Oktober 1677 verstorbnen Wittwe des k. Stadtrichters Adam Kail von Sternberg, welche, laut der böhmischen Inschrift, ein Alter von

100 Jahren erreichte, und 10 Kinder, 32 Enkel, 20 Urenkel und 2 Ururenkel hinterließ. Andere Inschriften beziehen sich auf den Stadtrichter Friedrich Ritter von Bleistein († 1640), Margaretha Waldstein geb. von Lobkowitz († 1615) und den Bischof der Böhmischen Brüder Johann Augusta († 1575). Zu den Merkwürdigkeiten der Dekanal-Kirche gehören auch zwei alte große Kirchengesangbücher, aus dem XVI. Jahrhunderte, mit vielen Schriftverzierungen und Randgemälden; sie sind ein Geschenk der vorhin erwähnten Bürgersfrau Katharina Millitka. Die zu dieser Dekanal-Kirche eingepfarrten Ortschaften sind, außer der Stadt selbst, die zum Gute Jung-Bunzlau gehörigen Dörfer Auhelnitz, Gemnik, Kolomut, Husy-Lhota, Plaß, Repow, Unter-Stakor und Wala (oder Wolanowitz); ferner die fremdherrschaftlichen Chrast und Bezdietschin (Hschft. Kosmanos), Klein- und Groß-Tscheptitz (Gut Tscheptitz) und Winetz oder Podwinetz (Hschft. Dobrawitz); 2. die Kirche zu St. Johann von Nepomuk (ehemals St. Johann der Täufer) auf der Neustadt. Das Jahr ihrer ursprünglichen Errichtung ist nicht bekannt; man sieht aber aus den Errichtungsbüchern, daß sie im XV. Jahrhunderte dem Malthеser-Orden gehörte, welcher hier auch eine Comthurei besaß, und daß ein Mitglied desselben, F. Martinus, im J. 1408 Pfarrer an dieser Kirche war. Im J. 1421 wurde sie, nebst der Comthurei, von den Hussiten zerstört, und erst späterhin durch den in Böhmens Literatur-Geschichte so berühmten Bohuslaw Hassenstein von Lobkowitz, in der Gestalt, wie sie noch gegenwärtig zu sehen ist, wieder hergestellt, und 1589 den Lutheranern übergeben, welche darin bis zum J. 1600 ihren Gottesdienst verrichteten. In neuerer Zeit wurde sie dem hiesigen k. k. Militär als Garnisons-Kirche überlassen, aber wegen ihres baufälligen Zustandes im J. 1812 gesperrt, und im folgenden Jahre veräußert. Bald darauf vereinigte sich indeß eine Anzahl frommer Wohlthäter zur Sammlung milder Beiträge, so daß die Kirche, wie sie noch gegenwärtig ist, wieder in brauchbaren Stand gesetzt und im J. 1818 der öffentlichen Gottesverehrung zurückgegeben werden konnte; sie wurde jetzt zu Ehren des heil. Johann von Nepomuk eingeweiht. Bei dem Seitenaltare rechts sieht man das Grabmal des im J. 1753 verstorbnen Comthurs des teutschen Ordens, Leopold Freiherrn von Rump; 3. die Kirche zu St. Galli, auf der Neustadt. Sie ist nebst dem dazu gehörigen Gottesacker im J. 1539 durch die Bürgerschaft auf einem dem Georg Chaumetzky um 251 Schock abgekauften Gartengrundstücke errichtet worden. Das Innere der Kirche enthält Grabsteine einiger Glieder des gräfl. Hauses Hrzan von Harras auf Wutitz, Hauska und Kosmanos, aus dem XVI. Jahrhunderte, und auf dem Kirchhofe befindet sich die alte Todtengruft der Herren Kragik von Kragk; 4. die mit dem Piaristen-Collegium verbundene Kirche zu St. Bonaventura, gleichfalls auf der Neustadt. Sie wurde zugleich mit dem Klostergebäude im J. 1345 durch Johann von Michalowitz erbaut, und gehörte damals, wie bereits oben gesagt, den P.P. Minoriten. Nach der Zerstörung während der

hussitischen Unruhen überließ im J. 1494 der damalige Grundherr von Jung-Bunzlau, Adam von Kymburg, dieses Kloster den Böhmischen Brüdern (Picarditen), welche es bis zu ihrer Vertreibung aus Böhmen (1602) im Besitz hatten. Nach der Schlacht auf dem Weißen Berge erhielten es im J. 1625, auf Anordnung Kaiser Ferdinand II., die Karmeliter, daher es noch heutiges Tages bei dem Landvolke den Namen „na Karmelu" führt. Im J. 1627 kam es neuerdings an die Minoriten, und von diesen 1784 an die Piaristen.

Die Kirche zu St. Veit, bei dem Gottesacker der Vorstadt Podoletz, ist zugleich mit der zu St. Wenzel, auf der Neustadt, auf Befehl K. Josephs II. im J. 1784 aufgehoben worden. Die Letztere verdankt ihre Erbauung im XVI. Jahrhunderte den Böhmischen Brüdern. Die St. Veits-Kirche aber soll schon zwischen 980 und 1066 von Boleslaw II. oder von Wratislaw gegründet und vom heil. Adalbert eingeweiht worden seyn.

Den Altstädter Platz ziert eine zur Ehren der unbefleckten Gottesgebärerinn und, wie das lateinische Chronogramm besagt, zum Andenken an die Pest vom J. 1680, auf gemeinsame Kosten der ganzen Bürgerschaft errichtete, steinerne Bildsäule.

Die Israeliten haben in dem von ihnen bewohnten Stadttheile eine im J. 1590 erbaute, reichverzierte Synagoge.

Von den 4462 Einw. der Stadt im J. 1831 bekannte sich der größte Theil, nämlich 3655, zur katholischen Religion. Die Zahl der Akatholiken war 13 und die der Israeliten 794. Der hiesige Rabbiner ist zugleich Kreis-Rabbiner. Die vorherrschende Sprache ist die böhmische.

Landwirthschaft, noch mehr aber Gewerbs-Industrie und Handel sind die Nahrungszweige der Einwohner; der Letztere befindet sich größtentheils in den Händen der Israeliten. Die landwirthschaftlichen Grundstücke betrugen nach dem Katastral-Zergliederungs-Summarium vom J. 1833:

	Dominicale.		Rusticale.		Zusammen.	
	Joch.	□Kl.	Joch.	□Kl.	Joch.	□Kl.
An ackerbaren Feldern	217	1560 3/6	1104	773	1322	733 3/6
= Trischfeldern . .	5	455	13	109	18	564
= Wiesen . . .	23	1154	72	696	96	250
= Gärten . . .	3	839	40	420	43	1259
= Teichen mit Wiesen verglichen .	8	1396	—	—	8	1396
= Hutweiden ꝛc. .	14	622	3	138	17	760
= Weingärten . .	—	—	12	792	12	792
= Waldungen . .	1	815	2	801	4	16
Ueberhaupt . . .	275	441 3/6	1248	529	1523	970 3/6

An Vieh besaßen die Bürger zu Ende April 1833: 98 Pferde, 96 Stück Rindvieh, und 408 Stück Schafvieh (303 Alte, 105 Lämmer).

Mit Gewerben und Handel beschäftigten sich am Anfange des Jahres 1832 in Allem 1045 Personen. Polizeygewerbe wurden betrieben von 267 Meistern und Gewerbsbefugten mit 104 Gesellen, 45 Lehrlingen und 44 andern Hilfsarbeitern, zusammen 460 Personen. Man zählte darunter im Einzelnen: 1 Apotheker, 11 Bäcker, 1 Bierbräuer, 34 Bierschänker, 1 Buchdrucker, 8 Faßbinder, 18 Fleischhauer, 8 Gastwirthe (— die besuchtesten Einkehrhäuser sind: der Goldne Kranz auf der Altstadt, die Blaue Weintraube auf der Neustadt, und das Goldne Einhorn in der Vorstadt Ptak), 5 Glaser, 9 Griesler, 7 Hebammen, 65 Höckler, 3 Hufschmiedte, 3 Mahlmüller, 3 Maurermeister, (17 Gesellen), 4 Obsthändler, 1 Rauchfangkehrer, 36 Schneider, 25 Schuhmacher, 2 Steinmetzer, 8 Tischler, 5 Töpfer, 2 Wagner, 1 Wasenmeister, 4 Weinschänker, 1 Wundarzt (mit Offizin), 1 Ziegeldecker, 2 Zimmermeister (9 Gesellen) und 2 Zuckerbäcker.

Mit Commercial-Gewerben beschäftigten sich 112 Meister und Gewerbsherren, nebst 42 Gesellen, 18 Lehrlingen und 650 andern Hilfsarbeitern. Obenan steht die k. k. priv. Cattun-Fabrik der HH. Köchlin und Singer, welche sich jetzt, nachdem der Associé dieses Hauses Karl Köchlin im J. 1831 gestorben, unter der alleinigen Leitung des Herrn Singer befindet. Diese Fabrik, eine der ersten in der Monarchie, beschäftigt in ihren, an beiden Ufern der Iser liegenden Gebäuden gegen 600 Menschen (nebst 4—500 Webern im Gebirge). Es sind 3 Hauptgebäude und mehre Nebengebäude, alle ganz neu erbaut und größtentheils nach englischen und französischen Mustern eingerichtet. Im ersten Hauptgebäude ist das chemische Laboratorium, das Waarenlager, 2 große Druckzimmer, das Comtoir, das Zeichenzimmer, das Trockenzimmer (Heat-lock), eine Indigo- und eine Englischblau-Küpe. Im zweiten befindet sich die von William Peel in Manchester gearbeitete, im J. 1830 errichtete Dampfmaschine von 16 Pferdekraft, welche die 4 Waschräder, die Mangeln, die Dampffärberei, das Rouleau, die Schlichtmaschine, einen englischen Webstuhl (Power-loom), einen Kunstweberstuhl und den englischen Trockenapparat betreibt. Im dritten Hauptgebäude ist die aus 75 englischen Stühlen (Dandy-looms) bestehende Weberei, 2 große Druckzimmer, die Formstecherei und eine mechanische Werkstätte. Das erste und dritte Hauptgebäude haben eine Luftheizung. Außerdem gehört zur Fabrik ein Oelhaus, eine Sengmaschine, eine kalte Hänge, jalousieartig gebaut, und eine Chaly-Bleiche. Die Erzeugnisse bestehen in Cattunen, Musselinen, Percalinen, Chaly's u. s. w. Am 17. September 1833 wurde dieser Fabrik die allerhöchste Ehre zu Theil, von J. J. M. M. dem Kaiser und der Kaiserinn von Oesterreich, dem Kaiser von Rußland, so wie von J. J. königl. Hoheiten, dem Kronprinzen von Preußen, dem Großherzog und der Großherzoginn von Weimar, nebst Ihrem Gefolge von Münchengrätz aus besucht zu werden.

Unter den übrigen Meistern und Gewerbsbesitzern sind zu erwähnen: 1 Buchbinder, 1 Cottonweberei (mit 30 Arbeitern), 3 Drechsler, 2 Gold- und Silberarbeiter, 4 Handschuhmacher, 7 Hutmacher, 1 Kammmacher, 2 Knopfmacher, 1 Kupferschmiedt, 10 Kürschner, 4 Lebzeltner, 3 Leinweber, 1 Nadler, 2 Nagelschmiedte, 2 Riemer, 7 Rothgärber, 2 Sattler,

5 Schlosser, 4 Seiler, 2 Spengler, 1 Strumpfstricker, 2 Strumpfwirker, 25 Tuchmacher, 2 Tuchscheerer, 1 Tuchwalker, 4 Uhrmacher, 2 Wachszieher, 5 Weißgärber und 1 Zinngießer.

Freie Gewerbe wurden von 40 Personen betrieben, darunter: 1 Bandmacher, 3 Branntweinbrenner, 3 Getraidhändler, 2 Maler und 7 Seifensieder. — Den Handelsstand bildeten 18 Klassen= oder gemischte Waarenhandlungen und 89 Krämer und Hausirer.

Zur Belebung der Industrie und des Handels der Stadt tragen die Chausséen, Post= und Commerzialstraßen mächtig bei, welche von Jung=Bunzlau aus in verschiednen Richtungen abgehen. Zuvörderst führt in südlicher Richtung über Bezdietschin, Brodetz, Benatek, Alt=Bunzlau und Brandeis eine chaussirte Post= und Commercial=Straße nach der Hauptstadt Prag, von welcher Jung=Bunzlau nur 3½ Post entfernt ist. Bei Bezdietschin löst sich davon eine Seiten=Chaussée ab, die über Luschtienitz nach Nimburg führt und von da über Podiebrad mit der von Prag nach Wien gehenden Straße in Verbindung tritt. Von der östlichen Seite der Stadt Jung=Bunzlau geht eine zweite chaussirte Post= u. Commercialstraße über Sobotka, Gitschin, Arnau und Trautenau nach Schlesien. Oestlich von Gitschin trennt sich davon eine Seiten=Chaussée nach Königinngrätz ab. Eine dritte chaussirte Post= und Commercialstraße führt von Jung=Bunzlau in nördlicher Richtung über Münchengrätz, Liebenau, Reichenberg und Friedland ebenfalls nach Schlesien, und theils mittelst einer bei Münchengrätz abgehenden nicht chaussirten Poststraße über Hühnerwasser und Gabel, theils mittelst einer bei Reichenberg abgehenden Straße nach Zittau in Sachsen. Mit dem letztern Königreiche steht endlich Jung=Bunzlau auch durch eine vierte Chaussée, die aber keine Poststraße ist, in Verbindung; sie führt in nordwestlicher Richtung über Weißwasser und Hirschberg nach Böhmisch=Leipa, wo sie sich an die von Prag kommende Hauptstraße über Rumburg nach Sachsen anschließt. — Auf den Straßen nach Prag, Gitschin und Reichenberg bestehenden Fahr= und Briefposten, nach Reichenberg und Prag insbesondere eine Eilwagenfahrt; auf den Straßen nach Hirschberg und Gabel bloße Briefposten. Auch sind von Reichenberg und Trautenau durch die k. k. Postmeister besorgte Stellwagenfahrten nach Prag eingerichtet.

Diese zahlreichen und bequemen Verbindungen der Stadt mit den übrigen Theilen des Kreises erleichtern nicht wenig den Besuch der hiesigen Wochen= und Jahrmärkte. Die Erstern finden an jedem Dienstag und Freitag Statt, und der Verkehr besteht hier hauptsächlich in Getraide (von den Dominien Kosmanos, Březno, Dobrawitz, Lautschin, Stranow, Krnsko, Bezno, Tscheytitz, Weißwasser, Domausnitz und Nimburg), Holz, Flügelvieh, Küchengewächsen, Obst, Lederartikeln, Hüten, Schnittwaaren, Kürschner=, Töpfer= und Eisenwaaren. Auf den vier Jahrmärkten (an den Dienstagen nach heil. 3 Kön., vor Pfingsten, vor Bartholomäi und nach Galli) finden sich an 370 inländische Verkäufer ein, welche in 210 Gewölben, Buden und Ständen

Tuch, Schnittwaaren, Lederartikel, Hüte und andere zur Bekleidung dienende Gegenstände, Drechsler-, Buchbinder-, Töpfer-, Glas- und Eisenwaaren, Tischler- und Böttcherwaaren, so wie Zug- und Schlachtvieh zum Verkauf ausbieten. Auch hat die Stadt das Recht, am 10. Mai und vom 10. bis 23. Oktober einen Wollmarkt zu halten.

Zur Unterstützung der Hilfsbedürftigen besteht zuvörderst schon seit dem J. 1572 ein durch die mehr erwähnte fromme Bürgersfrau, Katharina Millitka zur Versorgung armer Bürger der Stadt gestiftetes Spital, dessen Stammvermögen, am Schluß des Militärjahrs 1831, 587 fl. 9 kr. C. M. und 12730 fl. 59 kr. W. W. ausmachte. Die Zinsen der angelegten Kapitalien und andere Empfänge betrugen in demselben Jahre 31 fl. 22 kr. C. M. und 700 fl. 2¼ kr. W. W., von welchen 13 Pfründler verpflegt werden. Außerdem besitzt Jung-Bunzlau ein seit längerer Zeit bestehendes, aber 1826 neu organisirtes Armen-Institut, mit einem Stammvermögen am Schluße des J. 1831 von 7455 fl. 39 kr. C. M. und 7855 fl. 30½ kr. W. W. Die Interessen desselben und die andern Zuflüsse an milden Beiträgen, Vermächtnissen, Strafgeldern 2c. betrugen 190 fl. 10½ kr. C. M. und 2887 fl. 40½ kr. W. W., von welchen 101 Arme verhältnißmäßig betheilt wurden. Die vorzüglichsten Wohlthäter dieses Instituts waren der Herr Gub. Rath und Kreishauptmann David (mit 100 fl.), der Herr Dechant Durdik (mit 36 fl.), die Fabriksbesitzer HH. Köchlin und Singer (mit 100 fl.), und die Handelsfrau Frau Ružička (mit 48 fl., Alles in W. W.)

Das Sanitäts-Personale der Stadt Jung-Bunzlau besteht aus dem beim k. k. Kreisamte angeführten Kreisphysikus und Kreiswundarzt, 3 andern Wundärzten, 7 geprüften Hebammen und einem Apotheker.

Die Gründung der Stadt Jung-Bunzlau geschah, wie bereits oben angedeutet, durch Herzog Boleslaw II., welcher im Jahre 973, nachdem er seine Gegner, die noch dem Heidenthume ergebnen Böhmen, in dem Thale bei Zamost, zwischen Alt- und Neu-Stranow, gänzlich geschlagen hatte, auf der Anhöhe bei der Mündung des Baches Klenice in die Iser, das feste Schloß Boleslaw erbaute, und am Fuße dieser Anhöhe die jetzige Vorstadt Podoletz (damals Podol) anlegte. Andern Nachrichten zufolge soll die Letztere von Herzog Wratislaw gegründet worden seyn, und von der heidnischen Grabstätte, die sich ursprünglich hier befand, den Namen Hrobka (vom böhmischen Hrob, das heißt Grab) erhalten haben. Auch um die Burg her entstand eine Stadt, die jetzige Altstadt, und erhielt von jener den Namen Boleslaw oder Mlada Boleslaw, zum Unterschiede von dem früher bestandnen Stara Boleslaw (Alt-Bunzlau) an der Elbe. Sie erweiterte sich allmählich und blieb ein unmittelbares Eigenthum der Könige von Böhmen bis zum J. 1256, wo sie unter K. Přemisl Ottokar II., nebst einem Gebiete jenseits der Iser und nördlich bis hinter Kosmanos, dem Michalowitz von Duba als Lehn überlassen wurde. Dieser gründete am rechten Ufer der Iser, eine Stunde nördlich von Jung=Bunzlau, die jetzt in Trümmern liegende Burg Michalowitz, und seine Nachfolger sollen dieselbe durch einen unterirdischen Gang mit dem Schlosse Boleslaw in Verbindung gesetzt haben *). Wenigstens führt noch jetzt ein solcher Gang aus dem alten Schlosse bis zur Iser hinab an die Schloßmühle, wo aber die Fortsetzung desselben verschüttet ist. Durch die Begünstigungen, welche die Herren von Michalowitz der Stadt Jung=Bunzlau gewährten, gewann sie an Umfang, Bevölkerung und Wohlstand. Im J. 1334 bewilligte ihr Johann von Michalowitz, d. ält., 30 Fleischbänke, 24 Brodläden, 12 Tuchrechen, 20 Schuhmacherwerkstätten u. a. m., so wie das Recht des Bierbräuens. Von Johann von Michalowitz, d. jüng., erhielten die Einwohner im J. 1417 das Recht zu testiren und im J. 1444 das Recht zu erben. Auch war ihnen bereits 1391 von K. Wenzel IV. die Abhaltung eines Jahrmarktes, auf St. Bartholomäi, gestattet worden.

Der im J. 1421 ausbrechende Hussiten=Krieg hat ohne Zweifel auch für Jung=Bunzlau sehr verderbliche Folgen gehabt; indessen finden wir in den vor uns liegenden, vom löbl. Magistrate mitgetheilten, handschriftlichen Nachrichten nichts weiter darüber bemerkt, als daß, wie schon oben gesagt, das Kloster der Minoriten und die Kirche zu St. Johann dem Täufer nebst der Maltheser=Comthurei von den Taboriten zerstört worden seyen. Auch die Burg Michalowitz wurde im J. 1425 gänzlich verwüstet. Wahrscheinlich wurden größere Verheerungen dadurch abgewendet, daß die Einwohner sich der hussitischen Lehre zuwandten, welche von jetzt an bis zum J. 1623 hier die herrschende blieb.

Im J. 1447 starb Heinrich Kenklata von Michalowitz ohne männliche Erben und hinterließ die Hft. Michalowitz nebst Jung=Bunzlau seiner Tochter Magdalena, welche sich mit Johann Towakowsky von Kymburg vermählte. Dadurch kam das ganze Dominium an die Familie von Kymburg, welche es bis zum J. 1502 in Besitz hatte. Unter dem letzten Eigenthümer aus derselben, Adam von Kymburg, erhielt die Stadt Jung=Bunzlau von K. Wladislaw III. das Recht, Wochenmärkte zu halten und sich beim Siegeln öffentlicher Urkunden des rothen Wachses zu bedienen. Als eifriger Anhänger der s. g. Böhmischen Brüder (oder Picarditen) zog er diese von ihrem bisherigen Sitze Beneschau zu sich nach Jung=Bunzlau, (daher sie auch in der Folge oft die „Bunzlauer Brüder" genannt wurden), und räumte ihnen das ehemalige Kloster der Minoriten ein. Sie errichteten bald darauf öffentliche Schulen, bauten im XVI. Jahrhunderte die St. Wenzels=Kirche (s. oben), gründeten durch Wilhelm von Waldstein=Stěpansky, Besitzer der benachbarten Herrschaft Dobrawitz, sowohl daselbst als auch in Jung=Bunzlau, eine Buchdruckerei, und verbreiteten so aufs eifrigste

*) Dieser wäre also, wenn die Sache gegründet ist, unter der Iser weggegangen und Böhmen hätte demnach schon damals einen „Tunnel" gehabt.

durch Rede und Schrift ihre Lehre allmählich über den ganzen Bunzlauer und Königgrätzer Kreis bis selbst nach Mähren. Erst im J. 1602 wurde ihre Kirche, auf Befehl der Regierung, geschlossen, die Hauptschule zerstört und die ganze Sekte unterdrückt.

Adam von Kymburg war im J. 1502 ohne Leibeserben verstorben, hatte aber seine Wittwe Johanna, geb. Kragik von Kragk, durch Testament zur Erbinn der Hft. Michalowitz und Jung-Bunzlau eingesetzt. Diese vermählte sich wieder mit Johann von Schellenberg und Kost, starb aber 1513 kinderlos und vermachte die Herrschaft ihrem Bruder Konrad Kragik von Kragk. Das Ganze blieb im Besitz dieser Familie bis zum J. 1588, wo der letzte männliche Besitzer aus derselben mit Tode abging, und, da er keine Söhne hinterließ, die Herrschaft an seine Schwestern Margaretha und Barbara vererbte. Aber schon 1576 hatten die Brüder Karl und Adam Kragik von Kragk von K. Maximilian (mittelst Urkunde ddt. Wien, am Dienstag nach Antoni, 1576) die Entlassung vom Lehnsverbande erhalten und das Dominium war nunmehr ihr freies Eigenthum geworden. Auch vermehrten sich während der Zeit, wo die Herrschaft im Besitz dieser Familie war, die Privilegien der Stadt. König Wladislaw III. bewilligte der Stadt im J. 1502 die Erhebung eines Brückenzolls; Johann von Schellenberg und Kost ertheilte ihr in Verbindung mit Johann von Kragk das Patronatsrecht über die Kirchen und Schulen, und Kaiser Ferdinand I. verlieh ihr 1528 das Recht, an jedem Sonnabende einen Wochenmarkt zu halten. Auch wurde im Jahre 1547 durch Ernest Kragik von Kragk der oben erwähnte Wasserthurm errichtet.

Die Schwestern Margaretha und Barbara verkauften noch in demselben J. 1588, wo sie die Hft. Michalowitz ererbt hatten, dieselbe an Georg Popel von Lobkowitz, welcher sie bald darauf an Bohuslaw Hassenstein von Lobkowitz gegen Kommotau, Hassenstein und Platten vertauschte. Unter ihm wurde den Israeliten zu Jung-Bunzlau von Kaiser Rudolph II. der Stadttheil zur Wohnung angewiesen, den sie noch jetzt inne haben und worin sie 1590 ihre eigne Synagoge erbauten.

Der Wohlstand der Einwohner war im Verlaufe der Zeit so ansehnlich geworden, daß sie sich im J. 1600 in den Stand gesetzt sahen, gegen 60000 Schock Prager Groschen von Bohuslaw von Lobkowitz ihre Befreiung vom Unterthänigkeitsverbande zu erkaufen. Auch erhob Kaiser Rudolph II. Jung-Bunzlau gleichzeitig zur Würde einer Königlichen Stadt. Das Schloß Boleslaw indeß erwarben die Bürger erst im J. 1614 von Bohuslaws Wittwe, gegen die Erlegung einer Kaufsumme von 2000 Schock, nachdem sie vorher 1606 auch die Gebäude der vertriebnen Picarditen um 2500 Schock an sich gebracht hatten.

Was die fernere Geschichte der Stadt Jung-Bunzlau betrifft, so haben die Annalen derselben größtentheils nur Unglücksfälle zu berichten, welche durch Krieg, Brand, Pest und Ueberschwemmungen verursacht wurden. Das J. 1600, obschon durch die ebengemeldete Freisprechung der Stadt als ein glückliches bezeichnet, war zugleich durch eine große Theurung merkwürdig, indem der Strich Waizen 5 Schock, die Gerste 3 Schock, und der Haber 2 Schock böhm. Groschen kosteten; auch trat im Gefolge dieser Hungersnoth eine verheerende Seuche auf, welche mit dem Namen der „Pest" belegt wird. Der 1618 ausbrechende 30jährige Krieg verursachte schon bis zum J. 1621 der Stadt einen Schaden von 336121 fl. 20 kr. Am verheerendsten war in diesem Kriege die große Feuersbrunst im J. 1631, welche, wie Balbin berichtet, von den kaiserlichen Truppen selbst angelegt wurde, damit die Stadt nicht den Sachsen in die Hände gerathe. Nicht nur das Schloß, das Rathhaus mit den Archiven, das Bürgerspital und viele Privathäuser, sondern auch die Kirchen, namentlich die Dekanal-Kirche, welche bereits 1623 dem katholischen Gottesdienst zurückgegeben und mit einer steinernen Bildsäule der h. Jungfrau, an der Stelle des 200 J. hier gestandenen Kelches, als Siegeszeichen gekrönt worden war, gingen zum Theil in Flammen auf. Im J. 1639 gerieth Jung-Bunzlau in die Gewalt der Schweden, in deren Gefolge der 1623 vertriebene akatholische Dechant, Peter Grymeus zurückkehrte, und durch die Gewalt der fremden Waffen wieder in seine vorige Würde eingesetzt wurde. Er konnte sich aber, obwohl er viele neue Anhänger fand, nur bis zum folgenden Jahre (1640) behaupten, wo er, bei der Vertreibung der Schweden durch die Kaiserlichen, Jung-Bunzlau zugleich mit ihnen verlassen mußte. Im Verlaufe der noch übrigen Kriegsjahre widerfuhr der Stadt kein ferneres Unglück. Bloß die Pest brach 1646 noch ein Mal aus, war aber nicht so verheerend, als 34 J. später (1680), wo sie hier eben so heftig wüthete, als in dem übrigen Böhmen. Die Einwohner errichteten im folgenden Jahre aus frommer Dankbarkeit für die Befreiung von der schrecklichen Seuche die noch vorhandene, oben angeführte Mariensäule auf dem Altstädter Platze.

In den J. 1697, 1761 und 1779 wurde die Stadt wiederholt von verheerenden Feuersbrünsten heimgesucht. Die letztern beiden verursachten einen Schaden von resp. 91881 fl. und 155043 fl. Während des ersten schlesischen Krieges wurde die Stadt im J. 1741, und während des 7jährigen im J. 1757 von den Preußen besetzt; indessen brachten diese feindlichen Besuche, die unvermeidlichen Einquartierungsbeschwerden und Verpflegungskosten abgerechnet, der Stadt keinen weitern Nachtheil. Die große Ueberschwemmung in der Nacht vom 21. auf den 22. Juni 1789, welche durch einen Wolkenbruch bei Kost entstand, 22 Häuser der Vorstadt Podoletz theils gänzlich zerstörte, theils sehr beschädigte, und 14 Menschen das Leben kostete, ist das letzte Unglück, dessen die Jahrbücher der Stadt bis jetzt erwähnen.

Am Schlusse dieser geschichtlichen Uebersicht müssen wir noch einiger merkwürdigen Männer gedenken, die in Jung-Bunzlau geboren worden, oder daselbst gelebt haben. Der Buchdrucker Mikulaš Kulha (bekannter unter seinem lateinischen Namen Nicolaus Claudianus), ein Picardit und in Jung-Bunzlau geboren, gab im J. 1517 die älteste Charte von Böhmen heraus, auf welcher bei den Städten die Utraquisten von den Katholiken durch beigesetzte Kelche und

Schlüssel unterschieden sind, und im J. 1518 nebst mehren andern Werken auch folgende: Senecae excerpta de ira; Lactantii Firmiani divinarum institutionum compendium, und später auch das Neue-Testament in böhmischer Sprache. Ebenfalls im XVI. Jahrhunderte lebte daselbst der aus Prag gebürtige Johann Augusta, als Bischof der Böhmischen Brüder. Er schrieb mehre theologische Werke, und starb 1575. Sein Grabstein in der Dekanal-Kirche wurde später zur Täfelung des Fußbodens verwendet. — Johann Kupecky, ein berühmter Maler seiner Zeit, wurde 1667 zu Jung-Bunzlau geboren, lebte lange Zeit daselbst, und ging in spätern Jahren nach Italien, wo er 1740 starb. — Auch der berühmte Glockengießer Johann Bricquey, dem die St. Heinrichskirche und die St. Karl-Borromäus-Kirche zu Prag, so wie viele andere Gotteshäuser in Böhmen treffliche Glocken verdanken, war ein geborner Jung-Bunzlauer *).

Gut Jung-Bunzlau.

Dieses Dominium liegt östlich von der Kreisstadt Jung-Bunzlau, nördlich und südlich vom Koster Bache, und gränzt in Norden an die Hft. Münchengrätz, in Osten an die Hft. Březno, in Süden an die Hft. Dobrawitz und in Westen an die Gründe der Stadt Jung-Bunzlau und die Hft. Kosmanos. Es gehört der königl. Kreisstadt Jung-Bunzlau, und wird unter der Leitung des Magistrats daselbst und der Aufsicht des k. k. Landesunterkammeramts verwaltet.

Die Erwerbung der Dörfer Walla (oder Wollanowitz), Plaß, Unter-Stakor, Husy-Lhota und Auhelnitz geschah im J. 1542, durch Kauf von dem damaligen Besitzer derselben, Marquard Frizek von Dalimèřitz, um die Summe von 1500 Schock böhm. Groschen. In demselben Jahre brachte die Stadt auch das Gut Kolomut von Konrad Kragiř von Kragk, gegen Erlaß einer Schuldforderung von 900 Schock, und das Gut Woditz von Johann von Schellenberg für eine Schuld von 100 Schock böhm. Groschen an sich. Das Letztere ist jetzt unter der Benennung Dolansky Statek, oder auch Dolanek, ein Bestandtheil des Dorfes Gemnik, und gehört dem Unterthan Paul Zitta daselbst.

Die Oberfläche des Gebietes ist größtentheils ebenes Land. Nur in Süden, an der Gränze der Hft. Dobrawitz, erhebt sich der Chlomek (oder Chlum), eine Reihe zusammenhangender Hügel, welche sich von Westen nach Osten erstreckt, und sich gegen Norden und Süden sanft in die Ebene verflächt, nach Nordwesten aber etwas höher und steiler wird, und sich hier mehr bergartig gestaltet. Die Felsarten sind Plänerkalk und Quadersandstein, der Letztere jedoch sehr thonig

*) Umständlicheres über die geschichtlichen Merkwürdigkeiten der königl. Stadt Jung-Bunzlau enthält folgendes Werk: Kronyka Mlado-Boleslawská od přijstj Čechu do země České až do nyněgssjch času u. s. w. von Franz Nowotny, Pfarrer zu Luschtienitz. Prag, bei Wetterle von Wildenbrunn, 1822.

und mergalig. Der nördliche hieher gehörende Abhang ist mit Waldung bedeckt. Hier liegt Gemnik am nördl. Fuße des Berges, und weiter aufwärts nach Osten Kladerub. Auch an der nördl. Gränze des Dominiums, bei Unter=Stakor und Auhelnitz, finden sich waldige Anhöhen.

Das Dominium wird von einem auf der Hft. Kost entspringenden, und über Brezno hieher kommenden kleinen Bache durchflossen, welcher sich bei Jung=Bunzlau in den Podoletzer Teich ergießt, und aus diesem unter dem Namen Klenice in die Iser abfließt. Er empfängt von Norden und Süden her nur unbedeutende Zuflüsse. Außer dem eben erwähnten, mit Karpfen und Hechten besetzten, Podoletzer Teiche ist jetzt kein anderer mehr vorhanden, indem alle übrigen sonst bestandenen im J. 1796 an die Unterthanen emphyteutisch verkauft worden sind, und jetzt als Aecker oder Wiesen benützt werden.

Die Bevölkerung beträgt 1214 Seelen. Sämmtliche Einwohner sind Katholiken und sprechen durchaus Böhmisch.

Die Hauptertrags= und Erwerbsquelle ist die Landwirthschaft. Die dazu verwendbare Bodenfläche betrug nach dem Kataſtral=Zergliederungssummarium vom J. 1833:

Gut Jung=Bunzlau.

	Dominicale.		Rusticale.		Zusammen.	
	Joch.	□Kl	Joch.	□Kl.	Joch.	□Kl
Ackerbare Felder	377	105	1595	449	1972	554
Trischfelder	—	603	20	1411	21	414
Teiche mit Aeckern verglichen	82	583	—	—	82	583
Wiesen	106	1405	96	889	202	694
Gärten	3	1440	33	1244	37	1084
Hutweiden 2c. 2c.	35	451	25	1122	60	1573
Waldungen	517	756	45	1513	563	669
In Allem	1122	543	1818	228	2940	771

Der Ackergrund ist verschieden. Bei Gemnik und Kepow zeigt er sich leicht und mit einigem Sand gemischt; bei Kolomut, Plaß, Walla und Unter=Stakor besteht er aus schwarzem, schwer zu bearbeitenden Lehmboden; bei Lhota und Auhelnitz aus leichtem Lehmboden mit Sand gemengt. Die Haupt=Feldfrüchte sind die gewöhnlichen Getraidearten, Erdäpfel 2c. 2c. Obstbau wird nur bei den Wohnungen in Gärten getrieben. Die Grundstücke der obrigkeitlichen 3 Maierhöfe in der Bunzlauer Vorstadt Podoletz, in Kepow und Husy=Lhota sind seit 1787 an die Unterthanen emphyteutisch verkauft worden.

Die Viehzucht beschränkt sich auf das zum Betrieb der Wirthschaft und zum Bedarf der Haushaltungen nöthige Zug=, Schlacht= und Federvieh. Die Unterthanen besaßen Ende April 1833: 111 Pferde (95 Alte, 16 Fohlen); 581 Stück Rindvieh (1 Zuchtstier, 9 junge Stiere, 385 Kühe, 44 Kalbinnen, 3 Mastochsen, 124 Zugochsen, 15 junge Ochsen) und 479 Schafe (397 Alte und 82 Lämmer). In Husy=Lhota wird etwas Bienenzucht getrieben.

Die Waldungen sind in 4 Reviere getheilt: das Chotaer, Auhelnitzer, Kladeruber und Gemniker. Sie bestehen aus Gestrüppe, bis etwa auf ⅓ der Area, welches mit hochstämmigen Kiefern bewachsen ist. Das Gestrüppe enthält Eichen, Roth- und Weißbuchen, Birken, einige Erlen, Kiefern und Espen. Der Ertrag deckt bloß den städtischen Bedarf an Bau- und Deputat-Holz.

Außer Hasen, Rebhühner und Fasanen ist kein anderes Wild vorhanden. Die Letztern, etwa 500 Stück, werden in dem obrigkeitlichen Fasanengarten bei Unter-Stakor gehegt, welcher 1826 zeitweilig gegen einen jährlichen Zins von 292 fl. C. M. verpachtet war.

Mit Gewerben beschäftigten sich am Anfange des J. 1832 in Allem 27 Personen, worunter an Meistern und Gewerbsbefugten: 2 Bierschänker, 2 Schmiedte, 6 Schneider, 4 Schuhmacher, 2 Wagner und 2 Weber. In Unter-Stakor ist eine Hebamme.

In kirchlicher Hinsicht sind sämmtliche Ortschaften zur Dekanal-Kirche in Jung-Bunzlau eingepfarrt; bloß Kladerub ausgenommen, welches zum Sprengel der Lokalie Zertschitz (Hft. Dobrawitz) gehört.

Durch die Mitte des Gebietes läuft die Chaussée von Jung-Bunzlau nach Gitschin, ohne jedoch eines der zum Gute gehörigen Dörfer selbst zu berühren.

Diese Letztern sind:

Repow, ³/₄ St. ö. von Jung-Bunzlau, im flachen Thale, zu beiden Seiten des Koster-Baches, hat 33 H. mit 184 E. Es entstand 1787 auf den Gründen des emphyteutisirten städtischen Mhf.; — 2. Kolomut, 1 St ö. von Jung-Bunzlau, in geringer Entfernung s. vom genannten Bache, hat 24 H. mit 151 E.; — 3. Kladerub, 1½ St. sö. von Jung-Bunzlau, auf einer Anhöhe, am Rande des Waldes, besteht bloß aus 4 Barakenwohnungen mit 26 E.; — 4. Plaß, 1 St. onö von Jung-Bunzlau, unweit n. von der Chaussée auf einem Hügel, hat 26 H. mit 164 E. und 1 Filial-Kirche zu St. Simon und Juda, worin jährl. 5 Mal Gottesdienst gehalten wird, nebst 1 Schule; — 5. Walla (oder Wollanowitz), 1 St. nö. von Jung-Bunzlau, am n. Fuße des Hügels von Plaß, hat 15 H. (Barakenwhn.) mit 85 E. Unweit von hier sieht man auf einer Anhöhe noch schwache Reste der ehemaligen Burg der Herren von Wollanowitz; — 6. Unter-Stakor, 1¼ St. nö. von Jung-Bunzlau gegen die Anhöhe, hat 36 H. mit 192 E. Unweit sw. von hier liegt der zum Chotaer Revier gehörige Fasanengarten; — 7. Husy-Chota, 1½ St. nö von Jung-Bunzlau, hat 27 H. mit 139 E., eine im J. 1823 vom hiesigen Bauer Johann Tichy in Folge eines Gelübdes erbaute Kapelle zu Ehren der h. Anna, 1 emphyt. Mhf., und 1 Jägerh.

Von folgenden 2 Dörfern gehören kleine Antheile zu fremden Dominien:

8. Gemnik, ³/₄ St. sö. von Jung-Bunzlau, am n. Fuße des Berges Chlomek, hat 29 H. mit 141 E. Davon gehören 7 H. mit 33 E. zur Hft. Kosmanos, 3 H. mit 17 E. zur Hft. Dobrawitz und 1 H. mit 4 E. zur Stadt Jung-Bunzlau. Beim Antheile des Gutes Jung-Bunzlau befindet sich 1 Ziegelhütte; auch gehört zu demselben der ¼ St. n. vom Orte, am Koster Bache liegende, bereits obenerwähnte Hof Wodky (oder Dolanek). Etwa ¼ St. sö. von Gemnik liegt in einer angenehmen Ge-

gend, am Eingange des Waldes, der von der ganzen Umgebung, besonders aber von den Einwohnern Jung-Bunzlaus stark besuchte Belustigungsort Gutwasser mit einer Schänkwirthschaft, zwei Lustgärten und einer gewöhnlichen Brunnenquelle, deren Wasser gewärmt und zum Baden verwendet wird, für welchen Zweck 8 besondere Badekammern im Schänkhause vorgerichtet sind; — Aubelnitz, 2 St. nö. von Jung-Bunzlau, hat 21 H. mit 118 E., von welchen 1 H. mit 7 E. zur Hft. Münchengrätz gehört.

Außerdem besitzt das Gut Jung-Bunzlau auch

10. 1 H. mit 6 E. in dem zur Hft. Kosmanos gehörigen D. Martinowitz.

Allodial-Herrschaft Březno, sammt dem Gute Skaschow.

Diese Herrschaft liegt östlich von der Iser, zwischen den Dominien Kosmanos und Jung-Bunzlau in Norden, Kost und Domausnitz in Osten, Dobrawitz in Süden und Jung-Bunzlau in Westen.

Sie befindet sich seit dem Jahre 1751 im ununterbrochenen Besitze des gräfl. Kaunitz'schen Hauses und der gegenwärtige Besitzer ist der k. k. Kämmerer Michael Graf von Kaunitz. Ueber das genannte Jahr hinaus kennt man die frühern Eigenthümer dieser Hschft. nur bis zur Mitte des XVI. Jahrhunderts, wo Březno und Skaschow vereinigt dem Herrn Wotik von Bubna, auf Libochow, gehörten. Von jener Zeit an blieb das Ganze bei dieser späterhin in den Grafenstand erhobenen Familie bis zum J. 1749, in welchem es bei der durch die Gläubiger des damaligen Besitzers, Johann Joseph Grafen von Bubna, veranlaßten öffentlichen Feilbietung von einem Freiherrn von Netolitz für die Summe von 121500 fl. erstiegen wurde. Dieser trat indessen bald nachher von diesem Kaufe zurück, und die Hft. wurde nunmehr im J. 1751 bei einer erneuerten Feilbietung von Johann Adolph Grafen von Kaunitz für 156000 fl. erstanden. Nach dessen Tode im J. 1770 kam sie durch Erbvergleich an seinen Sohn Michael Karl, und als dieser 1820 starb, an seinen Sohn Vincenz Grafen von Kaunitz, von welchem sie nach dessen im J. 1829 erfolgten Ableben durch Erbrecht an den obengenannten gegenwärtigen Besitzer überging. (S. Landtäfl. Hauptbuch, Lit. A. Tom. VIII. Fol. 201.)

Die Oberfläche des Dominiums ist größtentheils eben und ziemlich sumpfig. Bloß in Süden erhebt sich das Land bis jenseits der vom Berge Chlomek ostwärts fortziehenden waldigen Anhöhe, wo das Dorf Tellib am Fuße des nach ihm benannten Berges liegt. Die Gewässer bestehen außer dem schon bei dem Gute Jung-Bunzlau angeführten Koster Bache, der hier in geringer Entfernung nördlich vom Marktflecken Březno vorbeigeht, in 36 kleinen Teichen, deren Abflüsse entweder dem genannten Bache zugehen, oder sich südöstlich nach den Gebieten von Domausnitz und Diettenitz wenden. Alle diese Teiche werden als Streckteiche benützt, mehre andere aber sind schon seit längerer Zeit in Acker- und Wiesenland umgeschaffen worden.

Die 2030 Seelen starke Bevölkerung spricht durchaus Böhmisch, und bekennt sich mit Ausnahme einiger Israeliten in Březno, Judendorf, Sukorad und Lang-Lhota, zur katholischen Religion.

Die Erwerbs- und Ertragsquellen des Dominiums und der Einwohner bestehen vornehmlich im Betriebe der Landwirthschaft. Die zu diesem Behuf verwendbare Bodenfläche betrug nach dem Katastral-Zergliederungssummarium von 1832:

Herrschaft Březno.

	Dominicale.		Rusticale.		Zusammen.	
	Joch.	□Kl.	Joch.	□Kl.	Joch.	□Kl.
An ackerbaren Feldern	1110	441	1940	1400	3051	241
" Teichen mit Aeckern verglichen	229	62	—	—	229	62
" Trischfeldern	2	10	22	538	24	548
" Wiesen	208	469	325	994	533	1463
" Gärten	38	142	57	1410	95	1552
" Teichen mit Wiesen verglichen	150	498	—	—	150	498
" Hutweiden rc. rc.	313	506	126	456	539	962
" Waldungen	1091	598	12	44	1103	642
Ueberhaupt	3142	1126	2485	42	5627	1168

Der Ackergrund besteht in den tiefern Gegenden meist aus schwerem, schwarzen, lettigen Boden, der aber bei guter Bearbeitung, und wenn keine anhaltende Nässe eintritt, reichen Ertrag liefert. Auf den Anhöhen ist ein schwarzer, aber fruchtbarer Sandboden vorherrschend. Bei Skaschow zeigt sich größtentheils schwer zu cultivirendes Kiesland. Die Haupterzeugnisse sind die gewöhnlichen Getraidearten, Erbsen, und vorzüglich Kraut. Der Obstkultur ist erst in neuerer Zeit, mittelst Anpflanzung von Alleen längs der Straßen und Wege, Aufmerksamkeit geschenkt worden.

Die Bewirthschaftung der obrigkeitlichen Gründe geschieht auf 4 Maierhöfen in eigner Regie, (Březno, Mátrowitz, Skaschow und Tellib); ein fünfter (Čižowka) ist zeitweilig verpachtet.

Der landwirthschaftliche Viehstand ergibt sich aus folgender Uebersicht vom 30. April 1833:

	der Obrigkeit.	der Unterthanen.	Zusammen.
Pferde	8 (Alte)	204 (153 Alte, 51 Fohlen)	212
Rindvieh	105 (2 Zuchtstiere, 8 junge St., 46 Kühe, 29 Kalbinnen, 12 Zugochsen, 8 junge Ochsen)	1131 (2 Zuchtstiere, 1 junger St., 615 Kühe, 251 Kalbinnen, 187 Zugochsen, 75 junge Ochsen)	1236
Schafvieh	2836 (2177 Alte, 659 Lämmer)	601 (466 Alte, 135 Lämmer).	3437

Von den übrigen Viehgattungen wird nur so viel, als zum Bedarf der Haushaltungen nöthig ist, gehalten.

Die Waldungen nehmen den höher liegenden südlichen Theil des Dominiums ein, sind in 3 Reviere (das Brezner, Skaschower und Tellider) eingetheilt, und bestehen aus etwa $\frac{2}{3}$ Laub- und $\frac{1}{3}$ Nadelholz. Der Absatz des Holzes geschieht in der Umgegend, namentlich in Jung-Bunzlau.

Der Wildstand ist der gewöhnliche des Flachlandes. Im Brezner Reviere besteht ein besonders schöner Fasanengarten. Der Jagdertrag wird meistens nach Reichenberg und andern Orten der dortigen Gränze abgesetzt.

Mit Gewerben und Handel befaßten sich am Anfange des J. 1832 im Allem 69 Personen, namentlich folgende Meister und Gewerbsherren: 1 Bäcker, 1 Bierbräuer, 5 Bierschänker, 1 Branntweinbrenner, 1 Faßbinder, 3 Fleischhauer, 1 Glaser, 2 legalisirte Krämer, 1 Leinwand-Bleicher, 2 Maurermeister (6 Gesellen), 4 Müller, 1 Potaschensieder, 1 Salpetersieder, 1 Schlosser, 5 Schmiedte, 6 Schneider, 6 Schuhmacher, 1 Seiler, 2 Tischler, 1 Ziegelbrenner, 1 Ziegeldecker und 1 Zimmermeister (4 Gesellen). In Brezno, Judendorf und Petkow sind geprüfte Hebammen.

Das schon früher bestandene, und durch den im J. 1820 verstorbenen Besitzer der Herrschaft, Michael Karl Grafen von Kaunitz, mit einem Legat von 150 fl. W. W. bedachte Armen-Institut hatte am Schlusse des J. 1831 ein Stammvermögen von 813 fl. 43 kr. W. W., und die jährl. Einnahme betrug an Kapitalszinsen, zugewiesenen Strafgeldern, Vermächtnissen rc. rc. 195 fl. 4 kr. W. W., von welcher Summe 60 Arme betheilt wurden.

Die Verbindung mit den Nachbarorten wird hauptsächlich durch die von Jung-Bunzlau nach Gitschin führende Chaussée unterhalten, welche den nördlichen Theil des Dominiums, insbesondere Judendorf und Sukorad, durchschneidet. Den östlichen Theil berührt der von Bautzen über Domausnitz nach Nimburg führende Landweg.

Folgendes sind die einzelnen Ortschaften des Dominiums:

1. Brezno, 1½ St. ö. von der Kreisstadt Jung-Bunzlau, unweit s. vom Koster Bache, unter 50° 24′ 28″ Breite und 32° 40′ 15″ Länge, nach Astr. David's Dreieck-Vermessungen, Mktfl. von 79 H. mit 572 Einw. (worunter 2 Israeliten-Familien), ist der Sitz des obrigkeitlichen Wirthschaftsamtes und hat von hftl. Gebäuden ein im J. 1770 erbautes geräumiges Schloß mit 36 Wohnzimmern, 1 Mhf., 1 Schäferei, 1 Bräuh. (auf 16 Faß), 1 Branntweinbrennerei (wöchentlich 9 Eimer), 1 Potaschensiederei (jährlich 120 Ctr.), 1 Ziegelbrennerei, 2 Wirthsh., und 1 Mühle. ½ St. sö. liegt einschichtig bei der obrktl. Fasanerie, 1 Jägerh. Die im J. 1747 durch den damaligen Besitzer der Hft., Johann Joseph Grafen von Bubna, mit einem eignen Pfarrer versehene Kirche zu St. Wenzel steht nebst der Schule unter obrktl. Patronate. Sie wurde vor dieser Zeit gegen 80 J. hindurch theils von den Dechanten zu Jung-Bunzlau, theils von den Minoriten daselbst administrirt. Im Innern der Kirche findet man vor dem Hochaltare den Grabstein des 1721 am 29. November verstorbenen Adam Maximilian Grafen von Bubna und Litiz. Eingepfarrt sind, außer Brezno selbst, noch folgende D. des

Dominicale: Judendorf, Sukorad, Lang-Chota, Klein-Chota, Neu-Tellib und Rehnitz. Das s. g. Klösterle, ein Gebäude neben der Kirche, welches jetzt als Amth. verwendet wird, soll in alter Zeit ein Kapuziner-Kloster gewesen seyn; doch sind keine Urkunden darüber vorhanden. — 2. Judendorf (Židowes), 1/4 St. nw. von Brzezno, von der Jung-Bunzlauer Chaussée durchschnitten, D. von 63 H. mit 484 E., worunter 1 Israeliten-Familie; unstreitig bestand, wie der Name anzeigt, die Bevölkerung dieses Ortes ehemals ganz oder doch größtentheils aus Juden. Hier ist 1 Salpetersiederei und 1 Wirthsh. — 3. Lang-Chota (Dlauha Chota, vor dem J. 1652 hieß es Mrawna Chota), 3/4 St. ö. von Brzezno, D. von 63 H. mit 438 E. (worunter 2 Israeliten-Familien), hat 1 Filial-Schule und 1 Wirthsh.; auch sind zu diesem D. der abseits liegende Mhf. Skaschow (Skassow), die dortige Schäf. und das Jägerh. conscribirt. (Skaschow war in frühern Zeiten ein eignes Gut, zu dem die Dörfer Lang-Chota und Sukorad gehörten.) — 4. Klein-Chota (Malla Chota), 1/2 St. sö. von Brzezno, aufwärts, im Walde, D. von 34 H. mit 230 E., hat 1 Wirthsh., und 1 abseits liegenden Mhf. mit einer 1825 errichteten Schäf. und 1 Hammelhof. Auch wird zu diesem D. das Telliber Jägerh. conscribirt. — 5. Rehnitz (Rehnice), 1 1/4 St. sö. von Brzezno, an der Gränze von Domausnitz, Dsch. von 9 H. mit 62 E., hat eine Mhl. — 6. Tellib (eigentlich Neu-Tellib, böhm. Nowa Tellib oder Nowawes, auch Na horách), 1 kleine St. sö. von Brzezno, D. von 36 H. mit 184 E., hat 1 Wirthshaus.

Von folgenden Ortschaften gehört Einiges zu fremden Dominien:

7. Sukorad, 1/2 St. nnö. von Brzezno, an der Jung-Bunzlauer Chaussée, D. von 36 H. mit 248 E., worunter 1 Israeliten-Familie; davon gehören 31 H. mit 212 E. hieher, und die Hft. Kosmanos besitzt 5 H. mit 36 E. Beim Brzezner Antheile befindet sich 1 Wirthsh. Auch gehört zu diesem Antheile die 1/2 St. sö. vom Orte liegende Einschichte Matzkow, bestehend aus 1 Mhf., 1 Fischbehälter, 1 Mhl. und 1 Wohnhsch. — 8. Petkow, 1 1/4 St. ö. von Brzezno, D. von 35 H. mit 221 E., von welchen 32 H. mit 197 E. hieher, und 3 H. mit 14 E. zum Gut Domausnitz gehören; nach Kitonitz eingepf. — 9. Kitonitz (auch Ziconitz), 1 1/2 St. von Brzezno, an der Landstraße von Bautzen nach Domausnitz, D. von 28 H. mit 174 E., von welchen 4 H. mit 22 E. die Hft. Kost und 2 H. mit 14 E. das Gut Domausnitz besitzt, die übrigen 22 H. aber mit 138 E. hieher gehören. Die hiesige Lokalie-Kirche, unter dem Titel des h. Stephan M. und dem Patronate der Obrigkeit, ist ein sehr altes Gebäude, über dessen Erbauung es an allen Nachrichten mangelt; man weiß bloß, daß schon 1384 hier ein eigner Pfarrer bestand. In späterer Zeit war sie eine Filialkirche von Brzezno; auch soll sie im XVI. Jahrhunderte den Pikarditen gehört haben. Im J. 1795 wurde hier ein eigner Lokalist angestellt, und dessen Sprengel, außer dem Orte selbst, die hftl. D. Petkow und Cizowka, die zur Hft. Domausnitz gehörigen D. Domausnitz, Rabakow und Wesselitz, nebst dem Dorfe Srstich (der Hft. Kosmanos) zugewiesen. Das Innere der Kirche enthält Grabsteine einiger Glieder der Familie Kauc von Kauc, welcher Domausnitz und Wesselitz im XVII. Jahrh. gehörten, so wie des im J. 1719 verstorbenen Wenzel Georg Kaschim von Riesenburg, Herrn von Domausnitz und Wesselitz, k. k. Raths und Bunzlauer Kreishauptmanns. Zur Häuserzahl des Dorfes Kitonitz gehört auch die 1/4 St. nw. liegende Einschichte Kausinow, aus 4 Chaluppen bestehend, von welchen

2 nach Domausnitz gehören. — 10. Cižowka, 1 St. ö. von Březno, Dfch., von 6 H. mit 41 E., hat 1 Mhf. und 1 Wirthsh.; 2 Mühlen und 1 Hegerh. in der ehemaligen, schon längst aufgehobenen Fasanerie gehören zum Gute Domausnitz.

Gut Domausnitz.

Das Gut Domausnitz liegt östlich von der Iser, und gränzt im Norden an die Hschft. Kosmanos und Kost, in Osten an die Hschft. Dietteniz, in Süden an die Hschft. Dobrawitz, und in Westen an die Hschft. Březno.

Die gegenwärtigen Besitzer sind die HH. Joseph und Karl Pulpan Ritter von Feldstein, welche das Gut nach dem im J. 1818 erfolgten Tode ihres Vaters, Joseph Pulpan Ritter von Feldstein, ererbten. Am Anfange des XVII. Jahrhunderts befand sich dasselbe im Besitz des Ulrich Kautsch von Kauth (Kauk von Kauk), und soll demselben nach der Schlacht auf dem Weißen Berge confiscirt, auf 46862 Schock 20 Gr. abgeschätzt, und um diesen Preis 1623 am 27. Sept. der Fürstin Polexina von Lobkowitz überlassen worden seyn *). Indessen finden sich in der Kirche zu Kitonitz (wie wir schon bei der Hschft. Březno angeführt haben) Grabsteine eines im J. 1639 verstorbenen Rudolph Leopold von Kauk, Sohn des Herrn Karl von Kauk auf Wesselitz, und eines im J. 1658 verstorbenen Albrecht Ferdinand Kauk, Sohn des Ritters Karl Kauk auf Domausnitz, aus welchen hervorgeht, daß dieses Dominium damals noch der Familie Kauk gehört habe. Wann es an den gleichfalls in der Kirche zu Kitonitz begrabenen Wenzel Georg Raschim von Riesenburg gekommen sey, ist nicht bekannt. Später übernahm es von Joseph Raschim Freiherrn von Riesenburg der Ritter Joseph von Schentzer und Kleinmühl, von welchem es nach dessen Tode (1750) an seinen Sohn Franz Elias überging. Im J. 1785 wurde das Gut öffentlich versteigert, und von Joseph Pulpan Ritter von Feldstein, dem Vater der gegenwärtigen Besitzer, erstanden. (Siehe Landtäfl. Hauptbuch, Litt. A. Tom. V. Fol. 53.)

Die Oberfläche des Ganzen ist hügeliges Land, dessen Abdachung nach Osten geht; die bedeutendste Anhöhe ist der Kremenitz, die östliche Fortsetzung des Chlomek, aus Plänerkalk bestehend. Die unbedeutenden Bäche des Gebietes verbinden einige Ketten kleiner Teiche, deren Zahl sich ehemals auf 41 belief, gegenwärtig aber nur noch 23 ist, indem die übrigen in Wiesen- und Waldland umgeschaffen worden sind. Die noch bestehenden benützt man als Mühlteiche.

Die Bevölkerung, aus 1010 Seelen bestehend, spricht durchaus Böhmisch, und bekennt sich, mit Ausnahme einiger Protestanten und etwa 20 Israeliten-Familien in Domausnitz, Wesselitz und Rahaúw, zur katholischen Religion.

*) S. Rieggers Materialien zur alten und neuen Statistik von Böhmen. IX. Heft, S. 15, und Schallers Topographie ꝛc. IV. Theil. S. 111.

[illegible]: Judendorf, Sukorad, Lang-Chota, Klein-Chota, Neu-Tellib und Rehnitz. Das s. g. Klösterle, ein Gebäude neben der Kirche, welches jetzt als Amth. verwendet wird, soll in alter Zeit ein Kapuziner-Kloster gewesen seyn; doch sind keine Urkunden darüber vorhanden. — 2. Judendorf (Židowes), $1/4$ St. nw. von Brezno, von der Jung-Bunzlauer Chaussée durchschnitten, D. von 63 H. mit 484 E., worunter 1 Israeliten-Familie; unstreitig bestand, wie der Name anzeigt, die Bevölkerung dieses Ortes ehemals ganz oder doch größtentheils aus Juden. Hier ist 1 Salpetersiederei und 1 Wirthsh. — 3. Lang-Chota (Dlauha Chota, vor dem J. 1652 hieß es Mrawna Chota), $3/4$ St. onö. von Brezno, D. von 63 H. mit 438 E. (worunter 2 Israeliten-Familien), hat 1 Filial-Schule und 1 Wirthsh.; auch sind zu diesem D. der abseits liegende Mhf. Skaschow (Skassow), die dortige Schäf. und das Jägerh. conscribirt. (Skaschow war in frühern Zeiten ein eignes Gut, zu dem die Dörfer Lang-Chota und Sukorad gehörten.) — 4. Klein-Chota (Mala Chota), $1/2$ St. sö. von Brezno, aufwärts, im Walde, D. von 34 H. mit 230 E., hat 1 Wirthsh., und 1 abseits liegenden Mhf. mit einer 1825 errichteten Schäf. und 1 Hammelhof. Auch wird zu diesem D. das Telliber Jägerh. conscribirt. — 5. Rehnitz (Rehnice), $1\frac{1}{4}$ St. sö. von Brezno, an der Gränze von Domausnitz, Dsch. von 9 H. mit 62 E., hat eine Mhl. — 6. Tellib (eigentlich Neu-Tellib, böhm. Nowa Tellib oder Nowawes, auch Na horach), 1 kleine St. sö. von Brezno, D. von 36 H. mit 184 E., hat 1 Wirthshaus.

Von folgenden Ortschaften gehört Einiges zu fremden Dominien: 7. Sukorad, $1/2$ St. nnö. von Brezno, an der Jung-Bunzlauer Chaussée, D. von 36 H. mit 248 E., worunter 1 Israeliten-Familie; davon gehören 31 H. mit 212 E. hieher, und die Hft. Kosmanos besitzt 5 H. mit 36 E. Beim Brezner Antheile befindet sich 1 Wirthsh. Auch gehört zu diesem Antheile die $1/2$ St. sö. vom Orte liegende Einschichte Watrow ist, bestehend aus 1 Mhf., 1 Fischbehälter, 1 Mhl. und 1 Wohnhsch. — 8. Petkow, $1\frac{1}{4}$ St. ö. von Brezno, D. von 35 H. mit 221 E., von welchen 32 H. mit 197 E. hieher, und 3 H. mit 14 E. zum Gut Domausnitz gehören; nach Ritonitz eingepf. — 9. Ritonitz (auch Žitonitz), $1/2$ St. von Brezno, an der Landstraße von Bautzen nach Domausnitz, D. von 28 H. mit 174 E., von welchen 4 H. mit 22 E. die Hft. Kost und 2 H. mit 14 E. das Gut Domausnitz besitzt, die übrigen 22 H. aber mit 138 E. hieher gehören. Die hiesige Lokalie-Kirche, unter dem Titel des h. Stephan M. und dem Patronate der Obrigkeit, ist ein sehr altes Gebäude, über dessen Erbauung es an allen Nachrichten mangelt; man weiß bloß, daß schon 1384 hier ein eigner Pfarrer bestand. In späterer Zeit war sie eine Filialkirche von Brezno; auch soll sie im XVI. Jahrhunderte den Pikarditen gehört haben. Im J. 1795 wurde hier ein eigner Lokalist angestellt, und dessen Sprengel, außer dem Orte selbst, die hftl. D. Petkow und Čižowka, die zur Hft. Domausnitz gehörigen D. Domausnitz, Rabakow und Wesselitz, nebst dem Dorfe Srkschitz (der Hft. Kosmanos) zugewiesen. Das Innere der Kirche enthält Grabsteine einiger Glieder der Familie Kaut von Kaut, welcher Domausnitz und Wesselitz im XVII. Jahrh. gehörten, so wie des im J. 1719 verstorbenen Wenzel Georg Kaschim von Riesenburg, Herrn von Domausnitz und Wesselitz, k. k. Raths und Bunzlauer Kreishauptmanns. Zur Häuserzahl des Dorfes Ritonitz gehört auch die $1/4$ St. nw. liegende Einschichte Rausinow, aus 4 Chaluppen bestehend, von welchen

...cher, eine vor etwa 20 Jahren größtentheils in Wiesenboden verwandelt worden.

Die wenigen Gewerbe, die hier betrieben werden, beschäftigten 1832 nur 68 Personen, von welchen mehr als die Hälfte zu der obrigkeitlichen, schon vor etwa 45 Jahren durch den damaligen Besitzer des Dominiums gegründeten Strumpfwaaren-Fabrik gehören. Die Absicht bei der Errichtung dieser Fabrik war, den ärmern Unterthanen Arbeit und Erwerb zu verschaffen, und sie wird auch aus demselben Grunde noch von den jetzigen Besitzern, obschon sie keinen Gewinn bringt, fortgeführt.

In Domausnitz ist eine Hebamme.

Die Verbindung mit der Nachbarschaft wird durch die Landstraße unterhalten, welche von Bautzen nach Nimburg führt und das Dominium von Norden nach Süden durchschneidet.

Das ganze Dominium ist zur Lokaliekirche in Kitonitz (Hschft. Brezno) eingepfarrt.

Folgendes sind die Ortschaften:

1. Domausnitz, 2 Meilen ö. von der Kreisstadt Jung-Bunzlau, an der Straße nach Nimburg, D. von 62 H. mit 525 E., hat 1 Schule, welche unter dem Patronate der Obrigkeit steht, 1 obrktl. Schloß, mit dem Sitze des Wirthschaftsamtes, 1 Mhf., 1 Schäf., 1 Jägerh. und 1 Potaschensiederei. — 2. Rabakow, ¼ St. s. von Domausnitz, ebenfalls an der Straße nach Nimburg, D. von 17 H. mit 115 E.; hat 2 Mhl. — 3. Wesselitz, ¼ St. ö. von Domausnitz, auf der Anhöhe Kremenitz, D. von 34 H. mit 321 E. Davon gehören hieher nur 19 H. mit 200 E., und 15 H. mit 121 E. zur Hft. Diettenitz. Beim hiesigen Antheile ist 1 Mhf. nebst Schafstall.

Außerdem besitzt Domausnitz Antheile von folgenden Ortschaften der Hft. Brezno:

4. Cizowka, 1½ B. St. nw. von Domausnitz, 2 Mhl. und 1 obrktl. Hegerh. in der ehemaligen Fasanerie, zusammen mit 19 E. — 5. Kitonitz, 1½ B. St. nw. von Domausnitz, 2 Chaluppen der Einschichte Kauschow, mit 14 E. und von 6. Petkow, ¼ St. n. von Domausnitz, 3 Chaluppen mit 14 E.

Allodial-Herrschaft Diettenitz.

Dieses seit dem J. 1808 dem k. k. Geheimen Rathe und Kämmerer ꝛc. ꝛc. Johann Philipp Freiherrn von Wessenberg zu Ampringen gehörige Dominium besteht aus zwei von einander abgesonderten Theilen: a. der eigentlichen Hschft. Diettenitz sammt dem Gute Wossenitz, an der Gränze des Bidschower Kreises, zwischen den Dominien Kost, Altenburg, Kopidlno und Domausnitz; b. dem Gute Mzel, 2½ Stunden südwestlich von Diettenitz, zwischen den Dominien Dobrawitz, Rozdialowitz, Krinetz und Lautschin.

Diettenitz gehörte im XI. Jahrhunderte der Collegial-Kirche zu Alt-Bunzlau, welcher es ihr Stifter Herzog Bražislaw im J. 1052 geschenkt hatte. Wahrscheinlich wegen zu großer Entfernung von Alt-Bunzlau verkaufte oder vertauschte späterhin das

Kapitel dieses Gut an die Familie Benesch (Beneš) von 1265 und noch später, gegen das Ende des XIV. Jahrhunderts, ferner 1412 und 1421, erscheinen Glieder dieser Familie als Herren von Dietteniß. Nach dem letztern Jahre gelangte das Gut an die Familie der Ritter Křinecky von Ronow, welche als eifrige Utraquisten und Pikardi= ten bekannt waren, späterhin auch zum Lutherthum übergingen. Nach der Schlacht auf dem Weißen Berge wurde dem Georg Křinecky, der am Aufstande gegen Ferdinand II. Theil genommen, das Gut Diet= teniß confiscirt, und 1623 um den abgeschätzten Preis von 55531 Schock an Albrecht Grafen von Waldstein, Herzog zu Friedland ꝛc. ꝛc. verkauft. Nach dem Tode des Letztern gelangte es an seinen Neffen Johann Christoph Grafen von Waldstein, welcher bereits das Gut Mzel und auch die benachbarte Hschft. Rožďalowiß besaß, und vor seinem 1655 erfolgten Tode seinen Sohn Oktavian Ladislaw zum Erben von Dietteniß einsetzte. Unter diesem Besitzer gehörten bereits 1674 von dem Dorfe Wosseniß, das damals noch mit der Hschft. Kost vereinigt war, 7 Häuser nebst der Pfarrkirche und Schule zu Dietteniß. Er hinterließ bei seinem Tode 1717 seine Tochter Anna Barbara als Erbinn von Dietteniß und Mzel, welche sich zuerst mit einem Grafen von Küenburg, und als dieser bald dar= auf starb, im J. 1723 mit dem k. k. Geheimen Rath und Oberst= lieutenant, Karl Grafen von Bathiany vermählte, der von ihr, als sie schon in den ersten Jahren der Ehe (noch vor 1725) mit Tode abgegangen war, die Güter Dietteniß und Mzel erbte, und auch 1739 von dem Grafen Wenzel Wratislaw von Netolicky, Herrn auf Kost, das Gut Wosseniß kaufte. Sowohl dieses letztre Gut als auch Mzel, welches bis dahin ein für sich bestehendes Gut ge= wesen war, wurde jetzt mit Dietteniß zu einem Ganzen vereinigt, und alle drei bildeten von nun an nur ein einziges Dominium. Im J. 1760 verkaufte der erwähnte Graf Bathiany dasselbe für die Summe von 270000 fl. an den k. k. Geheimen Rath und Obersten Johann Christian Grafen von Clam=Gallas, von dem es 1775 durch Erbfolge an seinen Sohn Karl, und von diesem 1783 an dessen da= mals erst drei Jahr alte Tochter Aloysia überging. Ihr Vormund und Oheim, Graf Christian von Clam=Gallas, verkaufte das Dominium im J. 1797 für die Summe von 330000 fl. an den da= maligen k. k. Obersten Jakob Freiherrn von Wimmer, und dieser trat es für die Summe von 350000 fl. an den noch gegenwärtigen Besitzer, Johann Philipp Freiherrn von Wessenberg ꝛc. ꝛc. ab. (Siehe Landtäfl. Hauptbuch, Litt. A. Tom. II. Fol. 101.)

Die Oberfläche des Ganzen ist größtentheils eben; nur bei Mzel und Studeß erheben sich waldige Anhöhen, wie der Berg Winice, welche als Fortsetzungen der von Wschetat sich über Lautschin ziehenden Hügelkette zu betrachten sind, und wie diese aus sandigem Plänerkalke bestehen. Auch ist der an seinen Abhängen mit Wald bedeckte Watschalker Berg nicht unbedeutend; man genießt von seinem Gipfel eine herrliche Aussicht einerseits nach dem Riesen= und Iser=Gebirge, andererseits über das ganze umliegende Flachland.

[illegible] eine vor etwa 30 Jahren größtentheils in Wiesenboden verwandelt worden.

Die wenigen Gewerbe, die hier betrieben werden, beschäftigten 1832 nur 68 Personen, von welchen mehr als die Hälfte zu der obrigkeitlichen, schon vor etwa 45 Jahren durch den damaligen Besitzer des Dominiums gegründeten Strumpfwaaren-Fabrik gehören. Die Absicht bei der Errichtung dieser Fabrik war, den ärmern Unterthanen Arbeit und Erwerb zu verschaffen, und sie wird auch aus demselben Grunde noch von den jetzigen Besitzern, obschon sie keinen Gewinn bringt, fortgeführt.

In Domausnitz ist eine Hebamme.

Die Verbindung mit der Nachbarschaft wird durch die Landstraße unterhalten, welche von Bautzen nach Nimburg führt und das Dominium von Norden nach Süden durchschneidet.

Das ganze Dominium ist zur Lokaliekirche in Kitonitz (Hschft. Březno) eingepfarrt.

Folgendes sind die Ortschaften:

1. Domausnitz, 2 Meilen ö. von der Kreisstadt Jung-Bunzlau, an der Straße nach Nimburg, D. von 62 H. mit 525 E., hat 1 Schule, welche unter dem Patronate der Obrigkeit steht, 1 obrktl. Schloß, mit dem Sitze des Wirthschaftsamtes, 1 Mhf., 1 Schäf., 1 Jägerh. und 1 Potaschensiederei. — 2. Rabakow, 1/4 St. s. von Domausnitz, ebenfalls an der Straße nach Nimburg, D. von 17 H. mit 115 E.; hat 2 Mhl. — 3. Wesselitz, 1/4 St. ö. von Domausnitz, auf der Anhöhe Kremenitz, D. von 34 H. mit 321 E. Davon gehören hieher nur 19 H. mit 200 E., und 15 H. mit 121 E. zur Hft. Diettenitz. Beim hiesigen Antheile ist 1 Mhf. nebst Schafstall.

Außerdem besitzt Domausnitz Antheile von folgenden Ortschaften der Hft. Březno:

4. Čižowka, 1 1/2 St. nw. von Domausnitz, 2 Mhl. und 1 obrktl. Hegerh. in der ehemaligen Fasanerie, zusammen mit 19 E. — 5. Kitonitz, 1 1/2 St. nnö. von Domausnitz, 2 Chaluppen der Einschichte Kausinow, mit 14 E. und von 6. Petkow, 1/4 St. n. von Domausnitz, 3 Chaluppen mit 14 E.

Allodial-Herrschaft Diettenitz.

Dieses seit dem J. 1808 dem k. k. Geheimen Rathe und Kämmerer 2c. 2c. Johann Philipp Freiherrn von Wessenberg zu Ampringen gehörige Dominium besteht aus zwei von einander abgesonderten Theilen: a. der eigentlichen Hschft. Diettenitz sammt dem Gute Wossenitz, an der Gränze des Bidschower Kreises, zwischen den Dominien Kost, Altenburg, Kopidlno und Domausnitz; b. dem Gute Mzel, 2 1/2 Stunden südwestlich von Diettenitz, zwischen den Dominien Dobrowitz, Rozdialowitz, Krinetz und Lautschin.

Diettenitz gehörte im XI. Jahrhunderte der Collegiat-Kirche zu Alt-Bunzlau, welcher es ihr Stifter Herzog Bretislaw im J. 1052 geschenkt hatte. Wahrscheinlich wegen zu großer Entfernung von Alt-Bunzlau verkaufte oder vertauschte späterhin das

dessen erster Gründer gänzlich unbekannt ist. Sie war schon 1384 mit einem eignen Pfarrer versehen. Von 1421 bis 1623 war sie in den Händen der Utraquisten, Picarditen und Lutheraner. Von der Mutter (✝ 1573) und der Gattin (✝ 1576) eines akatholischen Pfarrers Peter Wokan ist noch ein Grabstein vorhanden. Nach Wiedereinführung der katholischen Geistlichen wurde die Kirche, die schon 1650 Oktavian Ladislaus Graf von Waldstein vergrößert, und zu welcher er 1663 ein neues Pfarrgebäude und eine Schule hinzugefügt hatte, bis 1665 von dem Pfarrer zu Rowensko besorgt, bis dieser im letztgenannten Jahre die neue Pfarre zu Wossenitz bezog und Mzel als Filial dazu übernahm. Derselbe Graf von Waldstein ließ auch in den Jahren 1676 bis 1705 die drei noch vorhandenen schönen Glocken gießen, die zusammen den Dreiklang F A C angeben. Die große und mittlere sind von dem berühmten Pricquey in Jung-Bunzlau. Die zur Kirche von Wossenitz eingepfarrten Ofr. sind, außer dem Orte selbst, folgende hftl.: Diettenitz, Bradek, Batschalek, Ober- und Unter-Rokitan, dann die fremdhftl. Ritschno (Hft. Kopidlno), Hegkowitz und Probaschitz (Hft. Dobrawitz). Das jetzige steinerne Pfarrh. wurde in dem J. 1792 bis 1795 errichtet. Die neue Schule, ein Gebäude, das man für einen kleinen ländlichen Palast halten könnte, ist in den J. 1825 und 1826 mit einem Aufwande von 14100 fl. W. W. erbaut worden. — Batschalek (Bačalek, Bačalka), $1/2$ St. nw. von Diettenitz, auf der Höhe des waldigen Batschalker Berges, D. von 71 H. mit 432 E. (worunter die $1/4$ St. abseits liegende Rustical-Chaluppe „Wlkow“), ist nach Wossenitz eingepf. und hat 1 Wirthsh. — 5. Ober-Rokitan (Horny Rokitiany), $3/4$ St. wnw. von Diettenitz am Abhange des Batschalker Berges, D. von 26 H. mit 159 E., nach Wossenitz eingpf. Bis zum Hussitenkriege bestand hier ein Freisassengut, auf der Ebene, die noch „na Matlasawsku“ heißt; auf den Gründen desselben, die später dem Wossenitzer Mhf. einverleibt wurden, fand 1769 ein Hirtenknabe die altböhmischen Münzen, deren Schaller (a. a. O. S. 43) gedenkt, und welche Adaukt Vogt beschrieben hat — 6. Unter-Rokitan (Dolenj Rokitiany), $1/2$ St. w. von Diettenitz, D. von 45 H. mit 303 E., ist nach Wossenitz eingpf. und hat 2 Oelm. und 1 Wirthsh. Auf der benachbarten Anhöhe, Humprecht, sind noch einige Trümmer einer alten Ritterburg zu sehen, über welche es aber an allen geschichtlichen Nachweisungen mangelt. Schaller sagt zwar, daß im J. 1357 Haschek von Lämberg Rokitay und Krupay an den Abt Predbor zu Hradisst (Münchengrätz) gegen die Klostergüter Jesseny, Wockow und Rostoky ausgetauscht habe; aber wahrscheinlich hat Schaller hier Rokitan mit dem Orte Rokitay, auf der Hft. Weißwasser, bei dem auch Krupay liegt, verwechselt. — 7. Wistritz, (Bistřice), abgesondert vom übrigen Gebiete der Hft., $1\frac{1}{4}$ St. nö. von Diettenitz, an einem kleinen Bache, welcher hier die Gränze zwischen dem Bunzlauer und dem Bidschower Kreise bildet, D. von 66 H. mit 428 E. Davon gehören hieher 40 H. mit 288 E., und 26 H. mit 140 E. zur Hft. Kopidlno (des Bidschower Krs.). Beim Diettenitzer Antheile befindet sich 1 Wirthsh. und 1 Mhl. Ueber die hiesige Kirche, welche der Pfarrkirche in Libun untergeordnet ist und mit der Schule zum Kopidlnoer Antheile gehört, wird bei der Beschreibung dieser Hschft. das Nöthige gesagt werden.

Außerdem gehören zum Gute Wossenitz auch

8. 15 H. mit 121 E. von dem D. Wesseltz des Gutes Domausnitz. (S. dieses Dominium.)

III. Gut Mzel.

9. Mzel (Mzell, Mizell, Mcel), 2¾ St. sw. von Dietteniz, an der Nimburger Commerzialstraße, am Fuße des Berges Winice, D. von 100 H. mit 578 E., hat 1 Mhl., 1 Branntweinh., 1 Potaschensiederei, 1 Oelm. und 1 Wirthsh. Abseitig liegt auf der Höhe des Berges Winice ein im J. 1698 vom Grafen Oktavian Ladislaus von Waldstein erbautes Jagdschlößchen, welches aber im Laufe der Zeit allmählich eine Ruine geworden ist. In der Nähe liegt im Walde eine wilde Fasanerie mit 1 Jägerh., und weiter n. 1 Schäf. Die jetzige Pfarrkirche zu Mzel, unter dem Titel des h. Wenzeslaus und dem Patronate der Obrkt., besteht in ihrer jetzigen Gestalt seit 1653, wo sie von Johann Christoph Grafen von Waldstein neu erbaut wurde, nachdem die frühere, welche schon 1384 ihren eigenen Pfarrer hatte, 1652 abgebrannt war. Sie war damals noch bis 1665 ein Filial von Rozdialowitz, und hierauf, als der Pfarrer von hier nach Wossenitz ging, ein Filial von letzterer Pfarrkirche. Im J. 1769 erhielt sie einen eignen Administrator durch den damaligen Grundherrn Karl Grafen von Bathiany, dessen Nachfolger Johann Christoph Graf von Clam-Gallas im J. 1777 auch das jetzige Pfarrgebäude aufführen ließ. Im J. 1784 wurde sie zur wirklichen Pfarrkirche erhoben, erhielt 1790 auf Kosten der Gemeinde einen neuen Hochaltar, und wurde 1825 durch den jetzigen Besitzer der Hschft., welcher 1824 auch ein neues Schulgebäude errichtet hatte, renovirt. Die eingpf. D. sind, nebst Mzel selbst, Sudetz und Selletitz, (welches Letztere zur Hft. Kinetz gehört). — 10. Groß-Sudetz (Welky Sudec), 2½ St. sw. von Dietteniz, D. von 45 H. mit 219 E., hat 1 Mhl. und 1 Wirthsh.

Allodial-Herrschaft Lautschin und Gut Wlkawa.

Diese beiden seit dem J. 1789 zu einem Dominium vereinigten Güter gränzen gegen Norden an die Hft. Dobrawitz, gegen Osten an die Hschft. Dietteniz, und zwar an das Gut Mzel, gegen Süden an die Hft. Kinetz, die k. Stadt Nimburg und die Hft. Benatek, und gegen Westen ebenfalls an das letztgenannte Dominium, so wie an die Hft. Brodetz.

Als ältesten bekannten Besitzer der Herrschaft Lautschin finden wir auf einer Glocke der Lautschiner Kirche, mit der Jahrszahl 1580, den Herrn Christoph Krinecky von Ronow und auf Lautschin angeführt. Nach Schaller (a. a. O. S. 33) soll diese Herrschaft im J. 1615 dem Herrn Wenzel Berka von Duba gehört haben, dessen sämmtliche Güter nach der Schlacht am Weißen Berge vom königlichen Fiscus eingezogen wurden, von welchem darauf 1622 dieses Dominium dem Grafen Adam von Waldstein um 260000 Schock Groschen käuflich überlassen worden sei. Die letztere Angabe ist aber, was den Preis betrifft, unrichtig; denn in dem von Riegger in seinen Materialien zur alten und neuen Statistik von Böhmen, VI. Heft, S. 146 und 147, mitgetheilten handschriftlichen Verzeichnisse der nach 1620 confiscirten Herrschaften und Güter in Böhmen, erscheint unter den dem Wenzel Berka entzognen Gütern des Bunzlauer

Kreises „Lauczinsko,“ zu 10257 Schock, 6 Groschen und 3 Pfennige abgeschätzt, und 260000 fl. wird als der Kaufpreis sämmtlicher an den Grafen von Waldstein verkauften Güter des Wenzel Berka im Bunzlauer Kreise angegeben. Die Herrschaft Lautschin blieb bei dem gräflich = Waldsteinschen Hause bis zu dem Tode der Gräfin Maria Anna von Waldstein, verwittweten Fürstinn zu Fürstenberg, welche sie ihrem Sohne Karl Egon Fürsten zu Fürstenberg als Erbtheil hinterließ. Nach dem Tode desselben im J. 1787, gelangte sie an seinen ältesten Sohn Philipp, welcher sie später seiner Witwe Josepha Fürstinn zu Fürstenberg hinterließ. Diese vererbte bei ihrem Ableben im J. 1808 die Herrschaft an den k. k. General = Major rc. rc. Maximilian Fürsten von Thurn und Taxis, von dem sie, ebenfalls durch das Recht der Erbfolge, auf den gegenwärtigen Besitzer, Karl Anselm Fürsten von Thurn und Taxis überging.

Wann alle die einzelnen Dörfer, die jetzt zu Lautschin gehören, damit vereinigt worden, ist nicht zu ermitteln. In den Errichtungsbüchern erscheinen als Wohlthäter der Kirchen zu Wschegan und Struh, „Theodorik Hussowec von Wssegan,“ im J. 1408, und „Wssebor von Chrast, sonst von Struh genannt,“ im J. 1368 (Schaller, a. a. O. S. 34 und 35). Bratronitz gehörte mit Augezdez (Klein-Augezd) vor der Schlacht auf dem Weißen Berge der Gräfinn Christina von Waldstein, gebornen Nischwitz von Haltendorf, wurde bei der Confiscation auf 17163 Schock taxirt und um denselben Preis an Albrecht von Waldstein verkauft. (S. Rieggers Materialien, VI. Heft. S. 143). Das Gut Wlkawa erhielt nach der Schlacht am Weißen Berge der damalige Fürst=Erzbischof zu Prag und Kardinal, Ernest von Harrach, vom Kaiser zum Geschenk, und es blieb bei dem Hause Harrach bis zum J. 1789, wo es der damalige Besitzer von Lautschin, Philipp Fürst zu Fürstenberg, vom Grafen Guido Ernest von Harrach zu Rohrau erkaufte und diesem Dominium einverleibte. (S. Landtäfl. Hauptbuch, Litt. A. und zwar: Hft. Lautschin Tom. III. Fol. 93, und Gut Wlkawa Tom. X. Fol. 21.)

Die Oberfläche des Gebietes ist größtentheils flaches und aufgeschwemmtes Land, mit unbedeutenden einzelnen Erhöhungen, an welchen sich Plänerkalk als die Unterlage des Grundes zeigt. Die Abdachung geht nach Süden, wohin ein kleiner Bach, der Abfluß des Groß=Augezder und Wlkawer Teiches, seinen Weg nimmt. Außer diesen zwei ansehnlichen Teichen, welche mit Karpfen besetzt sind, ist kein anderer vorhanden. Den ehemaligen Teich Trapitsch, bei Struh, hat die Obrigkeit nebst der dortigen Mühle im J. 1820 kassirt, und benutzt ihn jetzt als Wiesengrund. Im Lautschiner Thiergarten befindet sich ein Brunnen, Bozi woda genannt, dessen Wasser sich bei einigen Augenkranken als heilkräftig erwiesen haben soll.

Die Bevölkerung des Dominiums war 1830: 3183 Seelen stark, und besteht größtentheils aus Katholiken. Nur in 5 Dörfern, hauptsächlich in Skrchleb, leben etwa 25 protestantische Familien. Die herrschende Sprache ist die böhmische.

Die vorzüglichste Ertrags- und Erwerbsquelle des Dominiums ist die Landwirthschaft, zu deren Betrieb nach dem Kastral-Zergliederungssummarium vom J. 1832 folgende Bodenfläche vorhanden war:

I. Herrschaft Lautschin.

	Dominicale.		Rusticale.		Zusammen.	
	Joch	□Kl.	Joch	□Kl.	Joch.	□Kl.
Ackerbare Felder . . .	1174	453	2800	92	3974	545
Trischfelder	80	635	335	451	451	1086
Wiesen	180	488	172	804	352	989
Gärten	28	634	57	1345	86	379
Teiche mit Wiesen verglichen	81	622	—	—	81	622
Hutweiden 2c. 2c. . .	24	1322	109	641	134	363
Waldungen	1895	1378	94	441	1990	240
Ueberhaupt	3465	432	3569	571	7034	1003

II. Gut Wlkawa.

	Dominicale.		Rusticale.		Zusammen.	
	Joch	□Kl.	Joch.	□Kl.	Joch.	□Kl.
An ackerbaren Feldern .	571	255 2/6	1602	1051	2173	1306 2/6
„ Trischfeldern	—	—	9	1470	9	1470
„ Wiesen . .	84	576	51	267	135	843
„ Gärten . . .	19	1166	16	1080 2/6	36	646 2/6
„ Teichen mit Wiesen verglichen . .	43	744	—	—	43	744
„ Hutweiden 2c.	13	112	50	1208	63	1320
„ Waldungen .	579	703	12	357	591	1060
Ueberhaupt . .	1311	356 2/6	1743	633 2/6	3054	989 2/6
Hierzu Lautschin	3465	432	3569	571	7034	1003
Im Ganzen . .	4776	788 2/6	5312	1204 2/6	10089	392 2/6

Der Boden besteht größtentheils aus Sand und Kies, und ist dabei von geringer Fruchtbarkeit. Von Getraidearten wird vornehmlich Roggen gebaut. Der Obstbau ist bloß auf den obrigkeitlichen Gründen von einiger Erheblichkeit, wo in neuerer Zeit mehre Alleen edler Sorten angelegt worden; bei den übrigen Einwohnern beschränkt er sich auf das gewöhnliche Obst, und wird bloß in Gärten betrieben.

Die Stärke des Viehstandes am 30. April 1833 zeigt folgende Uebersicht:

	der Obrigkeit.	der Unterthanen.	Zusammen.
Pferde	17 (Alte)	192 (169 Alte, 23 Fohlen)	209
Rindvieh	249 (5 Zuchtstiere, 10 junge St., 80 Kühe, 65 Kalbinnen, 52 Zugochsen, 37 junge Ochsen)	968 (2 Zuchtstiere, 492 Kühe, 228 Kalbinnen, 246 Zugochsen)	1217
Schafvieh	3330 (2518 Alte, 812 Lämmer)	1385 (1095 Alte, 290 Lämmer)	4715

Bei dem Mangel an gutem Wiesengrunde beruht die Erhaltung des Viehes hauptsächlich auf Kunstfutterbau, dem aber nur von der Obrigkeit die gehörige Ausdehnung gegeben wird. Schweine und Geflügel werden nur für den Hausbedarf gezogen.

Zum Betriebe der obrigkeitlichen Oekonomie bestehen 6 Maierhöfe in eigner Regie (zu Lautschin, Studetz, Struch, Augezd, Wlkawa und Wschechlap), und 1 zeitlich verpachteter (in Wschegan).

Die Waldungen sind in 3 Reviere (das Lautschiner, Wlkawer und Wscheganer) eingetheilt und bedecken nach amtlichen Angaben vom J. 1826 einen Raum von 2926 Joch. Der Hochwald besteht aus Kiefern und Eichen, das Unterholz aus Birken und Eichengesträpp. Der jährliche Ertrag kann zu 3000 Klafter angenommen werden, und findet seinen Verbrauch theils auf dem Dominium selbst, theils in den Nachbarorten.

In dem obrigkeitlichen Thiergarten, welchen Lautschin gemeinschaftlich mit der (demselben Besitzer gehörigen) Hft. Dobrawitz unterhält, befinden sich 100 Stück Hochwild. Bei Lautschin ist eine ansehnliche Fasanerie. Der Bestand des kleinen und des Federwildes im Freien ist von geringer Erheblichkeit. Vom Jagdertrage wird der größte Theil nach Prag abgesetzt.

Von Gewerben und Handel nährten sich am Anfange des Jahres 1832 in Allem 85 Personen, nämlich 67 Meister und andere Gewerbsherren mit 9 Gesellen und 9 Lehrlingen. Man zählte im Einzelnen: 1 Bäcker, 11 Bierschänker, (worunter 2 zugleich Fleischhauer), 1 Branntweinbrenner (Pächter des obrigk. Branntweinhauses), 1 Bräuer, 1 Büchsenmacher, 2 Faßbinder, 2 Fleischhauer (zugleich Bierschänker), 1 Glaser, 1 Hausirer, 2 Kleinhändler, 1 Krämer, 3 Leinweber, 9 Müller, 1 Produktenhändler, 2 Schlosser, 7 Schmiedte, 13 Schneider, 8 Schuhmacher, 3 Tischler, 2 Töpfer und 3 Wagner.

Das Sanitäts-Personale besteht aus 1 obrigk. Wundarzte (in Dobrawitz, gemeinschaftlich für beide Herrschaften) und 1 Hebamme (in Lautschin).

Ein Armen-Institut war für das Dominium bis zum Anfange des Jahres 1832 noch nicht eingeführt.

Was die Verbindung der Herrschaft mit den angränzenden Dominien betrifft, so wird der südliche Theil derselben von der Chaussee durchschnitten, die von Jung-Bunzlau nach Nimburg führt. Lautschin liegt an der von Lissa nach Gitschin führenden Landstraße. Die nächste Post ist in Nimburg.

Folgendes sind die einzelnen Ortschaften:

Herrschaft Lautschin.

1. Lautschin (Laučin, Lučin, auch ehemals Laukim), 2 Meilen nö. von Jung-Bunzlau, an der Landstraße, die von Gitschin nach Lissa geht, D. von 86 H. mit 606 E., hat ein, wahrscheinlich im J. 1704 von Ernest Grafen von Waldstein erbautes großes und schönes obrktl. Schloß, auf einer Anhöhe gelegen, von welcher man eine weite Aussicht auf die umliegende anmuthige Gegend, namentlich nach O. und S. hin, genießt. In Verbindung damit steht die Schloßkirche zu Mariä Himmelfahrt, an der Nordseite des Gebäudes. Sie wurde in den J. 1710 bis 1713 auf Kosten des Kirchenvermögens, und mittelst eines Beitrags von 1000 fl. durch den Grafen Ernest von Waldstein erbaut, nachdem die bisherige Kirche, die schon 1404 als Pfarrkirche erscheint, aber vom 30jährigen Kriege bis 1710 ein Filial von Wschegan war, so baufällig geworden, daß sie abgetragen werden mußte. Die Gräfinn Eleonore von Waldstein stiftete im J. 1718 einen Schloßkaplan an dieser Kirche, welche im J. 1786 zu einer selbstständigen Lokalie erhoben und unter das Patronat der Grundobrigkeit gestellt wurde. Die 2 größern Glocken sind aus der ältern Kirche hieher übertragen worden, und haben die Jahrszahlen 1580 und 1615; die jüngste ist vom J. 1728. Die eingpf. Ortschaften sind: Lautschin, Patrin, Klein-Studeh und das zur Hft. Dobrawitz gehörige Chudek. O. und s. vom Schlosse dehnt sich am Abhange der Anhöhe der fürstliche, sehr reich und geschmackvoll eingerichtete Schloßgarten aus. Das nöthige Wasser erhält das Schloß mittelst einer Wasserleitung durch die am Fuße der Anhöhe erbaute hydraulische Maschine. Im Orte selbst befindet sich die Schule mit einem von der Obrigkeit, als Patron, fundirten Lehrer, das Amth. mit dem Sitze des obrktl. Wirthschaftsamtes, 1 Mhf. und 1 Schf. N. vom D. breitet sich der weitläuftige, eingezäunte, englische Park und Thiergarten aus, welcher einen Umfang von 3 Stunden hat, eine Menge anmuthiger Parthien und Spaziergänge, die oben erwähnte Augen-Heilquelle Bozi woda, und unter andern Sehenswürdigkeiten auch eine 156 Ellen lange, über dem Teich Sticy schwebende Brücke enthält. Zur Aufsicht über den aus beiläufig 109 Stück bestehenden Hochwildstand befindet sich hier ein Jägerh. — 2. Patrin, 1¼ St. s. von Lautschin, D. von 39 H. mit 277 E., hat 1 in geringer Entfernung abseits liegenden Fasangarten mit anmuthigen Spaziergängen, 1 Jägerh. und 1 Hegerw. — 3. Klein-Studeh (Mala Studec), ½ St. ö. von Lautschin, D. von 10 H. mit 64 E., hat 1 Mhf. und 1 Hegerw. (Sicherhof, böhm. Sichrow), abseitig im Walde. — 4. Wschegan (Wssegany), 1¼ St. sw. v. Lautschin, an der Straße nach Lissa, D. von 29 H. mit 182 E., hat 1 Pfarrkirche zu St. Johann dem Täufer, welche nebst der Schule unter dem Patronate der Obrkt. steht und bereits 1384 ihren eignen Pfarrer hatte. Die älteste Glocke ist vom J. 1483. Eingpf. sind, außer Wschegan selbst, die hschftl. Ortschaften Wanowitz, Gisbitz, Wikawa, Rabienitz, Struch (mit eigner Filialkirche), Boor, Tschachowitz, Strak (Hft. Benatek), und Zawadilka (Hft. Krinetz). Außerdem befindet sich in Wschegan 1 Mhf. und 1 Dominikal-Wirthsh. — 5. Wanowitz (Wanowice), 1¾ St. sw. von Lautschin, am Walde überm Bache neben Wschegan, D. von 31 H. mit 184 E., hat 1 Jägerh. — 6. Rabienitz (Radenice), 1½ St. wsw. von Lautschin, ganz von Waldungen umgeben, Dsch. von 8 H. mit 44 E. — 7. Struch (Strüh), 1¾ St. w. von Lautschin, am ö. Abhange der Waldung, D. von 50 H. (von welchen ein Theil zum G. Wikawa gehört), mit 328 E., hat 1 Filialkirche zu St. Pe-

ter und Paul, die von Wschegan aus administrirt wird, und zu welcher auch Tschachowitz und Woar gehören. Sie erscheint, den Errichtungsbüchern zufolge, schon 1384 als Pfarrkirche. Ferner sind hier 1 Schule, 2 Mhf. (der „Obere“ und der „Untere“), 1 Schäf. und 1 Jägerh., welches abseits ½ St. n. im Walde liegt. Auch steht in der Nähe des D. ein Sandstein-Bruch in Betrieb. — 8. Tschachowitz (Čahowice), 1 St. w. von Lautschin am Walde, D. von 15 H. mit 202 E. — 9. Brattraniz (Bratronice), 1 St. nnw. von Lautschin, D. von 14 H. mit 80 E., ist nach Reitschitz (Hft. Dobrawitz) eingpf. — 10. Groß-Augezd (Weliky Augezd), 1½ St. nw. von Lautschin, an der Nimburger Chaussée, D. von 18 H. mit 154 E., ist nach Reitschitz eingpf. und hat 1 Mhf. mit 1 Hammelh., 1 Mhl. (am Abflusse des Groß-Augezder Teiches), 1 Dominikal-Wirthsh. und die abseitige Schmiedte Hlinak. — 11. Klein-Augezd (Maly Augezd), 1¼ St. nw. von Lautschin, D. von 17 H. mit 124 E., ist nach Luschtienitz (Hft. Brodetz) eingpf.

Ueberdieß gehören zu Lautschin noch Antheile von folgenden fremdherrschaftlichen Dörfern:

12. Gitew, ¾ St. sö. von Lautschin, zur Hft. Krinetz gehörig. Lautschin besitzt davon 17 H. mit 103 E. — 13. Gisbitz (Gizbice), ¾ St. ssw. von Lautschin, zur Hft. Krinetz gehörig. Beim Lautschiner Antheile, 8 H. mit 63 E., befindet sich das abseitig im Walde liegende Hegerh. Klein-Slaupcy. — 14. Zawadilka, ¾ St. ssw. von Lautschin, zur Hft. Krinetz gehörig. Zu Lautschin gehört davon 1 H. mit 6 E. — 15. Strak (Straka), 1½ St. ssw. von Lautschin, zur Hft. Benatek gehörig; Lautschin besitzt davon 2 H. mit 10 E.

II. Gut Wikawa.

16. Wikawa, ¼ St. sw. von Lautschin, an der Nimburger Chaussée, D. von 42 H. mit 332 E., hat 1 kleines Schloß, welches vom obrktl. Kastner bewohnt wird, 1 Mhf. und 1 Bräuh. (auf 18 Faß). Abseitig liegen: 1 Jägerh. und Fischbehälter, 1 Hegerh („Hnewanowitz“), 1 im J. 1827 neu erbaute Ziegelhütte (auf 30000 Stück) und 1 Mhl. (am Abflusse des Wikawer Teiches). — 17. Strchles, 1 St. s. von Lautschin, an der Nimburger Chaussée, D. von 67 H. mit 448 E. (worunter 15 protestantische Familien), ist zur Dechantei-Kirche in Nimburg eingpf., und hat 1 Schule mit einem von der Obrkt. dotirten Lehrer und 1 Dominikal-Wirthsh. — 18. Wschechlap, (Wssechlap), 1½ St. s. von Lautschin, D. von 33 H. mit 232 E., ebenfalls nach Nimburg eingpf., hat 1 Mhf. und 1 Schf. — 19. Wyor, 1 St. w. von Lautschin, Dsch. von 5 Dominikal-Häusern mit 26 E., nach Wschegan eingpf.

Allodial-Herrschaft Krinetz und Gut Neu-Ronow.

Dieses vereinigte Dominium liegt im südöstlichen Theile des Bunzlauer Kreises, und gränzt in Osten und Süden an die Herrschaften Kopidlno, Dimokur und Podiebrad des Bidschower Kreises, in Westen an die Hft. Lautschin und in Norden an die Herrschaften Dobrawitz, Diettenitz und Rozdialowitz.

Der mit Gewißheit bekannte älteste Besitzer sowohl von Krinetz als Ronow ist Johann Albrecht Krinecky, welchem, als einem

Theilnehmer an dem Aufstande der böhmischen Protestanten gegen Kaiser Ferdinand II., diese Güter, nebst dem gleichfalls ihm gehörigen benachbarten Rožďialowitz, nach der Schlacht auf dem Weißen Berge vom königlichen Fiscus entzogen und 1623 an Albrecht Grafen von Waldstein, nachmaligen Herzog von Friedland, und zwar Křinetz um die Summe von 203825 fl., Ronow aber für 58333 fl. 20 kr. käuflich überlassen wurden *). Nach dem Tode desselben kam Ronow in den Besitz des Alexander Ferdinand Grafen von Wratislaw-Mitrowitz und gelangte von diesem an den Ritter Michael Wéznik, von dessen Erben es 1690 Johann Rudolph Graf Morzin kaufte, dem damals auch schon die Hft. Křinetz gehörte. Beide Güter blieben nun, nachdem sie 1750 zu einem Gesammt-Dominium vereinigt worden, im Besitz des gräflichen Hauses Morzin bis zum J. 1797, wo sie der k. k. Oberst Jakob Freiherr von Wimmer erkaufte, von dem sie im J. 1808 dem russ. Staatsrath zu Frankfurt am Main, Simon Moritz Ritter von Bethmann, käuflich überlassen wurden. Die gegenwärtigen Besitzer sind seit dem Tode des Letztern seine nachgelassenen noch minderjährigen Kinder. (S. Landtäfl. Hauptbuch, Litt. A. Tom. XIX. Fol. 1.)

Die Oberfläche des Ganzen ist flaches, aufgeschwemmtes Land, mit einer geringen Abdachung nach Osten, wo der von der Hft. Rožďialowitz kommende Bach Trnawa (oder Mrdlina) den östlichen Theil des Gebietes in der Richtung von Norden nach Süden durchströmt und nachdem er hier einige unbedeutende Wässerchen aufgenommen, nach der Hft. Podiebrad geht. Von Teichen sind nur noch einige kleinere vorhanden. Der ehemalige große Chotutzer Teich bei Křinetz wird schon längst als Feld und Wiese benutzt. In Westen und Norden von Křinetz erheben sich die Hügel Chotutz und Kunstberg.

Die Volksmenge betrug im J. 1830: 6635 Seelen. Die meisten Einwohner sind Katholiken. Die in allen Ortschaften des Dominiums (mit Ausnahme von Křinetz und Jessenik) zerstreuten Protestanten (helvetischer Confession) haben in Boschin ein eigenes Bethaus mit einem Pastor. Auch bewohnen das Dominium (Sowolusk, Zawadilka und Neuhof ausgenommen) gegen 30 Israeliten-Familien.

Die vorzüglichste Ertrags- und Erwerbsquelle ist die Landwirthschaft, zu deren Betrieb, dem Katastral-Zergliederungssummarium vom J. 1832 zufolge, nachstehende Bodenfläche verwendet wurde:

*) Schaller sagt (a. a. O. S. 86), daß Ronow gegen die Mitte des XVI. Jahrhunderts dem Herrn Heinrich Kurzbach von Trachmburg, Herrn auf Milič u. s. w., und zu Ende desselben Jahrhunderts den Herren Berka, namentlich dem Abraham Johann Wilhelm Berka, Herrn auf Leipe, Ronow u. s. w. gehört habe. Indessen behauptet Schaller (Czaslauer Kreis, S. 96) auch bei der geschichtlichen Uebersicht der Hft. Ronow im Czaslauer Kreise, daß diese zu Ende des XVI. Jahrhunderts „Heinrich Kurzpach von Strachmburg und Milcž, Herr auf Lämberg" besessen habe. Wahrscheinlich ist hier ein Ronow mit dem andern verwechselt worden, und eine der beiden Angaben ist falsch

I. Herrschaft Krinetz.

	Dominicale.		Rusticale.		Zusammen.	
	Joch.	□Kl.	Joch.	□Kl.	Joch.	□Kl.
An ackerbaren Feldern	1460	584	2517	780	3977	1274
„ Teichen mit Aeckern verglichen	108	545	—	—	108	545
„ Trischfeldern	4	1384	46	1506	51	1290
„ Wiesen	373	271	263	885	636	1156
„ Gärten	36	544	83	1165	120	109
„ Hutweiden ꝛc. ꝛc.	167	450	536	589	703	1039
„ Waldungen	2957	1305	11	637	2969	342
Ueberhaupt	5108	243	3459	722	8567	965

II. Gut Nonow.

	Dominicale.		Rusticale.		Zusammen.	
	Joch.	□Kl.	Joch.	□Kl.	Joch.	□Kl.
An ackerbaren Feldern	1113	975	1631	23	2744	998
„ Teichen mit Aeckern verglichen	17	700	—	—	17	700
„ Trischfeldern	—	—	2	1149	2	1149
„ Wiesen	466	776	88	618	554	1394
„ Gärten	27	1081	30	1430	58	911
„ Hutweiden ꝛc. ꝛc.	208	390	134	898	342	1288
„ Waldungen	238	912	—	1567	239	879
Ueberhaupt	2072	34	1888	885	3960	919
Hierzu Krinetz	5108	243	3459	722	8567	965
Im Ganzen	7180	277	5348	7	12528	284

Der Ackerboden besteht in den östlichen tiefern Gegenden meist aus schwarzem Letten, und eignet sich vorzüglich zum Waizenbau. Westlicher aufwärts ist der weiße mit Sand vermischte Lehmboden mehr dem Anbau des Roggens ꝛc. ꝛc. angemessen. Die Obstbaumzucht ist nur auf den obrigkeitlichen Gründen von Bedeutung, und verdankt ihre Veredlung und Ausdehnung dem verstorbnen Freiherrn von Wimmer, welcher die noch vorhandnen, aus den edelsten Sorten bestehenden, ansehnlichen Alleen pflanzte.

Der Viehstand betrug am 30. April 1833:

	der Obrigkeit:	der Unterthanen.	Zusammen.
Pferde	16 (Alte)	485 (360 Alte, 125 Fohlen)	501
Rindvieh	162 (6 Zuchtstiere, 5 junge St., 86 Kühe, 59 Kalbinnen, 6 Zugochsen)	2668 (15 Zuchtstiere, 9 junge St., 1351 Kühe, 686 Kalbinnen, 422 Zugochsen, 185 junge Ochsen)	2830
Schafvieh	1309 (989 Alte, 320 Lämmer)	3177 (2359 Alte, 818 Lämmer)	4486

Zur Bewirthschaftung der obrigkeitlichen Gründe bestanden sonst auf beiden Gütern zusammen 7 Maierhöfe. Von diesen sind nur noch der Krinetzer, Ronower und ein kleiner Theil des Dobrowaner in eigner Regie vorhanden, die übrigen aber schon seit 1783 in Erbpacht gegeben.

Die Waldungen sind in 4 Reviere, das Selletitzer, Tuchomer, Bistrewer und Gizbitzer, eingetheilt, und liefern im Durchschnitt jährlich 1570 Klafter hartes, und 1200 Kl. weiches Bau- und Brennholz, welches größtentheils auf dem Dominium selbst verbraucht wird. Der Jagdertrag besteht bei dem sehr ansehnlichen Wildstande in 60 Stück Rehwild, 1100 Hasen, 800 Rebhühnern und 800 Fasanen. Die Letztern gehören unter die vorzüglichern in Böhmen, und werden in 2 Fasanengärten gezogen, deren Lage in der feuchten Niederung nördlich von Krinetz besonders dazu geeignet ist.

Die Zahl aller mit Polizei-, Commercial- und freien Gewerben beschäftigten Personen war am Anfange des J. 1832 auf dem ganzen Dominium 286, nämlich 181 Meister und Gewerbsherren, 32 Gesellen, 73 Lehrlinge und andere Hilfsarbeiter. Man zählte im Einzelnen: 7 Bäcker, 18 Bierschänker, 5 Faßbinder, 5 Fleischhauer, 1 Glaser, 1 Griesler, 44 Leinweber, 4 Maurermeister (4 Gesellen), 10 Müller, 1 Potaschensieder, 2 Riemer, 3 Schlosser, 14 Schmiedte, 38 Schneider, 1 Schönfärber, 30 Schuhmacher, 7 Tischler, 1 Töpfer, 1 Uhrmacher, 6 Wagner und 4 Zimmermeister (8 Gesellen).

Mit dem Handel beschäftigten sich 33 Personen, namentlich 5 Besitzer von gemischten Waarenhandlungen, 6 Krämer und 22 freien Handel Treibende. Zur Belebung des Handels tragen die 4 Jahrmärkte (am fetten Donnerstag, Donnerstag nach Pfingsten, Bartholomäi und Katharina) bei, deren Privilegium das Städtchen Krinetz unterm 28. Februar 1780 erhalten hat, und auf welchen sich an 500 Verkäufer einfinden. Sehr bedeutend sind die damit verbundenen Hornvieh-Märkte. Die Zahl der Buden und Stände für die andern Artikel beträgt nicht über 20.

Der Verkehr mit den Umgebungen wird durch Landwege unterhalten, die in den Niederungen bei nasser Witterung nicht unter die guten gehören. Nur ein kleines Stück im Westen des Dominiums wird von der Chaussée durchschnitten, die von Jung-Bunzlau nach Nimburg geht, und an welcher das Dorf Zawadilka liegt. Die nächste Post ist in Nimburg.

Das Sanitäts-Personale des Dominiums besteht in 1 Wundarzte (zu Krinetz) 4 Hebammen (zu Krinetz, Ronow, Sitew und Jessenitz) und 1 Apotheker (im Krinetzer Schlosse).

Das am 16. April 1684 vom damaligen Besitzer beider Güter, dem Grafen Paul von Morzin, gegründete Spital zu Krinetz, in welchem 6 Pfründler verpflegt werden, besaß am Schlusse des Jahres 1831 ein Stammvermögen von 1280 fl. W. W. und ein durch Zuflüsse aus den obrigkeitlichen Renten gesteigertes Einkommen von 209 fl. 54½ kr.

Die einzelnen Ortschaften sind folgende:

I. Herrschaft Křinetz.

1. Křinetz (Křinec), 3 Meilen ſö. von Jung-Bunzlau, am Bache Mrdlina, Municipal-Städtchen von 142 H. mit 1060 E. Es hat ſein eignes Stadtgericht und iſt berechtigt, 4 Jahrmärkte zu halten (ſ. oben). Von obrktl. Gebäuden ſind hier das im J. 1749 vom damaligen Beſitzer der Hſchft., Paul Grafen von Morzin, erbaute Schloß, mit dem Sitze des Wirthſchaftsamtes, einer 1756 ebenfalls durch die Obrigkeit gegründeten Apotheke zum Goldnen Adler, und einem wohl eingerichteten Zier- und Küchengarten, Treib- und Glash., der Mhf., das Bräuh. (auf 20 Faß) und das im J. 1680 geſtiftete Spital (ſiehe oben), zu bemerken. Die hieſige Pfarrkirche zu St. Egidius ſteht nebſt der Schule unter dem Patronate der Obrkt. Sie iſt erſt im XVII. Jahrh. durch den Grafen Paul von Morzin, und zwar Anfangs nur als hftl. Kapelle gegründet, unter dem Grafen Rudolph von Morzin aber zur Kirche erweitert worden. Urſprünglich wurde ſie von den P. P. Dominikanern in Nimburg adminiſtrirt; im J. 1758 aber erhielt ſie ihren eignen Pfarrer. Das Innere enthält 3 Grabſteine von den J. 1598 und 1599 mit böhm. Inſchriften, die ſich auf die Familie Kaſſin von Ryſambark (sic) beziehen, welcher Daubrawan zu jener Zeit gehörte. Sie ſollen aus der jetzigen Filialkirche zu Boſchin (die man für die ehemalige Pfarrkirche des Dom., vor Erbauung der Křinetzer, hält) hierher gebracht worden ſeyn. Daſſelbe iſt auch mit den Glocken der Fall geweſen, deren zwei größere die Jahrzahlen 1551 und 1617 tragen, und wovon die Inſchrift der letztern eines damaligen Pfarres zu Boſchin, Namens Roſtok, erwähnt. Die eingepfarrten Ortſchaften der Křinetzer Kirche ſind jetzt, außer dem Städtchen Křinetz ſelbſt: Boſchin (mit der eben erwähnten Filialkirche), Sowenitz, Mečik, Zabrdowitz, Mutinſko und Neuſchloß, von welchen die beiden letztern zur Hſt. Dimokur des angränzenden Bidſchower Kreiſes gehören. Außer der Pfarrkirche hat Křinetz noch 2 Kapellen außerhalb der Stadt, die zu St. Trinitatis auf dem Berge Chotutz, ¼ St. w. mit dem Gottesacker, und die zu St. Johann von Nepomuk, am Ende einer Allee, die vom Berge Kunſtberg nach W. geht. Beide Kapellen ſind übrigens aufgehoben.— Unter der Häuſerzahl von Křinetz ſind auch noch folgende abſeitige Einſchichten begriffen: die aus 3 Nummern beſtehende Einſchicht Letſch, ¼ St. ſ., die Mhl. Podchotutz, das Hopfenwärter-Häuschen, die 2 Forſth. Wobora und Neu-Kunſtberg (letzteres beim Faſangarten), und das im J. 1818 wieder in bewohnbaren Stand geſetzte Schlößchen Neu-Kunſtberg, auf der Höhe des gleichnamigen Hügels, mit einem tiefen Wallgraben umgeben. Zu Schallers Zeiten hieß es noch ein „prächtiges Schloß" und die Hſchft. Křinetz führte ehemals davon auch den Namen Kunſtberg. — 2. Boſchin (Boſſyn), ½ St. nw. von Křinetz, D. von 44 H. mit 306 E., hat eine zum Sprengel der Křinetzer Pfarrei gehörige Filialkirche zu Mariä-Himmelfahrt, über deren Alter und Gründung aber nichts Zuverläſſiges bekannt iſt. Die Glocken haben die Jahrszahlen 1550, 1561 und 1603. Wie ſchon bei Křinetz erwähnt worden, iſt die Boſchiner Kirche ehemals die Pfarrkirche geweſen, wohin Křinetz eingpf. war. Außer dieſer katholiſchen Kirche befindet ſich zu Boſchin auch ſeit dem J. 1790 ein proteſtantiſches (helvetiſches) Bethaus, mit einem Paſtor, deſſen Seelſorge auch die in den andern Ortſchaften des Dom. wohnenden Proteſtanten zugewieſen ſind. — 3. Sowenitz, Sabienitz (Zabënice), ¾ St. nw. von Křinetz, D. von 50 H. mit 303 E., hat 1 Hegerh. — 4. Selletitz

(Selečice), 1½ St. nnw. von Křinetz, unweit der von Bautzen nach Nimburg führenden Landstraße, am Walde, D. von 88 H. mit 603 E., ist nach Mzel (Hft. Dietteniz) eingpf., und hat 1 Försterw., 4 Mahlm. (worunter die einschichtige Prachowna)) und 1 Brettm. — 5. Sowolusk, 1½ St. nnw. von Křinetz, von Waldung umgeben, D. von 11 H. mit 57 E., nach Rozdialowitz eingpf. — 6. Tuchom (bei Schaller Duchow), 1¼ St. n. von Křinetz, am Walde, D. von 36 H. mit 234 E., ist nach Rozdialowitz eingpf., und hat 1 Försterw. — 7. Alt-Hasina (Stara Hasyna, zum Unterschiede von dem zur Hft. Rozdialowitz gehörigen D. Neu-Hasina so genannt), 1½ St. nnö. von Křinetz, D. von 18 H. mit 103 E., nach Rozdialowitz eingpf. — 8. Koschik (Kossik), 1¼ St. n. von Křinetz, D. von 46 H. mit 331 E., nach Rozdialowitz eingpf. — 9. Dobrowan, 1 St. n. von Křinetz, D. von 48 H. mit 295 E., ist nach Rozdialowitz eingpf., und hat 1 obrktl. Schäferei und 1 Mhl. — 10. Podlužan, ¾ St. nö. von Křinetz, am rechten Ufer der Mrdlyna, D. von 26 H. mit 175 E., ist nach Rozdialowitz eingpf., und hat 1 Mhl. — 11. Mečik, ¾ St. nnw. von Křinetz, am Berge Chotutz, D. von 30 H. mit 194 E., von welchen 3 H. mit 18 E. zum Gute Nonow gehören.

Von folgenden 2 Dörfern gehören Antheile zu fremden Dominien:

12. Křistew, 1½ St. onö. von Křinetz, in waldiger Gegend, dicht an der Gränze des Bidschower Kreises, D. von 31 H. mit 169 E., von welchen 18 H. mit 103 E. hieher, die übrigen zur Hft. Kopidlno gehören, ist nach Rozdialowitz eingpf. — 13. Zabrdowitz, ¼ St. s. von Křinetz, am linken Ufer der Mrdlyna, D. von 31 H. mit 183 E. Davon besitzt die Hft. Křinetz 21 H. mit 136 E., und die Hft. Dimokur 10 H. mit 47 E.

II. Gut Nonow.

14. Woskořinek, 1 St. sw. von Křinetz, D. von 129 H. mit 794 E., hat auf einer Anhöhe w. vom Orte ein schönes obrktl. Schloß (Nonow, welchen Namen auch das D. selbst führt) mit einer Kapelle und einem geschmackvoll angelegten Garten, 1 Schule, 1 Mhf., 1 Bräuh. (auf 15 Faß), 1 Branntweinhaus und 1 Ziegelbrennerei; ist nach Jessenik eingpf. Zu Ende des XVI. Jahrhunderts ist hier der gelehrte Troianus Nigellus, Professor an der Prager Universität, geboren worden. — 15. Jessenik (Gesenik, Hrubo Gesenik), ¾ St. sw. von Křinetz, D. von 122 H. mit 775 E., hat eine Lokaliekirche zu St. Wenzeslaus, unter dem Patronate des k. k. Religionsfonds, zu welcher, außer dem Orte selbst, die D. Woskořinek, Sikew und Neuhof eingpf. sind.[*] Sie war schon im XV. Jahrhunderte vorhanden, wie die Jahreszahl 1495 der größten Glocke zeigt, wurde aber, bevor sie einen eignen Lokalisten erhielt, durch die P. P. Dominikaner in Nimburg verwaltet. Sie enthält die Grabstätte des am 26. Septr. 1765 verstorbnen Besitzers der Hft., Joseph Nikolaus Grafen von Morzin. Abseits vom Orte liegt 1 Försterw. und die hieher conscribirte Einschichte Chalaupka, welche aus 6 Klein-Häuseln besteht. — 16. Neuhof (Nowy-Dwor), 1 St. ssw. von Křinetz, D. von 23 H. mit 144 E., hat 1 abseits liegende Mhl. (Rospakow).

Von folgenden drei nach Wschejan eingpf. Dörfern gehören Antheile zur Hft. Lautschin:

17. Sikew (Sykew), 1¼ St. w. von Křinetz, D. von 90 H. mit 602 E. Davon besitzt Nonow 75 H. (worunter 1 Schule) mit 510 E., das Uebrige Lautschin. — 18. Sisbitz (Sizbice), 2 St w. von Křinetz, in waldiger Gegend, D. von 32 H. mit 243 E. Davon gehören 25 H. (wor-

unter 1 Försterw.) mit 18 H. zu Konow, die übrigen zu Lautschin. — 19. Zawadilka, $2^1/_4$ St. w. von Krinetz, an der Chaussée, die von Jung-Bunzlau nach Nimburg geht, D. von 13 H. mit 72 E., von welchen die Hft. Lautschin 1 H. mit 5 E. besitzt.

Herrschaft Dobrawitz.

Dieses Dominium liegt östlich von der Iser beisammen, zwischen dem Gute Jung-Bunzlau und der Hft. Březno in Norden, dem Gute Domausnitz in Osten, der Hft. Krinetz in Südosten, der Hft. Lautschin in Süden, dem Gute Stranow und der Hft. Kosmanos in Westen. Bloß das Dorf Podwinetz liegt abgesondert vom Ganzen, westlich, am rechten Ufer der Iser, und von den Dominien Krusko, Bezno und Kosmanos umgeben.

Im XVI. Jahrhunderte war die Herrschaft Dobrawitz ein Besitzthum der Grafen von Waldstein, von welchen sie Heinrich der jüngere im J. 1581 nach dem Tode seines Vaters Heinrichs, des ältern, von Waldstein übernahm. Nach der Einziehung sämmtlicher Güter desselben durch den k. Fiscus, in Folge der Schlacht auf dem Weißen Berge, welche zusammen auf 193562 Schock abgeschätzt waren, brachte sie Albrecht Graf von Waldstein um die Summe von 203825 fl. käuflich an sich. Auch das Gut Winařitz, welches dem Wenzel Četenský confiscirt wurde, kaufte Adam von Waldstein um 24356 Schock meißnisch. Eben so wurde das Gut Zertschitz, welches im Anfange des XVI. Jahrhunderts Johann Brückner von Brückstein, und nach diesem die Herren Podřepičký und Materna von Zertschitz, besessen hatten, nach dem dreißigjährigen Kriege mit der Hft. Dobrawitz vereinigt. Diese blieb nun als Allodium bei dem gräflich-Waldsteinschen Geschlechte bis zum Tode der Gräfinn Maria Anna von Waldstein, verwittweten Fürstinn zu Fürstenberg, welche bei ihrem Tode die Herrschaft ihrem Sohne Karl Egon Fürsten zu Fürstenberg als Erbe hinterließ. Von diesem gelangte dieselbe ebenfalls durch Erbfolge an Philipp Fürsten zu Fürstenberg, von welchem sie an seine hinterbliebne Wittwe, Josepha Fürstinn zu Fürstenberg gelangte, die bei ihrem im J. 1808 erfolgten Tode den k. k. Gen. Major ꝛc. Maximilian Fürsten von Thurn und Taxis zum Besitzer der Herrschaft ernannte, von welchem sie an den gegenwärtigen Eigenthümer Karl Anselm Fürsten von Thurn und Taxis überging. (Siehe Landtäfl. Hauptbuch, Litt. A. Tom. I. Fol. 125.)

Die Oberfläche des Ganzen ist größtentheils eben. Bloß in Norden, an der Gränze mit den Dominien Jung-Bunzlau und Březno, zieht sich von Westen nach Osten die schon bei Jung-Bunzlau erwähnte, an ihren Abhängen mit Waldung bedeckte Anhöhe, Chlomek hin. Außer der Iser, die aber nur, wie schon gesagt, das Dorf Podwinetz berührt, bestehen die Gewässer des Dominiums aus Teichen, welche, 47 an der Zahl, im östlichen und südlichen Theile des Gebietes liegen, sämmtlich mit Fischen, namentlich Spiegelkarpfen und Hechten besetzt sind, und zum

Theil auch als Mühlteiche verwendet werden. Ihre vereinigten Abflüsse bilden weiter südlich, auf der Hft. Lautschin, einen kleinen Bach, der sich auf dem Gebiete der Hft. Lissa in die Elbe ergießt. Vier ältere Teiche sind schon vor mehren Jahren in Acker- und Wiesenland umgeschaffen worden. — Beim Dorfe Semtschitz befindet sich die Mineral-Quelle Reingau (oder Rankow).

Die Bevölkerung betrug im J. 1830: 7115 Seelen. Die Einwohner bekennen sich, bis auf 152 Protestanten, die sich im J. 1826 auf 13 Dörfern der Herrschaft befanden, sämmtlich zur katholischen Religion. Die herrschende Sprache ist die böhmische.

Ackerbau, Obstbaumzucht, Viehzucht, Waldkultur, Jagd und die gewöhnlichen ländlichen Polizeigewerbe sind die vorzüglichsten Ertrags- und Nahrungsquellen des Dominiums und seiner Bewohner.

Die landwirthschaftliche Bodenfläche betrug nach dem Katastral-Zergliederungssummarium vom J. 1832:

	Dominicale.		Rusticale.		Zusammen.	
	Joch.	□Kl.	Joch.	□Kl.	Joch.	□Kl.
An ackerbaren Feldern .	3402	1181 3/8	6380	206 1/8	9782	1387 4/8
= Teichen mit Aeckern verglichen . .	169	1589	—	—	169	1589
= Trischfeldern	9	809	323	882	333	91
= Wiesen . .	585	1462	605	1197	1191	1059
= Gärten . .	59	885	197	893	257	178
= Teichen mit Wiesen verglichen . .	144	1335	—	—	144	1335
= Hutweiden 2c.	348	1115	232	966	581	481
= Waldungen	3910	1285	226	1483	4137	1168
Im Ganzen .	8632	61 3/8	7966	827 1/8	16598	888 4/8

Der Boden besteht, nach der verschiednen Lage der Grundstücke, aus Moor, Letten, Kies oder Sand, ist aber im Ganzen nicht unfruchtbar und erzeugt alle Getraidearten, Futtergewächse, Hülsenfrüchte, Erdäpfel und einigen Flachs. Auch wird zum Behufe der von der Obrigkeit im J. 1830 errichteten Runkelrübenzucker-Fabrik ein Theil der obrktl. Felder mit Runkelrüben bebaut. Der Obstbau wird auf den obrktl. Gründen sowohl in Gärten, als im Freien, von den Unterthanen aber nur in den bei den Wohnungen gelegenen Gärten betrieben.

Der Viehstand ergiebt sich aus nachstehender Uebersicht, vom 30. April 1833:

	der Obrigkeit.	der Unterthanen.	Zusammen.
Pferde	19 (18 Alte, 1 Fhl.)	374 (310 Alte, 64 Fhl.)	393
Rindvieh	619 . . . . . . (17 Zuchtstiere, 28 junge St., 231 Kühe, 110 Kalbinnen, 186 Zugochsen, 47 junge Ochsen)	2402 . . . . (9 Zuchtstiere, 8 junge St., 1165 Kühe, 411 Kalbinnen, 45 Mastochsen, 528 Zugochsen, 236 junge O.)	3021
Schafvieh	5683 . . . . . . (4417 Alte, 1266 Lämmer)	4100 . . . . (3111 Alte, 989 Lämmer)	9783

Außer diesen Viehgattungen werden auch Schweine und ziemlich viel Gänse gezogen. Die Bienenzucht beschränkt sich auf wenige Stöcke bei einzelnen Häusern.

Die Waldungen sind in 5 Reviere: das Chlomeker, Dolaneker, Lebetzer, Jabkenitzer und Reischitzer eingetheilt und bestehen in Kiefern, Espen, Erlen, Eichen, Birken und einigen Buchen. Der Ertrag wird zum obrigkeitlichen Bedarf verwendet oder als Bau- und Brennholz an die Einwohner verkauft. Der Hasenbestand kann auf 1500 Stück und der der Rebhühner auf 1200 Stück angeschlagen werden. Die drei Fasanengärten bei Reischitz, Jabkenitz und Pietschitz liefern jährlich an 400 Stück zum Absatz. Mit der (gleichfalls gegenwärtig dem Fürsten Karl Anselm von Thurn und Taxis gehörenden) Hft. Lautschin besitzt die Hft. Dobrawitz gemeinschaftlich einen Thiergarten, worin sich an 100 Stück Hochwild befinden.

Mit der Gewerbs-Industrie beschäftigten sich am Anfange des J. 1832 in Allem 334 Personen, wovon allein durch die obrigkeitliche k. k. privilegirte Runkelrübenzucker-Fabrik und Raffinerie gegen 100 Individuen in Thätigkeit gesetzt werden. Außerdem zählte man 136 Meister und andere Gewerbsbefugte mit 46 Gesellen und 51 Lehrlingen, namentlich: 2 Bäcker, 29 Bierschänker, 3 Faßbinder, 4 Fleischhauer, 11 Getraidehändler, 2 Glaser, 2 Griesler, 1 Hutmacher, 1 Kürschner, 1 Leinwandhändler, 1 Lohgärber, 3 Maurermeister (12 Gesellen), 5 Müller, 1 Riemer, 2 Schlosser, 12 Schmiedte, 14 Schneider, 15 Schuhmacher, 2 Seifensieder, 1 Seiler, 7 Tischler, 5 Wagner, 1 Wasenmeister, 1 Ziegeldecker und 3 Zimmermeister (17 Gesellen).

Zum Handelsstande gehören 2 gemischte Waarenhandlungen und 1 Krämer. Auf den vier Jahrmärkten des Städtchens Dobrawitz (Mittwoch nach Cantate, Jakobi, Wenzeslai und Allerheiligen) finden sich an 2- bis 300 inländische Verkäufer ein; an zweien dieser Märkte wird auch Wolle zum Verkauf gebracht.

Das Sanitäts-Personale besteht aus 1 obrigkeitlichen Wundarzte (in Dobrawitz) und 6 geprüften Hebammen (in Dobrawitz, Nemtschitz, Auketz, Lebetz, Reischitz und Kosoritz).

Die von Jung-Bunzlau über Bezdietschin und Luschtienitz nach Nimburg führende Chaussée berührt ein kleines Stück des südlichen Theiles der Hft. Dobrawitz. Durch den östlichen Theil geht die von Bautzen nach Nimburg führende Landstraße. Außerdem befinden sich auf diesem Dominium nur Landwege.

Für die Unterstützung der Hilfsbedürftigen hat schon die frühere Besitzerinn, die Fürstinn Josepha zu Fürstenberg, durch die Gründung eines Spitals im Städtchen Dobrawitz, am 14. Februar 1732, mütterlich gesorgt, dessen Stammvermögen, durch die Wohlthätigkeit des jetzigen Besitzers vermehrt, die ansehnliche Summe von 56000 fl. W. W. ausmacht. Von den 5percentigen Zinsen desselben wurden im Verlauf des Jahres 1831 20 Pfründler des Dominiums verpflegt. Außerdem besteht in Dobrawitz zur Unterstützung der Hausarmen: 1) ein schon vor undenklicher Zeit durch Verkauf des alten Spitalgebäudes und aus den Kapitalien der aufgehobenen Bruderschaft Corporis Christi, so wie des s. g. Literaten-Chors, entstandenes Armen-Institut, welches jetzt ein Stammvermögen von 3629 fl. 50 kr. besitzt; 2) ein im J. 1828 durch den Dobrawitzer Dechant Herrn Johann Linka gegründetes Privat-Institut, dessen ihm zugewiesene jährliche Einkünfte an Sammlungsgeldern, Erlös aus dem Verkauf der Entschuldigungskarten, Zuflüssen aus den Stadtrenten ꝛc. im J. 1831: 1254 fl. 30 kr. W. W. ausmachten. Auch war durch Ueberschüsse bereits ein kleines Stammvermögen von 250 fl. entstanden. Die Zahl der durch beide Institute gemeinschaftlich betheilten Hausarmen war 37.

Die einzelnen Ortschaften des Dominiums sind folgende:

1. Dobrawitz (Daubrawitz, Dobrawice, Daubrawice), 1½ St. ſ. von Jung-Bunzlau, am Fuße des Berges Chlomek, Schutzstädtchen von 146 H. mit 1161 E. Es war bis zum J. 1558 ein Dorf, und hieß Dobrawes, wurde aber damals durch Kaiser Ferdinand I. zu einem Marktflecken erhoben, und erhielt die damit verbundnen Vorrechte, namentlich ein eignes Stadtgericht zu besitzen und 4 Jahrmärkte zu halten. Die Obrigkeit hat hier ein Schloß von sehr alter Bauart, mit dem Sitze des Wirthschaftsamtes, und einem großen Garten; ferner 1 Mhf., 1 Bräuh. und 1 Spitalgebäude. Die hiesige Dechantei-Kirche, zu St. Bartholomäus steht nebst der Schule unter dem Patronate der Obrkt., und ist in ihrer jetzigen Gestalt in den J. 1569 bis 1571 durch Heinrich Freiherrn von Waldstein erbaut, und 1732 durch die verwittwete Gräfinn Eleonora von Waldstein erneuert und verschönert worden, hat aber, nach den Errichtungsbüchern, schon 1371 als Pfarrkirche bestanden. Sie liegt nebst dem sie umgebenden Gottesacker auf einer Anhöhe außerhalb des Städtchens. Die eingpf. Ortschaften sind, außer Dobrawitz selbst, folgende Dfr. des Dominiums: Aukeţ, Bojetitz, Chlomek, Ctiměřitz, Dolanek, Holywrcha, Libichow, Nepřewas, Niemtschitz, Pietschitz, Winařitz, Semtschitz, Seytin und Teynetz. In den letztern 3 D. befinden sich Filialkirchen, die von Dobrawitz aus besorgt werden. — 2. Auketz (Aukec), ¼ St. ö. von Dobrawitz, D. von 44 H. mit 343 E., nach Dobrawitz eingpf. — 3. Teynetz (Tegnec), ¼ St. nö. von Dobrawitz, D. von 15 H. mit 123 E., hat 1 Filialkirche unter dem Titel des h Franz Seraph., welche schon 1384 eine Pfarrkirche war, von der Fürstinn Maria Anna zu Fürstenberg aber erneuert worden ist. Sie liegt auf einer Anhöhe außerhalb des Orts. Ferner ist hier 1 Mhf. und 1 Schäf. — 4. Ctiměřitz, ½ St. nö. von Dobrawitz, D. von 21 H. mit 141 E., nach Dobrawitz eingpf. — 5. Bojetitz (Bogetice), ¼ St. n. von Dobrawitz, D. von 19 H. mit 167 E., nach Dobrawitz eingpf. - 6. Holywrcha, ½ St. n. von Dobrawitz, auf der Höhe des

Chlomek, D. von 19 H. mit 130 E., nach Dobrawitz eingpf. — 7. Dolanek (Dolanka), 3/4 St. nö. von Dobrawitz, am jenseitigen Abhange des Chlomek, D. von 18 H. mit 88 E., ist nach Dobrawitz eingpf., und hat 1 abseitiges Jägerh. — 8. Zertschitz (Zerčice), 1 St. ö. von Dobrawitz, D. von 54 H. mit 512 E., hat 1 Mhf., 1 Schäf. und 1 Mhl. Die hiesige außerhalb des D. auf einer Anhöhe gelegene Pfarrkirche zu St. Nicolaus B., steht nebst der Schule unter dem Patronate der Obrkt. und war schon 1384 eine Pfarrkirche. Im J. 1733 wurde sie durch die Gräfinn Eleonora von Waldstein von Grund aus ganz neu erbaut, und als Filialkirche von Dobrawitz aus besorgt, im J. 1786 aber, unter dem damaligen Besitzer Karl Egon Landgrafen zu Fürstenberg, Oberstburggrafen zu Prag, zur Lokalie-Kirche erhoben. Das Hochaltarblatt ist von Barbieri (1736). Das Schulgebäude ist 1822 vom jetzigen Besitzer neu hergestellt worden. Außer Zertschitz selbst, sind noch eingpf.: Ledetz, Kobilnitz, der Mhf. Owtscharna bei Pietschitz, und Kladerub (Hft. Jung-Bunzlau). Zertschitz, welches am Anfange des XVI. Jahrhunderts ein eignes Gut war, und dem Johann Brückner von Brückstein gehörte, wurde 1511 vom König Wladislaw II. zu einem Marktflecken erhoben, und erhielt nebst andern Privilegien das Recht ein eignes Wappen und Insiegel zu führen, welches noch bei alten Urkunden vorhanden ist. Im 30jährigen Kriege wurde dieses Städtchen durch die Schweden gänzlich zerstört, und erst späterhin wieder, als Dorf, neu aufgebaut. Die Benennung „na Materně," welche noch jetzt das obrktl. Feld bei der Wohnung des Lokalisten führt, erinnert an einen frühern Besitzer des Gutes Zertschitz, welcher hier wohnte. — 9. Kobilnitz, 1 1/4 St. ö. von Dobrawitz, D. von 20 H. mit 139 E., hat 1 Mhf., und ist nach Zertschitz eingpf. — 10. Heykowitz, (Hegkowice), 2 St. ö. von Dobrawitz, an der Straße von Bautzen nach Nimburg, D. von 29 H. mit 219 E., ist nach Wossenitz (Hft. Dietteniz) eingpf., hat 1 Mhf. nebst Schäf., und 1 abseits liegende Mhl. („Borečow"). — 11. Ledetz, 1 3/4 St. osö. von Dobrawitz, D. von 38 H. mit 274 E., ist nach Zertschitz eingpf., hat 1 neu erbaute Schule und 1 abseitiges Jägerh. — 12. Prodaschitz (Prodassice), 2 1/4 St. osö. von Dobrawitz, D. von 16 H. mit 107 E., nach Wossenitz eingpf. — 13. Reischitz, 1 1/4 St. s. von Dobrawitz, D. von 32 H. mit 223 E., hat eine Pfarrkirche unter dem Titel des h. Johann von Nepomuk, welche nebst der Schule unter dem Patronate der Obrkt. steht. Sie bestand schon 1384 als Pfarrkirche, mag wahrscheinlich im XV. und XVI. Jahrhunderte von protestantischen Geistlichen verwaltet, und erst nach dem 30jährigen Kriege wieder den Katholiken zurückgegeben worden seyn. Bis 1736 war sie ein Filial von Dobrawitz, und wurde erst damals durch die Fürstinn Maria Anna von Fürstenberg, welche auch die durch Brand zerstörte Kirche 1732 neu aufbauen lassen, wieder zur Pfarrkirche erhoben. Ihr Sprengel umfaßt jetzt die hftl. Dfr. Charwatetz, Jabkenitz (mit einer Filialkirche), Kosoritz und Smilowitz, nebst den zur Hft. Lautschin gehörigen Groß-Augezd und Bratronitz. Abseits vom Orte liegt 1 obrktl. Jägerh. — 14. Jabkenitz (Gabkenice), 1 1/4 St. ssö. von Dobrawitz, D. von 45 H. mit 351 E., hat 1 von Reischitz aus besorgte Filialkirche zu Mariä Geburt, 1 im J. 1812 errichtete Schule, und 1 Jägerh. — 15. Chudir, 1 1/4 St. ssö. von Dobrawitz, D. von 29 H. mit 209 E., nach Lautschin eingpf. — 16. Charwatetz, 1 1/4 St. ssö. von Dobrawitz, D. von 19 H. mit 179 E., ist nach Reischitz eingpf., und hat 1 obrktl. Beamtensw., 1 Mhf. und 1 Schäf. — 17. Smilowitz,

1¼ St. s. von Dobrawitz, D. von 26 H. mit 186 E., nach Retschitz eingpf. — 18. Kosořitz, ¾ St. s. von Dobrawitz, D. von 35 H. mit 24 E. (von welchen 1 H. zur Hft. Brodetz gehört), ist nach Retschitz eingpf., hat 1 Mhf., 1 Schäf. und 1 abseits liegende Brettm. („Meschtin“). — 19. Pietschitz (Pěčice), ½ St. sö. von Dobrawitz, D. von 42 H. mit 314 E., nach Dobrawitz eingpf.; ½ St. sö. liegt der Mhf. Owtscharna mit 1 Schäf., dann beim Teiche ö. vom D. und im Walde 1 Fischknechtw., 1 Jäger- und 1 Hegerh. — 20. Semtschitz (Semčice), ½ St. ö. von Dobrawitz, D. von 38 H. mit 278 E., hat 1 zum Sprengel von Dobrawitz gehörige, außerhalb des D. liegende Filialkirche aus dem XVI. Jahrh. (die große Glocke ist von Bricquey in Jung-Bunzlau, 1589), 1 Schule, 1 Mhf. und 1 Schäf. Etwa ½ Viertelstunde n. vom Orte liegt die Mineralquelle Reingau (oder Rankow). — 21. Niemtschitz (Němčice), ¼ St. sw. von Dobrawitz, D. von 26 H. mit 179 E. Davon gehört 1 H. zur Hft. Kosmanos, und 1 H. zur Hft. Brodetz; ist nach Dobrawitz eingpf. — 22. Libichow, ¾ St. wsw. von Dobrawitz, unweit ö. von der Nimburger Chaussée, D. von 30 H. mit 233 E., nach Dobrawitz eingpf., hat 1 Schule; 1 H. gehört zur Hft. Brodetz. — 23. Seytzin (Sygem), ¼ St. w. von Dobrawitz, am Fuße des Berges Chlomek, D. von 17 H. mit 147 E., hat 1 nach Dobrawitz gehörige Filialkirche zum heil. Wenzeslaus auf einer Anhöhe außerhalb des D.; aus den Glockeninschriften (1559 und 1584) ergiebt sich, daß Seytzin damals zu Winařitz gehört habe; unter dem Fußboden liegen alte Grabsteine der damaligen Besitzer dieses Gutes. Ferner ist hier 1 Mhf. und 1 Schäf. — 24. Winařitz, ½ St. nw. von Dobrawitz, am Abhange des Berges Chlomek, D. von 46 H. mit 348 E., nach Dobrawitz eingpf., hat 1 altes Schloß („Neu-Waldstein“), 1 Mhf. und 1 Schäf. — 24. Nepřewas, 1 kleine St. nw. von Dobrawitz, am Fuße des Berges Chlomek, D. von 52 H. mit 368 E., nach Dobrawitz eingpf., hat 1 Mhf. und 1 Schule. — 26. Chlomek, ¾ St. nw. von Dobrawitz, auf dem Berge Chlomek, D. von 14 H. mit 89 E., nach Dobrawitz eingpf., hat ein abseitiges Jägerh. — 27. Podwinetz, 1½ St. nw. von Dobrawitz, am rechten Ufer der Iser, D. von 48 H. mit 295 E., ist zur Dechantei-Kirche in Jung-Bunzlau eingpf., und hat 1 öffentliche Kapelle, 1 Schule, 1 Mhf. und 1 Brettsäge.

Außer diesen Dörfern gehören noch zur Hft. Dobrawitz:

28. von dem D. Gemnik des G. Jung-Bunzlau, 3 H. mit 17 E.

Allodial-Herrschaft Rožďialowitz.

Dieses Dominium liegt östlich von der Iser, an der Gränze des Bidschower Kreises, und berührt in Osten und Süden die Hften. Kopidlno und Dimokur dieses Kreises, in Westen die Hft. Kunetz und in Norden die Hft. Diettenitz.

Die jetzige Besitzerinn desselben, Fürstinn Sidonia von Lobkowitz, geborne Gräfinn von Kinsky, nachgelassene Wittwe des am 11. Juni 1819 verstorbnen Fürsten Anton Isidor von Lobkowitz rc. übernahm die Hschft. im J. 1815 käuflich von dem damaligen Eigenthümer, dem k. k. Obersten Jakob Freiherrn von Wimmer. In Betreff der frühesten Besitzer gehen die historischen Quellen, aus denen bereits Schaller (a. a. O. S. 40.) geschöpft hat, nicht über den

Anfang des XVI. Jahrhunderts hinaus, wo Rožďialowitz, gemeinschaftlich mit dem benachbarten Křinetz, den Freiherren Křinecky von Ronow gehörte. Diese blieben im Besitz der genannten Güter, zu welchen am Anfange des XVII. Jahrhunderts auch Ronow kam, bis nach der Schlacht am Weißen Berge, in deren Folge sie vom k. Fiscus eingezogen und dem Grafen Albrecht von Waldstein käuflich überlassen wurden. Nach dem Tode des Letztern ging Rožďialowitz an seinen Neffen Johann Christoph, Grafen von Waldstein über, welcher 1655 starb, und so wie sein Nachfolger Leopold Wilhelm Graf von Waldstein († 1691) in der Rožďialowitzer Dekanal-Kirche begraben liegt. Dieses gräfliche Geschlecht blieb im Besitz der Herrschaft bis zum J. 1760, wo die verwittwete Gräfinn Elisabeth von Waldstein, geb. Gräfinn von Palffy und Erdödy, Rožďialowitz um die Summe von 250000 fl. an die Gräfinn Aloysia von Clam-Gallas, geb. Gräfinn von Colonna und Fels, verkaufte, welche es nach ihrem Tode ihrem jüngern Sohne Karl Grafen von Clam-Gallas hinterließ, nach dessen Absterben im J. 1784 die Herrschaft an seinen Bruder Christian Philipp Grafen von Clam-Gallas, gelangte. Im J. 1793 kam sie in den Besitz des Grafen Karl von Möder, welchem 1802 der obenerwähnte Jakob Freiherr von Wimmer als Käufer der Herrschaft folgte. (S. Landtäfl. Hauptbuch, Litt. A. Tom. X. Fol. 145.)

Das Gebiet ist, mit Ausnahme einiger unbedeutenden Anhöhen, durchaus eben. Von Nordosten und Osten kommen, aus dem Gebiete der Herrschaft Kopidlno, zwei kleine namenlose Bäche, durchströmen den Budschitzer Teich und vereinigen sich dann mit einem dritten von der Hft. Dietteniß kommenden Bache zu dem Flüßchen Trnawa (oder Mrdlyna), welches über Rožďialowitz nach Křinetz und Nimburg geht, und sich in die Elbe ergießt. Außer dem so eben erwähnten Budschitzer Teiche sind noch 8 andere Teiche vorhanden (der Hasiner oder Nowy-Teich, der Zahumeny, Parisek u. a.), welche Karpfen, Hechte ꝛc. enthalten; 12 ehemalige Teiche sind in Wiesen verwandelt worden.

Die Bevölkerung betrug 1830: 2230 Seelen. Alle Einwohner sind, einige Protestanten- und Israeliten-Familien abgerechnet, katholisch und reden durchaus Böhmisch.

Die Ertrags- und Nahrungsquellen sind hauptsächlich die verschiedenen Zweige der Landwirthschaft nebst mehren Gewerben, Vieh-, Getraide- und Garnhandel.

Die landwirthschaftliche Area war nach dem Katastral-Zergliederungssummarium von 1832:

	Dominicale.		Rusticale.		Zusammen.	
	Joch.	□Kl.	Joch.	□Kl.	Joch.	□Kl.
An ackerbaren Feldern .	833	185	1043	1006	1876	1191
= Teichen mit Aeckern verglichen . . .	123	1287	—	—	123	1287
= Wiesen	210	364	199	270	409	634

	Dominicale.		Rusticale.		Zusammen.	
	Joch.	□Kl.	Joch.	□Kl.	Joch.	□Kl.
An Gärten	19	1576	41	67	61	43
= Teichen mit Wiesen verglichen	100	1150	—	—	100	1150
= Hutweiden xc. xc. .	144	723	79	1105	224	228
= Waldungen	1126	705	—	—	1126	705
Im Ganzen	2558	1190	1363	848	3922	438

Der im Allgemeinen fette und fruchtbare Boden, dessen Unterlage meist aus weichem Mergel und Kies besteht, begünstigt den Ackerbau in hohem Grade. In neuern Zeiten hat sich auch die Obstkultur, welche in Gärten schon früher betrieben wurde, durch Anpflanzungen im freien Felde erweitert.

Der Stand der Viehzucht ergiebt sich aus folgender Uebersicht vom 30. April 1833:

	der Obrigkeit.	der Unterthanen.	Zusammen.
Pferde	21 (18 Alte, 3 Fohlen)	73 (62 Alte, 11 Fohlen)	94
Rindvieh	319 . . . . . . (3 Zuchtstiere, 5 junge Stiere, 154 Kühe, 89 Kalbinnen, 47 Zugochsen, 21 junge Ochsen)	616 . . . . . . (4 Zuchtstiere, 2 junge St., 293 Kühe, 144 Kalbinnen 8 Mastochsen, 99 Zugochsen, 66 junge Ochsen)	935

Schweine- und Geflügelzucht beschränkt sich auf den Hausbedarf, und Bienen finden sich ebenfalls nur in einzelnen Stöcken.

Die Waldungen, welche beinahe ein Drittel der gesammten nutzbaren Area ausmachen, liegen im nördlichen und südlichen Theile der Herrschaft und bestehen meistens aus gemischtem Laubholz, mit nur geringen Kiefern-Beständen. Der Ertrag wird auf dem Dominium selbst verbraucht.

Der Wildstand — Rehe, Hasen, Rebhühner und einiges Wassergeflügel — ist der Größe der Bodenfläche angemessen. Außerdem enthält der obrigk. Fasanengarten bei Zitaulitz 200 Stück alte Fasanen. Der Jagdertrag wird meistens nach Prag abgesetzt.

Der Betrieb der obrigkeitl. Oekonomie geschieht durch 4 Maierhöfe in eigener Bewirthschaftung, zu Rozdialowitz, Zamost, Poged und Hasina.

Mit Gewerben und Handel beschäftigten sich am Anfange des J. 1832 in Allem 134 Personen, worunter folgende 90 Meister und Gewerbsbefugte: 2 Bäcker, 1 Bierbräuer, 9 Bierschänker, 1 Branntweinbrenner, 1 Buchbinder, 1 Büchsenmacher, 1 Faßbinder, 4 Fleischhauer, 1 Gärtner, 1 Garnhändler, 1 Gastwirth, 1 Glaser, 5 Griesler, 2 Hausirer, 5 Krämer, 3 Kürschner, 1 Kupferschmiedt, 3 Leinweber, 2 Maurermeister (9 Gesellen), 4 Müller, 1 Potaschensieder, 1 Riemer, 1 Sattler, 2 Schlosser, 3 Schmiedte, 4 Schneider, 6 Schuhmacher, 1 Schwarzfärber, 2 Seifensieder, 2 Seiler, 3 Strumpfwirker, 4 Tischler, 3 Töpfer, 2 Wagner, 1 Weinschänker, 1 Weißgärber, 1 Ziegelbrenner und 2 Zimmermeister (4 Gesellen).

Auf den 4 Jahrmärkten zu Rožďialowitz (Donnerstag nach dem 3. Sonntag nach heil. 3 Königen, nach Laurenzi und Martini, so wie Dienstag vor Christi Himmelfahrt) werden in 30 Buden und auf 40 Ständen die gewöhnlichen Artikel des ländlichen Marktverkehrs, hauptsächlich aber gewirkte Strümpfe, feil geboten. Außerdem hält Rožďialowitz jährlich 4 stark besuchte Roß- und Hornvieh-Märkte (Donnerstag nach Judica, Margaretha, Galli und zwischen der Quatemberzeit vor Weihnachten).

Sanitäts-Personen sind: 2 Wundärzte (in Rožďialowitz) und 2 Hebammen (in Rožďialowitz und Poged).

Für verarmte Bürger des Städtchens Rožďialowitz hat der vormalige Dechant daselbst P. Lewinsky durch die Gründung eines Spitals am 11. November 1761 gesorgt, welches am Schluß des Jahres 1831 ein Stammvermögen von 2377 fl. 35¼ kr. W. W. und ein Jahreseinkommen von 96 fl. 34⅓ kr. hatte, mit welchem 2 Pfründler verpflegt wurden. Außerdem besteht schon seit älterer, aber unbekannter Zeit, ein Armen-Institut, mit einem Stammvermögen von 2729 fl. 27½ kr. W. W. am Schluß des Jahres 1831, und einem Einkommen von 170 fl. 56½ kr., von welchem 19 Hausarme verhältnißmäßig betheilt wurden.

Zur Verbindung der Herrschaft mit den Nachbarorten sind bloß gewöhnliche Landwege vorhanden. Ueber die Mrdlyna führen 3 hölzerne, aber gut gebaute Brücken, deren zwei (bei Rožďialowitz) von der Obrigkeit, die dritte (bei Zamost) von der Gemeinde daselbst unterhalten werden.

Die Herrschaft besteht aus folgenden Ortschaften:

1. Rožďialowitz, 3 Meilen sö. von Jung-Bunzlau, am Fuße des Schloßberges und am rechten Ufer des Baches Arnama, Municipal-Städtchen von 203 H. mit 1177 E., worunter 7 Juden- und 1 Protestanten-Familie. Das Alter dieses Ortes, und wann er zur Stadt erhoben worden, ist unbekannt; man weiß bloß urkundlich, daß im J. 1384 an der hiesigen Kirche schon ein eigner Pfarrer angestellt war. Im J. 1666 wurde Rožďialowitz durch eine Feuersbrunst gänzlich in Asche gelegt, so daß alle Freiheitsbriefe und andere Urkunden vernichtet wurden. Kaiser Leopold I erneuerte der wieder aufgebauten Stadt unterm 18. Juli 1675 nicht nur alle frühern Privilegien, sondern gestattete ihr auch 3 Jahrmärkte, so wie einen Wochenmarkt an jedem Donnerstag, und verlieh ihr das Recht, von jedem zu Markte gebrachten beladnen Wagen, Pferde rc. eine Abgabe zu erheben, jedoch mit der Verbindlichkeit für die Stadt, die Straßen auf ihrem Gebiete stets in gutem Stande zu erhalten. Kaiser Joseph I. fügte am 14. September 1708 das Privilegium eines 4. Jahrmarktes (Donnerstag nach dem Sonntag der h. 3 Könige) hinzu. Die Stadt hat 2 Thore, das Prager und das Bürglitzer, an öffentlichen Gebäuden aber bloß 1 Rathhaus, worin sich der Sitz des Stadtgerichtes befindet. Die Bürgerhäuser sind von Holz und unansehnlich. Auf dem Marktplatze erhebt sich eine Bildsäule der unbefleckten Mutter Gottes, welche Graf Wenzel Joseph von Waldstein nebst seiner Gemahlinn Maria Barbara, gebornen Gräfinn von Palffy und Erdödy, im J. 1718 hat errichten lassen. Die Zahl aller mit Gewerben und Handel im J. 1831 beschäftigten Personen war: 118. Die Dechantei-Kirche, unter dem Titel des h. Gallus, liegt am w.

in der Stadt, auf dem Schloßberge. Sie bestand zwar schon, wie oben erwähnt, im J. 1384 als Pfarrkirche, ist aber in ihrer jetzigen Gestalt in den J. 1725 — 1734 erbaut, und da sie mehrmals durch Blitzschläge stark beschädigt war, im J. 1817 auf Kosten der jetzigen Besitzerinn der Herrschaft renovirt worden. Sie enthält unter dem Presbyterium die Familiengruft der ehemaligen Besitzer der Herrschaft, der Grafen von Waldstein. Die größte Glocke hat die Jahrszahl 1479. Wahrscheinlich noch älter ist das metallne Taufbecken mit einer schwer zu entziffernden lateinischen Inschrift, aus der sich ergiebt, daß es von einem „Joannes de Morkow alias de Rožďialowitz", und dem Priester Laurentius der Kirche verehrt worden ist. Es mangelt aber die Jahrszahl. Die Kirche ist nebst der Schule unter dem Patronate der Obrigkeit. Die eingepfarrten Ortschaften sind, außer Rožďialowitz selbst, sämmtliche 5 hftl. Dörfer: Podol, Zamost, Žitaulitz, Poged und Neu-Hasina, mit den fremdhftl.: Alt-Hasina, Podlužan, Dobrowan, Koschik, Sobolusk, Tuchom und Břistew (alle 7 zur Hschft. Křinetz), Lebecek und Wina-Lhota (zur Hft. Dimokur des Bidschower Kr. gehörig). Unweit n. von der Kirche liegt, auf demselben Schloßberge, das obrigkeitl. Schloß mit dem Sitze des Wirthschaftsamtes, einer Schloßkapelle und Gartenanlagen, die sich den Berg hinabziehen. Die zwei großen steinernen Bildsäulen vor dem Schlosse, den h. Wenzel und den h. Johannes von Nepomuk darstellend, hat Graf Wenzel Joseph von Waldstein im J. 1717 verfertigen lassen. In der Nähe des Schlosses befindet sich der obrktl. Mhf., das Bräuh. und die Branntweinbrennerei, das Dechantei-Gebäude mit dessen seit dem letzten Brande am 19. März 1800 neu wieder aufgerichteten Wirthschaftsgebäuden, und mehre andere kleinere H. Das Wasser wird dem Schlosse und dem Mhf. aus dem Bache Mrnawa, mittelst einer im J. 1804 am Fuße des Berges, im s. g. Kanalgarten, errichteten hydraulischen Maschine zugeleitet. Unter der Häuserzahl des Städtchens Rožďialowitz ist auch das 5 Minuten davon entfernte Dfch. Ziegelhütte, bestehend aus der obrktl. Ziegelbrennerei, Potaschensiederei und 24 Kleinh. (worunter 1 Wrthsh.), so wie die ½ St. abseits liegende Einschicht, Budschitz (auch Bidschitz, Bičice), 1 Mahlm. mit einer Brettsäge, mit begriffen. — 2. Zamost (Zamosti), in geringer Entfernung s. von Rožďialowitz, jenseits der dahin führenden Brücke, wovon es den Namen hat, D. von 31 H. mit 212 E., ist nach Rožďialowitz eingpf., hat 1 Mhf. und 1 emph. Mhl. — 3. Podol, ½ Viertelst. nö. von Rožďialowitz, D. von 26 H. mit 164 E., nach Rožďialowitz eingpf.; etwa ¾ St. davon liegt das Jägerh. Nutzhorn. — 4. Žitaulitz, ½ St. sw. von Rožďialowitz, D. von 52 H. mit 283 E., hat eine zum Sprengel von Rožďialowitz gehörige Filialkirche, unter dem Titel des h. Wenzel, welche als Pfarrkirche schon in Urkunden von den J. 1370, 1384 und 1393 erscheint. Die im J. 1618, wahrscheinlich nachdem die frühere abgebrannt war, von Albrecht Trčka erbaute hölzerne Kirche war im Laufe der Zeit so schadhaft geworden, daß schon von 1757 an, kein Gottesdienst mehr darin gehalten werden konnte. Die damalige Besitzerinn, Gräfinn Aloysia von Clam-Gallas, ließ daher die jetzige steinerne Kirche von Grund aus neu erbauen, welche 1772 vollendet wurde. Abseits vom Orte liegt die eingegangene Mhl. Kasak oder Kosaka, und der schöne Fasangarten mit 1 Jägerh. — 5. Poged, ¾ St. sw. von Rožďialowitz, D. von 35 H. mit 246 E., hat 1 Mhf. und ist nach Rožďialowitz eingpf. — 6. Hasina (eigentlich Neu-Hasina, Nowa Hasyna, zum Unterschied von dem benachbarten Alt-Hafine, welches zur Hschft. Křinetz gehört), 1½ Viertel St. n. von Rožbialowitz, D. von 24 H. mit 141 E., ist nach Rožbialowitz eingpf., hat 1 abseits liegenden Mhf., 1 Mhl., 1 Jägerh. und Fischbehälter.

Königliche Stadt Nimburg.

Die königliche Stadt Nimburg (Nymburk, Neumburga) liegt im südöstlichsten Theile des Kreises, 6 Meilen ostnordöstlich von Prag, und 3½ Meilen südöstlich von Jung-Bunzlau, in der Ebene, am rechten Ufer der Elbe, welche hier in geringer Entfernung oberhalb, oder östlich von der Stadt, den aus dem Bidschower Kreise kommenden Bach Mrdlina (oder Mrlina) aufnimmt. Die Stadt gränzt mit ihren, an beiden Ufern der Elbe liegenden landwirthschaftlichen Grundstücken nördlich an die Hft. Lautschin, östlich an die Dominien Podiebrad und Kowanitz (des Bidschower Kreises), südlich ebenfalls an die Hft. Podiebrad und westlich an die Hft. Lissa und Benatek.

Der Boden ist überall flaches, aufgeschwemmtes Land. Nördlich und westlich von der Stadt erblickt man fruchtbare Gärten und Getraidefelder; östlich dehnen sich zu beiden Seiten der Elbe, deren Ufer mit grünem Gebüsch bewachsen sind, grasreiche, mit einzelnen Baumgruppen untermischte Wiesen aus. Südlich und südwestlich von der Elbe findet man zwischen fruchtbaren Aeckern theilweise mit Flugsand bedeckte Landstrecken, die zur Waldkultur oder als Weideplätze verwendet werden. Außer der Elbe und dem erwähnten Mrdlina-Bache ist kein anderes Gewässer vorhanden. Ein schmaler Arm der Elbe, welcher sich etwa ½ Stunde oberhalb der Stadt am linken Ufer vom Hauptstrome abstößt, sich aber unterhalb der Brücke von Nimburg wieder mit demselben vereinigt, bildet eine ziemlich große Insel.

Von der doppelten Mauer, welche in älterer Zeit die Stadt umschloß und sie in Verbindung mit dem Wallgraben dazwischen zu einem hinlänglich festen Platze machte, sind jetzt nur noch an der östlichen und südwestlichen Seite der Stadt Ueberreste vorhanden. Vier Thore, die zur Nachtzeit geschlossen werden, führen in das Innere der Stadt; doch sind die alten Thürme, die sich ehemals über denselben erhoben, größtentheils abgetragen. Drei von diesen Thoren sind nach der Landseite, das vierte gegen die Elbe gerichtet. Außerhalb der Thore befinden sich, die Stelle von Vorstädten vertretend, die sogenannten Höfe (Dwory) oder die Wirthschaftsgebäude, Scheuern ꝛc. der ackerbautreibenden Einwohner. Auf das jenseits der Elbe liegende Stadtgebiet (Zalabj genannt, von za, über, und Labe, die Elbe) gelangt man mittelst einer über die Elbe führenden hölzernen Brücke. Die Zahl der Häuser ist 317 und die Bevölkerung beträgt 2312 Seelen.

Nimburg hat seinen eigenen Magistrat, bestehend aus einem Bürgermeister, einem geprüften Rathe, einem städtischen Anwalt und dem nöthigen Kanzlei-Personale. Das Wappen der Stadt enthält auf der linken Seite des Schildes einen Thurm, auf der rechten den böhmischen Löwen. Auch befindet sich hier eine k. k. Briefpost, welche einerseits über Lissa und Brandeis, mit Prag, andererseits über Königstädtel mit Königgrätz und über Podiebrad mit Kolin in Verbindung steht. Nach Jung-Bunzlau geht indessen, obwohl bereits eine Chaussée dahin führt, unmittelbar noch keine Post, sondern die Versendungen dahin werden über Brandeis und Alt-Bunzlau bewerkstelligt.

Das Innere der Stadt enthält einen geräumigen Marktplatz, in Form eines regelmäßigen Vierecks. In der Mitte desselben erhebt sich eine hohe steinerne Mariensäule, am Fußgestell mit einem steinernen Geländer umgeben, dessen vier Ecken ebenfalls mit Statuen geziert sind. Das Rathhaus, welches einer über dem Haupteingange befindlichen böhm. Inschrift zufolge im J. 1526 gegründet wurde, trägt nur noch an seinem untern Theile das Gepräge der ältern Bauart. Das obere Stockwerk ist in Folge des Brandes vom J. 1681, durch welchen zugleich das ganze Stadtarchiv zu Grunde ging, späterhin neu aufgebaut worden. Am untern Stockwerk enthält die Vorderseite noch folgendes Distichon:

Non judex vultum cari spectabis amici,
Nec flectant animum Xenia blanda tuum.

Ein anderes städtisches Gebäude, das Spital, befindet sich vor dem Brückenthore, außerhalb der Stadt, an der Elbe. Wir werden weiterhin auf dasselbe zurückkommen.

Unter den geistlichen Gebäuden ist das vornehmste die im östl. Theile der Stadt liegende Stadt- oder Dechanteikirche zu St. Egidius, unter dem Patronate des Magistrats. Man kennt die Zeit ihrer Erbauung nicht genau; wahrscheinlich aber fällt dieselbe in die Regierungsjahre König Wenzels II. (1283 — 1305,) welcher Nimburg zur königlichen Stadt erhob und die Ringmauern erbaute, von denen noch einige Reste vorhanden sind. Im J. 1384 und später, bis zum Hussitenkriege, war sie noch eine Pfarrkirche; erst unter K. Ferdinand I. wurde sie zur Dekanalkirche erhoben. Das Innere ist von gehauenen Steinen aufgeführt; die äußere Bekleidung der Mauern besteht aus Ziegeln. Drei Eingänge führen in diesen Tempel, und über das Dach erheben sich zwei Thürme von 35 Klafter Höhe, deren einer von Quadersteinen erbaut und mit mancherlei Bildhauerarbeiten und Wappen geschmückt, der andere aber nur aus Ziegeln aufgeführt ist. Ohne Zweifel bestanden ursprünglich beide Thürme aus Quadersteinen, und der Letztere ist in späterer Zeit, nach vorausgegangener Zerstörung des ältern Thurmes, nachgebaut worden. Denn diese Kirche entging beim Ausbruche der hussitischen Unruhen dem zerstörenden Fanatismus der Utraquisten so wenig als die vielen hundert andern Kirchen im Lande, und der noch im J. 1426 hier angestellte Pfarrer Georg Rohowlad, welcher sich der auch in Nimburg Wurzel schlagenden neuen Lehre kräftig entgegensetzte, wurde sogar, nebst seinem Kaplan Clemens, vor das damalige Prager oder jetzige Georgsthor geschleppt, wo man beide Geistliche in einem ausgepichten Fasse verbrannte. Nachdem die Kirche hierauf länger als ein Jahrhundert im Besitze der Utraquisten gewesen war, bekehrte sich ein großer Theil der Einwohner wieder zum katholischen Glauben, und erbaute, zur Sühne des an dem Pfarrer Rohowlad und seinem geistlichen Gehülfen begangnen Verbrechens, an derselben Stelle vor dem Prager Thore, wo diese den Feuertod gelitten, die noch jetzt vorhandene St. Georgs-Kirche, über deren Eingange man die Jahreszahl 1569 eingegraben sieht. Auch erfährt man aus einer Inschrift am Predigtstuhle mit der Jahrszahl 1578, daß damals an der Stadtkirche bereits wieder ein von den katholischen Einwohnern, ihren Privilegien gemäß, selbst gewählter Seelsorger und zwar ein Dechant Namens Andreas Bělsky, angestellt war. Während des dreißigjährigen Krieges, wo Nimburg im Dezember 1631 von sächsischen Truppen unter dem General von Arnheim belagert und durch glühende Kugeln in Brand gesteckt wurde, entging auch die Dekanal-Kirche nicht der Wuth der verheerenden Flammen. Das Gemäuer und das Deckengewölbe über dem Presbyterium, nebst dem steinernen Thurme, borsten an mehren Stellen, und der Ziegelthurm mußte hernach zum Theil abgetragen und durch einen Pfeiler vor dem Einsturze gesichert werden. Als drei Jahre später, 1634, abermals sächsische Truppen bis hieher vordrangen und die Stadt am 16. August mit Sturm eroberten, wurde nicht nur ein Theil der Einwohner, der sich in diese Kirche geflüchtet hatte, von den eindringenden Feinden, ohne Unterschied des Alters und des Geschlechtes, umgebracht, sondern auch alles bewegliche Eigenthum der Kirche, sogar das noch vorhandene Metall der beim Brande 1631 geschmolzenen Glocken, mit fortgeschleppt. Zum Andenken an diese Gräuelthat wurde die nördliche Pforte der Kirche, durch welche die Feinde eingebrochen waren, späterhin vermauert und in der Vorhalle, über den daselbst bestatteten Leichen der Erschlagenen ein Altar errichtet. Auch bei den Verwüstungen, die die Stadt im J. 1640 durch die Schweden, unter dem General Banner, betrafen, wurde die Kirche so schrecklich durch Feuer beschädigt, daß in der Folge ein Theil des Gewölbes über dem Presbyterium, so wie der eine Thurm, ganz von Neuem gebaut und mit neuen Glocken versehen werden mußte. Dieser Bau ging natürlich bei den erschöpften Kräften der Stadt nur langsam von Statten, so daß die letzten zwei Glocken, wie die Inschriften bezeugen, erst im J. 1698 an den Ort ihrer Bestimmung gebracht werden konnten. — Das Innere der Kirche enthält mehre schöne Gemälde, namentlich von den Brüdern Joseph und Wenzel Cramolin die Schmerzhafte Mutter Gottes und den Guten Hirten. Unter den Denkmählern aus dem XVI. und XVII. Jahrhunderte, deren Inschriften größtentheils nicht mehr lesbar sind, bemerkt man den Grabstein der Anna Huniata, Frau auf Kowanitz († 1599) und des Mathias Hanyk von Nisdorf, Senators zu Nimburg († 1616). Die zur Dechanteikirche von Nimburg eingepfarrten Ortschaften sind, außer der Stadt und den zu derselben gehörigen, weiter unten anzuführenden Einschichten, das theils der Stadtgemeinde von Nimburg, theils zur Hft. Podiebrad gehörende Dorf Schlotawa, die Drahower Mühle und das Dorf Budimeritz (Hft. Podiebrad,) die Dörfer Tschilletz, Dwory und Wellelib (Hft. Benatek, Letzteres mit einer Filialkirche, über welche das Nähere bei der Beschreibung dieser Herrschaft folgt,) Skřichles und Wschechlap (Hft. Lautschin) und die Mühle Komarna (Hft. Lissa).

Ueber die Erbauung der St. Georgs-Kirche im J. 1569, westlich von der Stadt, vor dem ehemaligen Prager und jetzigen Georgenthore, bei welcher der Gottesacker liegt, ist bereits vorhin das Nöthige gesagt worden. Sie brannte am 15. Juli 1820 zum Theil ab, wurde aber durch milde Beiträge in den J. 1823 und 1824 wieder hergestellt und am 18. Juli 1824 neu geweiht.

Etwa eine Viertelstunde östlich von der Stadt, am rechten Elbufer, befindet sich die kleine Kapelle zu St. Johann dem Täufer, an derselben Stelle, wo ehemals die im Hussitenkriege gänzlich zerstörte Kirche gleiches Namens stand, welche nebst einem Spitale und einer Mühle den unter dem Namen der Wächter des heiligen Grabes (Custodes Sti. Sepulcri) bekannten Chorherren von Zdáras gehörte.

Nimburg besitzt keine Haupt-, sondern nur eine gewöhnliche Trivialschule, mit zwei Lehrern, unter dem Patronate des Magistrats, in dem 1789 durch K. Joseph II. aufgehobenen ehemaligen Kloster der Dominikaner, welches nebst der dabei befindlichen, jetzt ebenfalls geschlossenen Kirche zu Mariä Geburt schon von K. Wenzel II. gegründet worden seyn soll (s. Schaller, a. a. O. S. 24.) Im Jahre 1420 wurde es von den Hussiten zerstört, und blieb im Schutte liegen bis zum J. 1665, wo der Orden wieder Besitz davon nahm, und sich durch milde Unterstützung der Einwohner Nimburgs und der benachbarten Ortschaften in den Stand gesetzt sah, den ehemaligen Wohnsitz nothdürftig herzustellen. Kümmerlich lebten nun hier 8 Priester nebst 2 Laienbrüdern bis zu ihrer Aufhebung im J. 1789. Das Gebäude diente späterhin zur Niederlage eines k. k. Magazins, und wurde im J. 1819 im Feilbietungswege um 4080 fl. W. W. an die Stadtgemeinde veräußert, bei welcher Gelegenheit man die eine Hälfte desselben der Schule einräumte, welche seit dem Brande von 1631 kein eignes Gebäude gehabt hatte.

Die Einwohner der Stadt Nimburg sind, mit Ausnahme von 4 protestantischen Familien, sämmtlich Katholiken. Die herrschende Sprache ist die böhmische.

Landwirthschaft und die gewöhnlichen Industrialgewerbe der Landstädte sind die vorzüglichsten Nahrungsquellen der Einwohner. Die Area der städtischen Gründe betrug nach dem Katastral-Zergliederungssummarium vom J. 1832:

	Dominicale.		Rusticale.		Zusammen.	
	Joch.	□Kl.	Joch.	□Kl.	Joch.	□Kl.
An ackerbaren Feldern	507	677	1550	12	2057	689
= Trischfeldern . .	85	595	48	1236	134	231
= Wiesen . . .	98	1495	200	1362½	299	1257½
= Gärten . . .	5	888	33	666	38	1554
= Hutweiden ꝛc. .	30	812	9	384	39	1196
= Waldungen . .	—	—	66	1326	66	1326
Ueberhaupt . . .	733	1267	1903	186½	2636	1453½

Der Ackerbau wird vornehmlich auf den Fluren des rechten Elbufers betrieben, wo alle Getreidearten und andere Feldfrüchte in üppiger Fülle gedeihen. Auch alle Arten von Küchengewächsen werden in den Gärten bei der Stadt und im freien Felde in Menge gezogen. Der Melonenbau ist zwar jetzt nicht mehr so ausgebreitet, als ehemals, wo die Nimburger Melonen allen übrigen des Königreichs vorgezogen wurden, indessen sind die hier gewonnenen Wasser- und Zuckermelonen noch immer von ausgezeichneter Güte. Die Obstbaumzucht, welche der hiesige Boden nicht in gleichem Grade zu begünstigen scheint, wird nicht im freien Felde, sondern nur in eingezäunten Gärten betrieben, wo jedoch auch edlere Sorten, wie Pfirschen und Aprikosen, gedeihen. Der Name „Winice" (Weingarten), den noch jetzt mehre Felder und Gärten bei Nimburg führen, beweist, daß der Weinbau in frühern Zeiten hier weit ausgebreiteter war, als gegenwärtig, wo nur noch in Gärten und an Spalieren Reben gezogen werden.

Die Einwohner besaßen an landwirthschaftlichen Hausthieren zum Betrieb ihrer Oekonomie und für den Bedarf der Haushaltungen am 30. April 1833: 90 Pferde (83 Alte, 7 Fohlen), 267 Stück Rindvieh (2 Zuchtstiere, 1 jungen Stier, 210 Kühe, 48 Kalbinnen, 6 Zugochsen) und 809 Schafe (604 Alte, 205 Lämmer). Sowohl unter den Rindern als den Schafen befindet sich viel veredeltes Vieh.

Mit G e w e r b e n der technischen Industrie und mit H a n d e l beschäftigten sich am Anfange des J. 1832: 202 Meister und andere Gewerbsbefugte mit 70 Gesellen und 34 Lehrlingen und andern Hilfsarbeitern, zusammen also 306 Personen. Darunter befanden sich: 13 Bäcker, 1 Bräuer, 1 Branntweinbrenner, 1 Buchbinder, 1 Büchsenmacher, 1 Drechsler, 7 Faßbinder, 16 Fleischhauer (worunter wahrscheinlich einige Gastwirthe und Bierschänker, die wir nicht angegeben finden), 3 Glaser, 1 Handschuhmacher, 4 Hutmacher, 2 Kammacher, 5 Kürschner, 1 Kupferschmiedt, 2 Lebzeltler, 14 Leinweber, 1 Maurermeister (8 Gesellen), 13 Müller und Griesler, 1 Rauchfangkehrer, 3 Riemer, 7 Rothgärber, 3 Sattler, 4 Schlosser, 3 Schmiedte, 16 Schneider, 2 Schön- und Schwarzfärber, 25 Schuhmacher, 4 Seifensieder, 3 Seiler, 1 Spengler, 1 Strumpfstricker, 2 Strumpfwirker, 11 Tischler, 7 Töpfer, 2 Uhrmacher, 2 Wagner, 3 Weißgärber, 4 Zimmermeister (15 Gesellen) und 1 Zinngießer.

Ein sehr bedeutendes Gewerbe war in frühern Zeiten die Bierbräuerei, wozu eine große Anzahl von Bürgern berechtigt war, die zugleich das Bier selbst ausschenkten. Daß dadurch eine Menge Leute zum Trunk verleitet wurden, und dann in Folge des Rausches Zank und Schlägerei entstand, mag hier wie anderwärts eine gewöhnliche Erscheinung gewesen seyn. Indessen scheint das Nimburger Bier um die Mitte des XVII. Jahrhunderts vor andern böhmischen Bieren darin einen besondern Vorzug gehabt zu haben, daß es seine Wirkung hauptsächlich in den Fäusten der Trinker zu erkennen gab, so daß, wie S t r a n s k y bemerkt, die sprichwörtliche Redensart: „Připjm ti po Nymburku" (ich trinke dir's auf Nimburgisch zu) eben so viel hieß, als: ich werfe dir den Bierkrug an den Kopf. Gegenwärtig haben die bräuberechtigten Bürger schon seit mehrern Jahrzehnden sich auf ein einziges Bräuhaus beschränkt, welches alle 6 Jahre verpachtet wird. Außer diesem besitzt die Bürgerschaft auch eine im J. 1820 errichtete, und ebenfalls in Pacht gegebene Branntweinbrennerei.

Der einheimische Handel beschäftigt 9 gemischte Waarenhandlungen. Auf den 4 Jahrmärkten, welche Nimburg zu halten berechtigt ist, (am 3. Mittwoch in der Fasten, nach Johann dem Täufer, Kreuzerhöhung und Allerheiligen) finden sich an 120 inländische Verkäufer ein, welche 4 Gewölbe nebst 95 Buden und Ständen inne haben. Der Verkehr erstreckt sich auf die gewöhnlichen Artikel der Provinzial-Jahrmärkte, besonders auf Kattun, Leinwand und Tuch. Außerdem sind auch 3 Pferd- und Rindviehmärkte, welche von beiläufig 400 Verkäufern besucht werden. Die beiden Wochenmärkte (Mittwoch und Sonnabend), zu welchen die Stadt gleichfalls berechtigt ist, wurden bisher, wegen der schlechten Wege in der Umgebung von Nimburg, besonders bei nasser Witterung, nur sehr schwach besucht. Seit der Vollendung der Jung-Bunzlauer Chaussée ist jedoch die Zufuhr etwas lebhafter geworden.

Das Sanitäts-Personale der Stadt besteht aus 1 Wundarzt, 3 Hebammen und 1 Apotheker.

Zur Versorgung armer Bürger und Bürgersfrauen besteht schon seit alter Zeit das vor dem Brückenthore an der Elbe gelegne Spital, dessen Gründer und Erbauungsjahr unbekannt sind. Es besaß ehemals nicht nur bei Nimburg selbst, sondern auch in einigen Dörfern der umliegenden Herrschaften ein ansehnliches Grundeigenthum, und hatte seine eigne Gerichtsbarkeit. Aber schon im J. 1669 wurden die auswärtigen Besitzungen an den damaligen Herrn der Herrschaft Neu-Kunstberg (Křinetz), Paul Grafen von Morzin, um die Summe von 900 fl. verkauft, und das 1801 noch übrige, sich auf 100 Joch und 1176 □Kl. belaufende Grundeigenthum wurde, bis auf 7 Joch 24 □Kl., in Folge hoher Gubernialverordnung an den Meistbietenden veräußert. Gegenwärtig besteht das Stammvermögen des Spitals an Kapitalien in 364 fl. 4½ kr. C. M. und 33930 fl. 10 kr. W. W., das jährliche Einkommen aber in 18 fl. C. M. und 1241 fl. 56½ kr. W. W., von welchem 14 Pfründler mit täglichen Almosen und einem Kleidungsbeitrag unterstützt werden.

Außer diesem Spital wird seit dem J. 1824 auch durch das damals gemeinschaftlich vom Magistrat und dem Stadtdechant gegründete Armen-Institut Vieles zur Linderung häuslicher Noth unter der ärmern Einwohnerklasse beigetragen. Es besaß am Schlusse des J. 1831 bereits ein Stammvermögen von 1696 fl. 50½ kr. W. W. und betheilte mit einem durch Zuflüsse an subscribirten Beiträgen, Ertrag der Neujahrskarten u. s. w. verstärkten Jahreseinkommen von 1226 fl. W. W. 72 Hausarme.

Zum Gebiete der Stadt Nimburg gehören folgende Einschichten: Brejlow, 3 Häuschen über der Brücke am linken Elbufer, Zepowna, ein Häuschen, ½ Stunde südwestlich von der Stadt; Chalupka, ein Häuschen, ½ Stunde nördlich; der emphyteutisirte Kapaniker Hof, ½ Stunde südwestlich, und Lada, ein emphyteutisirtes Häuschen, ¼ Stunde südlich, am linken Elbufer. Ferner besitzt die Stadt in dem zur Hft. Poděbrad gehörigen Dorfe Draho ein von einer protestantischen Familie bewohntes emphyteutisirtes Haus, und einen Antheil von dem aus 16 Häusern mit 80 theils katholischen, theils protestantischen Einwohnern bestehenden Dorfe Schlotawa derselben Herrschaft, 1 Stunde ostnordöstlich von der Stadt; es sind die Gründe des ehemaligen Poděbrader Maierhofes daselbst, welcher von der Stadtgemeinde zu Nimburg gekauft und den jetzigen Besitzern in Schlotawa in Erbpacht gegeben wurde.

Von den frühern Schicksalen der Stadt Nimburg ist schon oben bei der Beschreibung des Rathhauses und der Kirchen das Meiste gesagt worden. Aus Mangel an ältern Urkunden, die der Brand des Rathhauses im J. 1631 vernichtet hat, kann hier nur das wiederholt werden, was die bereits von Schaller benutzten Schriftsteller über die ältere Geschichte der Stadt gesagt haben. Diesen zufolge soll der Ort schon im J. 779 von dem Wladiken Wiczemil gegründet und nach ihm Wiczemilow benannt worden seyn. Späterhin erhielt sie von der Menge wilder Schweine, die sich vorzugsweise hier in der Elbe zu baden pflegten, den Namen Swinj Brod (Schweinfurt). Erst unter der Regierung Otto's, Markgrafen von Brandenburg (1278—1283), wurde sie von den zahlreich eingewanderten Teutschen, die sich hier, wie anderwärts in Böhmen, niederließen, Neuburg genannt, woraus allmählich Nimburg entstanden ist. König Wenzel II. (1283—1305) erhob Nimburg zur Würde einer königlichen Stadt, beförderte durch die Freiheiten und Vorrechte, die er ihr ertheilte, die Vergrößerung derselben, und umgab sie mit doppelten Mauern, Befestigungsthürmen und einem Wassergraben. Aus Dankbarkeit für diese Gnadenbezeigungen gewährten die Nimburger späterhin (1309) seiner von ihrem Schwager Heinrich verfolgten und zu Prag gefangen gehaltenen jüngern Tochter Elisabeth nach ihrer Flucht aus dem Gefängnisse einen sichern Zufluchtsort in Nimburg, wo ihr bis zu ihrer Vermählung mit dem nachmaligen Könige Johann (1. September 1310) die größte Aufmerksamkeit bewiesen wurde. Karl IV., ihr erstgeborner Sohn, verlieh der Stadt, aus Erkenntlichkeit für die seiner Mutter geleisteten Dienste, neue Freiheiten und Vorrechte; namentlich schenkte er ihr, als sie durch eine Feuersbrunst fast gänzlich in Asche gelegt worden, mittelst Urkunde vom 2. November 1343, den jenseits der Elbbrücke liegenden Wald zur Wiederaufbauung der abgebrannten Häuser. Beim Ausbruche der Hussitischen Unruhen wurde die Stadt zwar Anfangs durch die aus Truppen des K. Sigmund bestehende Besatzung tapfer vertheidigt und Hynek von Poděbrad, Anführer einer Hussitenschaar, erlitt am 26 Dezember 1420 in der Nähe von Nimburg eine gänzliche Niederlage. Indessen war der König bald darauf genöthigt, Nimburg, dessen Besatzung sich auf die Dauer nicht halten konnte, nebst Aussig, Brüx und Komotau, um die Summe von 30000 Schock Prager Groschen an den Markgrafen von Meißen zu verpfänden.

Die dadurch den Angriffen der Prager und Taboriten bloßgestellten Nimburger suchten das ihnen insgesammt bevorstehende Unglück dadurch abzuwenden, daß sie durch Abgeordnete an die Prager Städte ihren Beitritt zur neuen Lehre erklärten. Gleich darauf kamen die Taboriten nach Nimburg und es erfolgten nun die Gräuelscenen, welche wir bereits oben bei der Beschreibung der Dechanteikirche und des Dominikanerklosters berichtet haben. Hynek von Poděbrad machte zwar im J. 1426 einen Versuch, die Stadt den Taboriten wieder abzunehmen; aber seine Truppen wurden zurückgeworfen und er selbst unter dem Thore von einigen Bräuerburschen erschlagen. Die utraquistische Lehre blieb nunmehr bis um die Mitte des XVI. Jahrhunderts die herrschende in Nimburg. Während des Krieges, welchen K. Wladislaw II. mit Mathias Corvinus, König von Ungarn, führte, gelang es zwar dem Letztern, sich im J. 1472 der Stadt Nimburg zu bemächtigen, aber er wurde durch Johann von Janowitz bald darauf wieder aus derselben vertrieben. Im J. 1483 fand hier eine sehr zahlreich besuchte utraquistische Kirchenversammlung Statt. Die letzte Bedrängniß während dieses Zeitraumes erduldete Nimburg, als der wüthende Georg Kopidlansky, um die zu Prag geschehene Enthauptung seines Bruders Johann zu rächen, mit zahlreicher Mannschaft das ganze Land durchzog, alle mit Prag verbündeten Städte verheerte, und bei dieser Gelegenheit auch Nimburg nicht verschonte.

Ueber die Unglücksfälle, welche der dreißigjährige Krieg für die Stadt herbeiführte, verweisen wir auf das, was schon oben bei der Beschreibung der Dechanteikirche und des Rathhauses erzählt worden. Obwohl ein Theil der Bewohner Nimburgs schon im XVI. Jahrhunderte wieder zum katholischen Glauben zurückgekehrt war, so muß die Zahl der Gegner K. Ferdinands II., beim Ausbruche des dreißigjährigen Krieges, doch immer noch bedeutend gewesen seyn, denn die Stadt verlor in Folge der Siege dieses Monarchen ihre Privilegien, und erhielt dieselben erst unter Leopold I. zurück, welcher namentlich am 16. Juni 1668 dem Magistrate das ihm entzogen gewesene Patronat über die Dekanalkirche wieder verlieh.

Der Einfall der preußischen Truppen im J. 1741 hatte für Nimburg keinen weitern Nachtheil, als daß die Feinde die St. Georgs-Kirche sehr beschädigten, eine Glocke als Beute mit sich nahmen, und sie alles Holzwerks entblößten, so daß sie neu gedeckt werden mußte. Der siebenjährige Krieg (1756 — 1763) scheint an Nimburg ganz spurlos vorübergegangen zu seyn. Der letzte aufgezeichnete Unfall ist eine Feuersbrunst am 8. September 1787, bei welcher sechs Häuser in Asche gelegt wurden.

Von bemerkenswerthen Männern, welche in Nimburg geboren worden, sind, außer dem Dichter Thomas Mitis (geb. 1523, gest. 1591) und dem Philologen Wenzel Dasypus, der gegen das Ende des XVI. und am Anfange des XVII. Jahrhunderts lebte, noch die Brüder Joseph und Wenzel Kramolin anzuführen, welche hier geboren wurden und in der Dechantei-Kirche, wie oben gezeigt, Proben ihres Malertalents hinterlassen haben.

Allodial-Herrschaft Lissa.

Dieses Dominium, das südlichste des Bunzlauer Kreises, breitet sich am rechten Ufer der Elbe, die seine südliche Gränze macht, von der Stadt Nimburg in Osten bis an die Herrschaft Brandeis (Kauřimer Kreises) in Westen aus; gegen Norden wird sie von der Hft. Benatek begränzt.

Dem Zeugnisse Balbins zufolge ließ Herzog Udalrich im J. 1037 seinen geblendeten ältern Bruder Jaromir in den „Thurm Lissa" gefangen setzen. Ob darunter das jetzige Neu-Lissa gemeint sey, dürfte nicht so ausgemacht scheinen, als gewöhnlich angenommen wird. Wenigstens deutet die Benennung der Stadt, über deren Erbauung es an Nachrichten fehlt, auf eine Zeit hin, wo schon in der Nachbarschaft, auf dem Gebiete der jetzigen Hft. Benatek, ein früheres Lissa bestand, welches nunmehr den Namen Alt-Lissa erhielt. Im J. 1052 schenkte Herzog Břetislaw I. diesen ganzen Bezirk der von ihm in Alt-Bunzlau gestifteten Collegial-Kirche zu St. Wenzel, von welcher aber Lissa späterhin wieder an die k. Kammer zurückkam und von K. Karl IV. im J. 1387 dem von ihm gestifteten Augustiner-Convent am Karlshofe zu Prag geschenkt wurde. Nach der Zerstörung dieses Klosters und der Vertreibung seiner Bewohner durch die Hussiten fiel Lissa, wie ihre andern Besitzungen, an die k. Kammer zurück. K. Wladislaw II. schenkte die Herrschaft im J. 1508 der Wittwe des Heinrich Smiřický, Katharina, geb. von Kolowrat, welche sie durch Testament vom J. 1528 an den Prager Oberstburggrafen Zdenk Lew von Rožmital auf Blatna vererbte. Dieser verkaufte Lissa im J. 1535 an den Ritter Georg Barthel von Pantenovo, von dessen hinterlassenen Kindern die Herrschaft im J. 1548 der k. Kammer wieder käuflich überlassen wurde. Diese blieb, wie die Inschriften einer Glocke (1564) und des Taufbeckens (1602) in der Kirche zu Kostomlat beweisen, im Besitz der Herrschaft Lissa bis zum J. 1611, wo K. Mathias sie nebst mehren andern Gütern seinem Bruder K. Rudolph II. überließ. Hierauf schenkte sie K. Ferdinand III. am 2. Dezember 1647 dem, durch seine Heldenthaten im Türkenkriege so berühmt gewordenen Feldherrn Johann Reichsgrafen von Spork, welcher am 6. Aug. 1679 starb und die Herrschaft nebst den übrigen Besitzungen (Konogeď, Hermanmiestitz, Woraschitz, Gradlitz, Maleschow, Hořenowes und Birglitz) seinem damals noch minderjährigen Sohne Franz Anton Reichsgrafen von Spork als Erbe hinterließ. Dieser, durch Wohlthätigkeit gegen die Armen, Freigebigkeit gegen die Kirche und ihre Diener, Liebe zu den Wissenschaften und Künsten hervorragende Mann verschied am 30. März 1738, mit Hinterlassung einer einzigen Tochter, Anna Katharina, die bereits seit dem J. 1712 an den k. k. Feldmarschall-Lieutenant Franz Karl Rudolph, Reichsfreiherrn von Reist, vermählt war, welchen K. Karl VI. im J. 1718 zum Grafen von Sweerts und Spork erhoben hatte. Diese war nunmehr die einzige Erbinn sämmtlicher Besitzungen des Verstorbenen, und hinterließ dieselben, als sie im J. 1754 zu Lissa starb, ihrem Gemahl, welcher im J. 1766 ebenfalls zu Lissa sein Leben beschloß und seinen einzigen Sohn, Johann Franz Christian Grafen von Sweerts und Spork zum Nachfolger hatte. Von diesem erbte die Hft. Lissa nach seinem Tode, am 8. Jäner 1802, der ältere Sohn Philipp Benitius, welcher im J. 1809 als k. k. Appellations-Präsident zu Krakau starb und die Herrschaft seinen Kindern hinterließ, die sie noch gegenwärtig in gemeinschaftlichem Besitz haben. (S. Landtäfl. Hauptbuch, Litt. A. Tom. IX. Fol. 101.)

Die Oberfläche des Dominiums ist aufgeschwemmtes Land, über welches sich im mittlern und westlichen Theile die aus Plänerkalk bestehenden Hügel, der Weinberg, der Schloßberg und der Galgenberg emporheben. Im aufgeschwemmten Lande finden sich hier häufig Geschiebe von Achaten, zuweilen auch Reste vorweltlicher Land-Säugethiere, als: Zähne vom Elephanten und vom Rhinoceros. Die Elbe, welche die südliche Gränze bildet und zugleich den Bunzlauer Kreis vom Kaurimer scheidet, empfängt auf dem Gebiete der Herrschaft nur zwei unbedeutende Zuflüsse, den Hronjetitzer Bach, der sich südlich von Wustra, und den Alt-Lissaer Bach, der sich bei Bischitzek in dieselbe mündet. Die ehemaligen Teiche sind schon seit längerer Zeit in Äcker, Wiesen und Hutweiden umgewandelt worden. Längs der Elbe wachsen in den sumpfigen Niederungen des östlichen Bezirks viele Arzneikräuter.

Die Bevölkerung war im J. 1830: 6840 Seelen stark. Unter den Einwohnern befanden sich, über alle Ortschaften des Dominiums zerstreut, am zahlreichsten aber in Lissa, Litoll, Dworetz und Klein-Kostomlat wohnhaft, im J. 1826: 473 Protestanten (helvetischer Confession) und 10 Israeliten. Die herrschende Sprache ist die böhmische.

Die Haupt-Ertrags- und Nahrungsquelle ist die Landwirthschaft. Die dazu verwendbare Bodenfläche betrug nach dem Katastral-Zergliederungssummarium vom J. 1832:

	Dominicale.		Rusticale.		Zusammen.	
	Joch.	□Kl.	Joch.	□Kl.	Joch.	□Kl.
An ackerbaren Feldern	2399	1059	5630	23	8029	1082
= Trischfeldern . .	2	608	187	399	189	1007
= Wiesen	513	814	904	1505	1418	719
= Gärten	93	1254	94	1177	188	831
= Hutweiden rc. . .	529	645	565	715	1094	1360
= Weingärten . . .	—	—	1	896	1	896
= Waldungen . . .	1589	1505	204	1565	1794	1470
Ueberhaupt	5128	1085	7588	1480	12717	965

Der Boden besteht längs der von Lissa nach Nimburg führenden Poststraße größtentheils aus Sand, seitwärts aber ist schwerer Thonboden, und im östlichen Bezirk längs der Elbe viel sumpfiges Land vorherschend. Die Fruchtbarkeit der Gründe ist mittelmäßig. Man baut die gewöhnlichen Getraidearten und andere Feldfrüchte. Auch wird auf einzelnen Gründen, wo es die Lage gegen Süden gestattet, einiger Weinbau getrieben. Obstbau findet nur in Gärten Statt.

Der Viehstand des Dominiums (ohne die Schutzstadt Lissa) ergiebt sich aus folgender Uebersicht vom 30. April 1833:

	Der Obrigkeit	Der Unterthanen	Zusammen.
Pferde	10 (Alte)	226 (200 Alte, 26 Fohlen)	236
Rindvieh	324 (9 Zuchtstiere, 10 junge St., 162 Kühe, 74 Kalbinnen, 10 Mastochsen, 46 Zugochsen, 13 junge Ochsen)	1487 (13 Zuchtstiere, 1 junger St., 842 Kühe, 268 Kalbinnen, 234 Zugochsen, 129 junge O.)	1811
Schafvieh	3497 (2640 Alte, 857 Lämmer)	1883 (1363 Alte, 520 Lämmer)	5380

Außerdem wird, doch nur zum häuslichen Bedarf, auch Schweine- und Geflügelzucht, so wie einige Bienenzucht getrieben.

Zur Bewirthschaftung der obrigkeitl. Gründe bestehen 6 Maierhöfe in eigener Regie (zu Lissa, Bischitzek, Wustra, Hroniětitz, Groß-Kostomlat und Zboží).

Die Waldungen sind in 3 Reviere, das Lissaer, Dworetzer und Schibitzer, eingetheilt, und bestehen, nach Verschiedenheit des Bodens, aus Eichen, Weißbuchen, Linden, Pappeln, Ulmen, Espen, Erlen, Weiden, Kiefern und Fichten. Im östlichen Bezirk ist der Bestand der Waldungen für den dortigen Bedarf nicht hinreichend.

Der Wildstand beschränkt sich auf Rehe, Hasen, Fasanen (wilde und gehegte) und Rebhühner, ist aber der Größe der Bodenfläche nicht angemessen. Der Jagdertrag wird meistens nach Prag abgesetzt.

Die Obrigkeit besitzt mehre Steinbrüche, welche guten Kalkstein liefern.

Mit Industrial-Gewerben beschäftigten sich auf dem ganzen Dominium (die Stadt Lissa ausgenommen, deren Gewerbsverhältnisse wir weiterhin besonders angeben werden) am Anfange des Jahres 1832 in Allem 193 Personen, nämlich 113 Meister und andere Gewerbsbefugte, mit 61 Gesellen, 15 Lehrlingen und Hilfsarbeitern. Im Einzelnen zählte man: 1 Bäcker, 1 Bräuer, 2 Faßbinder, 10 Fischer, 1 Fischhändler, 2 Krämer, 23 Leinweber, 15 Maurergesellen, 2 Mühlenbauer, 5 Müller, 10 Schänkwirthe, 9 Schmiedte, 25 Schneider, 14 Schuhmacher, 1 Seiler, 4 Tischler, 2 Wagner, 1 Ziegeldecker, und 7 Zimmergesellen. Ein Theil der ärmern Einwohner lebt vom Taglohn; in den Dörfern an der Elbe beschäftigen sich viele mit Korb- und Kinderwagen-Flechten aus Weidenruthen.

Sanitäts-Personen sind: 2 Wundärzte (in Lissa), 4 Hebammen, (3 in Lissa, 1 in Groß-Kostomlat) und 1 Apotheker (in Lissa).

Zur Unterstützung der Armen (mit Ausnahme der Stadt Lissa, siehe weiter unten) besteht seit dem J. 1795, nachdem die ehemalige Bruderschaft zum Herzen Jesu im J. 1784 aufgehoben worden war, ein mit den Kapitalien derselben gegründetes Armen-Institut, welches am Schluß des Jahres 1831 ein Stammvermögen von 2381 fl. 10½ kr. W. W. besaß und eine durch die gewöhnlichen Zuflüsse verstärkte jährliche Einnahme von beiläufig 300 fl. W. W. hatte. Außerdem werden unter die Armen des Dominiums alljährlich am 30. Mai, dem Sterbetage Franz Antons Grafen von Spork, in Folge einer letztwilligen Anordnung desselben, 24 fl. aus den obrigkeitlichen Renten vertheilt. Auch besteht zu Lissa ein Spital für 12 alte arme Unterthanen weiblichen Geschlechts, welche aus der herrschaftlichen Kasse verpflegt werden. Der Gründer desselben ist unbekannt. Das von Franz Karl Rudolph Grafen von Sweerts und Spork nach dem mündlich ausgesprochnen Willen seines Schwiegervaters gestiftete Spital für 24 arme Unterthanen ist um das J. 1804, weil sich kein legales Instrument vorfand, aufgehoben worden. Dagegen bestand noch 1826 eine Stiftung der Gräfinn Anna Katharina, Gemahlinn des erwähnten Grafen von Sweerts, vermöge welcher 14 alte arme Personen beiderlei Geschlechts monatlich jede 1 fl. aus den obrigkeitlichen Renten erhielten, wofür sie verpflichtet waren, täglich in der Pfarrkirche zu Lissa ein Gebet für die Stifterinn zu verrichten.

Die Verbindung des Dominiums mit den benachbarten Orten erleichtert die von Brandeis durch Lissa nach Nimburg führende Poststraße. In Lissa selbst befindet sich eine k. k. Briefpost. Bei Littol ist eine obrigkeitliche Elbüberfuhr.

Zur Erleichterung der ökonomischen Verwaltung ist das Dominium in zwei Amtsbezirke eingetheilt. Zum ersten gehören:

1. Lissa (eigentlich Neu-Lissa, böhm. Lisa oder Nowá Lisa, ehemals auch Lysa), 4½ Meilen von Prag, und 3 Meilen von Jung-Bunzlau entfernt, ½ St. n. von der Elbe, auf einer Anhöhe gelegen, ist der Amtsort des Dominiums und eine Schutzstadt von 406 H. mit 2714 E. Davon gehören 31 H. mit 201 E. unmittelbar zum obrktl. Gebiete, die übrigen 375 H. mit 2513 E. befinden sich unter der Gerichtsbarkeit des städtischen Magistrats, welcher aus 1 Bürgermeister und 1 geprüften Rathe besteht. Ueber das Alter von Neu-Lissa, so wie über das Jahr, wo es zum Range einer Stadt erhoben worden, liegen keine Angaben vor uns. Wahrscheinlich ist das Letztere unter K. Rudolph II. geschehen. Als im J. 1626 die damals größtentheils protestantischen Einw. in Folge des Religionsedikts K. Ferdinands II. sich zur Auswanderung nach Sachsen genöthigt sahen, zündeten sie vorher insgesammt ihre Häuser an, so daß das gegenwärtige Lissa im Ganzen nicht viel über 200 J. alt ist. Das vornehmste obrktl. Gebäude ist das auf dem nach ihm benannten Berge gelegene Schloß, welches, wie die ungleiche Architectur verräth, in verschiednen Zeiträumen gebaut und umgebaut worden ist. Im Allgemeinen verdankt es seine gegenwärtige Gestalt dem Grafen Franz Anton von Spork und dessen Schwiegersohne, dem Grafen Franz Karl Rudolph von Sweerts. Es besteht aus einem 2 Stock hohen Hauptgebäude mit 2 vorspringenden Flügeln, und hat 2 große Säle nebst einer zahlreichen Menge von Wohnzimmern. Die Wände und der Plafond des Saales im 2. Stock enthalten Malereien, die sich auf des Ahnherrn der Familie, Johann Grafen von Spork, berühmte Feldzüge gegen die Türken beziehen. Die Zimmer sind mit zahlreichen Familienbildnissen, Landschaften, Ansichten von Spork'schen Herrschaften, Jagdstücken

u. s. w. geziert. Eine besondere Rüstkammer im 2. Stock enthält außer mehren andern alterthümlichen Waffen, die vollständige Rüstung des erwähnten tapfern Generals. Sie ist von dickem, schwarzlakirtem Messingblech, und läßt auf die Größe und Stärke des Mannes schließen, der sie getragen. Ferner befinden sich in dem Schlosse zwei Bibliotheken. Die eine (vom Grafen Franz Anton von Spork in den J. 1702 bis 1722 angelegt) enthält die Reste einer großen Sammlung von geistlichen und andern lehrreichen Büchern, welche er, aus Liebe zu seinen Unterthanen, mit einem Aufwande von beiläufig 100000 Reichsthalern theils ankaufte, theils aus fremden Sprachen ins Teutsche und Böhmische übersetzen ließ, mittelst einer eignen Buchdruckerei zu Lissa (die aber nicht mehr vorhanden) auflegte, und an die Unterthanen seiner sämmtlichen Besitzungen vertheilte. Die Uebersetzungen geschahen größtentheils durch seine zwei sehr gebildeten Töchter, Eleonora Franziska (gest. noch bei Lebzeiten des Vaters, 1717, in dem von ihm aus Liebe zu ihr gestifteten Kloster der Cölestinerinnen zu Gradlitz, in welchen Orden sie getreten war) und die erwähnte Anna Katharina, Gemahlinn des Grafen von Sweerts. Außer diesen Büchern findet man noch hier eine Menge Kupferstiche (Jagdstücke, Landschaften und Landkarten) von Renz, welchen Graf Spork aus Paris zu sich kommen ließ. Die zweite Bibliothek wurde vom Grafen Johann Franz Christian v. Sweerts in den J. 1772 bis 1780 angelegt, und enthält französische, italiänische und teutsche Werke aus dem Gebiete der Philosophie, Geschichte und Belletristik, namentlich der dramatischen Literatur, nebst einer zahlreichen Landkartensammlung. Endlich besitzt das Schloß auch eine von der Gräfinn Anna Katharina eingerichtete sehr schöne Kapelle, und ein unter dem Grafen Johann Franz Christian erbautes Theater. Der zum Schloß gehörige Ziergarten ist im ältern s. g. französischen Geschmack angelegt, hat aber mehre großartige Parthien, und enthält 4 ansehnliche Springbrunnen und eine Menge gelungner Bildhauerarbeiten aus Sandstein. — Nach dem Schloße ist die ansehnliche Pfarr- und Dekanalkirche zu St. Johann dem Täufer das merkwürdigste Gebäude in Lissa. Der Grund dazu wurde im J. 1719 vom Grafen Franz Anton von Spork gelegt, das Ganze aber erst nach einer langen Unterbrechung im J. 1739 vollendet. Die Einweihung geschah 1741 durch den Prager Weihbischof Johann Rudolph Grafen von Spork. Sie hat einen Hochaltar und 4 Seitenaltäre. Das gut gearbeitete Hochaltarblatt, von einem unbekannten Meister, stellt die Taufe Jesu dar. Die zwei größern Glocken haben die Jahrzahlen 1521 und 1667; die Letztere ist von dem berühmten Bricquey zu Jung-Bunzlau gegossen, und wurde vom Thurme der alten aufgehobnen Kirche hieher übertragen. Die Thurmuhr ist das Eigenthum der Stadt. Rings um die Kirche geht eine Mauer mit 12 großen Heiligen-Statuen aus Sandstein, von unbekannten Meistern, welche von dem aufgehobenen, durch den Grafen Franz Anton kurz vor seinem Tode gestifteten Eremitorium zu St. Wenzel, 1 St. sw. von Lissa im Walde, hieher versetzt wurden. Auch die 2 Priester, welche bei jenem Eremitorium bestanden hatten, wurden nach der Aufhebung desselben, mit ihren ansehnlichen Fundationen, auf die Pfarrkirche in Lissa übertragen, und haben die Verpflichtung, dem Dechant in seinen geistlichen Verrichtungen beizustehen. Das Patronat über die Kirche besitzt die Grundobrigkeit. Eingepfarrt sind, außer Lissa selbst, noch folgende Dörfer des ersten Amtsbezirks: Bischitzek, Dworetz, Littol, Strattow und Wustra, so wie die zur Hst. Benatek gehörigen: Alt-Lissa und Wrutitz. Das nahe bei der Kirche gelegne Pfarrgebäude mag, wie sich aus seiner sehr alten Bauart schließen läßt, schon zur Zeit der frühern Kirche bestanden haben. Nahe dabei erblickt man die gleichfalls unter obrktl. Patronate stehende Schule; ein im J. 1745 vom Grafen Franz Karl Rudolph von Sweerts und Spork aufgeführtes Gebäude. Die ehemalige Pfarrkirche, ebenfalls unter dem Titel St. Johannis des Täufers, steht in der Mitte der Stadt, und wurde an der Stelle der 1626 abgebrannten frühern Kirche (die schon 1384 als Pfarrkirche bestand und nebst Lissa selbst dem Augustiner-Convent am Karlshofe zu Prag gehörte) vom k. k. General Johann Grafen von Spork erbaut, der auch nach seinem Tode 1680 hier begraben, im J. 1688 aber, als sein Sohn Franz Anton die große Familiengruft bei der Kirche zu Kukus, auf der Hft. Gradlitz, erbaut hatte, dahin übertragen wurde. Da diese alte St. Johannis-Kirche wahrscheinlich für die späterhin sehr zugenommene Bevölkerung des Sprengels zu klein war, so gründete der Graf Franz Anton von Spork im J. 1719 die vorhin beschriebne neue Pfarrkirche, und die ältere blieb nunmehr, unter dem Titel der h. Barbara, ein Filial derselben, was sie auch noch zu Schallers Zeiten (1790) war. Späterhin ist sie zu einem k. k. Aerarial-Magazin umgebaut worden. Bei dieser Gelegenheit wurde das prachtvolle Grabmal des Generals Grafen von Spork abgehoben, aus einander genommen, und in das hschftl. Schloß gebracht, um es später in der neuen Pfarrkirche wieder aufzustellen, was indessen bis zum J. 1826 noch nicht geschehen war. Dieses Monument ist, von einem unbekannten Meister, aus dem schönsten rothen Marmor gearbeitet, und stellt den Verstorbnen lebensgroß in seiner kriegerischen Rüstung dar. Oben befindet sich sein Wappen und unten eine teutsche Inschrift, welche seinen Namen, seine Titel und Besitzungen („Lissa, Konogedt, Hermanmiestetz, Moraschitz, Gradlitz, Maleschow, Horženowes und Bürglitz") enthält. — Weiter n. von hier, am Schloßberge, liegt das Gebäude des im J. 1812 aufgelösten Augustiner-Convents, nebst der dazu gehörigen, gleichzeitig aufgehobnen Kirche. An dieser Stelle hatte in früherer Zeit eine sehr alte Kirche zu Mariä Geburt und eine dem heil. Desiderius geweihte Kapelle gestanden. Franz Anton Graf von Spork errichtete hier eine Lauretten-Kapelle, stiftete 1713 eine Residenz für 8 unbeschuhte Augustiner, und legte im J. 1733 den Grund zu dem gegenwärtigen Klostergebäude, so wie zu der noch bestehenden Kirche, welche beide aber erst im J. 1741 unter seinem Nachfolger, dem Grafen Franz Karl Rudolph von Sweerts und Spork, vollendet wurden. Bei der Aufhebung im J. 1812 fiel das Klostergebäude nebst der Kirche und den Gärten an die Grundobrigkeit zurück, die Kirchengeräthschaften aber und die ansehnliche Bibliothek, welche besonders im Fache der Patristik und klassischen Philologie sehr reich ausgestattet war, wurden nebst der Sammlung von Abdrücken römischer und altböhmischer Münzen im J. 1816 veräußert. Noch andere bemerkenswerthe Gebäude sind: das evangelisch-reformirte Bethaus (s. weiter unten), das städtische Rathhaus, die k. k. Post, die städtische Apotheke, der obrktl. Maierhof nebst der Schäferei, das obrktl. Bräuhaus (auf 40 Faß) mit der nahe dabei liegenden Malzmhl., und die obrktl. Branntweinbrennerei. — Unter den Einwohnern von Lissa befanden sich im J. 1826: 24 protestantische und 2 israelitische Familien. Die Protestanten haben ein eignes im J. 1787 auf ihre Kosten erbautes Bethaus, welchem auch ihre Glaubensgenossen in den übrigen Dorfschaften dieses und der zunächst angränzenden Dominien zugewiesen sind. Der dabei angestellte Pastor empfängt seinen Lebensunterhalt von den Eingepfarrten theils in Natural-Lieferungen, theils in Geld. — Die Einwohner der Stadt Lissa nähren sich vom Betriebe der Landwirthschaft und den gewöhnlichen städtischen Gewerben. Von landwirthschaftlichen Hausthieren besaßen sie am 30. April 1833: 48 Pferde (45 Alte, 3 Fohlen); 450 St. Rindvieh (3 Zuchtstiere, 266 Kühe, 52 Kalbinnen, 14 Mastochsen, 106 Zugochsen und 9 junge Ochsen) und 332 St. Schafvieh (273 Alte, 59 Lämmer). — Mit Industrial-Gewerben beschäftigten sich am Anfange des J. 1832: 91 Meister und Gewerbsherren, 33 Gesellen und 29 Lehrlinge, zusammen 153 Personen, namentlich: 5 Bäcker, 6 Bierschänker, 1 Färber, 2 Faßbinder, 8 Fleischhauer, 3 Gärtner, 1 Glaser, 3 Griesler, 1 Handschuhmacher, 1 Hutmacher, 2 Kürschner, 2 Lebzeltler, 2 Lohgärber, 1 Maurermeister (6 Gesellen), 1 Rauchfangkehrer, 1 Riemer, 2 Schlosser, 5 Schmiedte, 9 Schneider, 15 Schuhmacher, 2 Seifensieder, 1 Seiler, 1 Strumpfwirker, 4 Tischler, 4 Töpfer, 1 Uhrmacher, 2 Wagner, 3 Weber und 1 Zimmermeister (7 Gesellen). — Zum Handelsstande gehörten 2 gemischte Waarenhandlungen und 1 Krämer. — Auf den beiden Jahrmärkten, welche die Stadt Lissa (an den Montagen nach Philippi Jakobi und Johannes Enthauptung) zu halten berechtigt ist, findet ein geringer Verkehr in Schnittwaaren, Holzgeräthschaften und einigen andern Artikeln Statt. — Die in Lissa wohnhaften Sanitäts-Personen sind bereits oben bei der Uebersicht des Dominiums angegeben worden. In Betreff der Armenpflege besteht außer dem ebenfalls schon angeführten obrktl. Spital ein in den letzten Jahren eingeführtes besonderes städtisches Armen-Institut, welches zwar noch kein eignes Stammvermögen, aber doch eine nicht unbedeutende, aus milden Beiträgen und andern ihm zugewiesenen Quellen fließende Jahreseinnahme besitzt, die im Jahre 1831: 793 fl. 34 kr. W. W. ausmachte, so daß 28 Hausarme unterstützt werden konnten. — 1/2 St. sö. von Lissa liegt an einer Berglehne das einem Bürger der Stadt gehörige Weingartengebäude (na Winickách) mit einem eingeschlossenen Weingarten von 2 Joch Flächeninhalt, welcher mit Reben von rothem Burgunder bepflanzt ist. Auf der Höhe desselben Berges findet man einige Trümmer einer vormaligen Burg mit Spuren von Verschanzungen, und am Fuße ist ein dem Eigenthümer des Weingartens gehöriger Kalksteinbruch.

Der Lissaer Amtsbezirk umfaßt noch folgende Dörfer:

2. Dworetz, 1/2 St. w. von Lissa, emph. D. von 29 H. mit 196 E., worunter etwa 1/4 Protestanten, ist nach Lissa eingpf., und hat s. vom Orte 1 obrktl. Fasangarten mit 1 Jägerh., und seitwärts davon am Alt-Lissaer Bache 1 Mhl. (die St. Anna- oder Kleinmhl.). Vor etwa 50 J. lag das D. Dworetz selbst ganz nahe bei dem Fasangarten, wurde aber, da die Einwohner den Geschmack der Fasanen angenehmer fanden, als den ihres eignen Hausgeflügels, an die Stelle verlegt, wo es noch jetzt steht. 1/2 St. sw. von Dworetz liegt im Walde die aufgehobne Kapelle zu St. Wenzel, welche ehemals zu dem obenerwähnten, vom Grafen Franz Anton von Spork gestifteten Eremitorium gehörte. — 3. Wischitzek (Bissicek), 1 St. sw. von Lissa, an der Elbe, emph. D. von 24 H. mit 155 E., worunter 1/3 Protestanten, nach Lissa eingpf.; 1/4 St. vom Orte n. liegt der Mhf. Karlshof (Karlow), an der Stelle des obenerwähnten, vom Grafen Franz Karl Rudolph von Sweerts und Spork gestifteten, und im J. 1804 aufgehobenen Hospitals; die dazu gehörige vormalige Kirche zum h. Kreuz ist in einen Contributions-Schüttboden umgeschaffen worden. — 4. Littol (Litol), 1/2 St. s. von Lissa, am rechten Ufer der Elbe, die hier eine Ueberfuhre hat, D. von 45 H. mit 276 E., worunter

1/3 Protestanten, die großentheils von der Elbfischerei leben; auch ist hier 1 obrktl. Ziegelbrennerei. 1/4 St. sw. jenseits der Elbe liegen die von Fischern bewohnten emph. s. g. drei Chaluppen (Tři chalupy), welche zur Häuserzahl von Littol gehören. Das Ganze ist nach Lissa eingpf. — 5. Wustra, 1 St. sö. von Lissa, unweit der Elbe, D. von 51 H. mit 329 E. (worunter einige protestantische Familien), die von Feldbau und Pferdezucht leben; 1/4 St. w. davon liegt an einem Elbarme der Franciscihof (Wobora), eine obrktl. Maierei, deren Gründe durch Dämme, welche in den J. 1810 — 1812 mit großem Aufwande errichtet worden, vor den Ueberschwemmungen der Elbe geschützt werden. Dabei ist auch 1 Schäf. und 1 Jägerh. Das ganze D. ist nach Lissa eingpf. Zwischen diesem D. und dem benachbarten Strattow sind am 3. Septbr. 1808 Meteorsteine gefallen. — 6. Strattow (Stratow), 1 St. osö. von Lissa, neben der Straße nach Nimburg, D. von 63 H. mit 429 E. (worunter 2 protest. Familien), die vom Feldbau leben und gute Pferde ziehen, ist nach Lissa eingpf., und hat 1 im J. 1817 von der Obrkt. erbaute Schule, welche auch von den Kindern aus Wustra und Wapensko besucht wird.

Zum zweiten Amtsbezirke gehören folgende Dörfer:

7. Groß-Kostomlat (gewöhnlich nur Kostomlat), 1 3/4 St. osö. von Lissa, am Hronětitzer Bache und an der Straße nach Nimburg, D. von 77 H. mit 557 E., hat eine schöne, vom Grafen Johann Franz Christian von Sweerts und Spork im J. 1778 ganz neu erbaute Pfarrkirche, unter dem Titel des h. Bartholomäus und dem Patronate der Obrkt. Eine Inschrift auf der mittlern Glocke des von der Kirche abgesondert stehenden Thurmes, enthält die Jahrszahl 1350. Diese Glocke stammt nebst den 2 andern aus der vorigen Kirche, die bereits 1384 als Pfarrkirche vorkommt, nach dem Hussitenkriege wahrscheinlich utraquistische Seelsorger hatte, von 1670 — 1738 als Filial zur Pfarrkirche von Lissa gehörte, und im letztgenannten Jahre durch die Gräfinn Anna Katharina von Sweerts und Spork wieder zur Pfarrkirche erhoben wurde. Eingepfarrt sind sämmtliche hftl. Dfr. dieses zweiten Amtsbezirks. Der Pfarrer bewohnt ein vormaliges hftl. Sommer- und Jagdh., und die Schule befindet sich in dem Hause des ehemaligen Fasanenjägers. Außerdem ist in Kostomlat 1 obrktl. Amth. mit der Wohn. eines obrktl. Beamten, 1 Mhf., 1 Schäf., 1 emph. Wirthsh. mit 1 Oelpresse, und 1 Schmiedte, und außerhalb des Dfs. 1 Steinbruch. — Kostomlat war bis zum Anfange des XVI. Jahrhunderts ein eignes Gut, zu dem wahrscheinlich dieser ganze ö. Bezirk gehörte. Im J. 1425 besaß es Heinrich Puſſka, dem es, wie Schaller berichtet, durch Hynek Bucek von Kunstat und Podiebrad gewaltsam entrissen wurde. Wenn es mit Lissa vereinigt worden, ist nicht bekannt. — 8. Wapensko, 1 1/4 St. ö. von Lissa, ein Dominikal-D. von 19 H. mit 115 E., nach Groß-Kostomlat eingepfarrt. — 9. Hronětitz, 1 1/2 St. ö. von Lissa, an dem Hronětitzer Bache, D. von 48 H. mit 365 E., ist nach Groß-Kostomlat eingpft., und hat 1 emph. Mhl., 1 Wirthsh. und 1 Schmiedte; in geringer Entfernung liegt der Mhf. Schibitz und die Fasanerie mit dem Jägerh. Hagek. Der Theil des Dfs., welcher die H. Nr. 9 — 18 begreift, heißt noch jetzt bei den alten Einw. Hansowsko, und die Gegend hinter der Mhl. gegen Schibitz, Wanonsko, was darauf hindeutet, daß dieses Dorf ehemals mehre Besitzer gehabt habe. — 10. Roskosch (Rozkoš), 1 1/2 St. osö. von von Lissa, D. von 16 H. mit 93 E., ist nach Groß-Kostomlat eingpf. und hat 1 abseits liegende Mhl. (die „Neue Mühle"), an einem Arme des

Hronětitzer Baches, der hier eine große Insel bildet. Das H. Nr. 10 hinter der Mhl., wo ehedem eine Pulverm. war, heißt noch jetzt na prachárn (beim Pulvermüller). — 11. Schnepow (Sznepow, d. h. Schnepfendorf, von den vielen und guten Schnepfen, die hier geschossen werden), $1^1/_4$ St. sö. von Lissa, auf der Insel zwischen den beiden Armen des Hronětitzer Baches, D. von 21 H. mit 126 E., worunter einige Protestanten, ist nach Groß-Kostomlat eingpf.; unweit sw. an der Elbe liegen die Ruinen der alten Burg Mydlowar, mit einem dreifachen tiefen Graben; sie soll, einer Volkssage nach, von den Mägden der altböhmischen Fürstinn Libussa erbaut worden seyn. Die sumpfige Gegend ist reich an heilsamen Pflanzen, und ehemals soll man hier Safran gebaut haben; eine Wiese, nahe bei der Ruine, heißt noch jetzt Ssafranka. Am zweiten Ostertage ziehen die Mädchen dieses ganzen Bezirks in Menge hieher, um sich mit den hier häufig wachsenden Schneeglöckchen, diesem ersten Geschenke des Frühlings, zu schmücken. Auch ist die Gegend wegen der vielen und großen Eichen merkwürdig, die es vor 30 Jahren hier noch gab, durch Elbüberschwemmungen aber vernichtet worden sind; eine noch bestehende schätzt man auf 70 Klafter Kubikinhalt. Man findet häufig in der Elbe solche alte Eichenstämme, und benutzt sie als Brennholz. — 12. Lan (oder Laan, Lany), $1^3/_4$ St. ö. von Lissa, D. von 46 H. mit 333 E., ist nach Groß-Kostomlat eingpf., und hat 1 Schmiedte. Hier gab es noch im J. 1758, wie anderwärts im nö. Böhmen, heimliche Adamiten, die aber seitdem durch die Wachsamkeit der Behörden gänzlich unterdrückt worden sind. — 13. Klein-Kostomlat, $2^1/_4$ St. osö. von Lissa, D. von 55 H. mit 326 E., worunter $^1/_6$ Protestanten, ist nach Groß-Kostomlat eingpf., und hat 1 Schmiedte. — 14. Drahelitz (Drahelice), $2^3/_4$ St. osö. von Lissa, an der Straße nach Nimburg, und $^1/_4$ St. von dieser Stadt w., unweit der Elbe, D. von 47 H. mit 337 E., worunter 6 protest. Familien, ist nach Groß-Kostomlat eingpf., und hat 1 emph. Wirthsh., 1 Schmiedte, und in einiger Entfernung sö. 2 emph. Mhl. mit hschftl. Brettsägen, wovon die eine (Baschta) am rechten, die andere (Komarna) am linken Ufer der Elbe liegt, und vom Gebiete der Hft. Poděbrad enclavirt wird. Auch ist in der Nähe von Drahelitz 1 obrktl. Steinbruch. — 15. Daubrawa (auch Francisci-Dorf oder Franzisci), $2^1/_4$ St. sö. von Lissa, unweit der Elbe, Dominikal-Dorf von 29 H. mit 194 E., nach Groß-Kostomlat eingpf. Es führt den zweiten Namen nach seinem Erbauer, Franz Anton Graf von Spork, welcher die zu seiner Zeit hier vorherrschenden sumpfigen Gründe austrocknete, neue Häuser aufführte, Futterkräuter anbaute und Tyroler Vieh anschaffte. — 16. Zbozj (eigentlich Stein-Zbozi, Kameny-Zbozj), $2^1/_4$ St. ö. von Lissa, und $^1/_2$ St. nw. von Nimburg, D. von 42 H. mit 295 E., worunter 7 protest. Familien, ist nach Groß-Kostomlat eingpf., und hat 1 Mhf. mit 1 Hammelhof, und 1 Steinbruch.

Gut Alt-Bunzlau.

Dieses Dominium, welches bisher zum Bunzlauer Kreise gehörte, aber vom nördlichen Theile des Kauřimer Kreises enclavirt war, ist seit 1831 ganz mit dem letztern vereinigt worden, und wird bei der Beschreibung desselben seinen Platz finden.

Allodial-Herrschaft Benatek.

Die Allodial-Herrschaft Benatek breitet sich als ein zusammenhangendes Ganze, von den Gränzen der Hft. Koschatek in Nordwesten, bis zu den Fluren der Stadt Nimburg in Südosten aus; nördlich wird sie von den Dominien Bezno und Stranow, nordöstlich von Brodetz, Lautschin und Krinetz, südöstlich von Lissa und westlich von Brandeis (des Kaurimer Kreises) begränzt.

Die verschiedenen Ortschaften, welche jetzt die Herrschaft Benatek bilden, gehörten um die Mitte des XIII. Jahrhunderts den Herren von Drazitz, Milowitz und Zbonin. Die Herren von Drazitz (eine angesehene Familie der damaligen Zeit, zu welcher die Prager Bischöfe Johann III. († 1278) und Johann IV. († 1343) gehörten; auch war ein Řehok von Drazic von 1267 bis 1272 Unterkämmerer der k. Leibgedingstädte und ein Johann von Drazic 1383 bis 1385 Oberstlandschreiber) behielten Benatek im Besitz bis zum J. 1483, wo es an den meißnischen Burggrafen Johann von Dohna (der mit einer Barbara von Hasenburg aus Böhmen vermählt war) gelangte. Von diesem erbte es 1522 sein Bruder Friedrich Burggraf zu Dohna (dessen Gemahlinn Elisabeth von Sternberg war). Bei dieser Familie der Burggrafen von Dohna blieb Benatek, mit dem bereits das Gut Milowitz vereinigt worden, bis zum 23. Juni 1599, wo das Ganze um die Summe von 215000 Schock meißnischer Groschen an K. Rudolph II. verkauft und somit eine königliche Kameral-Herrschaft wurde. K. Ferdinand III. schenkte dieselbe am 14. Oktober 1647 seinem verdienten General Johann Freiherrn von Werth, welcher die Herrschaft durch Ankauf des Gutes Zbonin vergrösserte und das Ganze, da sein einziger Sohn bereits im sechszehnten Lebensjahre gestorben war, bei seinem Tode, am 12. September 1652, seiner Wittwe Johanna, geb. Gräfinn von Kufstein, hinterließ. Diese verehelichte sich wieder zu drei verschiedenen Malen, und zwar zuletzt mit Ernst Gottfried Grafen Schütz von Leypoldsheim, Herrn auf Jittolib und Diwitz, welcher beim Ableben seiner Gemahlinn durch Erbvertrag die Herrschaft Benatek eigenthümlich an sich brachte und sie dann seinem Sohne Ernst Jaroslaw Grafen Schütz von Leypoldsheim hinterließ, von welchem sie nach dessen Tode, am 29. September 1720, durch Erbfolge an den Grafen Ignaz Sigmund von Klenau, Freiherrn von Janowitz, und von diesem, welcher am 4. Juli 1764 starb, an seinen Sohn Wenzel Grafen von Klenau gelangte. Die Herrschaft war indessen unter den letzten beiden Besitzern so verschuldet worden, daß sie im J. 1768 im Lizitationswege verkauft werden mußte, bei welcher Gelegenheit sie der damalige Fürsterzbischof zu Prag, Anton Peter Graf Přichowsky Freiherr v. Přichowitz, um 665000 fl. erstand. Dieser vererbte sie bei seinem am 14. April 1793 erfolgten Ableben testamentarisch an den Sohn seines Neffen, Franz Grafen von Přichowsky, k. k. Kämmerer und Oberstlieutenant, welcher am 8. Juni 1814 starb und die Herrschaft seinem einzigen, zweitgebornen, mit der ersten Gemahlinn Josepha Gräfinn

Lažansky, erzeugten noch minderjährigen Sohne, dem k. k. Lieut. des Uhlanen-Regiments Kaiser Franz, Franz Adalbert Grafen Příchowsky (unter der Vormundschaft des k. k. Appellations-Präsidenten ꝛc. Leopold Grafen von Sweerts-Spork) hinterließ, mit welchem bei dessen bald darauf, am 2. Juni 1816 durch einen Sturz vom Pferde erfolgten Tode das gräfliche Haus Příchowsky im Mannesstamme erlosch. Indessen hatte er schon unterm 8. Mai 1815, bevor er zum Regimente abging, mittelst Testament seine Cousinen, die drei Schwestern, Marie, Josephine und Elise, Freiinnen Mladota von Solopisk, Töchter des weiland Adalbert Freiherrn Mladota von Solopisk, welcher mit der Gräfinn Anna von Příchowsky, Schwester des obigen, 1814 verstorbnen, Franz Grafen von Příchowsky, vermählt gewesen war, zu Universal-Erbinnen seines sämmtlichen Nachlasses und folglich auch der Hft. Benatek ernannt. Dieses Testament wurde am 25. Juni 1816 bei den k. k. böhmischen Landrechten publicirt und ist in der Landtafel Tom. 871, Instr. Buch Litt. R. I. eingetragen. Die erwähnten Freiinnen Mladota von Solopisk vermählten sich in der Folge, und zwar die Freiinn Marie an den Grafen Ernst von Thun-Hohenstein, Maltheserordens-Commandeur und Herrn auf Obitz, die Freiinn Josephine aber an dessen Bruder, den k. k. Kämmerer und böhm. Gubernialrath Leopold Grafen von Thun-Hohenstein. Die Letztere starb am 28. Juni 1827, nachdem sie durch letztwillige Anordnung ihren hinterbliebnen Gemahl zum Universal-Erben ihres Nachlasses, worunter der Mitbesitz der Hft. Benatek begriffen war, ernannt hatte. Dieser vermählte sich am 6. September 1829 zum zweiten Mal und zwar mit der jüngsten Schwester seiner verstorbnen Gemahlinn, der Freiinn Elise Mladota von Solopisk. Die gegenwärtigen Besitzer der Hft. Benatek sind demnach der erwähnte Graf Leopold von Thun-Hohenstein, dessen Gemahlinn Elise, und dessen Schwägerinn Marie, verwittwete Gräfinn von Thun-Hohenstein und geborne Freiinn Mladota von Solopisk. (Siehe Landtäfl. Hauptbuch Litt. A. Tom. 4. Fol. 113.)

Die Oberfläche des Ganzen ist, was den links von der Iser gelegnen größern Theil betrifft, meistens ebenes, aufgeschwemmtes Land, aus welchem sich nur unbedeutende Hügel emporheben. Der Plänerkalk und Quadersandstein komms an den Gehängen des Iserthales und einiger Seitenthäler zum Vorschein. Etwas höher gelegen ist der kleinere Theil des Gebiets, ant rechten Ufer der Iser. Außer diesem Flusse, der von hier aus auf das Gebiet der Hft. Brandeis und oberhalb Alt-Bunzlau in die Elbe geht, sind im östlichen Theile der Hft. nur noch zwei unbedeutende Mühlbäche vorhanden, die sich in die Elbe ergießen und von denen der westliche den bei Alt-Lissa gelegnen großen Karpfenteich, den einzigen Teich des Dominiums, durchströmt.

Die Bevölkerung bestand im J. 1831 aus 5347 Seelen. Die Einwohner bekennen sich größtentheils zur katholischen Religion. Protestanten (helvetischer Confession), im J. 1826 zusammen 20

Familien, sind fast über das ganze Dominium zerstreut und in Betreff der Seelsorge dem Pastorate in Lissa zugewiesen. Auch leben in Podoletz 2 Israeliten-Familien.

Die vornehmste Erwerbs- und Ertragsquelle ist die Landwirthschaft, zu deren Betriebe nach dem Katastral-Zergliederungssummarium vom J. 1832 folgende Bodenfläche vorhanden war:

	Dominicale.		Rusticale.		Zusammen.	
	Joch.	□Kl.	Joch.	□Kl.	Joch.	□Kl.
An ackerbaren Feldern	2462	163 5/8	9095	112 7/8	11557	276 4/8
„ Teichen mit Aeckern verglichen	38	941	—	—	38	941
„ Trischfeldern	248	328 4/8	1170	103 5/8	1418	433 1/8
„ Wiesen	456	358	276	1235	732	1593
„ Gärten	32	667	123	1403 3/8	156	470 3/8
„ Teichen mit Wiesen verglichen	38	941	—	—	38	941
„ Hutweiden rc.	183	643	314	1305	498	348
„ Weingärten	5	490	—	—	5	490
„ Waldungen	4458	417 2/8	190	1380	4649	197 2/8
Ueberhaupt	7923	90 5/8	11171	799 5/8	19094	890 4/8

Der Boden ist theils lettig, theils sandig und kiesig, im Ganzen von mittelmäßiger Fruchtbarkeit, so daß die gewöhnlichen Getraidegattungen und andere Feldfrüchte, worunter auch einiger Hopfen, angebaut werden. Von vorzüglicher Güte sind die durch den Sandboden begünstigten Weißen Rüben. Obst- und Weinbau wird bloß auf den obrigkeitlichen Gründen in einiger Ausdehnung betrieben, und man erzeugt in guten Jahren an 200 Eimer rothen Wein, welcher, da er wie der Melniker von Burgunder-Reben gewonnen wird, diesem an Güte völlig gleich kommt.

Der Viehstand ergiebt sich aus folgender Uebersicht vom 30. April 1833:

	der Obrigkeit.	der Unterthanen.	Zusammen.
Pferde	25 (Alte)	337 (280 Alte, 57 Fohlen)	362
Rindvieh	436 (15 Zuchtstiere, 8 junge Stiere, 243 Kühe, 130 Kalbinnen, 40 Zugochs.)	1841 (15 Zuchtstiere, 1 junger St., 991 Kühe, 415 Kalbinnen, 6 Mastochsen, 361 Zugochsen, 52 junge Ochsen)	2277
Schafvieh	5591 (4213 Alte, 1378 Läm.)	4402 (3514 Alte, 888 Lämmer)	9993

Der gegenwärtige Besitzer der Herrschaft hat mit großem Aufwande, durch Ankauf ausländischer Zuchtstöhre, die Schafzucht bedeutend emporgebracht, so daß die Benatker Wolle unter die gesuchteste der ganzen hiesigen Gegend zu rechnen ist. Schweine- und Geflügelzucht wird nicht im Großen, sondern nur für den Bedarf der einzelnen Haushaltungen getrieben.

Zur Bewirthschaftung der obrigkeitl. Gründe bestehen 10 Maierhöfe, und zwar 9 (Chrast, Draschitz, Benatek, Milowitz, Božidar, Tschilletz, Zdonin und Neuhof) in eigener Regie, 1 aber (Alt-Lissa) in zeitlichem Pacht.

Die beinahe ein Viertel der ganzen Bodenfläche des Dominiums einnehmenden Waldungen sind in 5 Reviere (das Kbeller, Benateker, Wrutitzer, Straker und Tschilletzer) eingetheilt und liefern hauptsächlich Kiefern-, nebst etwas Eichen- und Birkenholz. Ein großer Theil dieser Waldungen besteht aus jungen Anflügen, da nach den Verwüstungen durch Raupenfraß, im J. 1808, große Strecken abgetrieben und neu cultivirt werden mußten. Der jährliche Ertrag ist daher nicht sehr bedeutend und wird bloß zum eigenen Bedarf verwendet.

Der Wildstand ist mittelmäßig und besteht in Rehen, Hasen, Rebhühnern und Fasanen, die in zwei Fasanerien gezogen werden. Der Absatz des Wildes geschieht größtentheils nach Prag.

Die Gewerbs-Industrie beschränkt sich auf die gewöhnlichen Polizei- und Commerzial-Gewerbe und beschäftigte am Anfange des Jahres (mit Ausnahme der Schutzstadt Neu-Benatek, siehe unten) 45 Meister und Gewerbsbefugte mit 8 Gesellen, 7 Lehrlingen und andern Hilfsarbeitern, zusammen also 60 Personen. Man zählte im Einzelnen: 1 Bäcker, 1 Bierbräuer, 6 Bierschänker, 1 Branntweinbrenner, 1 Faßbinder, 1 Gastwirth, 1 Glaser, 3 Leinweber, 2 Maurermeister, 2 Müller, 1 Potaschensieder, 1 Salzhändler, 1 Schlosser, 12 Schmiedte, 6 Schneider, 1 Wagner, 1 Wasenmeister, 1 Ziegelbrenner, 2 Zimmermeister und 1 Zuckerbäcker. — Die Ziegel- und Kalkbrennerei gehört, so wie die Potaschensiederei, der Obrigkeit und beide werden mit gutem Erfolg betrieben.

Sanitäts-Personen sind: 1 obrigkeitlicher Wundarzt (in Neu-Benatek), welcher von der Obrigkeit und aus dem unterthänigen Steuerfonds besoldet wird, 6 Hebammen (in Neu-Benatek, Alt-Benatek, Giritz, Mlada, Milowitz und Strak) und 1 Apotheker (in Neu-Benatek).

Zur Unterstützung der Armen war bis zum Anfange des J. 1832 noch kein allgemeines Armen-Institut vorhanden, indem die vermöglichern Einwohner jedes einzelnen Dorfes die Armen desselben mittelst eigner Betheilungen versorgten. Die Stadt Neu-Benatek besitzt seit dem 7. Jäner 1732 ein von der damaligen Bürgerinn Dorothea Petrasch gegründetes Spital, dessen Stammvermögen am Schluß des J. 1831 die Summe von 4028 fl. 55½ kr. W. W. ausmachte, worunter sich 200 fl. als Stiftung des ehemaligen Besitzers der Herrschaft, Grafen von Klenau, befinden. Von der jährlichen Einnahme = 197 fl. wurden 5 Pfründler verpflegt. Auch besteht für Neu-Benatek ein im J. 1796 errichtetes Armen-Institut, welchem durch hohe Gubernialverordnung das Vermögen der aufgehobnen St. Anna-Bruderschaft, = 2040 fl., zugewiesen wurde, wozu noch andere Spenden wohlthätiger Bürger kamen, so daß das ganze Stammvermögen am Schluß des J. 1831: 6341 fl. $3\frac{3}{4}$ kr. W. W. betrug. Das aus den Zinsen dieser Kapitalien, so wie aus den wöchentlichen Sammlungen, dem Ertrag der Neujahrskarten, Strafgelder ꝛc. bestehende Einkommen belief sich auf 478 fl. $47\frac{1}{4}$ kr. W. W., von welchen 43 Hausarme verhältnißmäßig betheilt wurden."

Der nordwestliche Theil des Dominiums wird von der Post- und Commerzial-Straße durchschnitten, die von Prag über Jung-Bunzlau nach der Lausitz und Schlesien führt. An dieser Straße liegt die k. k. Poststation Alt-Benatek, $2\frac{1}{2}$ Posten oder 5 Meilen von Prag, und 1 Post oder 2 Meilen von Jung-Bunzlau entfernt. Das südöstl. Ende des Dominiums, bei Nimburg, berührt auf eine kurze Strecke die von Jung-Bunzlau nach Nimburg gehende Chaussée.

Folgendes sind die einzelnen Ortschaften des Dominiums:

1. Neu-Benatek (Nowy Benatka), am rechten Ufer der Iser, über welche hier eine Brücke führt, auf einer Anhöhe von 117 W. Klafter über dem Meere, unter 50° 17′ 33″ Breite und 32° 29′ 45″ Länge, Municipalstadt von 127 H. mit 904 E., von welchen 7 H. mit 51 E. zu dem der Herrschaft unterthänigen Gebiete gehören. Unter den Letztern ist vor allen das obrigkeitliche Schloß merkwürdig, ein zwei Stock hohes, sehr geräumiges Gebäude, welches im J. 1522 vom damaligen Besitzer, Friedrich Burggrafen zu Dohna, erbaut wurde. An der Stelle desselben und der damit zusammenhangenden Schloßkirche zu Mariä Geburt, stand früher das im XIV. Jahrhunderte von Johann von Drazitz gestiftete, unter seinen Nachfolgern erweiterte, aber im Hussitenkriege 1421 von den Pragern gänzlich zerstörte Kloster der Chorherren mit dem rothen Herzen oder von der Buße der seligen Märtyrer (de poenitentia beatorum martyrum), sammt der dazu gehörigen, damals viel größern Kirche. Unter K. Ferdinand II. wurden zwar die genannten Klostergeistlichen im J. 1629 wieder in Benatek eingeführt und ihnen das Pfarrhaus zur Wohnung angewiesen; aber die Bedrängnisse des 30jährigen Krieges nöthigten sie bald darauf, sich in das Kloster ihres Ordens nach Prag zu begeben, und nur ein Priester blieb als Seelsorger und Administrator der Pfarrkirche zurück, welcher indeß im J. 1651, wo auf Verlangen des Grundbesitzers, Freiherrn von Werth, diese Stelle mit einem Weltgeistlichen besetzt wurde, ebenfalls Benatek verlassen mußte. Das hschftl. Schloß war unter der Regierung Rudolphs II. eine Zeit lang der Aufenthalt des im J. 1601 zu Prag verstorbenen berühmten Astronomen Tycho Brahe. Die unter der Schloßkirche befindliche Todtengruft enthält die Leichname der Besitzer der Herrschaft, seit der Mitte des XVI. Jahrhunderts. Der Thurm zwischen dem Schlosse und dieser Kirche wurde vom Grafen Ernst Jaroslaw von Schütz im J. 1702 erbaut, und enthält in einer Höhe von 36 Klaftern über der Grundfläche die Wohnung des Thurmwächters mit einem rings um den Thurm führenden Gange. Auf der Spitze des Thurmes steht ein Schütz mit Bogen und Pfeil. Die drei Glocken enthalten die Jahrzahlen 1474, 1550 und 1711. Der gegenwärtige Besitzer hat den beim Schlosse befindlichen Garten nach englischer Art umgestaltet und auch den unterhalb desselben befindlichen Bergabhang in einen Park verwandelt und mit dem Schloßgarten vereinigt. — Die eigentliche Municipalstadt Neu-Benatek ist von alter Bauart, enthält aber einen regelmäßig viereckigen Marktplatz, in dessen Mitte sich die vom Grafen Ignaz Sigmund von Klenau erbaute ehemalige Kapelle

u. s. w. geziert. Eine besondere Rüstkammer im 2. Stock enthält außer mehren andern altertümlichen Waffen, die vollständige Rüstung des erwähnten tapfern Generals. Sie ist von dickem, schwerpolirtem Messingblech, und läßt auf die Größe und Stärke des Mannes schließen, der sie getragen. Ferner befinden sich in dem Schloße zwei Bibliotheken. Die eine (vom Grafen Franz Anton von Spork in den J. 1702 bis 1722 angelegt) enthält die Reste einer großen Sammlung von geistlichen und andern lehrreichen Büchern, welche er, aus Liebe zu seinen Unterthanen, mit einem Aufwande von beiläufig 100000 Reichsthalern theils ankaufte, theils aus fremden Sprachen ins Teutsche und Böhmische übersetzen ließ, mittelst einer eignen Buchdruckerei zu Lissa (die aber nicht mehr vorhanden) auflegte, und an die Unterthanen seiner sämmtlichen Besitzungen vertheilte. Die Uebersetzungen geschahen größtentheils durch seine zwei sehr gebildeten Töchter, Eleonora Franziska (gest. noch bei Lebzeiten des Vaters; 1717, in dem von ihm aus Liebe zu ihr gestifteten Kloster der Cölestinerinnen zu Gradlitz, in welchen Orden sie getreten war) und die erwähnte Anna Katharina, Gemahlinn des Grafen von Sweerts. Außer diesen Büchern findet man noch hier eine Menge Kupferstiche (Jagdstücke, Landschaften und Landkarten) von Renz, welchen Graf Spork aus Paris zu sich kommen ließ. Die zweite Bibliothek wurde vom Grafen Johann Franz Christian v. Sweerts in den J. 1772 bis 1780 angelegt, und enthält französische, italiänische und teutsche Werke aus dem Gebiete der Philosophie, Geschichte und Belletristik, namentlich der dramatischen Literatur, nebst einer zahlreichen Landkartensammlung. Endlich besitzt das Schloß auch eine von der Gräfinn Anna Katharina eingerichtete sehr schöne Kapelle, und ein unter dem Grafen Johann Franz Christian erbautes Theater. Der zum Schloß gehörige Ziergarten ist im ältern s. g. französischen Geschmack angelegt, hat aber mehre großartige Parthien, und enthält 4 ansehnliche Springbrunnen und eine Menge gelungner Bildhauerarbeiten aus Sandstein. — Nach dem Schloße ist die ansehnliche Pfarr- und Dekanalkirche zu St. Johann dem Täufer das merkwürdigste Gebäude in Lissa. Der Grund dazu wurde im J. 1719 vom Grafen Franz Anton von Spork gelegt, das Ganze aber erst nach einer langen Unterbrechung im J. 1739 vollendet. Die Einweihung geschah 1741 durch den Prager Weihbischof Johann Rudolph Grafen von Spork. Sie hat einen Hochaltar und 4 Seitenaltäre. Das gut gearbeitete Hochaltarblatt, von einem unbekannten Meister, stellt die Taufe Jesu dar. Die zwei größern Glocken haben die Jahrzahlen 1521 und 1667; die Letztere ist von dem berühmten Bricquey zu Jung-Bunzlau gegossen, und wurde vom Thurme der alten aufgehobnen Kirche hieher übertragen. Die Thurmuhr ist das Eigenthum der Stadt. Rings um die Kirche geht eine Mauer mit 12 großen Heiligen-Statuen aus Sandstein, von unbekannten Meistern, welche von dem aufgehobenen, durch den Grafen Franz Anton kurz vor seinem Tode gestifteten Eremitorium zu St. Wenzel, 1 St. sw. von Lissa im Walde, hieher versetzt wurden. Auch die 2 Priester, welche bei jenem Eremitorium bestanden hatten, wurden nach der Aufhebung desselben, mit ihren ansehnlichen Fundationen, auf die Pfarrkirche in Lissa übertragen, und haben die Verpflichtung, dem Dechant in seinen geistlichen Verrichtungen beizustehen. Das Patronat über die Kirche besitzt die Grundobrigkeit. Eingepfarrt sind, außer Lissa selbst, noch folgende Dörfer des ersten Amtsbezirks: Bischitzek, Dworetz, Littol, Strattow und Wustra, so wie die zur Hft. Benatek gehörigen: Alt-Lissa und Wrutitz. Das nahe bei der Kirche gelegne Pfarrgebäude mag, wie sich aus seiner sehr alten Bauart schließen läßt, schon zur Zeit der frühern Kirche bestanden haben. Nahe dabei erblickt man die gleichfalls unter obrktl. Patronate stehende Schule; ein im J. 1745 vom Grafen Franz Karl Rudolph von Sweerts und Spork aufgeführtes Gebäude. Die ehemalige Pfarrkirche, ebenfalls unter dem Titel St. Johannis des Täufers, steht in der Mitte der Stadt, und wurde an der Stelle der 1626 abgebrannten frühern Kirche (die schon 1387 als Pfarrkirche bestand und nebst Lissa selbst dem Augustiner-Convent am Karlshofe zu Prag gehörte) vom k. k. General Johann Grafen von Spork erbaut, der auch nach seinem Tode 1680 hier begraben, im J. 1688 aber, als sein Sohn Franz Anton die große Familiengruft bei der Kirche zu Kukus, auf der Hft. Gradlitz, erbaut hatte, dahin übertragen wurde. Da diese alte St. Johannis-Kirche wahrscheinlich für die späterhin sehr zugenommene Bevölkerung des Sprengels zu klein war, so gründete der Graf Franz Anton von Spork im J. 1719 die vorhin beschriebne neue Pfarrkirche, und die ältere blieb nunmehr, unter dem Titel der h. Barbara, ein Filial derselben, was sie auch noch zu Schallers Zeiten (1790) war. Späterhin ist sie zu einem k. k. Aerarial-Magazin umgebaut worden. Bei dieser Gelegenheit wurde das prachtvolle Grabmal des Generals Grafen von Spork abgehoben, aus einander genommen, und in das hschftl. Schloß gebracht, um es später in der neuen Pfarrkirche wieder aufzustellen, was indessen bis zum J. 1826 noch nicht geschehen war. Dieses Monument ist, von einem unbekannten Meister, aus dem schönsten rothen Marmor gearbeitet, und stellt den Verstorbnen lebensgroß in seiner kriegerischen Rüstung dar. Oben befindet sich sein Wappen und unten eine teutsche Inschrift, welche seinen Namen, seine Titel und Besitzungen („Liessa, Konogedt, Hermanmiestez, Moraschitz, Gradlitz, Maleschow, Horzenowes und Bürglitz") enthält. — Weiter n. von hier, am Schloßberge, liegt das Gebäude des im J. 1812 aufgelösten Augustiner-Convents, nebst der dazu gehörigen, gleichzeitig aufgehobnen Kirche. An dieser Stelle hatte in früherer Zeit eine sehr alte Kirche zu Mariä Geburt und eine dem heil. Desiderius geweihte Kapelle gestanden. Franz Anton Graf von Spork errichtete hier eine Lauretten-Kapelle, stiftete 1713 eine Residenz für 8 unbeschuhte Augustiner, und legte im J. 1733 den Grund zu dem gegenwärtigen Klostergebäude, so wie zu der noch bestehenden Kirche, welche beide aber erst im J. 1741 unter seinem Nachfolger, dem Grafen Franz Karl Rudolph von Sweerts und Spork, vollendet wurden. Bei der Aufhebung im J. 1812 fiel das Klostergebäude nebst der Kirche und den Gärten an die Grundobrigkeit zurück, die Kirchengeräthschaften aber und die ansehnliche Bibliothek, welche besonders im Fache der Patristik und klassischen Philologie sehr reich ausgestattet war, wurden nebst der Sammlung von Abdrücken römischer und altböhmischer Münzen im J. 1816 veräußert. Noch andere bemerkenswerthe Gebäude sind: das evangelisch-reformirte Bethaus (s. weiter unten), das städtische Rathhaus, die k. k. Post, die städtische Apotheke, der obrktl. Maierhof nebst der Schäferei, das obrktl. Bräuhaus (auf 40 Faß) mit der nahe dabei liegenden Malzmhl., und die obrktl. Branntweinbrennerei. — Unter den Einwohnern von Lissa befanden sich im J. 1826: 24 protestantische und 2 israelitische Familien. Die Protestanten haben ein eignes im J. 1787 auf ihre Kosten erbautes Bethaus, welchem auch ihre Glaubensgenossen in den übrigen Dorfschaften dieses und der zunächst angränzenden Dominien zugewiesen sind. Der dabei angestellte Pastor empfängt seinen Lebensunterhalt von den Eingepfarrten theils in Natural-Lieferungen, theils in Geld. — Die Einwohner der Stadt Lissa nähren sich vom Betriebe der Landwirthschaft und den gewöhnlichen städtischen Gewerben. Von landwirthschaftlichen Hausthieren besaßen sie am 30. April 1833: 48 Pferde (45 Alte, 3 Fohlen); 450 St. Rindvieh (3 Zuchtstiere, 206 Kühe, 52 Kalbinnen, 14 Mastochsen, 166 Zugochsen und 9 junge Ochsen) und 332 St. Schafvieh (273 Alte, 59 Lämmer). — Mit Industrial-Gewerben beschäftigten sich am Anfange des J. 1832: 91 Meister und Gewerbsherren, 33 Gesellen und 29 Lehrlinge, zusammen 153 Personen, namentlich: 5 Bäcker, 6 Bierschänker, 1 Färber, 2 Faßbinder, 8 Fleischhauer, 3 Gärtner, 1 Glaser, 3 Griesler, 2 Handschuhmacher, 1 Hutmacher, 2 Kürschner, 2 Lebzeltler, 2 Lohgärber, 1 Maurermeister (6 Gesellen), 1 Rauchfangkehrer, 1 Riemer, 2 Schlosser, 5 Schmiedte, 9 Schneider, 15 Schuhmacher, 2 Seifensieder, 1 Seiler, 1 Strumpfwirker, 4 Tischler, 4 Töpfer, 1 Uhrmacher, 2 Wagner, 3 Weber und 1 Zimmermeister (7 Gesellen). — Zum Handelsstande gehörten 2 gemischte Waarenhandlungen und 1 Krämer. — Auf den beiden Jahrmärkten, welche die Stadt Lissa (an den Montagen nach Philippi Jakobi und Johannes Enthauptung) zu halten berechtigt ist, findet ein geringer Verkehr in Schnittwaaren, Holzgeräthschaften und einigen andern Artikeln Statt. — Die in Lissa wohnhaften Sanitäts-Personen sind bereits oben bei der Uebersicht des Dominiums angegeben worden. In Betreff der Armenpflege besteht außer dem ebenfalls schon angeführten obrkl. Spital ein in den letzten Jahren eingeführtes besonderes städtisches Armen-Institut, welches zwar noch kein eignes Stammvermögen, aber doch eine nicht unbedeutende, aus milden Beiträgen und andern ihm zugewiesenen Quellen fließende Jahreseinnahme besitzt, die im Jahre 1831: 798 fl. 34 kr. W. W. ausmachte, so daß 28 Hausarme unterstützt werden konnten. — ½ St. sö. von Lissa liegt an einer Berglehne das einem Bürger der Stadt gehörige Weingartengebäude (na Winicách) mit einem eingeschlossenen Weingarten von 2 Joch Flächeninhalt, welcher mit Reben von rothem Burgunder bepflanzt ist. Auf der Höhe desselben Berges findet man einige Trümmer einer vormaligen Burg mit Spuren von Verschanzungen, und am Fuße ist ein dem Eigenthümer des Weingartens gehöriger Kalksteinbruch.

Der Lissaer Amtsbezirk umfaßt noch folgende Dörfer:

2. Dworetz, ½ St. w. von Lissa, emph. D. von 29 H. mit 196 E., worunter etwa ¼ Protestanten, ist nach Lissa eingpf., und hat ö. vom Orte 1 obrktl. Fasangarten mit 1 Jägerh., und seitwärts davon am Alt-Lissaer Bache 1 Mhl. (die St. Anna- oder Kleinmhl.). Vor etwa 50 J. lag das D. Dworetz selbst ganz nahe bei dem Fasangarten, wurde aber, da die Einwohner den Geschmack der Fasanen angenehmer fanden, als den ihres eignen Hausgeflügels, an die Stelle verlegt, wo es noch jetzt steht. ½ St. sw. von Dworetz liegt im Walde die aufgehobne Kapelle zu St. Wenzel, welche ehemals zu dem obenerwähnten, vom Grafen Franz Anton von Spork gestifteten Eremitorium gehörte. — 3. Wischitzek (Bissiček), 1 St. sw. von Lissa, an der Elbe, emph. D. von 24 H. mit 155 E., worunter ⅓ Protestanten, nach Lissa eingpf.; ¼ St. vom Orte n. liegt der Mhf. Karlshof (Karlow), an der Stelle des obenerwähnten, vom Grafen Franz Karl Rudolph von Sweerts und Spork gestifteten, und im J. 1804 aufgehobenen Hospitals; die dazu gehörige vormalige Kirche zum h. Kreuz ist in einen Contributions-Schüttboden umgeschaffen worden. — 4. Littol (Litol), ½ St. s. von Lissa, am rechten Ufer der Elbe, die hier eine Ueberfuhre hat, D. von 45 H. mit 276 E., worunter

$^1/_2$ Protestanten, die grossentheils von der Elbfischerei leben; auch ist hier 1 obrktl. Ziegelbrennerei. $^1/_4$ St. sw. jenseits der Elbe liegen die von Fischern bewohnten emph. s. g. drei Chaluppen (Tři chalupy), welche zur Häuserzahl von Littol gehören. Das Ganze ist nach Lissa eingpf. — 5. Wustra, 1 St. sö. von Lissa, unweit der Elbe, D. von 51 H. mit 329 E. (worunter einige protestantische Familien), die von Feldbau und Pferdezucht leben; $^1/_4$ St. w. davon liegt an einem Elbarme der Francisci-Hof (Wobora), eine obrktl. Maierei, deren Gründe durch Dämme, welche in den J. 1810 — 1812 mit grossem Aufwande errichtet worden, vor den Ueberschwemmungen der Elbe geschützt werden. Dabei ist auch 1 Schäf. und 1 Jägerh. Das ganze D. ist nach Lissa eingpf. Zwischen diesem D. und dem benachbarten Strattow sind am 3. Septbr. 1808 Meteorsteine gefallen. — 6. Strattow (Stratow), 1 St. osö. von Lissa, neben der Strasse nach Nimburg, D. von 63 H. mit 429 E. (worunter 2 protest. Familien), die vom Feldbau leben und gute Pferde ziehen, ist nach Lissa eingpf., und hat 1 im J. 1817 von der Obrkt. erbaute Schule, welche auch von den Kindern aus Wustra und Wapensko besucht wird.

Zum zweiten Amtsbezirke gehören folgende Dörfer:

7. Gross-Kostomlat (gewöhnlich nur Kostomlat), $1^3/_4$ St. osö. von Lissa, am Hronětitzer Bache und an der Strasse nach Nimburg, D. von 77 H. mit 557 E., hat eine schöne, vom Grafen Johann Franz Christian von Sweerts und Spork im J. 1778 ganz neu erbaute Pfarrkirche, unter dem Titel des h. Bartholomäus und dem Patronate der Obrkt. Eine Inschrift auf der mittlern Glocke des von der Kirche abgesondert stehenden Thurmes, enthält die Jahrszahl 1359. Diese Glocke stammt nebst den 2 andern aus der vorigen Kirche, die bereits 1384 als Pfarrkirche vorkommt, nach dem Hussitenkriege wahrscheinlich utraquistische Seelsorger hatte, von 1670 — 1738 als Filial zur Pfarrkirche von Lissa gehörte, und im letztgenannten Jahre durch die Gräfinn Anna Katharina von Sweerts und Spork wieder zur Pfarrkirche erhoben wurde. Eingepfarrt sind sämmtliche hftl. Dfr. dieses zweiten Amtsbezirks. Der Pfarrer bewohnt ein vormaliges hftl. Sommer- und Jagdh., und die Schule befindet sich in dem Hause des ehemaligen Fasanenjägers. Außerdem ist in Kostomlat 1 obrktl. Amth. mit der Wohn. eines obrktl. Beamten, 1 Mhf., 1 Schäf., 1 emph. Wirthsh. mit 1 Oelpresse, und 1 Schmiedte, und außerhalb des Dfs. 1 Steinbruch. — Kostomlat war bis zum Anfange des XVI. Jahrhunderts ein eignes Gut, zu dem wahrscheinlich dieser ganze 2. Bezirk gehörte. Im J. 1425 besaß es Heinrich Puška, dem es, wie Schaller berichtet, durch Hynek Bucek von Kunstat und Podiebrad gewaltsam entrissen wurde. Wenn es mit Lissa vereinigt worden, ist nicht bekannt. — 8. Wapensko, $1^1/_4$ St. s. von Lissa, ein Dominikal-D. von 19 H. mit 115 E., nach Gross-Kostomlat eingepfarrt. — 9. Hronětitz, $1^1/_2$ St. s. von Lissa, an dem Hronětitzer Bache, D. von 48 H. mit 365 E., ist nach Gross-Kostomlat eingpft., und hat 1 emph. Mhl., 1 Wirthsh. und 1 Schmiedte; in geringer Entfernung liegt der Mhf. Schibitz und die Fasanerie mit dem Jägerh. Hagek. Der Theil des Dfs., welcher die H. Nr. 9 — 18 begreift, heißt noch jetzt bei den alten Einw. Hansomsko, und die Gegend hinter der Mhl. gegen Schibitz, Wanonsko, was darauf hindeutet, daß dieses Dorf ehemals mehre Besitzer gehabt habe. — 10. Roskosch (Rozkoš), $1^1/_2$ St. osö. von von Lissa, D. von 16 H. mit 93 E., ist nach Gross-Kostomlat eingpf. und hat 1 abseits liegende Mhl. (die „Neue Mühle“), an einem Arme des

Hronkitzer Baches, der hier eine große Insel bildet. Das H. Nr. 10 hinter der Mhl., wo ehedem eine Pulverm. war, heißt noch jetzt na prachárn (beim Pulvermüller). — 11. Schnepow (Ssnepow, d. h. Schnepfendorf, von den vielen und guten Schnepfen, die hier geschossen werden), 1¼ St. sö. von Lissa, auf der Insel zwischen den beiden Armen des Hronkitzer Baches, D. von 21 H. mit 126 E., worunter einige Protestanten, ist nach Groß-Kostomlat eingpf.; unweit sw. an der Elbe liegen die Ruinen der alten Burg Myblowar, mit einem dreifachen tiefen Graben; sie soll, einer Volkssage nach, von den Mägden der altböhmischen Fürstinn Libussa erbaut worden seyn. Die sumpfige Gegend ist reich an heilsamen Pflanzen, und ehemals soll man hier Safran gebaut haben; eine Wiese, nahe bei der Ruine, heißt noch jetzt Ssafranka. Am zweiten Ostertage ziehen die Mädchen dieses ganzen Bezirks in Menge hieher, um sich mit den hier häufig wachsenden Schneeglöckchen, diesem ersten Geschenke des Frühlings, zu schmücken. Auch ist die Gegend wegen der vielen und großen Eichen merkwürdig, die es vor 30 Jahren hier noch gab, durch Elbüberschwemmungen aber vernichtet worden sind; eine noch bestehende schätzt man auf 70 Klafter Kubikinhalt. Man findet häufig in der Elbe solche alte Eichenstämme, und benutzt sie als Brennholz. — 12. Lan (oder Laan, Lany), 1¾ St. ö. von Lissa, D. von 46 H. mit 333 E., ist nach Groß-Kostomlat eingpf., und hat 1 Schmiedte. Hier gab es noch im J. 1758, wie anderwärts im nö. Böhmen, heimliche Adamiten, die aber seitdem durch die Wachsamkeit der Behörden gänzlich unterdrückt worden sind. — 13. Klein-Kostomlat, 2¼ St. osö. von Lissa, D. von 55 H. mit 326 E., worunter ⅙ Protestanten, ist nach Groß-Kostomlat eingpf., und hat 1 Schmiedte. — 14. Drahelitz (Drahelice), 2¾ St. osö. von Lissa, an der Straße nach Nimburg, und ¼ St. von dieser Stadt w., unweit der Elbe, D. von 47 H. mit 337 E., worunter 6 protest. Familien, ist nach Groß-Kostomlat eingpf., und hat 1 emph. Wirthsh., 1 Schmiedte, und in einiger Entfernung sö. 2 emph. Mhl. mit hschftl. Brettsägen, wovon die eine (Baschta) am rechten, die andere (Komarna) am linken Ufer der Elbe liegt, und vom Gebiete der Hft. Podiebrad enclavirt wird. Auch ist in der Nähe von Drahelitz 1 obrktl. Steinbruch. — 15. Daubrawa (auch Francisci-Dorf oder Franzisci), 2¼ St. sö. von Lissa, unweit der Elbe, Dominikal-Dorf von 29 H. mit 194 E., nach Groß-Kostomlat eingpf. Es führt den zweiten Namen nach seinem Erbauer, Franz Anton Graf von Spork, welcher die zu seiner Zeit hier vorherrschenden sumpfigen Gründe austrocknete, neue Häuser aufführte, Futterkräuter anbaute und Tyroler Vieh anschaffte. — 16. Zbožj (eigentlich Stein-Zbožj, Kameny-Zbožj), 2¼ St. ö. von Lissa, und ½ St. nw. von Nimburg, D. von 42 H. mit 295 E., worunter 7 protest. Familien, ist nach Groß-Kostomlat eingpf., und hat 1 Mhf. mit 1 Hammelhof, und 1 Steinbruch.

Gut Alt-Bunzlau.

Dieses Dominium, welches bisher zum Bunzlauer Kreise gehörte, aber vom nördlichen Theile des Kaurimer Kreises enclavirt war, ist seit 1831 ganz mit dem letztern vereinigt worden, und wird bei der Beschreibung desselben seinen Platz finden.

Allodial-Herrschaft Benatek.

Die Allodial-Herrschaft Benatek breitet sich als ein zusammenhangendes Ganze, von den Gränzen der Hft. Koschatek in Nordwesten, bis zu den Fluren der Stadt Nimburg in Südosten aus; nördlich wird sie von den Dominien Bezno und Stranow, nordöstlich von Brodetz, Lautschin und Krinetz, südöstlich von Lissa und westlich von Brandeis (des Kauřimer Kreises) begränzt.

Die verschiedenen Ortschaften, welche jetzt die Herrschaft Benatek bilden, gehörten um die Mitte des XIII. Jahrhunderts den Herren von Drazitz, Milowitz und Zdonin. Die Herren von Drazitz (eine angesehene Familie der damaligen Zeit, zu welcher die Prager Bischöfe Johann III. († 1278) und Johann IV. († 1343) gehörten; auch war ein Řehok von Drazic von 1267 bis 1272 Unterkämmerer der k. Leibgedingstädte und ein Johann von Drazic 1383 bis 1385 Oberstlandschreiber) behielten Benatek im Besitz bis zum J. 1483, wo es an den meißnischen Burggrafen Johann von Dohna (der mit einer Barbara von Hasenburg aus Böhmen vermählt war) gelangte. Von diesem erbte es 1522 sein Bruder Friedrich Burggraf zu Dohna (dessen Gemahlinn Elisabeth von Sternberg war). Bei dieser Familie der Burggrafen von Dohna blieb Benatek, mit dem bereits das Gut Milowitz vereinigt worden, bis zum 23. Juni 1599, wo das Ganze um die Summe von 215000 Schock meißnischer Groschen an K. Rudolph II. verkauft und somit eine königliche Kameral-Herrschaft wurde. K. Ferdinand III. schenkte dieselbe am 14. Oktober 1647 seinem verdienten General Johann Freiherrn von Werth, welcher die Herrschaft durch Ankauf des Gutes Zdonin vergrößerte und das Ganze, da sein einziger Sohn bereits im sechszehnten Lebensjahre gestorben war, bei seinem Tode, am 12. September 1652, seiner Wittwe Johanna, geb. Gräfinn von Kufstein, hinterließ. Diese verehelichte sich wieder zu drei verschiedenen Malen, und zwar zuletzt mit Ernst Gottfried Grafen Schütz von Leypoldsheim, Herrn auf Rittolib und Diwitz, welcher beim Ableben seiner Gemahlinn durch Erbvertrag die Herrschaft Benatek eigenthümlich an sich brachte und sie dann seinem Sohne Ernst Jaroslaw Grafen Schütz von Leypoldsheim hinterließ, von welchem sie nach dessen Tode, am 29. September 1720, durch Erbfolge an den Grafen Ignaz Sigmund von Klenau, Freiherrn von Janowitz, und von diesem, welcher am 4. Juli 1764 starb, an seinen Sohn Wenzel Grafen von Klenau gelangte. Die Herrschaft war indessen unter den letzten beiden Besitzern so verschuldet worden, daß sie im J. 1768 im Lizitationswege verkauft werden mußte, bei welcher Gelegenheit sie der damalige Fürsterzbischof zu Prag, Anton Peter Graf Přichowsky Freiherr v. Přichowitz, um 665000 fl. erstand. Dieser vererbte sie bei seinem am 14. April 1793 erfolgten Ableben testamentarisch an den Sohn seines Neffen, Franz Grafen von Přichowsky, k. k. Kämmerer und Oberstlieutenant, welcher am 8. Juni 1814 starb und die Herrschaft seinem einzigen, zweitgebornen, mit der ersten Gemahlinn Josepha Gräfinn

Lažansky, erzeugten noch minderjährigen Sohne, dem k. k. Lieut. des Uhlanen-Regiments Kaiser Franz, Franz Adalbert Grafen Přichowsky (unter der Vormundschaft des k. k. Appellations-Präsidenten ꝛc. Leopold Grafen von Sweerts-Spork) hinterließ, mit welchem bei dessen bald darauf, am 3. Juni 1816 durch einen Sturz vom Pferde erfolgten Tode das gräfliche Haus Přichowsky im Mannesstamme erlosch. Indessen hatte er schon unterm 8. Mai 1815, bevor er zum Regimente abging, mittelst Testament seine Cousinen, die drei Schwestern, Marie, Josephine und Elise, Freiinnen Mladota von Solopisk, Töchter des weiland Adalbert Freiherrn Mladota von Solopisk, welcher mit der Gräfinn Anna von Přichowsky, Schwester des obigen, 1814 verstorbnen, Franz Grafen von Přichowsky, vermählt gewesen war, zu Universal-Erbinnen seines sämmtlichen Nachlasses und folglich auch der Hft. Benatek ernannt. Dieses Testament wurde am 25. Juni 1816 bei den k. k. böhmischen Landrechten publicirt und ist in der Landtafel Tom. 871, Instr. Buch Litt. F. I. eingetragen. Die erwähnten Freiinnen Mladota von Solopisk vermählten sich in der Folge, und zwar die Freiinn Marie an den Grafen Ernst von Thun-Hohenstein, Maltheserordens-Commandeur und Herrn auf Obitz, die Freiinn Josephine aber an dessen Bruder, den k. k. Kämmerer und böhm. Gubernialrath Leopold Grafen von Thun-Hohenstein. Die Letztere starb am 28. Juni 1827, nachdem sie durch letztwillige Anordnung ihren hinterbliebnen Gemahl zum Universal-Erben ihres Nachlasses, worunter der Mitbesitz der Hft. Benatek begriffen war, ernannt hatte. Dieser vermählte sich am 6. September 1829 zum zweiten Mal und zwar mit der jüngsten Schwester seiner verstorbnen Gemahlinn, der Freiinn Elise Mladota von Solopisk. Die gegenwärtigen Besitzer der Hft. Benatek sind demnach der erwähnte Graf Leopold von Thun-Hohenstein, dessen Gemahlinn Elise, und dessen Schwägerinn Marie, verwittwete Gräfinn von Thun-Hohenstein und geborne Freiinn Mladota von Solopisk. (Siehe Landtäfl. Hauptbuch Litt. A. Tom. 4. Fol. 113.)

Die Oberfläche des Ganzen ist, was den links von der Iser gelegnen größern Theil betrifft, meistens ebenes, aufgeschwemmtes Land, aus welchem sich nur unbedeutende Hügel emporheben. Der Plänerkalk und Quadersandstein kommt an den Gehängen des Iserthales und einiger Seitenthäler zum Vorschein. Etwas höher gelegen ist der kleinere Theil des Gebiets, am rechten Ufer der Iser. Außer diesem Flusse, der von hier aus auf das Gebiet der Hft. Brandeis und oberhalb Alt-Bunzlau in die Elbe geht, sind im östlichen Theile der Hft. nur noch zwei unbedeutende Mühlbäche vorhanden, die sich in die Elbe ergießen und von denen der westliche den bei Alt-Lissa gelegenen großen Karpfenteich, den einzigen Teich des Dominiums, durchströmt.

Die Bevölkerung bestand im J. 1831 aus 5347 Seelen. Die Einwohner bekennen sich größtentheils zur katholischen Religion. Protestanten (helvetischer Confession), im J. 1826 zusammen 20

Familien, sind fast über das ganze Dominium zerstreut und in Betreff der Seelsorge dem Pastorate in Lissa zugewiesen. Auch leben in Podolez 2 Israeliten-Familien.

Die vornehmste Erwerbs- und Ertragsquelle ist die Landwirthschaft, zu deren Betriebe nach dem Katastral-Zergliederungssummarium vom J. 1832 folgende Bodenfläche vorhanden war:

	Dominicale.		Rusticale.		Zusammen.	
	Joch.	□Kl.	Joch.	□Kl.	Joch.	□Kl.
An ackerbaren Feldern .	2462	163 5/6	9095	112 5/6	11557	276 4/6
„ Teichen mit Aeckern verglichen . .	38	941	—	—	38	941
„ Trischfeldern	248	328 4/6	1170	103 3/6	1418	431 1/6
„ Wiesen . .	456	358	276	1235	732	1593
„ Gärten . .	32	667	123	1403 3/6	156	470 3/6
„ Teichen mit Wiesen verglichen .	38	941	—	—	38	941
„ Hutweiden rc.	183	643	314	1305	498	348
„ Weingärten	5	490	—	—	5	490
„ Waldungen	4458	417 2/6	190	1380	4649	197 2/6
Ueberhaupt .	7923	90 5/6	11171	799 5/6	19094	890 4/6

Der Boden ist theils lettig, theils sandig und kiesig, im Ganzen von mittelmäßiger Fruchtbarkeit, so daß die gewöhnlichen Getraidegattungen und andere Feldfrüchte, worunter auch einiger Hopfen, angebaut werden. Von vorzüglicher Güte sind die durch den Sandboden begünstigten Weißen Rüben. Obst- und Weinbau wird bloß auf den obrigkeitlichen Gründen in einiger Ausdehnung betrieben, und man erzeugt in guten Jahren an 200 Eimer rothen Wein, welcher, da er wie der Melniker von Burgunder-Reben gewonnen wird, diesem an Güte völlig gleich kommt.

Der Viehstand ergiebt sich aus folgender Uebersicht vom 30. April 1833:

	der Obrigkeit.	der Unterthanen.	Zusammen.
Pferde	25 (Alte) . . .	337 (280 Alte, 57 Fohlen)	362
Rindvieh	436 . . . . . (15 Zuchtstiere, 8 junge Stiere, 243 Kühe, 130 Kalbinnen, 40 Zugochs.	1841 . . . . (15 Zuchtstiere, 1 junger St., 991 Kühe, 415 Kalbinnen, 6 Mastochsen, 361 Zugochsen, 52 junge Ochsen)	2277
Schafvieh	5591 . . . . . (4213 Alte, 1378 Läm.)	4402 . . . . (3514 Alte, 888 Lämmer)	9993

Der gegenwärtige Besitzer der Herrschaft hat mit großem Aufwande, durch Ankauf ausländischer Zuchtstöhre, die Schafzucht bedeutend emporgebracht, so daß die Benatker Wolle unter die gesuchteste der ganzen hiesigen Gegend zu rechnen ist. Schweine- und Geflügelzucht wird nicht im Großen, sondern nur für den Bedarf der einzelnen Haushaltungen getrieben.

Zur Bewirthschaftung der obrigkeitl. Gründe bestehen 10 Maierhöfe, und zwar 9 (Chrast, Draschitz, Benatek, Milowitz, Bošzidar, Tschilletz, Zdonin und Neuhof) in eigener Regie, 1 aber (Alt-Lissa) in zeitlichem Pacht.

Die beinahe ein Viertel der ganzen Bodenfläche des Dominiums einnehmenden Waldungen sind in 5 Reviere (das Keller, Benateker, Wrutitzer, Straker und Tschilletzer) eingetheilt und liefern hauptsächlich Kiefern-, nebst etwas Eichen- und Birkenholz. Ein großer Theil dieser Waldungen besteht aus jungen Anflügen, da nach den Verwüstungen durch Raupenfraß, im J. 1808, große Strecken abgetrieben und neu cultivirt werden mußten. Der jährliche Ertrag ist daher nicht sehr bedeutend und wird bloß zum eigenen Bedarf verwendet.

Der Wildstand ist mittelmäßig und besteht in Rehen, Hasen, Rebhühnern und Fasanen, die in zwei Fasanerien gezogen werden. Der Absatz des Wildes geschieht größtentheils nach Prag.

Die Gewerbs-Industrie beschränkt sich auf die gewöhnlichen Polizei- und Commerzial-Gewerbe und beschäftigte am Anfange des Jahres (mit Ausnahme der Schutzstadt Neu-Benatek, siehe unten) 45 Meister und Gewerbsbefugte mit 8 Gesellen, 7 Lehrlingen und andern Hilfsarbeitern, zusammen also 60 Personen. Man zählte im Einzelnen: 1 Bäcker, 1 Bierbräuer, 6 Bierschänker, 1 Branntweinbrenner, 1 Faßbinder, 1 Gastwirth, 1 Glaser, 3 Leinweber, 2 Maurermeister, 2 Müller, 1 Potaschensieder, 1 Salzhändler, 1 Schlosser, 12 Schmiedte, 6 Schneider, 1 Wagner, 1 Wasenmeister, 1 Ziegelbrenner, 2 Zimmermeister und 1 Zuckerbäcker. — Die Ziegel- und Kalkbrennerei gehört, so wie die Potaschensiederei, der Obrigkeit und beide werden mit gutem Erfolg betrieben.

Sanitäts-Personen sind: 1 obrigkeitlicher Wundarzt (in Neu-Benatek), welcher von der Obrigkeit und aus dem unterthänigen Steuerfonds besoldet wird, 6 Hebammen (in Neu-Benatek, Alt-Benatek, Giřitz, Mlada, Milowitz und Strak) und 1 Apotheker (in Neu-Benatek).

Zur Unterstützung der Armen war bis zum Anfange des J. 1832 noch kein allgemeines Armen-Institut vorhanden, indem die vermöglichern Einwohner jedes einzelnen Dorfes die Armen desselben mittelst eigner Betheilungen versorgten. Die Stadt Neu-Benatek besitzt seit dem 7. Jäner 1732 ein von der damaligen Bürgerinn Dorothea Petrasch gegründetes Spital, dessen Stammvermögen am Schluß des J. 1831 die Summe von 4028 fl. 55½ kr. W. W. ausmachte, worunter sich 200 fl. als Stiftung des ehemaligen Besitzers der Herrschaft, Grafen von Klenau, befinden. Von der jährlichen Einnahme = 197 fl. wurden 5 Pfründler verpflegt. Auch besteht für Neu-Benatek ein im J. 1796 errichtetes Armen-Institut, welchem durch hohe Gubernialverordnung das Vermögen der aufgehobnen St. Anna-Bruderschaft, = 2040 fl., zugewiesen wurde, wozu noch andere Spenden wohlthätiger Bürger kamen, so daß das ganze Stammvermögen am Schluß des J. 1831: 6341 fl. $3\frac{3}{4}$ kr. W. W. betrug. Das aus den Zinsen dieser Kapitalien, so wie aus den wöchentlichen Sammlungen, dem Ertrag der Neujahrskarten, Strafgelder rc. bestehende Einkommen belief sich auf 478 fl. $47\frac{1}{4}$ kr. W. W., von welchen 43 Hausarme verhältnißmäßig betheilt wurden.

Der nordwestliche Theil des Dominiums wird von der Post- und Commerzial-Straße durchschnitten, die von Prag über Jung-Bunzlau nach der Lausitz und Schlesien führt. An dieser Straße liegt die k. k. Poststation Alt-Benatek, $2\frac{1}{2}$ Posten oder 5 Meilen von Prag, und 1 Post oder 2 Meilen von Jung-Bunzlau entfernt. Das südöstl. Ende des Dominiums, bei Nimburg, berührt auf eine kurze Strecke die von Jung-Bunzlau nach Nimburg gehende Chaussée.

Folgendes sind die einzelnen Ortschaften des Dominiums:

1. Neu-Benatek (Nowy Benatka), am rechten Ufer der Iser, über welche hier eine Brücke führt, auf einer Anhöhe von 117 W. Klafter über dem Meere, unter 50° 17′ 33″ Breite und 32° 29′ 45″ Länge, Municipalstadt von 127 H. mit 904 E., von welchen 7 H. mit 51 E. zu dem der Herrschaft unterthänigen Gebiete gehören. Unter den Letztern ist vor allen das obrigkeitliche Schloß merkwürdig, ein zwei Stock hohes, sehr geräumiges Gebäude, welches im J. 1522 vom damaligen Besitzer, Friedrich Burggrafen zu Dohna, erbaut wurde. An der Stelle desselben und der damit zusammenhangenden Schloßkirche zu Mariä Geburt, stand früher das im XIV. Jahrhunderte von Johann von Drazic gestiftete, unter seinen Nachfolgern erweiterte, aber im Hussitenkriege 1421 von den Pragern gänzlich zerstörte Kloster der Chorherren mit dem rothen Herzen oder von der Buße der seligen Märtyrer (de poenitentia beatorum martyrum), sammt der dazu gehörigen, damals viel größern Kirche. Unter K. Ferdinand II. wurden zwar die genannten Klostergeistlichen im J. 1629 wieder in Benatek eingeführt und ihnen das Pfarrhaus zur Wohnung angewiesen; aber die Bedrängnisse des 30jährigen Krieges nöthigten sie bald darauf, sich in das Kloster ihres Ordens nach Prag zu begeben, und nur ein Priester blieb als Seelsorger und Administrator der Pfarrkirche zurück, welcher indeß im J. 1651, wo auf Verlangen des Grundbesitzers, Freiherrn von Werth, diese Stelle mit einem Weltgeistlichen besetzt wurde, ebenfalls Benatek verlassen mußte. Das hschftl. Schloß war unter der Regierung Rudolphs II. eine Zeit lang der Aufenthalt des im J. 1601 zu Prag verstorbenen berühmten Astronomen Tycho Brahe. Die unter der Schloßkirche befindliche Todtengruft enthält die Leichname der Besitzer der Herrschaft, seit der Mitte des XVI. Jahrhunderts. Der Thurm zwischen dem Schlosse und dieser Kirche wurde vom Grafen Ernst Jaroslaw von Schütz im J. 1702 erbaut, und enthält in einer Höhe von 36 Klaftern über der Grundfläche die Wohnung des Thurmwächters mit einem rings um den Thurm führenden Gange. Auf der Spitze des Thurmes steht ein Schütz mit Bogen und Pfeil. Die drei Glocken enthalten die Jahrzahlen 1474, 1550 und 1711. Der gegenwärtige Besitzer hat den beim Schlosse befindlichen Garten nach englischer Art umgestaltet und auch den unterhalb desselben befindlichen Bergabhang in einen Park verwandelt und mit dem Schloßgarten vereinigt. — Die eigentliche Municipalstadt Neu-Benatek ist von alter Bauart, enthält aber einen regelmäßig viereckigen Marktplatz, in dessen Mitte sich die vom Grafen Ignaz Sigmund von Klenau erbaute ehemalige Kapelle

zur heiligen Familie Christi befindet, die 1786 aufgehoben und zum Besten des k. Religionsfonds öffentlich verkauft wurde. Der Meistbietende war ein patriotischer Bürger der Stadt, Namens Ludwig Czerny, welcher sie, da das Rathhaus bei dem großen Brande im J. 1769 eingeäschert worden war, der Stadtgemeinde schenkte, die es nun zur Magistrats-Kanzlei und der Wohnung des Gerichtsdieners umgestaltete. Ein zweites städtisches Gebäude ist das schon oben erwähnte, von der Bürgerinn Dorothea Petrasch im J. 1732 gestiftete Spital. — Die gegenwärtige Dechanteikirche, unter dem Titel der heil. Magdalena und dem Patronate der Obrkt., liegt nebst dem Gottesacker am w. Ende der Stadt und ist ebenfalls von dem vorhin erwähnten Friedrich Burggrafen von Dohna erbaut worden. Man rühmt das Altarblatt als eine vorzügliche Arbeit des böhmischen Malers Brandis. Das zinnerne Taufbecken, welches mit den Bildnissen der zwölf Aposteln geschmückt ist, trägt die Jahrszahl 1260. In früherer Zeit wurde diese Kirche nebst ihren Filialen von den Chorherren zum rothen Herzen administrirt. Als aber dieselben im J. 1651 gänzlich von hier entfernt wurden, stiftete der damalige Besitzer der Hschft., Johann Freiherr von Werth, eine eigene Pfarrei zu Neu-Benatek, welche im J. 1777, wo die Hschft. dem Fürsterzbischof zu Prag, Anton Peter Grafen von Przichowsky, gehörte, zu einer Dechantei erhoben wurde. Im J. 1784, wo die Kirchsprengel im Bunzlauer Kreise dem Leitmeritzer Bisthum einverleibt worden sind, wurde diese Pfarrkirche als zum Privat-Besitzthum des Prager Fürsterzbischofs gehörig, von der Uebergabe ausgenommen, und gehört noch gegenwärtig in die Prager Erzdiöces. Die eingepfarrten Ortschaften sind, außer der Stadt Neu-Benatek selbst, Alt-Benatek (mit 1 Filialkirche), Draschitz, Kbell, Obodř, Podoletz, Sedletz und Zdetin (mit 1 Filialkirche). — Das schon früher bestandene Schulgebäude ist im J. 1810 vom damaligen Grundherrn und Patron, Franz Grafen von Przichowsky, erneuert worden. Zugleich führte derselbe eine eigene teutsche Klasse bei dieser Schule ein, welche bis jetzt schon sehr viele, der teutschen Sprache vollkommen mächtige junge Leute gebildet hat. — Wann Benatek zur Stadt erhoben worden, geht aus keiner der vor uns liegenden Eingaben, sowohl des Magistrats als des Stadtdechants hervor. Unter dem K. Rudolph II. wurde im J. 1608 „dieser Stadt" (die also damals schon als solche bestand) das Recht ertheilt, ihre Insassen aus der städtischen Gerichtsbarkeit willkürlich zu entlassen und fremde in dieselbe aufzunehmen, auch das adelige Richteramt auszuüben. Eben so wurde jedem Bürger der freie Kauf und Verkauf der städtischen Realitäten gestattet. Aus einem zwischen dem Grafen Ernst Jaroslaw von Schütz und der Stadtgemeinde am 22. April 1720 errichteten Vertrage in Betreff einer Fundation für einen zweiten Kaplan geht hervor, daß die Stadtgemeinde damals noch mit Geld und Getraide der Herrschaft Benatek zinsbar gewesen ist. Mittelst Hofdekret vom 6. Dezr. 1796 erhielt die Stadt ihren regulirten Magistrat, welcher aus 1 Bürgermeister, 1 geprüften Rathe und dem nöthigen Kanzlei-Personale besteht. Bei den Wahlen der Rathsglieder steht der Schutzobrigkeit das Recht der Ausschließung zu. Zur Gerichtsbarkeit der Stadt gehören auch von den ganz nahe bei derselben liegenden Dörfern, und zwar von Podoletz und Ktemen 59 H. mit 335 E., von Obodř 15 H. mit 58 E., und von Alt-Benatek 17 H. mit 121 E. — Die Einw. der Stadt nähren sich vom Betriebe der Landwirthschaft und der gewöhnlichen technischen Gewerbe. Die Grundstücke der Stadtgemeinde bestehen in 799 Joch 941 □Klftr. ackerbaren Feldern, 88 Joch 1090 □Klftr. Wiesen, Obst- und

Weingärten, und 21 Joch 1396 □Klftr. Hutweiden; Gestrüppe und Waldungen, zusammen also 910 Joch 227 □Klftr. Die Erzeugnisse sind vornehmlich Getraide, einiger Hopfen, auch Obst und Wein, letzterer insbesondere auf den gegen Mittag liegenden Abhängen des Iserufers. Von landwirthschaftl. Hausthieren besaßen die Bürger am 30. April 1833: 6 Pferde, 66 Stück Rindvieh (1 jungen Stier, 47 Kühe, 13 Kalbinnen und 7 Zugochsen), und 186 Stück Schafvieh (152 Alte, 34 Lämmer). Mit den gewöhnlichen Polizei- und Commerzial-Gewerben beschäftigten sich am Anfange des J. 1832 überhaupt 54 Meister und andere Gewerbsbefugte mit 20 Gesellen und 17 Lehrlingen. Hierzu kamen von Handelsleuten 5 gemischte Waarenhändler, 2 Krämer und 2 Hausirer. Auf den 5 Jahrmärkten, (an den Montagen nach Oculi, Frohnleichnam, Maria Magdalena, vor Mariä Geburt und nach Martini), welche zugleich Viehmärkte sind, werden auf 163 Ständen hauptsächlich Tuch, Leinwand, andere Schnitt- und Krämerwaaren, so wie die Erzeugnisse der Gewerbsleute, und von Vieh vornehmlich Hornvieh zum Verkauf ausgestellt. Die wöchentlichen Donnerstags-Märkte sind seit längerer Zeit ganz eingegangen, da die isolirte Lage der, bei dem Mangel an guten Straßen überdieß schwer zugänglichen Stadt dem Verkehr mit den benachbarten Orten nicht günstig ist. — Von den Armenversorgungs-Anstalten und dem Sanitäts-Personale der Stadt war schon oben bei der allgemeinen Uebersicht des Dominiums die Rede. — 2. Podolz oder Podolež, am rechten Ufer der Iser, ein sich südlich der Stadt Neu-Benatek fast unmittelbar anschließendes Dorf, welches als eine Vorstadt betrachtet werden kann. Es hat 90 H. mit 512 E., unter welchen sich 20 Gewerbs- und Handelsleute befinden. Der aus 26 H. mit 147 E. bestehende Theil des Dorfes am linken Iserufer führt den besondern Namen Křemen und ist erst in neuerer Zeit angelegt worden. Vom ganzen Dorfe überhaupt gehören aber nur 31 H. mit 177 E. unmittelbar zur Hschft. Benatek, die übrigen 59 H. mit 335 E. stehen unter der Gerichtsbarkeit des Magistrats von Neu-Benatek, wo auch das Dorf conscribirt wird. Das eigentliche Podolež hat 1 obrigk. Mühle (die Kleinmühle), bei welcher ein Druckwerk angebracht ist, mittelst dessen das Wasser aus der Iser über den steilen Berg und durch einen Wasserthurm nach Neu-Benatek geleitet wird. Diese Wasserleitung wird mit großem Kostenaufwande von der Grundobrigkeit unterhalten. In Křemen befindet sich 1 Mahl- und Brettmühle (die Großmühle) und 1 obrktl. Beamtenwohnung. — 3. Obodř, etwa 10 Min. sw. von Neu-Benatek, am rechten Ufer der Iser, über welche hier eine Brücke führt, die von der Benateker Stadtgemeinde unterhalten werden muß, D. von 53 H. mit 208 E., von welchen 38 H. mit 152 E. unter herrschaftlicher und 17 H. mit 56 E. unter städtischer Gerichtsbarkeit stehen. Hier liegt die große obrktl. Kalk- und Ziegelbrennerei, welche jährlich 40000 Stück der trefflichsten Ziegel liefert. — 4. Zbietin, ½ St. n. von Neu-Benatek, rechts von der Iser, D. von 36 H. mit 187 E., hat eine Filialkirche zu Allerheiligen, die im XIV. Jahrhunderte als Pfarrkirche bestand, und wohin auch das Dorf Sedlež eingpf. ist, 1 Dominikal-Wirthshaus und einen ½ St. w. liegenden Mhf. (Chrast). — 5. Alt-Benatek, (Stary Benatka), ¼ St. s. von Neu-Benatek, am linken Ufer der Iser, und an der schlesischen Straße, D. von 96 H. mit 682 E., von welchen nur 79 H. mit 561 E. unmittelbar zur Hft., die übrigen 17 H. mit 121 E. zur Gerichtsbarkeit der Stadt Neu-Benatek gehören. Die hiesige, dem Sprengel der Neu-Benateker Dechantei unterstehende Filialkirche zu Mariä Himmelfahrt hatte bis 1380 ihren eigenen Pfarrer, wurde aber nachher den im Neu-Benatek gestifteten Kloster der Chorherren mit dem rothen Herz zur Verwaltung übergeben, und kam von diesen, nach ihrer Aufhebung, an die damalige Pfarrkirche und jetzige Dechantei zu Neu-Benatek. Im J. 1784 wurde die alte baufällige Kirche abgetragen und durch den Grafen Ignaz Sigmund von Klenau die jetzige neue Kirche erbaut. Von dem damaligen Pfarrer Anton Gärth ist in den Gedenkbüchern Folgendes angemerkt worden: „Unter der Urne des Hochaltars wurde bei der Einstürzung (sic), der Kirche ein Stück Wachs gefunden, mit der Abbildung des Papstes Johann des VIII., der im J. 870 zum Pabstthum gelangte, und demselben durch 10 Jahre und einen Tag vorstand. Leicht möchte also diese Kirche gegen 900 Jahre gestanden haben. Dieses Wachs habe ich, Anton Gärth, im J. 1784 bei dem Baue der Kirche abermals in die Urne des großen Altars gelegt.“ Von dieser Kirche bis zum s. g. Mladaer Walde führt ½ Stunde lang eine schöne Obstbaum-Allee, welche erst von dem gegenwärtigen Besitzer angelegt ist. Außer der Kirche befindet sich im Alt-Benatek 1 k. k. Post, 1 obrktl. Mhf., 1 Schäf., 1 der Obrigkeit gehöriger Contributions-Getraidschüttboden (Ptačnik), 1 obrktl. Bräuh. (auf 40 Faß), 1 emph. Einkehrh. und 1 obrktl. Jägh. Alt-Benatek ist der Geburtsort der berühmten Tonkünstler Franz und Georg Benda, deren Vater hier als Weber kümmerlich lebte. Franz Benda, geb. 1709, bildete sich zu einem der ersten Violin-Virtuosen aus, und starb 1786 als k. preuß. Concertmeister zu Berlin. Georg Benda, sein jüngerer Bruder, († 1795) gehörte unter die besten Compositeurs des XVIII. Jahrhunderts und war lange Zeit herzogl. gothaischer Kapell-Direktor. Zwei andere Brüder, Johann und Joseph Benda, waren als Violinspieler Mitglieder der k. preuß. Hofkapelle, und ihre Schwester, eine verehelichte Hattasch, zeichnete sich als Sängerinn des herzogl. gothaischen Hoftheaters aus. — 6. Khell, ½ St. ö. von Neu-Benatek, an der schlesischen Straße, D. von 60 H. mit 350 E., hat 1 Dominikal-Wirthshaus und 1 Mhf. (Neuhof) nebst 1 Jägh., welche ½ St. ö. vom Orte liegen. — 7. Mlada, 1¼ St. sö. von Neu-Benatek, von Wäldern umgeben, D. von 65 H. mit 438 E., hat eine Lokalielkirche, zu St. Katharina, welche schon im XIII. Jahrhunderte als Pfarrkirche vorhanden war, im Hussitenkriege zerstört, späterhin wieder aufgebaut und von den Benateker Chorherren administrirt wurde, bis im J. 1787 der damalige Besitzer der Hft., Anton Peter Graf von Příchowský, Fürsterzbischof zu Prag, die Errichtung einer aus dem k. Religionsfonds dotirten Lokalie bewirkte, die Anfangs der Erzdiöces, 1789 aber der Leitmeritzer einverleibt wurde. Sie steht nebst der Schule unter dem Patronate der Obrigkeit. Die Kirche enthält auf einem Seitenaltare ein schönes Gemälde der h. Maria de Victoria. Eingpf. sind, außer Mlada selbst, die hftl. Dörfer: Čiřitz, Lipnik, Milowitz und Zbožičko. Im Lokaliegebäude befindet sich auch die Schule. ½ St. sö. vom Orte liegt der obrktl. Mhf. Bažibar und 1 Jägh. — Mlada soll von der gleichnamigen Tochter des Herzogs Boleslaw gegründet worden seyn, welcher die Burgen zu Alt- und Jung-Bunzlau erbaute. Mehr noch als einige Volksgebräuche, die an das Heidenthum erinnern, aber fast überall im nördlichen Böhmen angetroffen werden, z. B. die Johannisfeuer und das s. g. Todaustreiben am Lätare-Sonntage, sprechen einige uralte böhmische Familiennamen, z. B. Schlechta, welche seit Jahrhunderten hier vorkommen, für das hohe Alterthum des Dorfes. — 8. Čiřitz (Čiřice), 1 St. s. von Neu-Benatek, von Waldungen umgeben, am Landwege nach Lissa, D. von 35 H. mit 251 E. — 9. Lipnik, 1½ St. osö. von Neu-Benatek, von Waldungen umgeben, D. von

52 H. mit [illegible] E. — 10. [illegible]witz ([illegible]), 2 St. [illegible] von Neu-Benatek, an der Straße von Lissa nach Gitschin, von Wäldern umgeben, D. von 63 H. mit 431 E., hat 1 Mhf., 1 Schäf., 1 zeitweilig verpachtete Pottaschensiederei und 1 Wrthsh. — 11. Zbožicko, 2½ St. sö. von Neu-Benatek, an einem kleinen Bache, D. von 27 H. mit 202 E. Die Bewohner aller dieser zuletzt genannten, nach M l a d a eingpf. Dörfer nähren sich vom Wagenschmier-Brennen, einigen Gewerben und vom etwas Feldbau, der bei dem vorwaltenden Sandboden meistens auf Roggen beschränkt ist; auf den Brachfeldern aber gedeiht die weiße Rübe in vorzüglicher Güte. — 12. H i e r o n y m u s b e r g (ehemals Čihadlo), 1½ St. [illegible] von Neu-Benatek, auf einer waldigen Anhöhe, D. von 28 H. mit 140 E., nach P ř e d m ě ř i t z ([illegible]) eingpf. Hier befindet sich mitten im Walde das vom Fürstbischof A n t o n P e t e r Grafen P ř i c h o w s k y erbaute und vom jetzigen Besitzer erneuerte Lustschloß Bon-repos, der gewöhnliche Sommeraufenthalt des Letztern, mit einem gleichfalls erst in den letztern Jahren angelegten sehr anmuthigen Park, dessen Besuch Jedermann gestattet ist; auch wird der im Schlosse befindliche große Saal den Landleuten bisweilen zu Tanzbelustigungen eingeräumt. Das Schloß hat eine eigene Kapelle zum h. H i e r o n y m u s, von welchem das Dorf seinen jetzigen Namen erhalten hat. Außerdem ist hier 1 Jägh. und 1 Mhf., welcher nebst der dazu gehörigen Schäf. ½ St. nö. vom Orte liegt. — 13. A l t - L i s s a (Stará Lysá), 2 St. ssw. von Neu-Benatek, am westlichen Ende und Abflusse des großen Alt-Lissaer Fischteiches, D. von 54 H. mit 382 E., ist zur Pfarrkirche in N e u - L i s s a eingepfarrt, und hat eine kleine Kapelle und 1 Mhf. Auf genanntem Teiche halten sich auch viele Wildenten und Wasserhühner auf. — 14. W r u t i t z (Wrutice), 1½ St. s. von Neu-Benatek, am Landwege nach Neu-Lissa, D. von 68 H. mit 447 E., ist zur Pfarrkirche in N e u - L i s s a eingpf. und hat 1 Kapelle zur h. J u n g f r a u M a r i a, 1 S c h u l e, und 1 Wrthsh. — 15. T s c h i l l e t z, auch Tschilletsch (Čilec), 3 St. sö. von Neu-Benatek, D. von 27 H. mit 176 E., ist zur Dechanteikirche in N i m b u r g eingpf. und hat 1 Mhf., 1 Schäf. und 1 Fasangarten mit 1 Jägh. — 16. W e l l e l i b (Welelib), 3½ St. sö. von Neu-Benatek, Dsch. von 3 Dominikal-Häusern mit 35 E., wozu der ¼ St. s. liegende Mhf. Z d o n i n gehört. Die hiesige, zum Sprengel der N i m b u r g e r Dechanteikirche gehörige F i l i a l k i r c h e zu S t. W e n z e l erscheint bereits 1384 und 1397 als Pfarrkirche, wurde aber, wahrscheinlich im Hussiten- oder im 30jährigen Kriege, zerstört und lag in Trümmern bis zum Jahre 1735, wo der Besitzer von Benatek, I g n a z S i g m u n d Graf von K l e n a u, die jetzige Kirche erbaute. Der Thurm ist nach dem Brande von 1820 neu hergestellt worden. Der Ort soll nebst der Maierei gleichzeitig mit Nimburg, und zwar von einem Diener des Wladiken Wirzemil, Namens W e l e l i b, angelegt worden seyn. Nahe beim Orte ist die Quelle L i b u s s k a (ehemals W e l e l i b k a), die ein sehr gutes Trinkwasser spendet. — 17. D w o r y, 3¼ St. sö. von Neu-Benatek, D. von 34 H. mit 199 E., ist zur N i m b u r g e r Dechanteikirche eingpf.

Von folgenden Ortschaften gehören Antheile zu f r e m d e n D o m i n i e n:

18. S e d l e t z (Sedlec), ½ St. wnw. von Neu-Benatek, rechts von der Iser, D. von 21 H. mit 149 E., von welchen 2 H. mit 14 E. zum Gute A l t - B u n z l a u, (Kauř. Kreises) gehören. — 19. D r a s c h i t z (Dražice), ¼ St. nö. von Neu-Benatek, am rechten, hochgelegenen Ufer der Iser, über welche hier eine Brücke führt, D. von 10 H. mit 80 E., hat 1 Mhf., von welchem sich eine Obstbaumallee ¼ St. lang bis zu den Gründen hinter

Lažansky, erzeugten noch minderjährigen Sohne, dem k. k. Lieut. des Uhlanen-Regiments Kaiser Franz, Franz Adalbert Grafen Přichowsky (unter der Vormundschaft des k. k. Appellations-Präsidenten ꝛc. Leopold Grafen von Sweerts-Spork) hinterließ, mit welchem bei dessen bald darauf, am 3. Juni 1816 durch einen Sturz vom Pferde erfolgten Tode das gräfliche Haus Přichowsky im Mannesstamme erlosch. Indessen hatte er schon unterm 3. Mai 1815, bevor er zum Regimente abging, mittelst Testament seine Cousinen, die drei Schwestern, Marie, Josephine und Elise, Freiinnen Mladota von Solopisk, Töchter des weiland Adalbert Freiherrn Mladota von Solopisk, welcher mit der Gräfinn Anna von Přichowsky, Schwester des obigen, 1814 verstorbnen, Franz Grafen von Přichowsky, vermählt gewesen war, zu Universal-Erbinnen seines sämmtlichen Nachlasses und folglich auch der Hft. Benatek ernannt. Dieses Testament wurde am 25. Juni 1816 bei den k. k. böhmischen Landrechten publicirt und ist in der Landtafel Tom. 871, Instr. Buch Litt. P. I. eingetragen. Die erwähnten Freiinnen Mladota von Solopisk vermählten sich in der Folge, und zwar die Freiinn Marie an den Grafen Ernst von Thun-Hohenstein, Maltheserordens-Commandeur und Herrn auf Obitz, die Freiinn Josephine aber an dessen Bruder, den k. k. Kämmerer und böhm. Gubernialrath Leopold Grafen von Thun-Hohenstein. Die Letztere starb am 28. Juni 1827, nachdem sie durch letztwillige Anordnung ihren hinterbliebnen Gemahl zum Universal-Erben ihres Nachlasses, worunter der Mitbesitz der Hft. Benatek begriffen war, ernannt hatte. Dieser vermählte sich am 6. September 1829 zum zweiten Mal und zwar mit der jüngsten Schwester seiner verstorbnen Gemahlinn, der Freiinn Elise Mladota von Solopisk. Die gegenwärtigen Besitzer der Hft. Benatek sind demnach der erwähnte Graf Leopold von Thun-Hohenstein, dessen Gemahlinn Elise, und dessen Schwägerinn Marie, verwittwete Gräfinn von Thun-Hohenstein und geborne Freiinn Mladota von Solopisk. (Siehe Landtäfl. Hauptbuch Litt. A. Tom. I. Fol. 113.)

Die Oberfläche des Ganzen ist, was den links von der Iser gelegnen größern Theil betrifft, meistens ebenes, aufgeschwemmtes Land, aus welchem sich nur unbedeutende Hügel emporheben. Der Plänerkalk und Quadersandstein kommt an den Gehängen des Iserthales und einiger Seitenthäler zum Vorschein. Etwas höher gelegen ist der kleinere Theil des Gebiets, am rechten Ufer der Iser. Außer diesem Flusse, der von hier aus auf das Gebiet der Hft. Brandeis und oberhalb Alt-Bunzlau in die Elbe geht, sind im östlichen Theile der Hft. nur noch zwei unbedeutende Mühlbäche vorhanden, die sich in die Elbe ergießen und von denen der westliche den bei Alt-Lissa gelegnen großen Karpfenteich, den einzigen Teich des Dominiums, durchströmt.

Die Bevölkerung bestand im J. 1831 aus 5847 Seelen. Die Einwohner bekennen sich größtentheils zur katholischen Religion. Protestanten (helvetischer Confession), im J. 1826 zusammen 20

und Kämmerer Friedrich Grafen von Clam-Gallas, von welchem es seitdem dessen Bruder, der k. k. wirkliche Geheimerath und Kämmerer ꝛc. ꝛc., Christian Graf von Clam-Gallas, ererbt hat. Luschtienitz war im J. 1387 ein Eigenthum des Nikolaus von Pottenstein, und wurde späterhin mit der Hft. Kosmanos vereinigt, deren Besitzer, der k. k. General Gottfried Heinrich von Pappenheim, im J. 1629 der Kirche zu Luschtienitz zwei noch vorhandene Glocken schenkte. Im J. 1749 kaufte das Gut Joseph Ritter von Scherzer und Kleinmühl, dem damals auch das benachbarte Gut Domausnitz mit Wesselitz gehörte. Er starb im J. 1750 und hinterließ als Erben seinen minderjährigen Sohn Franz Elias Ritter von Scherzer und Kleinmühl, unter der Vormundschaft seiner Mutter Apollonia, gebornen Hanel. Endlich wurde Luschtienitz im J. 1774 vom Grafen Christian Philipp von Clam-Gallas, Besitzer der Hschft. Brodetz, gekauft und mit dieser zu einem Ganzen vereinigt. (S. Landtäfl. Hauptbuch Litt. A. und zwar: Hft. Brodetz und Hruschow Tom. VII. Fol. 193., Gut Luschtienitz Tom. XIII. Fol. 173.)

Die Oberfläche des Dominiums ist links von der Iser flaches, aufgeschwemmtes Land, mit einigen unbedeutenden Anhöhen, die aus Plänerkalk und Sandstein bestehen. Etwas höher liegt der Theil am rechten Ufer der Iser. Außer dem letztern Flusse ist kein anderes Gewässer vorhanden.

Die Bevölkerung war im J. 1830: 1856 Seelen stark und bestand, einige Israeliten-Familien in Brodetz und Luschtienitz abgerechnet, insgesammt aus Katholiken. Die herrschende Sprache ist die böhmische.

Die Ertrags- und Erwerbsquellen bestehen in Landwirthschaft, Viehzucht und dem Betriebe der gewöhnlichen ländlichen Polizei- und Commercial-Gewerbe. Die landwirthschaftliche Area betrug nach dem Katastral-Zergliederungssummarium vom J. 1832:

I. Herrschaft Brodetz.

	Dominicale.		Rusticale.		Zusammen.	
	Joch	□Kl.	Joch.	□Kl.	Joch.	□Kl.
An ackerbaren Feldern . .	723	1586 2/6	719	1186	1443	1172 2/6
= Trischfeldern .	302	590	528	495 1/2	830	1085 1/6
= Wiesen . .	105	753	161	289	266	1042
= Gärten . .	18	1265	23	44	41	1309
= Hutweiden ꝛc.	27	738	—	—	27	738
= Weingärten .	—	250	—	—	—	250
= Waldungen .	663	305	42	401	705	706
Ueberhaupt . .	1841	687 2/6	1474	815 1/2	3315	1502 3/6

B. Gut Luschtienitz.

	Dominicale. Joch.	Dominicale. □Kl.	Rusticale. Joch.	Rusticale. □Kl.	Zusammen. Joch.	Zusammen. □Kl.
An ackerbaren Feldern . .	246	992	544	1304	791	696
„ Teichen mit Aeckern verglichen . .	3	517	—	—	3	517
„ Trischfeldern .	133	533	146	914	279	1447
„ Wiesen . .	57	1505	24	1251	82	1156
„ Gärten . .	9	427	6	1496	16	323
„ Teichen mit Wiesen verglichen . .	4	65	—	—	4	65
„ Hutweiden ꝛc.	—	149	20	1553	21	102
„ Waldungen .	389	768	12	196	401	964
Ueberhaupt . .	844	156	756	314	1600	470
Hierzu Brodetz .	1841	687 2/6	1474	815 1/6	3315	1502 3/6
Im Ganzen . .	2685	843 2/6	2230	1129 1/6	4916	372 3/6

Der Ackerboden ist theils lehmig, theils sandig, im Ganzen von mittelmäßiger Fruchtbarkeit. Man baut die gewöhnlichen Getraidearten und andere Feldfrüchte. Auch Obstbau wird sowohl in Gärten, als im freien Felde getrieben.

Der landwirthschaftliche Viehstand war am 30. April 1833:

	der Obrigkeit.	der Unterthanen.	Zusammen.
Pferde	24 (Alte)	100 (83 Alte, 17 Fohlen) .	124
Rindvieh	198 . . . . . . (7 Zuchtstiere, 4 junge St., 107 Kühe, 65 Kalbinnen, 9 Zugochsen, 6 junge Ochs.)	560 . . . . (2 Zuchtstiere, 1 junger St., 317 Kühe, 115 Kalbinnen, 87 Zugochsen, 38 junge O.)	758
Schafvieh	2774 . . . . . (2168 Alte, 606 Lämmer)	1096 . . . . (890 Alte, 206 Lämmer)	3870

Die Waldungen sind in 2 Reviere: das Horker und das Luschtienitzer, eingetheilt, und der Ertrag besteht größtentheils aus Kiefernholz, jährlich etwa 1300 Klafter, welches meist nach Jung-Bunzlau verkauft wird. Das jährlich geschossene Wild, in einer mäßigen Zahl von Hasen, Rebhühnern und Fasanen bestehend, findet seinen Absatz in Prag.

Zur Bewirthschaftung der obrigkeitlichen Gründe bestehen vier Maierhöfe (in Horka, Hruschow, Brodetz und Luschtienitz).

Mit Gewerben und Handel beschäftigten sich am Anfange des J. 1832 auf dem ganzen Dominium 125 Personen, nämlich 73 Meister und Gewerbsherren mit 30 Gesellen, 22 Lehrlingen und andern Arbeitern. Man zählte im Einzelnen: 2 Bäcker, 5 Bierschänker,

1 Bräuer, 1 Branntweinbrenner, 2 Faßbinder, 3 Fleischhauer, 3 Gastwirthe, 2 gemischte Waarenhandlungen, 1 Glaser, 2 Maurermeister (8 Gesellen), 3 Müller, 1 Riemer, 1 Schlosser, 4 Schmiedte, 15 Schneider, 11 Schuhmacher, 1 Seifensieder, 6 Tischler, 3 Wagner, 5 Weber und 1 Zimmermeister (9 Gesellen). Die Jahrmärkte im Städtchen Brodetz sind von keiner Bedeutung und werden seit einigen Jahren fast gar nicht mehr besucht.

In Hruschow und Luschtienitz sind 2 geprüfte Hebammen.

Zur Verpflegung armer Einwohner des Dominiums besteht in Horka ein Spital, welches mittelst Testament durch den im J 1738 verstorbnen Besitzer der Herrschaft, Franz Nikolaus Grafen Hartmann von Klarstein, gegründet wurde, und worin 18 Personen beiderlei Geschlechts unterhalten werden. Es hatte am Schluß des J. 1831 ein Stammvermögen von 16268 fl. 4 kr. C. M. und ein Jahreseinkommen von 798 fl. 30 kr. C. M. Der letztverstorbne Besitzer, Friedrich Graf von Clam-Gallas, hat zu dieser Summe noch Beträchtliches aus Eigenem hinzugefügt. Außerdem ist seit dem J. 1829 für jeden der beiden Orte Horka und Luschtienitz mittelst monatlicher Sammlungen und anderer hierzu bestimmten Einnahmen ein Armen-Institut gegründet worden. Das in Horka hatte im Verlauf des J. 1831 ein aus dem Ueberschuß der vorhergegangenen Jahre entstandenes Stammvermögen von 56 fl. 5 kr. W. W., und eine Jahreseinnahme von 157 fl. 12 kr., von welchen 19 Arme betheilt wurden; die Anstalt zu Luschtienitz aber besaß ein Stammvermögen von 145 fl. 5½ kr. W. W. (wozu der dortige Pfarrer Joseph Bürgermeister 120 fl. beigetragen) und eine jährliche Einnahme von 68 fl. 26½ kr. W. W., mit welchen 9 Arme unterstützt wurden.

Die Verbindung des Dominiums mit den angränzenden Orten befördern die von Jung-Bunzlau einerseits nach Prag, andererseits nach Nimburg gehenden Chausséen. An jener liegt Brodetz, an dieser Luschtienitz. Für die nördlichen Orte ist Jung-Bunzlau, für die südlichen Benatek die nächste Post.

Folgendes sind die einzelnen Ortschaften des Dominiums:

1. Horka, 2 St. ssw. von Jung-Bunzlau, auf einer Anhöhe und am Abhange derselben, am rechten Ufer der Iser, über welche hier eine Brücke führt, D. von 55 H. mit 326 E., ist der Amtsort des Dominiums und hat 1 obrktl. Schloß, 1 Amth., 1 Mhf., 1 Schäf., 1 Bräuh. (auf 18 Faß), 1 Jägerh. und 1 Spital. Die hiesige Pfarrkirche, unter dem Titel des heil. Nikolaus und dem Patronate der Obrkt., ist im J. 1734 durch den damaligen Besitzer des Dominiums, Franz Nikolaus Grafen Hartmann von Klarstein, erbaut worden, welcher auch damals die hiesige Pfarrei stiftete, nachdem die ehemalige, schon 1384 u. ff. in den Errichtungsbüchern vorkommende Kirche zu Brodetz seit dem Hussitenkriege wüste gelegen hatte, und ohne Seelsorger gewesen war. Die jetzige Pfarrei heißt daher noch immer „Pfarrei Brodetz zu Horka." Aus der alten Kirche wurde ein zinnernes Taufbecken in die neue übertragen, welches von Wonbkeg von Hrussowa 1575 geschenkt worden. Die Glocken haben die Jahrszahlen 1440 und 1531. Die jetzige Kirche zu Horka ist ein schönes

Gebäude, und steht auf einer Anhöhe, zu welcher vom Pfarrh. 100 steinerne Stufen führen. Eingepfarrt sind, außer Horka selbst, der Markt Brodetz, das D. Hruschow und die Mhl. Podhraschitz in Draschitz. Am Fuße des Berges steht die von dem im J. 1771 verstorbnen Pfarrer Johann Nep. Rippel erbaute und mit 100 fl. Kapital dotirte Privat-Kapelle zur Geburt Christi, worin an Wochentagen Messe gelesen wird. — 2. Brodetz, 1/4 St. nö. von Horka, am linken Ufer der Iser und an der Chaussée von Jung-Bunzlau nach Prag, unterthäniger Marktflecken von 115 H. mit 792 E., die von Ackerbau, Viehzucht und verschiednen Industrial-Gewerben leben; hat 1 Schule, 1 obrktl. Branntweinbrennerei und 2 Einkehrh.; 1/4 St. sö. vom Orte liegt der obrktl. Mhf. Neuhof (auch Chalaupek und Einow genannt), nebst 1 Hegerh. und 1 Schlößchen. Auch die 1 St. entfernte (nach Luschtienitz eingpf.) Einschicht Zelena, aus 1 Wirthsh. (das „Judenwirthsh.") und 1 Barake bestehend, ist zu Brodetz conscribirt. — 3. Hruschow (Hrussow), 1/2 St. n. von Horka, rechts von der Iser auf einer Anhöhe, D. von 47 H. mit 320 E., hat 1 Mhf. und 1 Schäf. Auch steht hier noch ein alter Thurm, der Ueberrest der im 30jährigen Kriege vollends zerstörten Burg der Herren von Hrussowa. In der Nähe sind Kalk- und sehr gute Sandstein-Brüche. — 4. Luschtienitz (Lusstěnice), 1 St. ö. von Horka, zu beiden Seiten der Chaussée von Jung-Bunzlau nach Nimburg, ansehnliches D. von 65 H. mit 420 E., hat 1 obrktl. Mhf. und 1 Schäf. In der Mitte des Dorfes befindet sich die Pfarrkirche unter dem Titel des h. Martin, über welche, so wie über die hiesige im J. 1793 neu gebaute Schule, die Obrigkeit das Patronatsrecht ausübt. Die Kirche hatte schon im J. 1387 ihren eignen Pfarrer. Im Hussitenkriege wurde sie durch die Taboriten zerstört und, wie die Glockeninschriften zeigen, erst im J. 1629 durch den damaligen Besitzer von Luschtienitz, den k. k. General Grafen Gottfried Heinrich von Pappenheim, wieder aufgebaut. Von 1652 bis 1698 verwalteten hier die P. P. Minoriten aus Jung-Bunzlau die Seelsorge. Im J. 1698, wo der Besitzer, Jakob Hermann Graf von Černin, das Piaristen-Collegium zu Kosmanos stiftete, wurde die Administration der Kirche den Priestern dieses Ordens übertragen. Erst im J. 1750 erhielt sie durch die Wittwe des Joseph Ritter v. Scherzer und Kleinmühl, in Folge letztwilliger Anordnung ihres verstorbnen Gemahls, wieder einen eignen Pfarrer, für welchen auch in den J. 1751 und 1752 das noch bestehende Pfarrgebäude, so wie die bis 1793 bestandene Schule, aus dem Kirchenvermögen errichtet wurde. Die eingepfarrten Ortschaften sind, außer Luschtienitz selbst: die Einschichte Zelena (s. Brodetz), das 1/2 St. außerhalb des D. Luschtienitz an der Straße liegende unbewohnte Lustschlößchen Sanssouci, so wie die fremdhftl. Dfr. Woděrad und Klein-Augezd.

Von folgenden fremdherrschaftlichen Dörfern besitzt das Dominium Brodetz kleine Antheile, und zwar:

5. 1 H. mit 4 E. vom D. Kosořitz der Hft. Dobrawitz. — 6. 1 H. mit 4 E. vom D. Rkemtschitz derselben Hft. — 7. 1 H. mit 5 E. vom D. Libichow derselben Hft. — 8. 1 H. mit 3 E. (die Mhl. Podhraschitz) vom D. Draschitz der Hft. Benatek. — 9. 2 H. mit 4 E. vom D. Krnsko des gleichnamigen Gutes (die St. Georgen-Mhl. und 1 Wirthsh.).

Allodial-Herrschaft Bezno sammt Nemeslowitz und Horka.

Dieses Gesammt-Dominium liegt beisammen auf der rechten Seite der Iser, und gränzt in Norden an die Dominien Minkowitz, Groß-Tschepitz und Kosmanos, in Osten an Krnsko, Strantow und Brodetz, in Süden an Brandeis (Kauřimer Kreises), Wrutitz, Koschatek und Melnik, in Westen ebenfalls an Melnik, Nebliz, Repin, Groß- und Klein-Wschelis, Swinka und Mschenow-Lobes.

Von den einzelnen Gütern, welche gegenwärtig dieses Gesammt-Dominium bilden, kennen wir die frühern Besitzer nur unvollständig. Bezno war vom XIV. bis zur zweiten Hälfte des XVII. Jahrhunderts ein Eigenthum der davon den Namen führenden Ritter Bzensky, aus welcher Familie noch 1686 die Brüder Bzensky von Prorubk, unter der Vormundschaft der Maximilliana Rosalia Wančura, geb. Bzensky von Prorubk, als Besitzer von Bezno erscheinen. Groß- und Klein-Horka, Cetno und das Dorf Rokytowitz wurden 1623 dem Ritter Niklas Gersdorf (oder Gerstorf) confiscirt und dem Ritter Georg Benedikt Wenyk von Petersdorf um 20500 Schock meißn. käuflich überlassen. (S. Rieggers Materialien rc. IX. Heft, S. 22). Von diesem gelangte das Gut Groß-Horka an den Ritter Johann Benjamin Benyk von Petersdorf († 1659). Vom J. 1689 an folgten nachstehende Besitzer von Groß-Horka auf einander: Anna Barbara Gräfinn von Walmerod, geb. Laubsky von Laub; 1692 Freiherr Franz von Klebelsberg; 1717 der k. k. Geheime Rath Franz Joseph Graf Schlick von Passaun und Weißkirchen; hierauf Katharina Sylvia Gräfinn Schlick, geb. Gräfinn Kinsky, von welcher das Gut an den Grafen Johann Joachim Pachta, Besitzer von Bezno, verkauft wurde. Dieses Letztere war im J. 1699 an den k. k. Kreishauptmann des Bunzlauer Kreises, Johann Rudolph Zaruba Freiherrn von Hustiřan, von diesem im J. 1714 an den Grafen Ernst Jaroslaw von Schütz und Leypoldsheim, Herrn auf Benatek rc. rc., und hierauf 1725 an den erwähnten Grafen Johann Joachim Pachta Freiherrn von Rayhofen, Herrn der Herrschaften Gabel, Walten, Nemeslowitz, Radaun und Liboch gelangt. Auf ihn folgte im J. 1743 der k. k. Geheime Rath und Landrechts-Präsident Franz Joseph Reichsgraf von Pachta und Freiherr von Rayhofen, Herr der Herrschaften Gabel, Walten, Laden, Nemeslowitz, Groß-Horka, Wogetin und Hostina, nach dessen Tode 1799 diese Dominien durch Testaments-Erbfolge an den gegenwärtigen Besitzer, Franz Grafen von Pachta, Freiherrn von Rayhofen, übergingen. Radaun und Liboch (im Leitmeritzer Kreise), die unter dem Grafen Johann Joachim Pachta mit Bezno vereinigt waren, gelangten nach dessen Tode an seinen zweiten Sohn Ernest; Groß-Horka und Wogetin wurden im J. 1745 durch den Grafen Franz Joseph vom Grafen Leopold Kinsky gekauft. Nemeslowitz hatte Graf Johann Joachim schon früher von der Familie der Grafen Berka käuflich erworben. (Landtäfl. Hauptbuch Litt. A. Tom. II. Fol. 213.)

Die Oberfläche des Gebietes ist sehr uneben; doch erheben sich nirgends bedeutende Berge. Das einzige Gewässer ist der von Skalsko aus Nordwesten herabkommende Kowaner (oder Strenitzer) Bach, welcher von hier auf das Gebiet der Hft. Krusko übergeht, und sich dort in die Iser ergießt. An den Gehängen seines Thales zeigen sich auch hier Quadersandstein, und der ihm aufgelagerte sandige Plänerkalk als die Felsarten, welche die feste Unterlage des Bodens bilden.

Die aus 1740 Seelen bestehende Bevölkerung bekennt sich der Mehrzahl nach zur katholischen Religion. Nur in Bezno, Nemaslowitz und Klein-Daubrawitz leben einige protestantische und israelitische Familien. Die herrschende Sprache ist die böhmische, mit Ausnahme des Dorfes Wogetin, wo meistens Teutsch gesprochen wird.

Die vorzüglichste Nahrungs- und Ertragsquelle ist die Landwirthschaft. Die dazu verwendbare Bodenfläche betrug nach dem Kataſtral-Zergliederungssummarium vom J. 1832:

	Dominicale.		Rusticale.		Zusammen.	
	Joch.	□Kl.	Joch.	□Kl.	Joch.	□Kl.
An ackerbaren Feldern	1525	647	2297	1080	3823	127
= Trischfeldern	—	—	35	1016	35	1016
= Wiesen	34	1231	15	733	50	364
= Gärten	31	425	67	31	98	456
= Hutweiden ꝛc.	164	1383	39	820	204	603
= Waldungen	670	870	18	759	689	29
Ueberhaupt	2426	1356	2473	1239	4900	995

Die Oberfläche der Ackergründe besteht theils aus schwarzem, theils aus rothem Lehmboden, welcher im Ganzen hinlänglich fruchtbar ist. Man baut die gewöhnlichen Getraidearten, auch Hopfen und einige andere Feldfrüchte.

Den Stand der Viehzucht zeigt folgende Uebersicht vom 30. April 1833:

	der Obrigkeit.	der Unterthanen.	Zusammen.
Pferde	28 (Alte)	101 (62 Alte, 39 Fohlen)	129
Rindvieh	135 (4 Zuchtstiere, 85 Kühe, 44 Kalbinnen, 2 Zugochsen)	541 (5 Zuchtstiere, 1 junger Stier, 428 Kühe, 80 Kalbinnen, 19 Zugochsen, 8 junge Ochsen)	676
Schafe	2420 (1783 Alte, 637 Lämmer)	1696 (1273 Alte, 423 Lämmer)	4116

Außerdem wird von den Einwohnern auch Schweine-, Gänse- und etwas Bienenzucht getrieben.

Zur Bewirthschaftung der obrigkeitlichen Gründe bestehen sechs Maierhöfe in eigener Regie.

Die Waldungen sind in 3 Reviere eingetheilt. Die Jagd beschränkt sich auf einen mäßigen Bestand von Hasen, Rebhühnern und einigen Rehen.

Mit Polizei- und Commerzial-Gewerben beschäftigten sich am Anfange des J. 1832 auf dem ganzen Dominium 60 Meister und Gewerbsherren mit 22 Gesellen und 12 Lehrlingen, zusammen 84 Personen, namentlich: 2 Bäcker, 2 Büchsenmacher, 2 Faßbinder, 2 Fleischhauer, 3 Glaser, 4 Leinweber, 3 Maurermeister, (6 Gesellen), 1 Rauchfangkehrer, 1 Riemer, 1 Schlosser, 4 Schmiedte, 5 Schneider, 9 Schuhmacher, 1 Seifensieder, 1 Seiler, 1 Steinmetz, 4 Tischler, 2 Wagner und 1 Zimmermeister (4 Gesellen). Zum Handelsstande gehörten 1 gemischte Waarenhandlung und 5 Krämer. Die 3 Jahrmärkte in Strenitz sind höchst unbedeutend, und der Verkehr beschränkt sich auf etwa 12 Buden und Stände.

Sanitäts-Personen sind 1 Wundarzt (in Bezno) und 3 geprüfte Hebammen (in Bezno, Nemeslowitz und Strenitz).

Zur Unterstützung der Armen haben sich seit dem 1. Oktbr. 1831 sämmtliche Einwohner des Dominiums verbindlich gemacht, jährlich die Summe von 400 fl. C. M. beizusteuern, mit welchen 32 Arme zu betheilen sind. Aus den Ueberschüssen hatte sich am Schluß des genannten Jahres bereits ein Stammvermögen von 70 fl. 37 kr. C. M. gebildet.

Die Verbindung des Dominiums mit den Umgebungen wird durch gewöhnliche Landwege unterhalten. Durch Bezno geht einerseits die Straße von Jung-Bunzlau nach Melnik, andererseits die von Benatek nach Hirschberg. Die nächsten Posten sind in Jung-Bunzlau und Benatek.

Es gehören folgende Ortschaften zum Dominium:

1. Bezno (auch Groß-Bezno, Weliky Bezno), 2 St. sw. von Jung-Bunzlau, auf einer Anhöhe, D. von 109 H. mit 678 E. (worunter 4 protest. Familien und 1 israelitische), ist der Amtsort des Dominiums und hat 1 obrktl., vom Grafen Franz Joseph von Pachta erbautes Schloß, welches im J. 1817 am 8. Nov. zum Theil abgebrannt ist, 2 Mhf., wovon der eine, bei dem sich auch eine Schäf. befindet, den Namen Klein-Bezno führt, eine Pfarrkirche unter dem Titel der h. Apostel Peter und Paul, welche schon 1369 bestand, im J. 1750 vom Grafen Franz Joseph von Pachta von Grund aus neu erbaut und im J. 1764, nachdem am 12. Juli 1763 der Thurm vom Blitz getroffen und nebst den Glocken vom Feuer zerstört worden war, durch denselben Grafen, Franz Joseph, wieder mit einem neuen Thurm und Geläute versehen wurde. Im folgenden Jahre ließ er auch das jetzige schöne Pfarrgebäude auf eigne Kosten ganz neu herstellen. Das Patronat dieser Kirche besitzt, nebst dem der Schule zu Bezno, die hiesige Grundobrkt. seit dem J. 1724 gemeinschaftlich mit dem Grundherrn des benachbarten Dominiums Groß-Wschelis, in der Art, daß Bezno zwei Mal nach einander, das dritte Mal aber Groß-Wschelis die erledigte Stelle besetzt. Die eingpf. Ortschaften sind, außer Bezno selbst und den dazu gehörigen Einschichten, die hschftl. Dfr. Nemeslowitz und Klein-Daubrawitz, die frmdhschftl. Sowinka, Groß- und Klein-Wschelis, Kruschina und Peklo. Die Schule in Bezno ist im J. 1825

erweitert und renovirt worden. Unter der Häuserzahl von Bezno sind auch der Mhf. und das Jägerh. Waldel oder Hagek, 1/2 St. nö. vom Orte, und das Hegerh. Cizyrek, eine kleine 1/2 St. s. vom Orte, begriffen. Bezno war der Geburtsort des verst. Weihbischofs zu Prag, Anton Wokaun. — 2. Nemeslowitz, 1/2 St. sw. von Bezno, D. von 42 H. mit 223 E. (worunter 7 protestantische Familien und 1 israelitische), hat 1 Mhf. und 1 Schäf. — 3. Groß-Horka, 3/4 St. nnö. von Bezno, ein auf einer Anhöhe gelegner Mhf. mit 1 Schäf., zusammen 11 E. enthaltend, die nach Strenitz eingpf. sind. Auch sind hier noch einige Trümmer einer alten Ritterburg. — 4. Klein-Horka, 1 St. nö. von Bezno, an der von Krnsko nach Hirschberg führenden Straße, Dfch. von 13 H. mit 70 E. (worunter 1 protest. und 1 israelitische Familie), ist nach Strenitz eingpf. — 5. Kosytowitz, 1 1/4 St. nö. von Bezno, auf einer Anhöhe, D. von 34 H. mit 167 E. (worunter 1 protest. und 1 israelit. Familie), ist nach Strenitz eingpf., und gehörte ehemals zum Gute Groß-Horka. — 6. Wogetin, 4 St. nw. von Bezno, D. von 28 H. mit 146 E., ist nach Strenitz eingpf.

Von folgenden Ortschaften gehören Antheile zu fremden Dominien:

7. Strenitz, 3/4 St. nö. von Bezno, an dem von Skalsko kommenden Kowaner Bache, unterthäniger Marktflecken von 49 H. mit 265 E., von welchen 1 H., die 1/4 St. sö. am Bache liegende Podlegker-Mühle, mit 5 E. zum Gute Sowinka gehört, hat das Recht 3 Jahrmärkte zu halten (an den Montagen vor Philippi und Jakobi, nach Mariä-Geburt und vor Martini), die aber sehr unbedeutend sind (siehe oben). Die hiesige Pfarrkirche zu St. Bartholomäi steht, nebst der Schule, unter dem Patronate der Obrkt. Sie kommt schon im J. 1384 als solche vor, doch weiß man nicht, wann das jetzige Gebäude errichtet worden. Die Matriken beginnen mit dem J. 1640. Im Innern der Kirche sind Grabmähler der Herren Klusak von Kostelетz, aus den J. 1570, 1573 und 1579. Eingepfarrt sind, außer Strenitz selbst, die hftl. Dfr. Groß- und Klein-Horka, Wogetin und Kosytowitz, so wie die fremdhschftl. Petikozel, Rehnitz (G. Krnsko), Nimĕřitz, Ober- und Unter-Cetno (G. Nimĕřitz). Man findet in den Matriken dieser Kirche unter andern auch angemerkt, daß am 20. Juli 1680 getauft worden sey: „Franz Daniel, Sohn des Hochgeb. Herrn Engelhart, der Zeit Stadthauptmann in Strenitz," und will daraus schließen, daß Strenitz damals eine Stadt gewesen sey. Ueber die ehemalige kleine Kirche zu St. Katharina, 1/2 St. von Strenitz auf einer Anhöhe im Walde, welche schon um die Mitte des vorigen Jahrhunderts in Trümmern lag, sind keine Nachrichten vorhanden. — 8. Klein-Daubrawitz (Daubrawicka), 3/4 St. n. von Bezno, an der Straße nach Hirschberg, D. von 34 H. mit 180 E. Davon besitzt Bezno 13 H. mit 79 E. (worunter 3 protest. und 2 israelitische Familien); von den übrigen gehören 15 zum G. Nimĕřitz und 6 zum G. Kschepitz. Das ganze Dorf ist nach Bezno eingpf.

Von folgenden fremdherrschaftlichen Dörfern besitzt das Dominium Bezno kleine Antheile:

9. Unter-Cetno, 1 St. n. von Bezno, am linken Ufer des Kowaner Baches, ein nach Strenitz eingpf. D. des G. Nimĕřitz, von welchem 11 H. mit 64 E. hieher gehören. — 10. Pietikozel (Pĕtikozel), 1 1/4 St. nw. von Bezno, D. der Hft. Krnsko; davon gehören 4 H. mit 18 E. zu Bezno. — 11. Rehnitz, 1 1/4 St. nö. von Bezno, ein nach Strenitz eingpf. D. der Hft. Krnsko; Bezno besitzt davon 9 H. mit 48 E. —

12. Woretsch (Woreč), $1\frac{1}{2}$ St. nw. von Bezno, ein nach Skalsko (M. Nimětitz) eingpf. D. des Gutes Groß-Wschelis; zu Bezno gehören davon 20 H. mit 100 E.

Allodial-Gut Wrutitz mit Suschno.

Dieses Dominium liegt westlich von der Iser, zwischen den Dominien Melnik in Norden und Westen, Koschatek in Süden und Bezno in Osten.

Wrutitz gehörte nebst dem benachbarten Lieben (das jetzt der Herrschaft Řepin einverleibt ist), zu Anfange des 30jährigen Krieges dem Wenzel Hrzan von Harras, welchem nach der Schlacht auf dem Weißen-Berge beide Güter confiscirt und dem k. Rath und Unterkämmerer der k. Leibgedingstädte in Böhmen, Philipp Fabrizius Ritter von Rosenfeld und Hohenfall, der sie mit dem auf dieselbe Art erworbenen Gute Řepin vereinigte, um 55765 Schock 20 Gr. käuflich überlassen wurden. (S. Rieggers Materialien rc. IX. Heft, S. 44.) Im XVIII. Jahrhunderte gehörte Wrutitz nebst dem Hofe Suschno zur Herrschaft Krnsko, wurde aber im J. 1800 durch Verkauf an den Freiherrn Wenzel Ubelly von Siegburg davon getrennt. Von dieser Zeit an gerieth es nach und nach ebenfalls durch Verkauf in die Hände verschiedener Besitzer, und gelangte unter andern auch im J. 1818 an den k. k. Feldmarschall-Lieutenant Karl Fürsten von Rohan, welcher es nebst dem benachbarten Gute Groß-Wschelis und einigen andern Besitzungen, im J. 1824 gegen die Herrschaft Semil und das Gut Gesseney an den Eigenthümer dieser Dominien, Jakob Veit, austauschte. Wrutitz und Suschno wurden jetzt in Hinsicht der ökonomischen Verwaltung mit Groß-Wschelis vereinigt, späterhin aber, als Letzteres an die Brüder Franz und Johann Dostal verkauft wurde (s. G. Groß-Wschelis), wieder unter eigene Verwaltung gestellt. (S. Landtäfl. Hauptb. Litt. A. und zwar: G. Wrutitz, Tom. XVII. Fol. 1., und G. Suschno Tom. XXIV. Fol. 1.)

Die Oberfläche des Ganzen besteht, wie bei den benachbarten Dominien, aus größtentheils flachem und lehmigem Boden, dessen Unterlage Plänerkalk und Quadersandstein bilden. An der südlichen Seite fließt in einer von Sowinka kommenden Thalvertiefung der vom Gebiete der Herrschaft Bezno kommende Klokotsch- (oder Quall-) Bach westwärts nach Koschatek und ergießt sich weiterhin in die Elbe. Mangel an gutem Trinkwasser ist auch hier ein drückendes Uebel. Der Teich bei Wrutitz enthält, obwohl er der Große Fischteich (Welky Rybnik) genannt wird, nur wenig Fische, und man benutzt von ihm bloß das häufig vorhandene Schilf zum Dachdecken.

Die Bevölkerung betrug 1830: 297 Seelen. Die Hauptbeschäftigung ist die Landwirthschaft, zu deren Betrieb, nach dem Katastral-Zergliederungssummarium vom J. 1832 folgende Bodenfläche vorhanden ist:

I. Gut Wrutitz.

	Dominicale.		Rusticale.		Zusammen.	
	Joch.	□Kl.	Joch.	□Kl.	Joch.	□Kl.
An ackerbaren Feldern . .	321	950	72	717	394	67
= Wiesen	36	1033	—	—	36	1033
= Gärten	1	1438	—	1217	2	1055
= Hutweiden 2c.	29	599	—	—	29	599
= Waldungen	72	1354	—	—	72	1354
Ueberhaupt	462	574	73	334	535	908

II. Hof Suschno.

	Dominicale.		Rusticale.		Zusammen.	
	Joch.	□Kl.	Joch.	□Kl.	Joch.	□Kl.
An ackerbaren Feldern . .	80	799	89	583	169	1382
= Wiesen	1	974	—	—	1	974
= Gärten	—	804	1	164	1	968
= Hutweiden 2c.	10	538	—	—	10	538
= Waldungen	31	1018	10	23	41	1041
Ueberhaupt	124	933	100	770	225	103
Hierzu Wrutitz	462	574	73	334	535	908
Im Ganzen	586	1507	173	1104	760	1011

Der lehmige Boden ist mittelmäßig fruchtbar und erzeugt alle Getraidegattungen und mehrere andere Feldfrüchte. Auch Obstkultur wird in vielen Gärten und auf den obrigkeitlichen Gründen im Freien getrieben.

Der Viehstand war am 30. April 1833:

	bei der Obrigkeit.	bei den Unterthanen.	Zusammen.
Pferde	8 (Alte)	6 (Alte)	14
Rindvieh	28 (13 Kühe, 2 Kalbinnen, 13 Zugochsen)	68 (55 Kühe, 4 Kalbinnen, 6 Zugochsen, 3 junge O.)	96
Schafe	932 (736 Alte, 196 Lämmer)	106 (81 Alte, 25 Lämmer)	1038

Die Waldungen bilden ein einziges Revier und enthalten bloß Nadelholz; der jährliche Ertrag wird von dem Dominium selbst verbraucht.

Die obrigkeitlichen Gründe werden durch den Maierhof zu Wrutitz in eigener Regie bewirthschaftet. Der Suschner Hof ist zeitweilig verpachtet.

Mit technischen Gewerben und Handel beschäftigten sich am Anfange des J. 1832: 1 Bierschänker, 1 Branntweinbrenner, 1 Bräuer, 1 Faßbinder, 2 Krämer, 1 Schmiedt, 1 Tischler und 1 Wasenmeister, zusammen 16 Personen.

Mit den benachbarten Orten steht das Dominium nur durch Landwege in Verbindung. Die nächste Post ist in (Alt=) Benatek.

Die Ortschaften sind:

1. Wrutiž (Wrutice, auch zum Unterschiede von andern Orten dieses Namens, Kropaćowa Wrutice), $3^1/_2$ St. sw. von Jung-Bunzlau und 2 St. nw. von (Alt-) Benatek, auf einer Anhöhe am Rande eines Thales, ein nach Unter-Sliwno (Hschft. Koschatek) eingpf. D. von 50 H. mit 267 E. (worunter 2 Israeliten-Familien), ist der Sitz des obrktl. Wirthschaftsamtes, und hat 1 Mhf., 1 Schäf., 1 Jägerh., 1 Bräuh. (auf 8 Faß), 1 Branntweinh. und 1 Wasenmeisterei. — 2. Suschno, $^1/_2$ St. ö. von Wrutiž, im Thale, etwas n. vom Klokotsch-Bache, ein zur Hschft. Brandeis (Kauřimer Kreises) gehöriges und nach Kuttenthal (derselben Hft.) eingpf. D., von welchem 5 Nummern mit 30 E. den hieher gehörigen Hof Suschno bilden.

Fideicommiß-Herrschaft Koschatek.

Diese Herrschaft liegt westlich von der Iser, größtentheils am linken Ufer des Klokotsch-Baches, zwischen den Dominien Řepin und Wrutiž in Norden, Bezno und Benatek in Osten, Brandeis (Kauř. Kr.) und Melnik in Süden, Melnik und Lieblitz in Westen.

Der gegenwärtige Besitzer ist der k. k. Geheime Rath, Staats- und Conferenz-Minister 2c. 2c. Franz Anton Graf von Kolowrat-Liebsteinsky, welcher diese Herrschaft nach dem im J. 1829 erfolgten Tode der vorigen Besitzerinn Johanna, verwittweten Gräfinn Cavriani, geb. Gräfinn Kolowrat-Nowohradsky ererbte. Die ältesten bekannten Eigenthümer von Koschatek sind, nach dem bereits von Schaller angeführten Quellen, die Herren Krabice von Weitmühl (Weytmil). Dorothea, eine Tochter des Benesch von Weitmühl, Burggrafen zu Karlsstein, vermählte sich im J. 1486 mit Wenzel Bezdružicky von Kolowrat und erhielt Koschatek als Heirathsgut. Von dieser Zeit an blieb dasselbe in ununterbrochenem Besitze des Hauses Kolowrat, aus welchem der im J. 1802 verstorbene Besitzer, Franz Anton Reichsgraf von Kolowrat-Nowohradsky, k. k. Geheimer Rath und Hofkammer-Präsident, diese Herrschaft der verw. Gräfinn Claudia von Miločinsky, geb. Gräfinn Kolowrat-Nowohradsky hinterließ, von welcher sie, nach deren Tode im J. 1804, an die letzte Besitzerinn, die oben erwähnte Gräfinn Johanna von Cavriani, geb. Gräfinn Kolowrat-Nowohradsky gelangte. (S. Landtäfl. Hauptb. Litt. A., Tom. X. Fol. 153.)

Die Oberfläche des Dominiums ist zwar sehr uneben, hat aber keine durch besondere Namen ausgezeichnete Berge. Unter dem aus rothem Lehm, Thon und Sand bestehenden aufgeschwemmten Lande befindet sich sandiger Plänerkalk, der hie und da viele Muschelversteinerungen führt, und unter diesem Quadersandstein. In der Richtung von Osten nach Westen und dann nach Südwesten zieht sich das Thal des Klokotsch- oder Quall-Baches, welcher, vom Gebiete des Gutes Sowinka und der Hft. Bezno kommend, südlich von Wrutiž vorbei durch Neu- und Alt-Koschatek fließt und dann auf das Gebiet der Hft. Lieblitz übergeht, um unterhalb der Rothen Mühle in die Elbe zu fallen. Von den ehemaligen drei Teichen ist nur noch der

Neu-Koschateker vorhanden und mit Karpfen besetzt; der Alt-Koschateker und der Kojowitzer sind in Felder und Wiesen umgeschaffen worden.

Die Bevölkerung war im J. 1830: 1509 Seelen stark. Die Einwohner bekennen sich mit Ausnahme von 8 protest. und 3 israelit. Familien, sämmtlich zur katholischen Religion. Die herrschende Sprache ist die böhmische.

Die vorzüglichsten Ertrags- und Erwerbsquellen des Dominiums bestehen in Landwirthschaft, verschiedenen technischen Gewerben und Taglöhnerarbeiten. Die zum Behuf der Landwirthschaft verwendbare Bodenfläche betrug nach dem Katastral-Zergliederungssummarium vom J. 1832:

	Dominicale.		Rusticale.		Zusammen.	
	Joch.	□Kl.	Joch.	□Kl.	Joch.	□Kl.
An ackerbaren Feldern .	973	1414	2710	410	3684	224
= Trieschfeldern . .	10	530	118	629	128	1159
= Wiesen	102	453	35	162	137	615
= Gärten	23	928	41	513	64	1441
= Teichen mit Wiesen verglichen . . .	14	1344	—	—	14	1344
= Hutweiden ꝛc. . .	27	231	61	1556	89	187
= Weingärten . . .	1	304	—	—	1	304
= Waldungen . . .	943	101	89	575	1032	676
Ueberhaupt	2096	505	3056	645	5152	1150

Der Boden ist von mittelmäßiger Fruchtbarkeit, besonders auf den tiefer gelegenen Gründen, wo die Dammerde nicht, wie an den Abhängen, durch Regengüsse weggeschwemmt werden kann. Man baut die gewöhnlichen Getraidegattungen, Knollen- und Wurzelgewächse, auch Hopfen und etwas Flachs. Obstbau findet sowohl im Freien als in Gärten Statt. Weinbau wird nur in einem obrigkeitlichen Weingarten getrieben.

Der landwirthschaftliche Viehstand war am 30. April 1833:

	bei der Obrigkeit.	bei den Unterthanen.	Zusammen.
Pferde	16 (Alte) . .	104 (93 Alte, 11 Fohlen) .	120
Rindvieh	170 . . . . . (4 Zuchtstiere, 7 junge St. 118 Kühe, 35 Kalbinnen, 6 Zugochsen.)	561 . . . . (1 Zuchtst., 1 junger St., 368 Kühe, 105 Kalbinnen, 6 Mastochsen, 79 Zugo., 1 junger O.)	731
Schafe	1669 . . . . . (1310 Alte, 359 Läm.)	1849 . . . . (1456 Alte, 393 Lämmer)	3518

Der obrigkeitliche Viehstand zeichnet sich besonders durch Sorgfalt für edle Racen aus. Außerdem wird auch von mehren Einwohnern Schweine- und Geflügelzucht, nebst etwas Bienenzucht getrieben.

Die Waldungen bestehen hauptsächlich in Nadelholz, vorzüglich Kiefern, nebst einigen Lerchen-Beständen, Eichen, Erlen und Gebüschen von Birken, Weißbuchen, Linden und Haselstauden. Der Absatz des über den eigenen Bedarf geschlagenen Holzes geschieht nach den umliegenden Ortschaften, vornehmlich nach Melnik zu.

Der dem Areale angemessene Wildstand besteht in Hasen, Rebhühnern und Fasanen; die Letztern werden in einem eigenen Fasangarten bei Neu-Koschatek, der mit 100 Stück Hennen besetzt ist, gezogen. Der Absatz der Fasanen geschieht meistens nach Sachsen.

Zum Betriebe der obrigkeitlichen Oekonomie bestehen 5 Maierhöfe, (zu Neu-Koschatek, Ober-Sliwno, Unter-Sliwno, Kiwno und Kojowitz) sämmtlich in eigner Regie. Auch hat die Obrigkeit in Neu-Koschatek eine Potaschen-Siederei.

Mit technischer Industrie beschäftigten sich am Anfange des J. 1832 in Allem 30 Meister und Gewerbsherren, 8 Gesellen, 16 Lehrlinge und andere Hilfsarbeiter, zusammen 54 Personen. Man zählte im Einzelnen: 3 Branntweinbrenner, 1 Fleischhauer, 1 Getraidehändler, 1 Glaser, 1 Maurermeister, 1 Müller, 1 Schlosser, 3 Schmiedte, 6 Schneider, 4 Schuhmacher, 3 Tischler, 2 Wagner, 1 Weber und 1 Ziegelstreicher.

Das Sanitäts-Personale besteht in 1 Wundarzte (zu Neu-Koschatek) und 2 Hebammen (zu Ober- und Unter-Sliwno).

Mit den umliegenden Orten steht das Dominium bloß durch Landwege in Verbindung. Die nächste Post ist in Benatek.

Folgendes sind die einzelnen Ortschaften:

1. Neu-Koschatek (Nowy Kossatka), in einer von Anhöhen umgebnen Vertiefung, am linken Ufer des Klokotsch-Baches, 4 St. sw. von Jung-Bunzlau, D. von 16 H. mit 118 E. (worunter 1 israel. Familie), hat ein wahrscheinlich schon im XV. Jahrhunderte erbautes, aber noch sehr wohl erhaltenes und bewohnbares, ein Viereck bildendes Schloß, mit einem zu einem Zier- und Küchengarten umgeschaffnen Wallgraben, über welchen ins Innere des Gebäudes zwei Brücken führen, die ehemals aufgezogen werden konnten. Die Schloßkapelle (zur heil. Mutter Gottes) enthält ein altes, werthvolles Gemälde auf Holz, die Kreuzigung Christi vorstellend, von einem unbekannten Meister. Ferner befindet sich in Neu-Koschatek: 1 obrktl. Amth. mit den Kanzleien des Wirthschaftsamtes, 1 Bräuh. (auf 22 Faß 1 Eimer), 1 Branntweinh., 1 Mhf., 1 Schäf., und etwa 1/4 St. abseits vom Orte 1 Mhl. (von 4 Gängen nebst 1 Brettsäge) und 1 Fasanengarten mit 1 Jägerh. Das D. ist nach Unter-Sliwno eingpf., hat aber eine eigne Filialschule. — 2. Alt-Koschatek (Stary Kossatka), 1/4 St. w. von Neu-Koschatek, an einer Berglehne, D. von 24 H. mit 211 E., nach Unter-Sliwno eingpf. — 3. Ober-Sliwno (Hořenj Sliwno), 3/4 St. N. von Neu-Koschatek, auf einem Berge, D. von 53 H. mit 407 E. (worunter 4 protest. Familien), ist nach Unter-Sliwno eingpf., hat aber eine eigne Filialkirche unter dem Titel des heil. Martin B., welche schon 1384 einen eignen Pfarrer hatte. Außerdem ist hier 1 Mhf. mit 1 Beamtenswhn., 1 Schäf. und 1 Jägerh. Im J. 1580 gehörte Ober-Sliwno dem Peter Krabice von Weitmühl und Sliwna, einem Bruder des böhmischen Geschichtschreibers Benesch von Weitmühl. (S. Schaller a. a. O. S. 140 und 141.) — Kiwno (Křiwno), 1 1/2 St. ö. von Neu-Koschatek, D. von 21 H. mit 136 E., ist nach Unter-Sliwno eingpf. Die Obrkt. besitzt hier einen Rustikal-Hof.

Von folgenden Dörfern gehören Antheile zu fremden Dominien:

Gebäude, und steht auf einem Hügel, zu welchem vom Pfarrh. 100 steinerne Stufen führen. Eingepfarrt sind, außer Horka selbst, der Markt Brodetz, das D. Hruschow und die Mhl. Poddraschitz in Draschitz. Am Fuße des Berges steht die von dem im J. 1771 verstorbnen Pfarrer Johann Nep. Kippel erbaute und mit 100 fl. Kapital dotirte Privat-Kapelle zur Geburt Christi, worin an Wochentagen Messe gelesen wird. — 2. Brodetz, ¼ St. nö. von Horka, am linken Ufer der Iser und an der Chaussée von Jung-Bunzlau nach Prag, unterthäniger Marktflecken von 115 H. mit 792 E., die von Ackerbau, Viehzucht und verschiednen Industrial-Gewerben leben; hat 1 Schule, 1 obrktl. Branntweinbrennerei und 2 Einkehrh.; ¼ St. sö. vom Orte liegt der obrktl. Mhf. Nerhof (auch Chalaupek und Einow genannt), nebst 1 Hegerh. und 1 Schlößchen. Auch die 1 St. entfernte (nach Luschtienitz eingpf.) Einschicht Zelena, aus 1 Wirthsh. (das „Judenwirthsh.") und 1 Barake bestehend, ist zu Brodetz conscribirt. — 3. Hruschow (Hrussow), ½ St. n. von Horka, rechts von der Iser auf einer Anhöhe, D. von 47 H. mit 320 E., hat 1 Mhf. und 1 Schäf. Auch steht hier noch ein alter Thurm, der Ueberrest der im 30jährigen Kriege vollends zerstörten Burg der Herren von Hrussowa. In der Nähe sind Kalk- und sehr gute Sandstein-Brüche. — 4. Luschtienitz (Lusstěnice), 1 St. ö. von Horka, zu beiden Seiten der Chaussée von Jung-Bunzlau nach Nimburg, ansehnliches D. von 65 H. mit 420 E., hat 1 obrktl. Mhf. und 1 Schäf. In der Mitte des Dorfes befindet sich die Pfarrkirche unter dem Titel des h. Martin, über welche, so wie über die hiesige im J. 1793 neu gebaute Schule, die Obrigkeit das Patronatsrecht ausübt. Die Kirche hatte schon im J. 1387 ihren eignen Pfarrer. Im Hussitenkriege wurde sie durch die Taboriten zerstört und, wie die Glockeninschriften zeigen, erst im J. 1629 durch den damaligen Besitzer von Luschtienitz, den k. k. General Grafen Gottfried Heinrich von Pappenheim, wieder aufgebaut. Von 1652 bis 1698 verwalteten hier die P. P. Minoriten aus Jung-Bunzlau die Seelsorge. Im J. 1698, wo der Besitzer, Jakob Hermann Graf von Černin, das Piaristen-Collegium zu Kosmanos stiftete, wurde die Administration der Kirche den Priestern dieses Ordens übertragen. Erst im J. 1750 erhielt sie durch die Wittwe des Joseph Ritter v. Scherzer und Kleinmühl, in Folge letztwilliger Anordnung ihres verstorbnen Gemahls, wieder einen eignen Pfarrer, für welchen auch in den J. 1751 und 1752 das noch bestehende Pfarrgebäude, so wie die bis 1793 bestandene Schule, aus dem Kirchenvermögen errichtet wurde. Die eingepfarrten Ortschaften sind, außer Luschtienitz selbst: die Einschichte Zelena (s. Brodetz), das ½ St. außerhalb des D. Luschtienitz an der Straße liegende unbewohnte Lustschlößchen Sanssouci, so wie die fremdhftl. Dfr. Wokrab und Klein-Augezd.

Von folgenden fremdherrschaftlichen Dörfern besitzt das Dominium Brodetz kleine Antheile, und zwar:

5. 1 H. mit 4 E. vom D. Kosořitz der Hft. Dobrawitz. — 6. 1 H. mit 4 E. vom D. Nemtschitz derselben Hft. — 7. 1 H. mit 5 E. vom D. Libichow derselben Hft. — 8. 1 H. mit 3 E. (die Mhl. Poddraschitz) vom D. Draschitz der Hft. Benatek. — 9. 2 H. mit 4 E. vom D. Krnsko des gleichnamigen Gutes (die St. Georgen-Mhl. und 1 Wirthsh.).

Allodial-Herrschaft Bezno sammt Nemeslowitz und Horka.

Dieses Gesammt-Dominium liegt beisammen auf der rechten Seite der Iser, und gränzt in Norden an die Dominien Minkowitz, Groß-Tschepitz und Kosmanos, in Osten an Krinsko, Stranow und Brodetz, in Süden an Brandeis (Kauřimer Kreises), Wrutitz, Koschatek und Melnik, im Westen ebenfalls an Melnik, Nebuzel, Repin, Groß- und Klein-Wschelis, Sowinka und Mschenö-Lobes.

Von den einzelnen Gütern, welche gegenwärtig dieses Gesammt-Dominium bilden, kennen wir die frühern Besitzer nur unvollständig. Bezno war vom XIV. bis zur zweiten Hälfte des XVII. Jahrhunderts ein Eigenthum der davon den Namen führenden Ritter Bzensky, aus welcher Familie noch 1686 die Brüder Bzensky von Prorubk, unter der Vormundschaft der Maximiliana Rosalia Wančura, geb. Bzensky von Prorubk, als Besitzer von Bezno erscheinen. Groß- und Klein-Horka, Cetno und das Dorf Rokytowitz wurden 1623 dem Ritter Niklas Gersdorf (oder Gerstorf) confiscirt und dem Ritter Georg Benedikt Benyk von Petersdorf um 20500 Schock meißn. käuflich überlassen. (S. Rieggers Materialien rc. IX. Heft, S. 22). Von diesem gelangte das Gut Groß-Horka an den Ritter Johann Benjamin Benyk von Petersdorf († 1659). Vom J. 1689 an folgten nachstehende Besitzer von Groß-Horka auf einander: Anna Barbara Gräfinn von Walmerod, geb. Laubsky von Laub; 1692 Freiherr Franz von Klebelsberg; 1717 der k. k. Geheime Rath Franz Joseph Graf Schlick von Passaun und Weißkirchen; hierauf Katharina Sylvia Gräfinn Schlick, geb. Gräfinn Kinsky, von welcher das Gut an den Grafen Johann Joachim Pachta, Besitzer von Bezno, verkauft wurde. Dieses Letztere war im J. 1699 an den k. k. Kreishauptmann des Bunzlauer Kreises, Johann Rudolph Zaruba Freiherrn von Hustiřan, von diesem im J. 1714 an den Grafen Ernst Jaroslaw von Schütz und Leypoldsheim, Herrn auf Benatek rc. rc., und hierauf 1725 an den erwähnten Grafen Johann Joachim Pachta Freiherrn von Rayhofen, Herrn der Herrschaften Gabel, Walten, Nemeslowitz, Radaun und Liboch gelangt. Auf ihn folgte im J. 1743 der k. k. Geheime Rath und Landrechts-Präsident Franz Joseph Reichsgraf von Pachta und Freiherr von Rayhofen, Herr der Herrschaften Gabel, Walten, Laden, Nemeslowitz, Groß-Horka, Wogetin und Hostina, nach dessen Tode 1799 diese Dominien durch Testaments-Erbfolge an den gegenwärtigen Besitzer, Franz Grafen von Pachta, Freiherrn von Rayhofen, übergingen. Radaun und Liboch (im Leitmeritzer Kreise), die unter dem Grafen Johann Joachim Pachta mit Bezno vereinigt waren, gelangten nach dessen Tode an seinen zweiten Sohn Ernest; Groß-Horka und Wogetin wurden im J. 1745 durch den Grafen Franz Joseph vom Grafen Leopold Kinsky gekauft. Nemeslowitz hatte Graf Johann Joachim schon früher von der Familie der Grafen Maćka käuflich erworben. (S. Landtäfl. Hauptbuch Litt. A. Tom. II. Fol. 213.)

Die Oberfläche des Gebietes ist sehr uneben; doch erheben sich nirgends bedeutende Berge. Das einzige Gewässer ist der von Skalsko aus Nordwesten herabkommende Kowaner (oder Strenitzer) Bach, welcher von hier auf das Gebiet der Hft. Krusko übergeht, und sich dort in die Iser ergießt. An den Gehängen seines Thales zeigen sich auch hier Quadersandstein, und der ihm aufgelagerte sandige Plänerkalk als die Felsarten, welche die feste Unterlage des Bodens bilden.

Die aus 1740 Seelen bestehende Bevölkerung bekennt sich der Mehrzahl nach zur katholischen Religion. Nur in Bezno, Nemaslowitz und Klein-Daubrawitz leben einige protestantische und israelitische Familien. Die herrschende Sprache ist die böhmische, mit Ausnahme des Dorfes Wogetin, wo meistens Teutsch gesprochen wird.

Die vorzüglichste Nahrungs- und Ertragsquelle ist die Landwirthschaft. Die dazu verwendbare Bodenfläche betrug nach dem Kataſtral-Zergliederungssummarium vom J. 1832:

	Dominicale.		Rusticale.		Zusammen.	
	Joch.	□Kl.	Joch.	□Kl.	Joch.	□Kl.
An ackerbaren Feldern	1525	647	2297	1080	3823	127
= Trischfeldern	—	—	35	1016	35	1016
= Wiesen	34	1231	15	733	50	364
= Gärten	31	425	67	31	98	456
= Hutweiden rc.	164	1383	39	820	204	603
= Waldungen	670	870	18	759	689	29
Ueberhaupt	2426	1356	2473	1239	4900	995

Die Oberfläche der Ackergründe besteht theils aus schwarzem, theils aus rothem Lehmboden, welcher im Ganzen hinlänglich fruchtbar ist. Man baut die gewöhnlichen Getraidearten, auch Hopfen und einige andere Feldfrüchte.

Den Stand der Viehzucht zeigt folgende Uebersicht vom 30. April 1833:

	der Obrigkeit.	der Unterthanen.	Zusammen.
Pferde	28 (Alte)	101 (62 Alte, 39 Fohlen)	129
Rindvieh	135 (4 Zuchtstiere, 85 Kühe, 44 Kalbinnen, 2 Zugochsen)	541 (5 Zuchtstiere, 1 junger Stier, 428 Kühe, 80 Kalbinnen, 19 Zugochsen, 8 junge Ochsen)	676
Schafe	2420 (1783 Alte, 637 Lämmer)	1696 (1273 Alte, 423 Lämmer)	4116

Außerdem wird von den Einwohnern auch Schweine-, Gänse- und etwas Bienenzucht getrieben.

Zur Bewirthschaftung der obrigkeitlichen Gründe bestehen sechs Maierhöfe in eigener Regie.

Die Waldungen sind in 3 Reviere eingetheilt. Die Jagd beschränkt sich auf einen mäßigen Bestand von Hasen, Rebhühnern und einigen Rehen.

Mit Polizei- und Commerzial-Gewerben beschäftigten sich am Anfange des J. 1832 auf dem ganzen Dominium 50 Meister und Gewerbsherren mit 22 Gesellen und 12 Lehrlingen, zusammen 84 Personen, namentlich: 2 Bäcker, 2 Büchsenmacher, 2 Faßbinder, 2 Fleischhauer, 3 Glaser, 4 Leinweber, 3 Maurermeister, (6 Gesellen), 1 Rauchfangkehrer, 1 Riemer, 1 Schlosser, 4 Schmiedte, 5 Schneider, 9 Schuhmacher, 1 Seifensieder, 1 Seiler, 1 Steinmetz, 4 Tischler, 2 Wagner und 1 Zimmermeister (4 Gesellen). Zum Handelsstande gehörten 1 gemischte Waarenhandlung und 5 Krämer. Die 3 Jahrmärkte in Strenitz sind höchst unbedeutend, und der Verkehr beschränkt sich auf etwa 12 Buden und Stände.

Sanitäts-Personen sind 1 Wundarzt (in Bezno) und 3 geprüfte Hebammen (in Bezno, Nemeslowitz und Strenitz).

Zur Unterstützung der Armen haben sich seit dem 1. Oktbr. 1831 sämmtliche Einwohner des Dominiums verbindlich gemacht, jährlich die Summe von 400 fl. C. M. beizusteuern, mit welchen 32 Arme zu betheilen sind. Aus den Ueberschüssen hatte sich am Schluß des genannten Jahres bereits ein Stammvermögen von 70 fl. 37 kr. C. M. gebildet.

Die Verbindung des Dominiums mit den Umgebungen wird durch gewöhnliche Landwege unterhalten. Durch Bezno geht einerseits die Straße von Jung-Bunzlau nach Melnik, andererseits die von Benatek nach Hirschberg. Die nächsten Posten sind in Jung-Bunzlau und Benatek.

Es gehören folgende Ortschaften zum Dominium:

1. Bezno (auch Groß-Bezno, Weliky Bezno), 2 St. sw. von Jung-Bunzlau, auf einer Anhöhe, D. von 109 H. mit 678 E. (worunter 4 protest. Familien und 1 israelitische), ist der Amtsort des Dominiums und hat 1 obrktl., vom Grafen Franz Joseph von Pachta erbautes Schloß, welches im J. 1817 am 8. Nov. zum Theil abgebrannt ist, 2 Mhf., wovon der eine, bei dem sich auch eine Schäf. befindet, den Namen Klein-Bezno führt, eine Pfarrkirche unter dem Titel der h. Apostel Peter und Paul, welche schon 1369 bestand, im J. 1750 vom Grafen Franz Joseph von Pachta von Grund aus neu erbaut und im J. 1764, nachdem am 12. Juli 1763 der Thurm vom Blitz getroffen und nebst den Glocken vom Feuer zerstört worden war, durch denselben Grafen, Franz Joseph, wieder mit einem neuen Thurm und Geläute versehen wurde. Im folgenden Jahre ließ er auch das jetzige schöne Pfarrgebäude auf eigne Kosten ganz neu herstellen. Das Patronat dieser Kirche besitzt, nebst dem der Schule zu Bezno, die hiesige Grundobrkt. seit dem J. 1724 gemeinschaftlich mit dem Grundherrn des benachbarten Dominiums Groß-Wschelis, in der Art, daß Bezno zwei Mal nach einander, das dritte Mal aber Groß-Wschelis die erledigte Stelle besetzt. Die eingpf. Ortschaften sind, außer Bezno selbst und den dazu gehörigen Einschichten, die hschftl. Dfr. Nemeslowitz und Klein-Daubrawitz, die frmdhschftl. Sowinka, Groß- und Klein-Wschelis, Kruschina und Peklo. Die Schule in Bezno ist im J. 1825

erweitert und renovirt worden. Unter der Häuserzahl von Bezno sind auch der Mhf. und das Jägerh. Waldel oder Hagek, ½ St. nö. vom Orte, und das Hegerh. Sizyrek, eine kleine ½ St. s. vom Orte, begriffen. Bezno war der Geburtsort des verst. Weihbischofs zu Prag, Anton Wokaun. — 2. Nemeslowitz, ½ St. sw. von Bezno, D. von 42 H. mit 223 E. (worunter 7 protestantische Familien und 1 israelitische), hat 1 Mhf. und 1 Schäf. — 3. Groß-Horka, ¾ St. nnö. von Bezno, ein auf einer Anhöhe gelegner Mhf. mit 1 Schäf., zusammen 11 E. enthaltend, die nach Strenitz eingpf. sind. Auch sind hier noch einige Trümmer einer alten Ritterburg. — 4. Klein-Horka, 1 St. nö. von Bezno, an der von Krnsko nach Hirschberg führenden Straße, Dfch. von 13 H. mit 76 E. (worunter 1 protest. und 1 israelitische Familie), ist nach Strenitz eingpf. — 5. Kokytowitz, 1¼ St. nö. von Bezno, auf einer Anhöhe, D. von 34 H. mit 167 E. (worunter 1 protest. und 1 israelit. Familie), ist nach Strenitz eingpf., und gehörte ehemals zum Gute Groß-Horka. — 6. Wogetin, 1 St. nw. von Bezno, D. von 28 H. mit 146 E., ist nach Strenitz eingpf.

Von folgenden Ortschaften gehören Antheile zu fremden Dominien: 7. Strenitz, ¾ St. nö. von Bezno, an dem von Skalsko kommenden Kowaner Bache, unterthäniger Marktflecken von 49 H. mit 265 E., von welchen 1 H., die ¼ St. sö. am Bache liegende Pobiegker-Mühle, mit 5 E. zum Gute Sowinka gehört, hat das Recht 3 Jahrmärkte zu halten (an den Montagen vor Philippi und Jakobi, nach Mariä-Geburt und vor Martini), die aber sehr unbedeutend sind (siehe oben). Die hiesige Pfarrkirche zu St. Bartholomäi steht, nebst der Schule, unter dem Patronate der Obrkt. Sie kommt schon im J. 1384 als solche vor, doch weiß man nicht, wann das jetzige Gebäude errichtet worden. Die Matriken beginnen mit dem J. 1640. Im Innern der Kirche sind Grabmähler der Herren Klusak von Kosteletz, aus den J. 1570, 1573 und 1579. Eingepfarrt sind, außer Strenitz selbst, die hftl. Dfr. Groß- und Klein-Horka, Wogetin und Kokytowitz, so wie die fremdhschftl. Pětikozel, Rehnitz (G. Krnsko), Nimeřitz, Ober- und Unter-Setno (G. Nimeřitz). Man findet in den Matriken dieser Kirche unter andern auch angemerkt, daß am 20. Juli 1680 getauft worden sey: „Franz Daniel, Sohn des Hochgeb. Herrn Engelhart, der Zeit Stadthauptmann in Strenitz,“ und will daraus schließen, daß Strenitz damals eine Stadt gewesen sey. Ueber die ehemalige kleine Kirche zu St. Katharina, ½ St. von Strenitz auf einer Anhöhe im Walde, welche schon um die Mitte des vorigen Jahrhunderts in Trümmern lag, sind keine Nachrichten vorhanden. — 8. Klein-Daubrawitz (Daubrawicka), ¾ St. n. von Bezno, an der Straße nach Hirschberg, D. von 34 H. mit 180 E. Davon besitzt Bezno 15 H. mit 79 E. (worunter 3 protest. und 2 israelitische Familien); von den übrigen gehören 13 zum G. Nimeřitz und 6 zum G. Kschenitz. Das ganze Dorf ist nach Bezno eingpf.

Von folgenden fremdherrschaftlichen Dörfern besitzt das Dominium Bezno kleine Antheile:

9. Unter-Setno, 1 St. n. von Bezno, am linken Ufer des Kowaner Baches, ein nach Strenitz eingpf. D. des G. Nimeřitz, von welchem 12 H. mit 64 E. hieher gehören. — 10. Pietikozel (Pětikozel), 1¼ St. nw. von Bezno, D. der Hft. Krnsko; davon gehören 4 H. mit 18 E. zu Bezno. — 11. Rehnitz, 1¼ St. nö. von Bezno, ein nach Strenitz eingpf. D. der Hft. Krnsko; Bezno besitzt davon 9 H. mit 48 E. —

12. Boretsch (Borek), $1^1/_2$ St. nw. von Bezno, ein nach Skalsko (A. Nimkritz) eingpf. D. des Gutes Groß-Wschelis; zu Bezno gehören davon 20 H. mit 109 E.

Allodial-Gut Wrutitz mit Suschno.

Dieses Dominium liegt westlich von der Iser, zwischen den Dominien Melnik in Norden und Westen, Koschatek in Süden und Bezno in Osten.

Wrutitz gehörte nebst dem benachbarten Lieben (das jetzt der Herrschaft Kepin einverleibt ist), zu Anfange des 30jährigen Krieges dem Wenzel Hrzan von Harras, welchem nach der Schlacht auf dem Weißen Berge beide Güter confiscirt und dem k. Rath und Unterkämmerer der k. Leibgedingstädte in Böhmen, Philipp Fabrizius Ritter von Rosenfeld und Hohenfall, der sie mit dem auf dieselbe Art erworbenen Gute Kepin vereinigte, um 55765 Schock 20 Gr. käuflich überlassen wurden. (S. Rieggers Materialien rc. IX. Heft, S. 44.) Im XVIII. Jahrhunderte gehörte Wrutitz nebst dem Hofe Suschno zur Herrschaft Krnsko, wurde aber im J. 1800 durch Verkauf an den Freiherrn Wenzel Ubelly von Siegburg davon getrennt. Von dieser Zeit an gerieth es nach und nach ebenfalls durch Verkauf in die Hände verschiedener Besitzer, und gelangte unter andern auch im J. 1818 an den k. k. Feldmarschall-Lieutenant Karl Fürsten von Rohan, welcher es nebst dem benachbarten Gute Groß-Wschelis und einigen andern Besitzungen, im J. 1824 gegen die Herrschaft Semil und das Gut Gesseney an den Eigenthümer dieser Dominien, Jakob Veit, austauschte. Wrutitz und Suschno wurden jetzt in Hinsicht der ökonomischen Verwaltung mit Groß-Wschelis vereinigt, späterhin aber, als Letzteres an die Brüder Franz und Johann Dostal verkauft wurde (s. G. Groß-Wschelis), wieder unter eigene Verwaltung gestellt. (S. Landtäfl. Hauptb. Litt. A. und zwar: G. Wrutitz, Tom. XVII. Fol. 1., und G. Suschno Tom. XXIV. Fol. 1.)

Die Oberfläche des Ganzen besteht, wie bei den benachbarten Dominien, aus größtentheils flachem und lehmigem Boden, dessen Unterlage Plänerkalk und Quadersandstein bilden. An der südlichen Seite fließt in einer von Sowinka kommenden Thalvertiefung der vom Gebiete der Herrschaft Bezno kommende Klokotsch- (oder Quall-) Bach westwärts nach Koschatek und ergießt sich weiterhin in die Elbe. Mangel an gutem Trinkwasser ist auch hier ein drückendes Uebel. Der Teich bei Wrutitz enthält, obwohl er der Große Fischteich (Welky Rybnik) genannt wird, nur wenig Fische, und man benutzt von ihm bloß das häufig vorhandene Schilf zum Dachdecken.

Die Bevölkerung betrug 1830: 297 Seelen. Die Hauptbeschäftigung ist die Landwirthschaft, zu deren Betrieb, nach dem Katastral-Zergliederungssummarium vom J. 1832 folgende Bodenfläche vorhanden ist:

I. Gut Wrutitz.

	Dominicale.		Rusticale.		Zusammen.	
	Joch.	□Kl.	Joch.	□Kl.	Joch.	□Kl.
An ackerbaren Feldern . .	321	950	72	717	394	67
= Wiesen	36	1033	—	—	36	1033
= Gärten	1	1438	—	1217	2	1055
= Hutweiden 2c.	29	599	—	—	29	599
= Waldungen	72	1354	—	—	72	1354
Ueberhaupt	462	574	73	334	535	908

II. Hof Suschno.

	Dominicale.		Rusticale.		Zusammen.	
	Joch.	□Kl.	Joch.	□Kl.	Joch.	□Kl.
An ackerbaren Feldern . .	80	799	89	583	169	1382
= Wiesen	1	974	—	—	1	974
= Gärten	—	804	1	164	1	968
= Hutweiden 2c.	10	538	—	—	10	538
= Waldungen	31	1018	10	23	41	1041
Ueberhaupt	124	933	100	770	225	103
Hierzu Wrutitz	462	574	73	334	535	908
Im Ganzen	586	1507	173	1104	760	1011

Der lehmige Boden ist mittelmäßig fruchtbar und erzeugt alle Getraidegattungen und mehrere andere Feldfrüchte. Auch Obstkultur wird in vielen Gärten und auf den obrigkeitlichen Gründen im Freien getrieben.

Der Viehstand war am 30. April 1833:

	bei der Obrigkeit.	bei den Unterthanen.	Zusammen.
Pferde	8 (Alte) . . .	6 (Alte)	14
Rindvieh	28 . . . . (13 Kühe, 2 Kalbinnen, 13 Zugochsen)	68 . . . . (55 Kühe, 4 Kalbinnen, 6 Zugochsen, 3 junge O.)	96
Schafe	932 . . . . (736 Alte, 196 Lämmer)	106 . . . . (81 Alte, 25 Lämmer)	1038

Die Waldungen bilden ein einziges Revier und enthalten bloß Nadelholz; der jährliche Ertrag wird von dem Dominium selbst verbraucht.

Die obrigkeitlichen Gründe werden durch den Maierhof zu Wrutitz in eigener Regie bewirthschaftet. Der Suschner Hof ist zeitweilig verpachtet.

Mit technischen Gewerben und Handel beschäftigten sich am Anfange des J. 1832: 1 Bierschänker, 1 Branntweinbrenner, 1 Bräuer, 1 Faßbinder, 2 Krämer, 1 Schmiedt, 1 Tischler und 1 Wasenmeister, zusammen 16 Personen.

Mit den benachbarten Orten steht das Dominium nur durch Landwege in Verbindung. Die nächste Post ist in (Alt=) Benatek.

Die Ortschaften sind:

1. Wrutitz (Wrutice, auch zum Unterschiede von andern Orten dieses Namens, Kropaćowa Wrutice), 3½ St. sw. von Jung-Bunzlau und 2 St. nw. von (Alt-) Benatek, auf einer Anhöhe am Rande eines Thales, ein nach Unter-Sliwno (Hschft. Koschatek) eingpf. D. von 50 H. mit 267 E. (worunter 2 Israeliten-Familien), ist der Sitz des obrktl. Wirthschaftsamtes, und hat 1 Mhf., 1 Schäf., 1 Jägerh., 1 Bräuh. (auf 8 Faß), 1 Branntweinh. und 1 Wasenmeisterei. — 2. Suschno, ½ St. s. von Wrutitz, im Thale, etwas n. vom Klokotsch-Bache, ein zur Hschft. Brandeis (Kaurimer Kreises) gehöriges und nach Kuttenthal (derselben Hft.) eingpf. D., von welchem 5 Nummern mit 30 E. den hieher gehörigen Hof Suschno bilden.

Fideicommiß-Herrschaft Koschatek.

Diese Herrschaft liegt westlich von der Iser, größtentheils am linken Ufer des Klokotsch-Baches, zwischen den Dominien Kepin und Wrutitz in Norden, Bezno und Benatek in Osten, Brandeis (Kauř. Kr.) und Melnik in Süden, Melnik und Lieblitz in Westen.

Der gegenwärtige Besitzer ist der k. k. Geheime Rath, Staats- und Conferenz-Minister rc. rc. Franz Anton Graf von Kolowrat-Liebsteinsky, welcher diese Herrschaft nach dem im J. 1829 erfolgten Tode der vorigen Besitzerinn Johanna, verwittweten Gräfinn Cavriani, geb. Gräfinn Kolowrat-Nowohradsky ererbte. Die ältesten bekannten Eigenthümer von Koschatek sind, nach dem bereits von Schaller angeführten Quellen, die Herren Krabice von Weitmühl (Weytmil). Dorothea, eine Tochter des Benesch von Weitmühl, Burggrafen zu Karlsstein, vermählte sich im J. 1486 mit Wenzel Bezdružicky von Kolowrat und erhielt Koschatek als Heirathsgut. Von dieser Zeit an blieb dasselbe in ununterbrochenem Besitze des Hauses Kolowrat, aus welchem der im J. 1802 verstorbene Besitzer, Franz Anton Reichsgraf von Kolowrat-Nowohradsky, k. k. Geheimer Rath und Hofkammer-Präsident, diese Herrschaft der verw. Gräfinn Claudia von Miločinsky, geb. Gräfinn Kolowrat-Nowohradsky hinterließ, von welcher sie, nach deren Tode im J. 1804, an die letzte Besitzerinn, die oben erwähnte Gräfinn Johanna von Cavriani, geb. Gräfinn Kolowrat-Nowohradsky gelangte. (S. Landtäfl. Hauptb. Litt. A., Tom. X. Fol. 153.)

Die Oberfläche des Dominiums ist zwar sehr uneben, hat aber keine durch besondere Namen ausgezeichnete Berge. Unter dem aus rothem Lehm, Thon und Sand bestehenden aufgeschwemmten Lande befindet sich sandiger Plänerkalk, der hie und da viele Muschelversteinerungen führt, und unter diesem Quadersandstein. In der Richtung von Osten nach Westen und dann nach Südwesten zieht sich das Thal des Klokotsch- oder Quall-Baches, welcher, vom Gebiete des Gutes Sowinka und der Hft. Bezno kommend, südlich von Wrutitz vorbei durch Neu- und Alt-Koschatek fließt und dann auf das Gebiet der Hft. Lieblitz übergeht, um unterhalb der Rothen Mühle in die Elbe zu fallen. Von den ehemaligen drei Teichen ist nur noch der

Neu-Koschateker vorhanden und mit Karpfen besetzt; der Alt-Koschateker und der Kojowitzer sind in Felder und Wiesen umgeschaffen worden.

Die Bevölkerung war im J. 1830: 1599 Seelen stark. Die Einwohner bekennen sich mit Ausnahme von 8 protest. und 3 israelit. Familien, sämmtlich zur katholischen Religion. Die herrschende Sprache ist die böhmische.

Die vorzüglichsten Ertrags- und Erwerbsquellen des Dominiums bestehen in Landwirthschaft, verschiedenen technischen Gewerben und Taglöhnerarbeiten. Die zum Behuf der Landwirthschaft verwendbare Bodenfläche betrug nach dem Katastral-Zergliederungssummarium vom J. 1832:

	Dominicale.		Rusticale.		Zusammen.	
	Joch.	□Kl.	Joch.	□Kl.	Joch.	□Kl.
An ackerbaren Feldern .	973	1414	2710	410	3684	224
= Trieschfeldern . .	10	530	118	629	128	1159
= Wiesen	102	453	35	162	137	615
= Gärten	23	928	41	513	64	1441
= Teichen mit Wiesen verglichen . . .	14	1344	—	—	14	1344
= Hutweiden rc. . .	27	231	61	1556	89	187
= Weingärten . . .	1	304	—	—	1	304
= Waldungen . . .	943	101	89	575	1032	676
Ueberhaupt	2096	505	3050	645	5152	1159

Der Boden ist von mittelmäßiger Fruchtbarkeit, besonders auf den tiefer gelegenen Gründen, wo die Dammerde nicht, wie an den Abhängen, durch Regengüsse weggeschwemmt werden kann. Man baut die gewöhnlichen Getraidegattungen, Knollen- und Wurzelgewächse, auch Hopfen und etwas Flachs. Obstbau findet sowohl im Freien als in Gärten Statt. Weinbau wird nur in einem obrigkeitlichen Weingarten getrieben.

Der landwirthschaftliche Viehstand war am 30. April 1833:

	bei der Obrigkeit.	bei den Unterthanen.	Zusammen.
Pferde	16 (Alte) . .	104 (93 Alte, 11 Fohlen) . .	120
Rindvieh	170 . . . . . (4 Zuchtstiere, 7 junge St. 118 Kühe, 35 Kalbinnen, 6 Zugochsen.)	561 . . . . (1 Zuchtst., 1 junger St., 368 Kühe, 105 Kalbinnen, 6 Mastochsen, 79 Zugo., 1 junger O.)	731
Schafe	1669 . . . . . (1310 Alte, 359 Läm.)	1849 . . . . (1456 Alte, 393 Lämmer)	3518

Der obrigkeitliche Viehstand zeichnet sich besonders durch Sorgfalt für edle Racen aus. Außerdem wird auch von mehren Einwohnern Schweine- und Geflügelzucht, nebst etwas Bienenzucht getrieben.

Die Waldungen bestehen hauptsächlich in Nadelholz, vorzüglich Kiefern, nebst einigen Lerchen-Beständen, Eichen, Erlen und Gebüschen von Birken, Weißbuchen, Linden und Haselstauden. Der Absatz des über den eigenen Bedarf geschlagenen Holzes geschieht nach den umliegenden Ortschaften, vornehmlich nach Melnik zu.

Der dem Areale angemessene Wildstand besteht in Hasen, Rebhühnern und Fasanen; die Letztern werden in einem eigenen Fasangarten bei Neu-Koschatek, der mit 100 Stück Hennen besetzt ist, gezogen. Der Absatz der Fasanen geschieht meistens nach Sachsen.

Zum Betriebe der obrigkeitlichen Oekonomie bestehen 5 Maierhöfe, (zu Neu-Koschatek, Ober-Sliwno, Unter-Sliwno, Kiwno und Kojowitz) sämmtlich in eigner Regie. Auch hat die Obrigkeit in Neu-Koschatek eine Potaschen-Siederei.

Mit technischer Industrie beschäftigten sich am Anfange des J. 1832 in Allem 30 Meister und Gewerbsherren, 8 Gesellen, 16 Lehrlinge und andere Hilfsarbeiter, zusammen 54 Personen. Man zählte im Einzelnen: 3 Branntweinbrenner, 1 Fleischhauer, 1 Getraidehändler, 1 Glaser, 1 Maurermeister, 1 Müller, 1 Schlosser, 3 Schmiedte, 6 Schneider, 4 Schuhmacher, 3 Tischler, 2 Wagner, 1 Weber und 1 Ziegelstreicher.

Das Sanitäts-Personale besteht in 1 Wundarzte (zu Neu-Koschatek) und 2 Hebammen (zu Ober- und Unter-Sliwno).

Mit den umliegenden Orten steht das Dominium bloß durch Landwege in Verbindung. Die nächste Post ist in Benatek.

Folgendes sind die einzelnen Ortschaften:

1. Neu-Koschatek (Nowy Kossatka), in einer von Anhöhen umgebnen Vertiefung, am linken Ufer des Klokotsch-Baches, 4 St. sw. von Jung-Bunzlau, D. von 18 H. mit 118 E. (worunter 1 israel. Familie); hat ein wahrscheinlich schon im XV. Jahrhunderte erbautes, aber noch sehr wohl erhaltenes und bewohnbares, ein Viereck bildendes Schloß, mit einem zu einem Zier- und Küchengarten umgeschaffnen Wallgraben, über welchen ins Innere des Gebäudes zwei Brücken führen, die ehemals aufgezogen werden konnten. Die Schloßkapelle (zur heil. Mutter Gottes) enthält ein altes, werthvolles Gemälde auf Holz, die Kreuzigung Christi vorstellend, von einem unbekannten Meister. Ferner befindet sich in Neu-Koschatek: 1 obrktl. Amth. mit den Kanzleien des Wirthschaftsamtes, 1 Bräuh. (auf 22 Faß 1 Eimer), 1 Branntweinh., 1 Mhf., 1 Schäf., und etwa 1/4 St. abseits vom Orte 1 Mhl. (von 4 Gängen nebst 1 Brettsäge) und 1 Fasanengarten mit 1 Jägerh. Das D. ist nach Unter-Sliwno eingpf., hat aber eine eigne Filialschule. — 2. Alt-Koschatek (Stary Kossatka), 1/4 St. w. von Neu-Koschatek, an einer Berglehne, D. von 24 H. mit 211 E., nach Unter-Sliwno eingpf. — 3. Ober-Sliwno (Hořeni Sliwno), 3/4 St. ſö. von Neu-Koschatek, auf einem Berge, D. von 53 H. mit 407 E. (worunter 4 protest. Familien), ist nach Unter-Sliwno eingpf., hat aber eine eigne Filialkirche unter dem Titel des heil. Martin B., welche schon 1384 einen eignen Pfarrer hatte. Außerdem ist hier 1 Mhf. mit 1 Beamtenswhn., 1 Schäf. und 1 Jägerh. Im J. 1350 gehörte Ober-Sliwno dem Peter Krabice von Weitmühl und Sliwna, einem Bruder des böhmischen Geschichtschreibers Benesch von Weitmühl. (S. Schaller a. a. O. S. 140 und 141.) — Kiwno (Kiwno), 1 1/2 St. ö. von Neu-Koschatek, D. von 21 H. mit 136 E., ist nach Unter-Sliwno eingpf. Die Obrkt. besitzt hier einen Rustikal-Hof.

Von folgenden Dörfern gehören Antheile zu fremden Dominien:

5. Unter-Sliwno (Dolenj Sliwno), 1 St. oſtſ. von Neu-Koſchatek, D. von 46 H. mit 337 E., von welchen 1 H. mit 7 E. zur Hſt. Benatek gehört, hat 1 obrktl. Mhf. nebſt Schäf., und eine Pfarrkirche unter dem Titel des h. Franz Seraph., die ſchon 1384 als ſolche beſtand. Das Patronat, ſo wie das über die hier befindliche Schule, beſitzt die Grundobrkt. Die jetzige Kirche iſt im J. 1808 durch die Gräfinn Johanna von Cavriani von Grund aus neu erbaut und mit allen Erforderniſſen ausgeſtattet worden. Das aus der vorigen Kirche behaltene Altarblatt; den gekreuzigten Erlöſer darſtellend, iſt von Brandel. Ein kleineres Gemälde, der heil. Franz Seraph., über dem Tabernakel iſt von Bergler. Die eingpf. Dfr. ſind, außer dem Orte ſelbſt: Alt- und Neu-Koſchatek, Ober- und Klein-Sliwno, Riwno und Střižowitz, Wrutitz (Gut Wrutitz) und Mezeřicz (Hſt. Brandeis Kauřimer Kr.). — 6. Klein-Sliwno (Maly Sliwno auch Sliwinko), 1 St. ſö. von Neu-Koſchatek, D. von 18 H. mit 109 E., von welchen 12 H. mit 73 E. zur Hſchft. Benatek gehören; iſt nach Unter-Sliwno eingpf. — 7. Střižowitz, ½ St. ö. von Neu-Koſchatek, an der ſ. Wand des Klokotſch-Thales, D. von 18 H. mit 119 E., von welchen 3 H. mit 18 E. zur Hſt. Melnik gehören, iſt nach Unter-Sliwno eingpf. — 8. Kojowitz (Kojowiče), ½ St. ſw. von Neu-Koſchatek, D. von 22 H. mit 162 E., von welchen 1 H. mit 7 E. zur Hſt. Melnik gehört, iſt nach Čečelitz (derſelben Hſt.) eingpf. Die Koſchateker Obrkt. beſitzt hier einen Ruſtikal-Hof.

Von folgenden fremdherrſchaftlichen Ortſchaften beſitzt Koſchatek Antheile:

9. Čečelitz, 1¼ St. ſw. von Neu-Koſchatek, ein zur Hſt. Melnik gehöriges Pfarrdorf. Koſchatek beſitzt davon 2 H. mit 13 E. — 10. Kuttenthal (auch Guttenthal, Chotietow), 2 St. ö. von Neu-Koſchatek, ein zur Hſt. Brandeis (Kauřimer Kr.) gehöriges Pfarrdorf, von welchem 5 H. mit 32 E. hieher gehören. — Minichshof (Genichow), 1½ St. nw. von Neu-Koſchatek, ein zur Hſt. Lieblitz gehöriges, nach Nebuzel eingpf. D., von welchem 22 H. mit 108 E. zu Koſchatek gehören, in deſſen Antheile das abſeits im Walde liegende Jägerh. mit begriffen iſt.

Allodial-Herrſchaft Repin und Gut Nebuzel.

Dieſes Geſammt-Dominium liegt im ſüdweſtlichen Theile des Kreiſes, rechts von der Elbe und öſtlich von der Stadt Melnik, zwiſchen den Dominien Widim, Mſcheno-Lobes, Groß-Augezd, Wrutitz, Lieblitz, Koſchatek und Melnik. Es bildet faſt durchaus ein zuſammenhangendes Ganzes; nur die Ortſchaften Kanina, Dul und Hraſko liegen abgeſondert vom übrigen Gebiete, etwa eine Stunde nordwärts.

Der gegenwärtige Beſitzer beider jetzt vereinigten Dominien iſt der k. k. General-Major Ludwig Fürſt von Rohan, welcher dieſelben im J. 1806 durch Kauf an ſich gebracht hat.

Repin gehörte ſchon im XIII. Jahrhunderte dem Orden der Teutſchen Ritter und war eine Commende deſſelben. Es kommen als Comthure von Repin urkundlich vor: Jeſco, Schweſterſohn des Hochmeiſters Hermann von Leuchtenburg, im J. 1278; ebenfalls ein Jeſco, im Jahre 1337; Albrecht, im J. 1395, und

Přibik von Kittitz, im J. 1410 *). Wahrscheinlich durch Kauf gelangte Řepin nunmehr an den Herrn Wilhelm von Schönberg, welcher es im J. 1417 besaß. Von hier an ist beinahe zwei Jahrhunderte die Reihenfolge der Besitzer ungewiß. Erst im Jahre 1615 erscheint Heinrich Abraham Salhaus von Salhausen, zugleich Herr auf Sukohrad und Taschow, als Eigenthümer von Řepin. Beim Ausbruch des 30jährigen Krieges gehörte es dem Niklas Gersdorf, welchem es nach der Schlacht auf dem Weißen Berge confiscirt, und im J. 1623 um 20000 fl. an den kais. Rath und Unterkämmerer der k. Leibgedingstädte in Böhmen, Philipp Fabrizius Ritter von Rosenfeld und Hohenfall, verkauft wurde. Dieser vereinigte damit die ebenfalls erkauften Güter Lieben und Wrutitz, und hinterließ das Ganze im J. 1637 seinem Sohne Johann Wenzel. Später gelangten alle drei Güter, wozu noch in der Folge das Gut Groß-Augezd gekommen war, an die Grafen Walderode von Eckhausen, aus welchem Geschlechte Johann Franz im J. 1737 dieses Gesammt-Dominium im Besitz hatte. Auf ihn folgte Franz Johann und nach dessen Ableben am 23. Dezbr. 1797 sein Enkel Graf Joseph Desfours-Walderode, welcher die Hft. im Jahre 1806 an den bereits oben genannten Ludwig Fürsten von Rohan für die Summe von 412000 fl., damaliger Wiener Bankozettel, verkaufte. Doch war davon schon früher das Gut Wrutitz an die Besitzer von Kensko, und 1799 das Gut Groß-Augezd für 12200 fl. Wiener Bankozettel an den Prager Bürger Georg Dörfel verkauft worden. — Das Gut Nebužel gehörte im XVI. Jahrhunderte dem Frauenkloster zu St. Georg in Prag, wurde im J. 1573 an den damaligen k. Kammerpräsidenten Joachim Nowohradsky von Kolowrat, später auch an den Kurfürsten von Sachsen verpfändet, im Jahre 1635 vom genannten Kloster wieder eingelöst und nach der Aufhebung derselben unter K. Joseph II. mit dem k. böhmischen Religionsfonds vereinigt, von welchem es später bei der öffentlichen Versteigerung desselben der jetzige Besitzer von Řepin erstand und damit vereinigte. (S. Landtäfl. Hauptb. Lit. A. und zwar: Hft. Řepin Tom. XI. Fol. 141, und G. Nebužel Tom II. Fol. 145.)

Die Oberfläche des gesammten Gebiets ist von einzelnen Gründen hie und da durchschnittenes, wellenförmiges Land, über welches sich nirgends ein eigentlicher Berg erhebt. Die herrschenden Gebirgsarten sind Plänerkalk, Sandstein, ein verhärteter Thon von weißer und bläulich grauer Farbe, und gelber Lehm.

Von Gewässern ist bloß der schon bei Wrutitz und Koschatek angeführte Klokotsch-Bach zu bemerken, der hier der Krper-Bach heißt. Unterhalb Dul erweitert sich der von Kokořin herabkommende Mühlbach zu einem großen Teiche, in welchem Welse, Hechte und Karpfen von ansehnlicher Größe gefangen werden. Die übrigen Teiche sind höchst unbedeutend und haben keine eignen Benennungen.

*) Prof. Millauer: Der teutsche Ritterorden in Böhmen, ꝛc. ꝛc. Prag, 1832, S. 52, und die Beilagen Nr. XIV, XXIII, XXVIII. und XXXII

Die Zahl der Einwohner war 1830: 2810. Sie bekennen sich, mit Ausnahme von etwa 100 protestantischen (helvetischen) und 12 israelitischen Familien, zur katholischen Religion. Die herrschende Sprache ist die böhmische.

Die vornehmsten Erwerbs- und Ertragsquellen bestehen in Ackerbau, Viehzucht, Waldkultur, Jagd, etwas Bergbau und einigen Industrial-Gewerben.

Die landwirthschaftliche Bodenfläche war nach dem Katastral-Zergliederungssummarium vom J. 1832:

I. Herrschaft Kepin.

	Dominicale.		Rusticale.		Zusammen.	
	Joch.	□Kl.	Joch.	□Kl.	Joch.	□Kl.
An ackerbaren Feldern .	1128	1292	2896	1459	4025	1151
= Teichen mit Aeckern verglichen . . .	1	477	—	—	1	477
= Trieschfeldern . .	8	1072	49	479	57	1551
= Wiesen	27	458	32	167	59	625
= Gärten	39	197	44	113	83	310
= Hutweiden rc. rc. .	29	42	15	1047	44	1089
= Waldungen . . .	1562	968	124	325	1686	1293
Ueberhaupt	2796	1306	3162	390	5959	96

II. Gut Nebuzel.

	Dominicale.		Rusticale.		Zusammen.	
	Joch.	□Kl.	Joch.	□Kl.	Joch.	□Kl.
An ackerbaren Feldern .	90	1257	1048	605	1139	262
= Trieschfeldern . . .	—	—	59	1599	59	1599
= Wiesen	—	—	21	816	21	816
= Gärten	—	1345	29	1251	30	996
= Hutweiden rc. . . .	—	167	97	117	97	284
= Waldungen . . .	29	1216	144	1197	174	813
Ueberhaupt	121	785	1401	785	1522	1570
Hierzu Kepin . . .	2796	1306	3162	390	5959	96
Im Ganzen	2918	491	4563	1175	7482	66

Der Ackerboden ist größtentheils sandiger Lehm, und vorzüglich zum Korn-, Hopfen- und Hülsenfruchtbau geeignet; außerdem werden auch Waizen, Gerste und Hafer angebaut. Im südlichsten Theile des Dominiums findet man Sandboden, und bei den Dörfern Radaun und Lieben besteht ein geringer Theil der Aecker aus schwerem Thonboden. Die Kultur des Hopfens bildet einen Haupt-Nahrungszweig der Feldbesitzer; auch dem Anbau des Brabanter und Luzerner-Klees, so wie der Esparsette wird, wo kalkhaltiger Boden ist, viel Aufmerksamkeit gewidmet. Weinbau wurde zwar schon in frühern

Zeiten, bereits um das J. 1594, namentlich bei Lieben, obwohl nur von geringer Ausdehnung, hier gefunden; selbst in den Jahren 1796 und 1806 bestand noch bei Kepin ein obrigkeitlicher Weingarten. Da jedoch der Wein selten die gehörige Reife und Güte erlangte, so ist seit dem letztgenannten Jahre auch diese Anpflanzung gänzlich aufgehoben worden. Dagegen wird in neuerer Zeit der Obstbau mit großem Eifer betrieben, und es finden sich außer den nicht unbedeutenden Gärten auch schon mehre kleinere Anlagen im Freien, so wie auch tragbare Alleen an Wegen und Feldrändern. Auch die Unterthanen widmen sich der Obstkultur mit vieler Liebe.

Der landwirthschaftliche Viehstand war am 30. April 1833:

	der Obrigkeit.	der Unterthanen.	Zusammen.
Pferde	10 (9 Alte, 1 Fohlen)	123 (108 Alte, 15 Fohlen)	133
Rindvieh	57	916	973
	(1 Zuchtstier, 4 junge St. 33 Kühe, 3 Kalbinnen, 2 Mastochsen, 14 Zugo.)	(3 Zuchtstiere, 3 j. Stiere, 704 Kühe, 134 Kalbinnen, 69 Zugochsen, 3 j. Ochsen)	
Schafe	1769	2062	3831
	(1394 Alte, 375 Lämmer)	(1728 Alte, 334 Lämmer)	

Der Viehstand der Unterthanen ist im Verhältniß zu ihrem Feldbau zu klein. Die Schafe gehören meistens zur grobwolligen Landrace; mehr Sorgfalt wird der Rindviehzucht geschenkt. Außerdem hält man auch viel Schweine, und treibt die Gänsezucht ziemlich stark. Die Bienenzucht ist unerheblich.

Zur Bewirthschaftung der obrktl. Gründe bestehen 4 Maierhöfe (in Kepin, Lieben, Krp und Zahag).

Die Waldungen sind in 6 Reviere eingetheilt: das Borer, Liebener, Černauer und Panower, Zahager und Hrasker, welche sämmtlich nach forstmäßiger Schätzung vom J. 1812 einen jährlichen Ertrag von 611 Kl. weichem Scheittholz, 1194 Kl. hartem Buschholz, 117 Kl. weichem Buschholz, und 200 Kl. Stock- und Gipfelholz, zusammen 2122 Kl. gewährten.

Der Wildstand ist der Flächengröße der Herrschaft angemessen. Der Absatz des Jagdertrages, der sich jährlich auf 6 — 700 Hasen und 200 Rebhühner belaufen mag, geschieht größtentheils nach Prag.

Der Zahager Steinbruch, ½ Stunde östlich von Kepin, liefert einen guten, dichten und feinkörnigen Sandstein, aus welchem nicht nur Thür- und Fensterstöcke, Platten, Tränk- und Futtertröge gehauen, sondern auch selbst feinere Bildhauerarbeiten verfertigt werden.

Mit den gewöhnlichen Polizei- und Commercial-Gewerben beschäftigten sich am Anfange des J. 1832 zusammen 63 Meister und andere Gewerbsinhaber, 25 Gesellen und 9 Lehrlinge, in Allem 97 Personen. Darunter waren: 1 Bäcker, 1 Bierbräuer, 11 Bierschänker, 2 Branntweinbrenner, 1 Branntweinschänker, 1 Faßbinder, 7 Getraidehändler, 2 Griesler, 2 Maurermeister (5 Gesellen), 2 Müller, 1 Obsthändler, 3 Schmiedte, 6 Schneider, 8 Schuhmacher, 5 Viehhändler, 1 Wagner, 1 Weber und 2 Zimmermeister (6 Gesellen). Mit dem Handel waren beschäftigt: 1 gemischte Waarenhandlung, 1 Hausirer, 1 Schnittwaarenhändler und 1 Wollhändler.

Das Sanitäts-Personale besteht aus 1 Wundarzte und 4 Hebammen (in Řepin, Lieben, Krp und Nebužel).

Durch den südlichen Theil des Dominiums führt die Straße von Jung-Bunzlau nach Melnik, die jedoch nur ein gewöhnlicher Landweg ist. Die nächste Poststation ist Benatek, und die nächste Briefsammlung in Melnik.

Folgendes sind die einzelnen Ortschaften:

I. Herrschaft Řepin.

1. Řepin (in alten Urkunden auch Rippein und Ryppzin), $4^1/_2$ St. wsw. von Jung-Bunzlau, und $2^1/_2$ St. ö. von Melnik, D. von 152 H. mit 894 E. (worunter 10 protestantische und 2 israelitische Familien), ist der Sitz des Wirthschaftsamtes, und hat 1 hschftl., schon vor längerer Zeit gebautes, im Innern aber nach dem neuesten Geschmack eingerichtetes Schloß, mit einem englischen Park, Küchen- und Blumengarten, und 1 Orangerie, 1 Amth., 1 Mhf., 1 Schäf., 1 emph. Branntweinh. und 1 Gärtnerw. Die hiesige Pfarrkirche, unter dem Titel des h. Andreas, steht nebst der Schule unter dem Patronate der fürstl. Obrkt., und war urkundlich schon im J. 1384 vorhanden. Auch die Bauart verräth ihr hohes Alter; das Getäfel der Decke besteht aus Brettern. Die Fürstinn Bertha, Gemahlinn des Fürsten Viktor von Rohan, hat sowohl den Hauptaltar, als auch die beiden Seitenaltäre neu verzieren, und den Fußboden der Kirche mit Steinplatten belegen lassen. Nach Schaller (a. a. O. S. 157) besitzt diese Kirche sechs Gemälde von Skreta, welche abwechselnd an den verschiednen jährlichen Kirchenfesten aufgestellt werden. Die eingepfarrten Ortschaften sind, außer Řepin selbst, Žiwonin, Rabaun, Lieben und Krp. $^1/_4$ St. w. von Řepin liegt die dazu conscribirte ehemalige Fasanerie Černawa, gegenwärtig eine Forstbeamtenswhn., und s. die Hegerswhn. und Bierschänke Harbasko oder Bora. — 2. Žiwonin, $^1/_4$ St. n. von Řepin, D. von 73 H. mit 370 E. (worunter 11 prot. und 1 israel. Familie), hat 1 Dominikal-Wirthsh. und $^1/_4$ St. w. vom Orte eine öffentliche, der heil. Dreifaltigkeit geweihte Kapelle, „in Swietz" genannt, mit einem bloß für diese Gemeinde bestimmten Beerdigungsplatze. Etwa 10 Minuten w. von Žiwonin liegt die dazu conscribirte Einschicht Bundol, aus 4 Häuslerw. bestehend. — 3. Lieben (auch Hochlieben, böhm. Liben), $1^3/_4$ St. sö. von Řepin, an der Straße von Melnik nach Jung-Bunzlau, D. von 62 H. mit 335 E. (worunter 2 protest. und 1 israel. Familie), hat 1 Mhf., 1 Hammelhof, 1 Bräuh. (auf 20 Faß), 1 Branntweinh. (mit 2 Kesseln), 1 Dominikal-Wirthsh. und 1 Jägerhw.; hat eine hohe freie Lage, w. an der Straße befindet sich ein trigonometrisches Signal. — 4. Hrasko, $1^1/_2$ St. nnw. von Řepin, D. von 14 H. mit 74 E. (worunter 3 protest. Familien), ist nach Mscheno (G. Mscheno und Lobes) eingpf., und hat eine sehr alte, gegenwärtig ganz baufällige Kirche zum heil. Georg, welche (laut Schaller a. a. O.) in den Errichtungsbüchern schon 1384 als Pfarrkirche, und zwar unter dem Namen Kaniwa (wenn hier nicht eine Verwechslung mit dem benachbarten Dorfe Kanina Statt findet) vorhanden war. Ein neben dem Hochaltar befindlicher Grabstein enthält die Jahrszahl 1190. — 5. Zahag, $^1/_2$ St. ö. von Řepin, D. von 23 H. mit 123 E. (worunter 4 protestantische und 1 israelitische

Familie), ist nach Choruschitz (Hft. Melnik) eingpf., und hat 1 Mhl. und 1 Jägerh.

Von folgenden Dörfern gehören Antheile zur Herrschaft Melnik:

6. Radaun, 3/4 St. osö. von Řepin, an der Straße von Melnik nach Jung-Bunzlau, D. von 32 H. mit 170 E.; davon gehören 26 H. mit 159 E. (worunter 1 protest. Familie) hieher, die übrigen zu Melnik. Das D. ist nach Řepin eingpf., hat aber eine uralte Filialkirche unter dem Titel des h. Gallus, welche ehemals mit einem eignen Pfarrer versehen war. Auch ist hier der Begräbnißplatz für Radaun und das dieser Kirche zugetheilte D. Lieben. Außerdem befindet sich noch zu Radaun 1 Dominikal-Wirthsh. — 7. Krp, 1 1/4 St. sö. von Řepin, D. von 72 H. mit 415 E., von welchen 47 H. mit 291 E. (worunter 10 protest. und 3 israel. Familien) hieher, die übrigen zur Hft. Melnik gehören. Beim Řepiner Antheile befindet sich eine, zum Sprengel des Řepiner Pfarrers gehörige Filialkirche unter dem Titel Johannis Enthauptung, die in uralter Zeit eine Pfarrkirche war, und in welcher der h. Johann von Nepomuk seine letzte Messe gelesen haben soll.

Von folgenden nach Mscheno eingpf. Dfrn. der Hft. Melnik besitzt Řepin Antheile:

8. Kanina, 1 1/4 St. n. von Řepin, D. von 32 H. mit 176 E. Davon gehören zu Řepin 16 H. mit 107 E. (worunter 13 protest. und 1 israel. Familie). — 9. Dul (auch Hlutschow), 1 1/2 St. nnw. von Řepin, ein sehr zerstreut liegendes D. im Kokořiner Grunde von 31 H. mit 196 E. Davon besitzt Řepin 22 H. mit 121 E. (worunter 7 protest. Familien). — 10. Sedletz, 2 St. n. von Řepin, D. von 40 H. mit 220 E., von welchen 1 H. mit 3 E. zu Řepin gehört.

II. Gut Nebuzel.

11. Nebuzel, 3/4 St. nw. von Řepin, ein auf einer Anhöhe liegendes, von fruchtbaren mit Getraide und Hopfen wohl angebauten Fluren umgebenes D. von 64 H. mit 394 E. (worunter 20 protest. und 2 israel. Familien), hat eine Pfarrkirche unter dem Titel des h. Aegidius, welche laut den Errichtungsbüchern schon 1384 als solche vorhanden war. Die jetzige Kirche ist im J. 1735 von Grund aus neu erbaut worden. Die Glocken enthalten die Jahrzahlen 1484 und 1553. Außer dem zu diesem Dom. gehörigen D. Hledseb sind noch die frmdhftl. Dfr. Groß-Augezd, Münichshof (Nienichow, Genichow), Střem und Chota eingpf. Die Kirche steht nebst der Schule unter dem Patronate der Obrkt. Außerdem befindet sich in Nebuzel ein protestantisches (helvetisches) Bethaus mit einem Pastor, dessen Seelsorge auch die Akatholiken der umliegenden Ortschaften zugewiesen sind, und 1 Schule. 1 H. mit 5 E. gehört zur Hschft. Unter-Beřkowitz (Rakonitzer Kr.); 1/4 St. n. vom Orte liegt die dazu conscribirte einschichtige Mhl. Krauschek (Krauzek). — 12. Hledseb, 1 St. w. von Řepin, Dsch. von 10 H. mit 66 E. (worunter 8 protest. und 1 israel. Familie), ist nach Nebuzel eingpf.; die Mhl. gehört zur Hft. Unter-Beřkowitz (Rak. Kr.).

Ueberdieß besitzt das Gut Nebuzel von dem zur Hft. Melnik gehörigen, und zur Dechanteikirche in Melnik eingpf. D.

13. Wrutitz, 1 1/2 St. wsw. von Řepin, 2 H. mit 10 E.

Allodial-Herrschaft Lieblitz.

Dieses Dominium liegt am südwestlichen Ende des Kreises und besteht aus vier von einander abgesonderten, von den Dominien Melnik, Liboch (Leitmeritzer Kreises), Stranka, Kokořin, Řepin, Koschatek und Obříſtwy (Kauřimer Kreises) enclavirten Theilen, von welchen drei (ehemals besondere Güter: Lieblitz, Bošin und Schemanowitz) auf der rechten Seite der Elbe, der vierte aber am linken Ufer derselben liegt. Der gesammte Flächenraum des Ganzen wird zu 6562 Joch 1038 □Klafter angegeben. Die Volksmenge beträgt 2706 Seelen.

Lieblitz gehörte (nach den von Schaller; a. a. O. S. 157 angeführten Quellen) im XIV. Jahrhunderte den Herren von Lieblitz (oder Liblitz) und gelangte von diesen an das Prager Erzbisthum. Um die Mitte des XVI. Jahrhunderts war es im Besitze der Ritter Heinrich Wlinsky von Wlinowes. Gegen das Ende des vorigen Jahrhunderts erscheint als erblicher Besitzer des Dominiums der k. k. Kämmerer und Generalmajor, Johann Joseph Reichsgraf von Pachta, Freiherr von Rayhofen, von welchem es, nach dessen am 17. März 1822 erfolgten Tode, durch das Recht der Erbfolge an den gegenwärtigen Besitzer, den k. k. Kämmerer, Karl Grafen von Pachta, Freiherrn von Rayhofen, überging. (S. Landtäfl. Hauptb. Litt. A., Tom. VII. Fol. 153.)

Die Oberfläche des Ganzen ist am rechten Ufer der Elbe größtentheils hügeliges Land, ohne daß jedoch bedeutende Berge mit besondern Namen vorhanden wären. An den Gehängen kommt hie und da der Plänerkalk, und tiefer am Fuße der Quadersandstein zum Vorschein. Der Theil am linken Elbufer besteht aus flachem, aufgeschwemmtem Boden.

Von Gewässern sind bloß zwei Mühlbäche anzuführen: der von der Hft. Koschatek kommende Kryer-Bach (auch Klokotsch- und Quall-Bach genannt), welcher sich unterhalb der Rothen Mühle in die Elbe ergießt, und der von Kokořin herabfließende Jetlenitzer oder Wrutitzer Bach, den die Elbe unterhalb der Stadt Melnik aufnimmt. Außerdem ist der 12 Joch 468 □Kl. große s. g. Mühlteich bei Bošin zu merken.

Außer den katholischen Einwohnern, welche die Mehrzahl der Bevölkerung ausmachen, enthält das Dominium auch viel protestantische Insassen, deren Zahl sich im J. 1826 auf 913 belief. Auch zählte man damals 55 Israeliten. Die herrschende Sprache ist die böhmische.

Die vornehmsten Ertrags- und Nahrungsquellen bestehen in Ackerbau, Waldkultur, Rindvieh-, Schaf-, Schweine- und Gänsezucht, nebst einigen Zweigen der technischen Industrie und des Handels.

Die landwirthschaftliche Bodenfläche betrug nach dem Katastral-Zergliederungssummarium vom J. 1832:

	Dominicale.		Rusticale.		Zusammen.	
	Joch.	□Kl.	Joch.	□Kl.	Joch.	□Kl.
An ackerbaren Feldern .	813	1236	1757	1572	2571	1208
= Trieschfeldern . .	252	1285	565	146	817	1431
= Wiesen	133	976	132	56	265	1032
= Gärten	47	834	49	935	97	169
= Hutweiden rc. . . .	219	1497	643	90	862	1587
= Weingärten	—	—	—	855	—	855
= Waldungen	1680	207	253	923	1933	1130
Ueberhaupt	3147	1235	3401	1377	6548	1012

Der Boden ist theils Sand=, theils nasser Moorboden, theils auch guter Lehmboden, und im Ganzen mittelmäßig fruchtbar. Die Feldfrüchte sind die überall in dieser Gegend gewöhnlichen. Obstbau wird bloß von der Obrigkeit in einiger Ausdehnung mit edlern Sorten getrieben, und es sind in neuerer Zeit die durch das Dominium führenden Wege größtentheils mit Alleen bepflanzt worden. Die Unterthanen ziehen in ihren Hausgärten bloß die gewöhnlichen Sorten.

Der landwirthschaftliche Viehstand betrug am 30. April 1833:

	bei der Obrigkeit.	bei den Unterthanen.	Zusammen.
Pferde	5 (Alte) . . .	95 (90 Alte, 5 Fohlen) .	100
Rindvieh	120 . . . . . . (2 Zuchtstiere, 3 junge St., 46 Kühe, 34 Kalbinnen, 18 Zugochsen, 17 junge Ochsen)	828 . . . . (1 Zuchtstier, 1 junger St., 566 Kühe, 119 Kalbinnen, 116 Zugochsen, 25 junge Ochsen)	948
Schafvieh	1502 . . . . . (1125 Alte, 377 Läm.)	939 . . . . (742 Alte, 197 Lämmer)	2441

Zum Betriebe der obrigkeitlichen Oekonomie bestehen 4 Maierhöfe (in Lieblitz, Jellenitz, Hostin und Boßin).

Die Waldungen sind in vier Reviere getheit: das Hostiner (834 Joch 995 □Klft.), das Boßiner (227 Joch 1129 □Klft.), das Schemanowitzer (447 Joch 980 □Klafter) und der Lieblitzer Fasangarten (50 Joch). Sie bestehen theils aus harten Laubhölzern, meist Stockausschlag (im Fasangarten aus Eichen und Strauchwerk), theils aus Kiefern, letztere besonders im Hostiner Reviere. Der Ertrag deckte bisher nur den eignen Bedarf.

Der Wildstand ist bei der zerstreuten Lage des Dominiums unbedeutend, und besteht im Freien aus Hasen und Rebhühnern. Die Fasanen werden nach Sachsen, die Hasen nach Prag abgesetzt.

Mit Gewerbsindustrie beschäftigten sich am Anfange des J. 1832: 40 Meister und andere Gewerbsbefugte, 19 Gesellen und 10 Lehrlinge, zusammen 69 Personen. Darunter befanden sich: 1 Bäcker, 1 Faßbinder, 2 Glaser, 1 Maurermeister, 3 Müller, 1 Pottaschensieder, 1 Schlosser, 7 Schmiedte, 7 Schneider, 7 Schuhmacher, 1 Seiler, 2 Tischler, 2 Wagner, 1 Wasenmeister, 1 Weber, 1 Ziegeldecker und 1 Zimmermeister. Beim Handel waren 18 Personen (fast sämmtlich

Israeliten) beschäftigt; man zählte, außer 1 gemischten Waarenhandlung, 8 Krämer und Hausirer nebst 8 freien Handel treibenden Personen.

Auf einigen Punkten der obrigkeitlichen Gründe wird Sand- und Kalkstein gebrochen.

In Lieblitz und Schemanowitz sind zwei Hebammen.

Die Verbindung des Dominiums mit der Umgebung geschieht bloß durch Landwege. Die nächste Briefsammlung ist in Melnik.

Von den nachfolgenden einzelnen Ortschaften gehörten ehemals zum Gute Lieblitz allein: Lieblitz, Wawřinetz, Jellenitz, Hostin und Jenichow; zum Gute Boßin: Boßin, Chotsch und Zawadilka; zum Gute Schemanowitz: Schemanowitz, Březinka und Truskawna.

1. Lieblitz (Liblitz, Liblice), 6 St. sw. von der Kreisstadt Jung-Bunzlau, am s. Fuße einer Anhöhe, D. von 69 H. mit 442 E. (worunter 31 protest. und 16 israel. Familien), ist der Amtsort des Dominiums, und hat eine Pfarrkirche unter dem Titel des heil. Wenzeslaus, welche bereits 1384 ihren eignen Seelsorger hatte, und nebst der Schule unter dem Patronate der Obrkt. steht. Eingepfarrt sind, außer dem Orte selbst, die hftl. Dfr. Wawřinetz, Jellenitz, Hostin und das zur Hft. Melnik gehörige Städtchen Wischitz, wo sich eine Filialkirche unter dem Titel des h. Johannes des Täufers befindet, die von Lieblitz aus verwaltet wird. Von obrktl. Gebäuden sind anzuführen: 1 schöngebautes großes Schloß mit 1 ansehnlichen Ziergarten, 1 Mhf. (mit den seit 1822 unbewohnten Ueberresten eines ältern Schlosses), 1 Bräuh. (auf 21 Faß), 1 Branntweinh., 1 Schäferei, 1 Potaschensiederei und 1 Jägerh. (im Fasangarten); 1/4 St. vom Orte liegt die einschichtige Mhl. „Legkow,“ und die Chaluppe „Pastwa (Hutweide)“. — 2. Wawřinetz, 3/4 St. wnw. von Lieblitz, D. von 21 H. mit 142 E. (worunter 1 protest. und 1 israel. Familie), ist nach Lieblitz eingpf. In geringer Entfernung vom Orte liegt die Wasenmeisterei „im Kieferwaldel“ („w Borny“ oder „w Hagy“). — 3. Hostin (Hostina), 3/4 St. n. von Lieblitz, D. von 69 H. mit 457 E. (worunter 23 protest. und 3 israelit. Familien), hat 1 Mhf. und ist nach Lieblitz eingpf.; 1/2 St. ö. vom Orte liegen, an der Stelle eines ehemaligen Hammelhofes, die 2 Dominikalhäuser Ober- und Unter-Harbasko. — 4. Boßin (Bosyn), 2 1/4 St. nnw. von Lieblitz, D. von 59 H. mit 354 E. (worunter 30 protest. und 1 israel. Familie), ist nach Wysoka (Hft. Melnik) eingpf., und hatte ehemals seine eigne Filialkirche, die aber 1798 aufgehoben wurde; außerdem ist hier 1 obrktl. Mhf. mit einem Schlößchen und 1 Mhl. (Neumühle, nowy mlegn), 1/4 St. ö. vom Orte am Brutitzer Bache. — 5. Chodsch (Chodeč), 2 1/2 St. nnw. von Lieblitz, D. von 28 H. mit 197 E. (worunter 36 protest. und 1 israel. Familie), hatte noch 1784 (s. Schaller a. a. O. S. 158) eine eigne Pfarrkirche unter dem Titel des h. Martin B., die aber seit dieser Zeit aufgehoben worden ist. Gegenwärtig ist der Ort nach Wysoka eingpf. — 6. Johannsdorf (gewöhnlich Hannsdorf), 2 1/2 St. n. von Lieblitz, ein im J. 1798 gegründetes Dominikal-Dorf von 21 H. mit 150 E. (worunter 1 protest. Familie), nach Wysoka eingpf.; das Wirthsh. Zawadilka bestand schon weit früher, und war eine Einschicht. Gegenwärtig legt man auch wohl dem ganzen Dorfe den Namen Zawadilka bei. — 7. Truskawna, 3 St. n. von Lieblitz, D. von 26 H. mit 157 E. (worunter 8 protestantische Familien), nach Wysoka eingpf. — 8. Schemanowitz, 3 1/2 St. n. von Lieblitz, D. von 48 H. mit 274 E. (worunter 20 protest. und

1 israel. Familie). Im J. 1810 erbaute hier Johann Joseph Reichsgraf von Pachta eine Kirche, und war Willens, einen Localkaplan an derselben zu stiften; 1819 wurde sie aber als Filialkirche der Pfarrei Widim (Hft. dieses Namens) zugewiesen, wohin bisher Schemanowitz eingpf. war. Ein Theil des hier befindlichen obrktl. Schlößchens wurde zur Schule verwendet, der andere wurde als Wohnung für den zu stiftenden Localkaplan eingerichtet.

Von folgenden Ortschaften gehören Antheile zu fremden Dominien:

9. Jellenitz (Gelenice), 1 St. nw. von Lieblitz, am Wrutitzer Bache, D. von 30 H. mit 194 E. (worunter 9 protest. und 1 israel. Familie); davon gehören 2 H. mit 13 E. der Stadt Melnik. Beim Lieblitzer Antheile befindet sich 1 obrktl. Mhf. und 1 Mhl. Das ganze D. ist nach Lieblitz eingpf. — 10. Münichshof (Genichow, Nienichow), $1^1/_4$ St. n. von Lieblitz, D. von 36 H. mit 225 E. (worunter 18 protest. und 1 israel. Familie); von diesen gehören 14 H. mit 87 E. zur Hft. Lieblitz, und 22 H. mit 138 E. zur Hft. Koschatek. Das ganze Dorf ist nach Nebuzel eingpf. — 11. Březinka, $3^1/_4$ St. n. von Lieblitz, D. von 21 H. mit 114 E. (worunter 9 protest. und 1 israel. Familie). Davon gehören 14 H. mit 77 E. zur Hft. Lieblitz, und 7 H mit 37 E. zur Hft. Unter-Běřkowitz (des Rakonitzer Kr.). Das Ganze ist nach Wysoka eingpf.

Von nachstehenden fremdherrschaftlichen Dörfern besitzt Lieblitz kleine Antheile, nämlich:

12. Libisch, $1^1/_2$ St. sw. von Lieblitz, $^1/_4$ St. links von der Elbe, ein nach Obřistwy eingpf. D. der gleichnamigen Hft. (Kaurimer Kr.) von 52 H. mit 299 E.; davon gehören 4 H. mit 23 E. (worunter 3 protest. Familien) zur Hft. Lieblitz. Das D. hat eine katholische Kirche und 1 akatholisches Bethaus. — 13. Unter-Widim (Podwidim), 4 St. n. von Lieblitz, D. der Hft. Widim von 45 H. mit 275 E. Davon gehört hieher 1 H. mit 7 E.

Königliche Leibgeding-Stadt Melnik.

Die königl. Leibgeding-Stadt Melnik liegt 4 Meilen nördlich von Prag und eben so weit westsüdwestlich von Jung-Bunzlau, im südwestlichsten Theile des Bunzlauer Kreises, am rechten Ufer der Elbe, etwa $\frac{1}{4}$ St. unterhalb der Moldau-Mündung, umgeben von dem der Stadtgemeinde gehörigen Gute Přiwor, und den Herrschaften Lieblitz, Melnik, Brandeis und Obřistwy (Kaurimer Kreises). Die geographische Breite ist, nach David, 50° 21' 8'', die Länge 32° 8' 22''. Der Wasserspiegel der Elbe am Fuße des Schlosses liegt $73\frac{4}{10}$ W. Klafter höher als die Nordsee, (oder $20\frac{7}{10}$ Klafter tiefer als Prag). Die Höhe der Stadt über dem Elbespiegel beträgt am Fuße des Thurmes der Dekanal-Kirche $37\frac{7}{10}$ W. Klafter, folglich $111\frac{1}{10}$ W. Klafter über der Meeresfläche.

Am nördlichen Fuße des Berges, auf dem die Stadt liegt, schlängelt sich der von der Herrschaft Melnik kommende Forellenbach hin, welcher sich unterhalb Podol mit dem Galdenbach vereinigt und bei Schopka in die Elbe fällt. Die ganze Umgebung ist ungemein reizend. Nordöstlich erhebt sich, etwa eine Stunde von der Stadt, der 132 W. Klafter hohe Berg Chlomek, von dessen Gipfel man einen umfassenden Ueberblick der herrlichen Weingärten, die sich von Zaboř über Melnik bis Liboch hinab erstrecken, und der fruchtbaren Ebenen jenseits der

Elbe, westlich bis zum Mittelgebirge und durch eine Oeffnung desselben bis zum Erzgebirge bei Rollendorf, südlich bis zum Prager Schloßthurm und Dablitzer Berge, nordöstlich, wenn sehr heiterer Himmel ist, selbst bis zum Riesengebirge, genießt. Die auf den Höhen herrschende Formation ist Plänerkalk, an den Gehängen des Melniker Berges sowohl gegen die Elbe als im Thale des oben genannten Forellenbaches kommt jedoch der unterliegende Quadersandstein, obwohl nicht mit seinen schroffen Gestalten, sondern mehr in sanft zugerundeten Formen, zum Vorscheine.

Melnik besteht aus der eigentlichen Stadt, welche 105 Häuser mit 706 Einw. zählt, der Prager Vorstadt und der Elbevorstadt, beide zusammen von 91 Häusern mit 637 Einw., im Ganzen also 196 H. mit 1343 Einw. Davon gehören indeß 3 H., nämlich in der Stadt das Wirthshaus Peklo und das s. g. alte Schloß, von der Prager Vorstadt aber das Jägerhaus zur Herrschaft Melnik.

Melnik war schon unter Herzog Boleslaw II. zum Range einer Stadt erhoben und diente der Wittwe desselben, Emma von Bayern († 1006), zu ihrem Aufenthalte. Später, nach Kaiser Rudolphs I. im J. 1307 erfolgtem Tode, wurde es unter die Zahl der königlichen Leibgedingstädte (d. h. derjenigen Städte, welche nebst dem dazu gehörigen Gebiete den böhmischen Königinnen zum Unterhalt angewiesen waren) versetzt. Das Wappen besteht in einem senkrecht getheilten Schilde, welcher rechts im rothen Felde den aufrecht stehenden böhmischen Löwen, links im goldenen Felde einen halben schwarzen Adler enthält. Der Magistrat der Stadt, welcher in Hinsicht der ökonomischen Verwaltung dem königl. Landes-Unterkammeramte der k. Leibgedingstädte zu Prag untergeordnet ist, besteht aus 1 Bürgermeister, 1 geprüften Rathe, 1 geprüften Sekretär und dem erforderlichen Kanzlei-Personale.

Die bemerkenswerthesten öffentlichen Gebäude sind:

1. Das alte, ehemals königliche Schloß, welches, wie bereits oben bemerkt, zur Herrschaft Melnik gehört; es hat eine Kapelle zur heil. Ludmilla, worin sich Gemälde von Skreta (die heil. Ludmilla) und Brandel (der heil. Wenzel und der heil. Johann von Nepomuk) befinden und am Feste der heil. Ludmilla ein Hochamt gehalten wird. Unter diesem Schlosse sind fünf sehr geräumige, solid gebaute und trockne Weinkeller; aus einem derselben führt eine steinerne Wendeltreppe bis zum Boden. Das Schloß dient jetzt einigen obrigkeitlichen Beamten der Herrschaft Melnik zur Wohnung; 2. Das Rathhaus, ebenfalls ein sehr altes Gebäude, dessen Kapelle unter dem Titel des heil. Jakobs und der heil. Barbara schon im J. 1398 feierlich eingeweiht worden ist. An den Tagen der Kirchenfeste wird hier feierlicher Gottesdienst, mit Predigt und Hochamt, und am ersten Tage jedes Monats eine heil. Messe für sämmtliche lebende und verstorbene Rathsglieder gehalten. Diese Kapelle bewahrt ein sehenswerthes Alterthum aus dem XVI. Jahrhunderte, nämlich einen aus einer feinen Holzgattung kunstreich geschnitzten Becher von ½ Ellen Höhe und 4 Zoll Durchmesser. Das Innere ist mit einer dünnen brau-

nen Hutmuschel überzogen, das Aeußere aber mit Darstellungen aus der biblischen Geschichte geschmückt, wovon die am Deckel sich auf das Alte, die am Becher selbst aber sich auf das Neue Testament beziehen. Am Fußgestelle liest man die Jahrszahl 1582, und auf einem der untern Wappenschildchen erblickt man ein später hinzugefügtes Familienwappen, dem des Christian Karl Ritter von Platz und Ehrenthal ähnlich, welcher zu Anfange des XVIII. Jahrhunderts in den Adelstand erhoben wurde und am 5. August 1722 als Oberhauptmann der Herrschaften Friedland und Reichenberg gestorben ist. Es ist auffallend, daß über die Entstehung und ehemalige Bestimmung dieses Bechers, und wie er hieher gekommen, gar keine Nachrichten vorhanden sind *). Das alte Archiv, worin ohne Zweifel sehr wichtige Urkunden vorhanden sind, ist seit der letzten Feuersbrunst im J. 1765 ganz in Unordnung gerathen. 3. Die Dechantei-Kirche unter dem Titel der h. Apostel Peter und Paul, und dem Patronate Ihrer Majestät der Kaiserinn als Königinn von Böhmen. Die Gründung dieser schönen, im s. g. gothischen Styl erbauten Kirche fällt in das J. 1120, und geschah durch Hroznata, Herrn von Melnik, welcher damit zugleich die Errichtung eines Collegiatstiftes, aus einem Probst und etlichen Domherren bestehend, verband. Schaller (a. a. O. S. 165—169) nennt 22 Pröbste, welche vom J. 1167 bis 1553 diesem Stifte vorgestanden haben, unter welchen ein Adalbert, Sohn des Königs Wladislaw II., ein Budislaus Hasenburg von Waldek († 1291), ein Heinrich von Lippa, ein Beneß Freiherr von Zwiketitz (seines ausgezeichneten Rednertalents wegen der böhm. Tertullian genannt, † 13. Jäner 1368), ein Zbinko von Hasenburg (später Erzbischof zu Prag) und ein Johann von Puchow, als der Letzte vorkommen. Die Einkünfte des Stiftes waren allmählich, besonders zuletzt in Folge der hussitischen Unruhen, so geschmälert worden, daß die Domherren sich „aus Mangel des nöthigen Unterhalts" genöthigt sahen, ihre Stellen freiwillig zu verlassen, und das Stift am Ende des XVI. Jahrhunderts bereits als gänzlich eingegangen zu betrachten war. Die gegenwärtige Kirche ist wahrscheinlich noch dieselbe, welche an der Stelle der durch einen Blitzstrahl im J. 1172 größtentheils zerstörten wieder aufgebaut wurde. Die Frohnleichnams-Kapelle, gegenwärtig die Sakristei, ist erst später unter dem Probst Hermann (beiläufig 1350) hinzugekommen. Lateinische Inschriften an der Mauer dieser Kapelle, welche die Namen einiger Pröbste enthielten, sind bereits vor vielen Jahren durch unwissende Maurer beim Ausweißen der Kirche übertüncht worden. Unter dem Chor der Kirche sieht man das Grabmal des ehemaligen Schloßhauptmanns von Melnik, Martin Prussek von Prussowa und seiner Gemahlinn Sophie Anna (ohne Jahrzahl), und außerhalb der Kirche, auf dem ehemaligen Kirchhofe, den Grabstein des am 25. Juli 1632 durch Akatholiken gewaltsam ums

*) Eine umständlichere Beschreibung desselben vom Herrn Prof. Millauer zu Prag, enthalten die Jahrbücher des Böhmischen Museums 2c. 2c. II. Bd. 2. Heft (1831), S. 216 u ff.

Leben gekommenen, um die Stadt Melnik sehr verdient gewesenen Rechtsgelehrten Dr. Melchior Schulz. Im Innern der Kirche verdienen das gewölbte, mit guten Malereien aus alter Zeit geschmückte Presbyterium, das Hochaltar=Blatt, und die auf den Seitenaltären befindlichen Bildnisse der heil. Ludmilla, Magdalena und des h. Adalberts, sämmtlich von Skreta, so wie die schöne Orgel mit Auszeichnung erwähnt zu werden. Andere werthvolle Besitzthümer der Kirche sind die 1¾ Ellen hohe, silberne Monstranz, und ein Kelch vom J. 1565, mit dem Namen des utraquistischen Priesters Martin. Im Thurme der Kirche befindet sich eine zum Theil noch aus dem XIV. und XV. Jahrhunderte herstammende Bibliothek von etwa 180 Bänden theologischen Inhalts in lateinischer Sprache, worunter ein altes Missale und die 4 Evangelien auf Pergament. Zunächst an der Kirche steht der von Quadersteinen errichtete und mit einer Schlaguhr versehene Glockenthurm. Die größte Glocke wiegt 77 Centner, ist im J. 1690 auf Kosten des Melniker Magistrats von Johann Bricquey in der Neustadt Prag gegossen, und enthält in lateinischer Sprache die Namen sämmtlicher damaligen Rathsglieder. Das Vermögen dieser Kirche mag in älterer Zeit nicht unbedeutend gewesen seyn, denn wir finden z. B., daß der Probst Johann mit Einwilligung des gesammten Kapitels im J. 1371 „einige im Pilsner Kreise liegende und der Collegialkirche in Melnik zuständige Güter" verkauft habe. Eben so verkaufte der Probst Zbinko von Hasenburg die „entlegnen Kirchengründe im Dorfe Babicz" an den Herrn Sulko von Chlistowa um 150 Schock Groschen *). Gegenwärtig besitzt die Kirche an Kapitalien 7809 fl. 39 kr. 4½ pf., und an Realitäten 5 Joch 1483 □Kl. Weingärten und 21 Joch 136 □Kl. Felder. Eingepfarrt sind, außer der Stadt und den Vorstädten selbst, folgende, theils zur Stadt und zum Gute Přiwor, theils zur Hft. Melnik gehörige Dörfer: Blatt, Chlomek, Okrauhlik, Podol, Zadusch, Neu=Borek, Fischerei, Klein=Augezd, Rausowitz, Skuhrow und Wrutitz, nebst 7 einzeln stehenden Weingartenhäusern, dem Maierhofe Překplatil, 2 Jägerhäusern und 1 Ueberfuhrhause, letztere vier zur Hschft. Melnik gehörig; 4. die Kirche zu den h. vierzehn Nothhelfern, des Kapuziner=Hospitiums, hat gegenwärtig 3 Priester, welche bei der Decanal=Kirche zur Aushilfe bestimmt sind. Das genannte Hospitium wurde im J. 1752 und die Kirche im J. 1753 erbaut; 5. die Begräbnißkirche zur h. Ludmilla, in der Prager Vorstadt, welche laut einer noch im Stadtarchiv vorhandnen Urkunde im J. 1583 von der Bürgersfrau Anna Hron gestiftet, 1639 durch die Schweden zerstört und 1673 wieder neu aufgebaut worden ist. Außer den Fundations=Messen werden hier auch die Seelenmessen bei Begräbnissen gelesen. Sie besitzt an Kapitalien 1710 fl. 31 kr. und einen Weingarten von 2 Strich; 6. die öffentliche Kapelle und zugleich Begräbnißkirche zur h. Dreieinigkeit, am Walde Hula, welche im J. 1588 gegründet,

*) L. L. Erect. Vol. I. K. 6. Vol. 12. I. 15. Vol. 6. G. 6. — bei Schaller, a. a. O. S. 168 und 169.

und im J. 1605 erneuert worden ist. Sie liegt ¾ St. von der Stadt, am Berge Chlomek, und besitzt an Kapitalien 1101 fl. 4½ kr. Jährlich am Feste der heil. Dreieinigkeit wird hier ein feierlicher Gottesdienst gehalten, zu welchem sich die Weingärtenbesitzer und Winzer in Prozession, von der Dekanalkirche aus, dahin begeben. Der Gebrauch, daß daselbst die Winzer von den wohlhabendern Eigenthümern bewirthet wurden, ist eingegangen; 7. die nicht weit von der vorigen liegende Kapelle zum heil. Johann von Nepomuk auf dem Berge Chlomek, ½ Stunde nordöstlich von der Stadt, in welcher am Festtage des h. Johann und die ganze Oktav hindurch Gottesdienst gehalten wird, gehört der bräuberechtigten Bürgerschaft. Sie wurde im J. 1708 durch die Melniker Bürgerinn Elisabeth Euphrosyne Schmiedt, geb. Jaromirsky von Stramberg, gegründet und dotirt.

Von der Ruine des alten Schlosses Kličow, ¼ Stunde von der Stadt am Galgenberge, deren Schaller (a. a. O. S. 178) noch gedenkt, ist schon seit mehren Jahren keine Spur mehr vorhanden. Ueber die Geschichte dieser Burg fehlt es gänzlich an Nachrichten. Der Sage nach soll ein unterirdischer Gang aus derselben bis in die Gruften der St. Ludmilla-Kirche in der Prager Vorstadt geführt haben; doch ist darüber nie eine Untersuchung angestellt worden.

Zu den öffentlichen Gebäuden der Stadt gehören auch die im J. 1778 auf Aerarial-Kosten in der Prager Vorstadt erbauten Kasernen und Stallungen, zum Behuf der in Melnik stationirten Abtheilung eines k. k. Cavallerie-Regiments, so wie der hier errichtete Wasserthurm, mittelst dessen Schöpfwerk das Wasser aus dem s. g. Forellenbache den Berg hinaufgeleitet, und an zehn verschiedene Röhrkasten der Stadt vertheilt wird. Das Trinkwasser erhalten die Einwohner theils aus dem Stadtbrunnen, der aber seiner großen Tiefe wegen (114 böhm. Ellen) nur durch das Treten des großen Wasserrades, wozu wenigstens zwei Personen gehören, benutzt werden kann, und daher nicht zum täglichen Gebrauche dient, theils aus dem ein vortreffliches Wasser liefernden Quell Wrbice in der Prager Vorstadt.

Außer der Stadtschule, von 3 Klassen, befindet sich in Melnik keine andere Lehranstalt.

Die Einwohner von Melnik bekennen sich, mit Ausnahme von 2 protestantischen und 2 israelitischen Familien, sämmtlich zur katholischen Religion. Die herrschende Sprache ist zwar die böhmische, doch sind die meisten Einwohner auch der teutschen mehr oder weniger mächtig.

Die Nahrungszweige und Ertragsquellen sind Getraide-, Hopfen-, Küchengewächs-, Wein- und Obstbau, der Handel mit diesen Erzeugnissen und die gewöhnlichen städtischen Industrial-Gewerbe. Außerdem gehört der Stadtgemeinde auch das benachbarte Gut Přiwor, welches als ein eignes Dominium weiterhin besonders dargestellt werden soll.

Von landwirthschaftlichen Gründen besaß die Stadt, laut Katastral-Zergliederungssummarium vom J. 1832:

	Dominicale.		Rusticale.		Zusammen.	
	Joch.	□Kl.	Joch.	□Kl.	Joch.	□Kl.
An ackerbaren Feldern . .	149	919	492	1346	642	675
= Trischfeldern	4	48	16	721	20	769
= Wiesen	19	1205	69	332	88	1537
= Gärten	2	819	16	472	18	1291
= Hutweiden ꝛc.	20	1456	—	—	20	1456
= Weingärten	10	431	226	757	236	1188
= Waldungen	126	694	6	557	132	1251
Ueberhaupt	333	772	827	985	1161	157

Die am Stadtberge gelegnen Gründe bestehen aus Lehmboden, die vom Fuße dieses Berges bis zum Chlomek sich erstreckenden Wiesen sind Moorgrund, und hinter diesen folgen die Weingärten, welche, meistens Flugsand mit etwas Thonerde gemischt, die niedrigste Fläche einnehmen. Höher am Chlomek, dessen oberster Theil aus Basalt besteht, liegen magere Feldgründe mit einer Unterlage von Sand- und Kalkstein, und noch weiter aufwärts wieder Weinberge, Kirschen-, Stachel- und Johannisbeer-Gärten, über welchen sich rings um den obern Berg Kiefern- und Birkenwaldungen erheben.

Auf den Aeckern baut man die gewöhnlichen Getraidearten und andere Feldfrüchte, namentlich auch Hopfen. Aber von besonderer Wichtigkeit ist der Weinbau, durch den sich Melnik vor andern Gegenden Böhmens auszeichnet. Die im Handel unter dem Namen Melniker-Weine vorkommenden Sorten wachsen indeß nicht bloß auf den Gründen der Stadt, sondern man begreift darunter auch die Erzeugnisse des Gutes Přiwor und der Hschft. Melnik. Am richtigsten bestimmt man als die Gränzen der Melniker Weinpflanzungen im Allgemeinen, nördlich Wehlowitz, nordöstlich den Chlomek, südöstlich die letzten Häuser von Zabok, an der Brandeiser Straße, südlich und westlich aber die Elbe. Am tiefsten liegen die Weingärten bei Schopka, an der Elbe, am höchsten, bis 103 Wien. Kl. über dem Meere, die bei Turbowitz. Am Chlomek erreichen sie die mittlere Höhe. In Beziehung auf die Lage nach den Weltgegenden, sind die am südlichen Abhange des Chlomek für die Einwirkungen der Mittagssonne am günstigsten gelegen; die von Zabok und Turbowitz bis Melnik hinab, haben im Durchschnitt eine südwestliche Lage, und die Weingärten von Melnik abwärts bis Wehlowitz sind größtentheils nach Westen gekehrt. Die Melniker Weinreben stammen aus Burgund, von wo Kaiser Karl IV. im J. 1348 Weinreben kommen, und in der Gegend von Melnik anpflanzen ließ. Diese Abstammung verräth der Melniker Wein, besonders von guten Jahrgängen, und bei verständiger Behandlung, auch noch jetzt, beinahe nach einem halben Jahrtausend; ein Melniker der besten Sorte ist namentlich von dem französischen Petit-Bourgogne nicht zu unterscheiden. Daß der Melniker der mittlern Jahrgänge weniger berauschend ist, als viele andere Weine, empfiehlt ihn freilich nicht dem durch stärkere Sorten verwöhnten Gaumen, macht ihn aber, da er dessenungeachtet nicht aufhört, wirklicher Wein zu seyn, zu einem sehr angenehmen und heilsamen Getränke für solche Personen, welchen im Allgemeinen feurige Weine schädlich sind. Der jährliche Ertrag sämmtlicher Weingärten um Melnik dürfte 6 bis 10000 Wiener Eimer betragen, von welchen etwa 1700 bis 2800 Eimer auf die Stadt Melnik kommen. Viele Weingärten enthalten, außer den Preßgebäuden und Winzerwohnungen, auch Wohngebäude für den Sommeraufenthalt ihrer Besitzer, und machen bei ihrer zerstreuten Lage die ganze Gegend sehr malerisch. Das Baron-Neubergsche Haus, ¼ Stunde südöstlich, und das Wagnerische, ½ Viertelstunde westlich von der Stadt, haben eigne Hauskapellen.

Der Obstbau, welcher theils in Gärten, theils im Freien, meistens zugleich in den Weingärten betrieben wird, erstreckt sich größtentheils auf rothes Obst, als Kirschen, Pflaumen, Johannis- und Stachelbeeren. Das meiste Obst wird im frischgepflückten Zustande, gewöhnlich auf Schubkarren, nach Prag, Böhmisch-Leipa, Jung-Bunzlau rc. zum Verkauf gebracht, das übrige aber theils gedörrt, theils zu Mus (Powidel) eingesotten.

Die Viehzucht ist an sich, aus Mangel an hinlänglichem Futter, kein bedeutender Erwerbszweig; man hält meistens nur das zur Feldbestellung nöthige Zugvieh. Der Viehstand (worunter aber auch der des Gutes Pkiwor mit begriffen war) betrug am 30. April 1833: an Pferden 54 (Alte), an Rindvieh 354 Stück (301 Kühe, 10 Kalbinnen, 42 Mastochsen, 1 Zugochsen), und an Schafen 325 Stück (240 Alte, 85 Lämmer).

Bienenzucht wird nur von einzelnen Liebhabern, aber nicht ohne glücklichen Erfolg getrieben.

Die Waldungen der Stadt liegen auf der Höhe des Chlomek, und bestehen seit den vor beinahe 60 Jahren erfolgten Verwüstungen durch die Kiefernraupe, außer einigen Birken, aus jungen Beständen von Kiefern, welche bis jetzt noch keinen Ertrag gewährt haben.

Die Jagd beschränkt sich auf Hasen und Rebhühner, welche besonders zur Zeit der Weinreife und durch die vielen Anpflanzungen von Grünzeug in zahlreicher Menge aus den benachbarten Revieren herbeigelockt werden.

Die Fischerei wird theils in der Elbe, theils in dem Galbenbach betrieben, welcher letztere Forellen enthält; sie ist aber von keiner Bedeutung. Mittelst Entscheidung des hohen Landes-Guberniums vom 3. Juni 1776 ist der Fischfang in den Gewässern zunächst an der Stadt, dergestalt zwischen der Hft. Melnik (resp. Gut Schopka) und der Stadt Melnik getheilt worden, daß jene bloß in dem Forellenbache, diese aber nur in dem Galbenbache zu fischen berechtigt seyn soll.

Mit Industrial-Gewerben und Handel beschäftigten sich am Anfange des J. 1832 in Allem 265 Personen, namentlich mit Polizei-Gewerben 138 Meister, 49 Gesellen und 22 Lehrlinge, und mit Commerzial-Gewerben 25 Meister, 7 Gesellen und 6 Lehrlinge. Im Einzelnen zählte man folgende Meister und andere Gewerbsherren: 1 Apotheker, 8 Bäcker, 7 Bierschänker, 2 Büchsenmacher, 1 Essighändler, 7 Faßbinder, 12 Fleischhauer, 6 Gastgeber, 2 Glaser, 6 Griesler, 5 Handschuhmacher, 8 Höckler, 4 Holzhändler, 1 Klämpner, 3 Kürschner, 3 Lebzelter, 1 Leinweber, 2 Lohnkutscher, 4 Maurermeister (8 Gesellen), 2 Nagelschmiedte, 1 Rauchfangkehrer, 3 Schlosser, 4 Schmiedt, 19 Schneider (7 Gesellen), 28 Schuhmacher (19 Gesellen), 3 Seifensieder, 2 Seiler, 6 Tischler, 1 Töpfer, 1 Tuchmacher, 3 Uhrmacher, 13 Weinschänker, 1 Wildprethändler, 1 Zimmermann und 1 Zinngießer. — Zum Handelsstande gehörten in Allem 18 Personen, worunter 16 Besitzer von gemischten Waarenhandlungen, 1 Krämer und 2 bloß Märkte Beziehende.

Unter die Privilegien, welche die Stadt Melnik besitzt, gehören auch die 7 Jahrmärkte (Donnerstag nach h. 3 Könige, Mittwoch nach Aschermittwoch, Montag nach Philippi und Jakobi, Montag nach Petri und Pauli, Donnerstag nach Mariä Himmelfahrt, Donnerstag nach Galli, und Andreas), mit welchen zugleich Viehmärkte verbunden sind. Es finden sich auf diesen Märkten an 500 Handelsleute (ohne die nicht zu bestimmende Zahl der Viehverkäufer zu rechnen) ein, welche unter den Lauben der am Ringe befindlichen Häuser 80 Stände; auf dem Ringe selbst 31 Buden, und außerdem noch gegen 200 größere und kleinere Stände inne haben, und hier allerlei Schnittwaaren, Galanterie-, Glas-, Töpfer-, Faßbinder-, Kammacher-, Strumpfwirker-, Buchbinder-, Seiler-, Sattler-, Riemer-, Schuhmacher- u. a. Waaren feil bieten. Die Anzahl der Pferde und Rinder kann man im Durchschnitt jeden Markt zu 1000 Stück annehmen. Außerdem werden jeden Dienstag nicht minder stark besuchte Wochenmärkte gehalten, auf welchen Getraide und andere Feldfrüchte, Schweine, Geflügel, Butter und Käse, Eier, Grünzeug, Obst, Lederartikel, Körbe, Sämereien, Stroh, Brennholz rc. zum Verkauf ausgestellt werden. Die fremden Ortschaften, welche ihre Artikel hieher zu Markte bringen, gehören vornehmlich zu den Dominien Melnik, Přiwor, Liebliß, Koschatek, Kepin, Kokořin (des Bunzlauer), Obřistwy und Wodolka (des Kauřimer Kr.). Je nachdem sich die Getraidepreise ändern, wird das Getraide auch von mehr als vier Meilen entfernten Dominien nach Melnik gebracht.

Noch lebhafter würde der Verkehr von Melnik seyn, wenn die Verbindung der Stadt mit den benachbarten Dominien durch Chausséen erleichtert wäre. Bis jetzt findet diese Verbindung, mit Ausnahme der Elbeschifffahrt, die von hieraus abwärts ziemlich lebhaft ist, nur durch Landwege Statt. Selbst die von Prag aus nach Melnik führende Chaussée geht nur bis an die Elbe zur s. g. Stephans-Ueberfuhr (Kauřimer Kr.), ist aber, besonders im Libocher Grunde, bereits im Baue. Die nächste Poststation ist Brandeis, zu deren Handen in Melnik eine Briefsammlung besteht, an welche sich auch die zunächst angränzenden Dominien Melnik, Widim-Kokořin, Liebliß, Kepin, Unter-Berkowiß, Liboch und Zebus wenden.

Zur Unterstützung der Hilfsbedürftigen in der Stadt Melnik besteht schon seit älterer Zeit ein Armen-Institut, welches im J. 1827 neu regulirt worden ist. Das Stammkapital desselben betrug am

Schlusse des J. 1831: 4789 fl. 28¼ kr. W. W., und die Einkünfte desselben Jahres an Kapitalzinsen, milden Beiträgen und andern der Anstalt zugewiesenen Beträgen machten 1200 fl. 14½ kr. W. W. aus, von welchen 23 Arme zu unterstützen waren. Außerdem befindet sich im alten Schlosse ein von frühern Besitzern der Herrschaft Melnik gestiftetes Spital, worin 4 Personen, jede jährlich mit 13 Strich Korn und 12 fl. 45 kr. in Geld verpflegt werden, welche Stiftung schon seit Jahrhunderten auf der Herrschaft Melnik landtäflich versichert ist.

Das Sanitäts-Personale besteht aus 1 Wundarzte, 4 Hebammen und 1 Apotheker.

Die Erbauung der Stadt Melnik fällt, wie schon oben gesagt worden ist, in die Zeit Herzog Boleslaws II., dessen Wittwe Emma hier ihren Wohnsitz hatte. Aber erst in dem Zeitraume zwischen den J. 1086 und 1125 scheint sie bis zu dem heutigen Umfange erweitert worden zu seyn. Der ältere Name soll Mělnik (Mielnik) gewesen und entweder von den Lachsen (Měly), die hier in Menge gefangen wurden, oder von dem Umstande, daß die Elbe hier ziemlich seicht (mělký) ist, abgeleitet worden seyn. Späterhin verwandelten die Teutschen, welche das böhmische ě (iö) von dem teutschen nicht zu unterscheiden wußten, den Namen in Melnik. Eine andere Ableitung ist die von Mlegny (Mleyny), die Mühlen, deren es außerhalb der Stadt, auf dem Gebiete der Hft. Melnik, eine beträchtliche Anzahl giebt. Das älteste Privilegium der Stadt ist von K. Ottokar II., 25. September 1274. Die Bürger von Melnik erhielten dadurch das Recht, eigne Schiffe zu halten, und damit Salz, Häringe und andere Waaren einzuführen. Bestätigungen desselben erfolgten durch Wenzel II., 19. Juli 1290, und Karl IV., 18. März 1352. Der letztere Monarch bewilligte auch durch einen spätern Majestätsbrief vom 14. Juli 1372, daß die Stadt sämmtliche Güter, welche die von ihnen bezwungenen Raubritter der umliegenden Gegend besessen hatten, an sich ziehen, und für immer in Besitz nehmen durften. Ein anderes Privilegium vom 19. Sept. desselben Jahres ertheilte den Bürgern das Recht, über ihre Güter frei zu verfügen. Sein Nachfolger Wenzel IV. fügte zu diesen Begünstigungen noch das Recht des unumschränkten Halsgerichts (22. August 1381), die Bewilligung zweier Jahrmärkte, am 29. Juni und 15. Oktober (20. Juli 1407) und die Verfügung, daß bis auf eine Meile im Umkreise der Stadt weder ein Bräu- oder Gasthaus errichtet, noch sonst ein städtisches Gewerbe betrieben werden dürfe. Alle diese Privilegien wurden durch K. Sigmund unterm 30. Sept. 1436 bestätigt. Der Wohlstand, zu dem die Stadt Melnik durch diese Begünstigungen emporgehoben war, hätte während der hussitischen Unruhen eben so vernichtet werden können, als dieß an so vielen andern Orten der Fall war, wenn die Melniker Bürger nicht gleich beim Ausbruche dieser Unruhen ein Bündniß mit den Prager Städten geschlossen, und die s. g. vier Prager Artikel angenommen hätten. In Folge dessen hatten sie wesentlichen Antheil an der Niederlage, welche die dem K. Albrecht zu Hilfe gekommenen ungarischen Truppen im J. 1438 in der Nähe von Melnik erlitten, und im folgenden Jahre, am 27. Okt., fand auch zu Melnik eine Versammlung der utraquistischen Stände Böhmens Statt. Von König Ladislaw erhielt die Stadt unterm 6. Juli 1454 die Befugniß, auf eine Meile Wegs, bis zum Thore von Wepřek (Wrata), allen Reisenden einen Zoll abzufordern. Im J. 1467 verordnete die K. Johanna, zweite Gemahlinn Georgs von Podiebrad, daß die Bürger bei Erneuerung des Stadtraths in Zukunft nicht mehr als 10 Schock an den königlichen Kämmerer zu entrichten haben sollten, welche Abgabe sonst viel größer gewesen war. K. Wladislaw II. bestätigte nicht nur im J. 1475 alle frühern Privilegien der Stadt, sondern verordnete auch 1478, daß der Wrutitzer Bach nicht von den daran erbauten Mühlen abgeleitet werden dürfe; auch verbot er durch eine Verfügung von demselben Jahre, jede ganze oder theilweise Verpfändung, Verpachtung oder wie immer geartete Entfremdung der Stadtgüter von der königl. Kammer. Eben dieser Monarch bewilligte 1495 den freien Salzverkauf auf eine Meile im Umkreise der Stadt, und regulirte 1498, so wie später 1508, die Erhebung des Waarenzolls in der Stadt und auf dem Gebiete derselben. Unter der Regierung Ferdinands I., wo Melnik, wie mehre andere böhmische Städte, sich verleiten ließ, die unter Georg von Podiebrad mit Sachsen geschlossene Erbeinigung zu vertheidigen und sich weigerte, die Rechte des Monarchen mit bewaffneter Hand zu unterstützen, wäre die Stadt ohne Zweifel aller ihrer bisherigen Freiheiten verlustig gewesen, wenn sie nicht bei Zeiten Reue gefühlt und die Gnade des Herrschers angefleht hätte, welcher ihr im J. 1547 nicht nur alle Strafe erließ, sondern auch, außer der Bestätigung der frühern Privilegien, noch die neue Begünstigung hinzufügte, daß man sich in Rechtsstreitigkeiten nicht mehr wie bisher, von dem Stadtrathe nach Magdeburg, sondern unmittelbar an den König, oder an das Prager Appellationsgericht zu wenden habe. Auch verordnete Ferdinand I. in demselben Jahre, daß die Kirche und das Spital für immer im Besitz der ihnen gehörigen Güter zu bleiben habe. Bestätigungen aller dieser Privilegien erfolgten durch Maximilian II. (1575), Rudolph II. (1586) und Matthias (1612). Insbesondere verfügte der letztere Monarch, unter Androhung der größten Strafe, daß die Besitzer der Herrschaft Melnik die Stadt in Allem, was ihre Freiheiten betreffe, nicht im mindesten beeinträchtigen sollen. Auch bewilligte er der Stadt im J. 1614 zwei neue Jahrmärkte, zu Philippi und Jakobi und an Mariä Himmelfahrt. Beim Ausbruche des 30jährigen Krieges stand Melnik zwar auch auf der Seite der protestantischen Gegner Ferdinands II., kehrte aber nach gänzlicher Niederlage derselben reumüthig wieder zum katholischen Glauben zurück, und wurde selbst in dem Maße begnadigt, daß es im J. 1628 seine sämmtlichen Privilegien wieder bestätigt erhielt. Im J. 1685 wurden der Stadt von K. Leopold I. fünf weitere Jahrmärkte bewilligt. Alle diese Privilegien sind ihr auch von den folgenden Regenten, namentlich von Maria Theresia, 21. Aug. 1748, Joseph II., 5. Sept. 1782, und des jetzt glorreichst regierenden Kaisers Franz I. Majestät, 28. Sept. 1797, bestätigt worden.

Indem wir hier die Quellen verzeichnet haben, aus welchen die Stadt Melnik, unterstützt von den Segnungen einer fruchtbaren Umgebung und der Betriebsamkeit ihrer Einwohner, Jahrhunderte lang Wohlfahrt und heitern Lebensgenuß schöpfte, dürfen wir auch die Unglücksfälle nicht verschweigen, welche sie im Laufe dieser Zeit zu erdulden hatte; indessen reichen die darüber vorhandenen Nachrichten nicht über das XVI. Jahrhundert hinauf. Am 9. August 1513 brannte die ganze Vorstadt ab, und am 31. Mai 1528 wurde sowohl die Stadt, als die ganze Umgebung, insbesondere die Weinberge, durch ein furchtbares, mit Hagel und Sturm verbundenes Ungewitter im höchsten Grade verwüstet. Von den Leiden, die der 30jährige Krieg über Böhmen brachte, empfing auch Melnik seinen Antheil. Die Sachsen, welche die Stadt 1631 eroberten, so wie die Schweden unter Banner im J. 1640, und Torstensohn im J. 1643, schlugen ihr durch Brandschatzung und Plünderung die tiefsten Wunden, von welchen sich die Einwohner selbst dann nicht sobald erholt haben würden, wenn sie auch von den verheerenden Feuersbrünsten am 29. Mai 1646, wo 40 Häuser abbrannten, und am 18. Febr. 1652, wo fast die ganze Stadt eingeäschert wurde, verschont geblieben wären. Die kaum wieder aufgebauten Häuser geriethen nebst der Dekanalkirche am 8. Juli 1681 neuerdings in Flammen, und der Brand war so allgemein, daß nur 27 Bürgerhäuser ganz verschont blieben. Das letzte Unglück dieser Art traf die Stadt am 1. Juni 1765, wo außer 42 Häusern auch das Rathhaus und das Kapuziner-Kloster zerstört wurden.

Von Kriegsunfällen ist außer dem, was wir oben in Betreff der J. 1631 bis 1643 gemeldet haben, nichts weiter in den Jahrbüchern der Stadt verzeichnet. Während der Kriege des XVIII. Jahrhunderts lag Melnik außer dem Bereich der militärischen Operationen. Im J. 1813 wurde es zwar mit einer dreifachen Linie von Verschanzungen umzogen, und die damals unterhalb der Stadt, an der Fischerei-Ueberfuhr errichtete Schiffbrücke erhielt zu ihrer Deckung am linken Ufer der Elbe einen starken Brückenkopf; indessen nahmen die Angelegenheiten eine so günstige Wendung, daß Melnik und seine nächste Umgebung mit dem Anblick feindlicher Truppen verschont blieb, und nur vor der Schlacht bei Kulm ein russisches Corps von 10000 Mann 8 Tage zur Einquartierung bei sich hatte. Auch wurden späterhin, nach geschlossenem Frieden, die Eigenthümer der zum Behuf der Verschanzungen in Anspruch genommenen Ländereien durch die Gnade Sr. Majestät des Kaisers mit der Summe von 79967 fl. 52½ kr. W. W. angemessen entschädigt.

Gut Přiwor.

Es ist nicht genau bekannt, zu welcher Zeit sämmtliche, das gegenwärtige Gut Přiwor bildenden Ortschaften und Grundstücke an die Stadt Melnik gekommen sind. Bloß von Unter-Přiwor weiß man, daß es nebst den Dörfern Tuhan, Libisch, Wssetat, Nebomitz und Wowkar im Jahre 1604 von dem damaligen Besitzer Georg Wankuka von Rehnitz, Herrn auf Studenetz, um die Summe von 28500 Schock Meißnisch an die Stadt Melnik verkauft worden ist, welche indeß 1615 die Dörfer Wssetat, Nebomitz und Wowkar für 7105 Schock Meißnisch wieder an die k. k. Kameralherrschaft Brandeis (Kaurimer Kreises) käuflich abtrat. Auch Libisch gehört schon seit längerer Zeit zur Herrschaft Obřistwy desselben Kreises. Vielleicht sind die übrigen Dörfer unter den Besitzungen der Raubritter gemeint, welche, nach Bezwingung derselben, wie wir bei der Geschichte Melniks erzählt haben, diese Stadt, laut Majestätsbrief Karls IV. vom 11. Juli 1372, für immer in Besitz nehmen durfte. Ein Theil der Besitzungen Melniks wurde unter Ferdinand I., wo die Stadt Beweise von Ungehorsam gegeben hatte (siehe oben bei Melnik), confiscirt und theils mit der Herrschaft Brandeis, theils mit der Herrschaft Melnik vereinigt. Ob aber die Stadt, nachdem sie 1547 von demselben Monarchen wieder begnadigt worden, Alles wieder zurückerhalten habe, ist nicht bekannt; wenigstens findet sich in der noch darüber vorhandenen kaiserlichen Urkunde keine Nachweisung in Betreff dieses Gegenstandes. Der Maierhof Přeplatil wurde 1740 gegen Schoßgeld und Grundzins an die Herrschaft Melnik verkauft. Auch einige Dörfer besitzt die Stadt noch gemeinschaftlich mit dieser Herrschaft, wie weiterhin im Einzelnen gezeigt werden soll.

Die Gränzen des jetzigen Gutes Přiwor sind in Norden die Herrschaft Melnik, in Osten eben dieselbe und die Hft. Lieblitz, in Süden die Herrschaft Brandeis und in Westen die Herrschaft Obřistwy, beide letztern im Kaurimer Kreise gelegen.

Die Beschaffenheit der Oberfläche ist zum Theil schon oben bei der Schilderung der Umgebungen Melniks, in dessen Nähe das Gut Přiwor liegt, angezeigt worden. Der Wrutitzer oder Forellenbach fließt durch das Dorf Podol am nordöstlichen Fuße des Melniker Berges. Ueber dessen Ursprung und weitern Lauf wird das Nähere bei der Hft. Melnik folgen. Bei dem Dorfe Unter-Přiwor fließt der von den Dom. Melnik und Koschatek kommende Bischitzer-, (Kyper- oder Klokotsch-) Bach, welcher sich weiter abwärts von hier in die Elbe ergießt, in Hinsicht der Fischerei aber minder ergiebig ist, als der vorige.

Die Zahl der Einwohner betrug 1830: 1818 Seelen. Sie sind mit Ausnahme von 4 protestantischen und 3 israelitischen Familien, sämmtlich katholisch. Die herrschende Sprache ist die böhmische.

Die Erwerbs- und Ertragsquellen sind im Ganzen dieselben, wie sie schon bei Melnik angegeben worden, nur mit dem Unterschiede, daß der Weinbau hier von weit geringerer Ausdehnung ist und auch die Gewerbsindustrie sich auf die gewöhnlichen Dorf-Handwerke beschränkt, indem die meisten Einwohner vom Ackerbau leben. Die 3 obrigkeitlichen Maierhöfe, in Podol, Blatt und Přiwor, sind schon seit längerer Zeit emphyteutisirt.

Die landwirthschaftliche Bodenfläche betrug nach dem Katastral-Zergliederungssummarium vom J. 1832:

	Dominicale.		Rusticale.		Zusammen.	
	Joch.	□Kl.	Joch.	□Kl.	Joch.	□Kl.
An ackerbaren Feldern	190	1039	546	482	736	1521
= Trieschfeldern	1	1352	232	1116	234	868
= Wiesen	37	38	43	1587	81	25
= Gärten	2	588	11	301	13	889
= Hutweiden ꝛc.	30	1277	65	1154	96	831
= Weingärten	—	—	24	880	24	880
= Waldungen	105	1172	19	1525	125	1097
Ueberhaupt	368	666	944	645	1312	1311

Die Waldungen sind in 2 Reviere getheilt, das Tuhaner und der Hayn Hagek bei Unter-Přiwor. Jenes, das größere, enthält stämmige Eichen, Ulmen, Pappeln, Erlen, Weiden und Eschen, dieses mit wenigen Ausnahmen nur abgetriebene Eichenbestände. Der Holzschlag wird größtentheils zur Deckung des eignen Bedarfs verwendet, und nur zuweilen kann einiges Scheitholz an die zunächst gelegenen Ortschaften verkauft werden.

Der Viehstand ist in dem bei der Stadt Melnik angezeigten mit begriffen.

Mit Gewerben und Handel beschäftigten sich am Anfange des Jahres 1832 zusammen 112 Personen, nämlich 50 Meister und andere Gewerbsbefugte, 46 Gesellen und 16 Lehrlinge. Man zählte im Einzelnen: 7 Bierschänker, 2 Faßbinder, 1 Fleischhauer, 1 Gastwirth, 1 Griesler, 6 Handelsleute (worunter 1 mit gemischten Waaren), 1 Handschuhmacher, 5 Lohgärber (mit 6 Gesellen), 15 Maurergesellen, 3 Müller, 1 Nagelschmiedt, 3 Schmiedte, 5 Schneider, 5 Schuhmacher, 1 Tischler, 1 Töpfer, 3 Wagner, 2 Weißgärber, 1 Ziegeldecker, und 12 Zimmerleute.

In Tuhan ist 1 Hebamme.

Folgendes sind die Ortschaften des Gutes Přiwor:

1. Přiwor (oder eigentlich Unter-Přiwor, zum Unterschiede von dem nahe gelegenen, zur Hft. Melnik gehörigen Dorfe gleiches Namens, welches daher auch Ober-Přiwor genannt wird), 2 St. sö. von Melnik, am Wischitzer- oder Klokotsch-Bach, D. von 68 H. mit 356 E., (worunter 4 protest. und 1 israel. Familie), ist nach Wšetat (Hft. Brandeis) eingpf. und hat 1 emph. Mhf., 1 Dominical-Branntweinh., und 1 Mühle nebst Brettsäge. Das sonst hier bestandene Bräuhaus ist nach Podol übertragen worden. — 2. Podol, nahe an der Stadt Melnik, ö. am Fuße des Stadtberges, von der nach Schopka führenden Straße durchschnitten, D. von 72 H. mit 425 E., ist zur Dekanalkirche in Melnik eingepfarrt und hat 1 obrktl., von Přiwor hieher verlegtes Bräuhaus (auf 20 Faß), mit welchem auch das ehemals in der Stadt bestandene bürgerliche vereinigt ist, 1 Dominikal-Gast- und Einkehrhaus, 1 Mühle, und 1 abseits liegende Ziegelhütte. Neben der Mühle befindet sich die hydraulische Maschine, durch welche die Röhrbrunnen der Stadt mit Wasser versehen werden. Das Gebäude des

emph. Maierhof enthält die große städtische Weinpresse. — 3. Okrauhlik, nahe an der Stadt Melnik, am nördlichen Fuße des Stadtberges, Dorf von 19 H. mit 117 E. (worunter 2 Israeliten-Familien), ist nach Melnik eingepfarrt und hat 1 emph. Dominikal-Juden-Bestand- und Branntweinhaus. — 4. Zabusch (Zadussy), 1/2 St. n. von der Stadt, am Forellenbache, D. von 14 H. mit 89 E., nach Melnik eingpf., hat 1 Mühle nebst Brettsäge, die s. g. Fünfräber-Mühle oder auch die Nonnenmühle genannt, weil sie ehemals dem Frauenkloster zu St. Anna in Prag gehörte, von welchem sie im J. 1503 die Stadt Melnik für 130 Schock erkaufte. — 5. Fischerei (Rybaky, auch Kozlow), w. von der Stadt, dicht am rechten Elbufer, am Fuße des Stadtberges, Dorf von 18 H. mit 96 E., von welchen aber 7 H. mit 37 E. zur Herrschaft Melnik gehören; ist nach Melnik eingpf., und hat im hiesigen Antheile 1 an der Elbüberfuhr gelegenes Wrthsh. Etwas abseits nach NW. liegt der städtische Weingarten Barewka. — 5. Blatt (na Blatych), 1/4 St. s. von der Stadt, durch eine Hutweide davon getrennt, am Wrutitzer Bache, D. von 15 H. mit 94 Einw., von welchen 2 H. mit 13 Einw. zur Herrschaft Melnik gehören, ist nach Melnik eingpf. und hat 1 emph. Mhf. — 6. Neu-Barek (auch Klein-Borek), 3/4 St. ö. von der Stadt, Barackenansiedlung von 12 H. mit 65 E., nach Melnik eingpf. (Es ist zum Dorfe Borek der Herrschaft Melnik conscribirt). — 7. Chlomek, ein am Abhange und Fuße des gleichnamigen Berges sehr zerstreut liegendes Dorf von 74 H. mit 272 Ein., von welchen 2 H. (der „alte Weingarten" und eine Winzerwohnung) mit 7 Einw. zur Herrschaft Melnik gehören. Vom hiesigen Antheile sind 34 H. einschichtige Weingarten-Gebäude, unter welchen vorzüglich das ansehnliche Baron-Neuberg'sche mit einer Hauskapelle und einem Preßhause (zusammen 4 Conscr. Nummern), und das Wagnerische, ebenfalls mit Hauskapelle und Preßhaus, erwähnt zu werden verdienen. Das Ganze ist nach Melnik eingpf. — 8. Zuhan. 1 1/2 St. ssö. von Melnik, D. von 71 H. mit 369 E., ist zur Lokaliekirche von Zabor (Hft. Melnik) eingpf. und hat 1 Hegerwohnung. Zu diesem Dorfe gehören 3 H. mit 11 E. von der Einschicht Wetrussice, in dem zwischen hier und Kell (Hft. Obřistwy) liegenden Kiefernwalde.

Von folgenden fremdherrschaftlichen Dörfern besitzt das Gut Přiwor kleine Antheile.

9. 1 Chaluppe in dem zur Herrschaft Melnik gehörigen Dorfe Ransowitz. — 10. 1 Bauerhof und 1 Chaluppe in dem Dorfe Klein-Augezd derselben Herrschaft, und 11. 1 Chaluppe in dem zur Herrschaft Liblitz gehörigen Dorfe Jellenitz.

Allodial-Herrschaft Melnik sammt den Gütern Schopka und Skuhrow.

Diese unter Einem Besitzer und gemeinschaftlicher Verwaltung zu einem Ganzen vereinigten Dominien liegen im südwestlichsten Theile des Bunzlauer Kreises, wo derselbe mit dem Leitmeritzer, Rakonitzer und Kaurimer zusammenstößt, und die Moldau sich mit der Elbe vereinigt. Die Gränzen sind in Osten die Dominien Groß-Wschelis, Koschatek, Bezno, Wrutitz und Brandeis, in Süden Lobkowitz, Obřistwy, Chwatierub und Jeniowes, in Westen Raudnitz, Cittow, Ober- und Unter-

Wekkowitz, in Norden Lhoch, Enzowan, Neu-Perstein, Widim-Kokořin, Mschens-Lobes, Hirschberg und Widim-Stranka. Die Dominien Kepin, Liblitz, Pkiwor und Groß-Augezd werden beinahe ganz von der Herrschaft Melnik eingeschlossen.

Das Haupt-Dominium erscheint in der k. Landtafel unter der Benennung Hschft. Melnik, mit den incorporirten Entien Bischitz, Wtelno, Choruschitz und Hořin, (s. Landtäfl. Hauptbuch Litt. A. Tom. IV. Fol. 1), sammt dem Hofe Posadowitz (s. ebendaselbst Tom. IX. Fol. 185.). Die Güter Schopka und Skuhrow aber werden in der königl. Landtafel und im Landeskataster noch als besondere selbstständige Körper aufgeführt (siehe ebendaselbst und zwar Gut Schopka Tom. VII. Fol. 121, und Gut Skuhrow Tom. XII. Fol. 15).

Alles zusammen ist ein Allodium und gehört gegenwärtig dem Fürsten August Longin von Lobkowitz, k. k. Kämmerer und Hofkanzler rc. rc., welcher dieses Gesammt-Dominium von seinem am 12. Juni 1819 verstorbnen Vater, Anton Isidor Fürsten von Lobkowitz rc. rc. ererbt hat.

In Betreff der frühern Besitzer der eigentlichen Herrschaft Melnik wird geschichtlich nachgewiesen, daß sie ehemals der königl. Kammer gehört habe, und vom XVI. Jahrhundert an verschiednen Herren des böhm. Adels pfandweise überlassen worden sei. Schaller nennt als die ersten bekannten Pfandinhaber die Herren von Guttenstein, aus deren Geschlecht Albrecht von Guttenstein die Herrschaft im J. 1537 an den Herrn Christoph von Wartenberg für 4500 Schock meißn. ebenfalls pfandweise abtrat. Auf diesen folgten im Besitz der Herrschaft Zbinko Berka von Duba und Lippa, 1557, Zdislaw Berka von Duba und Lippa 1571, und auf diesen 1579 (wie die noch im Amtsarchiv vorhandene Urkunde Kaiser Rudolphs II. ausweist, also nicht, wie Schaller sagt, 1589) Georg, der ältere, von Lobkowitz. Spätere Pfandinhaber, über welche das Amtsarchiv Auskunft giebt, waren Joachim und Johann von Kolowrat, Vater und Sohn, und hierauf gegen das J. 1625, Wilhelm Slawata, Regierer des Hauses von Neuhaus, Reichsgraf von Chlum und Koschumberg. Im J. 1646 verpfändete K. Ferdinand III. die Hschft. Melnik an Hermann Grafen von Černin, für die Summe von 95000 fl. rhein., und Hermann Jakob Černin, Graf von und zu Chudenitz, auf Petersburg, Gießhübel, Neudek, Kosmanos und Schmiedeberg, erkaufte dieselbe vermöge Kontrakt dd. Wien den 3. Jäner 1687, sammt dem kleinen Gute Střeboschnitz, welches Graf Wilhelm Slawata während seines Pfandbesitzes durch Kauf erworben und mit Melnik vereinigt hatte. Der nächstfolgende Besitzer war Franz Anton Černin Graf von Chudenitz, nach dessen am 30. Dezember 1739 erfolgtem Tode die Herrschaft seiner Tochter Maria Ludmilla erblich zufiel, welche sich später mit dem Fürsten August von Lobkowitz vermählte, und bei ihrem Tode am 20. Juni 1790 die Herrschaft auf ihren Sohn, den oben genannten Fürsten Anton Isidor von Lobkowitz, Vater des jetzigen Besitzers, vererbte. — Das Gut Bischitz, welches ursprünglich aus dem Städtchen Bischitz und den Dörfern Ober-Primor, Kanina und Sedletz bestand, gehörte ehemals den Rittern dieses Namens, kam im J. 1569 an den Ritter Wenzel von Wřesowitz, und im J. 1615 an den Herrn Wenzel Pietipesky von Chisch und Egerberg. (S. Schaller a. a. O. S. 198 und 199.) Nach Riegger (Materialien ꝛc., VI. Heft, S. 149) gehörten Bischitz und Obřistwy zur Zeit der Schlacht am Weißen Berge dem Wenzel Felix Pietipesky, welchem sie confiscirt, auf 86609 Schock 21 Gr. 1 Den. abgeschätzt, und der Fürstinn Polexina von Lobkowitz um 106000 fl. käuflich überlassen wurden. Eben damals wurde auch Čečelitz, das 1506 dem Wenzel Smrčka von Mnichow gehört hatte, dem Georg Smrčka confiscirt, auf 18730 Schock 50 Gr. abgeschätzt, und einem Fürsten von Lobkowitz verkauft. Noch im J. 1694 gehörte Čečelitz dem Franz Anton Berka Grafen Horowa von Duba und Lippa, und Bischitz besaßen zu jener Zeit die Freiherren Pachta von Raihofen, welche späterhin wahrscheinlich auch Čečelitz dazu kauften. Franz Wenzel Pachta, Freiherr von Raihofen, verkaufte das Gut Bischitz am 18. Juli 1713 an den Grafen Franz Joseph von Waldstein auf Münchengrätz ꝛc., welcher es am 29. Juni 1719 wieder an die verwittwete Gräfinn Antonia Josepha von Černin, geborne Gräfinn von Khüenburg, zu Handen ihres unmündigen Sohnes, Franz Anton Černin Grafen von Chudenitz, um die Summe von 180000 fl. rhein. verkaufte, unter dem es mit Melnik vereinigt wurde.

Wtelno, von welchem schon ursprünglich ein Theil zu der ehemals königl. Herrschaft Melnik gehört hatte, bildete am Anfange des 30jährigen Krieges mit dem dortigen Maierhofe und der größern Hälfte des Dorfes ein besonderes Gut, welches den Herren Wtelensky von Wtelno gehörte, wie ein noch jetzt in der Kirche daselbst vorhandener Grabstein dieser Familie bezeugt. Nach der Schlacht auf dem Weißen Berge wurde es dem Johann Wtelensky von Wtelno confiscirt, und um die Summe von 15500 Schock Meißn. an Martin Kinser verkauft. Späterhin gelangte es an Franz Anton Berka Grafen Horowa von Duba und Lippa, aus dessen Händen es sammt einem Antheil der Dörfer Radaun und Lhotka, im Wege der öffentlichen Feilbietung im Jahre 1694 für die Summe von 16863 Schock 50 Gr. 6½ Den. Meißnisch an Hermann Jakob Černin Grafen von Chudenitz überging, welcher es gleichfalls mit Melnik vereinigte.

Das Gut Schopka gehörte nach einer noch im Amtsarchiv vorhandnen Urkunde K. Ottokars vom J. 1268 schon damals dem Augustiner-Kloster zu Schopka, welches in demselben Jahre die Brüder Zmylo von Littow und Paul von Luzenitz gestiftet hatten. Dieses Kloster verlor zwar das Gut im J. 1620 durch die damaligen Direktoren der Melniker Stadtgemeinde, gelangte aber nach der Schlacht auf dem Weißen Berge wieder zum Besitz desselben, und behielt es bis zu seiner Aufhebung im J. 1789, wo

Schopka zum k. k. Religionsfonds gezogen wurde, von welchem es im J. 1780 die oben erwähnte Fürstinn Maria Ludmilla von Lobkowitz für 38000 fl. erkaufte.

Das Gut Skuhrow wurde im J. 1541 von der Melniker Stadtgemeinde dem Herrn Zdislaw Zwiřetický von Wartenberg abgekauft. Sie mußte es im J. 1547 nebst ihren übrigen Besitzungen wegen des damals bewiesenen Ungehorsams gegen K. Ferdinand I. an diesen Monarchen abtreten, erhielt es im J. 1561 zurück, und verkaufte es am 14. Apr. 1729 an Joh. Franz Ritter v. Turba, aus welcher Familie Joh. Joseph es am 26. Apr. 1796 an den Fürsten Anton Isidor von Lobkowitz verkaufte.

Der landtäfliche Hof Pokadowitz war im J. 1767 das Eigenthum eines Herrn Perwolf, von welchem ihn am 30. Mai desselben Jahres die Fürstinn Maria Ludmilla von Lobkowitz durch Kauf an sich brachte.

Die Oberfläche des ganzen Gebiets der jetzigen Hft. Melnik ist größtentheils wellenförmiges Land, und erhebt sich allmählich von den Ufern der Elbe nach Norden und Nordosten hin, ohne jedoch in eigentliches Gebirgsland überzugehen. Die herrschende Formation in dem rechts von der Elbe liegenden Theile ist auf den Anhöhen Plänerkalk, in der Tiefe Quadersandstein; der ebene und tief gelegene Theil links von der Elbe ist von aufgeschwemmtem Lande gebildet. Der Hauptfluß ist die Elbe, welche hier etwas südlich von der Stadt die Moldau aufnimmt, durch deren Vereinigung mit dem Hauptstrome und einen Wassergraben, welcher schon vor der Vereinigung aus der Moldau in die Elbe abgeleitet ist, die dazwischen liegende Insel Aupor gebildet wird. Die Elbe wird aufwärts von der Moldaumündung die Kleine, abwärts aber die Große Elbe genannt. In die Kleine Elbe mündet sich am rechten Ufer, bei dem Maierhofe Střeboschnitz, der Bischitzer Bach, welcher von der Herrschaft Koschatek kommend, das hiesige Gebiet vor der Bischitzer Altmühle betritt, und außer dieser noch vier andere Mühlen treibt. Die Große Elbe empfängt bei Schopka, unterhalb der Stadt Melnik, den sogenannten Forellen- oder Wrutitzer Bach, welcher ehemals auch Pssowka hieß. Er kommt von Norden, aus den Dominien Hauska, Widim - Kokořin und Řepin, schon als ansehnlicher Mühlbach auf das hiesige Gebiet, vergrößert sich aber noch bedeutend beim Dorfe Wrutitz (welches nicht mit dem viel weiter ostwärts liegenden Dorfe Wrutitz des gleichnamigen Gutes zu verwechseln ist), wo am Fuße eines senkrechten, 3 bis 4 Klafter hohen Felsens das reinste Wasser aus sieben starken und mehren kleinern Quellen hervorbricht. Der Bach setzt von hier an auf seinem beiläufig an 4000 W. Kl. langen Laufe 10 Mühlen in Bewegung. Das Gefälle desselben beträgt auf dieser Strecke, nach David, $17\frac{3}{10}$ Klafter, so daß in Folge des schnellen Laufes der Bach auch im stärksten Winter nicht zufriert.

Teiche sind keine vorhanden. Die in älterer Zeit beim Maierhofe Střeboschnitz und bei Wrutitz vorhanden gewesenen Teiche sind schon längst in Acker- oder Wiesenland umgeschaffen worden.

Die Bevölkerung der ganzen Hft. Melnik betrug im J. 1829: 8011 Seelen. Ein großer Theil derselben besteht aus Protestanten (Reformirten oder Helveten). Die Zahl derselben betrug im Jahr 1826: 1328. Auch wohnten eben damals in einigen Dörfern 14 Israeliten-Familien, aus 75 Seelen bestehend. Die herrschende Sprache ist die böhmische.

Die vorzüglichsten Ertrags- und Nahrungsquellen sind Acker-, Wein- und Obstbau. Die landwirthschaftlich verwendbare Bodenfläche des gesammten Dominiums war, nach eignen Angaben des hftl. Oberamtes vom J. 1826:

	Dominicale.		Rusticale.		Zusammen.	
	Joch.	□Kl.	Joch.	□Kl.	Joch.	□Kl.
An ackerbaren Feldern .	2835	1247	14297	504 4/6	17133	151 4/6
„ Trischfeldern	54	1300	2068	1438 2/6	2123	1138 2/6
„ Wiesen .	405	1266 5/6	423	608 2/6	1329	275 2/6
„ Gärten .	90	166 1/6	399	470 5/6	489	637
„ Hutweiden rc.	304	386	1057	949 4/6	1361	1335 4/6
„ Weingärten	148	1157 5/6	441	823 1/6	590	381
„ Waldungen	1315	671 5/6	1947	1057 2/6	3263	128 5/6
Ueberhaupt .	5154	1395 2/6	20635	1052 3/6	25790	847 5/6

Der Boden ist bei der großen Ausdehnung des Dominiums sehr verschieden. Er bietet vom beinahe unfruchtbaren Sand bis zum fruchtbarsten Waizenboden fast alle Abstufungen dar. Indessen begünstigt die Milde des Klimas die Betriebsamkeit der vielen kleinen Wein- und Ackerbauer in der Gegend von Schopka, Mlasitz, Rausowitz, Zabok, Borek, Wehlowitz rc. rc. so sehr, daß sie selbst den, dem Anscheine nach ganz unfruchtbaren und bindungslosen Sand in fruchtbringenden Boden umzuschaffen, und ihm außer Wein, noch Obst, Spargel, Bohnen rc. abzugewinnen wissen, welche Küchengewächse sie, nebst dem Obste, größtentheils nach Prag verführen. Das Hauptprodukt aber ist Getraide. Auch der Wein macht eine vorzügliche Ertragsquelle der obrktl. Gründe, so wie der Gemeinden Mlasitz, Wehlowitz, Schopka, Rausowitz, Zabor und Kell aus. Rechnet man im Durchschnitt auf 1 Joch 12 Eimer, so beträgt der jährliche Weinertrag des ganzen Dominiums über 7000 Eimer. Wir verweisen übrigens in Hinsicht der hiesigen Weinkultur auf das, was wir darüber schon bei der Stadt Melnik gesagt haben.

Obst, besonders rothes, wird sowohl von der Obrigkeit als von den Unterthanen, theils in geschlossenen Gärten, theils im Freien gemischt mit dem Wein gezogen, und macht einen nicht unbedeutenden Erwerbszweig für mehre Dorfbewohner aus, welche dasselbe nach allen Richtungen, selbst bis Prag, größtentheils auf Schubkarren, zu Markte führen.

Bei den Gemeinden Hořin, Wrbno, Brosanek, Rausowitz, Strašchnitz, Střednitz und Wyssoka wird Hopfen gebaut, welcher ehedem nicht unanschnlichen Gewinn brachte. Gegenwärtig aber hat sich der Absatz dieses Erzeugnisses schon seit vielen Jahren beträchtlich vermindert.

Die Einwohner von Bischitz und Čečelitz treiben einen ziemlich bedeutenden Handel mit Hanf, Zwiebeln und Knoblauch.

Der landwirthschaftliche Viehstand war am 30. April 1833:

	bei der Obrigkeit.	bei den Unterthanen.	Zusammen.
Pferde	25 (Alte)	538 (483 Alte, 55 Fohlen)	563
Rindvieh	532 (12 Zuchtstiere, 18 junge St., 270 Kühe, 160 Kalbinnen, 38 Zugochsen, 34 junge Ochsen)	3052 (6 Zuchtstiere, 45 junge St. 2206 Kühe, 260 Kalbinnen, 34 Mastochsen, 436 Zugochsen, 65 junge Ochsen)	3584
Schafvieh	3200 (2200 Alte, 1000 Läm.)	7595 (5715 Alte, 1880 Lämmer)	10795

Die Unterthanen halten im Allgemeinen nur so viel Vieh, als sie zur Bestellung der Felder und zur Düngerbereitung brauchen. Die günstigen Wollpreise der letzten 10 Jahre haben aber eine beträchtliche Erweiterung der Schafzucht zur Folge gehabt.

Zum Betriebe der obrigkeitlichen Oekonomie bestehen 15 Maierhöfe in eigner Regie, und zwar: in Hořin, Begkew, Aupor, Posadowitz, Kleinhof, Schopka, Střeboschnitz, Přiwor, Přeplatil, Bischitz, Wtelno, Mikow, Čečelitz, Sedletz und Skuhrow. Der ehemalige Maierhof zu Choruschitz ist emphyteutisirt. Schäfereien sind in Begkew, Wtelno, Kleinhof, Bischitz und Střeboschnitz. Die zu Mikow, Harbasko und Skuhrow waren 1826 nicht besetzt.

Die Waldungen sind im Verhältniß zur Gesammt=Area, von der sie etwa $\frac{1}{7}$ betragen, nicht bedeutend. Sie liegen überdieß in kleinen Abtheilungen so zerstreut, daß in Bezug auf die obrigkeitlichen Forsten ihre Eintheilung in Reviere sich mehr auf die Benutzung der Wildbahn bezieht. Die einzige geschlossene Waldstrecke ist die auf der Insel Aupor, zwischen der Elbe und Moldau, und der s. g. Königswald, 198 Joch 341 □Kl., welcher fast gänzlich getrennt von der Herrschaft, zwischen den Dominien Liboch, Neu=Perstein, Widim=Kokořin und Stranka liegt. Der jährliche Ertrag deckt weder den Bedarf der Obrigkeit, noch den der Unterthanen, und der größere Theil desselben, besonders das Bauholz, muß durch Ankauf zum Theil von den benachbarten Herrschaften Liboch und Koschatek, größtentheils aber aus den entferntern holzreichen Gegenden des Königgrätzer und Chrudimer Kreises, von wo es auf der Elbe herabgeflößt wird, gedeckt werden. Der Ankauf des Holzes aus den südlichen Kreisen Böhmens, mittelst der Moldau, ist durch die der Hauptstadt Prag zustehende Stapelgerechtigkeit im hohem Grade beschränkt.

Der Wildstand beschränkt sich auf Rebhühner und Hasen, und ist im Verhältniß zur Größe des Areals nur mittelmäßig. Außerdem sind 3 Fasangärten vorhanden.

Die Fischerei ist sowohl in der Elbe und Moldau, als im Forellen= und Bischitzer=Bache von geringer Erheblichkeit. Besonders ist der ehemals hier sehr ergiebige Lachsfang, durch die vor beiläufig 60 J. erfolgte Abtragung der bei Wrbno und Chramostek bestandenen Moldauwehre, fast gänzlich vernichtet worden. Die Theilung des Fischfangsrechtes zwischen der Herrschaft und der Stadt Melnik, in Bezug auf den Forellen- und Goldenbach, mittelst hoher Gubernial-Entscheidung vom 3. Juni 1776, ist schon oben bei der Beschreibung der Stadt Melnik erwähnt worden.

Mit Gewerbsindustrie und Handel waren am Anfange des J. 1832 auf dem ganzen Dominium 272 Personen beschäftigt, worunter sich 174 Meister und andere Gewerbsbefugte mit 43 Gesellen, 20 Lehrlingen und 35 sonstigen Hilfsarbeitern befanden. Man zählte im Einzelnen: 2 Bäcker, 1 Bierbräuer, 32 Bierschänker, 1 Branntweinbrenner, 3 Faßbinder, 7 Fleischhauer, 2 Gärtner, 2 Griesler, 3 Handelsleute (mit gemischten Waaren), 11 Mahlmüller, 3 Mahl- und Sägmüller, 1 Rauchfangkehrer, 2 Schlosser, 16 Schmiedte, 35 Schneider, 27 Schuhmacher, 1 Seifensieder, 1 Seiler, 9 Tischler, 12 Weinschänker, 1 Ziegeldecker und 1 Zimmermeister (8 Gesellen).

Der Verkehr auf den 3 Jahrmärkten des Städtchens Bischitz (Montag vor Florian, vor Kreuzerhöhung und nach Martini) ist höchst unbedeutend. Es finden sich höchstens 20 Verkäufer mit Tuch-, Schnitt-, Krämer-, Eisen- und Blech-, Kürschnerwaaren, Töpfergeschirr und andern Hausgeräthschaften ein. Außerdem findet noch einiger Viehverkauf Statt.

Das Sanitäts-Personale der Herrschaft besteht aus 1 Wundarzte und Geburtshelfer (in Melnik) und 12 Hebammen (in Bischitz, Čečelitz, Wtelno, Choruschitz, Brozanek, Weißkirchen, Mlčechwost, Rausowitz, Borek, Wysoka, Straschnitz und Groß-Augezd).

Im obrigkeitlichen Schlosse zu Melnik besteht ein im J. 1748 vom Grafen Franz Anton Černin von Chudenitz durch testamentarische Anordnung gestiftetes, und von dessen Wittwe Isabella Maria, geborner Marquise von Westerloo, eröffnetes Spital für 4 alte Männer und eben so viele Weiber, welche darin mit Kost, Kleidung und Wohnung verpflegt werden. Ob außerdem auch für die Hausarmen des Dom. ein regulirtes Armen-Institut eingeführt sei, davon geschieht weder in den Fragenbeantwortungen des Oberamtes vom 20. Juni 1826, noch in dem vom löbl. Kreisamte unterm 26. Mai 1832 eingesandten Verzeichnisse sämmtlicher Spitalstiftungen und Armen-Institute des Bunzlauer Kreises, eine Erwähnung.

Der Verkehr mit den benachbarten Dominien geschieht theils auf der Elbe, hauptsächlich stromabwärts, theils zu Lande mittelst der von Melnik einerseits über Kelle und die Stephans-Ueberfuhr nach Prag, andererseits über Schopka nach Dauba und Böhmisch-Leipa führenden Chausséen. Ein Landweg geht von Melnik über Zabor auf das Dominium Brandeis, ein zweiter über Wratitz nach Jung-Bunzlau, und ein dritter mittelst der Elbüberfuhr bei Schopka über Cittow nach Raudnitz.

Die nächste Post ist Brandeis. In Melnik ist bloß eine Briefsammlung.

Folgendes sind die ungetheilten Ortschaften der Herrschaft Melnik, und zwar zuvörderst an der rechten Seite der Elbe:

1. Schopka, 1/4 St. nnw. von Melnik, am rechten Ufer der Elbe, die hier den Forellenbach aufnimmt, Dorf von 117 H. mit 760 E., worunter 3 protest., und 3 israelit. Familien, ist der Sitz des obrktl. Wirthschaftsamtes in dem ehemaligen Augustiner-Klostergebäude, und hat 1 Mhf., den s. g. Kleinhof, mit den Wohnungen der Beamten, 1 Schäf., 1 Bräuhaus (auf 56 Faß), 1 Branntweinhaus, 3 Wirthsh., von welchen das eine, das Čertowker, an der Elbe liegt, wo sich eine Ueberfuhr befindet, und am Forellenbache 3 Mühlen, die Kleinhofer, die Hraballer (mit Brettsäge) und Podlaber (mit Brettsäge). Um das Dorf her liegen 36 Weingärten mit Wohngebäuden. Die hiesige Pfarrkirche unter dem Titel des heil. Laurentius, welche nebst der Schule unter dem Patronate des k. k. Religionsfonds steht, enthält ein schönes Gemälde des heil. Laurentius, muthmaßlich von Cramolin, und gehörte nebst dem Dorfe selbst ehemals zu dem hiesigen Augustiner-Kloster, welches im J. 1264 von den Rittern Zmylo von Cittow und Paul von Luženitz gestiftet, im Hussiten- und 30jährigen Kriege zerstört, wieder neu aufgebaut, und zuletzt am 27. Juli 1789 durch K. Joseph II. aufgehoben wurde. Eingpf. ist außer Schopka und den zu diesem Dorfe gehörigen Weingarten-Häusern, nur das Dorf Mlažitz. Nach Davids Berechnung liegt Schopka 11½ W. Kl. tiefer als Prag, oder 77 W. Klft. über der Nordsee; die mittlere Jahreswärme ist + 8 1/10° Reaum. — 2. Mlažitz, 1/4 St. nnw. von Schopka, weiter abwärts am rechten Elbufer, D. von 29 H. mit 159 E. (worunter 16 protest. Familien), zu welchem aber noch 139 einzelne, zerstreut liegende Weingartens-Häuser mit 765 E. gehören, so daß Schopka in Hinsicht des Weinbaues der wichtigste Ort des Dominiums, ja selbst der ganzen Gegend ist. Diese Weingärten gehören übrigens nicht bloß Unterthanen der hiesigen Herrschaft, sondern auch als emphyteutisirte Gründe, Bürgern von Melnik und selbst Personen höhern Standes, z. B. dem Fürsten Lobkowitz, den Grafen von Thun u. a. m. — 3. Straschnitz, 1½ St. nnö. von Schopka, nahe an der Gränze des Leitmeritzer Kreises, 135,7 W. Kl. über dem Meere (nach Dr. Kiemann), D. von 48 H. mit 321 E. (worunter 35 protest. Familien), ist nach Wysoka eingepfarrt und baut Getraide und Hopfen. — 4. Wysoka, 1½ St. nö. von Schopka, auf einer Anhöhe, von der man eine meilenweite Aussicht nach Osten, Süden und Westen genießt, Dorf von 61 H. mit 348 E., (worunter 51 protest. Familien), welche von Getraide- und Hopfenbau leben, hat eine, von der Gräfinn Isabella Maria Černin von Chudenitz in den J. 1752 bis 1754 durchaus massiv und in einem schönen Style erbaute Pfarrkirche unter dem Titel des heiligen Wenzel, welche nebst der Schule unter dem Patronate der fürstl. Grundobrigkeit steht. Schon im J. 1400 soll, dem Gedächtnißbuch zu Folge, eine Pfarrkirche hier bestanden haben, doch fehlt es darüber an allen weitern Urkunden. Sie war von Holz erbaut, erhielt sich aber selbst während des Hussitenkrieges, und erst im J. 1630 wurde sie von den Schweden geplündert und ihres Seelsorgers beraubt. Im J. 1646 wurde sie dem Pfarrer in Wtelno und später dem Dechant in Chorauschitz zur Besorgung des Gottesdienstes übergeben. Während dieser Zeit hatte sich, durch die Entfernung dieser Orte begünstigt, die Zahl der akatholischen E. von Wysoka, die schon früher nicht unbedeutend gewesen seyn mag, so ansehnlich vermehrt, daß im J. 1725 auf die Bitte der damaligen Besitzerinn der Hft. Melnik,

Gräfinn Antonia von Czernin, geb. Gräfinn von Khünburg, als
Vormünderinn ihres Sohnes Franz Anton, die Kirche in Wysoka wieder
zur selbstständigen Pfarrkirche erhoben und ein eigner Seelsorger angestellt
wurde, für welchen die obenerwähnte Gräfinn Isabella Maria von
Czernin das noch jetzt vorhandene schöne massive Pfarrgebäude von Grund
aus neu erbauen ließ, auf welches dann im J. 1752, wie schon gemeldet, die
Errichtung der neuen Kirche folgte. Die älteste Glocke ist vom J. 1537.
Eingpf. sind, außer Wysoka, jetzt folgende Ortschaften des Dominiums:
Straschnitz, Střebnitz, Zimoř, und die frmdhschftl.: Chotsch,
Bošin, Johannesdorf, Truskawna, Březinka (Hft. Liebisch),
Groß- und Klein-Kokořin und Dul (Hft. Widim-Kokořin). —
Außerdem besitzen die akatholischen (reformirten) Einw. des Orts
hier ein eignes Bethaus, mit einem Pastor, dessen Seelsorge auch die
Glaubensverwandten der benachbarten Dörfer zugewiesen sind. Eben so
unterhalten sie hier eine eigne Schule. — 5. Střebnitz, 1½ St. nö.
von Schopka, zwischen Straschnitz und Wysoka in einem sanften Thale gelegen,
D. von 16 H. mit 75 E. (worunter 15 protest. Familien), welche von
Getraide- und Hopfenbau leben, ist nach Wysoka eingpf. — 6. Choraus-
schek, 3¼ St. onö. von Schopka, am Rande eines Thales, welches sich
zwischen hier und Chorauschitz hinzieht, D. von 17 H. mit 96 E. (worunter
13 protest. Familien), ist nach Chorauschitz eingpf. Abseits liegt die einschichtige
Chaluppe, na Drahách. — 7. Chorauschitz, 3¼ St. onö. von
Schopka, dem Vorigen gegenüber, Dorf von 54 H. mit 263 Einw. (worunter
29 protest. Familien), hat eine schöne Dechanteikirche, unter dem Titel
der heil. Maria von Serrat, welche nebst der Schule unter dem
Patronate der fürstlichen Grundobrigkeit steht. Sie bestand als Pfarrkirche
bereits im J. 1384 und enthält noch ein Marienbild, welches den Gedenkbüchern
zufolge durch einen teutschen Ritter schon damals aus Italien
hierher gebracht worden seyn soll. Die jetzige Dechantei wurde erst im
J. 1716 durch die vorhin bei Wysoka erwähnte Gräfinn Antonia von
Czernin errichtet, welche zugleich die jetzige neue Kirche erbaute. Sie enthält
die Grabsteine der Dechanten Caspar Studnička und Mathias
Adalbert Fischer. Die Glocken tragen die Jahrzahlen 1416, 1593 und
1656. Eingepfarrt sind, außer Chorauschitz, noch die hschftl. Dörfer:
Chorauschek, Wtelno (mit Filialkirche) und das zur Hschft. Repin
gehörige Zahag. — 8. Groß-Zamach, 4 St. ö. von Schopka, auf
einer Anhöhe, D. von 19 H. mit 88 E. (worunter 9 protest. Familien), ist
nach Kablin (Hft. Weißwasser) eingpf. — 9. Wtelno (zum Unterschiede
von Iser-Wtelno bei Stranow (s. G. Stranow), auch Melnik-Wtelno
genannt) 3½ St. ö. von Schopka, in einer schönen Ebene, an der Straße
nach Jung-Bunzlau, D. von 82 H. mit 425 E. (worunter 22 protest. und 1
israel. Familie), hat 1 schönen vor etwa 10 Jahren ganz neu und solid gebauten
Mhf., nebst Schäf., 1 obrktl. Wirthsh. und 1 obrktl. Branntweinh.
Die hiesige, im J. 1730 neu erbaute schöne Kirche, unter dem Titel des
heil. Michael, gehört als Filiale zum Sprengel der Dechantei von
Chorauschitz. Sie bestand schon 1384 als eigene Pfarrkirche und blieb dieses
bis zur Errichtung der erwähnten Dechantei. Die Grabsteine des Ritters
Rikolaus Wrelensky von Wtelno, und seiner Gattinn († 1612 und
1613) sind aus der ältern Kirche übertragen worden. Die Schule wurde
im J. 1818 von der Obrigkeit ganz neu erbaut. Außerdem befindet sich hier
ein reformirtes Bethaus, mit einem Pastor, dessen Seelsorge auch
die Glaubensverwandten benachbarter Dominien zugewiesen sind. Die Kin-

der aber besuchen, in Ermangelung einer eignen Schule, die katholische. — 10. Ober-Přiwor, 2½ St. sö. von Schopka, am Bischitzer Bache, D. von 31 H. mit 164 E., ist nach dem gegenüber liegenden Wschetat (Hft. Brandeis) eingepf., und hat 1 Mhf. und 1 Mühle. — 11. Střeboschnitz, 2¼ St. sö. von Schopka, an der Mündung des Bischitzer Baches in die Elbe, war ehemals ein Dörfchen mit einem Maierhofe, welches einen eignen Bestand bildete, vom Grafen Wilhelm von Slawata aber, der 1625 Pfandinhaber der Hft. Melnik war, gekauft und mit der Letztern vereinigt wurde. Im J. 1717 brachte die Gräfinn Antonia Černin von Chudenitz, als Vormünderinn ihres Sohnes Franz Anton, die sämmtlichen unterthänigen Besitzungen des Dörfchens durch Kauf an sich und vereinigte sie mit dem Mhf., so daß seit dieser Zeit keine Spur der ehemaligen Dorfgebäude mehr vorhanden ist. ¼ St. öst. vom Maierhofe, an der von Melnik nach Brandeis führenden Straße, liegt am Bache die Kabrner Mühle (gewöhnlich die Rothe Mühle genannt) mit Brettsäge, und dicht dabei das Wirthsh. Kaberna. Das Ganze ist zum D. Tischitz der Hft. Brandeis conscribirt und nach Wschetat, derselben Hft., eingepf. — 12. Zaboř, 1¼ St. sö. von Schopka, am sw. Fuße einer sanften Anhöhe, die sich oberhalb Melnik bis Ober-Přiwor hinzieht, und an der Straße nach Brandeis, D. von 56 H. mit 266 E., (worunter 21 protest. Familien), Der größere Theil desselben, 36 Nummern mit 164 E., besteht aus Weingärten, die sich nö. vom Orte, am Abhange der Anhöhe, ausbreiten. Am Anfange des XV. Jahrhunderts gehörte Zaboř dem Frauenkloster zu St. Georg in Prag, welches dasselbe im J. 1405 an einen Hrn. Golda gegen das D. Lužetz abtrat (nach Hammerschmidt, bei Schaller, a. a. O. S. 198, wo aber durch Druckfehler 1305 steht). Im J. 1641 erscheint der Prager Schloßhauptmann, Adalbert Benedá von Nečtin, als Besitzer von Zaboř. Wann es zur Hft. Melnik gekommen, ist nicht bekannt. Die hiesige Lokaliekirche, unter dem Titel Mariä Geburt, bestand als Pfarrkirche schon 1384. Während des Hussitenkrieges verlor sie ihren Seelsorger, wurde späterhin von den Melniker Schloßkaplänen administrirt, hierauf im J. 1725 wieder zur selbstständigen Pfarrkirche erhoben, 1737 aber neuerdings der Melniker Dechantei als Filiale zugetheilt, bis endlich im J. 1788 unter K. Joseph II. ein eigner Lokalist hier angestellt wurde, der unter dem Patronat der Obrigkeit steht. Auch ist hier eine Schule. Eingepfarrt sind außer Zaboř, die Dörfer Auhan (Gut Přiwor,) und Kell (Hft. Obřistwy), mit den dazu conscribirten einschichtigen Weingärten, der Maierhof Mikow (bei Skolka) und die Einschicht Wětrussice, zwischen Auhan und Kell. — 13. Skolka, 1 St. sö. von Schopka, Dörfchen aus 1 Wirthshause, 1 Schmiedte und dem ¼ St. sö. gelegnen obrigktl. Maierhofe Mikow bestehend, zusammen mit 18 E.; der Mhf. bildete mit 7 Bauern und 6 Chaluppnern ehemals ein eignes Dorf, welches aber im dreißigjährigen Kriege gänzlich zerstört und von den Einwohnern verlassen wurde, so daß die Regierung 1654 die Gründe derselben mit dem Maierhofe vereinigte. Das Wirthshaus und die Schmiede sind zur Dechanteikirche in Melnik eingepf. — 14. Skuhrow, ¾ St. sö. von Schopka, zu beiden Seiten des Wrutitzer Baches, D. von 38 H. mit 181 E., ist zur Dechanteikirche in Melnik eingepf. und hat 1 obrigkeitl., von einem Wirthschaftsbeamten bewohntes kleines Schlößchen und 2 Mahlm., (die obere mit 1 Brettsäge); ¼ St. nö., zwischen Skuhrow und Wrutitz, liegt der zum D. conscribirte obrigktl. Maierhof Přeplatil. Bis zum J. 1823 befand sich auch ein obrigktl. Mhf. in Skuhrow selbst, dessen Gebäude aber nebst dem Schlößchen damals abgebrannten, worauf nur das letztere wieder neu aufgebaut, der Mhf. aber mit dem Hofe Pšeplatil vereinigt wurde. Zu Stuhrow sind noch die an das D. Worek d. angebauten 13 Häuslerwhn., gewöhnlich die Stuhrower Häusel genannt, conscribirt. — 15. Zimoř, 2 St. nnö. von Schopka, in einem romantischen Felsenthale, abgesondert vom übrigen Körper der Hft., wird in Ober- und Unter-Zimoř (Hořenj und Dolenj Zimoř) eingetheilt, wovon jenes 8 H. mit 51 E., dieses 19 H. mit 116 E. hat, unter welchen sich zusammen 22 protest. Familien befinden. 1 St. n. von Zimoř liegt der Königswald mit 1 einschichtigen obrktl. Jägerh. Das D. ist nach Wysoka eingpf.

Folgende ungetheilte Orte liegen links von der Elbe:

16. Zelčin, 3/4 St. sw. von Schopka, am linken Moldauufer, Dsch. von 6 H. mit 26 E., nach Wrbno eingpf. — 17. Chramaštek, 1 St. sw. von Schopka, unweit des linken Moldauufers, D. von 18 H. mit 127 E., nach Lužec (Hft. Raudnitz) eingpf. — 18. Mlčehost, 2 1/4 St. wsw. von Schopka, am linken Ufer der Moldau, D. von 34 H. mit 197 E. (worunter 7 protest. Familien), nach Weprek (Hft. Jeniowes) eingpf. — 19. Jenšowitz (Genzowice), 1 St. w. von Schopka, am Fuße des Jenšowitzer Berges, Dsch. von 7 H. mit 47 E., nach Cittow eingpf. — 20. Brosanek (Brozanek), 1/2 St. ssw. von Schopka, fast dicht am Hořiner Schloßgarten, D. von 23 H. mit 151 E. (worunter 5 protest. Familien), nach Hořin eingpf.

Von folgenden Ortschaften gehören Antheile zu fremden Dominien:

21. Hořin, 1/2 St. s. von Schopka, am linken Ufer des Moldauarmes, an welchem sich die Hořiner obrktl. Mhl. befindet, und durch welchen von Wrbno herab mit dem Hauptstrome die Inseln Lauschka und Lipa, oder Linden-Insel gebildet werden, welche so wie zuvor den Ueberschwemmungen sehr ausgesetzt sind, D. von 40 H. mit 264 E. (worunter 3 protestantische Familien). Davon gehören 2 H. mit 15 E. zum Gute Tupsko (des Rak. Kr.). Hořin hat 1 schönes hschftl. Schloß mit einer 1787 zur Pfarrkirche erhobenen Kapelle, und einem daranstoßenden weitläuftigen englischen Park, 1 Schule, 1 Mhf., 1 Wirthsh., und etwas entfernt vom Orte 1 obrktl. Jägerh. mit 1 Fasangarten. Das Schloß mit der Kapelle ist im J. 1746 in Folge letztwilliger Anordnung des am 30. Dezember 1739 verstorbnen Grafen Franz Anton Černin von Chudenitz, von dessen hinterlassener Wittwe Isabella Maria, gebornen Marquise von Westerloo, durch einen italiänischen Architekten erbaut worden. Es besteht aus einem Hauptgebäude mit zwei Flügeln und vier Pavillons, welche durch Nebengebäude verbunden einen sehr geräumigen Hof einschließen. Der Garten ist im J. 1806 angelegt worden. Die Kirche hängt mit dem linken Flügel des Schlosses zusammen, und gleicht von außen völlig dem Pavillon des gegenüber stehenden Flügels. Im Innern bildet sie eine Rotunde, deren prachtvolle von Molitore gemalte Kuppel eben so bewundert wird, als die Bauart des Schlosses und der Kirche selbst. Die Erhebung der ehemaligen Kapelle zur Pfarrkirche erfolgte auf Verwendung der Fürstinn Maria Ludmilla von Lobkowitz, geb. Gräfinn Černin von Chudenitz, mittelst allerhöchsten Hofdekrets K. Josephs II. vom 19. Juni 1787. Sie steht nebst der Schule unter dem Patronate der Obrkt., und gehört zur Prager Erzdiözes. Eingepf. ist, außer Hořin selbst, noch das D. Brosanek. Auf dem Friedhofe, außerhalb des Orts, befinden sich mitten unter den Gräbern der entschlafnen Dorfbewohner, die Grabstätten der Stifterinn der Kirche, Maria Ludmilla († 1790), und ihres Ge-

mahlin, August Fürsten von Lobkowitz († 1803); jede mit einem einfachen Steine bedeckt, der eine lateinische Grabschrift enthält. Die auf dem Grabe der Fürstin spricht auf eine eben so einfache als rührende Weise die liebevolle Anhänglichkeit aus, welche zwischen dieser hohen Frau und ihren Unterthanen Statt fand *). Zu den Füßen seiner erhabenen Ältern ruht, ohne irgend ein Grabmahl, wie er es im Testamente ausdrücklich verordnet hatte, der am 12. Juni 1819 verstorbene Fürst Anton Isidor von Lobkowitz &c. &c., und ihm zur Seite dessen Schwester Theresia, Fürstinn von Lobkowitz. — Seit dem J. 1826 ist bei diesem Gottesacker eine fürstl. Familiengruft mit einer Kapelle darüber erbaut worden. Die Einw. von Hořin nähren sich von Acker- und Hopfenbau, und besitzen auch ansehnliche Obstgärten. Der als ausgezeichneter Compositeur bekannte k. k. Dom-Kapellmeister zu Prag, Johann Nepomuk Wittasek, ist der Sohn des verstorbenen Hořiner Schullehrers Wenzel Wittasek, und wurde hier am 22. Februar 1770 geboren. — 22. Wrbno, ¾ St. sw. von Schopka, am linken Ufer der Moldau, über welche hier eine Ueberfuhr besteht, D. von 41 H. mit 293 E., von welchen 19 H. mit 109 E. zum Gute Tursko (des Rak. Kr.) gehören. Beim hiesigen Antheile ist der ¼ St. ss. liegende obrktl. Mhf. Lupes, auf der Insel dieses Namens zwischen der Moldau und Elbe, zu bemerken, dessen jetzige Gebäude nach der Zerstörung durch den Eisgang und die große Ueberschwemmung vom 28. Febr. 1784 ganz neu auf einem einige Schuh erhöhten Damm, wo noch überdieß die Vorrichtung getroffen worden ist, daß bei höhern Ueberschwemmungen der ganze Viehstand auf den Boden unter dem Dache in Sicherheit gebracht werden kann, errichtet worden sind. Die vortrefflichen Felder, üppigen Wiesen und schönen Waldungen dieser Insel machen sie zu einer der angenehmsten Gegenden von Böhmen. Die hiesige Pfarrkirche, unter dem Titel der Kreuzerhöhung, bestand schon im J. 1236, gehört aber zum Antheile des dem ritterlichen Kreuzherren-Orden zu Prag gehörigen G. Tursko, und steht unter dem Patronate des General-Großmeisters dieses Ordens. Eingepfarrt sind, außer Wrbno selbst, die Dfr. Zelčin (Hschft. Melnik) und Mlčechwostow? (Hschft. Unter-Beřkowitz und Melnik). Näheres über die Geschichte dieses Dfs. wird bei der Beschreibung des Gutes Tursko selbst gesagt werden. — 23. Wranian, 2 St. sw. von Schopka, am linken Ufer der Moldau, D. von 42 H. mit 236 E., von welchen 16 H. mit 87 E. zum Herzogthum Raudnitz gehören, ist nach Lužec (dess. Dom.) eingpf., und hat 1 im J. 1800 errichtete emph. Mühle. — 24. Weißkirchen (Wšseiowes), ½ St. nw. von Schopka, am linken Ufer der Elbe; D. von 58 H. mit 298 E., von welchen 16 H. mit 104 E. zur Hft. Unter-Beřkowitz gehören, welcher Antheil zugleich die hiesige Pfarrkirche und 1 Mhf. in sich begreift. (S. dieses Dom. beim Rak. Kr.) Zum Melniker Antheile gehört der ¼ St. s. vom D., gleichfalls am linken Elbufer liegende, vor etwa 10 J. ganz neu erbaute Mhf. Pšalowitz, welcher ehe-

*) Inter vos Maria Ludmilla e S. R. I. Principibus a Lobkowitz, S. R. I. Com. Czernin a Chudenitz nata, tamquam Angeli, mei Hospes? ..., qui in vita me sanctis votis adjuvistis, post mortem uti nondum frequentes piis precibus prosequimini. Obtestor religioni vos esse fideles, legi, patriae. Dixerim salutem tenerrimo marito Augusto, uti et mene abstinuimus Antonio, Theresiae, Eleonorae incolumitatem, mihi quietem, amplectentem exorate. Sic animo comparato a vobis abii XII. Cal. Julii MDCCCIII.

mais eine eigene landtäfl. Besitzung bildet. (S. oben.) — 25. Wehlowitz, ½ St. n. von Schopka, am hochgelegenen rechten Ufer der Elbe und an der Chaussée nach Liboch und Böhmisch-Leipa, ein sehr zerstreut liegendes, größtentheils aus Weingärtenhäusern bestehendes D. von 86 Nrn. mit 410 E. (worunter 23 protest. und 2 israel. Familien). Davon gehören 4 H. mit 19 E. (worunter 8 protest. Familien) zur Hft. Unter-Wekelsdorf. Die äußersten H. gegen N. reichen fast bis an das D. Liboch (Leitm. Kr.), und es wird hier schon Teutsch gesprochen. Auch ist das D. nach Liboch eingpf. Bei dem Pawlikschen Weingarten, an der Chaussée nach Liboch, steht eine öffentliche Kapelle unter dem Titel des h. Johann von Nepomuk, worin am Feste dieses Heiligen, und in der Oktave, vom Libocher Pfarrer Gottesdienst gehalten wird. — 26. Kanina, 2½ St. nö. von Schopka, am ö. Abhange des Thales, welches sich von Kokořin bis Wruutz herabzieht, D. von 33 H. mit 179 E. Davon gehören 17 H. mit 89 E. (worunter 10 protest. Familien) zur Hft. Melnik, und 16 H. mit 82 E. (worunter 19 protest. und 1 israel. Familie) zur Hschft. Kepin. Das Ganze ist nach Mscheno (Gut Mscheno) eingpf. — 27. Sedlez, 2¾ St. nö. von Schopka, D. von 40 H. mit 193 E. (worunter 11 protest. und 1 israel. Familie), von welchen 1 H. mit 5 E. zur Hschft. Kepin gehört, ist nach Mscheno eingpf., und hat 1 obrktl. Mhf. und 1 dto. Wirthsh. — 28. Groß-Augezd (Welky-Augezd), 2¼ St. onö. von Schopka, D. von 58 H. mit 308 E. Davon gehören 29 H. mit 161 E. (worunter 29 protest. Familien) zur Hschft. Melnik; die übrigen 30 H. mit 147 E. (worunter 29 protest. Familien) bilden das besondere landtäfl. Gut Groß-Augezd. Das Ganze ist nach Nebaschel (Hft. Kepin) eingpf. — 29. Wischitz (Wyssice), 2¼ St. sö. von Schopka, zu beiden Seiten des Wischitzer und Kloketsch-Baches, unterthäniger Marktflecken von 100 H. mit 580 E., von welchen 2 H. mit 7 E. zum Gute Alt-Bunzlau (Kauř. Kr.) gehören. Unter den Bewohnern des hiesigen Antheils befinden sich 5 protest. und 4 israel. Familie. Der Marktflecken ist nach dem ¼ St. w. entfernten Lieblitz (Hschft. Lieblitz) eingpf., wohin eine schöne Kastanien-Allee führt, und hat 1 schön gebautes und sehr geschmackvoll eingerichtetes obrktl. Schloß mit einer Schloßkapelle und 1 schönen Garten, 1 obrktl. Mhf., 1 Schäf., 1 Fasangarten, 1 Wirthsh. und 3 Mhl., von welchen die eine (die Altmühle) ¼ St. aufwärts am Bache liegt, und eigentlich zum D. Čečelitz conscribirt ist, gewöhnlich aber doch zu Wischitz gerechnet wird. Die hiesige, n. auf einer Anhöhe stehende Filial-Kirche zu St. Johann dem Täufer steht zwar unter dem Patronate der Obrkt., welche auch die Verwaltung ihres Vermögens besorgt; der Gottesdienst wird aber jeden dritten Sonntag vom Pfarrer zu Lieblitz gehalten. Die Schloßkapelle ist bloß für die Obrkt. und ihre Dienerschaft bestimmt. Die hiesigen Einwohner leben größtentheils vom Ackerbau. Die 3 Jahrmärkte, welche dem Marktflecken von K. Leopold I. mittelst Urkunde vom 15. Mai 1677 bewilligt worden, sind, wie schon oben gesagt, von keiner Erheblichkeit. ½ St. n. vom Orte liegt der obrktl. Hammelhof Harbasko. — 30. Čečelitz, 2½ St. sö. von Schopka, D. von 110 H. mit 659 E. (worunter 3 israel. Familien). Davon gehören 99 H. mit 585 E. zur Hft. Melnik, 9 H. mit 68 E. zur Hft. Brandeis, und 2 H. mit 7 E. zur Hft. Koschatek. Beim Melniker Antheile sind 1 obrktl. Mhf., 2 Wirthsh. und 1 Fasangarten anzuführen; auch ist zu Čečelitz die ¼ St. n. am Wischitzer Bache liegende Altmühle conscribirt (s. Wischitz). Die hiesige Pfarrkirche, unter dem Titel des h. Gallus, erscheint als solche in den Errichtungsbüchern schon

1384; 1391 und 1396. Späterhin war sie, wie es scheint, in Folge des 30jährigen Krieges, lange Zeit ohne Seelsorger, und wurde vom Dechant zu Elb-Kosteletz administrirt. Erst im J. 1721 erhielt sie, unter der damaligen Besitzerinn der Hft. Melnik, Antonia Gräfinn Černin von Chudenitz, als Vormünderinn ihres Sohnes Franz Anton, wieder einen eigenen Pfarrer. Sie steht nebst der Schule unter dem Patronate der Obrkt., und zu ihrem Sprengel gehört, außer Čečelitz selbst, noch das D. Kojowitz (Hschft. Koschatek). Im Innern der Kirche befindet sich der Grabstein der 1619 verstorbnen Besitzerinn von Čečelitz, Maria Anna Smrčka, geb. Sslechtičná von Žeberka. Die große Glocke enthält das Bildniß des Wenzel Smrčka von Mnichow, mit der Jahrszahl 1596. — 31. Klein-Augezd (Malý-Augezd), 1 St. sw. von Schopka, am linken Ufer des Wrutitzer Baches, D. von 21 H. mit 130 E. (worunter 1 protest. Familie); davon gehören zur Hft. 19 H. mit 117 E., und 2 H. mit 13 E. zum G. Přiwor; ist zur Dechanteikirche in Melnik eingpf. — 32. Wrutitz (Wrutice), 1 St. ö. von Schopka, im Thale des hier ansehnlich verstärkten, mehrerwähnten Baches (s. oben), und an der Straße von Melnik nach Jung-Bunzlau, D. von 33 H. mit 164 E., von welchen 30 H. mit 149 E. (worunter 6 protest. Familien) zur Hft. Melnik, und 3 H. mit 15 E. (worunter 1 protestant. Familie) zur Hft. Kepin gehören; ist zur Dechanteikirche in Melnik eingpf., und hat 1 (Rustical-) Mahlmühle. — 33. Borek, 3/4 St. sö. von Schopka, D. von 53 H. mit 286 E. Davon gehören 34 H. mit 196 E. (worunter 1 israel. Familie) zur Hschft. Melnik, 19 H. mit 90 E. aber, welche den Namen Neu-Borek führen, zum Gute Přiwor; die 13 s. g. Stuhrower Häusel sind zum D. Stuhrow conscribirt (siehe oben Nr. 14); das ganze D. Borek ist zur Dechanteikirche in Melnik eingpf., und hat 1 Filialschule. — 34. Raukowitz, 1/2 St. s. von Schopka, am Wrutitzer Bache, D. von 76 H. mit 386 E. (worunter 2 protest. Familien). Davon gehört 1 H. mit 3 E. zum Gute Přiwor; 30 Nrn. bestehen aus zerstreuten Weingärten, die sich auf der Anhöhe gegen Stuhrow hinziehen; in der Mitte derselben erhebt sich das im J. 1720 von Johann Franz Ritter von Turba erbaute, jetzt obrktl. Lustschlößchen Turbowitz, welches eine der herrlichsten Aussichten auf die Elbe und Moldau, so wie auf die jenseitigen Fluren des Rakonitzer und Kaurzimer Kr. darbietet. Am Wrutitzer Bache ist 1 Mhl. mit 1 Brettsäge. Das Ganze ist zur Dechanteikirche in Melnik eingpf.

Von folgenden fremdherrschaftlichen Orten besitzt die Hschft. Melnik Antheile, und zwar:

35. Von der k. Leibgedingstadt Melnik 3 H. mit 17 E., nämlich in der Stadt das s. g. Alte Schloß und das Wirthsh. Peklo, in der Prager Vorstadt aber 1 Jägh. (S. Kön. Leibgedingstadt Melnik). 36. Fischerei (Rybaky, auch Kozlow), 1/4 St. s. von Schopka, am Fuße des Melniker Stadtberges, D. des G. Přiwor (s. dieses), von welchem die Hft. Melnik 7 H. mit 37 E. besitzt, die größtentheils vom Fischfang leben, den sie von der Obrkt. gepachtet haben. Hier ist eine öffentliche Ueberfuhr, welche gewöhnlich die „Rybaker," auch wohl die „Kozlower" oder „Hořiner" genannt wird. — 37. Blatt (na Blatech), 1/2 St. sö. von Schopka, am Wrutitzer Bache, D. des G. Přiwor, von welchem 2 H. (1 Bauer und 1 Chaluppner) mit 13 E. zur Hschft. Melnik gehören. — 38. Kell (auch Kelle), 1 1/4 St. ssö. von Schopka, nicht weit vom rechten Elbufer, an der Prager Straße, ein nach Zabor eingpf. D. der Hschft. Obříštwy (Kaurzimer Kr.), von welchem 30 H. mit 122 E. zur Hschft.

Melnik gehören. — 39. Střižowitz, 2½ St. nnö. von Schopka, ein nach Unter-Gliwno eingpf. D. der Hft. Koschatek, von welchem die Hft. Melnik 3 H. mit 19 E. besitzt. — 40. Kny, 2½ St. nö. von Schopka, ein nach Repin eingpf. D., mit Filialkirche, der Hschft. Repin, von welchem die Hschft. Melnik 25 H. mit 124 E. besitzt. — 41. Nadamw, 3¼ St. ö. von Schopka, ein nach Repin eingpf., aber mit eigner Filialkirche versehenes D. der Hschft. Repin, von welchem 3 H. mit 11 E. zur Hft. Melnik gehören. — 42. Lhotka, 1¼ St. ö. von Schopka, in dem von Kokořin sich herabziehenden Thale, ein nach Nebužel eingpf. D. der Hft. Unter-Beřkowitz (Rakonitzer Kr.), von welchem bloß 1 Chaluppner und 1 Häusler zur Hft. Melnik gehören. — 43. Potscheplitz (Počeplice), 2 St. nnw. von Schopka, am rechten Elbeufer, und an der von Melnik nach Leitmeritz führenden Straße, ein nach Wegstädtel eingpf. D. der Hft. Liboch (Leitmeritzer Kr.), von welchem 17 H. mit 85 E. zur Hft. Melnik gehören. — 44. Mastirowitz, 4 St. nw. von Schopka, ein nach Wettel (Herz. Raudnitz) eingpf. D. der Hft. Hrzaswan (Leitmeritzer Kr.), von welchem 10 H. mit 61 E. den hschftl. Melniker Antheil ausmachen. — 45. Wegkow, ¾ St. w. von Schopka, jenseits der Elbe, ein nach Wrbno eingpf. D. der Hft. Unter-Beřkowitz, von welchem 4 H. den hftl. Melniker Antheil ausmachen. Darunter befindet sich 1 obrktl. Mhf. und 1 Schäf., von welcher eine schöne lange Allee nach Hořin führet. — 46. Daniowes, 1½ St. w. von Schopka, jenseits der Elbe, ein nach Cittow eingpf. D. des gleichnamigen Gutes, von welchem 6 H. zur Hft. Melnik gehören. —

Unter dem Schutze der Hschft. Melnik steht das vom Leitmeritzer Kreise enclavirte Municipal-Städtchen Wegstädtel (Štětí), 2½ St. nnw. von Schopka, am rechten Ufer der Elbe, in einer den Ueberschwemmungen dieses Flusses ausgesetzten Ebene, und an der Straße von Melnik nach Leitmeritz. Es besteht aus 200 H. mit 1042 E., hat seinen eignen Magistrat (mit 1 Bürgermeister und 1 geprüften Rathe) und sein eignes Steueramt. In Hinsicht der ökonomischen Verwaltung steht es unter der Hft. Melnik. Das Wappen des Städtchens ist ein weißer Thurm im blauen Felde, über welchem in schräger Richtung ein schwarzer gezackter Balken liegt. Das Rathhaus, in der Mitte des Ringes oder Marktplatzes, enthält über dem Eingange einen in Stein gehauenen Adler mit der Inschrift: „Haec domus odit, amat, punit, conservat, honorat, nequitiam, pacem, crimina, jura, probos." Die Pfarrkirche, unter dem Titel der h. Apost. Simon und Judas, ist nach der großen Beschädigung durch die Ueberschwemmung vom 28. Febr. 1784, im folgenden Jahre ganz neu erbaut worden, und steht unter dem Patronate der schutzherrlichen Obrigkeit der Hft. Melnik. Ueber die Schule übt der Magistrat das Patronatsrecht aus. Die Kirche enthält gute Fresco-Malereien von Kramolin. Die aus der ältern Kirche bewahrten Glocken haben die Jahrszahlen 1530 und 1626. Eingepfarrt sind, außer dem Städtchen selbst, die Dörfer Potscheplitz und Stratschen (Hschft. Liboch), Ratschitz und Hniewitz (Herz. Raudnitz, jenseits der Elbe). Obwohl in Wegstädtel selbst durchaus Deutsch gesprochen wird, so muß doch, wegen der böhm. Einw. der beiden letztern Dfr., abwechselnd in beiden Sprachen gepredigt werden. Die Nahrungs- und Ertragsquellen des Städtchens sind hauptsächlich Getraide- und Hopfenbau, nebst städtischen Gewerben. Die landwirthschaftliche Bodenfläche betrug nach dem Katastral-Zergliederungssummarium vom J. 1832:

	Dominicale.		Rusticale.		Zusammen.	
	Joch.	□Kl.	Joch.	□Kl.	Joch.	□Kl.
An ackerbaren Feldern	184	1002	868	898	1053	300
" Trischfeldern	3	84	12	408	15	492
" Wiesen	2	800	—	241	2	1041
" Gärten	—	804	7	716	7	1520
" Hutweiden ꝛc.	13	1170	6	1400	20	970
" Weingärten	9	985	57	432	66	1417
" Waldungen	66	1181	28	56	94	1237
Ueberhaupt	280	1226	980	951	1261	577

Der Boden, dessen Unterlage hier ebenfalls der Plänerkalk bildet, gehört zur bessern Gattung; man baut nicht nur alle gewöhnlichen Getraidearten, sondern auch Hopfen und Klee, welcher bei dem geringen Wiesenbestande das Haupt-Futtergewächs ausmacht. Einige der Stadtgemeinde gehörige Elbinseln werden als Gräsland benützt. Obstbau wird sowohl in Gärten, als im Freien betrieben. Der Weinbau ist jetzt unbedeutend; wahrscheinlich ist ein Theil der oben angegebenen Area der Weingärten, die sich auf die Josephinische Steuerregulirung gründet, in Ackerland umgeschaffen worden. Ueber den Waldbestand liegen keine weitern Angaben vor. Der Viehstand der Einwohner betrug Ende April 1833: an Pferden 14 Stück (Alte), an Rindvieh 123 St. (1 Zuchtstier, 108 Kühe, 1 Kalbinn, 6 Mastochsen und 7 Zugochsen), und an Schafen 309 St. (246 Alte, 63 Lämmer). Die Stadt besitzt das Recht des Lachsfanges und der Kleinfischerei in der Elbe, verpachtet aber dasselbe von 3 zu 6 Jahren. Eben so wird auch das städtische Bräuh. (auf 12 Faß) und die Branntwein-Brennerei verpachtet, und der Pachtschilling unter die 60 bräuberechtigten Bürger vertheilt. An der Elbe liegen zwei der Stadtgemeinde gehörige emph. Schiffmhl. Das vorzüglichste Industrial-Gewerbe ist die Strumpfwirkerei, mit welcher am Anfange des J. 1832 nicht weniger als 72 Meister mit 55 Gesellen und 28 Lehrlingen, zusammen also 155 Personen beschäftigt waren. Der Absatz des Erzeugnisses geschieht nach Prag und den umliegenden Marktplätzen. Die übrigen Gewerbsleute waren eben damals: 4 Fleischhauer, 2 Lebzelter, 3 Leinweber, 1 Schlosser, 2 Schmiedte, 6 Schneider, 14 Schuhmacher und 2 Weißbäcker, zusammen mit 17 Gesellen und Lehrlingen. Handelsleute waren 2 Besitzer von gemischten Waarenhandlungen und 2 Krämer. Sanitäts-Personen sind: 1 Wundarzt und 2 Hebammen. Die hiesigen 3 Jahrmärkte (am zweiten Donnerstag nach Ostern, Donnerstag vor Galli und Donnerstag nach Allerheiligen, jedes Mal auch Viehmarkt), werden von den Bewohnern der nächstgelegenen Ortschaften besucht, und sind nicht sehr erheblich. — Die Privilegien der Stadt sind von der Königinn Johanna (Gemahlinn Georgs von Podiebrad), 1467, Wladislaw II., 17. Febr. 1502, Ferdinand I., 1549 und 1557, Rudolph II., 1608, Ferdinand II., 13. März 1630, und Ferdinand III., 14. Sept. 1652. Sie beziehen sich auf die Bewilligung der Jahrmärkte und das Recht des freien Bierbräuens, gegen einen der Hschft. Melnik zu entrichtenden Zins. — Das im J. 1795 durch den Bürger Franz Hicke gestiftete Armen-Institut hatte am Ende des J. 1831 ein Stammvermögen von 2709 fl. 47 kr. W. W., und das Jahreseinkommen wurde zu 180 fl. angeschlagen, von welchen 6 Arme zu unterstützen waren.

Gut Stranka oder Widim=Stranka.

Dieses, seit dem J. 1756 der böhmischen Augustiner=Provinz gehörige Gut liegt im südwestlichen Theile des Kreises, zwischen den Dominien Hauska und Mscheno=Lobes in Norden und Osten, Melnik und Widim=Kokořin in Süden und Westen. Abgesondert von der Hauptmasse liegt an der westlichen Gränze des Kreises, wo er die Hft. Liboch des Leitmeritzer Kreises berührt, das Dorf Zittney.

Bis zum Anfange des XVIII. Jahrhunderts waren Stranka und Zittney mit der jetzigen Hft. Widim=Kokořin vereinigt und das Ganze führte den gemeinschaftlichen Namen Hft. Widim. Durch die Erbschaftstheilung nach dem Tode des Freiherrn Karl Joseph von Böck, im J. 1700, wurden Stranka und Zittney davon getrennt und gelangten, als besonderes Dominium, an den Grafen Conrad Mathäus von Sparr, von diesem aber an den kaiserlichen General A. F. Ritter von Beneda, welcher es am 1. Juli 1756 der böhm. Augustiner=Provinz für die Summe von 105000 fl. verkaufte. Das Dominium heißt seit jener Erbschaftstheilung auch Widim erster Theil, während Widim=Kokořin den Namen Widim zweiter Theil führt. (Siehe Landtäfliches Hauptbuch Litt. A. Tom. XXI. Fol. 281)

Die größtentheils aus Sandstein bestehende Oberfläche wird im nordwestlichen Theile nach verschiednen Richtungen von Schluchten und Gründen durchschnitten; der südöstliche Theil, bei Stranka, ist mehr eben, und hier ist Plänerkalk die herrschende Felsart. Bemerkenswerthe Berge sind: die Janowa Hora, der Kohlberg, Feigelberg, Zlutschberg und Schiffberg; sämmtlich mit Waldungen bedeckt.

Das einzige Gewässer ist der oberhalb Hauska aus mehren Quellen entstehende kleine Palatzer Mühlbach (Palacky Potok), welcher nach Süden auf das Gebiet der Dominien Widim=Kokořin und Melnik fließt. Sehr drückend ist im östlichen Theile des Dominiums der Mangel an Quellwasser, welches zum Theil aus beträchtlicher Entfernung und mit großer Beschwerde herbeigeholt werden muß. Ein kleiner Bach, der bei Klein=Blatzen entspringt, geht nordwestlich auf das Neu=Perfteiner Gebiet, in den Galgenmühl=Bach.

Die Volksmenge betrug 1830: 1563 Seelen. Die Einwohner bekennen sich, mit Ausnahme von 33 protestantischen und 5 Israeliten=Familien, zur katholischen Religion und sprechen theils Teutsch theils Böhmisch.

Die Haupt=Ertrags=und Nahrungsquelle ist die Landwirthschaft. Die nutzbare Area betrug, nach wirthschaftsamtlichen Angaben vom J. 1825, 4819 Joch 366 □Klafter. Nach dem Katastral=Zergliederungssummarium vom J. 1832 war die landwirthschaftliche Bodenfläche:

	Dominicale.		Rusticale.		Zusammen.	
	Joch.	□Kl.	Joch.	□Kl.	Joch.	□Kl.
Ackerbare Felder . . .	905	790	1995	1104	2901	294
Trischfelder	4	224	24	907	28	1131
Wiesen	63	894	49	1488	113	782
Gärten	47	481	63	1452	111	333
Hutweiden 2c.	63	431	92	522	155	953
Waldungen	1274	1172	234	488	1509	60
Ueberhaupt	2358	792	2460	1161	4819	353

Der beste Ackerboden ist im östlichen Theile des Dominiums, bei den Dörfern Stranka, Thein und Kadlin, wo alle Getraidegattungen angebaut werden; von schlechterer Beschaffenheit, mit vielem Sande gemischt, ist er bei den übrigen Ortschaften, wo meistens nur Korn und Haber gewonnen werden kann. Auch Erdäpfel gedeihen gut, Hopfen aber nur mittelmäßig. Der Obstbau ist nicht bedeutend und beschränkt sich größtentheils auf geringere Sorten, welche in Gärten gezogen werden.

Der landwirthschaftliche Viehstand (unter welchem auch der des kleinen Gutes Groß-Angezd begriffen ist, welches vom Wirthschaftsamte in Stranka mit verwaltet wird) ergiebt sich aus folgender Übersicht vom 30. April 1833:

	bei der Obrigkeit.	bei den Unterthanen.	Zusammen.
Pferde	14 (Alte) . . .	77 (71 Alte, 6 Fohlen) . .	91
Rindvieh	78 . . . . . . (3 Zuchtstiere, 59 Kühe und 16 Kalbinnen)	958 . . . . (4 Zuchtst., 728 Kühe, 146 Kalbinnen und 80 Zugochsen)	1036
Schafe	699 : . . . . . (548 Alte, 151 Läm.)	1744 . . . . (1284 Alte, 460 Lämmer)	2443

Zur Bewirthschaftung der obrigkeitlichen Gründe bestehen 4 Maierhöfe in eigner Regie (in Stranka, Kadlin, Dubus und Zittney).

Die ansehnlichen Waldungen enthalten theils Kiefern, Fichten und Tannen, theils Birken und Buchen, und sind in 4 Reviere, das Stranker, 26 Joch, das Palatzer, 674 J., des Dobřiner, 384 Joch, und das Zittneyer, 189 Joch, eingetheilt. Der jährliche Ertrag ist beiläufig 580 Klafter. Wegen beschwerlicher Zufuhr kann bloß nach Melnik und dessen Umgebung einiges Holz verführt werden.

Der Wildstand beschränkt sich auf eine geringe Zahl von Rehen, Hasen und Rebhühnern, welche an den hier häufigen Füchsen und andern kleinen Raubthieren zahlreiche Feinde haben.

Mit Gewerbs-Industrie beschäftigten sich am Anfange des J. 1832 nur 42 Personen, darunter: 1 Bierbräuer, 1 Branntweinbrenner, 8 Bierschänker, 1 Faßbinder, 1 Fleischhauer, 2 Maurer, 4 Müller, 6 Schmiedte, 4 Schneider, 5 Schuhmacher, 2 Wagner und 2 Zimmerleute.

In Stranka sind 2 Hebammen.

Durch Schedowitz und Dobkin geht die bei trocknem Wetter ziemlich gute Fahrstraße von Melnik nach Böhmisch-Leipa; die übrigen

Verbindungswege sind sehr beschwerlich. Die nächste Briefsammlung ist in Mscheno.

Das Dominium besteht aus folgenden Ortschaften:

1. Stranka, 3 3/4 St. w. von der Kreisstadt Jung-Bunzlau, D. von 61 H. mit 406 böhmischen E. (worunter 30 protest. und 2 israelit. Familien), ist der Sitz des Wirthschaftsamtes, nach Mscheno eingpf., und hat 1 obrktl. Schloß, 1 Mhf. und Schäf. Zu bemerken ist der 120 Ellen tiefe Hofbrunnen, welcher aber kaum das für das Schloß und den Mhf. nöthige Wasser liefert. — 2. Thein (Tegno), 1/4 St. s. von Stranka, D. von 18 H. mit 80 böhmischen E. (worunter 3 protest. Familien), ist nach Kadlin (Hft. Weißwasser) eingpf. Es mangelt hier gänzlich an Brunnen. — 3. Wolleschno, 1 1/4 St. nw. von Stranka, jenseits des Palatzer Mühlbaches, auf einer Anhöhe, D. von 19 H. mit 90 teutschen E.; ist nach Mscheno eingpf. — 4. Konradsthal, 1 1/4 St. nnw. von Stranka, zu beiden Seiten des Palatzer Mühlbaches, Dorf von 23 H. mit 136 teutschen E., ist nach Mscheno eingpf., hat 1 Schule, und in geringer Entfernung n. 1 emph. Mühle. — 5. Dubus, 2 St. nw. von Stranka, jenseits des Mühlbaches, D. von 20 H. mit 127 teutschen E.; ist nach Bosim (Gut Hauska) eingpf. und hat 1 obrktl. Mhf., der 1/8 St. s. vom Orte liegt. Auch sind zu diesem Dorfe die Einschichten: Sandberg, 3 H. mit 19 E., 1/4 St. s., Pfeiferberg, 2 H. mit 12 E., 1/4 St. s., und Kostelitek, 1 H. mit 7 E., 1/2 St. nw. conscribirt. — 6. Klein-Blaken, 2 1/2 St. nw. von Stranka, D. von 16 H. mit 90 teutschen E., nach Bosim (Gut Hauska) eingpf. — 7. Dobkin, 2 St. nw. von Stranka, an der Straße von Melnik nach Böhmisch-Leipa, D. von 30 H. mit 168 größtentheils böhmischen E., ist nach Ober-Widim (Hft. Widim-Kokořin) eingpf. und hat 1 obrktl. Jägh. — 8. Zittney (Cirneg), 2 1/4 St. wnw. von Stranka, unweit der Gränze der Hft. Liboch (Leit. Kr.), D. von 24 H. mit 142 teutschen E., ist nach Ober-Widim (Hft. Widim-Kokořin) eingpf. und hat 1 Filialschule und 1 obrktl. Mhf. Das Trink- und Kochwasser muß hier ebenfalls aus der Entfernung geholt werden.

Von folgenden Dörfern gehören Antheile zu fremden Dominien:

9. Albertsthal (oder Albrechtsthal), 1 1/4 St. nw. von Stranka, zu beiden Seiten des Palatzer Mühlbaches, D. von 26 H. mit 158 E., (worunter 2 israel. Familien), von welchen 1 H. mit 6 E. zur Herrschaft Widim-Kokořin gehört; ist nach Mscheno eingpf., und hat 1 obrktl. Bräuhaus, 1 obrktl. Branntweinhaus, und 2 emph. Mühlen, wovon die eine (Bauda) etwa 300 Schritte n. vom Orte liegt. — 10. Brusney (oder Brusna), 1 1/4 St. nnw. von Stranka, am linken Ufer des Mühlbaches, auf der Anhöhe, Dorf von 18 H. mit 113 teutschen E., von welchen 11 H. mit 69 E. hieher, die übrigen 7 H. mit 44 E. zum Gute Hauska gehören; ist nach Mscheno eingepf. — 11. Rey- und Weinberg, 1 St. nnw. von Stranka, ein aus zwei, durch eine Entfernung von etwa 1/8 Viertelst. getrennten Theilen bestehendes, nach Mscheno eingepfarrtes Dörfchen von 10 H. mit 53 teutschen E., von welchen 2 H. mit 9 E. zur Hft. Widim-Kokořin gehören.

Von folgenden fremdherrschaftlichen Dörfern besitzt das Dominium Stranka Antheile:

12. Kadlin, 3/4 St. sö. von Stranka, D. der Herrschaft Weißwasser von 25 H. mit 152 größtentheils protest. E.; davon gehören 13 H. mit 70 E. hieher. Die Pfarrkirche und die Schule stehen unter dem

Patronate der Hft. Weißwasser; beim hiesigen Antheile ist 1 obrkl. Mhf. — 13. Unter-Widim (Podwidim), 2½ St. nw. von Stranka, ein nach Ober-Widim eingepf. Dorf der Hft. Widim-Kokořin, von 45 H. mit 267 Einw.; davon besitzt das Gut Stranka 18 H. mit 86 Einw. — 14. Schedoweiz, 2¼ St. nw. von Stranka, an der Straße von Melnik nach Böhmisch-Leipa, ein nach Ober-Widim eingepf. D. der Hft. Widim-Kokořin von 33 H. mit 220 E., von welchen 9 H. mit 50 E. zum G. Stranka gehören. — 15. Gestřebiz, 1½ St. nw. von Stranka, ein nach Ober-Widim eingpf. Dorf der Herrschaft Widim-Kokořin von 70 H. mit 480 E., von welchen 2 H. mit 12 E. den hiesigen Antheil ausmachen. — 16. Dul, 1¼ St. wnw. von Stranka, Dorf der Hft. Widim-Kokořin, von 31 H. mit 196 Einw. Das Gut Stranka besitzt davon die ½ St. s. liegende Hlutschower Mühle. — 17. Kluk (oder Kluky), 1 St. nö. von Stranka, 1 nach Skalsko eingpf. Dorf des Gutes Niměřiz von 40 H. mit 220 E. Davon gehört die ½ St. entfernte Bauernwirthschaft Zebiz (oder Řebiz) zum Gute Stranka.

Allodial-Gut Groß-Augezd.

Dieses kleine Dominium besteht aus einem Antheile des gegenwärtig mit der Hschft. Melnik vereinigten Dorfes Groß-Augezd. Am Anfange des XVIII. Jahrhunderts war es ein Bestandtheil der Hft. Řepin, wurde aber im J. 1799 von dem damaligen Besitzer derselben Joseph Grafen von Desfours-Walderode für 12200 fl. damaliger Wiener Währung an den Prager Bürger Georg Dörfel verkauft. (S. Hft. Řepin). Von diesem gelangte es im J. 1821 durch Erbfolge an die gegenwärtigen Besitzer Anton Dörfel und dessen Ehegattinn Anna. (S. Landtäfl. Hauptb. Litt. A. Tom. V. Fol. 181) Die Verwaltung des Gutes besorgt das Wirthschaftsamt des benachbarten Gutes Stranka.

Die nutzbare Bodenfläche beträgt, nach wirthschaftsamtlichen Angaben vom J. 1825, 345 Joch 375½ □Klafter, nach dem Kataſtral-Zergliederungs-Summarium vom J. 1832 aber:

	Dominicale.		Rusticale.		Zusammen.	
	Joch.	□Kl.	Joch.	□Kl.	Joch.	□Kl.
An ackerbaren Feldern	155	924	109	1384	265	708
= Trischfeldern	—	—	5	1543	5	1543
= Gärten	3	1549	5	307	9	256
= Hutweiden rc.	1	993	13	718	15	111
= Waldungen	32	860	17	417	49	1277
Ueberhaupt	193	1126	151	1169	345	695

Die Einwohner nähren sich theils vom Feldbau, theils von Taglöhner-Arbeiten. Man baut alle Getraidegattungen, auch Hopfen, und in den Hausgärten einiges Obst.

Der Viehstand ist in dem beim Gute Stranka enthalten.

Der Ertrag des obrigkeitlichen Forstreviers ist an 20 Klafter geringes Laubholz.

Das Dorf Groß-Augezd (Welky-Augezd) liegt ½ Stunde südwestlich von Stranka, an dem Fahrwege nach Repin, wird bei der Hft. Melnik conscribirt, ist nach Nebuzel eingepfarrt und hat im Ganzen 58 Häuser mit 308 böhmischen Einwohnern. Davon gehören hieher 30 Häuser mit 147 Einwohnern, worunter 30 protestantische Familien in 22 Nummern. Bei diesem Antheile befindet sich 1 obrigkeitlicher Maierhof und 1 Wirthshaus.

Allodial-Gut Groß-Wschelis.

Dieses Gut liegt westl. von der Iser, zwischen den Dominien Mschenо-Lobes, Klein-Wschelis und Nimeřitz in Norden, Sowinka und Bezno in Osten und Südosten, Melnik in Süden, und Stranka in Westen.

Die ältesten bekannten Besitzer von Groß-Wschelis sind die Ritter Bzensky von Prorubа (s. Hft. Bezno), von welchen noch im J. 1650 Wenzel Bzensky als Eigenthümer dieses Gutes erscheint. Von diesem gelangte es zu Ende des XVII. Jahrhunderts an die Grafen von Wieznik. Im J. 1789 besaß es der k. k. Appellationspräsident zu Prag, Franz Xaver Graf von Wieznik, welchem 1793 durch testamentarische Anordnung Graf Emanuel von Wieznek folgte. Dieser verkaufte im Jahre 1795 das Gut an Joseph Aloys Swiha, von welchem es 1803 ebenfalls durch Kauf an Franz Markus überging. Dieser überließ es im J. 1808 käuflich an den k. k. Feldmarschall-Lieutenant Karl Fürsten von Rohan, von welchem es nebst einigen andern Besitzungen im J. 1824 gegen die Hft. Semil und das G. Gesseney an den Eigenthümer derselben, Jakob Veit, ausgetauscht wurde. Dieser Letztere verkaufte späterhin das Gut Groß-Wschelis an die Brüder Franz und Johann Dostal, welche es noch gegenwärtig im Besitz haben. Das Gut Skalsko, welches Fürst Karl von Rohan im J. 1809 kaufte und mit Groß-Wschelis vereinigte, wurde schon im J. 1822 wieder an die Freiinn von Lützow, geborne Gräfinn von Kaunitz, verkauft und ist jetzt mit dem Gute Nimeřitz vereinigt. (S. Landtäfl. Hauptbuch, Litt. A. Tom. VII. Fol. 201.)

Die Oberfläche ist von derselben Beschaffenheit, wie bei den umliegenden Dominien. Mangel an Quellwasser und Wiesengründen ist auch hier vorherrschend. Obwohl von einigen Thälern durchschnitten, enthält doch keines derselben ein fließendes Wasser. Bloß zum Tränken des Viehes ist in jedem Dorfe ein natürlicher Wasserbehälter vorhanden; das Trinkwasser für die Menschen muß, zum Theil mit großer Beschwerlichkeit, aus der Entfernung herbeigeschafft werden.

Die Bevölkerung war im J. 1830: 692 Seelen stark. Die Einw. sprechen größtentheils Böhmisch und bekennen sich, mit Ausnahme von 20 protestantischen (helvetischen oder reformirten) und 3 israelitischen Familien, zur katholischen Religion.

Die vorzüglichste Ertrags- und Erwerbsquelle ist die Landwirthschaft, zu deren Betrieb nach dem Katastral-Zergliederungssummarium vom J. 1832 folgende Bodenfläche vorhanden war:

	Dominicale.		Rusticale.		Zusammen.	
	Joch.	□Kl.	Joch.	□Kl.	Joch.	□Kl.
An ackerbaren Feldern . .	520	607	873	1325	1394	332
= Gärten	6	1335	12	1545	19	1280
= Hutweiden rc.	29	251	15	160	44	411
= Waldungen	99	353	50	206	149	559
Ueberhaupt	655	946	952	36	1607	982

Der Ackerboden ist ein leichter Letten von mittelmäßiger Fruchtbarkeit und erzeugt die gewöhnlichen Getraidegattungen und sonstigen Feldfrüchte. Auf den obrigkeitlichen Gründen bestehen ansehnliche Obstpflanzungen.

Die Viehzucht erstreckt sich auf Pferde, Rinder, Schafe, Schweine und Gänse. Der Bestand der drei erstern Gattungen (worunter auch der des benachbarten Gutes Klein-Wschelis mit begriffen) war am 30 April 1833:

	der Obrigkeit.	der Unterthanen.	Zusammen.
Pferde	8 (Alte) . . .	44 (Alte)	52
Rindvieh	27 . . . . . . (1 Zuchtstier, 20 Kühe, 4 Kalbinnen, 2 Zugochsen)	243 . . . . (1 Zuchtst., 2 junge St. 195 Kühe, 36 Kalb., 9 Zugochs.)	270
Schafe	350 . . . . . . (310 Alte, 40 Lämmer)	808 (Alte)	1158

Die Waldungen bestehen bloß aus Nadelholz und decken mit ihrem Ertrage hinlänglich den Bedarf des Dominiums. Der Wildstand, Hasen und Rebhühner, ist im Verhältniß zur Area sehr gering.

Zum Betrieb der obrigkeitlichen Oekonomie sind 2 Maierhöfe in Groß-Wschelis vorhanden, die unter eigner Verwaltung stehen.

Mit Gewerben und Handel beschäftigten sich am Anfange des J. 1832 20 Personen, nämlich 1 Fleischhauer und Schänkwirth, 3 Maurer (Gesellen), 3 Schmiedte, 1 Schneider, 2 Schnittwaaren-Händler, 3 Schuhmacher, und 2 Zimmerleute.

Der Verkehr mit den Nachbarorten wird durch den Mangel an guten Fahrwegen sehr erschwert. Die nächste Post ist in Jung-Bunzlau.

Die einzelnen Ortschaften sind:

1. Groß-Wschelis (Weliky Wšselise), 2½ St. wsw. von Jung-Bunzlau, D. von 65 H. mit 349 E. (worunter 10 protest. und 3 israel. Familien), ist der Amtsort des Dominiums und hat 1 in den J. 1831 und 1832 von Grund aus neu gebautes Schloß, und 2 obrktl. Mhf. nebst 2 Schäf. In Hinsicht der Seelsorge ist Groß-Wschelis dem Sprengel der Pfarrkirche zu Bezno zugewiesen, deren Patronat seit dem J. 1724 die hiesige Grundobrkt. zum dritten Theil besitzt, d. h. die erledigte Pfarrstelle wird zwei Mal nach einander vom Grundherrn zu Bezno, das dritte Mal aber durch den von Groß-Wschelis besetzt. (Siehe Hschft. Bezno.) — 2. Klein-Zamach (Maly Zamacha), ½ St. w. von Groß-Wschelis, ein erst im J. 1796 durch Zerstückelung von Maierhofsgründen entstandenes Dominikal-Dorf von 11 H. mit 52 E., nach Kablin (Hft. Weißwasser) eingpf. Unterhalb dieses Dfs., im Thale, sind 2 Brunnen, aus welchen die

Einw. von Klein- und Groß-Lamach, so wie von Kablin, bei großer Dürre auch die von Lebeh, ihren Bedarf an Wasser holen müssen. (Schaller a. a. O. S. 141.) — 3. Lebeh, $1^1/_4$ St. nw. von Groß-Wschelis, D. von 10 H. mit 45 E. (worunter 5 protest. Familien), nach Kablin eingpf. — 4. Boretsch (Boreč), $^3/_4$ St. n. von Groß-Wschelis, D. von 43 H. mit 246 E. (worunter 5 protest. Familien), ist nach Skalsko (Gut Niměřitz) eingpf.; 20 H. mit 109 E. gehören zur Hft. Bezno; das D. wird aber bei Groß-Wschelis conscribirt.

Gut Klein-Wschelis.

Dieses, dem jedesmaligen Dechanten bei der Collegialkirche am Wyssehrad zu Prag gehörige, kleine Dominium besteht bloß aus dem bei dem Gute Groß-Wschelis conscribirten Dorfe Klein-Wschelis, welches $2\frac{1}{2}$ St. westsüdwestlich von der Kreisstadt Jung-Bunzlau entfernt ist und aus 18 Häusern mit 81 Einwohnern besteht, worunter sich 1 protestantische Familie befindet. Die Unterthanen besitzen, nach dem Katastral-Zergliederungssummarium vom J. 1832, an Rustikal-Gründen: 461 Joch 752 □Kl. ackerbare Felder, 6 Joch 181 □Kl. Gärten, und 13 Joch 655 □Kl. Waldungen. Der Viehstand ist unter dem beim Gute Groß-Wschelis angegebenen mit begriffen. Dominikal-Gründe sind nicht vorhanden. In kirchlicher Hinsicht ist das Dorf Klein-Wschelis dem Sprengel des Pfarrers zu Bezno (Hft. dieses Namens) zugewiesen. (Siehe Landtäfliches Hauptbuch, Litt. A. Tom. V. Fol. 213.)

Gut Sowinka.

Dieses dem fürsterzbischöflichen Seminarium zu Prag gehörige Dominium liegt auf der rechten Seite der Iser, etwa eine Stunde von derselben entfernt, zerstreut zwischen den Dominien Nimierzitz, Kensko, Stranow, Bezno, Groß-Wschelis, Klein-Wschelis, und Weißwasser.

Nach den vorhandnen ältesten Urkunden waren vom XV. Jahrhunderte bis in die erste Hälfte des XVII. die damaligen Ritter Hrzan von Harras Besitzer von Sowinka, und zwar besaßen im J. 1612 die Brüder Wenzel und Georg aus dieser Familie das Gut gemeinschaftlich. (Aus den in Urkunden damaliger Zeit bis 1620 oft vorkommenden Worten „na Sowinkách a Libeni" sieht man, daß das später mit der Hft. Kepin vereinigte Gut Lieben damals zu Sowinka gehört habe). Im J. 1613 überließ Georg Hrzan von Harras das Gut Sowinka mittelst Vergleich seinem Bruder Wenzel als alleiniges Eigenthum. Da dieser in den Aufstand gegen K. Ferdinand II. verflochten war, so wurde ihm Sowinka, mit welchem damals schon Krasna (Krasnowes) vereinigt war, nach der Schlacht auf dem Weißen Berge confiscirt und Beides am 13. März 1623 dem damaligen k. k. Appellationsrath Peter Fux von Wranaholz um die Summe von 21820 Schock meißn. käuflich überlassen. Dieser bestimmte durch letztwillige Anordnung im J. 1627 das Gut Sowinka zu einer Stiftung für 12 geistliche Studirende und ernannte zum Administrator derselben den Magistrat der Altstadt Prag. Im J. 1628 aber wurde diese Stiftung durch einen vom Kaiser bestätigten Vergleich zwischen dem damaligen Fürst-Erzbischof zu Prag und Kardinal, Ernest Adalbert Graf von Harrach, und dem erwähnten Prager Magistrat, an das damals neu errichtete Altstädter theologische Seminarium abgetreten, und die Administration des Gutes blieb bis zum J. 1784 dem jedesmaligen Fürst-Erzbischof zu Prag überlassen. Als aber damals in Folge der Verfügungen K. Josephs II. das geistliche General-Seminarium zu Prag errichtet wurde, zog die Regierung das Gut Sowinka zum k. k. Religionsfonds und ordnete es der k. k. Staatsgüter-Administration unter, bei welcher Gelegenheit es mit dem benachbarten, gleichfalls zum Religionsfonds gehörigen Gute Skalsko vereinigt und von dort aus verwaltet wurde. Nach der Aufhebung des erwähnten General-Seminariums, unter K. Leopold II. im J. 1790, in deren Folge die Zöglinge wieder der alleinigen Fürsorge der Bischöfe überlassen wurden, gelangte Sowinka, als Stiftungsgut, mittelst Hofdekret vom 4. Juli desselben Jahres wieder unter die Administration des Prager Fürst-Erzbischofs. (S. Landtäfl. Hauptbuch, Litt. A. Tom. XVII. Fol 21.)

Die Oberfläche des Gebiets ist ziemlich uneben, ohne jedoch eigentliche Berge zu besitzen. Den nördlichen Theil durchzieht das tief eingeschnittene Thal des Kowaner (oder Strenitzer) Baches, welcher bei Unter-Krnsko in die Iser fällt. Westlich von Sowinka erstreckt sich ein ähnliches Thal mit dem hier noch unbedeutenden Klokotsch- (oder Quall-) Bache, von Norden nach Süden. Plänerkalk und Quadersandstein sind die vorherrschenden Felsarten, die sich an den Gehängen der genannten Thäler hie und da als festanstehende Massen zeigen. Der Ackerboden besteht zur Hälfte aus humusreichem Thon, zur Hälfte aus Mergel und Sand. Bemerkenswerth ist der Mangel an Wiesengründen, und an gutem Koch- und Trinkwasser, so daß man zum Tränken des Viehes Regen- und Schneewasser in Cisternen zu sammeln, und wenn diese bei anhaltender Dürre vertrocknen, das Wasser aus dem Kowaner Bache herbeizuschaffen genöthigt ist. Teiche sind nirgends vorhanden.

Die Bevölkerung war 1830: 782 Seelen stark. Die Einwohner sind, mit Ausnahme von 20 protestantischen (helvetischen) Familien und 1 israelitischen, sämmtlich Katholiken. Die herrschende Sprache ist die böhmische.

Die Erwerbs- und Ertragsquellen sind die verschiednen Zweige der Landwirthschaft nebst einigen technischen Gewerben. Die zum Behuf der Dekonomie verwendbare Bodenfläche betrug nach dem Katastral-Zergliederungssummarium vom J. 1832:

	Dominicale.		Rusticale.		Zusammen.	
	Joch.	□Kl.	Joch.	□Kl.	Joch.	□Kl.
An ackerbaren Feldern .	465	1477	1093	690	1559	567
= Trischfeldern . . .	—	—	43	132	43	132
= Wiesen	12	742	10	1264	23	406
= Gärten	8	1641	23	1373	32	314

	Dominicale.		Rusticale.		Zusammen.	
	Joch.	□Kl.	Joch.	□Kl.	Joch.	□Kl.
An Hutweiden ꝛc.	70	207	52	1010	122	1217
= Waldungen	93	441	11	1456	105	297
Ueberhaupt	650	708	1235	1125	1886	233

Der Ackerboden ist, wie die oben angegebne Mischung desselben zeigt, fruchtbar, und besonders dem Waizen zuträglich, der daher auch, nebst Gerste, am meisten angebaut wird. Korn und Hafer, Erbsen, Linsen und Wicken cultivirt man bloß für den eignen Bedarf. Der Absatz des Getraides geschieht nach Böhmisch=Leipa und Gabel, wohin es durch dortige Fuhrleute selbst von hier abgeholt wird. Auch werden, doch nur in geringer Menge, Hopfen, Buchwaizen, Hirse, Mohn, Flachs, Hanf und Erdäpfel, so wie zum Behuf der Viehzucht, beträchtlich viel Brabanter und Luzerner Klee angebaut, dessen Gedeihen man durch Düngen mit Braunkohlen=Asche (aus dem Bila=Thale des Leitmeritzer Kreises) befördert. Obstzucht, und zwar in edeln Sorten, treibt man sowohl in Gärten, als im freien Felde, ziemlich beträchtlich.

Folgendes ist die Uebersicht des landwirthschaftlichen Viehstandes, vom 30. April 1833:

	der Obrigkeit.	der Unterthanen.	Zusammen.
Pferde	8 (Alte) . . .	47 (32 Alte, 15 Fohlen)	55
Rindvieh	33	242	275
	(1 Zuchtstier, 1 junger St., 23 Kühe, 8 Kalbinnen)	(1 junger St., 196 Kühe, 31 Kalb., 13 Zugo., 1 junger O.)	
Schafvieh	560	962	1522
	(430 Alte, 130 Lämmer)	(744 Alte, 218 Lämmer)	

Auch werden Schweine und Gänse, aber nur zum Bedarf der eignen Haushaltungen, gezogen. Die Pferdezucht kann wegen Mangel an gutem Wasser und an Weiden nur schwach betrieben werden.

Zur Bewirthschaftung der obrigkeitlichen Gründe bestehen drei Maierhöfe, und zwar 1 (zu Sowinka) in eigner Regie, 1 emphyteutisirter (Klucka) und 1 zeitlich verpachteter (zu Krasna).

Die Waldungen bilden ein einziges Revier und liefern bloß Büschelholz, jährlich etwa 120 Schock, aus Stockausschlägen von Eichen, Weißbuchen, Birken, Espen und Haselstauden bestehend. Die Jagdbarkeit ist, der gemischten Gründe wegen, unbedeutend; es werden jährlich etwa 80 Hasen und 150 Rebhühner geschossen, und größtentheils nach Jung=Bunzlau abgesetzt.

Die Steinbrüche des Dominiums liefern einen weißen, zum Bauen nicht unbrauchbaren Sandstein, der zu Quadern, Pflasterplatten, Gewölbsteinen, Futter= und Wassertrögen behauen wird. Der Kalkstein ist sehr unrein und mit Sand gemischt.

Von Gewerbsleuten waren für den Anfang des J. 1832 in Allem nicht mehr als 11 Personen angegeben, nämlich 1 Bäcker, 1 Bierbräuer, 1 Branntweinbrenner, 2 Fleischhauer (zugleich Bierschänker) und 2 Müller, zusammen mit 4 Gesellen und Gehilfen. Auf den

Jahrmärkten zu Sowinka werden von etwa 50 inländischen Verkäufern, in 20 Buden und auf 20 Ständen, verschiedne Schnittwaaren, Kleidungsstoffe, Lederwerk, Krämerwaaren rc. feilgeboten. Die Getraidemärkte zu Sowinka haben, wegen der Nähe der Kreisstadt Jung-Bunzlau, wohin sich, durch die Chausséen begünstigt, nach und nach aller Verkehr dieser Art gezogen hat, schon längst aufgehört. Durch das Dominium Sowinka führen überall nur Landwege, von welchen der über Ober-Cetno und Kowan nach Hirschberg und Böhmisch-Leipa immer in gutem Stande gehalten wird und für leichtes Fuhrwerk hinlänglich fahrbar ist. Die nächste Poststation ist Jung-Bunzlau.

Folgendes sind die Ortschaften des Dominiums:

1. Sowinka, 2 St. sw. von der Kreisstadt Jung-Bunzlau, und ½ Viertelst. nw. vom D. Bezno (dem Hauptorte des gleichnamigen Dom.), an der Straße von Benatek nach Hirschberg, Schutzstädtchen von 53 H. mit 301 E. (worunter 8 protest. Familien); ist der Amtsort des Dominiums und hat 1 obrktl. Schlößchen, 1 Mhf. nebst 1 Schäf., 1 kleines Rathh. und 1 geräumiges Einkehrh. Auch gehört zum Orte der ¼ St. nw., jenseits des Thales auf der Anhöhe liegende, aus 4 Nrn. bestehende emph. Mhf. Klucka. Das Städtchen hat sein eignes Wappen, eine Eule enthaltend, die mit ihren Klauen 2 Ziesel (Erd-Zeisel, Mus Citellus) hält. Wahrscheinlich steht dieses Wappen mit dem Namen der Stadt (von Sowa, die Eule) in Verbindung; doch weiß man darüber nichts Näheres. Auf die Ziesel (böhmisch Sysel) deutet auch der Name Syslow hin, welchen die w. vom Städtchen über dem Thale auf der Anhöhe liegende Burgruine führt. Die Wallgräben sind noch kennbar, auch ist noch ein mit gutem Wasser versehener Brunnen vorhanden. Ohne Zweifel ist diese Burg schon vor mehren Jahrhunderten zerstört worden, da sich keinerlei Nachricht über dieselbe vorfindet. Das Städtchen erhielt im J. 1664 auf Verwendung des Fürst-Erzbischofs zu Prag, Ernest Adalbert Grafen von Harrach, vom K. Leopold I. das Privilegium, jeden Dienstag einen Wochenmarkt auf Getraide und Vieh, und an den Dienstagen vor Lichtmeß und Wenzeslai Jahrmärkte zu halten. Die Wochenmärkte werden indeß, wie oben gesagt worden, schon längst nicht mehr besucht, und auch die Jahrmärkte sind von keiner Erheblichkeit. In Hinsicht der Seelsorge und des Jugendunterrichts ist Sowinka der benachbarten Pfarrkirche und Schule zu Bezno zugewiesen. — 2. Kowan, 1½ St. n. von Sowinka, am linken Ufer des Kowaner-Baches, auf der Anhöhe, Marktflecken von 32 H. mit 142 E. (worunter 1 Israeliten-Familie), hat eine eigne Pfarrkirche zum heil. Franz Seraph., unter dem Patronate des Fürst-Erzbischofs zu Prag, und 1 Schule. Die Kirche war, den Errichtungsbüchern zufolge, schon 1384 und 1410 mit eignen Pfarrern versehen, wurde im Hussitenkriege zerstört, späterhin als Commendat-Kirche der Administration des Pfarrers in Skalsko zugetheilt, im J. 1728 aber durch die Verfügung des damaligen Fürst-Erzbischofs zu Prag, Ferdinand Grafen von Khüenburg, wieder zur Pfarrkirche erhoben. Die jetzige Kirche ist im J. 1751 u. ff. unter dem Fürst-Erzbischof Johann Mauritius, Grafen von Manderscheid und Blankenheim, gebaut worden. Eingpf. sind, außer Kowan selbst, die Dfr. Krasna (Krasnowes), Spikal und Katusitz (letzteres zur Hft. Krnsko gehörig, und mit einer eignen Filialkirche versehen, worin alle Marientage, und jeden dritten Sonntag Gottesdienst gehalten wird). Als ein Bestandtheil von Kowan wird die aus dem obrktl. Bräuh. (auf 16 Faß), dem

Die vornehmste Ertrags- und Nahrungsquelle ist die Landwirthschaft, zu deren Betriebe das Dominium nach dem Katastral-Zergliederungssummarium vom J. 1832 folgende Grundstücke besaß:

	Dominicale.		Rusticale.		Zusammen.	
	Joch.	□Kl.	Joch.	□Kl.	Joch.	□Kl.
An ackerbaren Feldern . .	398	856 3/6	1551	705 1/6	1949	1561 4/6
= Teichen mit Aeckern vergl. .	2	968	—	—	2	968
= Trischfeldern .	39	887	231	110	270	997
= Wiesen . . .	47	788	49	1060	97	248
= Gärten . . .	17	1181	25	1585	43	1166
= Hutweiden ꝛc. .	23	693	72	475	95	1168
= Waldungen .	440	450	2	1228	443	78
Ueberhaupt . .	969	1023 3/6	1933	363 1/6	2902	1386 4/6

Der Boden ist meistens von sandiger Beschaffenheit; bloß bei Woděrad besteht er aus einem schwarzen Letten. Die Fruchtbarkeit ist im Ganzen mittelmäßig, und man baut die gewöhnlichen Getraidearten und andere Feldfrüchte, auch etwas Hopfen. Obstkultur findet nur in Gärten Statt.

Der landwirthschaftliche Viehstand ergiebt sich aus nachstehender Uebersicht vom 30. April 1833:

	der Obrigkeit.	der Unterthanen.	Zusammen.
Pferde	18 (Alte)	66 (Alte)	84
Rindvieh	150 (4 Zuchtstiere, 3 junge St., 84 Kühe, 57 Kalbinnen, 2 Zugochsen)	244 (1 Zuchtstier, 156 Kühe, 50 Kalbinnen, 29 Zugochs., 8 junge Ochsen)	394
Schafe	1427 (1178 Alte, 249 Lämmer)	697 (572 Alte, 125 Lämmer)	2124

Die Waldungen sind in 3 Reviere: das Stranower, Chotaer und Woděrader eingetheilt, und bestehen meistens aus Kiefern, Birken und Eichen. Der geringe Ueberschuß über den eigenen Bedarf wird auf dem Dominium selbst verkauft.

Der mittelmäßige, dem Areale angemessene Wildstand besteht aus Rehen, Hasen und Rebhühnern; der Absatz des Jagdertrages geschieht meist nach Prag.

Zum Betriebe der obrigkeitlichen Oekonomie bestehen 5 Maierhöfe in eigner Regie (1 zu Stranow, 2 in Iser-Wtelno, 1 in Chota und 1 in Woděrad).

Mit Industrial-Gewerben und Handel beschäftigten sich am Anfange des J. 1832: 38 Meister und Gewerbsbesitzer, 12 Gesellen, 8 Lehrlinge und andere Hilfsarbeiter, zusammen 58 Personen. Darunter waren folgende Meister und Gewerbsherren: 7 Bierschänker, 1 Bräuer, 2 Branntweinbrenner, 1 Faßbinder, 4 Fleischhauer, 1 gemischte Waarenhandlung, 1 Getraidhändler, 1 Glaser, 1 Griesler, 2 Kleinhänd-

-er, 2 Krämer, 1 Müller, 1 Schlosser, 4 Schmiedte, 3 Schneider, 3 Schuhmacher, 1 Tischler und 1 Zimmermeister.

Das Sanitäts-Personale beschränkt sich auf 3 Hebammen (2 in Iser-Wtelno und 1 in Lhota).

Zur Erleichterung des Verkehrs mit den benachbarten Dominien dienen die Chausséen, welche von Jung-Bunzlau einerseits nach Prag, andererseits nach Nimburg führen. Jene geht in geringer Entfernung von Lhota vorüber, von dieser ist Wodĕrad nicht weit entlegen. Auch führt durch Iser-Wtelno die Landstraße von Jung-Bunzlau nach Melnik.

Folgendes sind die Ortschaften des Dominiums:

1. Stranow (auch Neu-Stranow), 1¼ St. ssw. von Jung-Bunzlau, am rechten Ufer der Iser, ist ein Bestandtheil des nur 80 Schritte s. davon entfernten Dorfes Iser-Wtelno, und besteht aus dem obrktl., im XVII Jahrhunderte erbauten Schlosse, der im J. 1767 vom Grafen Johann Wenzel Přichowsky von Přichowitz errichteten Schloßkirche zu St. Wenzel, bei welcher ein gestifteter Schloßkaplan angestellt ist, und 1 obrktl. Mhf. Hier ist zugleich der Sitz des obrktl. Wirthschaftsamtes. — 2. Iser-Wtelno (zum Unterschiede von dem zur Hft. Melnik gehörigen Dorfe Wtelno so genannt), 80 Schritte s. von Stranow, wohin eine Lindenallee führt, an der Straße von Jung-Bunzlau nach Melnik, D. von 66 H. (unter welcher Zahl das Schloß Stranow mit dem dortigen Mhf. begriffen ist) mit 438 E (worunter 5 Israeliten-Familien); ist nach Unter-Krnsko (Gut Krnsko) eingpf. und hat 2 obrktl. Mhf. Wankurow und Mladatow, so wie 1 Jägh. Auch bezeichnet die Volkssage noch s. von diesem Dorfe mit dem Namen Čertowa Straň oder Čertowka die Stelle, wo der oben erwähnte Styrsa von der Erde verschlungen worden seyn soll. — 3. Zamost, ¼ St. ö. von Stranow, dem Dorfe Unter-Krnsko gegenüber, am linken Ufer der Iser, über welche hier eine Brücke führt, daher der Name Zamost, d. h. über der Brücke; D. von 46 H. mit 247 Einw. (worunter 5 Israeliten-Familien), ist nach Unter-Krnsko eingpf. und hat 1 obrktl. Bräuhaus (auf 20 Faß), 1 Branntweinhaus und 1 Mhl. mit Brettsäge. Ehemals war Zamost ein Marktflecken, daher die hiesigen steuerbaren Grundbesitzer bis jetzt von der Natural-Robot befreit sind; ½ Viertelstunde sö. vom Orte liegt auf einer Anhöhe die Ruine der alten Burg Stranow, die zum Unterschiede vom jetzigen Schlosse gewöhnlich Alt-Stranow genannt wird. Etwa ¼ St. nö. von Zamost, 60 Schritte w. von der Prager Chaussée, befindet sich das zum Behuf der bereits oben erwähnten Saline errichtete Bohrhaus. Diese Saline gehört einer aus 4 Mitgliedern bestehenden Privat-Gesellschaft, welcher Se. Majestät der Kaiser im J. 1829 das allergnädigste Privilegium ertheilte, im ganzen Umfange des Königreichs Böhmen nach Steinsalz-Lagern und Soolquellen bohren zu dürfen. Wichtige geognostische Gründe bestimmten den bekannten teutschen Salinisten, Hofrath Glenck, eines der Mitglieder der Gesellschaft, welchem schon mehre Unternehmungen dieser Art in Würtemberg und in der Schweiz gelungen sind, den ersten Bohrversuch an der hier bezeichneten Stelle zu machen. Die Geschäftsleitung besorgt Hr. Friedrich Wehrer zu Prag, ebenfalls Mitglied dieser Gesellschaft. — 4. Lhota (auch Sand-Lhota), ¼ St. sö. von Stranow, links von der Iser, unweit w. von der Prager Straße, D. von 28 H. mit 190 E., (worunter

2 Israeliten-Familien), ist nach Unter-Krusko eingpf. und hat 1 obrktl. Mhf. (dessen Gründe sandig und wenig fruchtbar sind), 1 Schäf. und 1 Jägh. Etwa 100 Schritte östlich vom Orte liegt, an der Prager Straße, das „Sandwirthshaus." — 5. Wobkrad, 1½ St. ssö. von Stranow, vom Gebiete der Hft. Dobrawitz enclavirt, D. von 24. H. mit 175 E., (worunter 1 Israeliten-Familie), ist nach Luschtienitz (Hft. Brodetz) eingpf. und hat 1 obrktl. Mhf. nebst 1 Schäferei.

Von dem nach Unter-Krusko eingepfarrten Dorfe:

6. Straschnow (Strassnow), ¾ ssö. von Stranow, welches 30 H. mit 203 E. (worunter 1 Israeliten-Familie) zählt, gehören 2 H. mit 12 E. zur Hschft. Kosmanos; ¼ St. ö., an der Nimburger Straße, liegt das unter der Häuserzahl des Dfs. begriffene Wrthsh. Černawka mit einer darauf radicirten Schmiede.

Allodial-Herrschaft Krusko.

Die Ortschaften und Gründe dieses Dominiums, zu welchem bis 1800 auch das benachbarte Gut Wrutitz mit Suschno gehörte, liegen zerstreut am rechten Ufer der Iser, zwischen den Dominien Bezno und Dobrawitz in Norden, Stranow in Osten und Süden, Bezno und Sowinka ebenfalls in Süden, und Weißwasser in Westen. Krusko, Řehnitz und Katusitz waren im XV. und XVI. Jahrhunderte besondere Güter, unter eignen Besitzern; doch sind darüber nur sehr dürftige Nachrichten vorhanden. Am Gewölbe des Presbyteriums der Kirche zu Katusitz, die schon 1384 als Pfarrkirche bestand, sieht man das Wappen der Herren Berka von Duba und Lipa, und das steinerne Taufbecken ebendaselbst hat im J. 1570 Adam Kolař von Katusitz machen lassen. Was Řehnitz betrifft, so gehörte dieses Gut nebst Krusko vom XVI. Jahrhunderte bis zum J. 1726 dem Geschlechte der Ritter Wančura von Řehnitz, welche im XVI. Jahrhunderte auch Walečow und Studenka (jetzt zur Hft. Münchengrätz gehörig) besaßen. Studenka wurde nach der Schlacht auf dem Weißen Berge dem Georg Felix Wančura confiscirt und an Albrecht von Waldstein verkauft, (s. Rieggers Materialien rc. IX. Heft, Seite 79.) Im J. 1686 kommt in den Gedenkbüchern der Pfarrei zu Bezno die Frau Maximiliana Rosalia Wančura, geborne Bženský von Prorubě, als Frau auf Krusko und Iser-Wtelno vor. Späterhin finden wir, daß im J. 1726 Graf Joseph Franz von Würben (Wrbna) und Freudenthal, damaliger Besitzer von Krusko, das Gut Řehnitz dem Ritter Anton Ferdinand Wančura abgekauft und es mit Krusko vereinigt habe, was also eine vorhergegangene Trennung beider Güter voraussetzt. Wann und wie diese geschehen sei, wird nicht angegeben. Schon früher, im J. 1698 war von Heinrich Hermann Wančura das Gut Podwinetz an Franz Augustin Grafen von Waldstein verkauft und mit dessen Hft. Dobrawitz vereinigt worden. Auch hatte im J. 1703 Friedrich Ferdinand Wančura den Hof Wančurow in Iser-Wtelno, an den Grafen Rudolph Joseph von Lissau, Besitzer von Stranow, und im J. 1733 Johann Wenzel Wančura den

Hof Mladakow ebendaselbst an die Gräfinn Rosa von Lissau verkauft. Das vereinigte Dominium Krnsko und Kehnitz blieb in Besitz der Grafen Würben (Wrbna) und Freudenthal bis gegen das Ende des vorigen Jahrhunderts, wo es an den k. k. Geheimen Rath ꝛc. Wenzel Grafen von Sweerts und Spork überging, welcher im J. 1800 das Gut Wrutitz mit Suschno an den Freiherrn Wenzel Ubelly von Siegburg verkaufte. Die übrige Herrschaft Krnsko erhielt nach des Grafen Wenzel von Sweerts Tode im J. 1804, sein Sohn, der k. k. Geheime Rath ꝛc. Leopold Graf von Sweerts und Spork als Erbschaft. (S. Landtäfl. Hauptbuch, Litt. A., Tom. XV. Fol. 85.)

Die Oberfläche des Gebiets ist aufgeschwemmtes Thonland, über welches sich mehre Kalk- und Sandstein-Hügel von derselben Formation, wie bei den benachbarten Dominien, emporheben. Außer der Iser an der östlichen Gränze, welche bei Krnsko den von Skalsko, aus Nordwesten, herabkommenden Kowaner (oder Strenitzer) Bach aufnimmt, ist kein anderes Gewässer vorhanden.

Die Bevölkerung war im J. 1830: 874 Seelen stark. Sie besteht mit Ausnahme von 5 protestantischen (helvetischen) und 4 israelitischen Familien, aus Katholiken. Die herrschende Sprache ist die böhmische.

Die Ertrags- und Erwerbsquellen sind Acker- und Gartenbau, Viehzucht, Waldkultur und einige technische Gewerbe.

Die landwirthschaftliche Area bestand nach dem Katastral-Zergliederungssummarium von 1832:

	Dominicale.		Rusticale.		Zusammen.	
	Joch.	□Kl.	Joch.	□Kl.	Joch.	□Kl.
An ackerbaren Feldern	344	1535	1534	811	1879	746
= Trischfeldern	1	62	17	15	18	77
= Wiesen	31	18	7	1264	38	1282
= Gärten	15	91	21	233	36	324
= Hutweiden ꝛc.	—	—	18	648	18	648
= Waldungen	124	1513	144	1191	269	1104
Ueberhaupt	517	19	1743	962	2260	981

Der Boden ist größtentheils schwärzlicher Letten, aber leicht zu bearbeiten und besonders für den Waizenbau geeignet. Obstbau wird nur in den Gärten bei den Wohnungen betrieben.

Der Stand der Viehzucht ergiebt sich aus folgender Uebersicht vom 30. April 1833:

	bei der Obrigkeit.	bei den Unterthanen.	Zusammen.
Pferde	12 (Alte)	50 (Alte)	62
Rindvieh	111 (5 Zuchtstiere, 2 junge St., 73 Kühe, 31 Kalbinnen)	410 (2 Zuchtstiere, 4 junge St., 236 K., 107 Kalb., 5 Masto., 33 Zugochsen, 23 junge O.)	521
Schafe	1390 (1023 Alte, 367 Lämmer)	1010 (824 Alte, 186 Lämmer)	2400

Zum Betrieb der obrigkeitlichen Oekonomie bestehen 4 Maierhöfe in eigner Regie, zu Krnsko, Kehnitz, Pietkozel und Katusitz.

Die Waldungen sind in 2 Reviere: Kehnitz und Katusitz, eingetheilt. Jenes besteht nur aus Gestrüppe oder Unterholz, dieses aus Kiefern und Fichten. Das jährlich gewonnene Holz, so wie der aus Hasen und Rebhühnern bestehende, nur mittelmäßige Jagdertrag wird auf dem Dominium selbst consumirt.

Mit den gewöhnlichen Gewerben und dem Handel beschäftigten sich am Anfange des J. 1832 in Allem nur 26 Meister und Gewerbsbefugte, nebst 11 Gesellen und 4 Lehrlingen oder andern Hilfsarbeitern, zusammen also 41 Personen, namentlich 1 Bierbräuer, 5 Bierschänker, 1 Branntweinbrenner, 1 Branntweinschänker, 1 Faßbinder, 1 Fleischhauer, 1 Gastwirth, 1 Handschuhmacher, 2 Krämer, 2 Kunstgärtner, 1 Leinweber, 1 Maurermeister (3 Gesellen), 1 Müller, 1 Schlosser, 3 Schmiedte, 2 Schneider, 1 Wagner und 1 Zimmermeister (2 Gesellen).

Sanitäts-Personen sind: 1 herrschaftlicher Wundarzt (in dem Städtchen Neu-Benatek wohnhaft) und 1 Hebamme (in Katusitz).

Zur Unterstützung der Armen bestand bis zum Anfange des J. 1832 noch kein geregeltes Institut, sondern sie wurden, 6 an der Zahl, durch freiwillige Sammlungen unterstützt, aus deren Ueberschüssen sich am Schluß 1831 ein kleiner Fonds von 137 fl. 57 kr. C. M. zu bilden begonnen hatte.

Zur Verbindung des Dominiums mit den benachbarten Orten ist zwar nirgends auf seinem Gebiete eine Chaussée vorhanden; aber die Entfernung des Amtortes Krnsko von der schlesischen Straße jenseits der Iser beträgt nicht über ½ Stunde. Durch Krnsko führt auch einerseits die Landstraße von Jung-Bunzlau nach Melnik, andererseits über Katusitz nach Hirschberg und Böhmisch-Leipa. Die nächste Post ist in Jung-Bunzlau.

Es gehören folgende Ortschaften zum Dominium:

1. Krnsko, 1 St. sw. von der Kreisstadt Jung-Bunzlau, am rechten Ufer der Iser, theils auf einer Anhöhe, theils am Fuße derselben, D. von 57 H. mit 286 E. (worunter 2 Israeliten-Familien), wird seiner Lage gemäß in Ober- und Unter-Krnsko eingetheilt, von welchen jenes 46 H., dieses 11 H. in sich begreift. Auch ist in der Häuserzahl des Ortes das ¼ St. entfernte Wohnhaus Podčegl begriffen. Zwei H. in Unter-Krnsko, die „St. Georgen-Mühle" und das „Brücken-Wirthsh." gehören der Hft. Brodeh. In Ober-Krnsko befindet sich das wohlgebaute obrktl. Schloß mit dem Sitze des Wirthschaftsamtes und den Wohnungen der Beamten, umgeben von einem ansehnlichen Obst-, Küchen- und Ziergarten; ferner 1 Maierhof, 1 Schäf. und 1 Hegersw. Unter-Krnsko enthält die im J. 1764 vom damaligen Grundherrn Joseph Wenzel Grafen von Würben und Freudenthal erbaute Kirche zum heil. Georg M. Die frühere Kirche war ein Filial von Strenitz (Hft. Bezno) gewesen; auf die Verwendung ihres Erbauers aber wurde die neue Kirche am 27. Nov. dess. J. zur eignen Pfarrkirche erhoben, zu welchem Ende derselbe auch das noch bestehende Pfarrgeb. in Unter-Krnsko errichtete und den Pfarrer dotirte. Im Innern dieser Kirche befindet sich hinter dem Hochaltare das Grabmahl des im J. 1553 verstorb. Georg Wančura Ritter v. Kehnitz und auf Walečow. Die große

Glocke mit der Jahrsz. 1581 ist ein Geschenk des Georg Wancura v. Rehnitz und auf Stubenka, die mittlere ein Geschenk des Heinrich Wankura von Rehnitz, trägt die Jahrszahl 1670. Eingpf. sind, außer Ober- und Unter-Krnsko, die zum G. Stranow gehörigen Dörfer Iser-Wtelno mit Stranow Zamost, Lhota und Straschnow. Außerdem sind in Unter-Krnsko noch zu bemerken: 1 Schule, 1 obrigkeitl. Bräuhaus (auf 14 Faß), 1 Branntweinhaus und 1 Mühle. — 2. Rehnitz, ¼ St. n. von Ober-Krnsko, D. von 26 H. mit 139 E., von welchen aber 9 H. mit 48 E. zur Hft. Bezno gehören; ist nach Strenitz eingpft. und hat 1 obrktl. Mhf. An der Stelle des ehemaligen alten Schlosses, des Stammsitzes der Ritter Wankura von Rehnitz, ist späterhin ein obrktl. Schüttboden und eine Förstersw. erbaut worden. — 3. Pietikozel (Pĕtikozel), 1 St. nw. von Ober-Krnsko, an der Straße nach Hirschberg, D. von 25 H. mit 140 E. (worunter 1 Israeliten-Familie). Die Hft. Bezno besitzt in diesem nach Strenitz eingpf. D. 4 H. mit 18 E. Zum Krnskoer Antheile gehört 1 obrktl. Mhf. — 4. Katusitz, 2 St. nw. von Ober-Krnsko, auf einer Anhöhe, an der Straße nach Hirschberg, D. von 53 H. mit 309 E. (worunter 4 protest. und 1 israel. Familie), hat eine zum Sprengel des Pfarrers zu Kowan (G. Sowinka) gehörige Filialkirche, unter dem Titel Mariä Himmelfahrt, welche nebst der Schule, unter dem Patronate der Krnskoer Obrigkeit steht und worin an jedem dritten Sonntage, so wie an allen Marientagen Gottesdienst gehalten wird. Das Gewölbe des Presbyteriums enthält, wie schon oben erwähnt, das Wappen der Herren Berka von Duba und Lipa, und auf dem steinernen Taufbecken liest man die Jahrzahl 1570 und den Namen Adam Kolař z Katusic. Die Glocken haben die Jahrzahlen 1532, 1614 und 1764.

Von folgenden beiden zum Gute Sowinka gehörigen und ebenfalls nach Kowan eingepfarrten Dörfern gehören kleine Antheile zur Hschft. Krnsko:

5) Krasna oder (Krasnowes), 1½ St. nw. von Ober-Krnsko, unweit links von der Hirschberger Straße, D. von 45 H. mit 262 E., von welchen 3 H. mit 17 E. hierher gehören. — 6. Spikal, 1¾ St. nw. von Ober-Krnsko, unweit links von der Hirschberger Straße, D. von 18 H. mit 83 E. Krnsko besitzt davon 5 H. mit 18 E., worunter 1 protest. Familie.

Allodial-Gut Groß-Tscheytitz.

Das Allodial-Gut Groß-Tscheytitz (Čegtitz) liegt zu beiden Seiten der Iser, zwischen den Dominien Kosmanos, Dobrawitz, Krnsko und dem Gebiete der Kreisstadt Jung-Bunzlau. Es nimmt nach wirthschaftsämtlichen Angaben einen Flächenraum von 1931 Joch ein und hat eine Bevölkerung von 612 Seelen.

Bis zum J. 1730 machte es einen Bestandtheil der Hft. Kosmanos aus. Als aber diese Letztere damals im Wege der öffentlichen Feilbietung verkauft wurde, erstand das Gut Groß-Tscheytitz Johann Ignaz Ritter von Neuberg. Von diesem gelangte es im J. 1754 an die Brüder Johann und Joseph Ritter von Neuberg, von welchem Letztern es im J. 1792 der gegenwärtige Besitzer Johann Franz Ritter von Neuberg ererbte. (S. Landtäfl. Hauptb. Litt. A. Tom. VII. Fol. 161.)

Die Oberfläche des Gebiets ist eine merklich über den Spiegel der Iser erhöhte Ebene, welche von mehren Thalvertiefungen oder großen Wasserrissen durchzogen wird, die ihre Richtung nach der Iser nehmen und sich hier ausmünden. An den Gehängen zeigt sich in den untern Theilen der Quadersandstein als nicht sehr feste Felsmasse anstehend, welcher oberhalb von sehr sandigem Plänerkalke bedeckt wird, in welchem hie und da Abdrücke von größern und kleinern Muscheln vorkommen. Außer der Iser ist kein anderes Gewässer hier vorhanden.

Die Einwohner bekennen sich, mit Ausnahme von 6 protestantischen und 3 israelitischen Familien, sämmtlich zur katholischen Religion und sprechen größtentheils Böhmisch.

Die Nahrungs- und Ertragsquellen sind Landwirthschaft und einige technische Gewerbe. Die zum Betriebe der Erstern verwendbare Bodenfläche betrug nach dem Katastral-Zergliederungssummarium vom J. 1832:

	Dominicale.		Rusticale.		Zusammen.	
	Joch.	□Kl.	Joch.	□Kl.	Joch.	□Kl.
An ackerbaren Feldern .	516	984	867	1324	1383	708
= Trischfeldern	2	1269	58	1019	61	688
= Wiesen	36	1083	38	1002	75	485
= Gärten	7	1297	20	1183	28	880
= Hutweiden rc. . . .	22	2	13	1546	35	1548
= Waldungen	301	17	12	21	313	29
Ueberhaupt	885	1452	1011	1295	1897	1158

Die Felder bestehen durchaus aus gutem und reinem, zwar trocknem, aber fruchtbarem Lehmboden, der vorzüglich dem Gedeihen des Waizens sehr förderlich ist; aber auch andere Getraidearten, so wie einiger Hopfen und Hülsenfrüchte, auch Flachs, aber nur für den Hausgebrauch, werden mit Erfolg angebaut. Bis zum siebenjährigen Kriege gab es noch an den Abhängen der Thalwände verschiedene Weinpflanzungen; seitdem sie aber damals durch die feindlichen Truppen verwüstet worden, hat man sie gänzlich eingehen lassen. Obstbau wird von den Unterthanen in den Gärten, von der Obrigkeit aber im freien Felde und in ziemlicher Ausdehnung getrieben.

Den Viehstand zeigt folgende Uebersicht vom 30. April 1833.

	der Obrigkeit.	der Unterthanen.	Zusammen.
Pferde	4 (Alte) . . .	43 (21 Alte, 22 Fohlen) . .	47
Rindvieh	90 . . . . . . (2 Zuchtstiere, 3 junge St., 57 Kühe, 24 Kalbinnen, 4 Zugochsen)	299 . . . . (1 Zuchtstier, 162 Kühe, 69 Kalbinnen, 44 Zugochs., 23 junge Ochsen)	389
Schafe	1100 . . . . . . (821 Alte, 279 Lämmer)	1055 . . . . (759 Alte, 296 Lämmer)	2155

Auch Gänse werden von mehren Einwohnern in Menge und für den Verkauf gezogen; Schweine dagegen nur zum Bedarf der Haushaltungen. Die Bienenzucht ist unbedeutend.

Die obrigkeitliche Oekonomie wird auf zwei Maierhöfen in eigner Regie (Groß=Tscheytitz und Augezd) betrieben.

Die Waldungen bilden ein einziges Revier mit einzelnen Beständen von Eichen, Weißbuchen und anderm Laubholz, nebst einigen Kiefern und Fichten. Der Ertrag ist größtentheils Büschelholz und wird an die Bewohner der naheliegenden Ortschaften verkauft.

Der Wildstand ist dem Areale angemessen, und der gute Waizenboden vorzüglich dem Gedeihen der Rebhühner günstig, welche, nebst den ebenfalls in ziemlicher Menge erlegten Hasen, meistens nach den Gebirgsgegenden des Kreises abgesetzt werden.

Mit Gewerbs=Industrie und Handel beschäftigten sich am Anfange des J. 1832 in Allem 30 Personen, nämlich 15 Meister und Gewerbsherren mit 11 Gesellen, 4 Lehrlingen und Hilfsarbeitern; im Einzelnen zählte man: 1 Bäcker, 1 Bierbräuer, 3 Bierschänker, 1 Branntweinbrenner, 2 Fleischhauer, 1 Krämer, 5 Maurergesellen, 1 Müller, 2 Schmiedte, 1 Schneider, 2 Schuhmacher und 3 Zimmergesellen.

Von Sanitäts=Personen ist bloß 1 Hebamme (in Linn) vorhanden.

Die Verbindung mit den umliegenden Orten erleichtern die sich in Jung=Bunzlau kreuzenden Chausséen, von welchen Klein=Tscheytitz nur ½ Stunde entfernt ist. Auch ist dieses Dorf durch eine Brücke mit dem linken Iser=Ufer verbunden. Die nächste Poststation ist Jung=Bunzlau.

Folgendes sind die Ortschaften des Dominiums:

1. Klein=Tscheytitz (Maly Čegtice, Čegtička), ¼ St. wsw. von der Kreisstadt Jung=Bunzlau, dicht am rechten Ufer der Iser, D. von 31 H. mit 177 E. (worunter 2 protest. Familien und 1 israelitische), welches durch eine Brücke mit dem gegenüberliegenden hschftl. Schloß Neuberg und der aus 3 Rustical=Chaluppen bestehenden Einschichte Chalaupka zusammenhängt. Im Schlosse befindet sich die Kanzlei des obrktl. Wirthschaftsamtes mit der Wohnung des Oberbeamten. Nördlich vom Schlosse liegt am nämlichen linken Ufer eine Mühle (die Brandmühle, Spaleny Mlegn genannt), welche das Recht des Bierschanks hat; auch ist hier das obrktl. Bräuh. (auf 14 Faß). In Klein=Tscheytitz selbst befindet sich das obrktl. Branntweinh. und 1 Wirthsh. Das Schloß ist nebst dem Bräu= und Branntweinhause vom Großvater des gegenwärtigen Besitzers, dem Ritter Johann Ignaz von Neuberg im J. 1734 von Grund aus neu erbaut worden. Oberhalb desselben auf einer Anhöhe befanden sich damals noch Mauertrümmer einer, in geschichtlicher Beziehung übrigens unbekannten alten Burg, deren Steine größtentheils zum Baue des neuen Schlosses verwendet wurden. Eben so sieht man noch in Chalaupka Spuren eines ehemaligen Bräuhauses. Seit dem J. 1797 ist der in der Nähe liegende ehemals der Stadt Jung=Bunzlau gehörige Weingartengrund Přeperka zugekauft worden. In kirchlicher Hinsicht gehört Klein=Tscheytitz nebst Chalaupka und Neuberg zum Sprengel der Dechanteikirche in Jung=Bunzlau und zur Schule daselbst. — 2. Groß=Tscheytitz (Welky Čegtice, auch Hruby Čegtice), ¼ St. n. vom Schlosse Neuberg, am Rande einer nach der Iser herabgehenden Vertiefung, D. von 24 H. mit 132 E., von welchen 1 H. mit 6 E. zur Stadt Jung=Bunzlau gehört; ist zur Dechantei=

Kirche daselbst eingpf., die Kinder aber gehen nach Dallowitz (Hschft. Kosmanos) in die Schule; hat 1 obrktl. Mhf. und 1 Schäf. Auch ist in der Häuserzahl von Groß-Tschepitz das aus 5 H. bestehende, erst im J. 1800 angelegte Johannesthal, in dem erwähnten, zur Iser hinabgehenden Thale, mit begriffen. — 3. Linn (Lyna), $1\frac{1}{2}$ St. nw. von Neuberg, in der Ebene, D. von 49 H. mit 305 E., ist zur Lokalie-Kirche in Bukowno (Hschft. Kosmanos) eingpf. und hat 1 obrktl. Jägh. Auch ist zu Linn die 1 St. sw. davon und $\frac{3}{4}$ St. nw. von Neuberg liegende Einschichte Augezd conscribirt, welche aus 1 Mhf., 1 Schäf. und 1 Gärtnerswohn. besteht.

Außer diesen 3 ungetheilten Dörfern besitzt Groß-Tschepitz auch von

4. Klein-Daubrawitz (Daubrawicka), einem zur Hschft. Bezno gehörigen und auch nach Bezno eingpf. Dorfe, $1\frac{1}{2}$ St. w. von Neuberg, 6 H. mit 16 Einw.

Allodial-Gut Nimeřitz sammt Cetno und Skalsko.

Diese zu einem Gesammt-Dominium vereinigten Güter liegen westlich von der Iser, zwischen den Dominien Hirschberg, Weißwasser, Kensko, Bezno, Stranka und Lobes.

Der gegenwärtige Besitzer des Ganzen ist Johann Weitlof, Candidat der Rechte, welcher das Dominium nach dem im J. 1827 erfolgten Tode des vorigen Eigenthümers, Joseph Schicht, Großhändlers in Prag, als testamentarischer Universal-Erbe desselben, erhielt. Im XVI. Jahrhunderte gehörte Nimeřitz den Herren Bzensky von Proruba und gelangte späterhin an die Freiherren von Lazari, aus welchem Geschlecht es Johann Heinrich Freiherr von Lazari noch im J. 1790 besaß. (S. Schaller, a. a. O. S. 146.) Cetno, welches 1771 mit Nimeřitz vereinigt wurde, gehörte im XVI Jahrhundert (bis 1578) den Herren Pietipesky von Chysch und Eckerberg, und späterhin dem Ritter Nikolaus Gerstorf (Gersdorf), welchem es, (nebst Groß- und Klein-Horka, s. die Hft. Bezno) im J. 1623 confiscirt und an den Ritter Johann Benjamin Benyk von Petersdorf verkauft wurde. In späterer Zeit erscheinen die Ritter von Mladota als Besitzer von Cetno. Nach dem Tode des erwähnten Freiherrn Johann Heinrich von Lazari kamen beide vereinigte Güter an den Grafen Michael von Kaunitz, gelangten dann an dessen Tochter Christine und mit dieser durch Heurath an den Freiherrn Clemens von Lützow, von welchem sie im J. 1825 der obengedachte Prager Großhändler Joseph Schicht käuflich an sich brachte. Dieser vereinigte nunmehr das benachbarte Gut Skalsko damit, welches er in demselben J. 1825 von den Erben der damals verstorbnen Besitzerinn Christine Freiinn von Lützow, geborne Gräfinn von Kaunitz, erkauft hatte. Die zu diesem Gute gehörigen Dörfer und Höfe waren im XVI. Jahrhunderte das Eigenthum verschiedener Besitzer. Skalsko gehörte dem Johann Hrzan von Harras und dem Wenzel Cetensky von Cetno, welche beide ihre Antheile der St. Michaelskirche zu Prag verkauften. Eben so gehörte das Dorf Nowa Wes im XVI. Jahrhunderte dem erwähnten Wenzel Cetensky von Cetno, der Magdalena Hradecky von Cechcebuze und der Magdalena Biberstorf von Hrussowa, welche drei ebenfalls ihre Antheile der Prager St. Michaelskirche käuflich überließen. Im J. 1623 schenkte K. Ferdinand II. das Gut Skalsko, sammt der St. Michaelskirche in Prag, dem Kloster der Serviten daselbst, welche auch im J. 1771 das Dorf Kluk von dessen damaligem Besitzer, dem Kardinal Michael Friedrich Grafen von Althann, Probst zu Alt-Bunzlau, dazu kauften. Nach der Aufhebung dieses Klosters, unter K. Joseph II. im J. 1785, kam das G. Skalsko an den k. k. Religionsfonds und wurde im J. 1809 an den k. k. Feld-Marschall-Lieutenant Karl Fürsten von Rohan käuflich überlassen. Von diesem gelangte es im J. 1822 ebenfalls durch Kauf an die Freiinn Christine von Lützow, geborne Gräfinn von Kaunitz, und nach deren Tode, 1825, wie oben gesagt, an den Prager Großhändler Joseph Schicht. (S. Landtäfl. Hauptb. Litt. A., und zwar: Gut Nimeřitz Tom. III. Fol. 121; Gut Cetno Tom. V. Fol. 73; Gut Skalsko Tom. XII., Fol. 1.)

Die Oberfläche des vereinigten Dominiums ist größtentheils eben und wird an der nördlichen und nordöstlichen Seite von dem tiefen Thalrisse des Kowaner (oder Strenitzer) Baches begränzt, dessen Ränder und Gehänge mit Gestrüppe bewachsen sind. Unter der größtentheils aus lehmig-sandigem Grunde bestehenden obern Decke des Bodens stößt man überall auf Quadersandstein, der auch stellenweise als Felsmasse an den Thalgehängen hervorragt, und oben am Plateau von Plänerkalk bedeckt wird. Im Quadersandsteine zeigen sich stellenweise Schichten von sandigem Schieferthon mit Braunkohlen, die aber ihrer geringen Mächtigkeit wegen nicht bauwürdig sind. Uebrigens theilt das Dominium mit den meisten benachbarten den Mangel an Wiesengründen und an gutem Quellwasser. Auch ist außer dem Kowaner Bache, der in dem erwähnten Thalrisse südöstlich der Iser zugeht, nur noch der in Westen von Nimeřitz entspringende Klokotsch-Bach zu bemerken, der von hier südlich nach den Dominien Sowinka, Bezno, Wrutitz, Koschatek und Lieblitz geht, um sich dort in die Elbe zu ergießen.

Die Bevölkerung war im J. 1830: 1288 Seelen stark. Die Einwohner bekennen sich, mit Ausnahme von 26 protestantischen (helwetischen) und 6 israelitischen Familien, zur katholischen Religion, und die herrschende Sprache ist die böhmische.

Die Ertrags- und Nahrungsquellen sind Landwirthschaft und einige Gewerbe. Die zum Betriebe der erstern verwendbare Bodenfläche war nach dem Katastral-Zergliederungssummarium vom J. 1832:

I. Gut Nimĕřitz.

	Dominicale.		Rusticale.		Zusammen.	
	Joch.	□Kl.	Joch.	□Kl.	Joch.	□Kl.
An ackerbaren Feldern .	182	1156	233	956	416	512
» Trischfeldern . . .	5	720	2	556	7	1276
» Wiesen	2	1538	2	871	5	809
» Gärten	7	917	4	816	12	133
» Hutweiden ꝛc. . .	5	62	—	—	5	62
» Waldungen . . .	55	495	3	643	58	1138
Ueberhaupt	259	88	246	642	505	730

II. Gut Cetno.

	Dominicale.		Rusticale.		Zusammen.	
	Joch.	□Kl.	Joch.	□Kl.	Joch.	□Kl.
An ackerbaren Feldern .	93	415	196	1062	289	1477
» Wiesen	12	923	1	768	14	91
» Gärten	2	132	2	1118	4	1250
» Hutweiden	21	1076	—	889	22	365
Ueberhaupt	129	946	201	637	330	1583

III. Gut Skalsko.

	Dominicale.		Rusticale.		Zusammen.	
	Joch.	□Kl.	Joch.	□Kl.	Joch.	□Kl.
An ackerbaren Feldern .	433	1109	1312	138	1745	1247
» Wiesen	10	1580	6	187	17	167
» Gärten	12	779	30	590	42	1369
» Hutweiden ꝛc. . .	20	1446	30	280	51	126
» Waldungen . . .	154	171	86	882	240	1053
Ueberhaupt	632	285	1465	477	2097	762
Hierzu Nimĕřitz . . .	259	88	246	642	505	730
» Cetno . . .	129	946	201	637	330	1583
Im Ganzen	1020	1319	1913	156	2933	1475

Der Ackerboden ist im Ganzen sehr fruchtbar und erzeugt alle Getraidearten, besonders Waizen. Auch wird viel Hopfen gebaut, und die Obstbaumzucht sowohl in Gärten als auf freiem Felde in starker Ausdehnung betrieben. Nachtheilig für die Viehzucht ist der Mangel an Wiesen und gutem Wasser. Der Stand der Viehzucht ergiebt sich aus folgender Uebersicht vom 30. April 1833:

	der Obrigkeit.	der Unterthanen.	Zusammen.
Pferde	17 (Alte)	69 (65 Alte, 4 Fohlen)	86
Rindvieh	94 (2 Zuchtstiere, 3 junge St., 65 Kühe, 24 Kalbinnen)	551 (6 Zuchtstiere, 10 junge Stiere, 361 Kühe, 131 Kalbinnen, 23 Zugochsen, 20 junge Ochsen)	645
Schafe	1169 (885 Alte, 284 Lämmer)	1415 (1065 Alte, 350 Lämmer)	2584

Zur Bewirthschaftung der obrigkeitlichen Gründe bestehen 3 Maierhöfe (in Nimeřitz, Ober-Cetno und Skalsko). Zwei andere Maierhöfe des Gutes Skalsko sind schon vor längerer Zeit emphyteutisirt worden.

Die Waldungen enthalten meistens Gestrüppe. An der Gränze von Skalsko und Stranka liegt der 70 Joch 535 □Klafter große Forst Končina, welcher aus Kiefern besteht.

Von Gewerben und Handel lebten am Anfange des J. 1832: 3 Bierschänker, 1 Bräuer, 2 Faßbinder, 1 Fleischhauer, 2 Krämer, 1 Maurer, 2 Schmiedte, 1 Schneider, 2 Schuhmacher, 1 Wagner, 1 Weber und 1 Zimmermann.

In Skalsko ist 1 Hebamme.

Das im J. 1828 von der Obrigkeit gegründete Armeninstitut hatte am Schluß des J. 1831 ein Stammvermögen von 350 fl. W. W. und eine Jahreseinnahme von 350 fl. W. W., wozu aus den obrigkeitlichen Renten allein 300 fl. beigetragen wurden. Die Zahl der zu betheilenden Hausarmen war 8.

Die Verbindung mit der Umgebung findet bloß durch Landwege Statt. Die nächste Post ist in Jung-Bunzlau.

Folgendes sind die Ortschaften des Dominiums:

1. Nimeřitz, (Nimeřice), 1½ St. wsw. von Jung-Bunzlau, an der rechten Seite des Kowaner Baches, D. von 34 H. mit 202 E., (worunter 3 protest. und 2 israel. Familien), ist nach Strenitz (Hft. Bezno) eingpf., hat 1 obrktl., in den J. 1831 und 1832 ganz neu überbautes und beträchtlich vergrößertes Schloß mit den Kanzleien des Wirthschaftsamtes, 1 Mhf. und 1 Wasserleitung zur Versorgung des Ortes mit Wasser aus dem in der Tiefe des Thalrisses fließenden Kowaner Bache. — 2. Ober-Cetno, ¼ St. nw. von Nimeřitz, an derselben Seite des Baches, D. von 28 H. mit 136 E., (worunter 1 protest. und 1 israel. Familie), ist nach Strenitz eingpf. und hat 1 obrktl. Mhf. — 3 Unter-Cetno, ¼ St. nnw. von Nimeřitz, am linken Ufer des Kowaner Baches, ein nach Strenitz eingpf. D. von 16 H. mit 148 E., (worunter 2 protest. und 1 israel. Familie), von welchen 7 H. mit 64 E. zur Hft. Bezno gehören. Beim Nimeřitzer Antheile befindet sich 1 Mhl. — 4. Skalsko, 1 St. nw. von Nimeřitz, am rechten Ufer des Kowaner Baches, D. von 73 H. mit 398 E., wird in Ober- und Unter-Skalsko eingetheilt, von welchen jenes auf der Höhe des Thalrandes, dieses in der Tiefe am Bache liegt, hat 1 obrktl. Schloß, 1 Mhf., 1 Bräuh. (auf 12 Faß). Eine sehr ergiebige Felsenquelle hinter dem Bräuh. versorgte bisher das ganze D. mit Trink- und Kochwasser. Im J. 1832 hat aber auch der jetzige Besitzer des Dominiums einen schon zur Zeit der P. P. Serviten im Schloßhofe bestandenen, späterhin aber verschütteten Brunnen, ausräumen und neu herstellen lassen, welcher jetzt bei einer Tiefe von 125 Ellen ebenfalls hinreichendes Wasser spendet. Die hiesige Pfarrkirche zu St. Gallus, welche nebst der Schule unter dem Patronate der Obrkt. steht, hatte schon vor dem J. 1384 ihren eignen Pfarrer, besteht aber in ihrer jetzigen Gestalt erst seit dem J. 1735, wo sie die P. P. Serviten neu aufbauen ließen. Unter derselben befindet sich die im J. 1819 vom Fürsten Karl von Rohan erbaute Familiengruft. Eingpf. sind, außer Skalsko selbst, die hschftl. Dfr. Kluk und Kowanetz, so wie die frdhschftl. Boretsch, Trnowa (G. Groß-Wschelis), Sudomieř (wo sich eine Filialkirche befindet) und Walowitz (Hft. Weißwasser). Gegenüber von Skalsko, auf der Anhöhe

jenseits des Baches, liegt die Burgruine Hrabek, über die jedoch keine Nachrichten vorhanden sind. — 5. Kowaneh, 3/4 St. nw. von Nimĕřitz, am rechten Ufer des Kowaner Baches, D. von 34 H. mit 152 E. (worunter 6 protest. Familien), ist nach Skalsko eingpf. Die Protestanten des Dominiums und der andern umliegenden Ortschaften haben in Kowaneh ein eignes Bethaus mit einem von ihnen selbst unterhaltenen Pastor. — 6. Kluk (auch Kluky), 1 1/2 St. nw. von Nimĕřitz, D. von 43 H. mit 252 E., (worunter 2 protest. Familien), ist nach Skalsko eingpf. Der 1/4 St. s. davon liegende Mhf. Dworeh (auch Neuhof genannt) ist nebst einem zweiten, im Orte selbst gelegenen, emph. Zum Gute Stranka gehört die 1/2 St. s. von Kluk entfernte, aber unter der Häuserzahl dieses Dorfes begriffene Bauernwirthschaft Zebitz (oder Řebitz).

Außer diesen 6 Ortschaften besitzt das Dominium Nimĕřitz auch

7. von dem zur Hft. Bezno gehörigen Dorfe Klein-Daubrawitz (Daubrawička), 1/2 St. w. von Nimĕřitz, 13 H. mit 60 E. (worunter 3 protest. und 2 israel. Familien).

Allodial-Gut Mscheno-Lobes.

Dieses Dominium liegt im südwestlichen Theile des Kreises, rechts von der Iser und der Elbe, und gränzt in Norden an die Hft. Hirschberg, in Osten an die Hft. Weißwasser und das Gut Skalsko, in Süden ebenfalls an Skalsko und das Gut Stranka, in Westen an die Hschft. Widim-Kokořin und das Gut Hauska.

Wie sämmtliche Ortschaften des Dominiums zusammen gekommen sind, ist nicht zu ermitteln. Mscheno und Lobes waren ehemals zwei besondere Güter. Mscheno gehörte am Anfange des XIV. Jahrhunderts, wo es ein Dorf war, dem Hynek Berka von Duba, wurde von Karl IV. im J. 1360 zum Marktflecken erhoben und kam im J. 1400 an Sigismund von Libochow. Im J. 1520 besaß es Wenzel Bubla von Merklasy, und später, 1545, Johann der jüngere Spetle von Janowitz, welcher es mit der benachbarten, ihm ebenfalls gehörigen Hft. Weißwasser vereinigte. Im J. 1659 war Katharina Berg von Ungerst zu Leipa Besitzerinn von Mscheno. Im J. 1693 gehörte das Städtchen dem damaligen k. Hauptmann des Prager Schlosses Michael Franz von Wěžnik, der zugleich das benachbarte Gut Groß-Wschelis besaß. Um die Mitte des XVIII. Jahrhunderts kam das Gut Mscheno-Lobes an die gräflich-Clary'sche Familie, aus welcher es Philipp Graf von Clary und Aldringen im J. 1790 besaß. Von diesem kaufte es im J. 1802 Jakob Veith, und von eben demselben im J. 1805 der k. k. Oberlieutenant Witschel. Nach dessen Tode im J. 1807 kam das Gut durch Erbschaft an den k. k. Obersten Jakob Wimmer, von welchem es Graf Michael von Kaunitz, Besitzer des angränzenden Gutes Hauska, erkaufte, der es bei seinem Tode an den Grafen Vinzenz von Kaunitz vererbte. Von diesem gelangte es im J. 1822 an den k. k. Hauptmann Freiherrn Clemens von Lützow de Goldenbow. Die gegenwärtigen Besitzer sind der Prager Bürger Franz Wanka und dessen Ehegattinn Theresia. (S. Landtäfl. Hauptb. Litt. A. Tom. IX. Fol. 185.)

Die Oberfläche des Dominiums besteht aus Quadersandstein und Plänerkalk, und wird von mehren Gründen und Schluchten durchschnitten. Nördlich von Mscheno erhebt sich über die genannten Flötzformationen der mit Wald bedeckte, nach Dr. Riemann 255,1 W. Kl. hohe Wratner Berg (Wratenska Hora), welcher aus Klingstein besteht, und zu der in dieser Gegend des Kreises in einzelnen Bergen auftretenden vulkanischen Trappformation gehört, so wie der an der Ostseite von Lobes sich erhebende Hügel, welcher aus Basalt besteht.

Außer zwei kleinen Teichen bei Mscheno, Blizka und Gezerko genannt, ist sonst kein Gewässer vorhanden. Selbst an Quellwasser ist großer Mangel und es muß bei anhaltender Dürre stundenweit herbeigeholt werden.

Die Volksmenge belief sich 1830 auf 3015 Seelen. Die Einwohner sind Katholiken und sprechen Böhmisch.

Die vornehmste Ertrags- und Nahrungsquelle ist die Landwirthschaft. Nur in Mscheno werden einige Industrial-Gewerbe betrieben. Die landwirthschaftliche Bodenfläche war nach dem Katastral-Zergliederungssummarium vom J. 1832:

	Dominicale.		Rusticale.		Zusammen.	
	Joch.	□Kl.	Joch.	□Kl.	Joch.	□Kl.
An ackerbaren Feldern	448	1017	3166	1459	3615	876
= Trischfeldern	2	84	2	805	4	889
= Wiesen	11	1543	17	1257	29	1200
= Gärten	10	1126	79	1362	90	887
= Hutweiden ꝛc.	27	164	90	422	117	586
= Waldungen	260	901	945	49	1205	950
Ueberhaupt	761	34	4302	554	5063	588

Der Boden ist mittelmäßig fruchtbar und erzeugt hauptsächlich Korn, Gerste, Haber, viel Hopfen und Flachs, weniger Waizen, Linsen, Erbsen, Wicken und Hirse. Die Obstbaumzucht wird in Gärten betrieben; besonders zieht man in den Gärten bei Mscheno sehr gute Kirschen, welche auf die Märkte von Melnik und Jung-Bunzlau gebracht werden.

Der landwirthschaftliche Viehstand war am 30. April 1833: (ohne Mscheno:)

	bei der Obrigkeit.	bei den Unterthanen.	Zusammen.
Pferde	4 (Alte)	68 (58 Alte, 10 Fohlen)	72
Rindvieh	40 (1 Zuchtstier, 1 junger St. 27 Kühe, 11 Kalbinnen)	494 (6 junge Stiere, 349 Kühe, 78 Kalbinnen, 7 Mastochsen, 43 Zugochsen, 11 junge O.)	534
Schafe	747 (557 Alte, 190 Lämmer)	872 (592 Alte, 280 Lämmer)	1619

Außerdem wird auch zum Bedarf der Haushaltungen einige Schweine- und Geflügelzucht, so wie hier und da Bienenzucht betrieben.

Zur Bewirthschaftung der obrigkeitl. Gründe besteht in Lobes ein Maierhof in eigner Regie; ein zweiter daselbst, der Philippshof, ist zeitweilig verpachtet und ein dritter, zu Ostrey, in Erbpacht gegeben.

Die Waldungen bestehen aus Fichten, Kiefern, Tannen und Espen, und sind in 6 Reviere (das Lobeser, Ostreyer, Daubrawitzer, Rosadler, Wranowitzer und Spalensker) eingetheilt. Der auswärtige Verkauf ist, da die umliegenden Dominien selbst viel Waldungen haben, unbedeutend.

Der Wildstand beschränkt sich auf eine geringe Zahl von Rehen, Hasen und Rebhühnern.

Von Gewerbtreibenden findet man auf den Dörfern nur einige Schneider, Schuhmacher und Schmiedte, ohne Gesellen und Lehrlinge. Bloß in Mscheno ist der Gewerbstand zahlreicher. (S. unten.)

Sanitäts-Personen sind: 3 Wundärzte (in Mscheno, worunter 1 obrktl.) und 3 Hebammen (2 in Mscheno und 1 in Wratno).

Zur Unterstützung der Armen hat der verstorbene Besitzer, Michael Graf von Kaunitz, ein Kapital von 150 fl. W. W. gestiftet, von dessen Zinsen zu 5 Percent, 10 Arme auf den Dorfschaften betheilt werden. Mscheno hat sein eignes regulirtes Armen-Institut, auch ein Spital. (S. unten.)

Die Verbindung mit den umliegenden Dominien wird bloß durch Landwege unterhalten. Die nächste Post ist in Jung-Bunzlau, zu deren Handen in Mscheno eine Briefsammlung besteht.

Folgendes sind die unterthänigen Ortschaften:

1. Lobes, 4 St. von der Kreisstadt Jung-Bunzlau, am Fahrwege von Brandeis nach Hirschberg, auf einer Anhöhe, D. von 65 H. mit 375 E., ist der Sitz des obrktl. Wirthschaftsamtes und hat 1 obrktl. Schloß, welches nach Dr. Riemann 161,6 W. Kl. über dem Meere liegt, 1 Mhf., 1 Bräuh. (auf 26 Faß), und 1 Branntweinh. Es ist nach Mscheno eingpf., hat aber eine eigne sehr alte Filialkirche, unter dem Titel der Kreuzerfindung, worin jeden dritten Sonntag Gottesdienst gehalten wird. Auch hat Freiherr Clemens von Lützow im J. 1824 eine eigne Schule für diesen Ort erbauen lassen. In geringer Entfernung w. liegt der Mhf. Philippshof. — 2. Daubrawitz, $1^1/_2$ Viertel St. ö. von Lobes, D. von 30 H. mit 160 E., nach Mscheno eingpf. — 3. Trnow (oder Trnowa), $^3/_4$ St. osö. von Lobes, D. von 26 H. mit 142 E., ist nach Skalsko (G. Nimeritz) eingpf. — 4. Wratno, $^3/_4$ St. sö. von Lobes, am Fahrwege nach Brandeis, D. von 42 H. mit 247 E., ist nach Mscheno eingpf. und hat seine eigne Schule, unter dem Patronate der Ortsgemeinde. — 5. Ostrey (oder Wostrey, Ostreg), 1 St. sö. von Lobes, ein im J. 1803 durch die Emphyteutisirung des frühern Maierhofes dieses Namens und der Gründe desselben entstandenes Dominikal-Dsch. von 12 H. mit 74 E., ist nach Kablin (Hft. Weißwasser) eingpf. — 6. Skramausch, $^1/_4$ St. s. von Lobes, D. von 30 H. mit 161 E., ist nach Mscheno eingpf. — 7. Romanow, $^1/_2$ St. sw. von Lobes, auf einer Anhöhe, Dsch. von 6 H. mit 42 E., ist nach Mscheno eingpf. und hat eine unter K. Joseph II. aufgehobene kleine Kirche, unter dem Titel der heil. Maria Magdalena. Von der alten Burg, wo die ersten Besitzer von Lobes gewohnt haben sollen, ist schon längst keine Spur mehr vorhanden.

Das schutzunterthänige Städtchen

8. Mscheno (Mšeno, von den Teutschen auch Memschen genannt), $^1/_2$ St. ssw. von Lobes, besteht aus 201 H. mit 1314 E. Es hat seinen eignen Magistrat (mit einem geprüften Rathe), der aber nur die Grund-

buchsführung, Gerechtigkeitspflege und Polizei zu verwalten hat; in politischer und ökonomischer Hinsicht steht es unter dem Amte von Lobes. Im J. 1545 erhielt das Städtchen vom damaligen Besitzer Johann Spetle von Janowitz das Recht der freien Testamentsverschreibungen; im J. 1549 wurde ihm von K. Ferdinand I. gestattet, am Montage vor Kreuzerhöhung einen Jahrmarkt zu halten. K. Rudolph II. bewilligte im J. 1583 zwei andere Jahrmärkte, am Mittwoch nach Philippi und Jakobi und nach Martini, wozu später noch ein Jahrmarkt am Mittwoch vor dem fetten Donnerstag kam. Zu bemerken sind: a. das Rathhaus; b. die Pfarrkirche unter dem Titel des heil. Martin B. und dem Patronate der Obrkt.; sie war schon 1384 mit einem eignen Pfarrer versehen. Eingpf. sind außer dem Städtchen selbst, die zum Gute gehörigen Dfr.: Lobes (mit 1 Filialkirche), Daubrawitz, Wratno, Skramausch, Romanow, und die frmdhftl.: Stranka, Sebletz, Kanina, Hrasko (mit 1 gegenwärtig sehr baufälligen Filialkirche unter dem Patronate der Kepiner Obrigkeit), Dul, Albertsthal, Klutzen, Woleschno, Konradsthal, Rey und Weinberg, Brusney, Riboch, Liebowis und die Einschichten Sandberg und Pfeiferberg (bei Dubus); c. die Schule, mit zwei Klassen und zwei dotirten Lehrern, unter dem Patronate des Magistrats; d. das schon seit älterer Zeit, von nicht mehr bekannten Wohlthätern gestiftete Bürger-Spital, welches am Schluße des J. 1831 ein Stammvermögen von 5421 fl. W. W. besaß und ein jährliches Einkommen von 211 fl. 13¼ kr. W. W. genießt, von welchem 5 arme Männer und Frauen verpflegt werden; e. die uralte, seit ihrer Aufhebung zum Gemeinde-Schüttboden verwendete Kirche zu St. Johannes dem Täufer. — Die Einw. des Städtchens nähren sich theils vom Betriebe der Landwirthschaft, theils von Industrial-Gewerben, mit welchen Letztern am Anfange des J. 1832 zusammen 170 Meister und andere Gewerbsbefugte mit 34 Gesellen und 28 Lehrlingen, im Ganzen also 232 Personen beschäftigt waren. Darunter befanden sich: 15 Bäcker, 2 Bandmacher, 1 Buchbinder, 2 Färber, 7 Faßbinder, 18 Fleischhauer, 1 Goldarbeiter, 3 Griesler, 2 Hutmacher, 1 Kammmacher, 5 Kürschner, 1 Lebzelter, 4 Leinweber, 3 Maueermeister (13 Gesellen), 1 Müller (Windmüller, sw. vom Städtch.), 1 Rauchfangkehrer, 3 Riemer, 3 Sattler, 4 Schlosser, 3 Schmiedte, 25 Schneider, 38 Schuhmacher, 2 Seifensieder, 2 Seiler, 11 Tischler, 1 Töpfer, 1 Wachszieher, 4 Wagner, 1 Wasenmeister und 5 Zimmermeister (5 Gesellen). — Zum Handelsstande gehörten 7 Handlungsbefugte mit gemischten Waaren, und 6 freien Handel treibende Personen. Ueber die Stärke des Verkehrs auf den hiesigen Jahrmärkten liegen keine Angaben vor. Die Gegenstände sind die gewöhnlichen, wie sie auf den Landmärkten vorkommen. Sanitäts-Personen sind 2 Wundärzte und 2 Hebammen. Außer dem schon erwähnten, seit alter Zeit bestehenden Spitale, mit einem Stammvermögen (1831) von 5421 fl. W. W. und einem Einkommen von 211 fl. 13¼ kr., wovon 5 Pfründler verpflegt werden, besitzt Mscheno auch ein eigenes Institut für die Hausarmen, welches am Schluß des J. 1831 ein Stammvermögen von 1130 fl. 13 kr. und an Zinsen, Strafgeldern ꝛc. und milden Beiträgen 111 fl. W. W. eingenommen hatte, mit welchen eine unbestimmte Zahl von Armen betheilt wurden.

Fideicommiß-Gut Hauska.

Dieses Dominium liegt beisammen im südwestlichen Theile des Kreises, zwischen dem untern Laufe der Iser und der Elbe, wo es in Norden an die Dominien Hirschberg und Neu-Perstein, in Osten an Weißwasser und Mscheno-Lobes, in Süden ebenfalls an Mscheno-Lobes, so wie an Stranka und Widim-Kokořin, und in Westen abermals an Hirschberg gränzt.

Der gegenwärtige Besitzer ist der k. k. Kämmerer Michael Graf von Kaunitz, welcher nach dem Tode seines im J. 1829 verstorbnen Vaters, Vincenz Graf von Kaunitz, als erstgeborner Sohn desselben, dieses Fideicommiß antrat. Nach den bereits von Schaller (a. a. O. S. 203) angegebnen Quellen gehörte Hauska am Anfange des XIV. Jahrhunderts den davon den Namen führenden Herren v. Hauska. Im J. 1411 war Heinrich Berka von Duba im Besitz dieses Gutes. Späterhin gelangte es an die Herren Smiřicky, von welchen Johann Smiřicky als Besitzer des Schlosses Pösig (Hft. Hirschberg) im J. 1435 bekannt ist. Von dieser Zeit an ist eine Lücke in der Reihenfolge der Besitzer, bis zur ersten Hälfte des XVIII. Jahrhunderts, wo Hauska an die Reichsgrafen von Kaunitz gelangte und zum Fideicommiß erhoben wurde. Um das J. 1751 besaß es Johann Adolph Reichsgraf von Kaunitz. Nach dessen Tode im J. 1770 kam es an seinen ältesten Sohn Michael Karl, und als dieser 1820 starb, an seinen Sohn Vincenz, den vorhin erwähnten Vater des gegenwärtigen Besitzers. (S. Landtäfliches Hauptb. Litt. A. Tom. III. Fol. 41.)

Die herrschende Felsart des Dominiums ist Quadersandstein und ist nach allen Richtungen von tiefen Gründen und Schluchten durchschnitten. Bemerkenswerthe Berge sind: der Spitzberg, der Drnstlich, der Schloßberg, der Lindenberg, der Veilchen- und der Kirchberg, sämmtlich nahe bei Hauska, weiter entfernt aber der Bokimer, der Kortschner und der Nedowesker oder Schreyerberg. Letzterer liegt nach Dr. Kiemann 223 Wien. Kl. über dem Meere, ist ein Triangulirungs-Punkt des k. k. Generalstabes, und hat 50° 30′ 31″ geographische Breite und 32° 11′ 52″ Länge. Am Drnstlich, am Veilchen-, Linden- und am Schreyerberge kommt Basalt vor, am Fuße des Schloßberges und am Spitzberge Basalttuff.

Der Mangel an Wasser ist hier eben so groß, wie auf den benachbarten Dominien. Westlich von den Felsenmassen, auf denen sich Hauska erhebt, zieht sich der kleine Palatzker Mühlbach nach Süden, und von Kahlenberg und Schönau ein anderer nach Westen, deren Wasser durch kleine Teiche zum Behufe der wenigen Mühlen beisammen gehalten wird. Diese Teiche (der Schloß-, Dubuser, Seidel- und Schönauer Teich) enthalten auch Karpfen und Hechte. Der ehemalige Del- oder Mittelteich bei Hauska, der Zeiptteich bei Beschkaben, der Gänseteich bei Hirschmantel, und der Kortschner Teich bei Kahlenberg sind in Wiesenland umgeschaffen worden.

Die Bevölkerung war im J. 1830: 2449 Seelen stark. Die

Einwohner sind Katholiken und sprechen sämmtlich Teutsch. Nur in Liebowis wird auch Böhmisch gesprochen.

Die Ertrags- und Nahrungsquellen sind die verschiednen Zweige der Landwirthschaft, hauptsächlich Getraide- und Hopfenbau. Die landwirthschaftliche Bodenfläche betrug nach dem Katastral-Zergliederungssummarium vom J. 1832:

	Dominicale.		Rusticale.		Zusammen.	
	Joch.	□Kl.	Joch.	□Kl.	Joch.	□Kl.
An ackerbaren Feldern .	1028	961	1140	673	2169	34
= Trischfeldern . .	16	1244	58	90	74	1334
= Wiesen	133	1272	70	564	204	236
= Gärten	62	1570	51	1415	114	1385
= Teichen mit Wiesen verglichen . . .	4	837	—	—	4	837
= Hutweiden 2c. . .	62	526	60	470	122	996
= Waldungen . . .	1547	385	263	1262	1811	47
Ueberhaupt	2856	395	1644	1274	4501	69

Der Boden besteht größtentheils aus Lehm und Sand, und ist von mittelmäßiger Ergiebigkeit. Man baut außer den gewöhnlichen vier Getraidegattungen auch viel Hopfen, Flachs und Erdäpfel. Außerdem ist der Obstbaumzucht, sowohl in Gärten als im Freien, ein nicht unbeträchtlicher Theil des Bodens gewidmet; besonders gewinnt man viele und sehr gute Kirschen, welche auf die Märkte von Melnik, Jung-Bunzlau und Böhmisch-Leipa geführt werden.

Da die beiden obrigkeitlichen Maierhöfe (in Belzko und Rabenei) verpachtet sind, so kann nur bei den Unterthanen ein ökonomischer Viehstand nachgewiesen werden. Dieser betrug Ende April 1833 an Pferden 61 Stück (60 Alte, 1 Fohlen), an Rindvieh 1000 Stück (5 Zuchtstiere, 6 junge Stiere, 636 Kühe, 176 Kalbinnen, 123 Zugochsen, 54 junge Ochsen) und an Schafvieh 20 Stück (Alte).

Die Waldungen des Dominiums sind in 9 Reviere eingetheilt, welche 1826 nach wirthschaftsamtlichen Angaben folgenden Flächeninhalt hatten:

Das Ribocher	130	Joch	233 2/6	□Klftr.
= Ornstlicher	363	=	233 2/6	=
= Belzker	164	=	1509	=
= Blatzner	177	=	908 2/6	=
= Siertscher	212	=	312	=
= Kahlenberger	213	=	360 4/6	=
= Beschkabner	226	=	16 4/6	=
= Kluker	65	=	1040	=
= Nedowesker	155	=	858 2/6	=
Zusammen	1708	Joch	671 4/6	□Klftr.

Der Wildstand ist beträchtlich kleiner als er es im Verhältniß zur Area seyn könnte. Es werden jährlich nicht über 100 Hasen und en Rebhühner abgeschafft. Dem Aufkommen des jungen Wildes schaden hier, wie auf den benachbarten Dominien, die vielen kleinern Raubthiere.

Beim Dorfe Kahlenberg befindet sich ein Sandstein-Bruch, welcher gute Mühlsteine liefert.

Mit Industrial-Gewerben beschäftigten sich am Anfange des J. 1832 zusammen 92 Personen, nämlich 85 Meister und andere Gewerbsinhaber, mit 4 Gesellen und 3 Lehrlingen. Die meisten betreiben ihre Gewerbe nur als Nebenbeschäftigung. Man zählte im Einzelnen: 8 Bierschänker, 2 Bleicher, 1 Bräuer, 2 Branntweinbrenner, 1 Faßbinder, 1 Glaser, 1 Griesler, 9 Hopfenhändler, 1 Krämer, 16 Leinweber, 2 Müller, 1 Schleifer, 6 Schmiedte, 12 Schneider, 10 Schuhmacher, 4 Tischler, 3 Wagner, und 1 Ziegelbrenner.

In Rabenei ist eine Hebamme.

Ueber das Armen-Institut, und ob überhaupt ein solches auf diesem Dominium besteht, sind keine Angaben vorhanden.

Mit den umliegenden Ortschaften steht das Dominium nur durch Landwege in Verbindung. Durch den westlichen Theil des Gebietes geht die von Melnik nach Böhmisch-Leipa führende Straße. Die nächsten Briefsammlungen sind in Hirschberg und Mscheno.

Folgendes sind die einzelnen Ortschaften des Dominiums:

1. Hauska, 4 3/4 St. wnw. von der Kreisstadt Jung-Bunzlau, auf einer felsigen Anhöhe, D. von 68 H. mit 487 E. (worunter 2 Israeliten-Familien), ist der Sitz des obrktl. Wirthschaftsamtes, nach Bořim eingpf., und hat 1 obrktl. sehr altes Schloß, welches im J. 1823 durch den vorigen Besitzer mit dem Aufwande der 4jährigen Einkünfte des Gutes ganz überbaut, sehr verschönert und mit einem Thurme versehen worden ist, von welchem man nach allen Seiten eine der herrlichsten Aussichten, bis in die Umgebungen Prags, das Mittel- und Erzgebirge, das Iser- und Riesengebirge genießt; nach den Dreyeck-Vermessungen des k. Astronomen David hat das Schloß geographische Breite 50° 29′ 34″ und 32° 17′ 24″ Länge, und der zweite Stock ist 232 W. Kl. über der Meeresfläche erhoben; ferner 1 Bräuh. (auf 13 Faß), 1 Branntweinh., 1 Jägerh. und 1 Ziegelhütte. Auf dem w. mit dem Dorfe zusammenhangenden Kirchberge steht eine öffentliche Kapelle zur h. Dreifaltigkeit; 1/4 St. w. im Thale, bei Dubus, liegt die zu Hauska conscribirte Platzer-Mühle und 1/8 St. n., im Hausker Grunde, die Einschicht Neusorge, 5 H. mit 36 E., und 1/4 St. sö. am Wratner Berge, Futschigfeld (oder Pfurschigfeld), 6 H. mit 43 E., welche beide gleichfalls unter der Häuserzahl von Hauska mit begriffen sind. — 2. Belzko, 1/4 St. n. von Hauska, auf der Anhöhe jenseits des Hausker Grundes, ein auf der Stelle des ehemals hier bestandenen obrktl. Mhf. und der Schäf. erbautes Dominikal-Dsch. von 10 H. mit 56 E., welche aber ihre Gründe nur in zeitweiligem Pacht besitzen; ist nach Bořim eingpf. und hat 1 großen, aus 3 Stockwerken bestehenden obrktl. Schüttboden. — 3. Bořim (ehemals auch Bokigow, s. Schaller, a. a. O. S. 204), 1/2 St. n. von Hauska, am s. Fuße des Bořimer Berges, D. von 12 H. mit 68 E., hat 1 Pfarrkirche unter dem Titel des heil. Jakob des G., welche als solche schon 1384 bestand, während des Hussitenkrieges ihren Seelsorger verlor und erst im J. 1723, auf Verwendung der Brüder Joseph und Adolph Reichsgrafen von Kaunitz, wieder einen eignen Pfarrer nebst einem Cooperator erhielt. Die Kirche steht nebst der Schule unter

dem Patronate der Obrkt. Eingpf. sind, außer Bokim selbst, die zum G. gehörigen Dörfer: Siertsch, Siertschergrund, Groß-Blatzen, Hauska, Kahlenberg (ein Theil), Kortschen, Rabenei, und die frdhschftl. Dubus, Klein-Blatzen (G. Stranka) und Wilkow (Hft. Widim-Kokořin). Die Obrigkeit besitzt in Bokim auch 1 Wirthsh. — 4. Siertsch (oder Sirtsch), $^{3}/_{4}$ S. n. von Hauska, D. von 38 H. mit 272 E., welche meist von Feld- und Hopfenbau leben; ist nach Bokim eingpf. und hat 1 emph. Wirthsh. mit Fleischbankgerechtigkeit. — 5. Siertschergrund, 1 St. n. von Hauska, von Wald umgeben, D. von 10 H. mit 62 Einw., welche von theils erbzinslich eingekauften, theils zeitweilig gepachteten obrktl. Gründen leben; ist nach Bokim eingpf. — 6. Kortschen, $1^{1}/_{4}$ St. n. von Hauska, am w. Fuße des Kortschner Berges, D. von 28 H. mit 192 E., ist nach Bokim eingpf. und hat 1 eigne Schule. Dieses D. befindet sich im Besitz eines ergiebigen Brunnens mit sehr gutem Trinkwasser. — 7. Kahlenberg (oder Kahlberg), $1^{1}/_{4}$ St. nnw. von Hauska, ein ziemlich zerstreut liegendes D. von 29 H. mit 176 Einw., theils nach Bokim, theils nach Dauba (Hschft. Neu-Perstein) eingpf., hat in der Nähe einen Sandstein-Bruch. — 8. Hirschmantel, $1^{1}/_{2}$ St. nw. von Hauska, ein aus 5 zerstreuten H. mit 33 Einw. bestehendes, nach Dauba eingpf. Dsch.; $^{1}/_{4}$ St. n. am Galgenmühl-Bache liegt die Schwihöfer (Swichower) Mühle mit einer Brettsäge, und an der Melniker Straße die Mäuseschänke. — 9. Beschkaben, $^{3}/_{4}$ St. nnw. von Hauska, am w. Abhange des Beschkabner Berges, D. von 21 H. mit 124 Einw., ist nach Dauba eingpf. und hat 1 obrktl. Jägh. — 10. Draschen, $1^{1}/_{4}$ St. nw. von Hauska, an der Straße von Melnik nach Böhmisch-Leipa, auf einer Felsenhöhe, deren kahle Wände nach W. und O. fast senkrecht abfallen, D. von 26 H. mit 148 Einw., welche von Getraide-, Obst- und Hopfenbau leben; ist zur Lokalie Töschen (Hft. Hirschberg) eingpf., hat 1 eigne Schule und in der Mitte des Dorfplatzes 1 öffentliche Kapelle unter dem Titel des heil. Johann von Nepomuk. — 11. Kluk, 1 St. nw. von Hauska, in einem angenehmen, von Waldungen eingeschlossenen Thale, D. von 17 H. mit 148 E., welche meistens von Hopfenbau und der Pachtung einiger obrktl. Grundstücke leben; ist ebenfalls nach Töschen eingpf. — 12. Groß-Blatzen, $^{1}/_{2}$ St. nw. von Hauska, in einer weiten und fruchtbaren Ebene, D. von 27 H. mit 198 E., welche von Getraide-, Hopfen- und Obstbau leben; ist nach Bokim eingpf.; $^{1}/_{4}$ St. s. vom Orte liegt die dazu conscribirte Einschicht Schnellgrund von 6 H. mit 44 Einw. — 13. Rabenei oder Rabnei (Rowneg), $^{1}/_{4}$ St. nw. von Hauska, jenseits des Platzer Mühlbach-Thales, ein nach Bokim eingpf. D. von 10 H. mit 51 E., unter dem Grafen Michael von Kaunitz, Großvater des jetzigen Besitzers, durch Emphyteutisirung eines Theiles des damaligen Mhf. entstanden, von welchem jede der angesiedelten 10 Familien 9 Metzen an Grundstücken erhielt. Das Uebrige gehört noch der Obrigkeit und ist zeitlich verpachtet. — 4. Riboch, $^{1}/_{2}$ St. s. von Hauska, am s. Fuße des Drnslicher Berges, ein nach Mscheno eingpf. D. von 16 H. mit 100 E., welche sehr ausgebreiteten und einträglichen Kirschenbau treiben; die hiesigen Kirschen sind von seltener Größe und ausgezeichneter Güte. — 15. Liebowis, $^{1}/_{2}$ St. sö. von Hauska, am s. Fuße des Wratner Berges, D. von 31 H. mit 180 E., ist nach Mscheno einpf. und hat 1 eigne Schule. Einer uralten Volkssage nach soll dieses Dorf ehemals eine Stadt mit eigner Criminal-Gerichtsbarkeit gewesen, aber in Kriegszeiten ganz zerstört und durch die Pest seiner Einw. beraubt worden seyn. Man will die Bestätigung dieser

Sage noch in der Benennung des nahen Galgenberges finden. — 16. Nedowesska, $1^1/_4$ St. wnw. von Hauska, auf einer felsigen Anhöhe, über welche sich der Nedowesker- oder Schreyerberg noch beträchtlich höher erhebt (s. oben), D. von 24 H. mit 154 E. Davon gehört 1 H. mit 6 E. zur Hft. Neu-Perstein.

Von folgenden frdhschftl. Dörfern besitzt das G. Hauska Antheile:

17. Brusney (oder Brusna), $^1/_2$ St. s. von Hauska, D. des G. Stranka, nach Mscheno eingpf., 7 H. mit 44 E. — 18. Schönau, $1^1/_4$ St. nw. von Hauska, D. der Hft. Neu-Perstein, nach Dauba eingpf., 1 H. (die Schönauer Mühle) mit 6 E. — 19. Nedam, $1^1/_2$ St. nnw. von Hauska, D. der Hft. Neu-Perstein, nach Dauba eingpf., 1 abseits liegendes H. (Plan) mit 6 Einw.

Allodial-Herrschaft Widim-Kokořin.

Diese Herrschaft liegt im westlichen Theile des Bunzlauer Kreises, rechts von der Elbe, und gränzt gegen Norden an die Herrschaft Neu-Perstein, gegen Nordosten an das Gut Hauska, gegen Osten an die Güter Stranka und Mscheno-Lobes, gegen Südosten an die Hft. Řepin, gegen Süden an die Hft. Melnik, und gegen Westen an die Hft. Liboch (des Leitmeritzer Kreises). Der gesammte Flächeninhalt des Dominiums war nach wirthschaftsamtlichen Angaben vom J. 1826: 3900 Joch.

Der gegenwärtige Besitzer ist Ernest Fürst von Ahremberg, dessen Gemahlinn Theresia Fürstinn von Ahremberg, geborne Gräfinn von Windischgrätz, sie im J. 1807 von der damaligen Eigenthümerinn, Barbara Gräfinn von O'Reilly, geb. Gräfinn von Sweerts und Spork, für die Summe von 425000 fl. Banko-zettel käuflich an sich brachte.

Der älteste bekannte Besitzer dieser Hft., welche sonst Widim hieß, war am Anfange des XVII. Jahrhunderts Wenzel Berka von Duba, welchem sie nebst seinen übrigen Gütern nach der Schlacht auf dem Weißen Berge, 1620, confiscirt und dem Grafen Albrecht von Waldstein, Herzog zu Friedland, käuflich überlassen wurde. Nach dessen Tode fielen sie neuerdings dem k. Fiscus anheim, und K. Ferdinand II. schenkte sie 1636 seinem General, Johann Böck, welcher sie seinem Sohne Eugen Albert Freiherren von Böck als Erbe hinterließ. Auf diesen folgte Karl Joseph Freiherr von Böck, und späterhin, im J. 1700 Anna Magdalena Gräfinn von Schütz und Leypoldsheim, geborne Freiinn von Böck, von welcher sie nach deren Tode am 25. Oktober 1709 an die Gräfinn Carolina Anna von Bubna und Littetz, geborne Freiinn von Böck, überging. Hierauf gelangte die Herrschaft durch Verkauf im J. 1743 an den Grafen Franz Karl Rudolph von Sweerts und Spork, 1757 an dessen Sohn Johann Franz Christian, und 1801 an die obenerwähnte Gräfinn Barbara von O'Reilly geborne Gräfinn von Sweerts und Spork. — Die noch im XVII. Jahrhunderte mit Widim-Kokořin vereinigt gewesenen Güter Stranka und Zittney wurden nach dem Tode des Freiherrn Karl Joseph von Böck, im J. 1700, bei der Erbschaftstheilung davon getrennt, und bilden seit dieser Zeit ein für sich bestehendes Dominium (s. G. Stranka), welches auch Widim-Stranka oder Widim erster Theil genannt wird, während Widim-Kokořin den Namen Widim zweiter Theil führt. (S. Landtäflisches Hauptb. Litt. A. Tom. VI. Fol. 81.)

Die Oberfläche des Dominiums erhebt sich allmählich von Süden nach Norden und ist von größern und kleinern Thälern und Schluchten, oder sogenannten Gründen durchschnitten, ohne jedoch eigentlich gebirgig zu seyn. Der höchste Punkt ist der Geiersberg, von welchem das Auge nicht nur eine weite Aussicht bis jenseits der Elbe, tief in den Kaurimer, Rakonitzer und Leitmeritzer Kreis hinein genießt, sondern sich auch in der Nähe an den malerischen Felsgebilden der tiefen Abgründe mannigfach ergötzt. Quadersandstein ist hier die herrschende Formation, welche an den schroffen, zerrissenen Thalgehängen zum Vorscheine kommt. Die Höhen werden von Plänerkalk gebildet; bloß der über diese Flötzformationen sich unbedeutend erhebende Saberberg bei Widim besteht aus Basalt. Südlich am Felsen des Geiersberges ist eine Höhle. Man gelangt zu diesem Berge auf einem bei trockner Witterung ziemlich guten Fahrwege, der vom Dorfe Schedowitz bis weit an den Abhang desselben hinaufführt.

Im östlichen Theile des Dominiums zieht sich der oberhalb Hauska entspringende kleine Palatzer Mühlbach (Palacký Potok) von Norden nach Süden in einem romantischen Sandstein-Thale hinab, welcher sich weiter südwärts, auf dem Gebiete der Hft. Melnik, durch mehre bei Wrutitz hervorbrechende Quellen vergrößert, und unter dem Namen Wrutitzer- oder Forellenbach bei Schopka in die Elbe fällt. (S. Hft. Melnik.) Unterhalb Dul erweitert sich dieser Bach zu einem Teiche, in welchem Hechte, Karpfen und Welse gefangen werden. Es wird dieser Teich wegen seiner Tiefe auch See genannt, und die dortigen Anwohner glauben, er stehe unterirdisch mit dem Meere in Verbindung.

Die Bevölkerung des Dominiums bestand im J. 1830 aus 1001 Seelen. Sie bekennen sich, mit Ausnahme von etwa 130 Protestanten und 30 Israeliten, zur katholischen Religion. Die Sprache ist gemischt, jedoch so, daß in den nördlichen Dörfern die teutsche, in den südlichen aber die böhmische vorherrscht.

Die Ertrags- und Nahrungsquellen des Dominiums und seiner Bewohner sind hauptsächlich die verschiednen Zweige der Landwirthschaft. Die dazu verwendbare Bodenfläche betrug nach dem Kataſtral-Zergliederungssummarium vom J. 1832:

	Dominicale.		Rusticale.		Zusammen.	
	Joch.	□Kl.	Joch.	□Kl.	Joch.	□Kl.
An ackerbaren Feldern	721	1386	768	1447	1490	1233
= Wiesen	35	399	24	616	59	1015
= Gärten	58	1072	26	382	84	1454
= Hutweiden ꝛc.	8	275	6	405	16	680
= Waldungen	1806	94	110	1327	1916	1421
Ueberhaupt	2636	26	958	977	3568	1003

Der Boden ist theils lehmig, theils sandig. Man baut Waizen, Roggen, Gerste, Haber, Erbsen, Wicken, Lein und Hopfen. Die Obstbaumzucht wird sowohl in Gärten als im Freien betrieben.

Der Viehstand betrug am 30. April 1833:

	bei der Obrigkeit.	bei den Unterthanen.	Zusammen.
An Pferden	6 (Alte)	50 (46 Alte, 4 Fohlen)	56
» Rindvieh	89 (5 Zuchtstiere, 72 Kühe, 2 Kalbinnen, 9 Zugochsen, 1 junger Ochs)	620 (2 Zuchtstiere, 482 Kühe, 58 Kalbinnen, 72 Zugochs. 6 junge Ochsen)	709
» Schafen	588 (440 Alte, 148 Lämmer)	30 (20 Alte, 10 Lämmer)	618

Außerdem werden auch Schweine und Geflügelvieh gehalten. Die Bienenzucht ist unbedeutend. Zum Betriebe der obrigkeitlichen Dekonomie bestehen 2 Maierhöfe in eigner Regie (zu Kokořin und Gestřebitz); 2 andere (in Ober-Widim und Wikow) sind zeitweilig verpachtet.

Die Waldungen sind in 2 Reviere, das Widimer und das Kokořiner, eingetheilt und liefern Eichen-, Buchen-, Birken-, Kiefern-, Fichten-, und Tannenholz. Was vom Ertrage nach Deckung des eignen Bedarfs übrig bleibt, wird in die nächstliegenden Städte Melnik und Dauba verkauft.

Der Wildstand beschränkt sich auf eine, dem Areale keineswegs angemessene, geringe Zahl von Rehen, Hasen und Rebhühnern; der Jagdertrag wird nach Melnik und Böhmisch-Leipa abgesetzt.

Bei Kokořin ist ein obrigkeitlicher Kalksteinbruch und eine Ziegelbrennerei.

Mit Gewerben und Handel beschäftigten sich am Anfange des J. 1832: 83 Meister und andere Gewerbsbefugte, mit 14 Gesellen, 19 Lehrlingen und andern Hilfsarbeitern, zusammen 116 Personen. Darunter befanden sich: 1 Bäcker, 1 Bierbräuer, 5 Bierschänker, 1 Branntweinbrenner, 1 Faßbinder, 2 Fleischhauer, 12 Handelsleute (worunter 1 mit gemischten Waaren, die übrigen Krämer, Hausirer und Märkte Beziehende), 2 Holzhändler, 4 Leinweber (welche das von etwa 24 Spinnern erzeugte Garn zu gewöhnlicher Leinwand verarbeiten), 2 Maurermeister (6 Gesellen), 2 Müller, 2 Schlosser, 4 Schmiedte, 7 Schneider, 3 Schuhmacher, 3 Tischler, 4 Wagner, 1 Ziegel- und Kalkbrenner, und 1 Zimmermeister (2 Gesellen.)

In Ober-Widim und Kokořin sind 2 Hebammen.

Das bis jetzt noch nicht regulirte Armen-Institut hatte am Schluß des J. 1831 ein Stammkapital von 134 fl. 45 kr. W. W., dessen Zinsen aber die Obrigkeit mit einem jährlichen Beitrage von 250 fl. vermehrt. Der zu unterstützenden Armen sind 63.

Die Verbindung mit der Umgegend wird durch Landwege bewerkstelligt. Da die Commercial-Straße von Melnik nach Böhmisch-Leipa über Liboch angelegt worden, so dürfte das Dominium Widim-Kokořin wohl sobald keine Chaussée erhalten. In Betreff der Correspondenz wendet man sich an die Briefsammlung in Melnik.

Die Ortschaften des Dominiums sind:

1. Kokořin (auch Neu-Kokořin, zum Unterschiede von der benachbarten Burgruine Alt-Kokořin), 3 Meilen w. von der Kreisstadt Jung-Bunzlau, am rechten Ufer des Palatzer Mühlbaches, auf der Anhöhe, D. von 40 H. mit 301 böhmischen E. (worunter 11 protest. und 1 israel. Familie), ist der Amtsort des Dominiums, nach Wysoka (Hft. Melnik) eingpf., und hat 1 obrktl. Schloß (worin eine vollständige, aus 2 Foliobänden bestehende, in den J. 1812 bis 1815 durch den damaligen Cooperator zu Ober-Widim und jetzigen Prof. der Landwirthschaft in Leitmeritz, Herrn Joseph Hackel, veranstaltete Sammlung aller auf dem Gebiete der Hft. wildwachsenden Pflanzen aufbewahrt wird), 1 obrktl. Mhf., 1 Schäf. und 1 Jägerh.; ½ St. n. vom D., an derselben Seite des Thales, liegt von Waldungen umgeben, auf einem Sandsteinfelsen die sehr malerische Ruine der alten Ritterburg Kokořin (Alt-Kokořin), welche wahrscheinlich schon im Hussitenkriege zerstört worden, aber in ihrem noch übrigen Mauerwerke, obwohl seit Jahrhunderten dem Einflusse der Witterung ausgesetzt, noch ziemlich wohl erhalten ist. Man erblickt jetzt noch einen Thurm von beträchtlicher Höhe, sehr hohe Mauern des ehemaligen Schloßgebäudes mit geräumigen Kellern und Gewölben, doch der sonst sehr tiefe Brunnen ist größtentheils verschüttet. Auch in der Nähe von Neu-Kokořin finden sich unter dem Schloßgarten in einer Felsenschlucht mehre Etagen, Keller, über welchen noch an mehren Stellen die Grundmauern eines Gebäudes von bedeutendem Umfange bemerkt werden. — 2. Klutzen, 1 St. nnö. von Kokořin, an derselben Seite des Baches, auf einer Anhöhe, Dfch. von 5 H. mit 22 E., ist nach Mschene (Gut Mscheno-Lobes) eingpf. — 3. Ober-Widim (gewöhnlich nur Widim genannt), 1¼ St. nnw. von Kokořin, auf einer erhöhten Ebene, welche von allen Seiten durch tiefe Sandstein-Gründe von den benachbarten Orten getrennt ist; D. von 59 H. mit 322 größtentheils teutschen Einw., (worunter 1 Israel. Familie), hat 1 obrktl. Schloß, 1 Mhf. 1 Schäf.; das Bräuh. (auf 12 Faß), 1 Branntweinbrennerei und 1 Jägerh. liegen ¼ St. w. in einem Thale. Die hiesige Pfarrkirche, unter dem Titel des heil. Martin B., erscheint urkundlich als solche schon 1384 und 1402. Vom 30jährigen Kriege bis zum Anfange des XVIII. Jahrhunderts war sie ohne eignen Pfarrer und wurde von verschiedenen Geistlichen der Nachbarschaft, zuletzt vom Pfarrer zu Mschene, administrirt. Da jedoch wegen zu großer Entfernung des Letztern und der beschwerlichen Gebirgswege der Gottesdienst und die Seelsorge nur unvollkommen versehen werden konnten: so wurde im J. 1722 auf den Antrag der damaligen Besitzerinn der Hft., der Gräfinn Carolina Anna von Bubna und Littitz, geb. Freiinn von Böck, wieder ein eigner Pfarrer in Widim gestiftet. Zu welcher Zeit die jetzige Kirche gebaut worden, ist nicht bekannt. Der Hochaltar ist nach einer darauf befindlichen Inschrift im J. 1676 von Peter Mickan, der Hft. Widim verordneten Hauptmann, Gott dem allerhöchsten zu Ehren, sich und seinem Vater Wenzel Mickan, gewesenen Bürgermeister zu Leipa, als Denkmal errichtet. Die Sakristei, die Vorhalle und der neben der Kirche abgesondert stehende Glockenthurm ist im J. 1684 von dem damaligen Besitzer der Hft., Karl Joseph Freiherrn von Böck, errichtet worden. Die Kirche steht nebst der Schule unter dem Patronate der Obrkt. Eingepfarrt sind außer Ober-Widim selbst, die hschftl. Dfr. Unter-Widim, Schedoweitz, Gestřebitz, und die frdhschftl. Dobřin und Zittney (Gut Stranka), Schemanowitz (Hft. Liebliz), Groß-, Klein- und Neu-Wosnalitz (Hft. Neu-Perstein) und Neu-Tupadel Hft. Lieboch, Leitm.

Kr.). Unterhalb des Bräuh. bei Einmündung des Thales in den Königswalder Grund, sind mehre Gemächer in hohe Felsenwände eingehauen, und diesen gegenüber auf einem schwer zugänglichen Felsen, Reste von Mauern, ein zum Theil verschütteter Brunnen mit einem weit aufwärts führenden in Felsen gehauenen Wasserzuleitungs-Graben. Hier soll der Sage nach ein Raubschloß gestanden haben. Auf der ö. Seite von Widim, am Abhange des Schemanowitzer Grundes, finden sich 3 ähnliche Gemächer in hohe Felsenwände eingehauen, wovon aber nur das mittlere, der sogenannte Buschkeller, zugänglich ist. Von gleicher Art sind die am Fußwege nach Kokořin in dem Sand-Felsen des Truskawner Grundes, und die bereits erwähnten unter Neu-Kokořin. Die Bewohner dieser Raubnester sollen der Sage nach damals die Zittauer über Melnik nach Prag führende Straße sehr unsicher gemacht, aber von den Melniker Bürgern endlich verjagt, und ihre Wohnungen zerstört worden seyn. — 4. Wilkow (Wlkow), 2 St. n. von Kokořin, D. von 16 H. mit 108 teutschen E. (worunter 1 protest. Familie), ist nach Bořim (Hft. Hauska) eingpf. und hat 1 obrktl. Mhf.

Von folgenden Dfrn. gehören Antheile zu fremden Dominien:

5. Dul (auch Hlutschow), ¼ St. ö. von Kokořin, zu beiden Seiten des Mühlbaches, ein zerstreut liegendes D. von 31 H. mit 196 böhmischen Einw.; davon gehört der am rechten Ufer des Baches liegende Theil, 8 H. mit 75 E. (worunter 4 protest. Familien) hieher, der Theil am linken Ufer aber, 22 H. mit 121 E., zur Hft. Repin. Das ganze D. ist nach Wysoka (Hft. Melnik) eingpf.; ½ St. s. vom Orte liegt die bei Dul conscribirte zum G. Stranka gehörige Hlutschower Mühle. — 6. Gestřebitz, ¾ St. n. von Kokořin, D. von 70 H. mit 480 theils teutschen, theils böhmischen Einw.; davon gehören 68 H. mit 468 E. (worunter 1 protest. und 2 israel. Familien) hieher, und 2 H. mit 12 E. zum G. Stranka. Das D. ist nach Ober-Widim eingpf., und hat 1 im J. 1824 von der Obrkt. neu erbaute Schule und 1 obrktl. Mhf. (Neuhof), welcher ½ St. s. vom Orte liegt. — 7. Scheboweitz (auch Schebowaitz), 1 ½ St. n. von Kokořin, D. von 33 H. mit 220 teutschen Einw. Davon besitzt das hiesige Dominium 24 H. mit 170 E., das G. Stranka 9 H. mit 50 E. Das D. ist nach Ober-Widim eingpf. und hat beim hiesigen Antheile 1 im J. 1826 von der Obrkt. neu erbaute Schule. — 8. Unter-Widim (Podwidim), 1 ½ St. nw. von Kokořin, in einer tiefen Schlucht, D. von 45 H. mit 267 E., von welchen 26 H. mit 174 E. (worunter 1 Israel. Familie) zur hiesigen Hft., 18 H. mit 86 E. zum G. Stranka und 1 H. mit 7 E. zur Hft. Lieblitz gehören.

Von folgenden fremdherrschaftlichen Dörfern besitzt das hiesige Dominium kleine Antheile:

9. von Groß-Wosnalitz, D. der Hft. Neu-Perstein, nach Ober-Widim eingpf., 1 H. mit 5 E. — 10. von Albertsthal (oder Albrechtsthal), D. des G. Stranka, nach Mscheno eingpf., 1 H. mit 6 E. und — 11. von Rey und Weinberg, Dfch. desselben Gutes, nach Mscheno eingpf., 2 H. mit 9 E.

Allodial-Herrschaft Neu-Perstein.

Dieses Dominium liegt im westlichen Theile des Kreises und gränzt gegen Norden an die Hft. Neuschloß (Leitm. Kr.), gegen Osten und Süden an die Hft. Hirschberg und das Gut Hauska, und gegen Westen ebenfalls an Hirschberg. Abgesondert vom Hauptkörper liegt das Wosnalitzer Gebiet an der Gränze der Hft. Lieboch (Leitm. Kr.) zwischen Bestandtheilen der Dominien Hirschberg, Stranka, Hauska und Widim-Kokokin.

Der gegenwärtige Besitzer ist der k. k. Kämmerer, Christian Graf von Waldstein und Wartenberg ꝛc., welcher diese Herrschaft nach dem im J. 1832 erfolgten Tode seines Vaters ererbte. (S. Landtäfl. Hauptb., Litt. A. Tom. IV. Fol. 77.)

Als ältesten bekannten Besitzer im XV. Jahrhunderte kennt man den Herrn Johann Persteynsky von Miekowitz, nach dessen Tode (s. Schaller, a. a. O. S. 203) im J. 1487 K. Wladislaw II. den Herrn Beneš von Weitmühl, Burggrafen zu Karlstein, mit dem (jetzt in Trümmern liegenden) Schlosse Alt-Perstein sammt Allem, was dazu gehörte, belehnte. Späterhin gelangte das Ganze an die Herren Berka von Duba und Lipa, welche zugleich die benachbarten Dominien Hirschberg, Neuschloß, Hauska, Weiß- und Hühnerwasser ꝛc. besaßen. Diese verloren nach der Schlacht auf dem Weißen Berge, 1620, ihre sämmtlichen Güter durch Confiscation und Hirschberg, mit welchem Perstein wahrscheinlich vereinigt war, gelangte durch Kauf an den k. k. Oberst-Landeshofmeister Adam von Waldstein, und von diesem, ebenfalls durch Kauf, an den Grafen Albrecht von Waldstein, Herzog von Friedland. Nach dessen Tode verfielen seine Besitzungen an den k. Fiscus, und Hirschberg nebst Perstein wurde von K. Ferdinand II. dem k. General Richard Walther Buttler, einem Irländer, geschenkt. Da dieser keinen männlichen Erben hatte, so folgte ihm seine Tochter im Besitz der Hft. Hirschberg, und als auch diese unverheurathet starb, ging die Erbfolge an ihre noch lebende Mutter, Anna Maria, geborne Burggräfinn von Dohna, über, deren Besitzrecht K. Ferdinand III. mittelst Majestätsbriefes vom 6. März 1638 bestätigte. Sie vermählte sich neuerdings mit dem kurfürstlichen mainzischen Erbmarschall Hans Christoph Ferdinand Reichsgrafen von und zu Heissenstein, Freiherrn von Stahremberg ꝛc. und vermachte demselben durch Testament die Hft. Hirschberg mit Neu-Perstein. Aber nach ihrem Tode machte Thomas Theobald Buttler, Abt von Duisko (?), wie es scheint, ein Bruder des verstorbnen Generals Buttler, Ansprüche auf die Erbschaft und zwar zu Gunsten seines Neffen Thomas Buttler, Herrn von Clenomore (oder, wie er sich auch zuweilen unterschrieb, von Clonebouch (?), welche dadurch ausgeglichen wurden, daß der erwähnte Graf von Heissenstein, welcher selbst keine Leibeserben hatte, freiwillig der Buttlerschen Familie den dritten Theil der Hft. Hirschberg, oder die jetzige Hft. Neu-Perstein, abtrat. Diese blieb nunmehr im Besitz der Buttlerschen Familie bis zum J. 1723, wo sie Theobald Wenzel Graf Buttler von Clonebouch an den Reichsgrafen Franz Karl Rudolph von Sweerts und Spork für die Summe von 126000 fl. und 1000 fl. Schlüsselgeld verkaufte. Von diesem gelangte sie 1766 an den Grafen Johann Christian von Sweerts und Spork, dessen Tochter Barbara, vermählte Gräfinn von O'Reilly, sie im J. 1810 für die Summe von 475000 fl. damaliger Wiener Banco-Zettel an den Vater des jetzigen Besitzers, Ernest Grafen von Waldstein und Wartenberg, verkaufte.

Die drei Dörfer Groß-, Klein- und Neu-Wosnalitz scheinen, wie sich aus ihrer isolirten, ganz von fremdem Gebiet umgebnen Lage schließen läßt, in frühern Zeiten ein eignes Gut gewesen zu seyn; es findet sich aber keine urkundliche Nachweisung darüber.

Nach wirthschaftsämtlichen Angaben vom Jahre 1826 betrug der damalige nutzbare Flächeninhalt der Herrschaft an ackerbaren und Trischfeldern 2636 Joch 1116 $\frac{3}{4}$ □Klft., an Gärten, Wiesen und Teichen, 226 Joch 900 $\frac{5}{6}$ □Kl. und an Waldungen 1465 Joch 1404$\frac{1}{8}$ □Kl., zusammen 4327 Joch 822 □Klft., oder beinahe $\frac{9}{20}$ □Meilen. Der Raum, welchen die Gebäude (mit Inbegriff der Stadt Dauba), die Landstraßen, Feldwege, Bäche rc. einnehmen, wurde auf $\frac{2}{20}$ □Meilen geschätzt; folglich war der gesammte Flächeninhalt der Hft.: $\frac{11}{20}$ □Meile. Nach dem Katastral-Zergliederungssummarium vom J. 1832 betrug die nutzbare Oberfläche der Hft. Neu-Perstein:

	Dominicale.		Rusticale.		Zusammen.	
	Joch.	□Kl.	Joch	□Kl.	Joch.	□Kl.
An ackerbaren Feldern .	794	743	1734	983	2529	126
= Teichen mit Aeckern verglichen . . .	—	1197	—	—	—	1197
= Trischfeldern . . .	22	267	85	724	107	991
= Wiesen	72	833	71	1137	144	370
= Gärten	32	1069	44	573	77	42
= Teichen mit Wiesen verglichen . . .	5	486	—	—	5	486
= Hutweiden rc. . .	56	14	90	501	146	515
= Waldungen . . =	983	1075	335	1413	1319	888
Ueberhaupt	1967	884	2362	531	4329	1415

Die Oberfläche des Dominiums ist zwar ringsum von Bergen und Hügeln umgeben und wird auch zum Theil von ihnen durchschnitten; doch sind nur zwei Berge darunter, welche beachtet zu werden verdienen: der nordöstlich von Neu-Perstein liegende kegelförmige Wrchhabner Berg, auf dessen Scheitel sich die uralte Ruine Alt-Perstein erhebt, und der Eichberg, westlich von Dauba. Beide gewähren eine weite Aussicht in die Ferne. Die herrschende Felsart ist auch hier, wie bei den benachbarten Dominien, der Quadersandstein, welcher, besonders bei Wosnalitz, von Thalgründen durchzogen, an denselben in steilen Felsmassen erscheint. Die über den Sandstein sich erhebenden Kegelberge sind Basalt, unter welchen der schon genannte Wrchhabner Berg der höchste ist; südlich von ihm finden sich mehre kleine Basaltkuppen, als der Hackelsberg, der Horkerberg, der Kortschenberg und andere unbenannte.

Die zahlreichen Quellen des Gebietes vereinigen sich zu kleinen Bächen, welche meist von den Mühlen, auf die sie zueilen, ihre Namen erhalten. Die merkwürdigsten sind: 1) der Wrchhabner Thalbrunnen; 2. der Marienbrunnen bei Neu-Perstein. Die Abflüsse beider Quellen vereinigen sich unterhalb des Persteiner Bräuhauses zu einem kleinen Bache, welcher in den Kleinen Mühlteich fällt, aus diesem abfließend die Kleine Mühle treibt, von hier in den Schwarzteich strömt und darauf die Schwarzmühle in Bewegung setzt. Hier nimmt der Bach 3. den von Westen her, aus dem Tannbrunnen in Dauba kommenden Dauber Bach auf, fließt der Galgenmühle zu, und vereinigt sich dann an der östlichen Seite 4. mit zwei andern von der Hausker Gränze kommenden Bächen, von welchen der eine die Frauenmühle, der andere die Schönauer Mühle treibt. Der Galgenmühl-Bach wendet sich nunmehr westlich der Frabsmühle (Wrabsmühle) zu und tritt unterhalb derselben auf das Gebiet der Hft. Hirschberg. Kleinere Gewässer sind: der Kirchteich, der Brückelteich, der Baderteich, der Färberbrunnen und der Kailbrunnen, welche sämmtlich in oder nahe bei der Stadt Dauba liegen.

Die Bevölkerung des Dominiums bestand im J. 1830 aus 2732 Seelen. Die Einwohner sind sämmtlich Katholiken und sprechen durchaus Teutsch.

Die Ertrags- und Nahrungsquellen bestehen auf den Dörfern im Betriebe der Landwirthschaft; nur in Dauba ist die Gewerbs-Industrie vorherrschend. Der Ackerboden ist von mittelmäßiger Fruchtbarkeit. Getraide, Flachs, Kartoffeln ꝛc. werden von den Feldbesitzern, deren Gründe nicht bedeutend sind, nur zum Bedarf der eignen Haushaltungen angebaut; das Hauptprodukt ist grüner Hopfen, welchen man in ansehnlicher Menge gewinnt und damit einen vortheilhaften Handel selbst über die Gränzen Böhmens hinaus, nach Oesterreich, Ungarn, Steiermark, Tirol, Baiern, Sachsen und Schlesien treibt. — Die Obstbaumzucht ist nur auf den obrigkeitlichen Gründen von einiger Bedeutung, wo in Gärten und Alleen gute Sorten gezogen werden. Auch in Dauba und in den Dörfern hat beinahe jedes Haus sein eignes Gärtchen mit Obstbäumen; aber bei der Vorliebe für den Hopfenbau schenkt man der Obstkultur wenig Aufmerksamkeit und begnügt sich mit den gewöhnlichen geringern Sorten. Daß in frühern Zeiten auch Wein hier gebaut worden, beweist die Benennung des Weinberges, südlich an der Stadt Dauba.

Der landwirthschaftliche Viehstand betrug (mit Ausnahme des Schutzstädtchens Dauba, s. weiter unten) am 30. April 1833:

	bei der Obrigkeit.	bei den Unterthanen.	Zusammen.
Pferde	8 (Alte) . . .	31 (Alte)	39
Rindvieh	80	439	519
	(2 Zuchtstiere, 3 junge St., 46 Kühe, 17 Kalbinnen, 8 Zugochsen, 4 junge Ochs.)	(3 Zuchtstiere, 2 junge S., 286 Kühe, 46 Kalbinnen, 80 Zugochsen, 22 junge Ochs.)	
Schafe	1456	—	1456
	(1183 Alte, 273 Lämmer)		

Die Schafe gehören durchaus zur spanischen Rasse.

Zum Betriebe der obrigkeitlichen Oekonomie bestehen 3 Maierhöfe in eigner Regie (der Persteiner, der Neuhof, und der Werchhaber); bei jedem derselben ist eine Schäferei.

Die obrigkeitlichen Waldungen sind in 3 Reviere getheilt: das Persteiner, Schönauer und Wosnalitzer. Sie geben einen jährlichen Ertrag von 245 Kl. harten und 1221 Kl. weichen Holzes, welcher theils auf dem Dominium verbraucht, theils an die Nachbarorte verkauft wird.

Der Wildstand ist nicht von Bedeutung; er besteht aus Rehen, Hasen und Rebhühnern. Die vielen Marder, Iltisse, Füchse und Dachse, welche in den Steinhöhlen und Klüften zahlreiche Schlupfwinkel finden, thun der Vermehrung des nutzbaren Wildes beträchtlichen Schaden.

Bei Neu-Perstein und Dauba betreibt die Obrigkeit einige Kalk- und Sandsteinbrüche.

Der geringe Gewerbsstand der Dorfschaften (Dauba s. weiterhin besonders) beschränkte sich am Anfange des J. 1832 auf 6 Bierschänker, 1 Glaser, 1 Hausirer, 8 Leinweber, 2 Schmiedte, 2 Schneider und 2 Schuhmacher.

Sanitäts-Personen sind: 2 Wundärzte (in Dauba) und 4 Hebammen (3 in Dauba und 1 in Herrendorf).

Ein eignes Armen-Institut, so wie ein Bürger-Spital besteht nur für die Schutzstadt Dauba. (S. diese).

Die Verbindung der Ortschaften unter sich und mit den benachbarten Dominien findet größtentheils durch Landwege Statt. Nur von Neu-Perstein nach Dauba führt seit etwa 10 Jahren eine auf Kosten der jetzigen Obrigkeit erbaute Chaussée; auch ist seit 1826 gemeinschaftlich mit den Unterthanen eine fahrbare Straße von Neu-Perstein nach Hirschberg hergestellt worden. Die von Melnik über Kokořin und Neuschloß nach Böhmisch-Leipa führende Straße geht durch Dauba. Die nächste Post ist in Neuschloß (Leitm. Kr.), und die nächste Briefsammlung in Hirschberg.

Die einzelnen Ortschaften des Dominiums sind folgende:

1. Neu-Perstein (gewöhnlich nur Perstein genannt), 6½ St. nw. von der Kreisstadt Jung-Bunzlau, am w. Ufer des Kleinmühl-Baches, D. von 11 H. mit 95 Einw.; ist der Sitz des obrktl. Wirthschaftsamtes, nach Dauba eingpf., und hat 1 obrktl., zwar nicht großes, aber gut gebautes Schloß mit einer von der verst. Gräfinn Anna Katharina von Sweerts und Spork eingerichteten Kapelle, worin während des Aufenthaltes der hschftl. Familie, Messe gelesen wird; ferner einen weitläufigen, jetzt zu einem geschmackvollen, englischen Park umgeschaffenen Schloßgarten; 1 vom jetzigen Besitzer neu erbautes Amth., 1 Bräuh (auf 20 Faß) unterhalb des Gartens, im Thale gelegen; diesem gegenüber 1 großer obrktl. Keller, worin die Weine aus den zwei Weingärten aufbewahrt werden, welche das hiesige Dominium auf den Gründen der Stadt Melnik besitzt; endlich 1 obrktl. Mhf. mit 1 Schäf.; ¼ St. sö. liegt die Kleinmühle, ¼ St. nw. die aus 2 H. bestehende Einschicht Neu-Kretscham oder Neu-Kretschen (Wirthsh. an der Straße nach Neuschloß) und ½ St. nnw. 1 zweiter Mhf., der Neuhof. — 2. Werchhaben (ehemals Wrchow), ½ St. s. von Neu-Perstein, am sw. Abhange des gleichnamigen Berges, D. von 49 H. mit 269 E., ist nach Dauba eingpf., hat aber eine

durch verschiedene fromme Sammlungen im J. 1803 erbaute Kapelle zu Mariä-Himmelfahrt, worin Christenlehre gehalten wird; auch ist hier eine Filialschule. Der Mangel an Brunnen im Orte nöthigt die Einw., das Wasser 1/4 St. weit aus dem Thale zu holen. Ein bequemer, selbst durchaus fahrbarer Weg führt aus dem D. zu der auf dem Gipfel des Berges liegenden Ruine der Ritterburg Alt-Perstein (Perſſtegnec). Der Name soll ursprünglich von Prsten (Ring) herkommen, woraus die Teutschen Perstein gemacht haben. Ueber die Zeit der Erbauung mangelt es an Nachrichten. Daß sie im J. 1487 einem Herrn Johann Perſteynſky von Miekowitz gehört habe, wurde schon oben gesagt. Wahrscheinlich ist sie im 30jährigen Kriege zerstört worden. Man sieht noch einen runden Thurm, verfallene Gemächer, (worunter ein noch ziemlich erhaltenes mit Thüre, Fensteröffnungen und steinernen Sitzbänken), Gewölbe und den Vorhof; auch zeigt man den s. g. Schloßgarten, der aber nur 8 bis 9 Schritte im Durchmesser hat; — 1/2 St. nw. von Wrchhaben, dicht an der Gränze des Kreises, liegt die zum Orte conscribirte, aus 2 H. bestehende Einschicht Nobland oder Nobeland. — 3. Horka, 3/4 St. ö. von Neu-Perstein, am n. Fuße des Horker Berges, D. von 28 H. mit 176 E., ist nach Dauba eingpf. und hat 1 im J. 1820 durch milde Beiträge erbaute Kapelle zur heil. Dreifaltigkeit, nebst einer Filialschule. 1/4 St. vom Orte liegt das einzelne H. Eichhübel. — 4. Nedam (ehemals Nedamow), 1/2 St. osö. von Neu-Perstein, D. von 42 H. mit 253 E., ist nach Dauba eingpf. und hat 1 obrktl. Mhf. (Bresenka, 1/4 St. sw.), 2 Mhl. (die Frauenmühle, 1/4 St. sw. und die Schwarzmühle, 1/4 St. w.), und 1 Wirthsh. (die Schwarzschenke, der Schwarzmühle gegenüber). Auch ist zu Nedam die 1/2 Viertelst. abseits liegende, dem G. Hauſka gehörige, aus 1 H. bestehende Einschicht Plan conscribirt. — 5. Hackelsberg, 1 St. sö. von Neu-Perstein, ein ebenfalls zu Nedam conscribirtes Dfch. von 9 H. mit 54 E., nach Dauba eingpf. — 6. Schönau, 3/4 St. sö. von Neu-Perstein, D. von 16 H. mit 97 Einw., von welchen 1 H. (die Schönauer Mühle) zum G. Hauſka gehört, ist nach Dauba eingpf. — 7. Herrndorf, 1 St. sö. von Neu-Perstein, D. von 26 H. mit 105 E., ist nach Dauba eingpf. Die beiden Dfr. Schönau und Herrndorf sind im ersten Viertel des XVIII. Jahrhunderts auf den Gründen des ehemaligen Mhfs. Schwarz-Bresenka, welchen die Obrkt. aus Mangel an Wasser nicht vortheilhaft benutzen konnte, entstanden. Die neuen Ansiedler besaßen ihre Grundstücke erst emph.; im J. 1820 aber sind sie ihnen als Erbeigenthum überlassen worden. — 8. Ober-Eichberg, 1/2 St. sw. von Neu-Perstein, am s. Abhange des Eichberges, Drfch. von 9 H. mit 71 E., nach Dauba eingpf. — 9. Groß-Wosnalitz, 1 1/4 St. ssw. von Neu-Perstein, D. von 25 H. mit 147 E., von welchen 1 H. zur Hft. Widim-Koſkořin gehört; ist nach Ober-Widim eingpf. — 10. Neu-Wosnalitz, 1 3/4 St. ssw. von Neu-Perstein, D. von 20 H. mit 127 Einw., nach Ober-Widim eingpf. — 11. Klein-Wosnalitz, 2 St. ssw. von Neu-Perstein, Dfch. von 5 H. mit 38 E., nach Ober-Widim eingpf. — 12. Von dem D. Nedoweſka des G. Hauſka, 1 St. s. von Neu-Perstein, gehört hierher 1 H. mit 7 E.

Unter dem Schutze der Obrigkeit steht die Stadt

13. Dauba (Duba), 1/4 St. s. von Neu-Perstein, an der Straße von Melnik nach Neuschloß, 213 H. mit 1254 E.; sie hat ihren eigenen regulirten Magistrat (mit 1 Bürgermeister und 1 geprüften Rathe), 1 Rathh., 1 Pfarrkirche, 1 Schule und 1 Bürger-Spital. Ueber die Gründung und

frühern Geschichte dieser Stadt, von welcher das im böhmischen Mittelalter so angesehene Geschlecht der Herren Berka von Duba und Lipa seinen Namen führte, mangelt es, in Folge mehrmaliger Feuersbrünste, wodurch alle Urkunden zerstört wurden, an zuverlässigen Nachrichten. Unstreitig kommt der Name von dem böhmischen Worte Dub (Eiche) her, worauf auch die drei Eicheln hindeuten, welche das Stadtwappen enthält. Die jetzige Pfarrkirche, unter dem Titel der Kreuzerfindung und dem Patronate des Schutzherrn, ist in den J. 1740 bis 1760 auf Kosten des Grafen Franz Karl Rudolph von Sweerts und Spork erbaut worden. Sie gehört unter die schönsten Provinzial-Kirchen in Böhmen. Am Hochaltare befindet sich ein werthvolles Gemälde, die Entdeckung des h. Kreuzes darstellend, von einem unbekannten Meister. Eingpf. sind sämmtliche Dörfer des Dominiums Neu-Perstein (mit Ausnahme von Groß-, Klein- und Neu-Wosnalitz), so wie die Dfr. Sattay, Wellhütte (Hft. Hirschberg), Beschkaben, Hirschmantel und ein Theil des Dfs. Kahlenberg (G. Hauska). Das Pfarrgebäude ist im J. 1762 ebenfalls auf obrigktl. Kosten ganz neu von Stein erbaut worden. Die ehemalige alte Pfarrkirche wurde nach Erbauung der neuen Kirche in ein Privatgebäude umgestaltet und ist jetzt ein Gasthof. Eben so ist die außerhalb der Stadt liegende Kapelle zu St. Peter und Paul, nach ihrer Aufhebung unter K. Joseph II. zum Contributions-Schüttboden überbaut worden. Oestl. von der Stadt, im Walde, auf der Höhe der s. Wand des von Wrchbaben nach Perstein laufenden Thales, steht die von der Gräfinn Anna Katharina, Gemahlinn des Grafen Franz Karl Rudolph von Swaerts und Spork, gestiftete Kapelle zu St. Barbara, worin ehemals an gewissen Tagen Messe gelesen wurde. Die Einw. von Dauba leben theils vom Betriebe der Landwirthschaft, namentlich vom Hopfenbau, theils von Industrial-Gewerben. Der zur Bewirthschaftung ihrer Gründe unterhaltene Viehstand betrug Ende April 1833: 35 Pferde (Alte), 311 Stück Rindvieh (1 Zuchtstier, 207 Kühe, 40 Kalbinnen, 24 Zugochsen, 9 junge Ochsen) und 25 Schafe (18 Alte, 7 Lämmer). — Mit Industrial-Gewerben beschäftigten sich am Anfange des J. 1832: 159 Meister, 15 Gesellen, 40 Lehrlinge und andere Hilfsarbeiter, zusammen 171 Personen. Darunter befanden sich folgende Meister und andere Gewerbsbefugte: 9 Bäcker, 7 Bierschänker, 1 Buchbinder, 4 Faßbinder, 3 Fleischhauer (worunter 1 Gastwirth), 1 Glaser, 2 Griesler, 2 Grünzeughändler, 3 Hopfenhändler, 1 Horndrechsler, 1 Kammmacher, 8 Kürschner, 1 Lebzelter, 4 Leinweber, 2 Lohgärber, 4 Maurermeister (3 Gesellen), 2 Nagelschmiedte, 1 Obsthändler, 1 Rauchfangkehrer, 2 Riemer, 1 Sattler, 4 Schlosser, 3 Schmiedte, 15 Schneider, 14 Schuhmacher, (von welchen aber nur 6 Schneidermeister und 9 Schuhmachermeister ihre Profession selbstständig betreiben, indem die übrigen diesen nur zuarbeiten), 1 Schwarzfärber, 4 Seifensieder, 2 Strumpfwirker, 4 Tischler, 3 Wagner, 1 Weinschänker, 2 Weißgärber, 1 Ziegelbrenner und 2 Zimmermeister (3 Gesellen). — Mit dem Handel beschäftigten sich 8 Personen, worunter 1 mit gemischten Waaren, und 3 Krämer. — Auf den 5 Jahrmärkten (Montag nach 3 Königen, an Josephi, Montag nach Petri und Pauli, Montag nach Galli, und am zweiten Montag im Advent) werden in 30 Buden und 173 Ständen allerlei Schnittwaaren, Leinwand, Tuch-, Galanterie-Artikel, Eisen- und Blechwaaren, Leder und Lederwaaren, verfertigte Kleidungsstücke, Drechsler-, Seiler-, Faßbinder-, Töpfer- u. a. Waaren von inländischen Verkäufern feilgeboten. Darunter befinden sich 50 Schuhmacher-, 20 Galanterie- und 20 Tuchmacher-Stände und 18 Buden mit Schnittwaaren. Auch die Wochenmärkte sind lebhaft besucht und enthalten verschiedene Lebensmittel, Gemüse rc. (jedoch kein Getraide), nebst Kleidungsstücken, Binder- und Töpfergeschirr, Schnittwaaren rc. — Das Sanitäts-Personale der Stadt ist oben bei der Uebersicht des Dominiums angegeben worden. — Zur Unterstützung verarmter Bürger besteht schon seit dem J. 1664 ein von dem damaligen Bürger Christoph Neu gestiftetes und späterhin noch durch andere Wohlthäter, namentlich Anton Strohbach und P. Wenzel Thun, bedachtes Spital, worin 8 arme Bürger und Bürgersfrauen Wohnung, Beheitzung, und einen kleinen Beitrag zum Lebensunterhalt genießen. Das Stammvermögen bestand am Anfange des J. 1832 in 3342 fl. $11\frac{1}{4}$ kr. W. W. und das Einkommen hatte 1831: 156 fl. 27 kr. betragen. — Außerdem ist zur Unterstützung der Hausarmen im J. 1794 nach Aufhebung der Bruderschaft der Sieben Schmerzen Mariä, aus dem Vermögen derselben ein Armen-Institut gegründet worden, dessen Stammkapital und Kassa-Baarschaft am Schluß des J. 1831: [illegible] fl. $16\frac{1}{4}$ kr. betrug. Die aus den Interessen des Kapitals bestandenen Einnahmen waren 24 fl. $42\frac{1}{4}$ kr. Die Zahl der zu betheilenden Armen wird als unbestimmt angegeben. — Zur Stadt Dauba conscribirte Einschichten sind: die Frabsmühle (Wrabsmühle, Frabsleuta, Wrabsleithen), $\frac{1}{2}$ St. s. am Galgenmühl-Bache, aus 2 Nummern bestehend, und der Bauernhof Roßpreß, $\frac{1}{2}$ St. sö. von der Stadt.

Allodial-Herrschaft Hirschberg.

Dieses Dominium liegt im westlichen Theile des Bunzlauer Kreises, und besteht aus zwei durch die Herrschaft Neu-Perstein von einander abgesonderten Theilen. Der östliche, größere Theil gränzt in Norden an die Hft. Neuschloß (Leitmeritzer Kr.) und die Hft. Reichstadt, in Osten an die Hschft. Weißwasser, in Süden an die Güter Nimeritz (Skalsko), Mscheno-Lobes, Stranka und Hauska, in Westen ebenfalls an Hauska und an Neu-Perstein. Der westliche, kleinere Theil wird in Osten und Süden von Neu-Perstein und Hauska, in Westen von der Hft. Liboch (Leitm. Kr.), in Norden von den Herrschaften Drum und Neuschloß (deff. Kr.) begränzt.

Der gegenwärtige Besitzer ist der k. k. Kämmerer Christian Graf Waldstein von Wartenberg rc. rc., welcher diese Herrschaft nach dem im J. 1832 erfolgten Tode seines Vaters, Ernest Grafen Waldstein von Wartenberg, k. k. Geheimen Räths und Oberstlieutnants rc. rc. ererbte.

Die sichern Nachrichten über die frühern Besitzer der Hft. Hirschberg reichen, nach den vom gräfl. Waldstein'schen Archivar, Hrn. Barth erhaltnen Mittheilungen, nicht über die zweite Hälfte des XV. Jahrhunderts hinaus. Wahrscheinlich gehörte Hirschberg damals der königl. Kammer, indem Georg von Poděbrad im J. 1460 der Stadt Hirschberg das Recht der vollständigen Gerichtsbarkeit, so wie einen Wochenmarkt zu halten und Bier zu bräuen bewilligte. Aus Bestätigungsurkunden der alten Privilegien geht hervor, daß im J. 1494 ein Herr von Tawalowsky und eine Frau von Kragk, vom J. 1498 aber bis 1531 die Familien von Janowitz diese Herrschaft besaßen. Kurz darauf fiel sie wieder an die königl. Kammer, welche sie den Herren von Wartenberg, die damals auch Neuschloß und Leipa besaßen, pfandweise überließ. Um die Mitte des XVI. Jahrhunderts gelangte die Herrschaft, mit welcher damals schon die Hft. Neu-Perstein vereinigt gewesen zu seyn scheint, an die Herren Berka von Duba, bei welcher Familie sie fast ein Jahrhundert, nämlich bis nach der Schlacht auf dem Weißen Berge blieb, wo sie dem Wenzel Berka von Duba, der an der Empörung gegen den Kaiser Theil genommen, entzogen und am 6. Juli 1622 dem Herrn Adam von Waldstein käuflich überlassen wurde. Auf diesen folgte Albrecht Graf von Waldstein, Herzog zu Friedland, nach dessen Tode die Herrschaft wieder an die königl. Kammer fiel. K. Ferdinand II. schenkte sie darauf seinem General, dem Irländer Richard Walter Buttler, von dem sie, da er keinen männlichen Erben hinterließ (wie schon bei Neu-Perstein gemeldet worden) an seine Tochter und als auch diese unverehelicht starb, an die noch lebende Mutter Anna Maria, geb. Burggräfinn von Dohna, überging. Diese vermählte sich wieder mit dem Reichsgrafen Hans Christoph Ferdinand von und zu Heissenstein, Freiherrn von Stahremberg ꝛc., und vererbte durch letztwillige Anordnung die Herrschaft an denselben. Wie in der Folge die Hft. Neu-Perstein davon getrennt wurde, haben wir bei der Beschreibung dieses Dominiums gezeigt. Am 22. Januar 1680 verkaufte Graf Christoph Ferdinand von Heissenstein die Hft. Hirschberg an den Grafen Ernest Joseph von Waldstein für die Summe von 360000 fl. und 1000 Dukaten Schlüsselgeld, von welchem sie 1708 an den Grafen Franz Joseph, 1727 an den Grafen Franz Ernest, 1748 an den Grafen Vincenz, und 1797 an den Grafen Ernest von Waldstein-Wartenberg, Vater des jetzigen Besitzers, gelangte.

Das Gut Pößig, welches jetzt einen Bestandtheil der Herrschaft ausmacht, wurde am 28. Juli 1679 durch den Grafen Christoph Ferdinand von Heissenstein vom Benediktiner-Stifte zu Emaus in Prag für 40000 fl. und ein jährliches Natural-Deputat an die Benediktiner zu Pößig, erkauft. Das Gut Binay, welches sonst zur Hft. Liboch (Leitm. Kr.) gehörte, brachte Graf Ernest von Waldstein im J. 1812 von dem Besitzer derselben, Jakob Veith, käuflich an sich. Wie Alt-Kalken, das am Ende des XVI. Jahrhunderts noch ein eignes Gut war, an Hirschberg gekommen, ist nicht bekannt. Auch Tacha war in älterer Zeit, noch am Schluß des XVI. Jahrhunderts, ein für sich bestehendes Gut, von dem die Herren von Tachow den Namen führten. (Siehe Landtäfl. Hauptb. Litt. A. Tom. V. Fol. 21.)

Der Flächeninhalt der nutzbaren Gründe dieser Herrschaft beträgt, nach wirthschaftsamtlichen Angaben vom J. 1826, 27283 Joch oder beinahe $2\frac{3}{4}$ □Meilen; der Raum, welchen die Ortschaften, Straßen und Bäche einnehmen, $\frac{11}{20}$ □Meilen, folglich die ganze Oberfläche $3\frac{3}{10}$ □Meilen. Nach dem Katastral-Zergliederungssummarium vom J. 1832 betrug die nutzbare Bodenfläche:

	Dominicale.		Rusticale.		Zusammen.	
	Joch.	□Kl.	Joch.	□Kl.	Joch.	□Kl.
An ackerbaren Feldern . . .	1629	1449	6327	500	7957	349
= Teichen mit Aeckern verglichen . .	17	977	7	1232	25	609
= Trischfeldern . .	364	1433	845	1085	1210	918
= Wiesen . . .	219	275	636	779	855	1054
= Gärten . . .	51	506	230	1075	281	1581
= Teichen mit Wiesen verglichen . . .	783	314	—	—	783	314
= Hutweiden ꝛc. .	210	370	674	465	884	835
= Waldungen . .	13547	403	1738	1548	15286	351
Ueberhaupt . . .	16823	927	10461	284	27284	1211

Die Oberfläche des Gebietes ist sehr uneben, ohne eigentlich gebirgig zu seyn. Der höchste Berg ist der Pösig, dessen Erhebung über die Meeresfläche nach Dr. Riemann 302,3 W. Kl. beträgt, und nach Astronom David unter 50° 32′ 28″ Breite und 32° 23′ 29″ Länge liegt; zunächst westlich an denselben schließt sich der 285,4 W. Kl. hohe Neuberg an, ebenfalls nach David unter 50° 32′ 31″, Br. und 32° 22′ 16″ Länge. Andere bemerkenswerthe Berge sind: der Eichberg, nördl. von Hirschberg, ein anderer Berg dieses Namens, östl. vom Haideteiche, der Große und der Kleine Born= oder Burney=Berg, nördl. vom Hirschberger Großteiche, der Große und der Kleine Petzelberg, der Mühlberg und der Weißenstein, nördlich und östlich vom Haideteiche, der Goldberg und der Lange Berg, östlich und südöstlich von demselben Teiche, der Schlettenberg, zwischen demselben Teiche und dem Pösig, der Tachaer=Berg, südlich von Hirschberg und Tacha, der Horka=Berg, noch weiter südlich bei Thein, der Kühberg, bei Kroh, der Klutschker=Berg bei Klein=Pösig, der Binayer=Berg, bei Binay, der Staberey, der Setina=Berg, bei Neu=Kalken, der Wachberg, zwischen Wellhütte und Sattay, der Pferdeberg und der Schinderberg, nördl. von Wobrok, der Wachberg, nördlich von Tuhan, der Haylenberg, südlich von Tuhan, der Tschischkenberg bei Buckholz, und der Ratscher Berg östlich von Buckholz. Die vorherrschende Felsart ist Quadersandstein, welcher im größern östlichen Theile des Dominiums die herrschende Unterlage der Dammerde bildet, und sich hie und da in einzelnen Hügeln und Felsmassen über die wellenförmig unebene Gegend erhebt. Nur im südlichsten Theile zeigt sich der Plänerkalk auf dem Quadersandsteine. Von den eben genannten Bergen bestehen der Pösig, der Neuberg, der Mühlberg und der Tachaerberg aus Klingstein; der Große Burney, die Eichberge, die Petzelberge, der Weißenstein, der Binayer Berg, der Setinaberg, der Staberey und der Kühberg aus Basalt. Im kleinern westlichen Theile, welcher hier von tiefen Thälern (s. g. Gründen) durchzogen ist, herrscht durchaus Quadersandstein, welcher oft als schroffe Felsmassen die Thalgehänge über. Der Boden ist größtentheils fruchtbare Dammerde, nur im östlichen und westlichen Theile der Herrschaft ist Sandboden vorherrschend, der fast ganz mit Kiefernwaldung bedeckt ist. Eine sehr merkwürdige geognostische Erscheinung ist die s. g. Teufelsmauer, ¼ Stunde ö. von Hirschberg, ein aus dem Sandstein wie regelloses Mauerwerk emporragender Basaltdamm, welcher sich, jedoch mit vielen Unterbrechungen, von hier nordöstlich bis in die Gegend von Oschitz (Hft. Böhmisch=Aicha) fortzieht.

Außer dem Polzen (oder der Pulsnitz), der aber, von der Hft. Niemes kommend, nur einen kleinen Theil des hiesigen Gebietes, nördlich bei Kummer, durchfließt, und dann auf die Hft. Reichstadt übergeht, sind nur im westlichen Theile der Herrschaft zwei kleine Bäche vorhanden, von welchen der eine bei Domaschitz, der andere bei Pawlicka entspringt; beide begeben sich nach der benachbarten Hft. Liboch im Leitmeritzer Kreise, und gehen in die Elbe. Dagegen aber besitzt die Hft. Hirschberg eine Menge Teiche, unter welchen sich der große Hirschberger Teich, auch der Großteich genannt, nördlich vom Städtchen Hirschberg, durch seine Größe von 609 Joch 1118 □Kl. und durch seinen Reichthum an Fischen auszeichnet, indem er nach drei Jahren an 4= bis 500 Centner der trefflichsten Karpfen von 4= bis 15 Pfund, 50 bis 60 Ctr. Hechte, worunter 20= bis 25pfündige, und 30 bis 40 Centner andere kleinere Fische liefert. Er empfängt von Süden her die Gewässer des Posel= und Tschepelteiches, des Patrinker, Suchaner, Groß= und Kleinhaberschen Teiches, welche von Hirschberg bis Woken in einer Reihe liegen. Von Osten her fließt ihm auch das Wasser des großen Haidsteiches zu, der aber zur Hft. Weißwasser gehört.

Die Zahl der Einwohner war im J. 1830: 7695. Sie bekennen sich, ein Paar Israeliten=Familien ausgenommen, durchaus zur katholischen Religion, und sprechen sämmtlich Teutsch.

Die Ertrags= und Nahrungsquellen sind alle Zweige der Landwirthschaft, nebst einer nicht unbedeutenden Gewerbs=Industrie. Der Feldbau ist bei dem fast überall fruchtbaren Boden hinlänglich ergiebig, und liefert nicht nur alle Getraidegattungen wohl fünf= bis zehnfältig, sondern auch Hopfen, Erdäpfel, Erbsen, Wicken, Kraut, Rüben, Flachs, Mohn und Reps, letztern aber nur auf den obrktl. Feldern. Man cultivirt vom Hopfen vorzüglich die grüne Sorte, und mehre Feldbesitzer treiben damit einen ausgebreiteten Handel, selbst bis nach Oesterreich, Ungarn und Polen. Auch die unbefelderten Einwohner treiben auf gepachteten Grundstücken Hopfenbau, und es ist vielleicht auf der ganzen Herrschaft kaum ein Häusler anzutreffen, der nicht wenigstens einige Schock bearbeitete. Der Obstbau beschränkt sich bei den Unterthanen auf die bei den Häusern gelegnen Gärten, und ist nicht von Bedeutung. Desto ansehnlicher aber ist er auf den obrktl. Gründen, wo nicht nur in großen Gärten, sondern auch in vielen Alleen an den Straßen und Wegen, welche noch immer vermehrt werden, treffliche Sorten zu finden sind.

Der landwirthschaftliche Viehstand ergibt sich aus nachstehender Uebersicht vom 30. April 1833:

	bei der Obrigkeit.	bei den Unterthanen.	Zusammen.
Pferde	14 (Alte)	351 (349 Alte, 2 Fohlen)	365
Rindvieh	183 . . . . (5 Zuchtstiere, 3 j. Stiere, 95 Kühe, 69 Kalbinnen, 6 Zugochsen, 5 junge O.)	3909 . . . . (11 Zuchtstiere, 3 j. Stiere, 2297 Kühe, 939 Kalb., 9 Masto., 502 Zugo., 148 junge Ochsen)	4092
Schafe	5089 . . . . (3904 Alte, 1185 Läm.)	183 . . . . (165 Alte, 18 Lämmer)	5272

Man sieht daraus, daß bei der Obrigkeit die Schafzucht, bei den Unterthanen aber die Rindviehzucht mit vorzüglichem Eifer betrieben wird. Die obrigkeitlichen Schafe sind sämmtlich von edler Race. Die Unterthanen erhalten ihren Rindviehstand, da von den ehemaligen Wiesen neuerer Zeit der größte Theil in Ackerland verwandelt worden, durch einen reichlichen Anbau von Klee, Kraut, Rüben und Erdäpfeln. Auch beschäftigen sich viele mit der Zucht des Federviehes, welches mit Vortheil nach Böhmisch-Leipa abgesetzt wird. Die Bienenzucht beschränkt sich im Ganzen auf wenige Stöcke, die bei einzelnen Häusern aus Liebhaberei gehalten werden. Bloß der Hirschberger Kattunfabrikant Wünsche besitzt einen ansehnlichen Bienenstand, der sich im J. 1826 auf 35 Stöcke belief.

Zum Betriebe der obrigkeitlichen Oekonomie bestehen 6 Maierhöfe (in Hirschberg, Rosadel, Unter-Pösig, Thein, Töschen und Wobrok) sämmtlich in eigner Regie.

Die Hauptmasse der obrigkeitlichen Waldungen nimmt den östlichen und nördlichen Theil der Herrschaft ein, und bildet hier einen, von Klein-Pösig bis Alt- und Neu-Kalken, fast ununterbrochen fortlaufenden Forst. Die einzelnen Reviere sind hier: das Zdiarer, 1379 Joch 1063 □Kl., aus Kiefern, Fichten und einigem Buchengehölz bestehend; 2. das Pösiger, 2430 Joch 1323 □Kl., dieselben Holzgattungen enthaltend; 3. das Haider, 1771 Joch 8 □Kl., größtentheils Gebirgswaldung aus Buchen und Kiefern bestehend; 4. das Kummerer, 3503 Joch 1312 □Kl., ebenfalls gebirgig, Buchen, Kiefern und Eichen enthaltend; 5 das Thamer, 1868 Joch 790 □Kl., gebirgig, mit Buchen, Kiefern und Fichten. Zu diesen 5 Hauptrevieren kommen noch im westlichen Theile der Herrschaft, 6. das Töschner und 7. das Wobroker, beide nur aus einzelnen Gebüschen mit Abtreibholz bestehend. Die Hauptreviere geben einen nachhaltigen Ertrag von 6162 Klafter weichen und 2054 Klafter harten Holzes, welcher theils als Brenn-, theils als Bau- und Werkholz auf dem Dominium selbst verbraucht, oder nach fremden Orten, namentlich nach Böhmisch-Leipa, abgesetzt wird. Mühlwellen aus den hiesigen Waldungen sind nach weit entfernten Gegenden hin gesucht.

Der Wildstand ist der Größe des Areale angemessen und von Bedeutung. Der ehemalige ungeheure Thiergarten, welcher noch vor beinahe 40 Jahren die drei Waldstein'schen Herrschaften Münchengrätz, Weißwasser und Hirschberg fast ganz einschloß, wurde im J. 1797, wo der vorige Besitzer, Graf Ernest von Waldstein-Wartenberg, diese Herrschaften übernahm, aufgehoben und an dessen Stelle traten zwei neue von geringerm Umfange, der Mankowitzer, auf der Hft. Münchengrätz, und der Waldsteinruher, auf der Hft. Weißwasser. Da jedoch des im Freien befindlichen Hochwildes noch immer so viel vorhanden war, daß es den Feldern hie und da Schaden brachte, so ist auch auf der Hft. Hirschberg in den J. 1825 und 1826 ein Thiergarten angelegt worden, welcher das Haider-, Kummerer- und Thamer-Revier umfaßt und eine beträchtliche Zahl von Edelhirschen, Damhirschen und Rehen enthält. Der Wildstand im Freien besteht gleichfalls aus Hirschen und Rehen, Wildschweinen, Hasen, Auer-, Berg-, Hasel- und Rebhühnern, nebst einer beträchlichen Zahl von wilden Gänsen, Enten und Rohrhühnern. Schädliche Thiere sind: Füchse, Dachse, Marder, Iltisse rc.; auch der Fischadler (Falco albicilla) läßt sich nicht selten am Hirschberger Teiche sehen.

Mit verschiedenen Polizei-, Commerzial- und freien Gewerben beschäftigten sich am Anfange des J. 1832: 206 Meister und andere Gewerbsbesitzer, nebst 42 Gesellen, 63 Lehrlingen und 213 andern Hilfsarbeitern, zusammen 524 Personen. Obenan steht die große Zitz- und Cattun-Druckfabrik des Franz Wünsche in Hirschberg. Sie wurde von demselben zuerst in Haidemühl (Hschft. Weißwasser) im J. 1803 gegründet, bald darauf aber, als sie sich erweiterte, nach Hirschberg übertragen, erhielt 1813 das k. k. Landes-Fabriksbefugniß, und hat sich seitdem zu einer der ersten Gewerbsanstalten dieser Art im Königreiche Böhmen emporgeschwungen. Die Zahl der beschäftigten Personen beträgt an 400. Die Fabrik hat eine im J. 1818 errichtete Walzendruckerei, wozu in einer eignen Anstalt mit 2 Muletier- und 1 Gravier-Maschine die Walzen selbst verfertigt werden, außerdem auch eine Handdruckerei auf 90 bis 100 Tischen, eine eigne Schmiedte und Schlosserei, und unterhält Niederlagen von ihren Erzeugnissen, die aus allen Gattungen von Baumwollen-Druckwaaren bestehen, in Prag, Wien, Pesth, Mailand und Verona; auch bezieht sie damit die Märkte in Wien, Linz und Grätz. Eine Abtheilung dieser Fabrik, mit der Bleiche, täglich auf 200 Schock und darüber, der Färberei, sowohl mit Dampf- als in gewöhnlichen Kesseln, einem großen Häng- und Trockenhause, so wie die Sengmaschine, 2 Walken und eine holländische Mangel, befindet sich noch immer in dem zur Hft. Weißwasser gehörigen Dorfe Haidemühl, ½ St. nordöstlich von Hirschberg. Hier sind von der oben angegebenen Arbeiterzahl etwa die Hälfte beschäftigt, so daß auf die Hirschberger Abtheilung 200 kommen. Der Besitzer dieser Fabrik unterhält auch eine von der hohen Landesstelle genehmigte Abendschule, worin 80 bis 100 Kinder der Fabriksarbeiter unterrichtet werden.

Unter den übrigen Meistern und Gewerbsbefugten waren am Anfange des J. 1832: 11 Bäcker, 16 Bierschänker, 1 Büchsenmacher, 4 Faßbinder, 9 Fleischhauer, 1 Garnhändler, 6 Gastwirthe, 7 Getraidhändler, 2 Glaser, 16 Hopfenhändler, 2 Horndrechsler, 8 Kürschner, 1 Lebzelter, 2 Leinweber, 1 Lohgärber, 4 Maurermeister (8 Gesellen), 9 Müller, 1 Nagelschmiedt, 1 Riemer, 2 Sattler, 2 Schlosser, 22 Schmiedte (worunter 9 Wagenschmiedte), 27 Schneider, 28 Schuhmacher, 3 Seifensieder, 1 Seiler, 9 Tischler, 9 Wagner, 3 Weißgärber und 3 Zimmermeister (4 Gesellen). Der größere Theil dieser Gewerbe befindet sich in Hirschberg.

Unter den eigentlichen Handelsleuten befanden sich 14 Besitzer von gemischten Waarenhandlungen und 4 Krämer und Hausirer. Auf den 4 Jahrmärkten des Städtchens Hirschberg (Mittwoch nach Lichtmeß, an Philippi und Jakobi, Montag nach Egidi und nach Mariä Opferung), werden in 80 Buden und Ständen wollene Tücher, Schnitt- und Galanteriewaaren, Leinwand, Zwirn, Strumpfwirker-, Kürschner-, Leder- und Töpferwaaren, Nägel, Hüte, Holz- und Eisengeräthschaften u. s. w. feilgeboten.

Das Sanitäts-Personale besteht aus 2 Wundärzten (in Hirschberg), 8 Hebammen (2 in Hirschberg, die übrigen in Zdiar, Rosadel, Unter-Pössig, Neu-Kalken, Töschen und Sättey), und 1 Apotheker (in Hirschberg).

Zur Verpflegung und Unterstützung der Hilfsbedürftigen bestehen zuvörderst 2 Spitäler in Hirschberg, das Bürger-Spital und das Herren-Spital. Jenes wurde schon im J. 1616 durch die Frau Barbara von Berka, Gattinn des damaligen Besitzers der Herrschaft, gegründet und hatte am Schluß des Jahres 1831 ein Stammvermögen von 10646 fl. 11 kr. W. W., von dessen Zinsen, 548 fl. 46½ kr., 8 arme alte Bürger und Bürgersfrauen verpflegt wurden. Die Stiftung des Herren-Spitals geschah im J. 1679 durch die Gräfinn Maria Franziska von Heissenstein, geb. Gräfinn von Wrtby; es erhielt im J. 1717 einen eignen, durch die Gräfinn Margaretha von Waldstein, geb. Gräfinn von Černin, fundirten Kaplan. Das Stammvermögen dieses Spitals war am Schluß des J. 1831: 9900 fl. 4 kr. W. W. stark und die Zinsen betrugen 445 fl., von welchen 9 Pfründler verpflegt wurden. Außer diesen beiden Spitälern besitzt die Herrschaft ein, durch die Bemühung des jetzigen Oberamtmanns Prokop Zimmerhackel zu Stande gekommenes und am 1. April 1831 eröffnetes regulirtes Armen-Institut, welches sich bereits am Schlusse desselben Jahres im Besitze eines baaren Stammkapitals von 1376 fl. 7½ kr. befand. Die jährliche Einnahme, aus wohlthätigen Beiträgen (namentlich der Obrigkeit und ihrer Beamten, der Geistlichkeit und anderer Honoratioren des Städtchens Hirschberg), dem Erlös der Neujahrs-Entschuldigungskarten und andern Zuflüssen bestehend, wird zu 1200 fl. berechnet; die Zahl der zu betheilenden Armen war 36.

Zur Verbindung der Herrschaft mit den benachbarten Dominien ist auf Kosten des vorigen Besitzers, Ernest Grafen von Waldstein, und unter Mitwirkung der Unterthanen mittelst Handarbeit und Zufuhren, in den J. 1816 bis 1819, eine von der Gränze mit Neuschloß durch Hirschberg und Wobern nach Weißwasser und Jung-

Bunzlau führende Chaussée gebaut worden; auch besteht seit dem J. 1828 eine Chaussée von Hirschberg nach Dauba (Hft. Neu-Perstein). Von Wokon geht ein Fahrweg über Zolldorf nach Krnsko an der Iser, und über Kowan und Kuttenthal nach Brandeis, der bei trocknem Wetter häufig benützt wird, weil er kürzer ist, als die Chaussée über Weißwasser und Jung-Bunzlau; ein zweiter führt über Ždiar und Nosadel nach Lobes und Mscheno. Durch die Dörfer Pawlitschka und Sakschen im westlichen Theile der Herrschaft geht die von Böhmisch-Leipa nach Liboch und Melnik führende Commerzial-Straße. Die nächste Post ist für den östlichen Theil in Hühnerwasser, für den westlichen in Ausche und Neuschloß.

Von den nun folgenden einzelnen Ortschaften des Dominiums bildeten die Dörfer Unter-Pösig, Ždiar, Kroh, Teyn und Nosadel, das ehemalige Gut Pösig, und Binay war ebenfalls ein besonderes Gut. (S. oben.)

1. Hirschberg (ehemals auch Doxa und Dokzi genannt), 5 St. nw. von der Kreisstadt Jung-Bunzlau, an der von Jung-Bunzlau nach Böhmisch-Leipa führenden Chaussée, s. vom Hirschberger- oder Großteiche, nach einer von Dr. Kiemann im ersten Stock eines Hauses am Ringe angestellten barometrischen Messung 137,9 W. Kl. über dem Meere; ein offenes Schutzstädtchen von 247 H. mit 1946 E., (worunter 1 Israeliten-Familie), ist der Sitz des obrgktl. Wirthschaftsamtes und hat sein eigenes Stadtgericht, mit 1 Stadtrichter und 1 Stadtschreiber. Das Wappen des Städtchens stellt einen Hirsch dar, welcher im Begriff ist, durch das offene Fenster eines alten Bergschlosses zu springen. Die vorzüglichsten obrktl. Gebäude sind: a. das am n. Ende des Städtchens liegende große Schloß von 2 Stockwerken, mit 1 schönen Schloßkapelle, einem Thurm und 1 Uhr. An der Mittagseite breitet sich der 14 Joch große, vom vorigen Besitzer 1821 neu angelegte Küchen- und Ziergarten mit 1 Glashause und 1 geschmackvollen englischen Park aus, welcher Letztere viele ausländische Baum- und Straucharten enthält, die sehr anmuthige Parthien darbieten; b. der w. vom Schlosse liegende, nur durch eine Mauer davon getrennte Maierhof nebst Schäferei, sämmtliche Gebäude sind im J. 1823 durchaus von Stein neu erbaut worden; c. das Bräuhaus auf 41 Faß, nebst der Brannt-wein-Brennerei; dieses stattliche Gebäude ist ebenfalls im J. 1825 ganz neu aufgeführt worden; d. das Herrenhaus, ein Einkehrhaus, an welches sich die obrktl. Fleischbänke anschließen; e. das Herren-Spital mit einer eignen Hauskapelle (s. oben). — Die vorzüglichsten Stadtgebäude sind: f das Rathhaus, ein steinernes aus 1 Stockwerk bestehendes Gebäude mit 1 Thurm und 1 Uhr. Es steht auf dem sehr geräumigen Ringe (oder Marktplatze), dessen Mitte 1 steinerne Marien-Bildsäule ziert, welche, wie die Inschrift sagt, von der Gemeinde in Folge eines Gelübdes errichtet worden ist; g. die schöne und große Pfarrkirche, unter dem Titel des heil. Bartholomäus und dem Patronate der Obrkt. Das Jahr ihrer Erbauung und des ersten Gründers kann aus Mangel an Urkunden nicht angegeben werden; doch ist erwiesen, daß sie schon im J. 1585 als Pfarrkirche bestand. Die beiden Seitenkapellen sind erst in die J. 1748 und 1765 hinzugebaut worden. Die ganze Kirche wurde in den J. 1825 und 1826 durch die Freigebigkeit des vorigen Besitzers der Herrschaft und der sämmtlichen eingpf. Gemeinden sowohl von innen als von

außen renovirt und ausgeschmückt. Der Hochaltar enthält außer dem Bilde des heil. Bartholomäus die Bildsäule der heil. Jungfrau von Montserrat, welche sich ehemals in dem Benediktiner-Kloster auf dem Berge Pösig befand, bei der Aufhebung desselben aber unter K. Joseph II. 1786 in die Kirche zu Hirschberg übertragen wurde, wo sie noch immer wie vormals ein Gegenstand frommer Verehrung und zahlreicher Wallfahrten aus nahen und fernen Orten ist. Auch die Seitenkapellen enthalten gute Altarblätter, wovon das eine, die heil. Jungfrau, von dem zu Hirschberg gebornen Maler Christian Franz Joseph Richter herrührt. Die zu dieser Kirche eingpf. Ortschaften sind, außer Hirschberg selbst: Tacha, Binay, Alt-Kalken, Neu-Kalken, Thammühle und das zur Hft. Weißwasser gehörige D. Heidemühle; h. das Pfarrgebäude, welches nebst dessen Wirthschaftsgebäuden vom vorigen Besitzer der Hft. ganz neu von Stein erbaut worden ist; i. die Schule, worin im J. 1826 in 2 gesonderten Klassen von 2 Katecheten, 1 Lehrer und 1 Gehilfen 230 Kinder unterrichtet wurden; außerdem erhielten an den Sonntagen gegen 100 Kinder den Wiederholungs-Unterricht; k. das städtische oder Bürger-Spital (s. oben); l. die s. g. Stadtmühle; und m. das Gasthaus zum Blauen Stern. — Die Einw. des Städtchens leben von Acker- und Hopfenbau, großentheils aber von allerlei bürgerlichen Gewerben. Von der großen Zitz- und Cattun-Fabrik des Franz Wünsche, welche auf einer Anhöhe ö. außerhalb des Städtchens liegt, war schon oben in der allgemeinen Uebersicht des Dominiums die Rede. Auch die Poselmühle liegt ¼ St. s. vom Städtchen, am Abflusse des Poselteiches. Die Zahl aller mit Gewerben beschäftigten Personen (mit Ausnahme der schon oben angeführten Arbeiter in der Fabrik) bestand am Anfang des J. 1832 aus 99 Meistern und andern Gewerbsinhabern, mit 33 Gesellen, 38 Lehrlingen und andern Hilfsarbeitern, zusammen 170 Personen. Im Einzelnen zählte man: 10 Bäcker, 4 Bierschänker, 3 Faßbinder, 5 Fleischhauer, 4 Gastwirthe, 1 Getraidhändler, 2 Glaser, 2 Hopfenhändler, 2 Horndrechsler, 3 Kürschner, 1 Lebzeltner, 1 Maurermeister (6 Gesellen), 2 Müller, 1 Nagelschmiedt, 1 Riemer, 1 Rothgärber, 2 Sattler, 2 Schlosser, 7 Schneider, 15 Schuhmacher, 3 Seifensieder, 1 Seiler, 4 Tischler, 5 Wagenschmiedte, 3 Wagner, 2 Weber, 3 Weißgärber, und 2 Zimmermeister (4 Gesellen). Hierzu kamen noch von eigentlichen Handelsleuten 4 Besitzer gemischter Waarenhandlungen und 4 Krämer und Hausirer. Von den Jahrmärkten ist bereits oben das Nöthige gesagt worden. Sanitäts-Personen sind: 2 Wundärzte, 2 Hebammen und 1 Apotheker. Für die Beförderung des Verkehrs besteht in Hirschberg eine Postwagens-Expedition, und eine Briefsammlung zu Handen der k. k. Post in Hühnerwasser. Die Privilegien des Städtchens beziehen sich auf das Recht der Jahrmärkte, die Reluirung von Urbarien und einige Schankgerechtigkeiten. — Des großen Hirschberger Teiches, n. vom Städtchen, ist schon oben in der allgemeinen Uebersicht des Dominiums nähere Erwähnung geschehen. Auf einer Insel dieses Teiches liegt die Ruine des s. g. Mäuseschlosses, von welchem man eine ähnliche Volkssage erzählt, wie die bekannnte vom Mainzer Erzbischof Hatto. Ein reicher Getraidewucherer soll, um sich und seine Vorräthe zu sichern, dieses Gebäude errichtet haben, aber darin sammt dem ganzen Getraide von Mäusen aufgefressen worden seyn. Die Ruine der Burg Klutschken, deren Besitzer dieser Mann war, liegt auf einer Halbinsel des Teiches, mitten in dem gleichnamigen Pfarrwalde. — 2. Tacha, (Tachow), ⅓ St. sw. von Hirschberg, am n. Abhange des Tachaer Berges

D. von 41 H. mit 247 E.; welche sehr ergiebigen Feldbau haben; ist nach Hirschberg eingpf. und hat 1 eigne Schule (mit 80 Schulkindern und 25 Wiederholungsschülern) und 1 Kapelle. — 3. Wabern (Wobora, ehemals Friedrichsdorf), 1/2 St. ssö. von Hirschberg, an der Chaussée nach Weißwasser, D. von 50 H. mit 332 E., ist nach Woken (Hft. Weißwasser) eingpf. und hat 1 großes, bequemes und stark besuchtes Einkehrhaus. — 4. Thein, 1 3/4 St. ssw. von Hirschberg, D. von 14 H. mit 69 E., hat 1 Mhf. und 1 Schf., und ist nach Kroh eingpf. Dieser Ort war in älterer Zeit ein selbstständiger Freihof, kam durch Schenkung an das Benediktiner-Kloster vom Berge Pösig und mit dem G. Pösig an die Hft. Hirschberg. — 5. Luken, 1 1/4 St. s. von Hirschberg, D. von 36 H. mit 142 E., ist nach Wöken (Hft. Weißwasser) eingpf. und hat 1 einzigen Brunnen von 90 Ellen Tiefe. — 6. Zdiar, 1 1/2 St. ssö. von Hirschberg, an der Straße nach Lobes, D. von 53 H. mit 289 E., die starken Getraide- und Hopfenbau treiben, ist nach Kroh eingpf. und hat 1 Kapelle. Von hier nach Rosadel führt die Straße durch einen tiefen, zu beiden Seiten mit lockern Sandsteinmassen eingefaßten Grund, deren Herabstürzen schon öfters Unglück angerichtet hat. — 7. Klein-Pösig (Bezdiecka oder Bezdegcka), 2 St. ssö. von Hirschberg, auf der Anhöhe, am ö. Rande des Zdiarer Grundes, D. von 35 H. mit 173 E., hat 1 im J. 1787 gegründete Lokaliekirche, zu welcher auch die Dfr. Rosadel, Wiska (Gut dieses Namens) Zolldorf und Waldsteinruh (Hschft. Weißwasser) eingpf. sind, 1 Schule, und 1 Wrthsh. — 8. Rosadel (Nasadl), 2 1/4 St. s. von Hirschberg, D. von 58 H. mit 352 E., ist nach Klein-Pösig eingpf. und hat 1 Schule, 1 Mhf. und 1 Wirthshaus. Dieser Hof wurde nebst dem Dorfe und 20 Stallungen Waldes (1 Stallung = 60 Strich), im J. 1635 von K. Ferdinand II. den Benediktinern auf dem Berge Pösig geschenkt; 1/4 St. sö. vom Orte liegt eine dazu conscribirte Windmhl. — 9. Kroh, 1 1/2 St. s. von Hirschberg, am sw. Rande eines Grundes („Ruschengraben"), der sich von Thein in den Zdiarer Grund hinabzieht, D. von 42 H. mit 246 E. (worunter 1 Israeliten-Familie), welche starken Getraide-, Hopfen- und Obstbau treiben; hat 1 Pfarrkirche unter dem Titel des heil. Adalbert und dem Patronate der Obrigkeit, welche schon 1408 ihren eignen Pfarrer hatte, im 30jährigen Kriege durch die Schweden zerstört, aber im J. 1724 wieder ganz neu hergestellt wurde. Die Kirchen zu Klein-Pösig und Bokim (Gut Hauska) waren Filialen davon. Eingpf. sind, außer Kroh selbst, die hschftl. Dfr. Zdiar und Thein, dann Wogetin (Hft. Weißwasser) und die Einschichte Kutschigfeld und Neusorge (G. Hauska). Ferner ist hier 1 im J. 1826 auf Kosten des Grafen Ernest von Waldstein erbaute Schule. Der Ort leidet, wie viele andere dieser Gegend, großen Mangel an Wasser und erhält dasselbe nur aus einem Brunnen im Ruschengraben, welcher bei anhaltender Dürre, wie dieß z. B. 1826 der Fall war, vom Ortsvorsteher gesperrt wird, so daß dann jeder Einw. nur ein bestimmtes Maß zugetheilt bekommt. — 10. Unter-Pösig (Podbezdek), auch Schloß-Pösig (in alter Zeit soll es Tiefenbach geheißen haben), 1 1/4 St. sö. von Hirschberg, nach Dr. Riemann 202,1 Wien. Kl. über dem Meere, am s. Fuße des 310,5 Wien. Kl. hohen Pösig-Berges (siehe oben), D. von 90 H. mit 539 Einw., hat 1 Pfarrkirche unter dem Titel des h. Egidius und dem Patronate der Obrigkeit, zu welcher auch das D. Neuschenke (Hft. Weißwasser) eingpf. ist, 1 Schule, 1 Wirthsh., 1 Mhf., der 1/4 St. sö. vom Orte liegt und durch eine Obstbaum-Allee damit verbunden ist, 1 Schäf., ebendaselbst, und 1 Jägh., 1/2 St. nw. vom Orte, am Fuße des Neuberges oder Kleinen Pösig. — Auf dem Gipfel des Berges Pösig sieht man noch die Trümmer des ehemaligen Schlosses Pösig (oder, wie es eigentlich hieß, Bezděz), bestehend aus einem 76 böhmische Ellen hohen Thurme, einer Doppelmauer, durch welche vier Thore führen, und einer Cisterne, nebst den Resten des bis zum J. 1785 hier bestandenen Benediktiner-Klosters und der dazu gehörigen Kirche. Vom Fuße des Berges bis zum Gipfel führt ein ziemlich bequemer Weg mit 15 Kapellen, welche malerische Darstellungen des Leidens Christi enthalten und zuerst im J. 1686 durch die Gräfinn Anna von Waldstein errichtet, im J. 1741 aber durch den Grafen Franz Ernest von Waldstein erneuert worden sind. Der Pösig und sein Nachbar, der Neuberg, sind als hohe isolirte Kegelberge ihrer freien Lage wegen weit im Lande sichtbar; von seinem Gipfel genießt man eine herrliche Aussicht, welche w., n. und nö. von den Gebirgen des Leitmeritzer, Bunzlauer und Bidschower Kreises begränzt, eine überaus schöne Ansicht dieser Gebirge gewährt und ö. und s. sich über den ganzen Bunzlauer und Bidschower bis tief in den Königgrätzer, Chrudimer, Czaslauer, Kaurimer und Rakonitzer Kreis, fast über den vierten Theil von Böhmen erstreckt. Er wird deßhalb häufig von Lustreisenden nicht nur des Inlandes, sondern auch aus dem benachbarten Sachsen besucht. Das Schloß Bezděz soll, nach den von Schaller (a. a. O. S. 217 u. ff.) angegebenen Quellen, ursprünglich von eingewanderten Teutschen im J. 1121 erbaut, gleich darauf aber von Herzog Wladislaw I. diesen wieder entrissen worden und nunmehr ein Eigenthum der Beherrscher Böhmens geblieben seyn. Markgraf Otto von Brandenburg, welcher nach Přemisl Ottokars Tode, 1278, als Vormund des hinterbliebenen Kronprinzen Wenzel, Verweser des Königreichs war und sich zum völligen Herrn desselben machen wollte, ließ seinen Mündel nebst dessen Mutter Kunigunde auf das Schloß Bezděz bringen, wo beide längere Zeit gefangen gehalten wurden, bis es der Königinn mit Hilfe des Schloß-Burggrafen Hermann gelang, nach Troppau zu entfliehen. Der junge Prinz wurde hierauf nach Zittau in engere Gewahrsam gebracht und erst 1283 gegen die Verpflichtung, an den Markgrafen Otto die Summe von 20000 Mark Silbers zu bezahlen, den böhmischen Ständen zurückgegeben. Als einstweiliges Unterpfand dafür behielt Otto nebst mehren andern Schlössern und Städten Böhmens, auch das Schloß Bezděz in Besitz. Von hier an bis auf Karl IV. ist in der Geschichte dieses Schlosses eine Lücke. Der Sage nach weilte hier dieser Monarch mehre Wochen, während der Damm des Neuschlösser Teiches gebaut wurde, und er soll auch am Fuße des Berges ein Augustiner-Kloster gestiftet und demselben das Schloß nebst einem ansehnlichen Bezirke geschenkt haben, dieses Kloster aber im J. 1421 von den Hussiten zerstört worden seyn. Im Pfarrgarten zu Unter-Pösig finden sich starke Grundmauern von bedeutendem Umfange, welche der Sage nach Reste des von Karl IV. erbauten Klosters seyn sollen. Karls Sohn und Nachfolger Wenzel IV. überließ hierauf das Schloß Bezděz dem Markgrafen Prokop von Mähren, dem es aber von K. Sigmund in Folge einer langen Belagerung wieder abgenommen wurde. Bezděz blieb nunmehr im Besitz der königlichen Kammer, die es jedoch im Laufe der Zeit zu wiederholten Malen verpfändete. Auf diese Weise gerieth es zuerst 1435 in die Hände des Johann Smiřicky, später unter K. Ferdinand I., an die Brüder Spetl von Janowitz und die Freiherren Johann und Wilhelm von Oetřich, noch später an die Herren von Wartenberg und zuletzt an die Herren Berka von Duba. Dem letzten Pfandinhaber aus diesem Geschlechte, Wenzel Berka von

Duba, wurde nebst seinen übrigen Besitzungen, nach der Schlacht auf dem Weißen Berge, auch das Schloß und G. Bezděz durch den königl. Fiscus entzogen und am 6. Juli 1622 dem Herrn Adam von Waldstein käuflich überlassen. Nach dessen Tode ererbte das Gut Graf Albrecht von Waldstein, welcher 1627 (nicht, wie andere Nachrichten sagen, 1624,) im Schlosse ein Augustiner-Kloster stiftete, die Geistlichen desselben aber im J. 1633 nach Weißwasser, in das dort schon früher bestandene Kloster dieses Ordens versetzte. Nach seinem Tode 1634 fielen seine Besitzungen an die königl. Kammer, und Bezděz kam durch Schenkung an das durch K. Ferdinand III. wieder hergestellte Benediktiner-Kloster Emaus in Prag, dessen Abt Anton Sottomayor im J. 1663 das vom Berge Montserrat in Spanien herstammende Gnadenbild der heil. Jungfrau aus dem Kloster Emaus nach Bezděz übertragen und dasselbe in einer eignen Kapelle aufstellen ließ, welche von jetzt an der Gegenstand häufiger Wallfahrten wurde. Zugleich gründete derselbe Abt im hiesigen Schlosse einen Convent für sieben Geistliche seines Ordens. Wie das G. Pösig im J. 1679 durch Kauf an den Grafen Christoph Ferdinand von Heissenstein gekommen und mit der Hft. Hirschberg vereinigt worden, haben wir bereits oben gesagt. Im J. 1786 hob K. Joseph II. die Benediktiner des Schlosses Pösig auf und das Gnadenbild wurde, wie gleichfalls oben gemeldet, in die Pfarrkirche zu Hirschberg übertragen *). — 11. Kummer, 1½ St. nö. von Hirschberg, am nw. Ende des Kummerer Teiches, der hier in die nahe gelegene Pulsnitz abfließt, D. von 78 H. mit 501 E., ist nach Niemes (Hft. dieses Namens) eingpf., und hat 1 Schule, 1 Wirthsh., 1 Schäf. 1 Mahlm. nebst Brettsäge und ½ St. vom Orte n., an der Pulsnitz, 1 Jägerh. („Neubrücke"). Ebendaselbst befindet sich noch eine zweite obrktl. Brettsäge. — 12. Thammühle, ¾ St. nnw. von Hirschberg, am hohen Damme des Großteiches, daher es vielleicht richtiger Dammmühle heißen sollte, D. von 45 H. mit 272 E., ist nach Hirschberg eingpf. und hat 1 Schule, 1 Wirthsh., 1 Jägerh. („Ober-Tennlösig"), ½ St. ö. vom Orte, und 1 Mühle mit Brettsäge, ½ Viertelst. sö. am Abflusse des Großteiches. Man glaubt, daß dieses Dorf aus den ehemaligen 2 Dfrn. Hakow und Mislin entstanden sei, deren Namen in den Errichtungsbüchern vorkommen, welche dagegen keine Erwähnung von „Thammühle" machen. Unter der Häuserzahl dieses Dorfes ist auch die 1 St. n. davon, mitten im Walde liegende, aus 2 Nummern bestehende Einschicht Heuthor (oder Heidenthor, auch Haidethor) begriffen. — 13. Neu-Kalken, 1 St. wnw. von Hirschberg, in der Tiefe zwischen Bergen, D. von 17 H. mit 97 E., nach Hirschberg eingpf. Es gehörte vormals zu dem G. Alt-Kalken oder Skalko, und entstand, unter dem Namen Neudorf, im J. 1592 aus Dominical-Grundstücken. Im 30jährigen Kriege wurden die Einwohner genöthigt, den Ort zu verlassen und erst 50 Jahre darauf konnte er wieder bevölkert werden. — 14. Alt-Kalken (Kalek, ehemals Skalko), ½ St. w. von Hirschberg, D. von 51 H. und 311 E., ist nach Hirschberg eingpf. und hat 1 Schule und 1 Wirthsh. Es war ehemals ein Gut für sich und gehörte am Ende des XVI. Jahrh. dem Herrn Damian von Peizelsdorf, welcher im J. 1596 beträchtliche Acker- und Waldgründe gegen mäßige Zinsen an die Einw. abtrat, auch 1592 das benachbarte Neudorf (Neu-Kalken) gründete; ¼ St. ö. liegt die obrktl. Ziegelbrennerei. — 15. Binay (soll ehemals Ludwigsdorf ge-

*) Ueber die Geschichte des Schlosses und Klosters Pösig sehe man auch das im J. 1766 zu Prag erschienene Werk: Centifolia rosae mysticae.

heißen haben), $1/2$ St. w. von Hirschberg, am n. Fuße des Binayer-Berges, D. von 51 H. mit 298 E., ist nach Hirschberg eingpf. und hat 1 Wirthsh.

Die folgenden Dörfer bilden den, durch die Hst. Neu-Perstein von dem Hauptkörper getrennten westlichen Theil des Dominiums:

16. Welhütte (oder Welhutta), $2^1/_2$ St. w. von Hirschberg, D. von 22 H. mit 122 E., welche starken Getraide-, Obst- und Hopfenbau treiben, ist nach Dauba (Hst. Neu-Perstein) eingpf. und hat 1 Kapelle. — 17. Sattay, $2^1/_2$ St. w. von Hirschberg, D. von 36 H. mit 204 E., ist nach Dauba eingpf. und hat 1 Schule. — 18. Pawlitschka (Pawlička), $2^3/_4$ St. w. von Hirschberg, an der Straße von Böhmisch-Leipa nach Liboch, D. von 31 H. mit 174 E., ist nach Tuhan eingpf. und hat 1 Kapelle und 1 eignen Begräbnißplatz; $1/2$ St. n. vom Orte, nahe an der Tschappkeule, einer hohen Sandstein-Felsenwand, deren Spitze die Gestalt einer Keule hat, liegt die dazu gehörige Einschicht Leschnitz. Einiges Mauerwerk und ein verschütteter Keller auf der Tschappkeule deuten auf eine ehemalige Burg hin, von der aber nichts Geschichtliches bekannt ist. — 19. Unter-Eichberg, $2^1/_2$ St. wsw. von Hirschberg, am w. Abhange des Eichberges, D. von 15 H. mit 84 E., nach Tuhan eingpf. — 20. Töschen, $2^1/_2$ St. sw. von Hirschberg, an dem von der Hst. Neu-Perstein kommenden Mühlbache, D. von 51 H. mit 271 E., hat 1 Kirche unter dem Titel des heil. Wenzel, die ehedem eine Filiale der Pfarrkirche zu Dauba war, unter K. Joseph II. aber einen eignen Lokalisten erhielt. Eingepf. sind, außer Töschen selbst, die hschftl. Dfr.: Sakschen, Buckholz, und die zum G. Hauska gehörigen: Draschen, Neboweska und Kluk. Außerdem befindet sich in Töschen 1 Schule, 1 Mhf., 1 Schäf., 1 Jägerh., 1 Wirthsh. und 1 Mhl., $1/2$ St. w. vom Orte. — 21. Sakschen, 3 St. sw. von Hirschberg, in einem sich von Pawlitschka herabziehenden Thale, an der Straße von Böhmisch-Leipa nach Liboch und Melnik, ein lang ausgedehntes D. von 50 H. mit 239 E., ist nach Töschen eingpf. und hat 1 Wirthsh. und 2 Mühlen, am s. Ende des Dfrs. — 22. Tuhan, 3 St. w. von Hirschberg, an einem kleinen Mühlbache und einem von Pawlitschka auf die Hst. Liboch führenden Fahrwege, am s. Fuße des Wachberges, D. von 49 H. mit 276 E., hat 1 Pfarrkirche unter dem Titel des heil. Gallus, und dem Patronate der Obrkt. Sie ist, wie ein Chronogramm über dem Eingange besagt, im J. 1711, und zwar vom Grafen Franz Joseph von Waldstein, von Grund aus auf einer Anhöhe neu erbaut worden. Bis zum J. 1724 war sie eine Filiale der Pfarrkirche zu Hirschberg, wurde aber damals zur selbstständigen Pfarrkirche erhoben. Die verwittwete Gräfinn Margarethe von Waldstein, als Patronin, dotirte den neuen Pfarrer sehr reichlich und errichtete ihm das noch bestehende Wohngebäude. Die alte Kirche, die in der Mitte des Drfs. stand und urkundlich schon 1417 als Pfarrkirche vorhanden war, ist seit 1822 ganz abgetragen worden und an ihrer Stelle erhebt sich jetzt ein eisernes Kreuz auf einem steinernen Fußgestell. Die eingpf. Ortschaften sind, außer Tuhan selbst, Tuhanzel, Wobrok, Pawlitschka nebst der Einschichte Leschnitz, Unter-Eichberg und die zur Hst. Liboch gehörigen: Maschnitz und Neudörfel (Leitm. Kr.) — Außerdem hat Tuhan auch 1 Schule, 1 Wirthsh. und 1 Mühle. — 23. Tuhanzel (wird auch Duhanzel geschrieben), $3^1/_2$ St. w. von Hirschberg, D. von 23 H. mit 144 E., nach Tuhan eingpf. — 24. Wobrok, $3^1/_2$ St. w. von Hirschberg, D. von 14 H. mit 82 E., ist nach Tuhan eingpf. und hat 1 Mhf., nebst Schäf., 1 kleines Schlößchen und 1 Jägerh. Ehemals war hier nur ein Mhf. und Jägerh.; das Schlößchen wurde 1790 vom Grafen Vincenz

von Waldstein erbaut, und als im J. 1792 die Gebäude des Mhfs. und der Schäf. abbrannten, ließ derselbe Besitzer die übrigen neuen Ansiedlungen errichten und gab ihnen einen Theil der Maierhofsgründe in Erbpacht. — 25. Domaschitz, 3¾ St. w. von Hirschberg, D. von 34 H. mit 209 E., nach Hrobitsch (Hft. Liboch) eingpf.

Von folgenden fremdherrschaftlichen Dörfern besitzt Hirschberg Antheile:

26. Buckholz (oder Pokolitz), 3½ St. sw. von Hirschberg, von der Gränze des Leitmeritzer Kreises durchschnitten, ein nach Töschen eingpf. D. der Hft. Liboch, von welchem 12 H. mit 74 E. hieher gehören. — 27. Wiska, 2¼ St. ssö. von Hirschberg, D. und eignes Gut, von welchem das Dominium Hirschberg 5 H. mit 39 E. besitzt. — 28. Neuschenke, 1½ St. osö. von Hirschberg, am Fahrwege von Weißwasser nach Niemes, D. der Hft. Weißwasser, von welchem hieher 2 H. mit 11 E. gehören. — 29. Heidemühl (oder Haidemühl), ¾ St. nö. von Hirschberg, am Abfluß des Heideteiches, nach Hirschberg eingpf. Davon gehören zum hiesigen Dom. die Fabriksgebäude des Franz Wünsche in Hirschberg und 1 Mühle nebst Brettsäge, zusammen 4 Nummern mit 19 E., das Uebrige zur Hft. Weißwasser. — 30. Waldsteinruhe, 2 St. sö. von Hirschberg, D. der Hft. Weißwasser, von welchem 1 H. mit 6 E. hieher gehört.

Allodial-Herrschaft Weiß- und Hühnerwasser.

Dieses Dominium liegt rechts von der Iser, und gränzt in Norden an die Herrschaften Niemes, Böhmisch-Aicha, Swigan und Münchengrätz, in Osten ebenfalls an Swigan und Münchengrätz, so wie an Kosmanos, gegen Süden an Kosmanos, Skalsko und Stranka, gegen Westen an Mscheno-Lobes, Hauska und Hirschberg.

Der gegenwärtige Besitzer ist der k. k. Kämmerer rc. Christian Graf von Waldstein und Wartenberg, welcher dieses Dominium nach dem Tode seines Vaters, des k. k. Geheimen Raths rc. Grafen Ernest von Waldstein und Wartenberg, im J. 1832 erblich übernommen hat. Es ist nicht bekannt, zu welcher Zeit Weiß- und Hühnerwasser, die ehemals zwei besondere Dominien waren, zu einem Ganzen vereinigt worden. Schon im XII. Jahrhunderte gehörte Beides der Krone Böhmen, und wurde später an verschiedene Besitzer verpfändet, unter welchen die Herren Berka von Duba, die Herren von Michalowitz, die Spetl von Janowitz, und nach diesen wieder die Herren Berka von Duba und Lippa urkundlich bekannt sind. Die Letztern traten in der zweiten Hälfte des XVI. Jahrhunderts diese Güter an die Herren von Wartenberg ab, brachten sie aber bald wieder an sich, und blieben im Besitz derselben bis nach der Schlacht auf dem Weißen Berge, wo sie im J. 1622 dem Bohuchwal von Berka durch den königl. Fiscus entzogen, auf 132899 Schock 42 Gr. 3½ Den. abgeschätzt, und nebst den Gütern Klasster, Hradischt, Zasadka und Kotzniowitz, welche dem Wenzel Budowetz von Budowa confiscirt worden, zusammen für die Summe von 216000 fl. an Albrecht von Waldstein, nachmaligen Herzog von Friedland verkauft wurden. (S. Schaller, a. a. O. S. 205 und 206, und

Rieggers Materialien rc. VI. Heft, S. 148.) Nach dem Tode dieses Letztern fielen sie neuerdings an die königl. Kammer zurück, und Weiß- und Hühnerwasser kamen 1644 an den k. k. Feldmarschall-Lieutenant, Otto Heinrich Grafen von Caretto und Millesimo, welcher diese Herrschaft sammt dem Gute Zetten am 1. Jäner 1676 für die Summe von 236000 fl. und 1200 Speciesdukaten Schlüsselgeld an den Grafen Ernest Joseph von Waldstein, Herrn zu Chwatierub, Ober-Berkowitz, Zwiketitz, Studenka, Kloster, Münchengrätz, Walletschow, Fürstenbruck, Solletz, Groß-Skal und Stadt Turnau verkaufte. Von dieser Zeit an blieb die Herrschaft ununterbrochen bei dieser Familie. Es folgte nämlich im Besitz derselben auf den erwähnten Grafen Ernest Joseph im J. 1708 dessen Sohn Franz Joseph, von welchem sie 1727 an seinen Sohn Franz Ernest gelangte. Dieser hinterließ als Erben 1748 seinen Sohn Vincenz, und von diesem gelangte sie im J. 1797 an den Grafen Ernest von Waldstein und Wartenberg, den vorerwähnten Vater des gegenwärtigen Besitzers. (S. Landtäfl. Hauptb. Litt. A. Tom. III. Fol. 81.)

Der nutzbare Flächeninhalt der Herrschaft beträgt nach wirthschaftsamtlichen Angaben vom J. 1826: an Aeckern und Trischfeldern 12151 J. 224 □Kl., an Wiesen, Gärten, Hutweiden und Gestrüppe 1260 Joch 1147 □Kl., an Teichen 277 J. 1376 □Kl., an Waldungen 14371 J. 1160 □Kl., zusammen 28061 J. 707 □Kl., oder etwas mehr als $2\frac{4}{5}$ □Meilen. Rechnet man hiezu etwa $\frac{1}{5}$ □Meile für den Raum, welchen die Gebäude der Ortschaften und Maierhöfe einnehmen, und $\frac{1}{5}$ □Meile für die Straßen, Wege, Gewässer rc., so beträgt der ganze Flächeninhalt des Dominiums $3\frac{1}{5}$ □Meilen. Nach dem Katastral-Zergliederungssummarium vom J. 1832 betrug die landwirthschaftliche Bodenfläche:

	Dominicale.		Rusticale.		Zusammen.	
	Joch.	□Kl.	Joch.	□Kl.	Joch.	□Kl.
An ackerbaren Feldern .	1519	962	7723	$372\frac{3}{8}$	9242	$1334\frac{3}{8}$
= Teichen mit Aeckern vergl.	—	1286	—	—	—	1286
= Trischfeldern	318	1528	2584	$274\frac{5}{8}$	2903	$202\frac{5}{8}$
= Wiesen . .	170	1047	215	460	386	87
= Gärten . .	50	401	190	1085	240	1486
= Teichen mit Wiesen vergl.	276	1258	—	—	276	1258
= Hutweiden rc.	91	865	494	1062	586	327
Waldungen .	13010	1427	1409	$814\frac{1}{8}$	14420	$641\frac{1}{8}$
Ueberhaupt .	15439	774	12617	$1048\frac{3}{8}$	28057	$222\frac{3}{8}$

Die Oberfläche des Dominiums ist zwar sehr uneben und von mehren Gründen durchschnitten, doch erheben sich nirgends bedeutend hohe Berge. An den Gehängen dieser Gründe gibt sich der Quadersandstein als die herrschende Felsart und die Unterlage der Dammerde, so wie des hie und da thonigen aufgeschwemmten Landes zu erkennen. Im nördlichen Theile der Herrschaft bemerkt man den kegelförmigen Petz- oder Petzelberg, östlich davon und westlich von Hühnerwasser den Großen und den Kleinen Buchberg, südöstlich von Hühnerwasser den Horka-Berg, noch weiter südlich den Kleinen und den Großen Radlechow, und westlich davon den Lissay-Berg; der Große und der Kleine Galgenberg, nördlich von Weißwasser, sind unbedeutende Hügel. Diese sämmtlichen Berge und Hügel gehören zur Basaltbildung, welche hier in vereinzelten Kuppen sich aus dem Quaderstandsteine erhebt.

Außer der Pulsnitz (oder dem Polzen), welche aber nur einen sehr kleinen Theil dieser Herrschaft, an der Gränze von Niemes, berührt, ist von fließenden Gewässern noch die Bila (eigentlich Bilawoda, das weiße Wasser, daher der Name der Stadt Weißwasser) anzuführen, ein von Neudorf (G. Wiska) kommender Bach, welcher in ältern Zeiten auch Doks hieß, bei Weißwasser und in Podol mehre Mühlen in Bewegung setzt, und bei Klein-Weisel (Hft. Münchengrätz) in die Iser fällt, nachdem er kurz vorher einen andern unbedeutenden, von Schiedel, Ober- und Nieder-Kruppay kommenden Bach aufgenommen hat. Durch Dolanken, und zwischen Dechtar und Teschen, fließt die Kleine Iser südlich auf das Gebiet der Hschft. Münchengrätz. Unter den noch bestehenden 13 Teichen ist der Halbeteich beim Dorfe Haidemühl, östlich von Hirschberg, der größte; er enthält unter andern Hechte von 12 bis 20 Pfund, wird alle 3 Jahr abgefischt, und hat seinen Abfluß in den nicht weit davon westlich entfernten Hirschberger Großteich. Die übrigen Teiche sind: der Oberpösiger, der Radegmak, der Slonower, der Netuschil, der Neuteich und der Wolfs- oder Papierteich, sämmtlich im oder beim Dorfe Podol; ferner der Rokitayer Teich, zwischen Nieder-Rokitay und Nieder-Kruppay, der Wawrauschker, im Straßdorfer Forstrevier, mitten im Walde, der Plauschnitzer in Plauschnitz, der Sauerteich bei Kriday, der Teich Dollanka bei Dollanka, und der Groß-Dirnstig bei Straßdorf. Der ehemalige Wokner Teich, bei Woken, und der Pfaffenteich liegen schon seit mehr als 10 Jahren trocken, und werden theils als Feld, theils als Wiese und Hutweide benutzt.

Die Volksmenge betrug im J. 1830: 8941 Seelen. Die Einwohner sind, mit Ausnahme von 17 protestantischen und 2 israelitischen Familien, sämmtlich Katholiken, und sprechen theils Böhmisch, theils Teutsch.

Die Ertrags- und Erwerbsquellen des Dominiums und der Einwohner sind vornehmlich die verschiednen Zweige der Landwirthschaft. Die Gewerbs-Industrie ist nur in Weiß- und Hühnerwasser, so wie in Haidemühl, von Erheblichkeit. Viele Einwohner beschäftigen sich auch mit Flachsspinnen, Theerbrennen und Pechsieden, andere finden beim Holz- und Schindelmachen in den großen obrigkeitlichen Waldungen lohnende Beschäftigung. In den teutschen Ortschaften gibt es viel Fuhrleute.

Der Ackerbau gelingt am besten im westlichen und südlichen Theile des Dominiums, weniger im nördlichen und östlichen Theile, wo der Boden größtentheils sandig ist, und nur wenige Ortschaften einigen Thonboden haben. Die Besitzer des kärgern Bodens suchen jedoch sowohl durch reichliche Düngung, als durch zweckmäßigen Fruchtwechsel den Ertrag desselben möglichst zu erhöhen. Man gewinnt etwas Waizen, sehr schönes Korn, Gerste, Haber, Erbsen, vortreffliche Kartoffeln, Klee und Hopfen. Auch der Obstbau wird sowohl von der Obrigkeit als von den Unterthanen mit Eifer betrieben, doch ist der Erfolg, wegen der hohen und kalten Lage, und der oft noch zur Blüthezeit eintretenden Fröste nicht immer lohnend.

Der landwirthschaftliche Viehstand (ohne den der Stadt Weißwasser) ergiebt sich aus folgender Uebersicht vom 30. April 1833:

	der Obrigkeit.	der Unterthanen.	Zusammen.
Pferde	6 (Alte) . . .	328 (317 Alte, 11 Fohlen)	334
Rindvieh	101 . . . . . (3 Zuchtst., 60 Kühe, 26 Kalbinnen, 5 Zugochsen, 7 junge Ochsen)	3704 . . . . (11 Zuchtstiere, 12 j. St., 2028 Kühe, 788 Kalbinnen, 13 Mastochsen, 578 Zugochsen, 274 junge Ochsen)	3805
Schafe	2496 . . . . . (1954 Alte, 542 Läm.)	2620 . . . . (1973 Alte, 647 Lämmer)	5116

Außerdem besaßen die Einw. der Schutzstadt Weißwasser: 23 Pferde (Alte) 334 Stück Rindvieh (1 Zuchtstier, 232 Kühe, 46 Kalbinnen, 45 Zugochsen, 10 junge Ochsen) und 182 Schafe (169 Alte, 13 Läm.). Die obrktl. Schafe sind durchaus von edler Race. Federvieh wird bloß für den Bedarf der Haushaltungen gezogen. Auch die Bienenzucht ist mit Ausnahme des Dorfes Woken, wo die meisten Einwohner Bienenstöcke haben, unerheblich.

Zur Bewirthschaftung der obrktl. Gründe bestehen 3 Maierhöfe in eigner Regie (der Frauenhofer, der Wallowitzer und der Ober-Kruppayer), mit welchen zugleich Schäfereien verbunden sind.

Aus der oben mitgetheilten Uebersicht der nutzbaren Oberfläche des Dominiums sieht man, daß die Waldungen mehr als die Hälfte derselben ausmachen. Die obrigkeitlichen sind in folgende 7 Reviere eingetheilt: das Weißwasserer, das Waldsteinruher, das Ždiarer, das Straßdorfer, das Dürrholzer, das Hühnerwasserer und das Schiedler. Die den Unterthanen gehörigen Waldungen liegen zerstreut und meistens zunächst an den Wohnorten ihrer Besitzer. Der Ertrag besteht in 1347 Kl. harten, und 9431 Kl. weichen Holzes, welches zum Theil auf dem Dominium selbst verbraucht, theils an die benachbarten Dominien und Fabriken abgesetzt wird.

Der Wildstand hat ein günstiges Verhältniß zur Größe der Herrschaft. Wie schon bei der Beschreibung der Hft. Hirschberg gesagt worden, bildeten die Waldungen der drei Dominien Hirschberg, Weißwasser und Münchengrätz vor dem J. 1797 fast einen einzigen ungeheuren Thiergarten. Statt dessen findet man jetzt auf der Hft. Weißwasser nur zwei Thiergärten, den Waldsteinruher westlich von Weißwasser, von beiläufig 3000 Metzen Flächeninhalt, mit 188 St. Hochwild, 25 St. Rehwild und 89 St. Schwarzwild, und den Tannelgarten bei Hühnerwasser, von etwa 2000 Metzen, mit 159 St. Damhirschen. Außerdem liefert die niedere Jagd jährlich im Durchschnitte 12 bis 15 Rehe, 400 bis 500 Hasen und 100 Rebhühner, wozu noch einige Auerhähne, Haselhühner, wilde Gänse und Enten kommen.

Mit verschiednen Polizei-, Commerzial- und freien Gewerben waren am Anfange des J. 1832 auf dem ganzen Dominium (mit Ausschluß der Stadt Weißwasser, deren Gewerbsverhältnisse weiter unten besonders angeführt werden), 131 Meister und andere Gewerbsbesitzer nebst 239 Gesellen, Lehrlingen und andern Hilfsarbeitern; zusammen also 370 Personen beschäftigt. Davon kommen gegen 200 Personen allein auf die in Haidemühl befindliche Abtheilung der großen k. k. landesprivilegirten Zitz- und Kattunfabrik des Franz Wünsche zu Hirschberg, in Betreff deren wir auf die Beschreibung derselben bei der Hft. Hirschberg verweisen. Die übrigen Meister und andere Gewerbsbefugte sind: 6 Bäcker, 7 Bierschänker, 1 Blaufärber, 3 Faßbinder, 6 Fleischhauer, 1 Gastwirth, 8 Griesler, 1 Hutmacher, 20 Leinweber, 2 Lohgärber, 3 Maurermeister (4 Gesellen), 12 Müller (worunter 1 Windmüller in Hühnerwasser), 1 Papiermüller (mit 10 Gesellen und andern Arbeitern), 1 Sattler, 1 Schlosser, 21 Schmiedte, 10 Schneider, 6 Schuhmacher, 1 Schwarzfärber, 1 Seifensieder, 2 Seiler, 7 Tischler, 5 Wagner, 1 Walkmüller, 2 Zimmermeister und 1 Zirkelschmiedt. — Kauf- und Handelsleute sind: 3 Besitzer von gemischten Waarenhandlungen und 1 Krämer.

Auf den Jahrmärkten zu Weißwasser werden in 40 Buden, und auf denen zu Hühnerwasser in 18 Buden und 53 Ständen verschiedene seidene, wollene und leinene Schnittwaaren und Handwerks-Erzeugnisse feilgeboten.

Sanitäts-Personen sind: 2 Wundärzte (in Weißwasser) und 10 Hebammen (4 in Weißwasser, 2 in Hühnerwasser, die übrigen in Tschistay, Březinka, Woken und Nieder-Kruppay.)

Das seit dem 1. Jäner 1830 bestehende Armen-Institut hatte am Schluß des J. 1831 ein Stammvermögen von 456 fl. 6¼ kr. W. W., und bezog an Zinsen davon, an milden Beiträgen (von der Obrigkeit allein 60 fl.) und andern dem Institute gewidmeten Zuflüssen ein Jahreseinkommen von 429 fl. 48¾ kr. Die Zahl der zu betheilenden Armen war 25. Die Stadt Weißwasser hat ihr eignes Armen-Institut. (S. unten.)

Zur Beförderung des Verkehrs dienen hauptsächlich die auf Kosten der Obrigkeit und unter Mitwirkung der ansäßigen Einwohner erbauten Chausséen. Die eine führt von Weißwasser einerseits nach Hirschberg, andererseits nach Jung-Bunzlau, die andere geht von Weißwasser über Hühnerwasser nordnordwestlich nach Niemes und Gabel, östlich nach Münchengrätz. Die Poststraßen von Prag über Jung-Bunzlau nach Rumburg und Zittau führen beide durch Weißwasser, wo seit dem 1. Nov. 1833 eine eigne k. k. Poststation besteht; man rechnet von Weißwasser bis Jung-Bunzlau 1 Post, bis Hühnerwasser ½ Post, bis Hirschberg 1 Post, von Hirschberg bis Hirnsen oder Neuschloß ¾, und von Hirnsen über Böhmisch-Leipa bis Hayda 1 Post. Andere, aber nicht chaussirte, Fahrwege gehen von Weißwasser nach Niemes, Münchengrätz, Backofen und Kowan (der Letztere, welcher über Sowinka, Kuttenthal und Brandeis nach Prag führt, wird noch jetzt bei trocknem Wetter benutzt, da er beträchtlich kürzer ist, als die Chaussée über Weißwasser und Jung-Bunzlau), so wie von Hühnerwasser nach Oschitz und nach Münchengrätz.

Folgendes sind die einzelnen Ortschaften des Dominiums, und zwar zuvörderst die ungetheilten.

1. Weißwasser (Bila, ehemals auch Neu-Pösig, Nowa Bezděz, lateinisch Alba), 9 Meilen von Prag und 2 Meilen nw. von Jung-Bunzlau, auf einer Anhöhe und am Abhange derselben, an der Chaussée von Jung-Bunzlau nach Hirschberg und Böhmisch-Leipa, Schutzstadt, mit Mauern umgeben, durch welche 3 Thore führen, hat 289 H. mit 1624 größtentheils böhmischen Einw. Davon gehört der Obrkt. nur das Schloß; die Stadt selbst steht unter der Gerichtsbarkeit ihres eignen Magistrats (1 Bürgermeister mit 1 geprüften Syndicus) und führt im Wappen 2 runde Thürme und einen viereckigen, mit einem kleinen Schilde in der Mitte, welches den böhmischen Löwen enthält. Die ältere Stadt Bila soll (nach den von Schaller angeführten Quellen) ursprünglich am Fuße des Berges Pösig (Bezděz, s. Hft. Hirschberg), und zwar im J. 1264 von Konrad und Hertwig Krawer gegründet, im J. 1337 aber durch Hynek Berka von Duba die jetzige Stadt am Doks, wie der hier vorüberfließende Bach damals hieß, angelegt und Neu-Pösig benannt worden seyn, wohin dann allmählich sämmtliche Einwohner der ältern Stadt übersiedelten. Beim Ueberbau der Pfarrei in Unter-Pösig fand man bei Ebnung des Hofes alte Mauern, und zum Theil eingestürzte Gewölbe; das eine schien die Werkstätte eines Schmiedes gewesen zu seyn, was der Sage, daß Weißwasser früher an diesem Orte angelegt war, viele Wahrscheinlichkeit gibt. Zu bemerken sind: a. das obrktl. Schloß, ein großes und schönes Gebäude mit einer öffentlichen Kapelle und einem schönen, erst vor 8 Jahren angelegten Garten. Es liegt ö. an der Stadt auf der Anhöhe, und enthält die Kanzleien des obrktl. Wirthschaftsamtes; das nahe beim Schlosse stehende Jagd-Zeughaus gehört unter die vorzüglichsten Sammlungen dieser Art in Böhmen; man kann mit dem hier aufbewahrten Jagdzeug gesperrte Jagden von der größten Ausdehnung auf Hoch- und Schwarzwild anstellen. Der Werth ist zu 40000 fl. angegeben; b. das städtische Rathhaus, mit 2 Thürmen und einer Schlaguhr; es ist, wie das über dem Eingange befindliche Chronogramm IVDICIVM besagt, im J. 1613 auf Kosten der Stadt erbaut worden; c. die Pfarrkirche unter dem Titel der Kreuzerhöhung und dem Patronate der Obrigkeit. Sie bestand, den Errichtungsbüchern zufolge, schon 1386 als Pfarrkirche. Eingpf. sind die hschftl. Dfr. Podol, Tschistay (mit 1 Filialkirche), Plutschna, Březinka, Hlinowischt, Wasatschka und Neudorf (G. Wiska); d. die Schule; e. das Augustiner-Kloster; es liegt am nw. Ende der Stadt und wurde nebst der dazu gehörigen Kirche schon im J. 1340 durch Hynko Berka von Duba und Lippa († 1348) zu gründen begonnen, aber erst durch den Freiherrn Dietel von Hasenburg, Herrn auf Zbirow, vollendet. Von den ersten Prioren dieses Convents ist ein P. Jacobus vom J. 1374 urkundlich bekannt. Am 18. Oktober 1421

überfielen die Hussiten unter Žižka's Anführung die Stadt Weißwasser, zerstörten das Kloster und ermordeten die Geistlichen auf die grausamste Weise. Unter Chwal von Berka wurden zwar das Kloster und die Kirche wieder hergestellt, wie dieß die Inschriften und die Jahrzahlen 1510 und 1548 auf den Glocken beurkunden; aber die Zahl der Mitglieder des Convents scheint sehr gering, und der Zustand desselben, da die damaligen Besitzer von Weißwasser dem Lutherthum zugethan waren, ziemlich bedrängt gewesen zu seyn. Erst unter Albrecht von Waldstein, Herzog von Friedland, welcher im J. 1633 den von ihm 1627 auf dem Berge Pöšig (s. Hft. Hirschberg) gestifteten Augustiner-Convent nach Weißwasser übertrug, wurden die hiesigen Gebäude und die dem heil. Wenzel geweihte Kirche neu errichtet. Zwar überfielen in den folgenden Jahren die Schweden und die Sachsen die Stadt Weißwasser und die Mitglieder des Convents geriethen dabei in große Bedrängniß, indem einige selbst vom Feinde als Geißeln mit hinweggeführt und ein gewisser P. Thomas mit 12 fl. losgekauft werden mußte; aber doch bestand das Kloster im Ganzen fort und die geflüchteten Brüder kehrten, wenn die Feinde abgezogen waren, immer wieder zurück. Im J. 1709, unter dem Prior P. Seraphin Meltzer, aus Leipa, ließ der damalige Besitzer der Hschft., Franz Joseph Graf von Waldstein, die alte Kirche abtragen und die gegenwärtige neue erbauen, welche am 28. September 1712 vom Königgrätzer Bischof Johann Adam Grafen Wratislaw von Mitrowitz, eingeweiht wurde. Zugleich erweiterte derselbe Graf von Waldstein die Stiftung auf 14 Priester nebst mehren Layenbrüdern, und vergrößerte das Klostergebäude durch einen neu hinzugebauten Flügel nach der Straßenseite. Die Bibliothek des Klosters enthält 1668 Bände. Das G. Wiska (s. dieses Dom.) nebst Neudorf und den Besitzungen in Podol (s. unten, Nr. 22) wurde dem Kloster schon von Albrecht von Waldstein geschenkt. Unter die Merkwürdigkeiten der Stadt Weißwasser gehört auch ein unterirdischer Gang, welcher ehemals aus dem Hause Nr. 22 bis zum Pösig-Berge führte, gegenwärtig aber größtentheils verfallen und unzugänglich geworden ist. — Die Einw. leben größtentheils von verschiedenen städtischen Gewerben. Mit den Letztern waren am Anfange des J. 1832: 127 Meister und andere Gewerbsinhaber, 18 Gesel. und 17 Lehrl., zusammen 162 Personen beschäftigt. Darunter befanden sich: 13 Bäcker, 6 Bierschänker, 1 Essigsieder, 2 Faßbinder, 6 Fleischhauer, 1 Glaser, 1 Handschuhmacher, 6 Hutmacher, 1 Kammmacher, 8 Kürschner, 2 Lebzelter, 8 Leinweber, 3 Maurermeister (4 Gesellen), 1 Rauchfangkehrer, 1 Sattler, 2 Schlosser, 3 Schmiedte, 5 Schneider, 15 Schuhmacher, 1 Seifensieder, 2 Seiler, 4 Strumpfwirker, 6 Tischler, 2 Töpfer, 17 Tuchmacher, 3 Tuchscheerer, 1 Wagner, 1 Weinschänker, 2 Wollenzeugmacher und 2 Zimmermeister (2 Gesellen). — Mit dem Handel beschäftigten sich 4 Besitzer von gemischten Waarenhandlungen. Die Stadt hat das Recht, 4 Jahrmärkte (am 1. Montag in der Fasten, am Montag nach Kreuzerhöhung, vor Katharina und am 2. Montag nach Margaretha) zu halten, auf welchen in 40 Buden und mehren Ständen die gewöhnlichen Artikel der Landjahrmärkte, so wie auch einiges Hornvieh, feilgeboten werden. Wochenmärkte, zu denen die Stadt ebenfalls berechtigt ist, werden aus Mangel an Concurrenz schon seit vielen Jahren nicht mehr gehalten. Das Sanitäts-Personale besteht in 2 Wundärzten und 3 Hebammen. Die Stadt hat ihr eignes Armen-Institut, dessen Stammvermögen am Schluß des J. 1831: 2043 fl. 1$^1/_4$ kr. W. W. betrug. Die Jahreseinnahme war 196 fl. W. W., mit welchen 9 Arme unterstützt wurden. Der Stadtgemeinde gehören auch die benachbarten, zur hiesigen Pfarrkirche eingepfarrten Dörfer: a. Hlinowischt, gewöhnlich Leimgruben genannt, 3/4 St. nw. von Weißwasser, an der Straße nach Hirschberg, 31 H. mit 179 E.; und b. Wasatschke (Wasačka), 1/2 St. nw. von Weißwasser, am Fahrwege nach Niemes, 8 H. mit 30 E. Desgleichen 45 H. mit 245 E. von dem nahen D. Pobol, und 1 H. mit 6 E. von dem D. Neudorf des G. Wiska, 1/2 St. n. von hier. — Ueber die ältere Geschichte der Stadt Weißwasser sind die Nachrichten sehr unvollständig. Was von der ersten Gründung derselben erzählt wird, haben wir schon oben mitgetheilt. Im J. 1421 wurde sie größtentheils von den Hussiten zerstört, bei welcher Gelegenheit nicht nur sämmtliche Geistliche, sondern auch eine Menge Einw. ums Leben kamen. Herr von Michalowitz entriß zwar die Stadt den Hussiten wieder, konnte sich aber nicht behaupten, und mußte sie neuerdings den Pragern überlassen, bis sie 1431 durch K. Sigismund erobert und so zerstört wurde, daß in Zukunft kein Feind sich mehr darin halten konnte. (Schaller a. a. O. S. 210.) Auch im 30jährigen Kriege hatte die Stadt von den Schweden große Drangsale und mehre Feuersbrünste zu erdulden; doch fehlt es darüber an nähern Berichten. — 2. Tschistay (Čisteg), 3/4 St. sö. von Weißwasser, D. von 52 H. mit 306 böhm. E., hat 1 zum Sprengel der Pfarrkirche in Weißwasser gehörige Filialkirche, zu welcher auch Pluschna eingpf. ist, und 1 Schule. — 3. Pluschna oder Pluschnay (Plužneg) 1/2 St. s. von Weißwasser, D. von 47 H. mit 269 böhm. E., ist nach Weißwasser zur Tschistayer Filialkirche eingpf. — 4. Březinka, 3/4 St. sw. von Weißwasser, D. von 45 H. mit 296 böhm. E. (worunter 3 protest. Familien), ist nach Weißwasser eingpf., und hat 1 Schule. — 5. Zolldorf, auch Březowitz, 1 1/2 St. sw. von Weißwasser, D. von 59 H. mit 344 böhm. E. (worunter 1 israelit. Familie), ist nach Klein-Päßig (Hschft. Hirschberg) eingpf. — 6. Wallowitz, 1 1/2 St. ssw. von Weißwasser, D. von 16 H. mit 96 böhm. E., ist nach Skalsko (G. Nimeřitz) eingpf., und hat 1 Mhf., 1 Schäf., 1 Ziegelhütte, 1/4 St nw. vom Orte, und 1 Hegerwohn. (das „Mischaky-Haus"). — 7. Sudomiř, 1 1/2 St. sw. von Weißwasser, D. von 37 H. mit 219 böhm. E. (worunter 4 protest. Familien), ist nach Skalsko eingpf., hat aber eine Filialkirche unter dem Titel Mariä-Geburt, welche im J. 1384 mit einem eignen Pfarrer versehen war, und 1 Schule. Dieses D. hat eine Trinkwasser-Quelle, aus welcher sich auch die benachbarten Dfr. bei dem in dieser Gegend sehr allgemeinen Wassermangel versorgen. — 8. Woken (ehemals Oken, Okna), 2 St. nw. von Weißwasser, am Fahrwege von Hirschberg nach Krnsko und Brandeis, D. von 50 H. mit 268 teutschen E., hat 1 Lokalie-Kirche unter dem Titel Mariä-Himmelfahrt, und dem Patronate der Obrkt., und 1 Schule. Die Kirche bestand schon 1384 als eigne Pfarrkirche, war in späterer Zeit eine Filiale der Pfarrei Weißwasser, hierauf der von Hirschberg, und wurde im J. 1788 zu einer Lokalie-Kirche erhoben, und zwar Anfangs unter dem Patronate des k. k. Religionsfonds, welches aber 1795 an die Besitzer der Hst. Weißwasser übertragen wurde. Wann die jetzige Kirche gebaut worden, ist nicht bekannt; 2 Glocken tragen die Jahrzahlen 1486 und 1595. Bis zum J. 1820 war in der Kirche noch ein hölzernes Bild mit einer böhm. Inschrift vom J. 1592 vorhanden, laut welcher die Familie der Herren von Tachow (Tacha, s. Hst. Hirschberg), namentlich Martin von Tachow und dessen Gattinn, hier begraben wurden. Vielleicht sind diese Herren die Gründer der hiesigen Kirche gewesen, welche Vermuthung auch dadurch an Wahrscheinlichkeit gewinnt, daß der Wokner Kirchenwald, mit welchem die meisten Kirchenfelder zusammenhungen, am Bucharr Berge liegt, und unmittelbar an die Waldungen von Zacha gränzt. Eingpf. sind, außer Woken, die zur Hft. Hirschberg gehörigen Dörfer Wobern und Luken. Auch Zacha gehörte bis 1786 noch zum Wokner Sprengel, ist aber jetzt dem Hirschberger zugetheilt. Zu diesem Dorfe ist auch das $^1/_4$ St. davon im Walde liegende Jägerhaus des Zdiarer Reviers nebst der Hegerwohnung conscribirt. — 9. Straßdorf, $2^1/_4$ St. nnw. von Weißwasser, am Fahrwege nach Niemes, Dörfchen von 9 H. mit 62 teutschen E., ist nach Hühnerwasser eingpf. und hat 1 Hegerwohn. Hier befand sich vor mehren Jahren eine Glashütte. — 10. Hühnerwasser (Kukiwoda), 2 St. n. von Weißwasser, auf einer Anhöhe, ganz von Waldungen umgeben, an der Poststraße von Jung-Bunzlau nach Rumburg und Zittau, offenes Städtchen von 194 H. 1102 teutschen E., hat das Recht, ein eignes Wappen zu führen, welches einen Bären enthält, der unter einer Linde ruht, 1 eignes Marktgericht, 1 Rathhaus, 1 altes obrktl. Schloß, worin ein Forstbeamter wohnt, 1 k. k. Postamt, 1 Pfarrkirche und 1 Schule. Die Pfarrkirche unter dem Titel des heil. Gallus und dem Patronate der Obrkt., ist ursprünglich, nach Schaller, von den Herren von Lämberg oder Zwiketitz gegründet, im J. 1724 aber von der Gräfinn Margaretha von Waldstein neu erbaut worden. Eingpf. sind, außer dem Städtchen selbst, die hschftl. Dfr. Ober-Kruppay, Schiedel, Straßdorf und 51 Häuser von Hesowey. Die ehemalige Kapelle zum heil. Johannes, $^1/_4$ St. sw. von der Stadt, ist schon seit mehren Jahren abgetragen worden. An das alte Schloß stößt n. der obrktl. Thiergarten (Tannelgarten) mit 1 Jägerh. — w. am Städtchen steht eine Windmühle. Die Einwohner treiben Getraide- und Hopfenbau, oder nähren sich von städtischen Gewerben, welche am Anfange des J. 1832 76 Personen beschäftigten. Darunter waren: 5 Bäcker, 2 Bierschänker, 1 Blaufärber, 2 Faßbinder, 4 Fleischhauer, 1 Gastwirth, 6 Griesler, 11 Leinweber, 1 Lohgärber, 2 Maurermeister (4 Gesellen), 1 Müller, 1 Sattler, 1 Schlosser, 3 Schmiedte, 2 Schneider, 3 Schuhmacher, 1 Schwarzfärber, 1 Seifensieder, 2 Seiler, 5 Tischler, 1 Wagner, 1 Zimmermeister und 1 Zirkelschmiedt. Hierzu kommt noch 1 gemischte Waarenhandlung. Die 6 Jahrmärkte (Montag vor Ostern, Pfingsten, an Johann dem Täufer, Montag vor Mariä-Himmelfahrt, vor Galli, Dienstag vor Thomas) werden von 71 Verkäufern besucht, die in 18 Buden und 53 Ständen allerlei seidene, wollene, leinene Schnittwaaren, verschiedene Handwerkserzeugnisse und Krämerwaaren feil bieten. Die ehemaligen Wochenmärkte, am Mittwoch, werden nicht mehr besucht. — Sanitäts-Personen sind 2 Hebammen. — 11. Plauschnitz, $3^1/_4$ St. n. von Weißwasser, D. von 47 H. mit 298 teutschen E. (worunter 1 protest. Familie), ist nach Niemes (Hft. dieses Namens) eingpf., und hat am Abflusse des Plauschnitzer Teiches 1 Mhl. mit Brettsäge, und n. vom Orte im Walde 1 Jägerh. — 12. Kriday (Krideg), $3^3/_4$ St. nnö. von Weißwasser, D. von 25 H. mit 136 teutschen E., nach Gablonz (Hft. Swigan) eingpf., hat 1 Mhl. (die „Sauermhl."), $^1/_4$ St. sö. vom Orte, am Sauerteiche und der Kleinen Iser. 13. Teschen oder Teschnow (Tessnow), 4 St. nnö. von Weißwasser, D. von 18 H. mit 123 teutschen E., nach Hlawitz (Hft. Münchengrätz) eingpf. — 14. Dollanken (Dolanek, Dolanka), $4^3/_4$ St. nnö. von Weißwasser, an der Kleinen Iser, Dfch. von 8 H. mit 60 teutschen E., nach Hlawitz eingpf., hat $^1/_4$ St. s. 1 Mhl. — 15. Dechtar (Dechtarow), $4^1/_4$ St. nnö. von Weißwasser, D. von 11 H. mit 76 teutschen E., nach Hlawitz eingpf. — 16. Schiedel, $2^1/_2$ St. nnö. von Weißwasser, ein großes langgestrecktes, in S. mit dem folgenden zusammenhangendes D. von 77 H. mit 449 teutschen E., nach Hühnerwasser eingpf. — 17. Ober-Kruppay (wird auch Gruppay geschrieben), 2 St. nnö. von Weißwasser, ein in N. an Schiedel stoßendes D. von 57 H., mit 377 teutschen E., ist nach Hühnerwasser eingpf., und hat 1 Mhf. nebst Schäf. und 1 Mhl., beide am n. Ende des D. — 18. Jesowey (Gezoweg), $1\frac{1}{2}$ St. n. von Weißwasser, am s. Fuße des Horka-Berges, ein großes, weit gedehntes D. von 60 H. mit 358 teutschen E., ist mit 51 H. nach Hühnerwasser, und mit 9 H. nach Nieder-Kruppay eingpf., und hat 1 Hegerwohnung. — 19. Ober-Rokitay, $1\frac{3}{4}$ St. nö. von Weißwasser, D. von 68 H. mit 367 teutschen E., nach Nieder-Kruppay eingpf. — 20. Nieder-Rokitay, mit dem s. Ende des Vorigen zusammenhangend, D. von 69 H. mit 361 teutschen E., nach Nieder-Kruppay eingpf. — 21. Nieder-Kruppay, $1\frac{1}{2}$ St. nö. von Weißwasser, in O. an den Mankowitzer Thiergarten der Hft. Münchengrätz stoßend, D. von 70 H. mit 375 teutschen E., hat eine Pfarrkirche unter dem Titel des h. Wenzel und 1 Schule, beide unter dem Patronate der Obrigkeit. Die Kirche war in früherer Zeit eine Filiale von Weißwasser, später von Hühnerwasser, wurde aber im J. 1767 zur selbstständigen Pfarrkirche erhoben, und vom damaligen Besitzer des Dominiums, Grafen Vincenz von Waldstein dotirt. Die große Glocke trägt die Jahrszahl 1660. Eingpf. sind, außer dem Orte selbst, Ober-Rokitay, 9 H. von Jesowey, und die zur Hft. Münchengrätz gehörigen Dfr. Nieder-Rokitay und Weißleim. Unweit vom Orte liegt 1 Jägerh. und 1 Hegerwohn.

Von folgenden Ortschaften gehören Antheile zu fremden Dominien:

22. Podol, im Thale, am östlichen Fuße der Anhöhe, auf welcher Weißwasser liegt, unmittelbar an diese Stadt gränzend, und zum Theil von der Chaussée durchschnitten, ein großes, von W. nach O. weit gedehntes D. von 129 H. mit 710 böhmischen Einw., worunter 1 israel. Familie. Davon gehören 70 H. mit 385 E. der Hft. Weißwasser, 45 H. mit 245 E. der Stadt Weißwasser, 10 H. mit 54 E. dem Gute Wiska und 4 H. mit 26 E. der Hft. Münchengrätz. Beim Antheile der Hft. Weißwasser befindet sich das obrktl. Bräuh. 1 Mhf. („Frauenhof") nebst Schäf. und folgende von W. nach O. liegende 5 Mühlen: die Schloßmühle, Holauber Mühle, die Hammermühle, die Brettmühle, und die Papiermühle. Der Stadt Weißwasser gehören: die Schubertsmühle und die Walkmühle (zwischen der Brett- und der Papiermühle) und dem G. Wiska der Mhf. „Paterhof" und die „Patermühle" (zwischen der Brett- und Schubertsmühle). Das Ganze ist nach Weißwasser eingpf. — 23. Kablin, 3 St. sö. von Weißwasser, hochgelegenes D. von 35 H. mit 152 böhmischen und größtentheils protest. E., von welchen 19 H. mit 82 E. (worunter 9 protest. Familien) hieher, die übrigen zum G. Stranka gehören, wo das D. auch conscribirt wird. Beim hiesigen Antheile befindet sich die unter dem Patronate der Obrkt. stehende Pfarrkirche unter dem Titel des heil. Jakobs des Größ., nebst der Schule. Schon 1384 bestand hier eine eigne Pfarrkirche, die im Hussitenkriege zerstört wurde. Später war hier nur eine kleine Kapelle, worin vom Pfarrer zu Weißwasser bisweilen Gottesdienst gehalten wurde. Erst 1724 erbaute die Gräfinn Maria Margaretha von Waldstein die jetzige Kirche und stiftete die Pfarrpfründe. Eingpf. sind die frdhschftl. Dfr.: Thein (G. Stranka), Ledetz und Klein-Zamach (G. Groß-Wschelis), Groß-Zamach (Hft. Melnik) und Ostrey oder

Wostrey (S. Mschenoe-Sobes). — 24. Neuschenke, $1^1/_4$ St. nw. von Weißwasser, am Fahrwege nach Niemes, ein nach Unter-Pösig eingpf. Dfch. von 5 H. mit 23 teutschen E. Davon gehören zur Hft. Weißwasser 3 H. mit 14 E., worunter 1 Hegerwohnung, die übrigen zur Hft. Hirschberg. — 25. Heidemühl (oder Haidemühl), $2^1/_2$ St. nw. von Weißwasser, am Abfluß des dortigen Teiches in den Hirschberger Großteich, D. von 10 H. mit 42 teutschen Einw., ist nach Hirschberg eingpf. und hat 1 Kapelle. Die Hft. Hirschberg besitzt hier 3 zur obenerwähnten Kattunfabrik des Franz Wünsche in Hirschberg gehörige Gebäude und 1 Mühle nebst Brettsäge, zusammen 4 Nrn. Die übrigen 6 H. gehören zur Hft. Weißwasser. — 26. Waldsteinruhe, $^3/_4$ St. w. von Weißwasser, im Thiergarten, D. von 19 H. mit 52 böhmischen Einw. Der nach Weißwasser eingpf. Ort besteht aus 1 obrktl. Lustschloß, von welchem 8 Alleen strahlenförmig durch das Gehölz laufen und eine reizende Aussicht nach der umliegenden Gegend gewähren, nebst mehren Nebengebäuden, 1 Schmiedte, 1 Wirthsh., 1 Jägerh., und 3 Hegerwohnungen (beim „Mareschthore", „Daniek", und „Pankraz). Zur Hft. Hirschberg gehört 1 H. mit 7 E. — 27. Klein-Lösel, 4 St. nnö. von Weißwasser, D. von 16 H. mit 106 teutschen E., von welchen 14 H. mit 92 E. hieher, 2 H. aber mit 14 E. zur Hft. Münchengrätz gehören. Das Ganze ist nach Hlawitz eingpf. — 28. Zetten (Cetnow), 4 St. nnö. von Weißwasser, D. von 14 H. mit 87 teutschen E.; davon besitzt das Dom. Weißwasser 11 H. mit 68 E., die übrigen 3 H. mit 19 E. gehören zur Hft. Münchengrätz. Das Ganze ist nach Hlawitz eingepfarrt.

Außerdem besitzt die Hft. Weißwasser Antheile von folgenden zwei zum Gute Wiska gehörigen Dfrn., und zwar von

29. Neudorf, $^1/_2$ St. n. von Weißwasser, 2 Dominikal-Hschn. und abseits n. vom Orte, im Dörrholzer Revier, 1 Jägerh. zusammen 3 Nrn. mit 18 E., und von — 30. Wiska, $1^1/_2$ St. wsw. von Weißwasser, 1 H. mit 5 Einw.

Ferner von folgenden zwei zur Hft. Böhmisch-Aicha gehörigen Dfrn., und zwar von

31. Sabert (Zabrd), $4^1/_2$ St. nnö. von Weißwasser, 4 H. mit 18 E., nach Oschitz eingpf. und von — 32. Neudorf, $4^1/_4$ St. nnö. von Weißwasser, einer zum D. Wlachey conscribirten Einschicht, 3 H. mit 14 E., nach Oschitz eingpf.

Gut Wiska.

Dieses Dominium liegt zerstreut zwischen den Grundstücken der Herrschaften Hirschberg und Weißwasser, von welchen es ehemals einen Bestandtheil ausmachte, und wurde im J. 1633 vom Grafen Albrecht von Waldstein, Herzog zu Friedland, als derselbe das Augustiner-Kloster in Weißwasser wieder herstellte, diesem Convente als Stiftungsgut geschenkt; seit welcher Zeit der Letztere in ununterbrochenem Besitze dieses Gutes geblieben ist.

Der Flächeninhalt beträgt, nach wirthschaftsämtlichen Angaben vom J. 1826: 1422 Joch 88 □Klafter. Davon besitzt die Obrigkeit 451 Joch 1117 □Klftr., die Gemeinde Wiska 197 Joch 350 □Klftr., die Gemeinde Neudorf 729 Joch 631 □Klftr., und den Podoler Unterthanen gehören 43 Joch 1190 □Klftr. Nach dem Kataster-Zergliederungssummarium vom J. 1832 war die nutzbare Bodenfläche:

	Dominicale.		Rusticale.		Zusammen.	
	Joch.	□Kl.	Joch.	□Kl.	Joch.	□Kl.
An ackerbaren Feldern	47	674	264	1023	312	97
= Trischfeldern	55	1054	525	1580	581	1034
= Wiesen	9	460	17	967	26	1427
= Gärten	1	683	14	839	15	1522
= Teichen mit Wiesen verglichen	13	1200	—	—	13	1200
= Hutweiden 2c.	—	—	30	534	30	534
= Waldungen	286	731	182	919	469	50
Ueberhaupt	414	2	1035	1062	1449	1064

Die Naturbeschaffenheit ist dieselbe wie bei den Dominien Hirschberg und Weißwasser, von welchen das Gut Wiska umgeben ist. In und bei Neudorf entspringen mehre Quellen, deren Wasser sich in drei kleine Teiche sammelt, aus welchen es in den durch Podol gehenden Mühlbach Bila abfließt. Der 13 J. 1200 □Kl. große Teich zwischen Straßdorf und Woken enthält Karpfen, Hechte, Schleien und andere Gattungen von Speisefischen.

Die Bevölkerung war 1830: 567 Seelen stark. Die Einwohner sind Katholiken.

Die Ertrags- und Erwerbsquellen fließen aus der Landwirthschaft; hauptsächlich wird Getraide, jedoch mehr Korn und Haber als Waizen und Gerste, dann Flachs, Hopfen und Erdäpfel, nebst Erbsen und Wicken gebaut. Obstbaumzucht findet nur in Gärten Statt. Der fruchtbarste Boden ist bei Wiska; bei Neudorf und Podol ist er größtentheils sandig.

Der Viehstand war am 30. April 1833:

	bei der Obrigkeit.	bei den Unterthanen.	Zusammen.
Pferde	2 (Alte)	5 (Alte)	7
Rindvieh	19 (1 Zuchtstier, 12 Kühe, 3 Kalbinnen, 3 junge Ochs.)	270 (1 Zuchtst., 142 Kühe, 46 Kalbinnen, 64 Zugochs., 17 junge Ochsen)	289
Schafe	95 (75 Alte, 20 Lämmer)	—	95

Für die Bewirthschaftung der obrigkeitlichen Gründe besteht ein Maierhof in Podol. Der ehemalige in Wiska ist emphyteutisirt.

Von Gewerbsleuten waren 1832 vorhanden: 3 Bierschänker, 4 Krämer, 2 Leinweber, 1 Sägeschmiedt, 2 Hufschmiedte, 1 Schneider, 1 Schuhmacher, 1 Wagner und 1 Zimmermann. In Wiska und Neudorf sind 2 Hebammen.

Die Verbindung mit den Nachbarorten unterhält das Dominium mittelst der durch Podol führenden Chaussée (s. Hft. Weißwasser), von welchen auch Neudorf nicht weit entfernt ist, das an der Straße von Weißwasser nach Hühnerwasser liegt. Wiska liegt ½ Stunde westlich von der Straße, die von Hirschberg nach Brandeis und Krnsko führt. Die nächsten Briefsammlungen sind in Hirschberg und Weißwasser.

Das obrigkeitliche Wirthschaftsamt befindet sich im Augustiner-Kloster zu Weißwasser. Die Ortschaften des Dominiums sind folgende:

1. Wiska, 1½ St. wsw. von Weißwasser und 3½ St. nw. von der Kreisstadt Jung-Bunzlau, zwischen den zur Hft. Hirschberg gehörigen Ortn. Klein-Pösig und Zolldorf, D. von 24 H. mit 134 teutschen E. Davon besitzt aber dieses Dominium nur 18 H. mit 90 E.; 5 H. mit 39 E. gehören zur Hft. Hirschberg und 1 H. mit 5 E. zur Hft. Weißwasser. Das Ganze ist nach Klein-Pösig (Hft. Hirschberg) eingpf. — 2. Neudorf, ½ St. n. von Weißwasser, an der Straße nach Hühnerwasser, D. von 72 H. mit 433 teutschen E.; davon gehören hieher 68 H. mit 409 E., 3 H. mit 18 E. zur Hft. Weißwasser und 1 H. mit 6 E. zur Stadt Weißwasser. Das Ganze ist nach Weißwasser eingpf.

Von dem zur Hft. Weißwasser gehörigen Dorfe

3. Podol, besitzt das G. Wiska 10 H. mit 54 E., worunter sich 1 Mhf. (der Paterhof oder Neuhof) und 1 Mühle (die Patermühle) nebst Brettsäge befindet.

Allodial-Herrschaft Münchengrätz.

Die Allodial-Herrschaft Münchengrätz liegt beinahe in der Mitte des Kreises, zu beiden Seiten der Iser, welche sie von Norden nach Süden in zwei ungleiche Hälften trennt, von welchen die am linken Ufer die größere ist. Sie gränzt in Norden an die Dominien Weißwasser, Böhmisch-Aicha und Swigan, in Osten ebenfalls an Swigan und an Kost, in Süden an die Besitzungen der Kreisstadt Jung-Bunzlau und die Hft. Kosmanos, und in Westen wieder an die Hft. Weißwasser.

Der gegenwärtige Besitzer ist der k. k. Kämmerer etc. Christian Graf von Waldstein-Wartenberg, an welchen die Herrschaft nach dem im J. 1832 erfolgten Tode seines Vaters Ernest Grafen von Waldstein-Wartenberg durch Erbschaft überging. (S. Landtäfl. Hauptb. Litt. A. Tom. X. Fol. 61.)

In Betreff der frühern Besitzer reichen die Nachrichten, wie sie zum Theil schon Schaller (a. a. O. S. 71 u. f.) mitgetheilt hat, bis zur Mitte des XI. Jahrhunderts hinauf, wo ein Hermann, Besitzer von Zwiřetitz, den die Sage zum Ahnherrn der Familie von Wartenberg und Waldstein macht, an dem jetzt noch Kloster genannten Orte ein Benediktiner-Stift errichtete und mit einigen Dörfern dotirte. Unter seinen Nachfolgern wurden diese Benediktiner wieder aufgehoben und Cistercienser traten an ihre Stelle, welche späterhin auch die jetzt zur Hft. Swigan gehörigen Dörfer Laukowetz, Laukow, Wittanowitz, Podol, Břeha, Pentschin, Augezd, Střižowitz, Paděrawitz und Giřko besaßen und sich bis zum

J. 1426 behaupteten, wo die Horebiten, unter der Anführung Hyneks Krussina von Kumburg das Kloster zerstörten und die Mönche ermordeten. Münchengrätz (oder, wie es damals hiess, Hradisstě nad Gizerau, Grätz an der Iser) kam hierauf an die königliche Kammer und wurde nach und nach mehren Besitzern pfandweise überlassen, von welchen bei Paprocky auf das J. 1478 Nikolaus Berka von Duba vorkommt. Im J. 1497 überliess König Wladislaw II. die Herrschaft den Brüdern Johann von Waldstein, Herrn auf Liebstein, und Bernard von Waldstein, gegen eine Pfandsumme von 2250 Schock Prager Groschen. Diese schlossen im J. 1512 mit Johann Swoganowsky von Bozkowitz, Herrn auf Gross-Skal, einen Vertrag, durch welchen sie demselben das Gut Hradisstě nad Gizerau auf Lebenszeit unter der Bedingung abtraten, dass es nach seinem Tode wieder an die Waldsteinsche Familie zurückfallen oder statt dessen die Summe von 5000 Schock böhmischer Groschen entrichtet werden sollte. Beide Brüder von Waldstein vereinigten sich im J. 1528 dahin, dass Bernard seine Ansprüche auf Hradisstě gegen Entschädigung an Johann abtrat, welcher seinerseits das Gut dem Herrn Johann von Wartenberg, damaligen Oberstburggrafen zu Prag und Herrn auf „Zwiřetic und Eyche" (Aicha), verkaufte. Nach dessen Tode, 1543, folgte ihm sein Sohn Adam von Wartenberg, welcher das Gut an K. Ferdinand I. abtrat, von dem es im J. 1556 an Georg Labaunsky von Labaun und Heinrich Zibřid von Walekow für die Summe von 5500 Schock Prager Groschen veräussert wurde. Der darüber abgeschlossene Vertrag ist die erste landtäfliche Urkunde, worin die damaligen Bestandtheile des Gutes bezeichnet werden; es gehörten damals unter andern dazu: die Stadt Hradisstě, 1 verfallenes Schloss, 1 Hof in demselben Zustande, 1 Mühle, mehre mit Namen aufgeführte Waldstrecken und Teiche, nebst dem Iserflusse. Beide Besitzer schlossen im J. 1559 einen Vertrag, durch welchen die Bestandtheile und die Gränzen des einem jeden gehörigen Antheils genau bestimmt wurden. Der Antheil des Heinrich Zibřid von Walekow blieb bei dieser Familie bis zum J. 1598, wo Vincenzia Budowecowa von Budowa, geborne Zibřid, denselben an ihren Gemahl Christoph Budowec von Budowa vererbte, welcher ihn laut Testament vom J. 1602 dem Wenzel Budowec von Budowa als Erbschaft hinterliess. Der Antheil des Georg Labaunsky von Labaun dagegen gelangte an Johann Labaunsky von Labaun, welcher im J. 1599 seinen Sohn Johann Georg und nach dessen Tode die Töchter Magdalena und Kunigunda als Erben desselben bestimmte. Als die letztern beiden zum Besitze dieses Antheils gelangt waren, verkauften sie denselben im J. 1612 an den vorhin genannten Wenzel Budowec von Budowa. In dem Vertrage darüber sind als zu diesem Antheile gehörig bezeichnet: das Schloss, das Bräuhaus, ein Hof beim Schlosse mit einer Schäferei, die Höfe Pachaunsky und Bukowinsky, die Mühlen Klassterska und Borowska, ein Haus in der Stadt Hradisstě; und die Dörfer Klasster, Bukowina, Kosniowitz, Neweklowitz, Borowitz, Witzmanow, Mukařow, Hlawitz,

Mohelnitz, Zdiar und Haber pod Bukowjnau. Wenzel Budowec von Budowa, in dessen Händen nunmehr die seit 1556 getrennt gewesenen Theile der Herrschaft wieder zum Ganzen vereinigt waren, gehörte zu den gelehrtesten Männern seiner Zeit, hatte sich durch Reisen in Teutschland, Frankreich, England, Italien und der Türkei gebildet, den evangelisch-reformirten Glauben angenommen, und wurde nach seiner Rückkunft von den Ständen zum Vorsteher des akatholischen Consistoriums, von K. Rudolph II. aber zum Geheimen Rath befördert, nahm späterhin ungeachtet seines hohen Alters einer der Ersten an der Empörung der Protestanten sehr thätigen Antheil, wurde von Friedrich von der Pfalz zum Appellations-Präsidenten ernannt, verlor aber nach der Schlacht auf dem Weißen Berge nicht nur seine sämmtlichen Güter, sondern auch auf dem Blutgerüste zu Prag sein Haupt am 21. Juni 1621. Von seinen der k. Kammer anheim gefallnen Gütern wurde Klasster zu 64599 Schock 56 Gr. 3 Pf., Hradisstě zu 28762 Schock 30 Gr., Zasadka zu 27010 Schock 10 Gr. 5 Pf. und Kotzniowitz zu 6405 Schock 20 Gr. 3 Pf. abgeschätzt, alle zusammen aber am 29. August 1622, nebst den Gütern Bila und Kuřiwoda (Weiß- und Hühnerwasser), die dem Bohuchwal Berka von Duba gehört hatten und zu 132899 Schock 42 Gr. 3½ Pf. taxirt waren, für die Summe von 216000 fl. an den Grafen Albrecht von Waldstein, nachmaligen Herzog von Friedland, verkauft. Eben derselbe kaufte am 13. Jänner 1623 von der königl. Kammer das dem Johann Wlk gehörig gewesene Gut Zwiřetitz für 80000 Schock Meißn. *). Nach dessen Tode fielen diese Güter wieder an den königl. Fiskus und Klasster, Hradisstě, Zwiřetitz, Studenka, Grabstein, (Grafenstein) und Swigan wurden von K. Ferdinand III. dem k. k. Oberstkämmerer Maximilian Grafen von Waldstein zur Belohnung seiner um den Staat erworbnen Verdienste geschenkt. Als derselbe im J. 1651 starb, fielen bei der Theilung seiner hinterlassenen Besitzungen die zu 81192 fl. angeschlagenen Herrschaften Münchengrätz und Kloster, (welche Namen in der sich hierauf beziehenden Urkunde zum ersten Male teutsch vorkommen) an den Grafen Albrecht Leopold von Waldstein, Ehrendomherrn der Stifter Passau und Olmütz. Nach dessen bald darauf, im J. 1657, erfolgten Tode fand eine neue Theilung dieser Güter Statt. Münchengrätz im Werthe von 41121 fl. 21 kr. 1½ Pf. kam an den Grafen Hanns Friedrich v. Waldstein, Kloster aber erhielten die minderjährigen Kinder des Grafen Ferdinand Ernst. Der Letztere hatte schon früher, am 10. Juli 1654, das Gut Knežmost (jetzt Fürstenbruck) von dem Herrn Albrecht Kapaun von Swogkow für 12000 fl. käuflich an sich gebracht. Nach seinem Ableben im J. 1656 erhielt seine Gemahlinn Eleonora Gräfinn von Waldstein, geb. Gräfinn von Rothal, als Vor-

*) S. Rieggers Materialien ꝛc. ꝛc. VI. Heft, S. 148. Roznowes, wie dort steht, ist wahrscheinlich ein Druckfehler und soll Kotzniowitz heißen.

münderinn der Kinder, die Verwaltung dieser vereinigten Besitzungen. Im J. 1670 erscheint als Besitzer von Münchengrätz Karl Ferdinand Graf von Waldstein, von Kloster aber, Studenka, Walečow, Knežmost, Turnau, Groß-Skal und Nedwidowitz, nebst dem Prager Hause, Ernest Graf von Waldstein. Nach deren Tode kamen beide Besitzungen an den Grafen Ernest Joseph, welcher durch Testament vom 25. Juni 1708 seinen Sohn Franz Joseph zum Erben sämmtlicher im Bunzlauer Kreise liegenden Herrschaften, als: Kloster, Zwiketitz, Studenka, Knežmost, Münchengrätz, Malobratřitz, Hirschberg, Weiß- und Hühnerwasser, so wie des Prager Hauses, einsetzte. Als dieser Graf Franz Joseph von Waldstein im J. 1722 ebenfalls mit Tode abging, folgten ihm als Erben dieser sämmtlichen Besitzungen seine Söhne Franz Ernest und Franz Joseph, von welchen der Erstere oder Aeltere bei der im J. 1727 vorgenommenen Theilung die Hschft. Münchengrätz sammt den incorporirten Gütern, im Werthe von 591582 fl., erhielt. Dieser hinterließ dieselbe bei seinem Tode 1748 seinem minderjährigen Sohne Vincenz, als dessen Vormünderinn die Mutter Maria Elisabeth, verwittwete Gräfinn von Waldstein, geb. Landgräfinn zu Fürstenberg, die Verwaltung der Herrschaft bis zur Volljährigkeit übernahm. Nach dessen im J. 1797 erfolgten Ableben kam sie an seinen Sohn Ernest Grafen von Waldstein, den obenerwähnten Vater des gegenwärtigen Besitzers.

Von den jetzt der Hschft. Münchengrätz einverleibten ehemaligen besondern Gütern sind die ältern Besitzer sehr unvollständig bekannt. Zasadka gehörte, nach Paprocky, im J. 1589 dem Bohuslaw Joachim Hassenstein von Lobkowitz, und um das J. 1615 dem Wenzel Budowetz von Budowa. — Malobratřitz war am Ende des XVII. und am Anfange des XVIII Jahrhunderts ein Eigenthum des damaligen Oberstlandschreibers im Königreiche Böhmen Peter Nikolaus Straka von Nedabylitz, Herrn auf Podhořan († 5. April 1720). — Walečow war bis zum Hussitenkriege das Eigenthum der Herren von Walečow. Um das J. 1493 besaß es Paul von Hradek und um die Mitte des XVI. Jahrhunderts Heinrich Zibrid von Walečow, (s. oben), von dessen Wittwe es mit seinem übrigen Antheile an Münchengrätz deren zweitem Gemahle Christoph Budowetz von Budowa zufiel. — Was Fürstenbruck betrifft, so war ein Wenzel Walečowsky von Fürstenbruck (Waclaw Walečowsky z Knežmosta) 1452 bis 1467 königl. Landes-Unterkämmerer (s. Palacky's Synchronistische Uebersicht rc.). Nach Schaller wurde das von den Hussiten zerstörte Städtchen im J. 1512 durch Nikolaus von Donin wiederhergestellt. Gegen die Mitte des XVII. Jahrhunderts gehörte es dem Albrecht Kapaun von Swogkow (s. oben). — Zwiketitz war schon im XI. Jahrhunderte ein Eigenthum der Herren von Wartenberg von Zwiketitz, und ist wahrscheinlich als der ursprüngliche Kern der jetzigen Hft. Münchengrätz zu betrachten. Es wurde dem Benediktiner- und nachmaligen Cistercienser-Stifte in Kloster (Klaster) geschenkt, kam nach dessen Zerstörung an die königl. Kammer und wurde nebst Backow (Backofen), Wesely, Mankowitz, Groß- und Klein-Ptegrow von K. Georg von Poděbrad dem Joh. von Wartenberg pfandweise überlassen, welcher von K. Wladislaw II. im J. 1496 im Besitz desselben unter der Bedingung bestätigt wurde, daß es den Cisterciensern, falls diese sich wieder hier seßhaft machen wollten, freistehen sollte, das Gut wieder einzulösen. Vom J. 1523 an war Johann von Wartenberg, Herr auf Eyche (Aicha), Oberstburggraf zu Prag, Besitzer von Zwiřetitz, und 1577 gehörte dasselbe dem Abraham Heinrich von Wartenberg, Herrn auf Kamnitz, von dem es gegen den Anfang des XVII. Jahrhunderts an den Herrn Johann Wlk gelangte, dem es nach der Schlacht auf dem Weißen Berge durch den königl. Fiscus entzogen, auf 82246 Schock 48 Gr. abgeschätzt und am 13. Jänner 1623 an den Grafen Albrecht von Waldstein, nachmaligen Herzog von Friedland, für 80000 Sch. Meißn. verkauft wurde.

Nach der im J. 1798 vorgenommenen Abschätzung der ganzen Herrschaft betrug der Werth derselben 1,436885 fl. $3\frac{7}{8}$ kr.

Die nutzbare Oberfläche betrug nach wirthschaftsamtlichen Angaben vom J. 1826: an Aeckern und Trischfeldern 14864 Joch 1349 □Kl., an Wiesen, Gärten, Hutweiden und Gestrüppen 2988 J. 204 □Kl., an Teichen 945 J. 997 □Kl., an Waldungen 8125 J. 396 □Kl., zusammen 26923 J. 1346 □Kl. oder beinahe $2\frac{7}{10}$ □Meilen. Rechnet man hiezu den von den Städten und Dörfern eingenommenen Raum mit beiläufig 1 □Meile, und für die Straßen und Wege, Steinbrüche, das Bett der Iser und der Bäche $\frac{1}{2}$ □Meile, so beträgt der ganze Flächeninhalt der Herrschaft $4\frac{1}{2}$ □Meile. Nach dem, auf die ältere Josephinische Steuerregulirung gegründeten Katastral-Zergliederungssummarium vom J. 1832 betrug die zu landwirthschaftlichen Zwecken verwendbare Oberfläche:

	Dominicale.		Rusticale.		Zusammen.	
	Joch.	□Kl.	Joch.	□Kl.	Joch.	□Kl.
An ackerbaren Feldern	4222	624 4/6	8308	410 1/6	12530	1034 5/6
= Teichen mit Aeckern verglichen	494	215	—	—	494	215
= Trischfeldern	248	1518	2467	878	2716	796
= Wiesen	657	1252	930	1170 5/6	1588	822 5/6
= Gärten	182	580	276	280 5/6	458	860 5/6
= Teichen mit Wiesen verglichen	461	358	—	1596	462	354
= Hutweiden ꝛc.	584	1201	561	1025	1146	626
= Waldungen	6753	924	1361	1502	8115	826
Ueberhaupt	13665	272 4/6	13907	462 5/6	27512	735 3/6

Die Oberfläche der Herrschaft ist zwar ziemlich uneben, bietet aber nur einen einzigen Berg von Bedeutung dar, den aus Sandstein bestehenden Mussky, nördlich vom Dorfe dieses Namens, auf dessen Basaltgipfel sich eine im J. 1824 bei der Landesvermessung durch den k. k. Generalstab errichtete Triangulirungspyramide befindet.

Die Iser, welche das Gebiet der Hft. in mehren Krümmungen von Nordosten nach Südwesten durchströmt, nimmt auf ihrer rechten Seite bei Mohelnitz den von Norden, aus der Hft. Böhmisch-Aicha kommenden Mohelka-Bach, unterhalb Kloster die gleichfalls von Norden herabfließende Kleine Iser, und weiter südwärts bei Klein-Weisel die aus Westen von Weißwasser herbeifließende Bila auf. Die Zahl sämmtlicher Teiche, welche größtentheils auf der Seite der Iser liegen und mit Fischen besetzt sind, beträgt 68. Darunter sind 5 Karpfenteiche, 3 Kammerteiche, 6 Streichteiche und 54 Streckteiche. Die größten Teiche sind der Stubenker, der Woleschower und der Kopeniker, alle drei im südlichsten Theile der Herrschaft. — Westlich von Mankowitz ist die kalte Mineral-Quelle Klokotka.

Die Bevölkerung des Dominiums betrug im J. 1830: 15661 Seelen. Die Einwohner sind, mit Ausnahme von etwa 200 Israeliten, sämmtlich Katholiken. Die herrschende Sprache ist die böhmische.

Die Ertrags- und Erwerbsquellen sind vornehmlich Ackerbau, Obstbau, Viehzucht, Waldkultur und Jagd, Fischerei, Getraide-, Obst- und Pferdehandel, und verschiedene städtische Gewerbe.

Der Ackerboden ist bei der großen Ausdehnung des Gebietes sehr verschieden und zeigt alle Abstufungen der Güte, von dem mit nur wenig Thon gemischten Sandboden bis zum festesten Thonboden. Man baut Waizen, Korn, Gerste, Hafer, Erbsen, Linsen, Reps und Brabanter Klee. Der Getraideertrag steigt von 4 bis 10, auch wohl 12 Körner. Vorzüglich gedeiht bei nur einigermaßen günstiger Witterung der Klee, und sowohl die Obrigkeit als die Unterthanen bringen beträchtlich viel Kleesamen in den Handel. Die Obstbaumzucht ist ebenfalls von großer Ausdehnung und wird sowohl im Freien als in Gärten betrieben; alle Straßen und Feldwege sind mit Obstbäumen besetzt.

Der sehr ansehnliche Viehstand ergiebt sich aus folgender Uebersicht vom 30. April 1833:

	der Obrigkeit.	der Unterthanen.	Zusammen.
Pferde	51 (Alte)	612 (563 Alte, 49 Fohlen)	663
Rindvieh	619 (17 Zuchtstiere, 18 j. St., 267 Kühe, 159 Kalbinnen, 158 Zugochsen)	3818 (9 Zuchtstiere, 11 j. Stiere, 2038 Kühe, 869 Kalb., 6 Mastochsen, 606 Zugochsen, 279 junge Ochsen)	4437
Schafe	10600 (8400 Alte, 2200 Lämmer)	2550 (1803 Alte, 747 Lämmer)	13150

Die Rinder und Schafe der Obrigkeit sind von edler Race und die Wolle der Letztern liefert einen sehr bedeutenden Ertrag.

Zum Betrieb der obrigkeitl. Oekonomie bestehen 15 Maierhöfe in eigner Regie, nämlich in Kloster, Bukowin, Koźniowitz, Neusitz, Chotitz, Klein-Solletz, Klein-Bratřitz, Nasilnitz, Studenka und Zweretitz, nebst den einschichtigen Höfen Pachaun, Zasadka, Ernestin, Přestawlk und Walečow. Mit Ausnahme der Höfe Ernestin und Přestawlk sind bei allen übrigen Höfen Schäfereien.

Die Waldungen sind in 6 Reviere, das Wordaner, Přibislawitzer, Mukařower, Kruppayer, Weißleimer und Neckower oder Wolfsteicher, eingetheilt, wozu noch der Studenker, der Weseller und Kasower Fasangarten, eine Menge s. g. Remisen oder kleinen Gehölze, und das an der Kosmanoser Gränze liegende Gebüsch Baba kommen. Der jährliche Ertrag wurde 1826 zu 962 Kl. harten und 5774 Kl. weichen Holzes angegeben, welche theils auf dem Dominium verbraucht, theils an die kleinern Dominien in Süden und Westen, theils auch an die Fabriken in Kosmanos und Jung-Bunzlau abgesetzt werden.

Der Wildstand ist sehr ansehnlich. Der Mankowitzer Thiergarten, welcher an 10000 Metzen Flächenraum einnimmt, enthielt nach den Angaben von 1826, 264 Stück Hochwild, 84 St. Schwarzwild und 39 Rehe. Die vorhin erwähnten 3 Fasangärten enthalten zusammen einen Stamm von 50 Hähnen und 500 Hühnern und liefern jährlich an 1250 Stück junge Fasanen. Außerdem liefert die niedere Jagd jährlich an 1000 bis 1500 Hasen, 600 bis 1000 Rebhühner, und 15 bis 20 Rehe. Nur ein kleiner Theil dieses Jagdertrages wird auf dem Dominium selbst verzehrt und verkauft; das Meiste geht, besonders die Fasanen, nach Sachsen und Schlesien.

Bei den Dörfern Oneboch, Podol und Sichrow sind gute Sandstein-Brüche.

Mit Industrial-Gewerben und Handel beschäftigten sich am Anfange des J. 1832 auf dem ganzen Dominium, die Städte mit eingeschlossen, 986 Personen, namentlich mit Polizei-Gewerben 381 Meister und andere Gewerbsbesitzer, 145 Gesellen, 121 Lehrlinge und andere Hilfsarbeiter, mit Commercial-Gewerben 89 Meister und andere Gewerbsbesitzer, 14 Gesellen und 18 Lehrlinge, und mit freien Gewerben 19 Gewerbsinhaber und 270 andere Arbeiter. Man zählte im Einzelnen folgende Meister und Gewerbsherren: 14 Bäcker, 1 Bandmacher, 30 Bierschänker, 1 Blaufärber, 7 Bräuer, 5 Branntweinbrenner, 11 Faßbinder, 15 Fleischhauer, 3 Fuhrleute, 7 Gastwirthe, 11 Getraidehändler, 4 Glaser, 9 Griesler, 7 Höckler, 2 Hutmacher, 2 Kattundrucker (in Münchengrätz, welche 104 Personen beschäftigen), 2 Lohgärber, 4 Maurermeister (38 Gesellen), 14 Müller, 10 Musikanten, 2 Pferdehändler, 2 Putzmacherinnen, 1 Rauchfangkehrer, 160 Schilfwaaren-Verfertiger (sämmtlich in Backofen; sie machen Schuhe, Pantoffeln, Körbchen, Perrücken ic. selbst ganze Maskenanzüge), 5 Schlosser, 30 Schmiedte, 28 Schneider, 47 Schuhmacher, 2 Schwarzfärber, 3 Seifensieder, 5 Seiler, 1 Siebmacher, 1 Steinmetz, 12 Tischler, 11 Töpfer, 6 Tuchmacher, 1 Tuchscheerer, 3 Viehhändler, 10 Wagner, 1 Wasenmeister, 28 Weber, 2 Weinschänker, 2 Weißgärber, 3 Wollhändler, 1 Ziegeldecker, und 5 Zimmermeister (10 Gesellen).

Zum Handelsstande gehörten 7 Besitzer von gemischten Waarenhandlungen, 4 Krämer, und 2 bloß Märkte beziehende Handelsleute, zusammen mit 16 Gehilfen. Ueber den Marktverkehr in Münchengrätz, Backofen und Füstenbruck folgt das Nähere bei der Beschreibung dieser Ortschaften.

Das Sanitäts-Personale besteht in 3 Wundärzten (in Münchengrätz, Kloster und Backofen), 11 Hebammen (4 in Münchengrätz, 3 in Backofen, 1 in Boßin, 1 in Malobratřitz, 1 in Přibislawitz, 1 in Siwina) und 1 Apotheker (in Münchengrätz).

Zur Verpflegung der Armen ist schon im J. 1677 durch die Frau Maria Margaretha verw. Gräfinn von Waldstein und den Hrn. Christoph Harrich in Münchengrätz ein Spital auf 12 Personen gestiftet worden, dessen Stammvermögen am Schluß des J. 1831 4770 fl. W. W. betrug und welches an Felderzins und Kapitalsinteressen 429 fl. 7¾ kr. jährl. einnahm. Die Stadt Backofen hat ihr eignes Bürgerspital (s. unten). Außerdem ist am 1. Nov. 1830 durch den jetzigen Oberamtmann der Herrschaft, Joseph Swoboda, ein allgemeines Armen-Institut für das gesammte Dominium gegründet worden, welches im Verlauf des Jahres 1831 ein Einkommen von 4279 fl. 40 kr. W. W. (wozu die Obrigkeit aus den Renten einen sehr ansehnlichen Beitrag leistet) und am Schluß dess. J. bereits ein Stammvermögen von 1098 fl. 48 kr. hatte. Die Zahl der zu betheilenden Armen war 198.

Die Verbindungen des Dominiums mit den benachbarten Orten wird durch mehre Chausséen erleichtert, welche seit den J. 1797 durch den vorigen Besitzer Ernest Grafen von Waldstein gebaut worden sind, und sämmtlich von Münchengrätz ausgehen. Die eine führt von da nordostwärts über die Iser nach Reichenberg, die zweite südlich nach Jung-Bunzlau; eine dritte geht über Fürstenbruck auf das Gebiet der Hft. Kost und tritt hier mit der Chaussée von Jung-Bunzlau über Sobotka nach Gitschin in Verbindung; die vierte, erst in den letzten Jahren vollendete geht über Kloster nach Hühnerwasser. Münchengrätz ist eine Poststation für die Postroute von Prag über Jung-Bunzlau nach Reichenberg. Außerdem gehen Landwege von Kloster nach Oschitz (Hft. Böhmisch-Aicha) und von Backofen nach Weißwasser. Ueber die Iser führen Brücken bei Zasadka, Kloster und Backofen.

Folgendes sind die Ortschaften des Dominiums, und zwar zuvörderst die ungetheilten:

1. Münchengrätz (Hradisstě nad Gizerau), am linken Ufer der Iser und an der Poststraße von Jung-Bunzlau nach Reichenberg, 2 Postmeilen nnw. von der Kreisstadt Jung-Bunzlau und ¼ St. ö. von dem Amtsorte Kloster, Schutzstadt von 345 H. mit 2883 E., worunter 15 israelit. Familien, hat 1 großes schöngebautes hftl. Schloß, mit einem Haustheater, einem englischen Park mit Feigenh., Orangerieh. 2c. und einer Menge exotischer Gewächse, ferner 3 Kirchen, 1 Schule und 1 Spital. Wann ursprünglich der Ort gegründet und wann er zur Stadt erhoben worden, ist nicht bekannt. Die Dekanal-Kirche unter dem Titel des heil. Jakob des Größern war schon im J. 1384 als eigene Pfarrkirche vorhanden, besteht aber in ihrer jetzigen Gestalt erst seit dem J. 1726, wo sie auf Kosten

der Gräfinn Margaretha von Waldstein erneuert wurde. An der Außenseite der Kirche befindet sich ein vom Prof. Schadow in Rom gearbeitetes Grabmahl aus carrarischem Marmor, welches der im J. 1769 zu Münchengrätz geborne k. k. Feldmarschall-Lieutenant rc. Freiherr v. Koller, seiner verewigten Mutter Elisabeth Koller, geb. von Mayer, hat errichten lassen. Die eingepfarrten Orte sind, außer der Stadt Münchengrätz selbst, Ober- und Unter-Bukowin, Groß- und Klein-Ptegrow, Haber, Hoschkowitz, Kloster (mit 1 Filialkirche), Mankowitz, Mohelnitz (mit 1 Filialkirche), Podol (mit Neusitz), Podhora (mit Ausnahme von 3 Häusern, die nach Mukarow gehören), Sichrow und Weißleim. Die zum ehemaligen Kapuziner-Kloster gehörige Kirche unter dem Titel der h. 3 Könige wurde zugleich mit dem Kloster am Ende des XVII. Jahrh. durch Ernest Joseph Grafen von Waldstein gegründet. Bei der Aufhebung dieses Klosters unter K. Joseph II. im J. 1785 erkaufte der vorige Besitzer der Hft., Graf Ernest von Waldstein, das Klostergebäude, die Kirche und den Garten, die Stadtgemeinde aber die innere Einrichtung der Kirche, so daß dieselbe noch fortwährend zum Gottesdienste verwendet wird. Die unmittelbar an das Klostergebäude stoßende schöne Kirche zu St. Anna, wurde im J. 1730 von der erwähnten Gräfinn Margaretha von Waldstein neu erbaut, und damals der Verwaltung der Klostergeistlichen übergeben. Sie ist als die Grabstätte des berühmten Albrecht Eusebius Grafen von Waldstein, Herzogs zu Friedland rc. merkwürdig, dessen irdische Ueberreste nebst denen seiner ersten Gemahlin Lucretia, geb. Nekesch von Landek, hier in 2 zinnernen Särgen ruhen, welche im J. 1785 durch den damaligen Besitzer der Hft., Vincenz Grafen von Waldstein, aus der Kirche des zu derselben Zeit aufgehobenen Karthäuserklosters zu Walditz, bei Gitschin, wo sie früher beigesetzt waren, hieher übertragen wurden. Außerdem befinden sich in dieser Kirche noch zwei andere zinnerne Särge, in deren einem die Gebeine des Jaroslaus von Wartenberg, geb. 1568, gest. 1602, in dem andern die des k. k. Raths rc. und Herrn auf Skala (Großskal) und Rohosetz, Karl von Wartenberg, geb. 1553 und gest. 1612, beigesetzt sind. Beide Särge befanden sich bis zum J. 1827 in der Gruft der alten Kirche zu Turnau, und wurden damals bei der Grundlegung der neuen Kirche hieher nach Münchengrätz übertragen. (S. Hft. Groß-Skal). Die Schule besitzt eine im J. 1812 auf den Antrag des damaligen Katecheten und jetzigen Dechanten F. X. Nigrin durch milde Beiträge der Bürgerschaft gegründete Stiftung von 600 fl. zur Anschaffung von Schulbüchern für arme Kinder. Die Stadt hat ihr eignes Stadtgericht mit 1 Stadtrichter und 1 Syndikus, und führt im Wappen eine Infel mit zwei Bischofsstäben. Auch ist hier ein k. k. Straßen-Commissariat und ein k. k. Postamt. Die Einw. nähren sich von der Landwirthschaft und von städtischen Gewerben. Von der oben angegebenen Zahl der Gewerbsleute des gesammten Dominiums enthält Münchengrätz fast die Hälfte, nämlich 183 Meister und Gewerbsherren, 72 Ges., 188 Lehrlinge und andere Hilfsarbeiter, zusammen 443 Personen. Darunter sind: 5 Bäcker, 1 Bandmacher, 7 Bierschänker, 1 Blaufärber, 4 Branntweinbrenner, 4 Faßbinder, 8 Fleischhauer, 3 Fuhrleute, 5 Gastwirthe, 4 Glaser, 3 Hökler, 2 Hutmacher, 2 Kattundrucker (mit 104 Arbeitern), 2 Lohgärber, 4 Maurermeister (26 Gesellen), 10 Musikanten, 4 Obsthändler, 2 Putzmacherinnen, 1 Rauchfangkehrer, 2 Schlosser, 3 Schmiedte, 9 Schneider, 26 Schuhmacher, 2 Seifensieder, 3 Seiler, 1 Siebmacher, 1 Steinmetz, 5 Tischler, 6 Töpfer, 8 Tuchmacher, 1 Tuchscheerer, 3 Wagner, 20 Weber, 2 Weißgärber, 3 Wollhändler, 1 Ziegeldecker und 3 Zimmermeister (9 Gesellen). Handelsleute sind 4 Besitzer von gemischten Waarenhandlungen, und 2 bloß Märkte Beziehende. Die Stadt hat das Recht 7 Jahrmärkte (am fetten Donnerstag, am 3. Donnerstag nach Ostern, an den Donnerstagen nach Frohnleichnam, Verklärung Christi, Wenzeslai, vor Martini und vor Weihnachten) zu halten, auf welchen in 96 Buden und 71 Ständen ein lebhafter Verkehr mit Tuch, Leinwand, Leder, Kattun &c., Eisen-, Töpfer-, und verschiednen Krämerwaaren, Schuhen, Stiefeln, Hüten, Mützen &c. Statt findet. Am Mittwoch vorher ist Viehmarkt. Auch werden jeden Donnerstag Wochenmärkte gehalten, auf welchen sich die Bewohner der Dominien Münchengrätz, Swigan, Kost, Březno und Kosmanos mit Getraide, Erbsen, Linsen, Hirse, Schwaden, Kleesamen, trocknen Gemüsen, gedörrtem Obst &c. einfinden. Das Sanitäts-Personale ist schon oben angegeben, auch von dem Spitale das Nöthige gesagt worden. —

In geschichtlicher Hinsicht hat die Stadt Münchengrätz erst vor Kurzem durch den im September 1833 hier Statt gefundenen Aufenthalt Sr. k. k. apostol. Majestät Kaiser Franz I. und J. M. Allerhöchstdessen Frau Gemahlinn Carolina Augusta, so wie Sr. Maj. des Kaisers von Rußland, JJ. k. k. HH. des Großherzogs und der Großherzoginn von Weimar, des königl. Kronprinzen von Preußen, und Sr. Durchlaucht des regierenden Herzogs von Nassau, eine ausgezeichnete Wichtigkeit erhalten. Die allerhöchsten Herrschaften bewohnten das gräfl. Schloß; ihrem zahlreichen glänzenden Gefolge aber dienten die Privatgebäude der Stadt zum Aufenthalt, welche bei dem noch hinzukommenden Andrange so vieler schaulustiger Fremden, in seltner Art überfüllt waren. Im Gefolge JJ. MM. des Kaisers und der Kaiserinn von Oesterreich (Allerhöchstwelche am 3. September von Prag hier eintrafen, befanden sich der General-Feldzeugmeister Graf Crenneville, als Stellvertreter des Obersthofmeisters, die Obersthofmeisterinn Gräfinn Lažansky, die Hofdame Freiinn von Wefeld, der General-Adjutant Oberst von Appel, der Cabinets-Direktor Martin; ferner der k. k. Haus-, Hof-, und Staatskanzler Fürst von Metternich nebst Gemahlinn, der k. k. Gub. Präs. und Oberstburggraf in Böhmen, Graf von Chotek, der k. k. Bothschafter am russischen Hofe, F. M. L. Graf von Fiquelmont, und der k. k. Gesandte Freiherr Binder von Kriegelstein. Zum Gefolge des Kaisers von Rußland (welcher am 10. Sptbr. aus Schwedt in Brandenburg über Görlitz in Münchengrätz eintraf) gehörten: der Minister des kais. russ. Hofes Fürst Wolkonsky, die General-Adjutanten Graf Benkendorf, Graf Orloff, General von Adlerberg, der Marine-Minister Fürst Mentschikoff, Oberst Fürst Suwaroff, der Leibarzt Dr. Arendt, der Kriegssecretär von Posen und der Hofhaltskanzlei-Secretär von Krüger. Der Großherzog von Sachsen Weimar und seine Gemahlinn hatten in ihrem Gefolge die Hofdame Freiinn von Fritsch, den Kammerherrn Grafen Vitzthum und den Obersten von Beulwitz. Im Gefolge des Kronprinzen Friedrich Wilhelm von Preußen befand sich der Oberst von Groben; so wie auch der k. preuß. Geschäftsträger zu Wien Freiherr von Brockhausen hier anwesend war. Hiezu kamen noch von russischer Seite, als diplomatische Personen, der Vicekanzler Graf von Nesselrode, mit dem wirklichen Staatsrath Freiherrn von Sacken, dem Staatsrath Freiherrn von Brunnow, dem Hofrath von Kondriaffsky, dem Grafen Chreptowitz und dem Botschaftsrath Grafen Medem; ferner der russ. Botschafter am k. österr. Hofe Bailli von Tatistscheff, mit den Botschafts-Secretären von Kondriaffsky und Gervais. Am 15. Septbr. war ein Feldmanöver des zum Dienst nach Münchengrätz berufenen k. k. Jäger-Bataillons Nr. 4; am 16. wohnten die allerhöchsten Herrschaften einem großen Manöver der Brigaden des Gen. Maj. Fürsten von Reuß-Köstritz und des Freiherrn von Salhausen bei, welches in der Umgebung von Jung-Bunzlau gehalten wurde. JJ. k. k. MM. beehrten darauf noch an demselben Tage die Kattunfabrik Köchlin und Singer in Jung-Bunzlau, und auf der Rückfahrt nach Münchengrätz das Militärknaben-Erziehungshaus des Infant. Reg Palombini zu Kosmanos mit einem Besuche. Auch besichtigte der Kaiser von Rußland am 19. das ihm von Sr. Maj. Kaiser Franz verliehene k. k. österr. Husaren-Regiment Nr. 9. Am 13., 14. und 18. Septbr. wurden vom gräfl. Besitzer der Hft. Münchengrätz große Jagden veranstaltet, und an den Abenden des 13., 15. und 17. Septbr. war für die Unterhaltung der allerhöchsten Herrschaften durch theatralische Vorstellungen gesorgt, welche von einer Abtheilung der k. ständischen Schauspieler- und Operngesellschaft zu Prag, auf dem Haustheater im gräfl. Schlosse gegeben wurden. Die Abreise des Kaisers von Rußland erfolgte in der Nacht vom 19. auf den 20. Septbr., wo sich derselbe von Münchengrätz über Schweidnitz in Schlesien nach Polen begab. Am andern Morgen, früh um 9 Uhr, verließen auch JJ. MM. der Kaiser und die Kaiserinn von Oesterreich diese kleine Provinzialstadt, welcher Ihr, obwohl nur kurzer Aufenthalt, einen in der Geschichte Böhmens gewiß unauslöschlichen Glanz verliehen hatte, und begaben Sich von hier über Gitschin nach Königgrätz. An demselben Tage reiste auch der Großherzog von Sachsen-Weimar nebst seiner Gemahlinn nach Weimar zurück.

Die übrigen Ortschaften des Dom. sind:

2. Kloster (Klasster), 1/4 St. w. von Münchengrätz, auf einer Anhöhe, am rechten Ufer der Iser, die hier die Kleine Iser aufnimmt, D. von 79 H. mit 597 E., worunter 1 Israeliten-Familie, ist der Amtsort des Dom., nach Münchengrätz eingpf., und hat 1 obrktl. Schloß, 1 Filialkirche unter dem Titel Mariä Geburt, welche vom Schloßkapellan verwaltet wird, 1 Schule, 1 Bräuh., 1 Mhlm. mit Brettsäge, 1 Mhf., und 1/2 St. n. den obrktl. Mhf. Pachaun mit 1 Schäf. — 3. Haber, 1/4 St. sw. von Kloster, D. von 30 H. mit 219 E., nach Münchengrätz eingpf. — 4. Klein-Ptegrow, 1/2 St. s. von Kloster, am rechten Iserufer, D. von 13 H. mit 88 E., nach Münchengrätz eingpf.; 1/4 St. ö., jenseits der Iser, liegt die zu Klein-Ptegrow conscribirte Einschicht Haschkow, aus 1 Mhl. und 2 Bauerwirthschaften bestehend, welche nach Backofen eingpf. sind. — 5. Groß-Ptegrow, 3/4 St. s. von Kloster, D. von 17 H. mit 136 E., nach Münchengrätz eingpf. — 6. Mankowitz, 1/2 St. sw. von Kloster, am Eingange des Thiergartens, der sich von hier nw. bis Nieder-Kruppay (Hft. Weißwasser) erstreckt, D. von 19 H. mit 105 E., nach Münchengrätz eingpf., hat 1 Forstmeisters-Wohnung. — 7. Cihadka, 3/4 St. ssw. von Kloster, Dfch. von 6 H. mit 39 E., nach Backofen eingpf.— 8. Neudorf (bei Backofen, zum Unterschiede von Neudorf bei Branzez), 1 St. ssw. von Kloster, an der Bila, D. von 29 H. mit 196 E., nach Backofen eingpf. Zu diesem Orte ist die aus 5 H. mit 31 E. bestehende Einschicht Saudna conscribirt, mit 1 Jägerh. („beim weißen Kreuz") und 1 Mhl. Auch gehört zur Conscription von Neudorf das 1/2 St. nw. von hier, im Walde liegende Bad Klokočka, aus 3 H. mit 14 E. bestehend; es hat 1 alte dem heil. Staphinus (dem Schutzpatron der Podagristen 2c.) geweihte Kapelle und 1 von der Gräfinn Margarethe von Waldstein errichtetes Badehaus. In frühern Zeiten wurde dieses Bad, besonders von Gichtkranken, häufiger gebraucht als jetzt. Eine chemische Untersuchung

der Quelle ist noch nicht gemacht worden. — 9. Klein-Weisel, $1^1/_4$ St. ssw. von Kloster, am rechten Ufer der Iser, die hier die Bila aufnimmt, D. von 39 H. mit 278 E., ist nach dem gegenüberliegenden Backofen eingpf. und hat 1 Mhl. mit Brettsäge. — 10. Dolanek (oder Dolanka), 1 St. sw. von Kloster, D. von 18 H. mit 118 E., nach Backofen eingpf. — 11. Bitauchow, $1^1/_4$ St. sw. von Kloster, D. von 32 H. mit 209 E., nach Backofen eingpf. — 12. Zweretitz (ehemals Zwiketitz), $1^1/_2$ St. ssw. von Kloster, D. von 20 H. mit 162 E., ist nach Backofen eingpf., und hat 1 Mhf. nebst Schäf.; $1/_4$ St. sö. auf einer Anhöhe am rechten Iserufer liegt die Ruine der alten, von den Herren von Wartenberg erbauten Burg Zwiketitz. (S. oben die allgemeine Uebersicht). — 13. Podhrad, $1^3/_4$ St. ssw. von Kloster, am rechten Iserufer, unter der Burg Zwiketitz, D. von 17 H. mit 87 E., nach Backofen eingpf. — 14. Daleschitz, 2 St. ssw. von Kloster, am rechten Iserufer, D. von 13 H. mit 76 E., nach Backofen eingpf. — 15. Weißleim (Bjlahljma), $1/_2$ St. w. von Kloster, D. von 38 H. mit 245 E., nach Münchengrätz eingpf. — 16. Ober-Bukowin, $1/_2$ St. nw. von Kloster, D. von 30 H. mit 187 E., ist nach Münchengrätz eingpf. und hat 1 Mhf. nebst Schäf. — 17. Unter-Bukowin, $1/_2$ St. n. von Kloster, an der Kleinen Iser, D. von 19 H. mit 121 E., nach Münchengrätz eingpf., hat 1 Mhl. — 18. Borowitz, $3/_4$ St. nnw. von Kloster, an der Kleinen Iser, D. von 28 H. mit 160 E., ist nach Mukařow eingpf. und hat 1 Mhl. mit Brettsäge. — 19. Siwina, $3/_4$ St. n. von Kloster, am Fahrwege nach Oschitz, D. von 43 H. mit 318 E., ist nach Mukařow eingpf. und hat 1 Einkehrh. — 20. Mukařow, 1 St. nnw. von Kloster, D. von 46 H. mit 283 E., hat 1 Lokaliekirche, die schon 1384 als eigne Pfarrkirche bestand, in späterer Zeit aber als Filialkirche zur Münchengrätzer Dechantei gehörte; eingpf. sind: Borowitz, Neweklowitz, Siwina, Witzmanow und 3 Häuser von Podhora; ferner ist hier 1 Schule und 1 Jägerh. — 21. Neweklowitz, $1^1/_4$ St. n. von Kloster, D. von 37 H. mit 239 E., nach Mukařow eingpf. — 22. Podhora, $1^1/_2$ St. n. von Kloster, D. von 12 H. mit 89 E., theils nach Münchengrätz, theils nach Mukařow eingpf. — 23. Koßniowitz, $1^1/_2$ St. nnö. von Kloster, am Mohelka-Bache, D. von 33 H. mit 224 E., ist nach Laukowetz (Hft. Swigan) eingpf., und hat 1 Filialkirche unter dem Titel des heil. Gallus, worin jährlich 4 Mal Gottesdienst gehalten wird, 1 Mhf. nebst Schäf. und 1 Mhlm. mit Brettsäge. — 24. Roskow, $1^3/_4$ St. n. von Kloster, D. von 16 H. mit 104 E., nach Laukowetz (Hft. Swigan) eingpf. — 25. Wiezmanow, $1^1/_2$ St. nw. von Kloster, rechts von der Kleinen Iser, D. von 32 H. mit 249 E., nach Mukařow eingpf., hat 1 Mühle. — 26. Stražisst, 2 St. nnw. von Kloster, links von der Kleinen Iser, am Fahrwege nach Oschitz, D. von 40 H. mit 258 E., ist nach Hlawitz eingpf. und hat 1 Kapelle und 1 Einkehrh. — 27. Přibislawitz, $2^1/_2$ St. nnw. von Kloster, D. von 12 H. mit 60 E., nach Hlawitz eingpf., hat 1 Försterh. (Mohelka genannt), $1/_4$ St. sö. vom Orte. — 28. Kosmitz (Kozmice), $2^3/_4$ St. nnw. von Kloster, am Fahrwege nach Oschitz, D. von 77 H. mit 111 E., nach Hlawitz eingpf. — 29. Wapno, 3 St. nnw. von Kloster, am Fahrwege nach Oschitz, D. von 39 H. mit 297 E., nach Hlawitz eingpf. — 30. Hlawitz, $3^1/_4$ St. n. von Kloster, D. von 25 H. mit 237 E., worunter 1 israel. Familie, hat 1 schöne im J. 1759 ganz neu erbaute Pfarrkirche unter dem Titel des heil. Bernard, welche nebst der Schule unter dem Patronate der Obrkt. steht. Sie war schon 1384 eine Pfarrkirche, deren Seelsorger aber während des Hussitenkrieges vertrieben wurde, kam späterhin unter die Verwaltung der Münchengrätzer Dechantei und erhielt erst 1705 wieder einen eignen Pfarrer, zu dessen Sprengel jetzt die Dfr. Hlawitz, Wapno, Kosmik, Strazischt, Přibislawitz, Wrtek, Dolekek mit Ramtischkow, und Neswadkil (Hft. Münchengrätz), Schelwitz (ein Theil), Maltschitz, Lißkay, Beneschowitz, Bubikow und Groß-Lessel (Hft. Böhmisch-Aicha), Klein-Lessel, Zetten, Dechtar, Doslanek und Teschnow (Hft. Weißwasser) und Rahlau (Hft. Wartenberg) gehören. — 31. Podol, ¼ St. nö. von Kloster, am Kakower Berge, D. von 30 H. mit 212 E., ist nach Münchengrätz eingpf. und hat einen Sandsteinbruch; ½ St. w. liegt die Fasanerie Kakow mit einem Försterh., ½ St. wsw. auf einer Anhöhe der Mhf. Neusitz nebst Schäf., nicht weit davon am linken Iserufer 1 Wirthsh. und 1 Mhl., von wo das Wasser durch ein Druckwerk in den Mhf. hinauf getrieben wird, und ¼ St. sö. der Mhf. Ernestin. — 32. Sichrow, 1 St. nö. von Kloster, am Kakower Berge, Dsch. von 8 H. mit 33 E., nach Münchengrätz eingpf., hat einen Sandsteinbruch und w. nahe am Orte den Mhf. Zasadka, mit der alten größtentheils verfallnen Burg Zasadka, in deren unterm Stockwerk der hiesige Wiesenheger wohnt. (Ueber die ältern Besitzer dieser Burg siehe oben die allgemeine Uebersicht). — 33. Kruha, 1¼ St. nö. von Kloster, D. von 22 H. mit 149 E., nach Březina (Hft. Swigan) eingpf. — 34. Hradek, 1½ St. nö. von Kloster, unweit der Iser, auf einer Anhöhe, D. von 10 H. mit 59 E., nach Březina eingpf. — 35. Honsop (Honzow), 1¼ St. onö. von Kloster, an der Straße nach Reichenberg, Dsch. von 9 H. mit 60 E., nach Březina eingpf. — 36. Hoschkowitz, ¾ St. onö. von Kloster, an der Straße nach Reichenberg, D. von 35 H. mit 254 E., ist nach Münchengrätz eingpf. und hat 1 Einkehrh.; ¼ St. s. liegt der Mhf. Přestawlk. — 37. Klein-Zasadka, 1 St. osö. von Kloster, D. von 24 H. mit 153 E., nach Boßin eingpf. — 38. Zakopana, 2 St. osö. von Kloster, am Fuße einer waldigen Anhöhe, Dsch. von 9 H. mit 56 E., nach Boßin eingpf. — 39. Čižowka, 2¼ St. sö. von Kloster, D. von 13 H. mit 80 E., nach Boßin eingpf. — 40. Klein-Bratkitz (Malobratrice), 2½ St. sö. von Kloster, D. von 34 H. mit 224 E., nach Boßin eingpf., hat 1 Mhf. und 1 Schäf. — 42. Groß-Sollez (Hruby Solec), 2 St. sö. von Kloster, an der Chaussée nach Sobotka, D. von 20 H. mit 111 E., ist nach Boßin eingpf. und hat 1 Filialkirche unter dem Titel Mariä Himmelfahrt, und 1 Mhl. an dem benachbarten Teiche. — 42. Klein-Sollez (Maly Solec), 1¾ St. sö. von Kloster, an der Chaussée nach Sobotka, Dsch. von 6 H. mit 51 E., ist nach Boßin eingpf. und hat 1 Mhf. nebst Schäf. — 43. Kopernik, 1½ St. sö. von Kloster, D. von 21 H. mit 116 E., ist nach Boßin eingpf. und hat 1 Mhl. an dem s. liegenden Koperniker Teiche. Auch gehört zu diesem D. die ¼ St. nö. liegende Chaluppe Piset. — 44. Jantow, 2 St. sö. von Kloster, an der Chaussée nach Sobotka, D. von 18 H. mit 126 E., nach Boßin eingpf. — 45. Fürstenbruck (Kneźmost, auch ehemals Kněžnamost, Fürstinnbruck), 1¾ St. sö. von Kloster, zu beiden Seiten der Chaussée nach Sobotka, schutzunterthäniger Marktflecken von 87 H. mit 522 E., ist nach Boßin eingpf., und hat 1 Rathh., 1 Schule, 1 Einkehrh. und 1 Mhl., ¼ St. sw. vom Orte. Die Einw. leben meist von der Landwirthschaft; mit Gewerben beschäftigten sich 1832 nur 14 Meister mit 6 Gesellen und Lehrlingen. Das Städtchen hat ein Marktgericht und das Recht 6 Jahrmärkte zu halten (am 2. Montag nach Fabian und Sebastian, am 2. in der Fasten, an den Montagen nach Ostern, vor Mariä Heimsuchung, vor Mariä Himmelfahrt, und nach Namen Mariä); der Verkehr in 12 Buden und 6 Ständen besteht in Schnitt- und Krämerwaaren rc. rc., Pferden und Rindvieh. Was von der Geschichte dieses Orts bekannt ist, haben wir oben in der allgemeinen Uebersicht mitgetheilt. Durch die Zerstörung im Hussitenkriege und spätere Feuersbrünste sind alle Urkunden verloren gegangen. — 46. Bezčina, 1¼ St. sö. von Kloster, D. von 15 H. mit 97 E., nach Boßin eingpf. — 47. Zhotiz, 1 St. sö. von Kloster, D. von 19 H. mit 120 E., ist nach Boßin eingpf. und hat 1 Mhf. nebst Schäf. — 48. Suchrawitz, 2 St. sö. von Kloster, D. von 31 H. mit 183 E., nach Boßin eingpf. — 49. Branžež, 1¾ St. osö. von Kloster, D. von 29 H. mit 175 E., nach Boßin eingpf.; ¼ St. nö. liegt die zum Orte conscribirte Chaluppner-Wirthschaft Wepřko. — 50. Neudorf (bei Branžež, zum Unterschiede von Neudorf bei Backofen, s. oben), 2 St. osö. von Kloster, D. von 38 H. mit 267 E., nach Boßin eingpf. — 51. Dobrawuda (Dobrawoda), 1 St. osö. von Kloster, D. von 16 H. mit 98 E., nach Boßin eingpf. — 52. Wesela oder Wesely, ¾ St. sö. von Kloster, an der Chaussée nach Jung-Bunzlau, D. von 60 H. mit 423 E., ist nach Backofen eingpf., hat 2 Einkehrhäuser und ¼ St. nö. 1 Fasanengarten mit 1 Jägerhaus. — 53. Buda, 1 St. sö. von Kloster, D. von 25 H. mit 164 E., nach Backofen eingpf. — 54. Horek oder Horka, 1 St. ssö. von Kloster, D. von 18 H. mit 107 E., nach Backofen eingpf. — 55. Backofen (Bakow, ursprünglich Babkow, von dem sö. gelegnen Berge Baba, an dessen Fuße der Ort in frühester Zeit gestanden haben soll), 1 St s. von Kloster, am linken Ufer der Iser, offenes Schutzstädtchen von 165 H. mit 1010 E., hat sein eignes Stadtgericht (mit 1 Stadtrichter und 1 Stadtschreiber), 1 Rathh., 2 Kirchen, 1 Schule und 1 Bürgerspital. Im 30jährigen Kriege wurde der ganze Ort von den Schweden durch Feuer zerstört, und ist erst nach der Zeit wieder neu erbaut worden. Das jetzige Rathhaus besteht seit dem J. 1800. Die Pfarrkirche unter dem Titel des heil. Bartholomäus, und nebst der Schule unter dem Patronate des Besitzers der Hft., erscheint als solche in den Errichtungsbüchern schon 1384 und 1392. Die eingepf. Ortschaften sind: Bitauchow, Buda, Chudoples, Cihadka, Daleschitz, Dolanek, Horek, Klein-Weisel, Nasilnitz, Neudorf (bei Backofen), Podhrad, Trentschin, Wesela und Zweretitz, nebst den zu diesen Dfrn. gehörigen Einschichten. Die Begräbnißkirche zu St. Barbara, am s. Ende des Städchens, ist im J. 1704 durch den Grafen Franz Joseph von Waldstein, an der Stelle der hier früher gestandnen ganz neu erbaut worden. Die Einw. leben von Feld- und Obstbau, und mancherlei Gewerben, die ärmere Klasse verfertigt, wie schon oben gesagt worden, recht zierliche Schilfarbeiten. Es beschäftigten sich 1832 mit Polizei-Gewerben 59 Meister und sonstige Gewerbsbefugte, 19 Gesellen und 14 Lehrlinge, und mit Commerzial-Gewerben 14 Meister und Gewerbsherren, 2 Gesellen und 6 Lehrlinge, in Allem 114 Personen. Auch sind hier 2 gemischte Waarenhandlungen. Es werden jährl. 8 Jahrmärkte gehalten (an den Montagen nach dem 2. Adventssonntage, Fabian und Sebastian, Judica, dem 2. Sonntage nach Ostern, nach Margarethe, Bartholomäi, und an den Mittwochen vor Frohnleichnam und nach Franz Seraph.), auf welchen in 40 Buden und 35 Ständen allerlei Fabriks- und Handwerkserzeugnisse feil geboten werden, besonders aber ein starker Pferde- und Rindviehhandel Statt findet. Das hiesige Bürger-Spital, worin 6 Arme beherbergt werden, wurde schon im J. 1676 gegründet. Der Fonds entstand durch Schenkung eines Kapitals von den Einw. Hieronymus Hradißky und Karl Rebeß, und das Gebäude wurde von der Gemeinde errichtet. Das Stammvermögen betrug am Schluß des J. 1831: 1934 fl. W. W., und die Einkünfte bestanden in den Zinsen desselben, 96 fl. 42 kr. — 56. Trentschin (Trenčin), $1^1/_4$ St. s. von Kloster, an der Chaussée nach Jung-Bunzlau, D. von 19 H. mit 108 E., ist nach Backofen eingpf., und hat 1 Einkehrh. und 1 Mhl. am benachbarten Teiche; $^3/_4$ St. ö. am Woleschower Teiche, liegt die Einschicht Zagezb, aus 1 obrktl. Fischhause, worin 700 Ctr. Fische aufbewahrt werden können, und noch 2 andern H. bestehend. — 57. Chudoples, $1^3/_4$ St. s. von Kloster, an der Chaussée nach Jung-Bunzlau, D. von 16 H. mit 102 E., ist nach Backofen eingpf. und hat 1 Einkehrh. — 58. Bradletz, 2 St. ssw. von Kloster, D. von 14 H. mit 99 E., nach Kosmanos (Hft. dieses Namens) eingepf.; $^1/_4$ St. ö. liegt die dazu gehörige, aus 2 Nrn. bestehende Einschicht Teschnow. — 59. Breglow, 2 St. s. von Kloster, am s. Fuße des Baba-Berges, Dfchn. von 6 H. mit 44 E., nach Kosmanos eingepf. — 60. Nasilnitz (Nasylnice), 2 St. sö. von Kloster, zwischen dem Studenker und Kopriniker Teiche, D. von 22 H. mit 173 E., ist nach Backofen eingepf., und hat 1 Mhf. nebst Schäf. Auch gehört zur Conscription dieses D. die $^1/_2$ St. w. am Studenker Teiche liegende, aus 4 H. mit 30 E. bestehende Einschicht Studenka, mit einer zum Sprengel von Backofen gehörigen sehr alten Filialkirche unter dem Titel des h. Wenzel, welche schon 1384 und 1401 in den Errichtungsbüchern als Pfarrkirche vorkommt, 1 Mhf. mit den Ueberresten eines alten Schlosses, worin jetzt ein Wirthschaftsbeamter wohnt, 1 Schäf. und 1 Fasangarten mit 1 Jägerhaus.

Von folgenden Ortschaften gehören Antheile zu fremden Dominien:

61. Bożin (Bozeň, Bozna), 1 St. sö. von Kloster, auf einer Anhöhe, an der Chaussée nach Sobotka, D. von 51 H. mit 316 E., von welchen 49 H. hieher, und 2 H. zur Hft. Kost gehören; hat hiesigerseits 1 Pfarrkirche, welche den Errichtungsbüchern zufolge schon 1384 und 1391 als solche vorhanden war, im J. 1730 aber durch die Gräfinn Margaretha von Waldstein ganz neu erbaut worden ist. Sie steht nebst der Schule unter obrktl. Patronat. Die eingepf. Ortschaften sind, außer Bożin selbst, Fürstenbruck, Kopronik, Wegčina, Lhotitz, Dobrawuda, Klein-Zasadka, Oneboch, Musky, Zapudow, Branžež, Zakopana, Srbsko (Hft. Swigan), Neudorf (bei Branžež), Suchrowitz, Čižowka, Kamenitz (Hft. Swigan), Klein-Bratřitz, Groß-Solletz (Filialkirche), Klein-Solletz und Žantow. Zu Bożin sind die Einschichten Hammer, eine Chaluppner-Wirthschaft, $^1/_2$ St. ö., und Worban, 1 Jägerh. $^1/_4$ St. w., so wie der $^1/_4$ St. n. liegende Mhf. Walletschow (Walečow) nebst der Schäf. conscribirt. O. davon erhebt sich auf einem Sandsteinfelsen die Ruine der alten Burg Walečow, deren frühere Besitzer wir oben in der allgemeinen Uebersicht des Dom. genannt haben. Wahrscheinlich ist sie erst im 30jährigen Kriege zerstört worden, denn noch am Anfange des XVI. Jahrhunderts starb hier, nach Paprocky, in hohem Alter Johann von Walečow, ehemaliger Unterfeldherr des Johann Žižka von Trocnow. In den Sandsteinfelsen, die sich von hier nordwärts bis Musky hinziehen, findet man eine Menge Höhlen, die nicht bloß von der Natur gebildet, sondern auch von Menschenhänden erweitert zu seyn scheinen. Vermuthlich sind sie während des Hussiten- und 30jährigen Krieges der Zufluchtsort der umliegenden Dorfbewohner gewesen. — 62. Musky, $1^1/_2$ St. ö. von Kloster, am s. Fuße des gleich-

namigen Berges, D. von 30 H. mit 228 E.; davon besitzt das Dominium Münchengrätz 26 H. mit 200 E., und 4 H. mit 28 E. gehören zur Hschft. Kost. Zu diesem nach Bosin eingepf. D. ist auch die 1/4 St. s. liegende Einschicht Bunzlau (Bunclaw, Bunclawa), aus 6 H. bestehend, conscribirt. — 63. Dneboch, 3/4 St. ö. von Kloster, D. von 30 H. mit 226 E., von welchen 1 H. zur Hft. Kost gehört; ist nach Bosin eingepf.; 1/4 St. sö. liegt die hieher conscribirte Chaluppe Hrada. Von diesem D. wird das Wasser in eisernen Röhren bis Münchengrätz geleitet. — 64. Zabudow (Zabudow), 1 1/2 St. osö. von Kloster, D. von 10 H. mit 80 E., von welchen 1 H. zur Hft. Kost gehört; ist nach Bosin eingepf. — 65. Wrtek (oder Wrtka), 2 St. n. von Kloster auf einer Anhöhe, D. von 15 H. mit 94 E., von welchen 1 H. zur Hft. Kosmanos gehört; ist nach Hlawitz eingepf. — 66. Doleček, 2 1/2 St. nnö. von Kloster, D. von 15 H. mit 109 E.; davon gehören zur Hft. Münchengrätz 14 H., und 1 H. zur Hft. Weißwasser. Einen Bestandtheil dieses Dfs. bildet die 1/4 St. nö. liegende, durch Zertheilung eines Mhfs. entstandene, Einschicht Ramtischkow von 4 H. Das Ganze ist nach Hlawitz eingepf. — 67. Bukimsko, 1 1/2 St. n. von Kloster, Dsch. von 7 H. mit 65 E.; davon gehören 4 H. mit 36 E. hieher, die übrigen 3 H. mit 29 E. zur Hschft. Kosmanos; ist nach Laukowetz eingepf. — 68. Mohelnitz, 1 St. nnö. von Kloster, am Bache Mohelka, der sich eine kleine Strecke s. von hier in die Iser ergießt, D. von 41 H. mit 252 E. und 1 Filialkirche. Davon besitzt die Hft. Münchengrätz 30 H. mit 184 E., und 11 H. mit 68 E. gehören zur Hft. Swigan. Jener Antheil ist nach Münchengrätz, dieser nach Laukowetz eingepf.

Außerdem besitzt die Hschft. Münchengrätz Antheile von folgenden frmdhschftl. Dörfern:

69. Autsch (Auč), 1 1/2 St. n. von Kloster, D. der Hft. Swigan, von welchem 3 H. mit 14 E. hieher gehören; ist nach Laukowetz eingepf. — 70. Sägemühl, 1 1/2 St. nnw. von Kloster, an der Kleinen Iser, Dsch. der Hft. Swigan, von welchen 2 H. mit 14 E. hieher gehören. — 71. Chlistow, 1 1/2 St. n. von Kloster, am Mohelka-Bache, Dsch. der Hft. Böhmisch-Aicha, von welchen 1 H. mit 7 E. hieher gehört; nach Laukow (Hschft. Swigan) eingepf. — 72. Liskay (Liskey, Lisek), 2 1/4 St. n. von Kloster, D. der Hft. Böhmisch-Aicha, von welchem 2 H. mit 14 E. hieher gehören; ist nach Hlawitz eingepf. — 73. Maltschitz, 2 3/4 St. n. von Kloster, D. der Hft. Böhmisch-Aicha, von welchem 2 H. mit 17 E. den hiesigen Antheil ausmachen. — 74. Přepek, 2 1/2 St. ssö. von Kloster, an der von Münchengrätz nach Sobotka führenden Chaussée, ein nach Unter-Bautzen eingepf. D. der Hft. Kost, von welchem 8 H. mit 51 E. den Münchengrätzer Antheil bilden.

Allodial-Herrschaft Swigan sammt den Gütern Klein-Rohosetz und Gillowey.

Dieses Gesammt-Dominium liegt größtentheils am rechten Ufer der Iser und gränzt in Norden an die Herrschaften Böhmisch-Aicha, Reichenberg, Groß-Rohosetz, Morchenstern und Klein-Skal, in Osten an Groß-Skal und Kost, in Süden an Kost und Münchengrätz, in Westen an Münchengrätz, Niemes und Böhmisch-Aicha.

Der gegenwärtige Besitzer ist der k. k. Kämmerer und Feldmarschall-Lieutenant ꝛc. ꝛc. Karl Alain Gabriel Fürst von Rohan, Herzog von Bouillon und Montbazon, welcher im J. 1820 die eigentliche Hft. Swigan, sammt den schon damals mit derselben vereinigten Gütern Laukowetz, Sichrow, Albrechtitz und Kurowoditz, von dem Grafen Franz Adam von Waldstein erkaufte, im J. 1831 aber auch die Güter Klein-Rohosetz und Gillowey, die bis dahin mit der Hft. Groß-Rohosetz vereinigt gewesen, nach dem Tode ihres Besitzers, Franz Anton Grafen Desfours zu Mont und Athienville, k. k. Kämmerer und Guberniaraths ꝛc., käuflich an sich brachte und der Hft. Swigan einverleibte. (S. Landtäfl. Hauptb., Litt. A. und zwar: Hft. Swigan, Tom. XXIV. Fol. 123; Hft. Laukowetz, Tom. III. Fol. 21; G. Sichrow und Albrechtitz, Tom. XI., Fol. 33; G. Klein-Rohosetz, Tom. V. Fol. 101; G. Gillowey, Tom. III. Fol. 1.)

Was die ältern Besitzer der einzelnen Güter betrifft, aus welchen das jetzige Gesammt-Dominium besteht, so gehörte Swigan gegen das Ende des XVI. Jahrhunderts dem Freiherrn Karl von Waldstein und Wartenberg und gelangte von diesem an die Grafen Schlick. Der letzte Besitzer aus diesem Geschlechte war der k. k. Oberst-Landrichter Joachim Andreas Graf Schlick von Passaun und Ellbogen, welcher, als Theilnehmer an der Empörung gegen K. Ferdinand II., nach der Schlacht am Weißen Berge 1620, Leben und Güter verlor. Swigan wurde auf 76021 Schock 40 Gr. abgeschätzt und nebst Welisch im Bidschower Kreise (das aber dem Grafen Heinrich von Thurn gehört hatte und auf 96648 Schock 40 Gr. abgeschätzt war) an den Grafen Albrecht von Waldstein, nachmaligen Herzog zu Friedland, zusammen für die Summe von 170000 fl. verkauft *). Als nach dessen Tode im J. 1634 seine Güter an den k. Fiscus gefallen waren, schenkte der Kaiser die Hft. Swigan im J. 1635 dem Grafen Maximilian von Waldstein, worauf sie 1655 an Karl Ferdinand und im J. 1702 an Karl Ernest Grafen von Waldstein überging. Nach dessen Tode erbten sie seine drei Töchter Eleonora, Maria Josepha und Carolina, welche sie im J. 1714 an Franz Joseph Grafen von Waldstein verkauften. Im J. 1725 kaufte die Gräfinn Maria Margaretha von Waldstein auch die benachbarte Hft. Laukowetz mit dem G. Kurowoditz vom Grafen Joseph Ignaz von Morzin, und vereinigte diese Besitzungen mit Swigan. Das Ganze fiel im J. 1727, nach dem Tode des Grafen Franz Joseph von Waldstein, an den Grafen Franz Joseph Georg von Waldstein, welcher 1740 auch das G. Sichrow und Albrechtitz von Franz Inigo Lamotte von Frintropp käuflich an sich brachte und bei seinem Tode 1761 die nunmehr bedeutend vergrößerte Hft. Swigan an den Grafen Emanuel Philibert von Waldstein

*) S. Rieggers Materialien ꝛc. IX. Heft, S. 80. Irrig sind die Angaben bei Schaller, a. (Bunzl. Kr. S. 224) daß Swigan für 76021 Sch. 40 Gr. an den Grafen von Waldstein abgetreten worden; b. (Bidsch. Kr. S. 67), daß Welisch für sich allein auf 170000 fl. abgeschätzt worden sey.

vererbte, von welchem sie im J. 1792 an Joseph Grafen von Waldstein überging. Im J. 1814 gelangte Graf Franz Adam von Waldstein zum Besitz der Hft., welcher sie am 1. September 1820 an den bereits genannten gegenwärtigen Besitzer, Karl Alain Gabriel Fürsten von Rohan ꝛc. verkaufte.

Die Herrschaft Laukowetz gehörte nebst den Dörfern Laukow, Wittanowitz, Laukow, Podol, Wkeha, Pentschin, Augezd, Stkizowitz, Padekawitz und Sirsko, vor dem Hussitenkriege dem Cistercienser-Stifte in Kloster bei Münchengrätz (s. dieses Dom.) und wurde von K. Georg von Podiebrad an Ignaz von Waldstein verpfändet, welcher die Herrschaft im J. 1475 an Ogik von Okedielitz abtrat. (S. Schaller, a. a. O. S. 227). Am Anfange des 30jährigen Krieges war Laukowetz nebst Kostřitz ein Eigenthum des Alex Berka von Duba, welchem sie 1621 confiscirt, auf 39147 Sch. 41 Gr. 3 Pf. abgeschätzt und an den Grafen Albrecht von Waldstein verkauft wurde. (S. Riegers Materialien ꝛc. IX. Heft. S. 41). Nach dem Tode des Letztern fiel die Herrschaft wieder an die königliche Kammer und im J. 1642 erscheint als Besitzerinn Frau Anna Katharina von Donep-Bredau (z Donepu-Bredowa), welche ebendamals auch das G. Kurowoditz dazu kaufte. Im J. 1725 gehörte das Ganze dem Grafen Joseph Ignaz von Morzin, welcher es, wie schon gemeldet, in demselben Jahre an die Gräfinn Maria Margaretha von Waldstein verkaufte.

Das G. Kurowoditz gehörte schon im J. 1620 zu Swigan, wurde dessen damaligem Besitzer Joachim Andreas Grafen von Schlick (s. oben) confiscirt, mit Swigan an den Grafen Albrecht von Waldstein verkauft, abermals zur königlichen Kammer gezogen, und gelangte 1625 an den Ritter von Wachtendungk, welcher es im J. 1628 an seine zwei Söhne Karl und Johann Gerhard vererbte. Von diesen kaufte es im J. 1642 die schon erwähnte Besitzerinn der Hft. Laukowetz, Anna Katharina von Donep-Bredau, die es aber bald nachher dem Ritter Johann Scheflinger (vielleicht richtiger Schönpflüger?) überließ, welcher es 1652 an Georg Karl Genik Zusadsky Ritter von Gemsendorf verkaufte. Im Besitze desselben blieb Kurowoditz bis zu seinem Tode im J. 1663, worauf es dessen Erben späterhin dem Grafen Bredau, Herrn auf Laukowetz, käuflich abtraten.

Am unvollständigsten kennen wir die ehemaligen Besitzer der Güter Sichrow und Albrechtitz. Aus einer noch vorhandnen Grabschrift in der Lastiboritzer Kirche erfährt man, daß Albrechtitz bis zum J. 1580 dem Herrn Johann Kegow (oder Kegzkygow) gehört habe. Im J. 1690 war Sichrow im Besitz eines Ritters Lamotte (von Frintropp), welcher damals das Schloß erbaute. (S. Schaller, S. 228). Es scheint von dieser Zeit an fortwährend bei dieser Familie geblieben zu seyn, bis es im J. 1740, wie schon gesagt, Franz Inigo Lamotte von Frintropp an den Grafen Franz Joseph Georg von Waldstein verkaufte.

Ueber die ältern Besitzer der 1831 mit der Hft. Swigan vereinigten Güter Klein-Rohosetz und Gillowey sehe man die Hft. Groß-Rohosetz.

Der nutzbare Flächeninhalt der Hft. Swigan betrug nach dem Kataſtral-Zergliederungssummarium vom J. 1832:

	Dominicale.		Rusticale.		Zusammen.	
	Joch.	□Kl.	Joch.	□Kl.	Joch.	□Kl.
An ackerbaren Feldern	2205	294²/₆	6312	1032¹/₆	8517	1326³/₆
= Teichen mit Aeckern verglichen	399	350	—	—	399	350
= Trischfeldern	168	1269	2887	333	3056	2
= Wiesen	393	556	962	847³/₆	1355	1403³/₆
= Gärten	73	30	389	1385⁵/₆	462	1415⁵/₆
= Teichen mit Wiesen verglichen	14	1537	—	—	14	1537
= Hutweiden ꝛc.	159	298	755	872³/₆	914	1170³/₆
= Waldungen	5572	1240	1767	125	7339	1365
Ueberhaupt	8986	774²/₆	13074	1396	22061	570²/₆

Die Oberfläche des Dominiums ist im südlichen Theile, wo es an Münchengrätz und Kost gränzt, größtentheils eben, erhebt sich aber als hügeliges Land gegen Norden und Nordosten immer höher und geht an den Gränzen von Groß- und Klein-Skal schon in Gebirgsland über; doch befindet sich nirgends ein Berg von ausgezeichneter Höhe. Die herrschenden Felsarten sind in dem bei weitem größten Theile der Herrschaft Quadersandstein und Plänerkalk, welcher letztere bei Mohelnitz, Sichrow und Land-Kamenitz, der erstere aber bei Sestronowitz und Besching in Felsmassen zum Vorschein kommt. Die letztern liegen hier auf dem Porphyr der rothen Sandstein-Formation und überlagern dieselbe. Auch im südlichern Theile der Hft. erscheint der Quadersandstein stellenweise, z. B. bei Zehrow und Arnostitz. Im höhern gebirgigen Theile des Dominiums, bei Reichenau, Pelkowitz, Radonowitz, Radel und Gestraby ist talkartiger Urthonschiefer, der bei Pelkowitz in Alaunschiefer übergeht, die herrschende Gebirgsart. Bei Reichenau kommt auch Basalt vor, und Lager von Kalkstein bei Koschen und Pelkowitz. Bei Gebirgs-Kamenitz ist gleichfalls der genannte Thonschiefer die herrschende Felsart; hier kommen Brauneisenstein führende Gänge vor, welche die Erze für das Eisenwerk zu Engenthal liefern. Granit findet sich nördlich von Kukan und bei Maffersdorf. Das aufgeschwemmte Land führt unter seinen Geschieben hier häufig die aus dem Mandelstein der rothen Sandsteinformation herrührenden mannichfaltigen Achate, Chalcedone, Carneole und Jaspisse, welche durch die Gebirgsgewässer herabgebracht und in der Ebene abgesetzt werden, wo sie sich hie und da im Verlaufe der

Zeit ziemlich angehäuft hatten, aber durch Steinsucher auch stark ausgelesen sind, so daß sie sich nicht mehr so häufig als sonst vorfinden.

Von Gewässern sind zu bemerken: 1. die Iser, welche von der Hft. Groß-Skal kommend, zwischen der Stadt Turnau und dem Dorfe Přepeř das Gebiet von Swigan betritt, sich in mehren Krümmungen nach Westsüdwesten wendet, und bei Mohelnitz, wo sie die Mohelka aufgenommen, auf das Gebiet der Hft. Münchengrätz übergeht. Das rechte Ufer der Iser ist bis Kloster hinab beträchtlich höher als das linke, an welchem sich hier zwischen Wschen, dem Musky-Berge und Münchengrätz ein weites Flachland ausbreitet, welches theils an seiner Oberfläche, theils bis zu 6 Zoll Tiefe eine Menge Geschiebe, worunter Jaspisse, Chalcedone, Sardonyxe, Carneole ꝛc., enthält, von denselben Gattungen, wie sie im Flußbett der Iser gefunden werden, so daß sich vermuthen läßt, es sei diese Ebene in der Urzeit ein von der Iser gebildeter See gewesen, welcher erst trocken gelegt wurde, als dieser Fluß unterhalb Laukowetz und Münchengrätz ein tieferes Bett und einen stärkern Abfluß erhielt. Im Frühjahre und auch sonst bei heftigem und anhaltendem Regenwetter schwillt die Iser beträchtlich an, und überschwemmt nicht nur die am linken Ufer liegenden Gründe, namentlich bei Plaukonitz, so daß sie fast immer von Kies und Schutt gereinigt werden müssen, sondern richtet auch großen Schaden an Mühlwehren und Brücken an. Die aus angehäuften Geschieben von Hornstein, Eisenerz, Jaspis, Chalcedon ꝛc. bestehenden Inseln bei Plaukonitz waren ehemals fruchtbare Felder und Wiesen. Die Iser enthält Aale, Karpfen, Hechte, Schleihen und Fischottern; 2. Der Mohelker Bach (oder die Mohelka), betritt bald nach seinem Ursprunge auf der Hft. Klein-Skal das Swiganer Gebiet zuerst oberhalb Reichenau, begiebt sich dann südlich auf die Hft. Böhmisch-Aicha, erscheint unterhalb Liebenau bei Sedlowitz abermals auf dem Swiganer Gebiete, wendet sich bei Sichrow nach Westen, berührt bei Trawniček neuerdings die Gränze der Hft. Böhmisch-Aicha und nimmt bei Podgestřab wieder eine südliche Richtung an, die er nunmehr bis zu seiner Mündung in die Iser bei Mohelnitz, beibehält. Er ist im obern gebirgigen Theile seines Laufes reich an Forellen; 3. Die Kleine Iser entspringt auf der Hft. Böhmisch-Aicha unweit Oschitz, und geht durch den westlichen Theil der Hft. Swigan auf das Gebiet der Hft. Münchengrätz, wo sie bei Kloster in die Iser fällt; 4. Der Žehrower-Bach entsteht bei Mladiegow, nimmt seinen Lauf nordwestlich durch die Hft. Groß-Skal, erreicht bei Skokow die Hft. Swigan, durchfließt den Žehrower, Ždiarer und Žabakorer Teich und ergießt sich unterhalb Březina in die Iser.

Bemerkenswerthe Teiche sind: der Žehrower, nordöstlich von Žehrow, (72 Joch 1118⅙ □ Kl.) und der Žabakorer, südöstlich von Březina; (108 Joch 1107½ □Kl.), beide enthalten vorzüglich gute Karpfen. Der Ždiarer Teich (190 J. 537 □Kl.) ist seit mehren Jahren zu einer Wiese umgeschaffen worden.

Die Zahl der Einwohner war 1830 in sämmtlichen Ortschaften des Dominiums 17217. Sie sind, mit Ausnahme einiger zerstreuten Israeliten-Familien, sämmtlich Katholiken. Im südlichen flachern Theile der Herrschaft ist die böhmische, in den westlichen, nördlichen und östlichen Ortschaften die teutsche Sprache vorherschend.

Die Ertrags- und Nahrungsquellen des Dominiums und seiner Bewohner sind die verschiedenen Zweige der Landwirthschaft, Waldkultur und Jagd, mancherlei technische Gewerbe, Flachsspinnerei, Taglöhnerarbeiten, Fuhrwerk ꝛc.

Der Ackerbau wird vorzüglich in den tiefern und flachern Gegenden betrieben, wo der größte Theil der Felder aus gutem Lehmboden besteht. Am ergiebigsten ist er bei Swigan, Podol und Prischowitz. Bei Laukow und Laukowetz ist der Boden mit etwas Sand vermischt; noch mehr Sand enthält er bei Blatt und Zehrow, so wie im nördlichern Theile bei Sichrow. Auch auf den G. Klein-Rohosetz und Gillowey ist der sandige Boden vorherrschend. Man erzeugt die gewöhnlichen Getraidearten, auch viel Klee, zum Theil um des Samens willen, Erbsen, Erdäpfel, Rüben ꝛc. Bei den gebirgigen Ortschaften Reichenau, Radel und Dalleschitz, wo der Getraidebau nicht lohnt, wird größtentheils Flachs gebaut; auch zwischen dem Mohelka-Bache und der Iser, bei Augezd, Wittanowitz, Sebeslawitz, Padekawitz, Strizowitz, Lastiboritz, Drahotitz und Sezemitz findet man nicht unbedeutenden Flachsbau. Auf Kleesamen-Gewinnung verlegen sich hauptsächlich die Dörfer Augezd, Pentschin, Stwekin, Prepek, Prischowitz, Laukow, Laukowetz und Koritte.

Dem Obstbau wird bei den zu Klein-Rohosetz und Gillowey gehörigen Ortschaften die meiste Aufmerksamkeit gewidmet, wo nicht nur in obrigkeitlichen Gärten und bei den Häusern der Einwohner sehr gute Sorten Stein- und Kernobst gewonnen werden, sondern auch im Freien, an den Straßen und Wegen, viele Tausend Obstbäume angepflanzt sind. Auch auf den ältern Besitzungen der Herrschaft hat die Obstkultur in neuerer Zeit sehr bedeutende Fortschritte gemacht und das Beispiel der Obrigkeit hat bei den Unterthanen viel Liebe und Eifer für diesen einträglichen Zweig der Landwirthschaft hervorgerufen.

Hopfenbau wird nur im westlichen Theile der Herrschaft, bei Kratzdorf, Woken ꝛc. theilweise getrieben und ist von keiner Erheblichkeit.

Die Viehzucht erstreckt sich hauptsächlich auf Pferde und Rindvieh, weniger auf Schafe. Nur die Obrigkeit läßt sich die Veredlung der Racen angelegen seyn; die Unterthanen besitzen zwar die nöthige Zahl von Pferden und Rindern zum Bedarf ihrer Wirthschaften, begnügen sich aber mit dem böhmischen Rindvieh-Schlag und kaufen die Pferde auf den benachbarten Viehmärkten. In den Gebirgsortschaften Reichenau, Radel und Dalleschitz werden viel Ziegen gehalten. Die Schweine- und Geflügelzucht wird im Ganzen schwach betrieben; nur bei Mokry sind die vielen, durch das Austreten der Iser unterhaltnen Wasseransammlungen dem Gedeihen der Gänse- und Entenzucht sehr förderlich. Auch die Bienenzucht ist nur Gegenstand der Liebhaberei einzelner Einwohner. Folgende Uebersicht zeigt den Viehstand des Dominiums, am 30. April 1833:

	der Obrigkeit.	der Unterthanen.	Zusammen.
Pferde	30 (Alte) .	706 (630 Alte, 76 Fohlen)	786
Rindvieh	254 . . . (9 Zuchtstiere, 12 j. Stiere, 154 Kühe, 87 Kalbinnen, 42 Zugochsen)	6138 . . . . (26 Zuchtstiere, 32 j. St., 3862 Kühe, 1758 Kalbinnen, 21 Mastochs., 287 Zugochsen, 152 junge Ochsen)	6392
Schafe	5357 . . . . (4106 Alte, 1251 Lämmer)	441 . . . . (295 Alte, 146 Lämmer)	5798

Zur Bewirthschaftung der obrigkeitlichen Gründe bestehen 15 Maierhöfe, und zwar a. in eigener Regie: zu Swigan, Laukowetz, Daxenitz, Kurowoditz, Arnostitz, Blatt, Borčitz, Přepeř, Sichrow und Gillowey, b. zeitweilig verpachtete zu Mohelnitz und Přižowitz; c. emphyteutisirte zu Albrechtitz, Chlum und Kostritz.

Die sehr zerstreut liegenden Waldungen bilden 7 Reviere: das Swiganer, 172 J. 768 □Kl., das Arnostitzer, 903 J. 233 □Kl., das Zehrower, 1329 J. 1446 □Kl., das Gilloweyer, 212 J. 700 □Kl., das Reichenauer, 1012 J. 572 □Kl., das Sichrower, 454 J. 946 □Kl. und das Wokner Revier, 1708 J. 660 □Kl. Der Waldboden besteht im Zehrower Revier aus Thon und Dammerde, stellenweise mit tiefgehendem Sand, im Reichenauer aus fettem gelblichen Thon, mit Granitblöcken und Kies vermischt, im Wokner Revier aus weißem und grauem Thon, hin und wieder mit beigemischtem Sand, im Sichrower Revier aus Sand mit Letten gemischt. Die vorherrschenden Holzgattungen sind Fichten, Kiefern und Tannen; im Wokner Revier sind viel Birken. Hie und da findet man Rothbuchen, seltner einzelne Eichen. Der jährliche Holzertrag wurde 1826 (wo das Gilloweyer Revier noch nicht mit inbegriffen war) zu 6274⅔ Kl. angegeben. Das über den eignen Bedarf erübrigte Holz findet seinen Absatz theils auf der Herrschaft selbst, theils in den benachbarten Orten Reichenberg, Niemes und Turnau.

Der Wildstand ist dem Areale angemessen. Der jährliche Ertrag der Jagd kann im Durchschnitt zu 6 Stück Rothwild, 1500 bis 1800 Hasen und 350 Rebhühner angenommen werden. Auch besteht in der Nähe von Laukow ein kleiner Fasangarten.

Im südlichen Theile der Hft., an der Gränze von Münchengrätz und Kost sind einige Sandsteinbrüche, und bei Gebirgs-Kamenitz, Mohelnitz und Sichrow Kalksteinbrüche vorhanden.

Mit Polizeigewerben waren am Anfange des J. 1832 in Allem 306 Meister und andere Gewerbsbefugte, 129 Gesellen und 9 Lehrlinge, zusammen 444 Personen; mit Commerzial-Gewerben 59 Meister und Gewerbsherren, 4 Lehrl., und 76 andere Hilfsarbeiter, zusammen 139 Personen; mit freien Gewerben 50 Gewerbsbefugte und 23 Hilfsarbeiter, zusammen 73 Personen, und mit dem Handel 4 Besitzer von gemischten Waarenhandlungen nebst 12 Krämern und Hausirern, also mit der gesammten Gewerbs-Industrie 670 Personen beschäftigt. Man zählte im Einzelnen folgende Meister und Gewerbsherren: 21 Bäcker, 29 Bierschänker, 1 Bräuer, 1 Branntweinbrenner, 6 Tabakdosen-Macher (in Reichenau, mit 73 Hilfsarbeitern), 8 Faßbinder, 26 Fleischhauer, 16 Garnhändler, 4 Glaser, 5 Glasschleifer, 7 Griesler, 1 Kalkbrenner, 1 Kammmacher, 7 Lohgärber, 9 Maler, 6 Maurermeister (31 Gesellen), 20 Müller, 1 Papiermüller (in Radel, mit 8 Gesellen und andern Arbeitern), 2 Riemer, 2 Sattler, 3 Schlosser, 29 Schmiedte, 50 Schneider, 58 Schuhmacher, 2 Steinmetze, 2 Steinschneider, 7 Strumpfwirker, 18 Tischler, 8 Wagner, 50 Weber, 1 Weinschänker, 2 Ziegelbrenner, 1 Ziegeldecker, 4 Zimmermeister (12 Gesellen) und 1 Zirkelschmiedt.

Das Sanitäts-Personale besteht aus 3 Wundärzten (in Swigan, Kukan und Reichenau) und 11 Hebammen (2 in Reichenau, die übrigen in Swigan, Přepeř, Wschen, Radel, Gebirgs-Kamenitz, Koritt, Březina, Lastiboritz und Kratzdorf).

Zur Unterstützung der Hilfsbedürftigen ist von der Obrigkeit im J. 1830 ein Armen-Institut gegründet worden, welches im Verlauf des J. 1831 an milden Beiträgen, Strafgeldern, Ertrag der Entschuldigungskarten &c. eine Einnahme von 1739 fl. 47½ kr. W. W. und am Schluß desselben J. eine Cassabaarschaft von 104 fl. hätte. Die Zahl der zu betheilenden Armen war 242.

Zur Unterhaltung des Verkehrs mit den benachbarten Dominien dient zuvörderst die von Prag über Jung-Bunzlau und Münchengrätz nach Reichenberg führende Chaussée und Commerzial-Straße, welche die Hft. Swigan durchschneidet, und an welcher die Dörfer Březina, Podol (mit einer Brücke über die Iser), Přižowitz und Gillowey liegen. Südwärts von Podol geht von dieser Hauptstraße eine seit 1822 chausséeartig hergestellte Seitenstraße über Ždiar und Žehrow nach Kost, und von Přižowitz führt eine andere Seitenstraße über Přepeř nach Turnau, so wie ebendahin eine von der obigen Hauptstraße nördlich von Přepeř abgehende kurze Chaussée. Eine dritte Seitenstraße lenkt sich nordöstlich von Sichrow, beim Goldnen Stern, in nordöstlicher Richtung nach Kopanin ab, und durchschneidet hinter Wodialnowitz eine Fahrstraße, die von Gillowey über Gentschowitz und Groß-Rohosetz nach Turnau führt. Auch der Amtsort Swigan ist durch eine kurze Chaussée mit der Hauptstraße bei Podol verbunden. Die nächsten Posten sind für den südlichen Theil des Dominiums in Münchengrätz, für den nördlichen in Liebenau.

Folgendes sind die einzelnen Ortschaften der Bestandtheile des Dominiums, und zwar zuvörderst die ungetheilten:

I. Herrschaft Swigan.

1. Swigan, 3 Postmeilen von der Kreisstadt Jung-Bunzlau, am rechten Ufer der Iser, auf einer Anhöhe, D. von 25 H. mit 194 E., ist der Amtsort des ganzen vereinigten Dom., und nach Laukow eingepf., wohin eine schöne Lindenallee führt. Aus dem obrktl. Schloß, worin sich 1 Schloßkapelle, unter dem Titel der heil. Johann und Paul, an welcher ein Schloßkaplan angestellt ist, die Amtskanzlei, eine vom Grafen Franz

von Waldstein 1814 angeschaffte Bibliothek aus 300 bis 400 ökonomischen Werken bestehend, die Wohnung des Oberamtmanns und mehrer andern Beamten, befinden, hat man eine herrliche Aussicht auf die ganze umliegende Gegend einerseits bis Münchengrätz, andererseits bis Turnau und an das Isergebirge. Außerdem ist hier 1 Bräuh. (auf 34 Faß), 1 Branntweinh., 1 Wirthsh. und 1 Mhf. nebst Schäf. — 2. Laukow, 1½ Viertelst. sw. von Swigan, am rechten Ufer der Iser, über welche eine Brücke führt, D. von 50 H. mit 257 E., hat 1 Pfarrkirche unter dem Titel der heil. Dreifaltigkeit, und nebst der Schule unter dem Patronate der Obrigkeit. Sie erscheint urkundlich schon 1384 als Pfarrkirche, ist aber, wie sie jetzt besteht, 1610 vom Grafen Joachim Andreas von Schlick ganz neu errichtet worden. Seit 1820 ist auch die fürstl. Rohan'sche Familiengruft zur Kirche hinzugebaut worden. Die eingepf. Orte sind: Augezd, Pentschin, Podol, Swigan, Močibek, Sezemitz (Filialkirche), Drahotitz, Girsko, Buda, Sedlisko, und die zur Hft. Böhmisch-Aicha gehörigen: Kobil, Hawlowitz und Chlistow. Zur Conscription von Laukow gehört das ½ Viertelst. nö. im Fasangarten gelegene Försterh. und der Mhf. Dakenitz nebst Schäf., ¼ St. ö. von Laukow, jenseits der Iser. — 3. Augezd, ¼ St. nnw. von Swigan, D. von 50 H. mit 327 E., ist nach Laukow eingepf., und hat seit 1827 eine eigne Schule; ¼ St. vom Orte liegen die einschichtigen H. Korbowanka und na Ostrowách. — 4. Pentschin (Penčin), ¾ St. nnö. von Swigan, D. von 44 H. mit 254 E., nach Laukow eingepf. — 5. Dauby, 1 St. nö. von Swigan, D. von 21 H. mit 136 E., nach Přzepek Local. eingepf. — 6. Padekawitz, ¾ St. n. von Swigan, D. von 17 H. mit 126 E., nach Lastibořitz eingepf. — 7. Střižowitz, ½ St. n. von Swigan, D. von 15 H. mit 91 E., nach Lastibořitz eingepf. — 8. Podol, ¼ St. ö. von Swigan, am rechten Ufer der Iser und an der Hauptstraße nach Reichenberg, D. von 33 H. mit 204 E., worunter 1 Israel. Familie, ist nach Laukow eingepf., und hat 1 Einkehrh. und 1 Mhl. nebst Brettsäge. — 9. Močibek (Modčidka), ¼ St. w. von Swigan, Dfch. von 5 H. mit 33 E., nach Laukow eingepf. — 10. Sezemitz (auch Sezenitz), ¾ St. wnw. von Swigan, D. von 41 H. mit 270 E. (worunter 1 israël. Familie), ist nach Laukow eingepf., hat aber eine eigne Filialkirche unter dem Titel des heil. Bartholomäus, die nach den Errichtungsbüchern schon 1384 und 1391 als Pfarrkirche bestand. — 11. Sebeslawitz, 1 St. nnw. von Swigan, D. von 35 H. mit 260 E., nach Lastibořitz eingepf. — 12. Drahotitz, 1 St. w. von Swigan, D. von 24 H. mit 160 E., nach Laukow eingepf. Dazu gehören 2 H. von der Einschicht Sowinek (oder Sowinka), ½ St. n. vom Orte. Vor dem Hussitenkriege gehörte dieses D. der Prager Domkirche zu St. Veit; später wurde es von K. Georg von Poděbrad an Johann von Waldstein verpfändet. — 13. Giwina, 1½ St. n. von Swigan, D. von 23 H. mit 160 E., nach Lastibořitz eingepf. Dazu gehören 2 H. von der benachbarten Einschicht Kotel (s. Lastibořitz). — 14. Sedlisko oder Sedlischko (Sedlisško, Sedlissek), 1¼ St. nw. von Swigan, D. von 18 H. mit 117 E., nach Laukow eingepf. — 15. Wetterstein (Tkrj), 1½ St. n. von Swigan, im Thale am rechten Ufer des Mohelka-Baches, D. von 26 H. mit 201 E., hat 1 Mhl. und ist mit 24 H. nach Liebenau (Hft. Böhmisch-Aicha), mit 2 H. aber nach Lastibořitz eingepf. — 16. Wrchowina, 2 St. n. von Swigan, D. von 19 H. mit 127 E., nach Liebenau eingepf. — 17. Radostin (Radosštjn), 1½ St. nnö. von

Swigan, auf einer Anhöhe am rechten Mohelka-Ufer, D. von 10 H. mit 79 E., nach Liebenau eingepf. — 18. Lastibořitz, 1$^1/_4$ St. n. von Swigan, D. von 26 H. mit 163 E., hat 1 Kirche unter dem Titel der h. Katharina, welche nebst der Schule unter dem Patronate der Obrkt. steht. Sie war bis 1787 eine Filiale der Laukower Pfarrkirche, wurde aber damals zur Lokalie-Kirche erhoben. Der Lokalist bezieht seinen Gehalt aus dem k. k. Religionsfonds. In noch älterer Zeit soll die Kirche eine Pfarrkirche gewesen seyn, und Laukow als Filiale zum Sprengel derselben gehört haben. Da aber die Felder um Lastibořitz nicht zu den besten gehörten, so wurde der Pfarrer nach Laukow, wo besseres Ackerland und überdieß eine größere Kirche ist, übersetzt. Wahrscheinlich muß dieß vor 1384 geschehen seyn, da schon damals die Laukower Kirche als Pfarrkirche vorkommt. (S. oben Laukow.) Noch jetzt gehören dem Laukower Pfarrer die früher bei Lastibořitz besessenen Felder, Wiesen und Waldungen. Die Kirche in Lastibořitz enthält hinter dem Hochaltare zwei Grabsteine aus dem XVI. Jahrhunderte, deren böhm. Inschriften anzeigen, daß hier Johann Keg von Kegow, Herr auf Albrechtitz († 1580) nebst dessen Gemahlinn und Kindern begraben liegen. Die eingepf. Dörfer sind: Siwina, Trawniček, Slawikow, Wetterstein, Sebeslawitz, Padekawitz, Střižowitz, Wittanowitz, Zasada, Čerwenitz, Kamenj, Rybnik, Wilde Gans, Albrechtitz, Sichrow, und die zur Hft Böhmisch-Aicha gehörigen Dfr. Radimowitz und Sedlisko. Nicht weit von der Kirche, im Garten des Bauers Matthias Adam, befinden sich Ueberreste einer uralten Burg, die einem Herrn von Lastibor gehört haben soll. Sie bestehen aus einem noch erhaltnen Keller und einer Art Wallgraben. Zu Lastibořitz ist auch 1 Haus von der benachbarten Einschicht Kotel conscribirt. (S. Siwina.) — 19. Wittanowitz, $^1/_2$ St. n. von Swigan, D. von 18 H. mit 115 E., nach Lastibořitz eingepf. — 20. Klitschney (Kličneg), 3$^1/_4$ St. nö von Swigan, im Gebirge am Mohelka-Bache, der nicht weit ö. von hier entspringt, D. von 35 H. mit 201 E., theils nach Schumburg (Hft. Klein-Skal), theils nach Gentschowitz (Hft. Groß-Rohosetz) eingepf. — 21. Heiligkreuz (Swatykřjž), 3$^1/_4$ St. nnö. von Swigan, unweit links vom Mohelka-Bache im Gebirge, D. von 21 H. mit 132 E., nach Reichenau eingepf. — 22. Radel (Radlo), 3$^1/_2$ St. nnö. von Swigan, hoch im Gebirge, weitläufiges D. von 237 H. mit 1511 E., worunter an 70 Gewerbsleute, namentlich viel Leinweber; ist nach Reichenau eingepf., und hat 1 öffentliche Kapelle unter dem Titel der h. Dreieinigkeit, welche von der Gemeinde gegründet worden, und worin jährlich 4 Mal Gottesdienst gehalten wird, auch 1 Schule; $^1/_4$ St. s. am Mohelka-Bache liegt die hieher gehörige Papiermhl., deren Erzeugnisse in gutem Rufe stehen. Auch gehört zur Conscription von Radel die $^1/_4$ St. seitwärts liegende Einschicht Hanichen. — 23. Přepek, $^3/_4$ St. ö. von Swigan, zu beiden Seiten der Iser, größtentheils aber am rechten Ufer derselben, D. von 48 H. mit 292 E., hat 1 Lokaliekirche unter dem Titel des h. Jakob, welche schon 1384 als Pfarrkirche bestand, 1557 neu erbaut worden ist, und nebst der Schule unter dem Patronate der Obrigkeit steht. Eingepf. sind die hftl. Dörfr. Přissowitz, Strwekin, Dauby und die frmdhftl. Wohrazenitz (Hft. Groß-Rohosetz) und Lazan (Hft. Groß-Skal). Außerdem ist in Přepek 1 Beamtenswohn., 1 Mhf. nebst Schäf. und 1 Mhl. — 24. Přissowitz, $^1/_4$ St. onö. von Swigan, an der Reichenberger Straße, D. von 59 H. mit 358 E., ist nach Přepek eingepf., und hat 1 Mhf. — 25. Wschen (Wssen, Wsseno), 1 St. osö. von Swigan, links von der Iser, im flachen Lande, D. von 47 H. mit 291 E. Die hiesige Pfarrkirche unter dem Titel der h. Apost. Philipp und Jakob steht nebst der Schule unter dem Patronate der Obrigkeit, und war schon 1384 als Pfarrkirche vorhanden. Während des XVI. Jahrh. (wahrscheinlich schon seit der Ausbreitung der hussitischen Lehre), war sie mit akatholischen Seelsorgern besetzt, unter welchen auch 1595, durch den Freiherrn Karl von Waldstein und Wartenberg die noch jetzt bestehende Kirche gebaut wurde, die erst 1688 wieder einen eignen katholischen Pfarrer erhielt, nachdem sie von 1621 an bis dahin vermuthlich als Filiale einer benachbarten Pfarrei zugetheilt gewesen war. Eingepf. sind die hftl. Dfr.: Mokry, Plaukanitz, Břeha, Dauby, Zdiar, Žehrow, Skokow, und die zur Hft. Groß-Skal gehörigen: Wolleschnitz, Kačanow, Modřitz und Kaděřawitz. Zum D. Wschen ist auch der 1/2 St. s. liegende Mhf. Bortschitz nebst Schäf. conscribirt. — 26. Mokry, 3/4 St. ö. von Swigan, unweit der Iser, D. von 13 H. mit 85 E., welche auf den nahen Teichen starke Gänse- und Entenzucht treiben. Dieses nach Wschen eingepf. D. ist der Geburtsort des verdienten böhm. Literators Franz Johann Tomsa, dessen Vater hier ein Bauerngut besaß, das jetzt unter drei von den hinterbliebnen fünf Söhnen vertheilt ist. — 27. Plaukonitz, 1/2 St. osö. von Swigan, am linken Iserufer, D. von 21 H. mit 132 E., welche eben so wie die Bewohner von Mokry und Břeha durch die Ueberschwemmungen der Iser oft große Beschädigungen an ihren Feldern und Wiesen erfahren; ist nach Wschen eingepf. — 28. Břeha (auch Flechtendorf, weil hier ehemals aus Weidenruthen viel Körbe 2c. geflochten wurden), 1/4 St. sö. von Swigan, am linken Iserufer, D. von 10 H. mit 68 E., nach Wschen eingepf. — 29. Zdiar, 1 St. ssö. von Swigan, am ehemaligen Zdiarer Teiche und an der Straße nach Kost, D. von 75 H mit 432 E., ist nach Wschen eingepf., und hat 1 Wirthsh. — 30. Daubraw, oder Daubrawa, 3/4 St. ssö. von Swigan, am Žabakorer Teiche, D. von 53 H. mit 294 E., nach Březina eingepf. — 31. Žehrow, 1 1/4 St. sö. von Swigan, am Žehrower Teiche und an der Straße nach Kost, D. von 24 H. mit 135 E. (worunter 1 Israel. Familie), nach Wschen eingepf., 1/4 St. sw. liegt der hieher conscribirte Mhf. Arnostitz mit 1 Schäf. und 1 Försterh. Hier war ehemals der Stammsitz der Herren von Arnostitz, von welchen Bohunko von Arnostitz 1409 urkundlich vorkommt, welcher damals der Kirche zu Wschen 1 Schock Gr. jährlichen Zinses auf dem D. Lhota Hrnčířska anwies. Der Boden besteht in dieser Gegend meistens aus Flugsand, und ist sehr unergiebig. — 32. Skokow, 1 1/2 St. sö. von Swigan, ö. vom Žehrower Teiche, D. von 11 H. mit 66 E., nach Wschen eingepf. — 33. Přihraz, 1 1/4 St. s. von Swigan, D. von 10 H. mit 60 E., nach Březina eingepf. — 34. Srbsko, 2 St. ssö. von Swigan, ganz von Waldungen umgeben, D. von 16 H. mit 97 E., nach Boßin (Hft. Münchengrätz) eingepf. — 35. Kamenitz (im Lande, oder Land-Kamenitz, zum Unterschiede von Gebirgs-Kamenitz bei Eisenbrod), 2 1/4 St. ssö. von Swigan, D. von 16 H. mit 106 E., ist nach Boßin (Hft. Münchengrätz) eingepf., und hat 1 Wirthsh.

Die getheilten Ortschaften werden weiter unten von allen 5 Gütern zusammen verzeichnet werden.

II. Herrschaft Laukowetz.

36. Laukowetz (Laukowec nad Gizerau), 3/4 St. sw. von Swigan, unweit vom rechten Iserufer, D. von 55 H. mit 374 E., hat 1 Pfarr-

kirche unter dem Titel der heil. Kreuzerhöhung, welche nebst der Schule unter dem Patronate der Obrkt. steht, und schon 1384 als Pfarrkirche vorhanden war. Sie ist in ihrer jetzigen Gestalt erst 1743 durch die Gräfinn Maria Margaretha von Waldstein ganz neu erbaut worden. Die eingepf. Dörfer sind: Autsch, Cerwenitz (ein Theil), Wirsko (ein Theil), Hubalow, Koritt, Sowenitz (ein Theil); so wie die frmdhftl. Bukimsko, Kotzniowitz, Mohelnitz, Roskow (Hft. Münchengrätz) und ein Theil von Chlistow (Hft. Böhmisch-Aicha). Außerdem hat Laukowetz ein uraltes, in früherer Zeit mehrmals abgebranntes und zuletzt durch den Grafen Moritz von Morzin wieder hergestelltes Schloß mit 1 Beamtenswohnung und 1 Mhf. nebst Schäf. Nahe beim Orte liegt die hieher conscribirte Einschicht Kegow, aus einigen erst seit etwa 10 Jahren neu erbauten Häusern bestehend. — 37. Hubalow, 3/4 St. sw. von Swigan, am linken Ufer der Iser, über welche hier eine hölzerne Brücke führt, D. von 16 H. mit 129 E., ist nach Laukowetz eingepf. und hat 1 Mhl. Auch ist hieher das jenseits der Iser liegende Trifthäusel conscribirt. — 38. Koritt (Koryta), 3/4 St. w. von Swigan, in einem engen Thale, D. von 41 H. mit 271 E., nach Laukowetz eingepf. Hieher ist auch die 1/2 St. nw. gelegene Einschicht Krimolatschin oder Křilowakin von 3 H. conscribirt. — 39 Sowenitz, 3/4 St. w. von Swigan, D. von 48 H mit 290 E., theils nach Laukow, theils nach Laukowetz eingepf., hat 1 Mhf. nebst Schäf. Auch gehören zur Conscription dieses D. 4 H. der benachbarten Einschicht Sowinka. (S. Drahotitz). — 40. Gablonz (Gabloner), 2 1/2 St. wnw. von Swigan, größtentheils in einem Thale, D. von 85 H. mit 505 E., hat 1 Lokaliekirche unter dem Titel Mariä-Geburt, welche nebst der Schule, unter dem Patronate der Obrigkeit steht. Sie war den Errichtungsbüchern zufolge schon 1384 eine Pfarrkirche und wurde 1398 von den Cisterciensern in Kloster bei Münchengrätz verwaltet. Um das J 1700 war sie eine Filialkirche des Laukowetzer Sprengels. Im J. 1720 kam sie der weiten Entfernung wegen durch einen Tausch mit der Mukařower Filialkirche unter die Verwaltung des Pfarrers in dem näher gelegnen Dorfe Hlawitz (Hft. Münchengrätz), und 1786 wurde sie zur selbstständigen Lokaliekirche erhoben. Die jetzige Kirche ist in den J. 1725 bis 1733 von der Gräfinn Maria Margaretha von Waldstein ganz neu erbaut worden und gewährt, auf einer kleinen Anhöhe stehend, einen recht gefälligen Anblick. Sie hat 3 Altäre mit guten Gemälden von J. C. Major. Auf den 3 Glocken liest man die Jahrz. 1441 und 1679. Die Wohnung des Lokalisten ist durch den jetzigen Besitzer der Hft. in den J. 1825 und 1826 neu erbaut worden. Die eingepf. Ortschaften sind: Chlum, Prositschka, Sägemühl, Woken, Haide, Wolschen, Kratzdorf, Proschwitz, Kostřitz, Neumühl und das zur Hft. Weißwasser gehörige D. Křibay. — 41. Chlum, 2 1/2 St. wnw. von Swigan, D. von 15 H. mit 77 E., ist nach Gablonz eingepf. und hat 1 Mhf. Hier war in älterer Zeit der Stammsitz der Herren von Chlum; ein Haus heißt noch jetzt „im Schlosse". — 42. Prositschka (Prosyčka, Prosečka), 2 1/2 St. w. von Swigan, auf einer Anhöhe, D. von 15 H. mit 103 E., die meist von Holzfällen und Schindelmachen leben, nach Gablonz eingepf. — 43. Proschwitz (Proßwice, Prosec), 2 3/4 St. nw. von Swigan, hochgelegenes D. von 30 H. mit 160 E., nach Gablonz eingepf. — 44. Neumühl (Nowy Mleyn), 2 3/4 St. nw. von Swigan, im tiefen Thale der Kleinen Iser gelegenes D. aus 1 Mhl. und 4 andern H. bestehend, mit 35 E., nach Gablonz eingepf. — 45. Kostřitz, 2 3/4 St.

nw. von Swigan, hochgelegnes D. von 13 H. mit 92 E., ist nach Gablonz eingepf., und hat 1 Mhf. — 46. Kratzdorf (auch Grasdorf und Grasdörfel), 3 St. nw. von Swigan, hochgelegnes D. von 24 H. mit 150 E., nach Gablonz eingepf. — 47. Woken, $3^1/_2$ St. nw. von Swigan, in einem Thale an einem kleinen Mühlbache, der in die Pulsnitz (Polzen) geht, D. von 56 H. mit 311 E., nach Gablonz eingepf., hat 1 Jägerh., $^1/_4$ St. nw. vom Orte. — 48. Haide (oder Unter-Woken), ein sich nw. an Woken anschließendes Dfch. von 6 H. mit 31 E., die von Holzfällen und Schindelmachen leben, nach Gablonz eingepf. — 49. Wolschen (Wolssen, Wolssina), $3^1/_4$ St. nw. von Swigan, D. von 34 H. mit 213 E., nach Gablonz eingepf. — 50. Březina, $^3/_4$ St. ssw. von Swigan, am linken Iserufer, unweit der Reichenberger Straße, D. von 52 H. mit 326 E., hat 1 Lokaliekirche unter dem Titel des h. Laurentius, welche nebst der Schule unter dem Patronate des k. k. Religionsfonds steht, aus dem auch der Lokalist besoldet wird. Diese Kirche bestand schon 1384 als Pfarrkirche, ist aber wahrscheinlich im Hussitenkriege ihres Seelsorgers beraubt und späterhin der Pfarrkirche in Laukow als Filiale zugetheilt worden. Als selbstständige Lokaliekirche besteht sie seit dem J. 1786. Wann das jetzige Kirchengebäude errichtet worden, ist nicht bekannt. Die große Glocke hat die Jahrszahl 1532, die mittlere 1601, mit einer böhmischen Inschrift, die sich auf die Frau Anna Katharina von Wartenberg, auf Smiřitz, Swigan und Rowno bezieht, die dritte ist vom J. 1616. Eingepf. sind, außer Březina selbst, die hftl. Dörfer Wolschina, Daubraw und Přihraz, nebst den zur Hft. Münchengrätz gehörigen Dfrn. Honsop, Kruha und Hradetz. Außerdem hat Březina 1 Mhl. und 1 Wirthsh. an der Reichenberger Straße; auch ist hieher die aus 2 Hsch. bestehende Einschicht Bauda, an derselben Straße und am Žabakorer Teiche, so wie der Mhf. Blatt (Blata) nebst Schäf., $^1/_4$ St. sö., conscribirt. — 51. Wolschina (Wolssyna), 1 St. ssw. von Swigan, am n. Fuße des Musky-Berges, D. von 21 H. mit 130 E., die meist von Flachsspinnen und Taglöhnerarbeiten leben, nach Březina eingepf.; $^1/_4$ St. ö. liegt der hieher conscribirte Mhf. Kurowoditz.

III. Gut Sichrow.

52. Sichrow (auch Sicherow und Sicheroch), $1^1/_2$ St. nnö. von Swigan, in schöner Lage, auf einer Anhöhe am linken Ufer des Mohelka-Baches, aus welchem das Wasser durch eine Wasserleitung hinauf getrieben wird, Dfch. von 8 H. mit 33 E., ist nach Lastibořitz eingepf., und hat 1 sehr schönes und geräumiges, erst vom jetzigen Besitzer ganz neu erbautes, und im Innern geschmackvoll eingerichtetes Schloß mit einer Schloßkapelle unter dem Tit. Mariä-Himmelfahrt, für welche ein eigner Schloßkaplan angestellt ist, und einem weitläufigen englischen Park nebst Küchengarten und Orangerie; es ist jetzt der gewöhnliche Sommeraufenthalt des fürstl. Besitzers; ferner ist hier 1 Mhf., 1 Schäf. und 1 Jägerh. — 53. Albrechtitz, $^3/_4$ St. nnö. von Swigan, D. von 23 H. mit 167 E., ist nach Lastibořitz eingpf., und hat 1 Mhf. — 54. Čerwenitz, $1^1/_4$ St. nnö. von Swigan, D. von 17 H. mit 124 E., nach Lastibořitz eingepf. Ganz nahe dabei liegt die dazu conscribirte Einschicht Křcowy von 6 H. — 55. Wilde-Gans (Husa diwoka), $1^1/_2$ St. nnö. von Swigan, $^1/_4$ St. w. von der Reichenberger Straße, die ehemals hier durchführte, D. von 16 H. mit 102 E., nach Lastibořitz eingepf., und hat 1 Dominikal-Wirthshaus. — 56. Kameni (Kamenj), $1^1/_4$ St. nnö. von Swigan, D. von

11 H. mit 83 E., nach Laſtiboƙitz eingepf. — 57. Rybnik, 1¼ St. nnö. von Swigan, unweit von Kameni, Dſch. von 4 H. mit 19 E., nach Laſtiboƙitz eingepf. — 58. Slawikow (auch Slawkin), 1½ St. n. von Swigan, zu beiden Seiten des Mohelka-Baches, von fruchtbaren Wiesengründen umgeben, Dſch. von 4 H. mit 27 E., nach Laſtiboƙitz eingepf. — 59. Zaſada, 1¼ St. nnö. von Swigan, D. von 16 H. mit 120 E., nach Laſtiboƙitz eingepf. — 60. Kamenitz (im Gebirge, oder Gebirgs-Kamenitz, Kamenice Horſka oder horny), 4 St. onö. von Swigan, abgeſondert vom Hauptkörper des Dom., zwiſchen den Dom. Groß-Rohoſetz, Jeſſeney und Rawarow, D. von 61 H. mit 482 E., iſt nach Eiſenbrod (Hſt. Groß-Rohoſetz) eingepf., und hat 1 Schule.

IV. Gut Klein-Rohoſetz.

61. Klein-Rohoſetz, 2 St. nö. von Swigan, D. von 27 H. mit 150 E., iſt nach Jentſchowitz (Hſt. Groß-Rohoſetz) eingepf., und hat 1 kleines obrktl. Schlößchen mit einem Garten. — 62. Mokrin, 2 St. nö. von Swigan, in einem ſumpfigen Thale zwiſchen Waldungen, D. von 13 H. mit 94 E., nach Jentſchowitz eingepf. — 63 Waſowetz (Wazowec), 2 St. nö. von Swigan, in demſelben Thale, wie das Vorige, D. von 20 H. mit 160 E., iſt nach Jentſchowitz eingepf., und hat 2 Mhl., eine oberhalb, die andere unterhalb des Dorfes.

V. Gut Gillowey.

64. Gillowey (Giloweg), 2½ St. nnö. von Swigan, an der Straße nach Reichenberg, D. von 45 H. mit 285 E. (worunter 2 Iſrael. Familien), iſt nach Liebenau (Hſt. Böhmiſch-Aicha) eingpf., und hat 1 kleines obrktl. Schloß mit einer öffentlichen Kapelle, 1 Mhf. nebſt Schäf., 1 Einkehrh., und ¼ St. w. am Mohelka-Bache 1 Mühle („Wieſenmühle"). — 65. Pelkowitz, 2¾ St. nnö. von Swigan, auf einer kahlen Anhöhe, am Abhange des Bienenberges, D. von 47 H. mit 284 E., iſt nach Liebenau eingepf. und hat 1 Schule. — 66. Radonowitz, ¼ St. wnw. vom Vorigen, in derſelben Lage, am öſtlichen Abhange des Bienenberges, D. von 36 H. mit 229 E., nach Liebenau eingpf. — 67. Ridwalditz (Ridwalitz), ¼ St. n. vom Vorigen, am ö. Abhange des Bienenberges, D. von 11 H. mit 86 E., nach Liebenau eingepf. — 68. Stierbon, 3 St. nnö. von Swigan, am linken Ufer des Mohelka-Baches und am w. Abhange des Bienenberges, D. von 10 H. mit 59 E., iſt nach Liebenau eingepf. und hat 1 Mühle („Fuckenmhl."). — 69. Mohelka, 3¼ St. nnö. von Swigan, am linken Ufer des Mohelka-Baches, Dſch. von 5 H. mit 25 E., von welchem ſchon früher 2 H. zur Hſt. Swigan gehörten, iſt nach Reichenau eingepf. — 70. Geſtraby (Geſtřaby), 3 St. nnö. von Swigan, an einem waldigen Berge, D. von 11 H. mit 71 E., nach Reichenau eingepf. — 71. Böſching, 2½ St. nö. von Swigan, in einem Thale, D. von 36 H. mit 231 E., nach Liebenau eingepf. — 72. Seſtronowitz, 2½ St. nö. von Swigan, etwas ſö. vom Vorigen in demſelben Thale, D. von 19 H. mit 169 E., nach Jentſchowitz eingepf. — 73. Schutzengel (Baborka), 2¾ St. nö. von Swigan, auf einem waldigen Berge, Dſch. von 6 H. mit 55 E., nach Liebenau eingepf.

Von folgenden Ortſchaften des Geſammt-Dominiums Swigan gehören Antheile zu fremden Dominien:

74. Autſch (Auč), 2 St. wnw. von Swigan, D. (der Hſt. Laukowetz) von 22 H. mit 165 E.; davon gehören hieher 10 H. mit 48 E., zur Hſt.

Kosmanos 9 H. mit 43 E., und zur Hft. Münchengrätz 3 H. mit 14 E. Das Ganze ist nach Laukowetz eingepf. — 75. Buda (Budy), $1^1/_4$ St. nw. von Swigan, Dfch. (der Hft. Swigan) von 6 H. mit 46 E., von welchen 4 H. mit 30 E. hieher, 2 H. aber mit 16 E. zur Hft. Böhmisch-Aicha gehören. Das Ganze ist nach Laukow eingepf. — 76. Dalleschitz (Dalessice), $3^3/_4$ St. nö. von Swigan, im Gebirge, ein nach Schumburg (Hft. Klein-Skal) eingepf. D. (der Hft. Swigan) von 61 H. mit 373 E. Davon gehören 60 H. mit 367 E. hieher, und 1 H. mit 6 E. zur Hft. Böhmisch-Aicha. — 77. Girsko, $^1/_2$ St. nw. von Swigan, ein nach Laukow eingepf. D. (der Hften. Swigan und Laukowetz) von 11 H. mit 69 E., von welchem das hiesige Dom. 10 H. mit 63 E. besitzt, 1 H. mit 6 E. aber zur Hschft. Böhmisch-Aicha gehört. — 78. Reichenau (Rychnow), $3^3/_4$ St. nnö. von Swigan, in einem schönen Thale zu beiden Seiten des Mohelka-Baches, großes langgestrecktes D. (der Hft. Swigan) von 352 H. mit 2292 E.; davon besitzt das hiesige Dom. 350 H. mit 2278 E., und 2 H. (der sich bis auf $^1/_4$ St. s. von Reichenau ausdehnenden Einschicht Koschen) mit 14 E. gehören zur Hft. Böhmisch-Aicha. Die jetzige Pfarrkirche unter dem Titel des h. Wenzel steht nebst der Schule unter dem Patronate der Obrkt., und gehörte ursprünglich von 1407 an, wo sie zuerst von Holz erbaut wurde und auf dem jetzt s. g. alten Kirchhofe stand, zum Sprengel des Rabseler Pfarrers. Im XVI. Jahrhunderte, wo Luthers Lehre in dieser Gegend viele Anhänger gefunden, hatte sie eigne protestantische Pfarrer, gehörte aber nach dem 30jährigen Kriege wahrscheinlich als Filiale zu Rabsel, und erhielt erst 1686 wieder einen katholischen Seelsorger. Im J. 1712 wurde die alte hölzerne Kirche abgetragen und durch den damaligen Besitzer, Karl Ernest Grafen von Waldstein und Wartenberg, theils aus den herrschftl. Renten, theils aus dem Kirchenvermögen die jetzige neue steinerne Kirche erbaut, an der Stelle der alten aber, da, wo der Hochaltar gestanden hatte, ein Kreuz aufgerichtet. Die eingepfarrten Ortschaften sind: Dalleschitz, Gerstraby, Heiligkreuz, Mohelka, Kopain (4 H.), Rabel, Gutbrunn (Einschicht bei Kukan, Hft. Klein-Skal) und Pollitschney (Hft. Böhmisch-Aicha). Längs dem Mohelka-Bache sind 3 Mahlmhl. und 1 Brettsäge. Die Einw. leben theils von Feldbau, theils von verschiednen Gewerben, mit welchen sich am Anfange des J. 1832: 190 Personen beschäftigten. Darunter sind vorzüglich 6 Tabaksdosenmacher zu bemerken, worunter 2 Fabrikanten mit einfacher Befugniß und 4 andere Meister, welche zusammen 73 Arbeitsleute hatten. Ihre aus Papiermaché verfertigten Artikel haben einen sehr weit verbreiteten Absatz. Auch waren 8 Maler mit Verzierungen an Dosen und Pfeifenköpfen beschäftigt. Außerdem sind hier 2 Besitzer von gemischten Waarenhandlungen, 1 Wundarzt und 2 Hebammen. — 79. Kopain (Kopanin), 3 St. nö. von Swigan, im Gebirge, D. (der Hft. Swigan) von 16 H. mit 98 E., von welchen 4 H. mit 25 E., die nach Reichenau eingepf. sind, hieher gehören, die Hft. Böhmisch-Aicha aber 4 H. mit 27 E., und die Hft. Klein-Skal 8 H. mit 46 E. besitzt; die Antheile dieser beiden Dominien sind nach Schumburg (Hft. Klein-Skal) eingepf. — 80. Tschischkowitz (Čižkowice), 4 St. nö. von Swigan, im Gebirge, D. (der Hft. Swigan) von 12 H. mit 89 E. Davon beträgt der hiesige Antheil 8 H. mit 60 E., und zur Hft. Klein-Skal gehören 4 H. mit 29 E. Das Ganze ist nach Schumburg eingepf. — 81. Sedlowitz, $1^3/_4$ St. nnö. von Swigan, am rechten Mohelka-Ufer, auf einer Anhöhe, D. (des G. Sichrow) von 30 H. mit 200 E. Davon gehören 26 H. mit 173 E.

hieher, und 4 H. mit 27 E. zur Hft. Groß-Rohosetz. Das Ganze ist nach Liebenau eingepf. Zum hiesigen Antheile gehört 1 Mhl., 1/2 Viertelst. s. vom Orte. — 82. Stwrkin (auch Swěkin und Swěkin), 3/4 St. nö. von Swigan, unweit w. von der Reichenberger Straße, D. (der Hft. Swigan) von 30 H. mit 217 E., nach Přepeř eingepf. Davon gehören 28 H. mit 203 E. hieher, und 2 H. mit 14 E. zur Hft. Böhmisch-Aicha. — 83. Sägemühl (oder Sackmühl, böhm. Pytlikow oder Pytlikowsky Mlegn), 2 1/4 St. wnw. von Swigan, an der Kleinen Iser, ein nach Gablonz eingepf. Dsch. (der Hft. Laukowetz) von 5 H. mit 35 E., von welchen 3 H. mit 21 E. hieher, die übrigen 2 H. mit 14 E. zur Hft. Münchengrätz gehören. Beim hiesigen Antheile befindet sich 1 Mhl. mit Brettsäge, deren Besitzer auch 1 Leinwandbleiche unterhält.

Von folgenden fremdherrschaftlichen Dörfern besitzt die Hft. Swigan Antheile:

84. Chlistow, 1 1/4 St. nw. von Swigan, am Mohelka-Bache, nach Laukow eingpf. Dsch. der Hft. Böhmisch-Aicha, 1 H. mit 6 E. — 85. Hawlowitz, 1 St. nnw. von Swigan, nach Laukow eingpf. D. derselben Hft., 1 H. mit 7 E. — 86. Radimowitz, 1 1/2 St. nnö. von Swigan, nahe bei Sichrow, nach Laſtiboritz eingpf. D. derselben Hft., 2 H. mit 17 E. — 87. Trawniček, 1 1/2 St. n. von Swigan, am Mohelka-Bache, nach Laſtiboritz eingpf. D. derselben Hft., von welchem 2 H. (Mühlen) mit 14 E. hieher gehören. — 88. Maffersdorf, 4 1/4 St. n. von Swigan, im Gebirge, an der Reiße, D. derselben Hft. mit eigner Pfarrkirche, von welchem 11 H. mit 85 E. den hiesigen Antheil ausmachen. — 89. Mohelnitz, 1 1/4 St. wsw. von Swigan, an der Mündung des Mohelka-Baches in die Iser, D. der Hft. Münchengrätz; davon machen 11 H. mit 68 E., worunter 1 obrktl. Mhf., den Swiganer Antheil aus, welcher nach Laukowetz eingpf. ist. — 90. Wohrasenitz (eigentlich Ohrazenitz), 1 1/4 St. onö. von Swigan, nach Přepeř eingpf. D. der Hft. Groß-Rohosetz; davon gehören zur Hft. Swigan 3 H. mit 20 E., worunter das s. g. Pyramiden-Wirthsh., an demjenigen Punkte der Reichenberger Straße, wo sich die nach Turnau führende Chaussée davon ablöst. Dieses Wirthsh. hat seinen Namen von der hier im J. 1813 errichteten, 5 Klafter hohen, aus feinem Sandstein gearbeiteten Pyramide, welche folgende Inschriften enthält, und zwar auf der w. Seite. Franciscus Austr. Imp. Bohemiae Rex, dono publico. MDCCCXIII.; auf der östlichen Seite: Franc. Ant. Com. Kolowrat Libsteinsky, S. S. M. I. Cons. int. et actual. Supr. regni Bohem. Burg-Grav. imp. et Regni Gubernii Praes.; weiter unten: Jos. Wander a Grünwald Viarum Directore; auf der n. Seite: Ex aere publ. et donis amicorum. — 91. Pintschey (Pincey), 4 1/4 St. nö. von Swigan, im Gebirge, nach Schumburg eingpf. D. derselben Herrschaft, von welchem 16 H. mit 83 E. hieher gehören. — 92. Marschowitz, 4 St. nö. von Swigan, im Gebirge, nach Schumburg eingpf. D. der Hft. Klein-Skal, zu welchem auch die 1/4 St. s. liegende Einschicht Janaus conscribirt ist, welche aus 31 H. mit 217 E. besteht und den Swiganer Antheil ausmacht. — 93. Kukan, 4 St. nö. von Swigan, im Gebirge, D. derselben Hft., nach Gablonz eingpf. Davon gehören zur Hft. Swigan 29 H. mit 181 E. — 94. Seidenschwanz, 4 St. nnö. von Swigan, im Gebirge, Dorf derselben Hft., ebenfalls nach Gablonz eingpf., von welchem 11 H. mit 70 E. den Swiganer Antheil bilden.

Herrschaft Böhmisch-Aicha und Friedstein, mit dem Gute Siebendörfel.

Dieses, seit dem J. 1782 dem k. k. niederösterreichischen Religionsfonds gehörige Dominium liegt im nördlichen Theile des Kreises, rechts von der Iser, und gränzt gegen Norden an die Herrschaften Grafenstein, Lämberg, Reichenberg, Niemes, und das Gut Alt-Aicha, gegen Osten an die Hften. Swigan, Groß-Rohosetz und Klein-Skal, gegen Süden an die Hften. Swigan, Münchengrätz und Weißwasser, gegen Westen an die Hften. Niemes und Wartenberg. Der größere Theil des Dominiums, oder die eigentliche Hft. Böhmisch-Aicha mit dem G. Siebendörfel, bildet ein zusammenhangendes Ganze; die zur Hft. Friedstein gehörigen Dörfer aber liegen weiter östlich und sind davon durch Bestandtheile der Dominien Swigan und Groß-Rohosetz getrennt. Auch das Städtchen Oschitz und das Dorf Kunnersdorf liegen abgesondert nordwestlich von Böhmisch-Aicha, zwischen der Hft. Niemes und dem G. Alt-Aicha.

Nach Schaller, welcher sich auf Paprocky beruft (Bunzl. Kr. S. 231), soll im Jahre 1317 Georg Berka von Duba die Stadt Aicha im Besitz gehabt haben. Ob aber demselben, wie es gleichfalls a. a. O. heißt, Andreas von Duba in diesem Besitze gefolgt sei, scheint nicht völlig erwiesen zu seyn, indem er, wenn er auch den Namen von Duba führte, deßhalb nicht nothwendig Besitzer von dieser Stadt oder Herrschaft gewesen seyn muß. Daß aber Böhmisch-Aicha am Anfange des XVI. Jahrhunderts dem Johann von Wartenberg gehörte, beweist ein im Archiv der Stadt noch im Original vorhandenes Privilegium vom J. 1512. Für die Behauptung, daß derselbe bald darauf die Herrschaft an die Herren von Oppersdorf käuflich abgetreten habe, wird von Schaller kein Beweis beigebracht. Aus der Fortsetzung zum Allgemeinen historischen Lexicon, Leipzig, 1740, II. Band, S. 977, geht dagegen hervor, daß im J. 1552 diese Hft. dem Johann Freiherrn von Oppersdorf als Belohnung seiner ausgezeichneten Kriegsdienste, namentlich dafür, daß er in einem Treffen bei Szegedin die Hauptfahne der Türken mit eigner Hand eroberte, von K. Ferdinand I. geschenkt und er zugleich damals in den Freiherrnstand erhoben worden sei. Ebenderselbe war auch noch im J. 1579, wie aus einem Privilegium der Stadt vom Tage Simon und Judä dieses Jahres ersichtlich ist, Besitzer der Hft. Böhmisch-Aicha. Ein späteres Privilegium vom Montag nach Bartholomäi 1590 zeigt, daß die Hft. damals dem Georg und Friedrich von Oppersdorf gehörte. Die auf Hammerschmied gestützte Angabe Schallers, daß die Hft. am Anfange des XVII. Jahrh. an die Herren von Kotwitz gekommen sei, ist ebenfalls unrichtig; denn in einem der Stadt Böhmisch-Aicha im J. 1606 ertheilten Privilegium erscheint als Besitzer derselben Sigmund Smiřický von Smiřic, unter dem Titel „Herr der Herrschaften Böhmisch-Aicha, Friedstein, Hořitz, Wlebitz und Schwarz-Kosteletz, Hauptmann des Kaurimer Kreises." Auf diesen folgte

Heinrich Georg Smiřicky von Smiřic, welchem aber, da derselbe für blödsinnig erklärt wurde, die Hften. Böhmisch-Aicha und Friedstein entzogen und mittelst Urkunde K. Ferdinands II. vom 24. April 1623 seinem Vormund Albrecht Wenzel Eusebius Grafen von Waldstein und Herzog von Friedland, im Abschätzungswerthe von 118416 fl. 40 kr. rhein. als Eigenthum überlassen wurden. Nach dem Tode dieses Letztern, 1634, fielen seine Besitzungen an den königl. Fiscus, Böhmisch-Aicha aber wurde — „sammt allen von Alters her dazu gehörigen Appertinentien und den Lehngütern Liebenau, Drausendorf, Alt-Aicha, Domaslowitz, Krasau und Oberdörfel" — kraft eines von K. Ferdinand II. unterm 5. Juli 1636 ausgefertigten Schenkungsbriefes, dem Johann Ludwig Grafen von Isolan, k. Kriegsrath, Kämmerer, General und bestellten Obersten über die leichte Cavallerie, zur Belohnung seiner ausgezeichneten und treu geleisteten Kriegsdienste übergeben. Dieser blieb im Besitz der Herrschaft bis zu seinem Tode 1640, wo sie zufolge seines am 12. März dess. J. errichteten Testaments seinen zwei hinterlassenen Töchtern, Anna Maria Elisabeth und Regina, als gemeinschaftliches Eigenthum übergeben wurde. Nach dem Tode der ältern Tochter, welche mit einem Grafen von Saurau vermählt war, blieb vermöge Testaments vom 28. April 1648 ihre Schwester Regina alleinige Besitzerinn der Herrschaft Böhmisch-Aicha, schenkte dieselbe aber, da sie in den Orden der Augustinerinnen zu St. Jakob in Wien getreten und zur Aebtissinn daselbst erhoben worden war, mit allerhöchster Genehmigung vom 14. Mai 1653, diesem Kloster, bei welchem die Herrschaft bis zu seiner Aufhebung im J. 1782 als Eigenthum blieb, worauf es dem k. k. niederösterreichischen Religionsfonds zugewiesen wurde.

Nach einem aus der k. böhmischen Landtafel am 6. Aug. 1636 erhobnen, in der Oberamts-Registratur zu Böhmisch-Aicha abschriftlich aufbewahrten Auszug haben zu der Zeit, wo die Herrschaft dem Grafen Albrecht von Waldstein überlassen wurde, folgende Güter dazu gehört, welche derselbe nachher als Lehngüter an fremde Besitzer verliehen hat, nämlich:

Das Gut Liebenau erhielt Christoph Ebestein für 13475 fl. 17¾ kr.;

das Gut Drausendorf erhielt Christian von Waldstein für 15691 fl. 3½ kr.;

das Gut Alt-Aicha erhielt Caesar Gillo de Hungria für 15718 fl. 57½ kr.;

das G. Rowen erhielt Petro Ferrari für 21435 fl. 22½ kr.;

das G. Domaslowitz erhielt Paul Kornakan und Anna Susanna sein Weib für 16291 fl. 48¾ kr.;

die sechs Dörfer Bohdankow, Kohautowitz, Zdiarek, Unter-Wosek, Potrossowitz und Kozaurow erhielt Augustin Morando für 8196 fl. 30 kr.

Derselbe verkaufte sie nachher an Johann Kunesch, der sie noch im J. 1636 im Besitz hatte;

das Gut Ober-Siebendörfel erhielt Jakob Reinhard Heister für 9600 fl. — kr.;

das Gut Krassa erhielt Wolf Schleinitz; für wieviel? ist nicht angegeben.

Das Gut Klein-Sekel (vielleicht Klein-Skal) erhielt Niklaus de Tour für 20000 fl. — kr.

Von diesen sämmtlichen abverkauften Lehngütern wurden jedoch in den J. 1636 bis 1661 Liebenau, Rowen (Rowney), die Sechs-Dörfer und Sieben-Dörfel wieder mit der Hft. Böhmisch-Aicha und Friedstein vereinigt und gehören noch gegenwärtig dazu. (S. Landtäfl. Hauptbuch Litt. A. Tom. I. Fol. 41.)

Nach dem Katastral-Zergliederungssummarium vom J. 1832 enthielt das Dominium einen nutzbaren Flächeninhalt von 20802 Joch 16 □Kl., nämlich:

I. Herrschaft Böhmisch-Aicha und Friedstein.

	Dominicale.		Rusticale.		Zusammen.	
	Joch.	□Kl.	Joch.	□Kl.	Joch.	□Kl.
An ackerbaren Feldern	779	295	5520	169	6299	464
= Trischfeldern . . .	300	1570	2302	789	2603	759
= Wiesen	242	824	790	240	1032	1064
= Gärten	17	1105	192	266	209	1371
= Teichen mit Wiesen verglichen	22	823	—	—	22	823
= Hutweiden . . .	64	201	417	778	481	979
= Waldungen . . .	2498	1277	3725	158	6223	1435
Ueberhaupt	3925	1295	12947	800	16873	495

II. Gut Siebendörfel.

	Dominicale.		Rusticale.		Zusammen.	
	Joch.	□Kl.	Joch.	□Kl.	Joch.	□Kl.
An ackerbaren Feldern	6	81	942	489	948	570
= Trischfeldern . .	13	1553	734	814	748	767
= Wiesen	11	502	472	1127	484	29
= Gärten	4	433	144	449	148	882
= Hutweiden rc. . .	—	172	121	872	121	1044
= Waldungen . . .	737	1543	739	1086	1477	1029
Ueberhaupt	773	1084	3155	37	3928	1121
Hiezu Böhmisch-Aicha	3925	1295	12947	800	16873	495
Im Ganzen	4699	779	16102	837	20802	16

Wenn zu diesem nutzbaren Flächeninhalte ungefähr ⅙ desselben, oder 3467 Joch, auf die Fahrstraßen und Fußwege, und den von den Ortschaften eingenommenen Raum hinzugerechnet wird, so beträgt der gesammte Flächenraum des Dominiums 24269 Joch 16 □Kl. oder etwas mehr als 2⅘ niederösterr. □Meilen.

Die Oberfläche des Gebiets ist größtentheils gebirgig. Im nördlichen Theile streicht von Südosten nach Nordwesten in einer Länge von drei Meilen das Jeschkengebirge, welches die Wasserscheide zwischen dem Elbe- und Odergebiete bildet; doch gehört nur der südöstliche Theil davon zur Hft. Böhmisch-Aicha. Der höchste Punkt dieses Gebirgszuges ist der Jeschkenberg oder Jeschken, welcher nach Dr. Riemann 525,1 Wien. Klafter Meereshöhe hat, und von seinem Gipfel eine der herrlichsten Aussichten gewährt, die von vielen Naturfreunden selbst der der Schneekoppe im Riesengebirge vorgezogen wird. Der Blick umfaßt von dieser Höhe nicht nur den ganzen Bunzlauer Kreis und einen großen Theil vom Leitmeritzer, Rakonitzer, Kaurimer und Bidschower Kreise, sondern auch nach Norden und Nordwesten hin fast die ganze Ober-Lausitz. Nach Nordosten und Osten erheben sich die kolossalen Gestalten des Iser- und Riesengebirges. Der Gipfel des Jeschken ist wegen der zahllosen an seinen kahlen Abhängen zerstreuten Felsentrümmer sehr beschwerlich zu ersteigen. Er bildet eine ziemlich geräumige längliche Fläche, an deren etwas höherem östlichen Rande ein Kreuz aufgerichtet ist. Das südöstliche Ende des Jeschkengebirges ist der Raschen, welcher sich südwestlich gegen Wlketin, südlich gegen Scharing und östlich gegen Jerschmanitz abdacht. In Nordwesten verläuft sich seine flache Kuppe in den Kamm des Jeschkengebirges. Südöstlich schließt sich an den Raschen der Zaskaler Berg an und verläuft sich über das Dorf Zaskal in das Mohelka-Thal. Zwischen Friedstein und Klein-Skal erhebt sich der Friedstein oder Mandelberg, und ein wenig weiter südöstlich der Friedsteiner Schloßberg, welcher sich, nach allen Seiten steil abfallend, bis Klein-Skal an die Iser hinzieht.

Die Felsarten des Gebietes sind ziemlich mannichfaltig. Im südlichen Theile, am Fuße des Jeschkengebirges, herrscht die Quadersandstein-Formation, auf welcher hie und da noch Plänerkalk aufgelagert erscheint. Das aufgeschwemmte Land erstreckt sich oft in große Tiefe mit Kies und Gerölle, unter welchem deutlich die aus dem höhern Gebirge stammenden Gesteine, besonders mancherlei Geschiebe von Quarz, Achat und Jaspis, zu erkennen sind. Bei Liebenau erscheint in den Thaldurchrissen der Quadersandstein in seinen ihm eigenthümlichen steilen Felswänden, und nördlich davon, wo das Gebirge sich zu erheben beginnt, findet er sich in ungeheuren grotesken, abgerundeten Felspfeilern, gleichsam an den Fuß des Gebirges angelehnt. Hinter diesen Pfeilern und Wänden sieht man im Gebirge aufwärts die Glieder der rothen Sandstein-Formation in großer Mannichfaltigkeit entwickelt. Zunächst dem Quadersandstein trifft man auch den rothen, hie und da thonigen Porphyr, nördlich von Liebenau bis gegen Zaskal und Scharingen hinauf, dann bei diesen Orten den Mandelstein mit seinen innliegenden Quarz- und Achatknollen von Nuß- bis Kopfgröße, welches Gebilde bis gegen Jaberlich fortsetzt und hauptsächlich am Raschen die herrschende Felsart ausmacht. Auf dieses folgt nördlich vom Zaskaler Berge das Conglomerat des rothen Sandsteines in einem schmalen Striche auf den talkartigen Urthonschiefer des Jeschkengebirges aufgelagert, welcher letztere bei Jerschmanitz, nördlich von Jaberlich, und bei Schimsdorf als die herrschende Felsart dieses Gebirgszuges erscheint. Der Gipfel des Jeschken selbst wird durch ein ungeheuer mächtiges, stockförmiges Lager von Quarzschiefer gebildet, welcher in minder mächtigen Lagern auch noch hie und da im Thonschiefer erscheint, so wie sich auch hier die, dieser Formation eigenthümlichen, Lager von körnigem Kalkstein, bei Jerschmanitz und Schimsdorf vorfinden. Noch weiter nördlich, jenseits der Wasserscheide des Gebirgsrückens, bei Langenbruck und Kohlstadt, wird die Schiefer-Formation durch den Granit des Isergebirges verdrängt. — Bei Friedstein werden die grotesken Felswände von Quadersandstein gebildet, unter welchem auch hier von den Gliedern der rothen Sandstein-Formation hauptsächlich der obenerwähnte Mandelstein sich einfindet.

Das vorzüglichste Gewässer ist der Mohelka-Bach, welcher, aus Osten von der Hft. Swigan kommend, das hiesige Gebiet östlich vom Dorfe Burschen betritt, sich hier nach Süden wendet, östlich von Liebenau vorbei wieder auf das Swiganer Gebiet übergeht, dann eine westliche Richtung annimmt und über Trawnicek nach Liebitsch geht. Hier empfängt er den aus Norden vom Jeschkengebirge über Böhmisch-Aicha, Laukowicek und Bohumlk herabkommenden Jeschkenbach (auch die Kleine Mohelka genannt) und geht nun wieder südlich, um bei Mohelnitz (Hft. Münchengrätz) in die Iser zu fallen. Die Letztere berührt das hiesige Gebiet nur an seiner östlichen Gränze, in einer Länge von ¾ Meilen, von Wranowey bis unterhalb Rakaus. Bei Böhmisch-Aicha nimmt der Jeschkenbach das aus Nordosten vom Berge Raschen kommende Raschen-Bachel auf. Oberhalb Johannesthal entspringt am Jeschkengebirge die Pulsnitz (gewöhnlich der Polzen genannt, welcher jedoch erst bei Niemes diesen Namen erhält und hier gleichfalls der Jeschkenbach genannt wird), nimmt ihren Lauf nach Westen, an der Nordseite von Oschitz und durch Kunnersdorf, und geht dann weiter auf das Gebiet der Hft. Wartenberg. Alle diese Gewässer gehören zum Gebiete der Elbe. In die Oder geht die Neiße, welche auf der Hft. Morchenstern entspringt, aber nur unterhalb Gablonz auf eine kurze Strecke das hiesige Gebiet betritt, indem sie durch Maffersdorf und einen Theil von Dörfel läuft, und dann auf die Hft. Reichenberg geht. Sie empfängt das im hiesigen Jerschmanitzer Forstreviere entspringende Gränzbachel, das aus der Waldstrecke Dürrenberg kommende durch Dörfel gehende Maffersdorfer Bachel und aus der Waldstrecke Spitzberg das Bächelchen Buschfloß.

Die in dem obigen Verzeichniß mit 22 Joch 823 □Kl. angeführten 10 Teiche sind schon seit dem J. 1812 in Felder und Wiesen verwandelt worden.

Die Bevölkerung des ganzen Dominiums (ohne die Schutzstadt Böhmisch-Aicha) betrug im J. 1830: 19914 Seelen. Die Einwohner sind, mit Ausnahme von 3 israel. Familien in Böhmisch-Aicha, sämmtlich Katholiken. In den Ortschaften Puletschney, Liebenau, Zaskal, Fiebig, Dörfel, Maffersdorf, Burschen, Jaberlich, Scharingen, Kohlstadt, Schimsdorf, Jerschmanitz, Langenbruck, Sabert,

Wlachey, Böhmisch-Aicha, Oschitz und Kunnersdorf ist die teutsche Sprache die herrschende, in allen übrigen aber die böhmische.

Die Einwohner der böhmischen Ortschaften ernähren sich größtentheils vom Feldbau und von der Spinnerei; in den Städtchen aber und in den teutschen Ortschaften sind neben dem Feldbau verschiedene Gewerbe, zum Theil auch Handel und Frachtfuhrwerk, die Nahrungsquellen. In Böhmisch-Aicha und Liebenau ist die Tuchmacherei und in den Dörfern des Gutes Siebendörfel die Leinweberei das bedeutendste Gewerbe.

Der Feldbau wird durch den größtentheils aus Kies und Sand bestehenden Boden nur schwach begünstigt und der Ertrag desselben erhebt sich nur bei einigen Ortschaften bis zum Mittelmäßigen. Man baut hauptsächlich Korn, Haber, Erdäpfel und Flachs. Gerste wird in geringer Menge und Waizen nur bei Böhmisch-Aicha gebaut. Auch die Obstkultur ist im Ganzen von keiner Erheblichkeit.

Der landwirthschaftliche Viehstand der Unterthanen (die Obrigkeit betreibt keine eigne Oekonomie) war (ohne die Städte Böhmisch-Aicha und Liebenau) am 30. April 1833: Pferde 413 (389 Alte, 24 Fohlen); Rindvieh 3828 Stück (16 Zuchtstiere, 11 junge St., 2679 Kühe, 843 Kalbinnen, 256 Zugochsen, 21 junge O.); Schafe 37 (24 Alte, 13 Lämmer).

Am bedeutendsten ist, wie diese Uebersicht zeigt, die Rindviehzucht, höchst unbedeutend die Schafzucht. Die zur Wirthschaft nöthigen Pferde werden auf den nächsten Viehmärkten gekauft. In Liebenau wurde sonst ziemlich viel Bienenzucht getrieben; diese hat aber schon seit längerer Zeit ebenfalls abgenommen.

Zum Betriebe der obrigkeitlichen Oekonomie dienten ehemals 11 Maierhöfe, nämlich der Schloß- und der Vorstädter Maierhof zu Böhmisch-Aicha, dann die Höfe zu Alt-Aicha, Rowney, Wesetz, Hawlowitz, Budikow, Rakaus, Wlčetin, Maltschitz und Villey. Aber schon im J. 1779 wurden alle diese Maierhöfe den Unterthanen in Erbpacht überlassen, und die Obrigkeit behielt nur vom Schloßhofe einige Grundstücke für sich, welche gegenwärtig theils den obrigktl. Wirthschaftsbeamten zum Genuß angewiesen, größtentheils aber zeitweilig verpachtet sind.

Die Waldungen der Obrigkeit und der Unterthanen, welche zusammen einen Raum von 7701 Joch 864 □Kl. einnehmen und mehr als $\frac{1}{4}$ der ganzen nutzbaren Fläche des Dominiums ausmachen, sind in vier große Reviere getheilt, nämlich: das Böhmisch-Aicher mit der Sedlisker Abtheilung, 3304 J. 607 □Kl., das Friedsteiner, 1558 J. 337 □Kl., das Jerschmanitzer, 1477 J. 1029 □Kl. und das Jeschkener Revier mit der Oschitzer Abtheilung, 1361 J. 441 □Kl. Sie enthalten größtentheils Tannen, Fichten und Kiefern, nebst einigen Birken- und Buchenbeständen. Der jährliche Ertrag wird zu $183\frac{27}{64}$ Kl. harten und $4972\frac{23}{64}$ Kl. weichen Holzes angegeben, reicht aber zur Deckung des einheimischen Bedarfs nicht hin, so daß noch jährlich von den angränzenden Herrschaften Reichenberg, Wartenberg, Swigan und Groß-Rohosetz mehre Tausend Klafter zugekauft werden müssen.

Der Wildstand ist unbedeutend. Im Jeschkner Revier befindet sich einiges Hoch- und Rehwild; die übrigen Reviere enthalten bloß Hasen und Rebhühner.

Mit Gewerbs-Industrie und Handel waren am Anfange des J. 1832 auf dem ganzen Dominium 370 Meister und Gewerbsherren, 82 Gesellen, 65 Lehrlinge, und 867 andere Hilfsarbeiter, zusammen 1384 Personen beschäftigt. Vorzügliche Erwähnung verdienen folgende k. k. privilegirte Fabriken: a. die Kattun- und Leinwanddruck-Fabrik des Franz Sluka in Böhmisch-Aicha, mit 120 Personen; b. die Baumwollgarn-Maschinenspinnerei des Joseph Ludwig in Dörfel mit 20 Pers.; c. zwei Schafwoll-Maschinenspinnereien, ebendaselbst, mit 60 Pers.; und d. die Schafwoll-Maschinenspinnerei des Joseph Hübner in Maffersdorf, mit 20 Pers. Unter den Uebrigen zählt man folgende Meister und andere Gewerbsbefugte: 33 Bäcker, 35 Bierschänker, 7 Blaufärber, 8 Faßbinder, 5 Flachs- und Garnhändler, 27 Fleischhauer, 6 Gastwirthe, 2 Gelbgießer, 6 Gemüshändler, 2 Glaser, 2 Gold- und Silberarbeiter, 7 Griesler, 1 Gürtler, 2 Hutmacher, 8 Kürschner, 3 Lebzelter, 653 Leinwand-, Kattun- und Kunstweber, 5 Lohgärber, 3 Maurermeister, 30 Müller, 1 Nagelschmidt, 1 Posamentier, 1 Rauchfangkehrer, 3 Riemer, 2 Sattler, 7 Schlosser, 20 Schmiedte, 39 Schneider, 1 Schnürmacher, 77 Schuhmacher, 6 Seifensieder, 8 Seiler, 3 Steinmetze, 1 Steinschneider, 10 Strumpfwirker, 12 Tischler, 8 Töpfer, 18 Tuchmacher, 3 Tuchscheerer, 1 Tuchwalker, 6 Wagner, 1 Wappenschneider, 5 Weißgärber, 3 Wollenzeugweber, 1 Ziegelstreicher und 4 Zimmermeister (10 Gesellen).

Außerdem gehörten zum Handelsstande 8 gemischte Waarenhandlungen, nebst 22 Krämern und Hausirern.

Der Verkehr auf den Jahrmärkten zu Böhmisch-Aicha, Oschitz und Liebenau ist sehr lebhaft. Die Zahl der Gewölbe, Buden und Stände beläuft sich zusammen auf 500. Das Nähere wird bei der Beschreibung dieser Ortschaften angegeben werden.

Das Sanitäts-Personale besteht aus 4 Wundärzten (1 in Böhmisch-Aicha, 1 in Oschitz und 2 in Liebenau), 14 Hebammen (2 in Böhmisch-Aicha, 3 in Maffersdorf, die übrigen in Oschitz, Kunnersdorf, Hawlowitz, Wlčetin, Ratschan, Smřow, Langenbruck, Jerschmanitz und Dörfel) und 1 Apotheker (in Böhmisch-Aicha).

Zur Unterstützung der Armen besteht zuvörderst schon seit älterer Zeit ein obrigkeitl. Spital im Schloßbezirk des Städtchens Böhmisch-Aicha, dessen vom Oberamte verwaltetes Stammvermögen am Anfange des Jahres 1832: 383 fl. 15½ kr. Conv. Mze. und 6343 fl. 25¾ kr. W. W. betrug. Von den Zinsen desselben, pr. 16 fl. 30 kr. Conv. Mze. und 256 fl. 55 kr., werden 6 Pfründler unterhalten. Außerdem besteht für das Dominium ein gemeinschaftliches Armen-Institut mit einem Stammvermögen von 4081 fl. 3¼ kr. W. W., und einer Einnahme im J. 1832 von 976 fl. 44 kr., worunter sich allein 647 fl. 54 kr. an gesammelten milden Beiträgen befanden. Die Zahl der zu betheilenden Armen war 38. Die Zeit der Gründung dieses Instituts ist urkundlich nicht bekannt; die älteste vorhandene Rechnung ist vom J.

1800 und weist ein Vermögen von 137 fl. 3. kr. aus, welches späterhin durch Vermächtnisse von Wenzel Paul, mit 50 fl., Josepha Menger, mit 171 fl. 2 kr., Johann Wenzel Hansel mit 500 fl. und Franz Uhlik mit 300 fl. W. W. vergrößert wurde.

Den Verkehr mit den benachbarten Ortschaften befördert zunächst die durch das Städtchen Liebenau über die Dörfer Zaskal, Langenbruck und Dörfel führende Post- und Commerzial-Straße von Jung-Bunzlau nach Reichenberg. Außerdem sind von Böhmisch-Aicha nach Liebenau und Oschitz wohlunterhaltene Communications-Straßen hergestellt worden, und auch die Friedsteiner Dörfer stehen durch gute Fahrstraßen mit der Reichenberger Hauptstraße in Verbindung. In Liebenau ist eine k. k. Post, und in Böhmisch-Aicha zu Handen derselben eine Briefsammlung.

Zur Hft. Böhmisch-Aicha gehören folgende Ortschaften:

1. Böhmisch-Aicha (Böhmisch-Eiche, Česky Dub, in der Volkssprache nur Eiche oder Dub), 11 Meilen von Prag und 4 Meilen von Jung-Bunzlau, am rechten Ufer des Jeschkenbaches, Municipal-Stadt mit 2 Vorstädten und dem Schloßbezirk, zusammen 207 H. mit 1306 E., (worunter 3 Israel.-Familien). Davon gehört der Schloßbezirk, 43 H. mit 271 E., unmittelbar zur Hft. Die eigentliche Stadt ist mit Mauern umgeben, und hat nebst den Vorstädten ihr eignes Stadtgericht, mit 1 Stadtrichter und 1 geprüften Grundbuchführer, steht aber im Uebrigen unter der Gerichtsbarkeit des obrktl. Wirthschaftsamtes. Das Wappen der Stadt enthält eine Eiche im silbernen Felde. Den sich unmittelbar an den ö. Theil der Stadt anschließenden Schloßbezirk bildet das obrktl. Schloß (ehemals Raben genannt, welche Benennung aber jetzt nicht mehr im Gebrauch ist) mit den Kanzleien und Wohnungen des Oberamtmanns und mehrer andern Beamten, die Dechantei, das Spital (s. oben), das Bräuh. (auf 28 Faß), das Branntweinh., die Kattunfabrik (s. oben) 2 Mühlen, 1 Tuchwalke und 26 Dominikal-Häuser. Das Schloß ist im J. 1564, wie das über dem Eingange befindliche Wappen zeigt, von den Freiherren von Oppersdorf erneuert und später durch eine Kapelle unter dem Titel des heil. Johann von Nepomuk vergrößert worden. Daß es, wie Backler in seiner Geschichte der Herren von Howora anführt, im J. 1140 durch die angeblich mit diesem Geschlechte verwandt gewesenen Herren von Berka erbaut worden sey, und zwar zur Verewigung der tapfern That jenes Howora, welcher den Herzog Jaromir von dem Eichenbaume rettete, woran die Wrschowetze ihn festgebunden hatten und ihn ermorden wollten, wird von Schaller (a. a. O. S. 230 u. f.) aus dem Grunde bezweifelt, weil von dem Vorhandenseyn des Berkischen Geschlechts im XII. und XIII. Jahrh. keine sichern Spuren bei den böhm. Geschichtsschreibern gefunden werden sollen. Die Stadt hat ein eignes Rathhaus, mit zwei Inschriften rechts und links über dem Eingange, welche die Jahrszahl 1565 enthalten. Auf der Mitte des Stadtplatzes steht eine im J. 1723 zu Ehren der heil. Jungfrau und der heiligen Florian, Johannes, Franz und Rochus von der Stadtgemeinde errichtete Bildsäule. Die Privilegien der Stadt betreffen das Recht der Jahrmärkte, des Wein- und Branntweinschankes. Die Dechanteikirche, unter dem Titel des heil. Geistes, welche nebst der Schule unter dem Patronate der Obrkt. steht, wurde im XIV. Jahrh., den Errichtungsbüchern zufolge, von den hier gestifteten Geistlichen des Maltheserordens

verwaltet, welche am Anfange des XV. Jahrhunderts durch die Herren Johann Lukak von Stakošec, Heinrich Blekta von Utiechowitz und Peter Tista von Albrechtitz mit ansehnlichen Einkünften beschenkt, im J. 1421 aber von den Hussiten vertrieben wurden. (S. Schaller, S. 233.). Die 4 Glocken der Kirche wurden nach der im J. 1694 erfolgten Feuersbrunst auf Kosten der Aebtissinn des Klosters zu St. Jakob in Wien, Marie Kunigunde Hildebrand, als damaliger Patroninn der Kirche, wieder neu gegossen. Die eingepfarrten Ortschaften sind, außer der Stadt Böhmisch-Aicha selbst, Alt-Aicha (der Theil, welcher zur Hft. Böhmisch-Aicha gehört), Villey, Bohumlk, Bzoweg, Chwalkowitz, Dechtar, Janowitz, Katharinfeld, Klamorna, Klein-Aicha, Kněschitz, Laukowiček, Letakowitz (Filialkirche), Liebitsch, Podgestřab, Podhor, Radwanitz, Raschen, Rowney, Schellwitz, Smřow, Trawniček, Wesetz, Mlčetin und Worklewitz, nebst den zu diesen Dörfern conscribirten Einschichten. Außer dieser Dechanteikirche besitzt Böhmisch-Aicha noch eine Begräbnißkirche unter dem Titel der heil. Dreifaltigkeit. Derjenige Theil der Einw., welcher Landwirthschaft treibt, besaß am 30. April 1833: 7 Pferde (6 Alte, 1 Fohlen) und 200 Stück Rindvieh (1 Zuchtstier, 147 Kühe, 39 Kalbinnen, 9 Zugochsen, 4 junge Ochsen). Unter den übrigen Einwohnern sind 373 Gewerbs- und 9 Handelsleute. Man zählt im Einzelnen 204 Meister und andere Gewerbsbesitzer, 39 Gesellen, 12 Lehrlinge und 128 Hilfsarbeiter. Die größte Zahl davon beschäftigt die schon in der allgemeinen Uebersicht erwähnte k. k. priv. Kattun-Fabrik. Nächst derselben befinden sich hier 88 Leinwand-, Kattun- und Kunstweber, 15 Tuchmacher- und 24 Schuhmachermeister, nebst 9 Handelsleuten. Die Stadt hält 5 Jahrmärkte (an den Dienstagen nach Ostern, Pfingsten, Bartholomäi, vor Galli und am 1. Dienst. im Advent), mit 44 Buden und Ständen für Schnittwaaren, 14 für Galanteriewaaren, 5 für Eisenwaaren, 3 für Glaswaaren, 30 für Lederartikel, 23 für Tuch und andere Wollenwaaren, 27 für verschiedene sonstige Krämerwaaren. Auch sind damit Viehmärkte verbunden. Von der Bewilligung, Wochenmärkte auf Getraide ꝛc., zu halten, hat die Stadt noch keinen Gebrauch gemacht. — 2. Oschitz (in der Volkssprache Ospitz, ehemals auch Olschwitz, böhm. Osečno oder Wosečno, welches wahrscheinlich von osekat, abhauen oder ausrotten, herkommt, weil bei der Anlage des Ortes die Waldungen ausgerottet wurden), $1^1/_2$ St. nw. von Böhm.-Aicha, an der Pulsnitz (Polzen), Municipal-Städtchen von 141 H. mit 950 E., hat sein eignes Stadtgericht, mit 1 Stadtrichter und 1 Stadtschreiber, gehört aber sonst zur Gerichtsbarkeit des Dominiums. Die hiesige Pfarrkirche unter dem Titel des heil. Veit, steht, nebst der Schule, unter dem Patronate der Obrkt. und hatte schon 1384 ihren eignen Seelsorger, welcher im Hussitenkriege vertrieben wurde. Nach dem noch vorhandnen alten Gedenkbuche der Stadt wurde der Grundstein zur jetzigen Kirche am 8. April 1565 durch Karl von Bieberstein gelegt, und dieser auf seine Kosten geführte Bau im J. 1568 vollendet. Der Thurm aber ist erst 1619 hinzugefügt worden. Bei der im J. 1825, am 14. Juni, ausgebrochnen Feuersbrunst, welche 23 Bürgerhäuser und die Pfarrwohnung mit dem Kirchen-Archiv gänzlich einäscherte, wurde auch der Thurm dieser Kirche nebst den Glocken zerstört; doch ist seitdem Alles wieder neu erbaut worden. Die eingepfarrten Ortschaften sind nebst Oschitz selbst, die zum hiesigen Dom. gehörigen Dfr. Kunnersdorf, Sabert und Wlachey, dann die frdhftl.: Merzdorf, Drausendorf, Johannesthal, Kessel und Kühthal (Hst. Niemes) und Krassa (Hst. Wartenberg). Unter den Einw. des Städtchens sind 173 Gewerbsleute, nämlich 152 Meister und andere Gewerbsbefugte (darunter 3 Müller und 97 Leinwand- und Kattunweber), mit 14 Ges. und 7 Lehrl.; außerdem 7 Handelsleute. Das Städtchen darf 3 Jahrmärkte halten (am 4. Montage im Fasching, am Mont. nach St. Veit und an Ursula), auf welchen in 40 Buden und Ständen Schnittwaaren, in 26 Tuch und andere Wollenartikel, in 10 Galanteriewaaren, in 8 Eisenwaaren, in 4 Glaswaaren, in 19 Lederartikel, in 10 Töpfergeschirr und in 30 verschiedene andere Krämerwaaren feilgeboten werden. Auch sind Viehmärkte damit verbunden. Die Wochenmärkte werden von den Einw. des Dom., so wie von den Hsten. Niemes, Wartenberg, Münchengrätz und Swigan, mit Getraide, Erbsen, Linsen, Mohn, Mehl, rc. versorgt. — 3. Billey (Bileg, Bila), $1/2$ St. ö. von Böhmisch-Aicha, D. von 46 H mit 330 E., ist nach Böhmisch-Aicha eingepf. und hat 1 böhm. Schule; $1/4$ St. n. liegen 2 Chaluppen, Piska oder na Piskách genannt — 4. Bohumlč, $1/2$ St. ssw. von Böhmisch-Aicha, am Jeschkenbache, D. von 20 H. mit 156 E., nach Böhmisch-Aicha eingepf., hat 1 Mahl- und Brettm. — 5. Bzowey (Bzoweg), $3/4$ St. sw. von Böhmisch-Aicha, D. von 22 H. mit 138 E., nach Böhmisch-Aicha eingpf. Dazu sind conscribirt die Einschichten Radlitz, $1/8$ St. sw., 3 H. mit 19 E., und Potočina, $1/8$ St. s., 4 H. mit 25 E. — 6. Chwalčowitz, $3/4$ St. sö. von Böhmisch-Aicha, D. von 15 H. mit 90 E., nach Böhmisch-Aicha eingepf. — 7. Dechtar, 1 St. sö. von Böhmisch-Aicha, am rechten Ufer des Mohelka-Baches, D. von 16 H. mit 98 E., nach Böhmisch-Aicha eingepf. — 8. Janowitz, $1 1/2$ St. ssw. von Böhmisch-Aicha, am rechten Ufer des Mohelka-Baches, D. von 7 H. mit 52 E., nach Böhmisch-Aicha eingepf.; dazu gehört die Einschicht Krastina, $1/8$ St. n., 3 H. mit 21 E. — 9 Katharinsfeld, $1/4$ St. ö. von Böhmisch-Aicha, ein im J. 1780 auf den erbpächtlich vertheilten Gründen des Maierhofs Sobotitz entstandenes Dominikal-Dörfchen von 9 H. mit 59 E., nach Böhmisch-Aicha eingepf. — 10. Klamorna, $3/4$ St. sö. von Böhmisch-Aicha, Dörfchen von 7 H. mit 51 E., nach Böhmisch-Aicha eingepf. — 11. Klein-Aiche, $1/4$ St. n. von Böhmisch-Aicha, D. von 12 H. mit 81 E., nach Böhmisch-Aicha eingepf. — 12. Knežitz, $1/4$ St. w. von Böhmisch-Aicha, D. von 23 H. mit 162 E., nach Böhmisch-Aicha eingepf. — 13. Laukowiček, $1/2$ St. s. von Böhmisch-Aicha, am Jeschkenbache, D. von 12 H. mit 89 E., nach Böhmisch-Aicha eingepf. — 14. Letařowitz, $3/4$ St. s. von Böhmisch-Aicha, am rechten Mohelka-Ufer, D. von 25 H. mit 142 E., ist nach Böhmisch-Aicha eingepf., hat 1 Filialkirche unter dem Titel des heil. Jakob, welche 1384 eine Pfarrkirche war und gegen das J. 1740 neu erbaut worden ist; die große Glocke hat die Jahrsz. 1567; auch ist hier 1 böhm. Schule und 1 Mhl. — 15. Liebitsch (Libič), 1 St. ssw. von Böhmisch-Aicha, am Jeschkenbache, der hier in den Mohelka-Bach fällt, D. von 16 H. mit 97 E., nach Böhmisch-Aicha eingepf. Dazu gehört die $1/4$ St. w. gelegne Einschichte Podprdy oder Podgestkab, 7 H. mit 44 E., worunter 1 Schmiedte. — 16. Podhor, $1 1/4$ St. ssw. von Böhmisch-Aicha, am rechten Ufer des Mohelka-Baches, Dfch. von 9 H. mit 46 E., nach Böhmisch-Aicha eingepf., hat 1 Wirthsh. und 1 Mhl. mit Brettsäge. — 17. Radwanitz, 1 St. s. von Böhmisch-Aicha, D. von 10 H. mit 51 E., nach Böhmisch-Aicha eingepf. — 18. Ratschan oder Ratschen, $1/2$ St. ssö. von Böhmisch-Aicha, D. von 30 H. mit 203 E., nach Böhmisch-Aicha eingepf. — 19. Rowney

(Nowien), $^{1}/_{2}$ St. wsw. von Böhmisch-Aicha, D. von 29 H. mit 235 E., nach Böhmisch-Aicha eingepf.; dazu gehören die Einschichten Čihablo, $^{1}/_{8}$ St. sw., 5 H. mit 40 E., und Bratřikow, $^{1}/_{8}$ St. ss., 8 H. mit 67 E. — 20. Schelwitz oder Schellwitz, $^{3}/_{4}$ St sw. von Böhmisch-Aicha, D. von 27 H. mit 199 E., theils nach Böhmisch-Aicha, theils nach Hlawitz (Hft. Münchengrätz) eingepf., hat 1 böhmische Schule. — 21. Smřow, $^{3}/_{4}$ St. nw. von Böhm.-Aicha, unweit der s. g. Teufelsmauer (s. Hft. Hirschberg), D. von 27 H. mit 207 E., nach Böhmisch-Aicha eingepf. — 22. Wesetz (oder Wàsetz), 1 St. sö. von Böhmisch-Aicha, D. von 12 H. mit 60 E., theils nach Böhmisch-Aicha, theils nach Liebenau eingepf. — 23. Wlčetin, $^{3}/_{4}$ St. nnö. von Böhmisch-Aicha, D. von 33 H. mit 225 E., nach Böhmisch-Aicha eingepf. Dazu gehört der jetzt in 4 Theile zerstückelte Freibauerhof Luhow (oder Luchow), $^{1}/_{4}$ St. osö. Auf der Anhöhe oberhalb Wlčetin werden Carneole, Chalcedone rc. gefunden. — 24. Worklewitz, 1 St. ssö. von Böhmisch-Aicha, Dfch. von 6 H. mit 36 E., nach Böhmisch-Aicha eingepf. — 25. Kunnersdorf, $1^{3}/_{4}$ St. nw. von Böhmisch-Aicha, an der Pulsnitz (Polzen), sich an das w. Ende des Städtchens Oschitz anschließend, D. von 98 H. mit 634 E., worunter 44 Leinweber, nach Oschitz eingepf. Es wurde ehemals als ein Theil dieses Städtchens betrachtet, und hieß Nieder-Oschitz. Auf einem der Gemeinde gehörigen Grunde wird Torf gegraben. — 26. Budikow (Budichow), $^{3}/_{4}$ St. w. von Böhmisch-Aicha, D. von 31 H. mit 242 E., nach Hlawitz (Hschft Münchengrätz) eingepf. — 27. Lesnow (oder Groß-Lessel), 1 St. wsw. von Böhmisch-Aicha, D. von 27 H. mit 192 E., nach Hlawitz eingepf. — 28. Beneschowitz, $1^{1}/_{2}$ St. sw. von Böhmisch-Aicha, Dfch. von 9 H. mit 78 E., nach Hlawitz eingepf. — 29. Kobil (oder Kobyla), $1^{1}/_{4}$ St. s. von Böhmisch-Aicha, D. von 30 H. mit 190 E., nach Laukow (Hft. Swigan) eingepf. — 30. Sedlisko, 1 St. sö. von Böhmisch-Aicha, Dfch. von 7 H. mit 60 E., nach Lastiboritz (Hft. Swigan) eingepf. — 31. Potroschowitz (Potrossowice), 1 St. s. von Böhmisch-Aicha, an der Straße nach Liebenau, D. von 42 H. mit 274 E., ist nach Liebenau eingepf., und hat eine im J 1803 auf Kosten des von hier gebürtigen k. k. Hauptmanns Anton Gyru erbaute Filialkirche zum heil Isidor, die aber als unvollendet zur Abhaltung des Gottesdienstes noch nicht verwendet werden konnte. — 32. Kohautowitz, 1 St. osö. von Böhmisch-Aicha, D. von 14 H. mit 84 E., nach Liebenau eingpf., hat 1 Mhl. — 33. Kotzaurow (Kocaurow), 1 St. sö. von Böhmisch-Aicha, Dfch. von 7 H. mit 47 E., nach Liebenau eingepf. — 34. Bochdankow (Bohdankow), 1 St. nö. von Böhmisch-Aicha, D. von 17 H. mit 100 E., nach Liebenau eingepf. — 35. Kaschkowitz, $2^{1}/_{4}$ St. osö. von Böhmisch-Aicha, D. von 12 H. mit 69 E.; nach Jentschowitz (Hschft. Groß-Rohosetz) eingepf. — 36. Raudney, $2^{1}/_{2}$ St. osö. von Böhmisch-Aicha, D. von 22 H. mit 165 E, nach Jentschowitz eingpf. — 37. Woděrad, $2^{3}/_{4}$ St. osö. von Böhmisch-Aicha, D. von 27 H. mit 194 E., nach Jentschowitz eingepf. Dazu gehört die Chaluppe Podzamkem („unter dem Schlosse"), $^{1}/_{4}$ St. ö. am Fuße des Friedsteiner Berges. — 38. Křižek, 3 St. sö. von Böhmisch-Aicha, am rechten Ufer der Iser, Dfch. von 3 H. mit 17 E., nach Jentschowitz eingepf. — 39. Zabořj, $2^{3}/_{4}$ St. sö. von Böhmisch-Aicha, unweit vom rechten Iserufer, an der Straße von Groß-Rohosetz nach Klein-Skal, D. von 19 H. mit 159 E., nach Jentschowitz eingepf. — 40. Borek, $2^{3}/_{4}$ St. sö. von Böhmisch-Aicha, unweit vom Vorigen in derselben Lage, Dfch. von 6 H. mit

40 E., nach Jentschowitz eingepf.; 1/8 St. s. liegen die 2 Chaluppen Paseka (oder w Pasekách). — 41. Horek (auch Hork und Horka), in der Nähe des Vorigen, Dsch. von 6 H. mit 38 E., nach Jentschowitz eingepf. — 42. Slap (auch Slapa), 2½ St. sö. von Böhmisch-Aicha, unweit des Wasowetzer Baches (s. die allgem. Uebersicht der Hft. Groß-Rohosetz), Dsch. von 8 H. mit 53 E., nach Jentschowitz eingepf.; hat 2 Mhl. w. vom Orte. — 43. Wondřechowitz (oder Wondřekowitz), unweit n. vom Vorigen, Dsch. von 9 H. mit 66 E., nach Jentschowitz eingepf. — 44. Rakaus, 3 St. sö. von Böhmisch-Aicha, am linken Iseruser, D. von 29 H. mit 191 E., nach Lautschek (Hft. Groß-Rohosetz) eingepf. Dazu gehört die Mühle Bethlehem und die einschichtige emph. Wirthschaft Hutmutie. — 45. Pulatschney (oder Poletschney, Polečneg), 2¾ St. s. von Böhmisch-Aicha, zu beiden Seiten des Mohelka-Baches, welcher unweit von hier entspringt, langgestrecktes D. von 133 H. mit 857 E., nach Reichenau (Hft. Swigan) eingepf., hat 1 Mhl.

Folgende Ortschaften gehören zum G. Siebendörfel:

46. Jaberlich (Jawornik, Gawornik), 1½ St. nö. von Böhmisch-Aicha, am s. Abhange des Raschenberges, D. von 52 H. mit 377 E., nach Langenbruck eingpf. — 47. Saskal, Zaskal, 1½ St. onö. von Böhmisch-Aicha, an der Reichenberger Straße, D. von 72 H. mit 495 E., worunter an 70 Leinweber, nach Liebenau eingepf., hat 1 Mhl. — 48. Scharingen oder Scharing (Ždiarek), 1¼ St. nö. von Böhmisch-Aicha, am s. Abhange des Raschenberges, D. von 32 H. mit 188 E., nach Liebenau eingepf. — 49. Burschen (Burschin), 1¾ St. onö. von Böhmisch-Aicha, unweit der Reichenberger Straße, D. von 16 H. mit 113 E., nach Liebenau eingepf. — 50. Jerschmanitz (Germanice), 1¾ St. nö. von Böhmisch-Aicha, D. von 228 H. mit 1640 E., worunter an 100 Leinweber, wird in Ober- und Nieder-Jerschmanitz eingetheilt, und hat in der Mitte zwischen beiden eine Lokaliekirche zur heil. Anna, welche zuerst im J. 1772 auf Kosten des Gemeinderichters Anton Brosche und mehrer andern Wohlthäter als eine kleine Kapelle erbaut, im J. 1782 zur Lokaliekirche erhoben, und im J. 1816 durch einen Glockenthurm auf obrktl. Kosten vergrößert und verschönert worden ist. Sie steht nebst der Schule unter dem Patronate der Obrkt. Die beiden Glocken stammen aus der aufgehobnen Kirche des Berges Pösig (s. Hft. Hirschberg), und sind von der hohen Landesstelle der hiesigen Kirche geschenkt worden. Außer Jerschmanitz selbst ist nur das D. Kohlstadt hieher eingepf. Von Jerschmanitz gehören aber 24 H. zur Lokalie-Kirche in Langenbruck. Am s. Ende des Dorfes ist 1 Mhl. Ober-Jerschmanitz zieht sich bis Langenbruck aufwärts, und besteht aus 2 Reihen zum Theil zerstreuter Häuser, wovon die ö. der Viebig (Viehweide), die w. der Baierberg genannt wird, weil die Baiern im J. 1779 hier ein Lager aufgeschlagen hatten. Nieder-Jerschmanitz schlängelt sich ebenfalls zerstreut bis zur Mühle am Mohelka-Bache hinab. Aufwärts am Berge liegt an der Reichenberger Straße das einzelne Haus am Ausgespann, deßhalb so genannt, weil die Fuhrleute der hiesigen Gegend hier auszuspannen pflegen, die Wagen stehen lassen, und das Vieh zur Abfütterung nach Hause führen. — 51. Kohlstadt (richtiger Kohlstatt, weil ehemals hier viel Kohlen gebrannt wurden), 2¼ St. nö. von Böhmisch-Aicha, am Fuße des Spitzberges, D. von 25 H. mit 201 E., nach Jerschmanitz eingpf., hat eine kleine Kapelle unter dem Titel der Schmerzhaften Mutter Gottes. Am Fuße des genannten Berges zeigt man den Kaiserstein, einen Felsblock, auf welchem K. Joseph II.,

als 1779 im Baierischen Erbfolge-Kriege hier Verschanzungen errichtet wurden, auszuruhen pflegte. — 52. Langenbruck, $1^{3}/_{4}$ St. nö. von Böhmisch-Aicha, am s. Fuße des Jeschkengebirges und an der Reichenberger Straße, weitläufiges D. von 183 H. mit 1366 E., worunter viel Leinweber, Leinwand- und Garnhändler, hat eine im J. 1787 errichtete und neu erbaute Lokaliekirche zum heil. Laurentius, welche nebst der Schule unter dem Patronate der Obrkt. steht. Eingepf. sind, außer Langenbruck selbst, die Dfr. Schimsdorf, Jaberlich, Raschen (G. Alt-Aicha), 24 H. von Jerschmanitz und 23 H. von Dörfel. Im Thale nö. von Langenbruck, am Buschflosse, liegen von S. nach N. die hieher gehörigen drei Mühlen: die Buschmühle (im Walde), die Benediktmühle und die Seidelmühle. Unweit der Buschmhl. ist 1 Försterh. — 53. Dörfel, $2^{1}/_{4}$ St. nnö. von Böhmisch-Aicha, am Gränzbachel, Mafferödorfer Bachel, und Buschflosse, die hier in die Neiße fließen, weitläufiges D. von 231 H. mit 1703 E., welche größtentheils von Gewerbs-Industrie leben. Es sind hier 2 Schafwoll-Maschinenspinnereien und 1 Baumwoll-Maschinenspinnerei (s. oben die allgem. Uebersicht des Dom.), außerdem an 100 Lein-, Kattun- und Kunstweber; an den genannten Bächen liegen 4 Mhl. Von diesem D. sind 208 H. nach Röchlitz (Hft. Reichenberg) und 23 H. nach Langenbruck eingpf.

Von folgenden Ortschaften gehören Antheile zu fremden Dominien:

54. Liebenau (Hodkowice), $1^{1}/_{4}$ St. s. von Böhmisch-Aicha, am rechten Ufer des Mohelka-Baches und von der Straße nach Reichenberg durchschnitten, offenes Municipal-Städtchen von 371 H. mit 2282 E., von welchen 1 H. mit 7 E. zum G. Alt-Aicha gehört. Das Städtchen hat seit dem J. 1793 einen regulirten Magistrat (1 Bürgermeister mit 1 geprüften Rath) und führt im Wappen einen schwarzen Bären im silbernen Felde. Seit dem Brande von 1806, wo der größte Theil eingeäschert wurde, hat das Städtchen ein freundlicheres Ansehen erhalten, indem anstatt der vormaligen hölzernen Häuser steinerne erbaut und namentlich der große Platz mit einem schönen Rathhause geziert worden. Die alten Privilegien beziehen sich auf das Recht der Jahrmärkte, des Bier-, Wein- und Branntweinschankes. Außer dem Rathhause, welches die Schankgerechtigkeit besitzt, sind am Ringe noch 2 andere Gast- und Einkehrhäuser, zum „Goldnen Löwen" und „Schwarzen Adler" vorhanden. Die Obrkt. hat hier ein Bräuh. (auf $28^{3}/_{4}$ Faß) und ein Branntweinh. Ferner befindet sich hier eine k. k. Fahr- und Briefpost, 4 Mahlm., 1 Hirse- und Graupenm. — Die hiesige Pfarrkirche unter dem Titel des heil. Prokop, war schon 1384 mit einem eignen Seelsorger versehen. Vor dem 30jähr. Kriege, um das J. 1615, stand sie unter der Verwaltung eines protest. Pastors. Auch gehörten bis zu der Zeit, wo die Lokalien in Jerschmanitz und Langenbruck errichtet wurden, diese Dörfer sammt ihrem jetzigen Sprengel zur Liebenauer Pfarrei. Gegenwärtig sind die eingepf. Ortschaften, außer dem Städtchen Liebenau selbst, Saskal, Scharing, Burschen, Potraschowitz, Bochdankow, Kohautowitz, Kotzaurow, Wesetz (ein Theil); ferner die zur Hft. Groß-Rohosetz gehörigen Dörfer Gillewey, Bösching, Pelkowitz, Radonowitz, Ridwaltitz, Stirbon, und die zur Hft. Swigan gehörigen Wrchowina, Sedlowitz, Radosstin und Wetterstein. Das Patronat über die Kirche, so wie über die hiesige Schule, besitzt die Obrkt. — Die Einw. des Städtchens nähren sich theils von Getraidebau, theils von allerlei bürgerlichen Gewerben, Flachs-, Garn- und Leinwand-Handel. Der landwirthschaftliche Viehstand war am

30. April 1833: 38 Pferde (Alte) und 258 Stück Rindvieh (2 Zuchtstiere, 1 junger St., 215 Kühe, 40 Kalbinnen). Am Anfange des J. 1832 war die Zahl aller mit Gewerben und Handel beschäftigten Personen 289, nämlich: 190 Meister und andere Gewerbsbesitzer, 55 Ges., 44 Lehrl. und Gehülfen. Von einzelnen Gewerben wurden gezählt: 6 Bäcker, 14 Bierschänker, 3 Färber, 3 Faßbinder, 5 Flachs- und Garnhändler, 6 Fleischhauer, 3 Gastwirthe, 1 Glaser, 1 Gold- und Silberarbeiter, 2 Hutmacher, 3 Kürschner, 1 Lebzeltler, 52 Leinweber, 2 Lohgärber, 2 Maurermeister (5 Ges.), 4 Müller, 1 Posamentier, 2 Riemer, 1 Sattler, 3 Schlosser, 4 Schmiedte, 8 Schneider, 1 Schnürmacher, 32 Schuhmacher, 2 Seifensieder, 2 Seiler, 1 Steinmetz, 1 Steinschneider, 3 Strumpfwirker, 5 Tischler, 3 Tuchmacher, 1 Wappenschneider, 1 Weißgärber, 3 Wollenzeugweber und 2 Zimmermeister (4 Ges.). Zum Handelsstande gehören 5 Besitzer von gemischten Waarenhandlungen. Auch ist hier eine Fabrik von Compositions- oder unechten Edelsteinen, deren Erzeugnisse an Glanz und Farbe den echten sehr nahe kommen und zu äußerst wohlfeilen Preisen ins Ausland, selbst in fremde Welttheile versendet werden. An den 4 Jahrmärkten (am Dienstage der Mittfasten, an den Montagen nach Laurenzi, Matthäi und Martini) werden in 200 Buden und Ständen von inländischen Verkäufern allerlei Krämerwaaren, Töpfergeschirr, Tuch, Schnitt- und sonstige Commerzial-Waaren feilgeboten. Auch sind Rindviehmärkte damit verbunden. Die Wochenmärkte werden von den umliegenden Ortschaften der Dominien Böhmisch-Aicha, Swigan, Alt-Aicha und Groß-Rohosetz mit Getraide, Hülsenfrüchten, Grünzeug und Garn versorgt. — S. von Liebenau, 1/4 St., liegen die dazu conscribirten 4 Bürgerh. Ziteřen. — 55. Alt-Aicha, 1/2 St. n. von Böhmisch-Aicha, Dorf von 33. H. mit 253 E., davon gehören 27 H. mit 207 E. hieher, und sind nach Böhmisch-Aicha eingepf., die übrigen aber, bestehend in 1 hschflt. Schloß, 1 Wirths., 1 Mhl. und 1 Kapelle, gehören zum G. Alt-Aicha und sind nach Swetley eingpf. — 56. Sabert (Zabrd), 1 1/4 St. wnw. von Böhmisch-Aicha, jenseits der Teufelsmauer, D. von 36 H. mit 227 E., von welchen 32 H. mit 209 E. hieher, die übrigen 4 H. mit 18 E. zur Hft. Weißwasser gehören; ist nach Oschitz eingepf. und hat 1 Mhl. — 57. Blachey, 1/4 St. s. vom Vorigen, D. von 19 H. mit 105 E., nach Oschitz eingepf. Von der hieher conscribirten, auf Gemeindgrund erbauten Einschicht Neudorf (auch Dolanek), 1/4 St. s., gehören 6 H. mit 33 E. zur Hft. Böhmisch-Aicha, 3 H. mit 14 E. zur Hft. Weißwasser, 1. H. mit 7 E. zur Hft. Wartenberg und 1 H. mit 6 E. zur Hft. Niemes. — 58. Chlistow, 2 St. sw. von Böhmisch-Aicha am rechten Ufer des Mohelka-Baches, Dörfchen von 4 H. mit 29 E., nach Laukow (Hft Swigan) eingepf.; davon gehören 2 H. hieher, 1 H. zur Hft. Münchengrätz und 1 H. zur Hft. Swigan. — 59 Liskay (Liskeg, Lisek), 1 St. sw. von Böhmisch-Aicha, D. von 16 H. mit 101 E., nach Hlawitz (Hft. Münchengrätz) eingpf.; davon besitzt die Hft. Böhmisch-Aicha 12 H. mit 76 E., die Hft. Münchengrätz 2 H. mit 13 E. und die Hft. Kosmanos 2 H. mit 12 E. — 60. Maltschitz (Malčice), 1 St. sw. von Böhmisch-Aicha, D. von 18 H. mit 120 E., nach Hlawitz eingpf.; davon gehören 14 H. mit 93 E. hieher, 2 H. zur Hft. Münchengrätz, und 2 H. zur Hft. Kost. — 61. Hawlowitz, 1 1/2 St. s. von Böhmisch-Aicha, D. von 24 H. mit 171 E., nach Laukow eingepf.; davon gehören 20 H. mit 143 E. zur Hft. Böhmisch-Aicha, 3 H. mit 21 E. zur Hft. Kost und 1 H. mit 7 E. zur Hft. Swigan. Zum hiesigen Antheile gehören folgende Einschichten: Kogebsko, 1/4 St. s., 6 H.; Nechalow,

1/4 St. n., 5 emph. Ansiedlungen, und Zahag, 1/4 St. w., 2 emph. Ansiedlungen. — 62. Trawnikek, 1 St. ssö. von Böhmisch-Aicha, zu beiden Seiten des Mohelka-Baches, D. von 18 H. mit 124 E., nach Lastiboritz (Hft. Swigan) eingepf. Den hiesigen Antheil bilden 16 H. mit 110 E. und 2 H. (Mühlen) gehören zur Hschft. Swigan. — 63. Radimowitz, 1 1/2 St. sö. von Böhmisch-Aicha, am linken Ufer des Mohelka-Baches, auf der Anhöhe, in Osten bis an das Schloß in Sichrow reichend, D. von 13 H. mit 110 E., nach Lastiboritz eingepf.; 11 H. mit 93 E. bilden den hiesigen Antheil und 2 H. mit 17 E. gehören zur Hft. Swigan. — 64. Friedstein, 2 1/2 St. osö. von Böhm.-Aicha, D. von 45 H mit 314 E., nach Jentschowitz eingepf. Davon gehören 44 H. mit 308 E. hieher, und 1 H. mit 6 E. zur Hft. Klein-Skal. Auch sind zu diesem D. die Einschichten Nad Zamkem („am Schlosse") 1 H. mit 6 E., und Smety, 6 H. mit 36 E., conscribirt. Ueber die ältere Geschichte der 1/4 St. sö. von hier auf dem Friedstein oder Mandelberge in Trümmern liegenden Burg Friedstein sind wenige zuverlässige Nachrichten vorhanden. Nach Schaller (S. 236) ist sie im J. 1432 von den Hussiten belagert worden. Auch sieht man noch eine in den Felsen gehauene Marien-Kapelle, und an einem Stein die Inschrift: 1456 deserta sum. — 65. Schimsdorf (Schimbsdorf, Simonowice), 1 1/4 St. nö. von Böhmisch-Aicha, am n. Abhange des Raschen, und am s. des Jeschkenberges, D. von 50 H. mit 372 E., nach Langenbruck eingpf. Davon gehören 35 H. mit 263 E. zum hiesigen Dominium (G. Siebendörfel), und 15 H. mit 91 E. zur Hft. Reichenberg. Beim hiesigen Antheile befindet sich die 1/4 St. n. gegen Langenbruck liegende Stockmühle. — 66. Maffersdorf, 2 1/2 St. nö. von Böhmisch-Aicha, weitläufiges zu beiden Seiten der Neiße, die hier den Maffersdorfer Bach und das Gränzbachel aufnimmt, von SO. nach NW. bis Röchlitz sich erstreckendes D. von 228 H. mit 1813 E.; davon gehören 118 H. mit 939 E., worunter 2 Müller, 1 Schafwoll-Maschinenspinnerei und an 100 Lein-, Kattun- und Kunstweber, zur Hft. Böhmisch-Aicha, 11 H. mit 87 E. zur Hschft. Swigan, und 99 H. mit 787 E. zur Hft. Reichenberg. Bei diesem letztern Antheile befindet sich die hiesige Pfarrkirche.

Außerdem besitzt die Hft. Böhmisch-Aicha Antheile von folgenden fremdherrschaftlichen Orten:

67. Pasek, 1 1/2 St. nnw. von Böhmisch-Aicha, am sw. Abhange des Jeschkenberges, D. des G. Alt-Aicha, von dem 2 H. mit 15 E. hieher gehören. — 68. Buda (Budy), 1 1/4 St. s. von Böhmisch-Aicha, D. der Hft. Swigan, von dem 2 H. mit 16 E. hieher gehören. — 69. Girsko, 1 3/4 St. ssö. von Böhmisch-Aicha, D. derselben Hft., von welchem 1 H. mit 6 E. hieher gehört. — 70. Stwrin, 2 St. sö. von Böhmisch-Aicha, D. derselben Hft., von welchem 2 H. mit 14 E. hieher gehören. — 71. Dalleschitz, 3 1/2 St. onö. von Böhmisch-Aicha, D. derselben Hft., von welchen 1 H. mit 6 E. hieher gehört. — 72. Kopain (Kopanin), 3 St. ö. von Böhmisch-Aicha, D. derselben Hft., von welchem 4 H. mit 27 E. den hiesigen Antheil ausmachen. — 73. Reichenau, 2 1/2 St. onö. von Böhmisch-Aicha, D. derselben Hft., mit der Einschicht Koschen, von welcher 2 H. (Chaluppen) mit 14 E. hieher gehören. — 74. Klein-Skal, 3 1/2 St. osö. von Böhmisch-Aicha, an der Iser, D. und Amtsort der gleichnamigen Hft.; davon bilden den hiesigen Antheil 3 H. mit 17 E. — 75. Wranowey, 3 St. sö. von Böhmisch-Aicha, an der Iser, D. der Hft. Groß-Rohosetz, von welchem 11 H. mit 67 E. hieher gehören. — 76. Christdorf, 2 1/4 St. nw. von Böhmisch-Aicha, D. der Hft. Grafen-

Krin, von welchem 4 H. mit 19 E. hieher gehören. — 17. Drausendorf, 2 St. nw. von Böhmisch-Aicha, D. der Hft. Niemes; davon gehören hieher 3 H. mit 17 E.

*) Allodial-Gut Alt-Aicha, mit dem Lehngute Domaslowitz.

Das Gut Alt-Aicha war früher ein Bestandtheil der Herrschaft Böhmisch-Aicha, von welcher es als Lehngut von Albrecht von Waldstein für 15718 fl. 57½ kr. abgekauft wurde. Im Jahre 1677 war Caesar Gillo de Hungria Eigenthümer des Gutes Alt-Aicha, und das Lehngut Domaslowitz, früher gleichfalls ein Bestandtheil von Böhmisch-Aicha, gehörte dem Paul und der Anna Susanna Kornakan. Im Jahre 1710 gehörten beide Güter dem Johann Jakob Lamotte von Frintropp, von dessen Sohne Ignaz Franz sie im J. 1750 an Adam Grafen von Hartig verkauft wurden; seit dieser Zeit blieben sie ein Besitzthum dieser gräfl. Familie. Der gegenwärtige Herr derselben ist Franz Graf von Hartig, k. k. Geheimerath und Gouverneur des Lombardisch-Venetianischen Königreiches. (S. Landtäfl. Hauptbuch Lit. A. Tom. I. Fol. 93.)

Diese vereinigten Güter gränzen gegen Südosten und Norden an die Hft. Böhmisch-Aicha, gegen Westen an die Hft. Niemes. Der Flächeninhalt beträgt 3140 J. 1385 □Kl. wovon 2748 J. 1385 □Kl. nutzbarer Boden sind.

Das Gut Alt-Aicha liegt zum Theil am südlichen Abhange des Jeschkengebirges, zum Theil am Fuße desselben, jedoch beisammen; die hier vorkommenden Berge sind der Raschen, ein Vorsprung am Rücken des Jeschken, und der Horka, ein Berg am Fuße desselben; letzterer besteht aus Basalt, und macht den eigentlichen Anfang der Teufelsmauer, die sich von da in südwestlicher Richtung als ein Damm fortzieht; der Raschen hat rothen thonigen Porphyr, hauptsächlich aber Mandelstein zu Felsarten; letzterer enthält viele Achate und Carneole eingeschlossen, welche durch Verwitterung des Gesteines in die Dammerde, und durch die Fluthen von dem ziemlich steilen Abhange des Gebirges in die Bäche geführt, und an dem Fuße des Berges abgesetzt werden, wo sie sich unter den andern Geschieben des aufgeschwemmten Landes ziemlich häufig finden; das Aufsuchen dieser Achat-Geschiebe fand auch hier sonst häufiger Statt, als gegenwärtig, wo die Verarbeitung derselben nicht mehr so ausgedehnt ist. Am übrigen hieher gehörenden Theile des Jeschken kommt der Urthonschiefer mit Kalksteinlagern zum Vorschein, und in der Ebene am Fuße des Gebirges bildet Quadersandstein den Untergrund.

Die hier vorkommenden Gewässer sind mehre kleine Gebirgsbächlein, die am Jeschken entspringen, nach den Orten, durch welche sie fließen, genannt werden, und sich erst auf dem benachbarten Dominium

Böhmisch-Aicha zu kleinen Bächen vereinigen, welche der Jeschken-bach, oder die Kleine Mohelka, und das Raschenbachel genannt werden, die sich beide bei Böhmisch-Aicha vereinigen, und in den Mohelka-Bach fließen.

Die landwirthschaftliche Bodenfläche betrug nach dem Katastral-Zergliederungssummarium vom J. 1832:

	Dominicale.		Rusticale.		Zusammen.	
	Joch.	□Kl.	Joch.	□Kl.	Joch.	□Kl.
An ackerbaren Feldern .	314	551	1148	399	1462	950
= Trischfeldern	—	1044	145	331	145	1375
= Wiesen	94	250	213	963	307	1213
= Gärten	4	278	52	1514	57	192
= Teichen mit Wiesen verglichen	2	1228	—	—	2	1228
= Hutweiden ꝛc. . . .	34	185	268	297	302	482
= Waldungen . . .	141	1244	369	655	511	299
Ueberhaupt	591	1580	2197	959	2789	939

Die zerstreuten, theils der Obrigkeit, theils den Unterthanen gehörenden Waldungen bilden bloß ein Revier, das Altaicher genannt; die obrigkeitliche Waldung, mit Kiefern, Fichten und Tannen bestanden, liefert jährlich 254 Kl. Holz, wodurch der einheimische Bedarf nicht gedeckt ist. Der Ackergrund ist theils kiesig und sandig, theils auch thonig, der Ertrag gering. Erzeugnisse sind hauptsächlich Korn, Haber und Erdäpfel; Obstbaumzucht findet sich hier wenig.

Der gesammte Viehstand ergiebt sich aus folgender Uebersicht vom 30. April 1833:

	der Obrigkeit.	der Unterthanen.	Zusammen.
Pferde	2 (Alte) . .	85 (81 Alte, 4 Fohlen)	87
Rindvieh	41 . . . . . (1 Zuchtstier, 1 jung. Stier, 23 Kühe, 16 Kalbinnen)	986 . . . . (3 Zuchtst., 39 j. Stiere, 641 Kühe, 209 Kalbin., 83 Zugo., 11 j. Ochsen)	1027
Schafe	1127 . . . . (866 Alte, 261 Läm.)	—	1127

Die Maierhöfe sind im Ganzen zeitweilig verpachtet.

Der Wildstand beschränkt sich auf Hasen und Rebhühner, und ist unbedeutend.

Die Hauptnahrungsquellen der Einwohner sind Feldbau und Spinnerei; einige treiben Fuhrwerk und etwas Handel; eigentliche Commerzialgewerbe finden sich hier nicht; die Anzahl der Meister, welche von Polizeigewerben leben, ist 12, nämlich 5 Müller, 2 Fleischhauer, 2 Hufschmiedte, 1 Bäcker, 1 Schneider und 1 Zimmermann, welche zusammen 10 Gesellen und 4 Lehrlinge haben. Andere Gewerbsbefugte sind 9 Bier- und Branntweinschänker, 31 Borsten- und Federviehhändler und 1 Hausirer, dann mehre Kalksteinbrecher und Kalkbrenner.

Das Sanitätswesen wird von einem Wundarzte der Stadt Böhmisch-Aicha besorgt.

Keine Art von Straße durchschneidet oder berührt das Dominium; die Briefsammlung ist in Böhmisch-Aicha.

Die Sprache der Einwohner ist die böhmische; nur in Einem Dorfe herrscht die teutsche Sprache. Die Religion ist durchaus die katholische.

Die Ortschaften sind:

1. Alt-Aicha (Stary Dub), 4 1/4 Meilen n. von der Kreisstadt gelegenes D., hat 33 H. mit 253 E. Davon gehören aber 27 H. mit 207 E. zur Hft. Böhmisch-Aicha; liegt an einem kleinen Bache in der Ebene; hier ist eine Kapelle, zu Mariä Heimsuchung, 1760 von Adam Grafen Hartig erbaut, 1 hschftl. Schloß mit 1 Mhf., welche beide im J. 1807 abbrannten, und von der vormundschaftlichen Besitzerinn, Gräfinn Eleonora von Hartig, wieder erbaut wurden, 1 Schäf., 1 Wirthsh. und 1 Mhl., zusammen 6 Nrn. mit 18 Einw. Alt-Aicha ist der Sitz des Amtes, und ist, so wie die folgenden Orte des Gutes, nach Swietlay eingepf. — 2. Domaslowitz, Dfch. von 5 H. mit 26 E., 1/4 St. ö. von Alt-Aicha, hier ist 1 hftl. Mhf., 1 Schäf. und 1 Mhl. — 3. Modlibow (Nudelbaum) 1/4 St. n. vom Amtsorte, hat 26 H., 190 E., 1 Jägrh. und 1 Mhl. — 4. Jawornik, 1/2 St. n. vom Amtsorte, hat 28 H., 202 E.; hier ist 1 hftl. Mhf. Schäf. und 1 einschichtige Schmiedte. — 5. Horka, 3/4 St. n. vom Amtsorte, hat 8 H. 54 E., liegt am Fuße des Horkaberges. — 6. Rostein, D., 1 St. n. vom Amtsorte, hat 37 H., 232 E. — 7. Giřiček, (Giřičkow, Girschiken), D., 3/4 St. n. vom Amtsorte, hat 24 H. 159 E.; hier ist 1 Mhl. — 8. Wessetz, D., gleichfalls 1 St. n. vom Amtsorte, hat 12 H. 60 E. — 9. Swietlay, Swětla (Zwětlay), D., 1 1/4 St. n. vom Amtsorte, am Abhange des Jeschken, hat 19 H. 134 E.; hier ist 1 Pfarrkirche zum heil. Nikolaus, welche schon 1384 in den Errichtungsbüchern vorkömmt; im J. 1677 wurde sie durch Franz Egidius von Jungen erweitert, und wahrscheinlich, nachdem sie sehr lange ohne Seelsorger gewesen, mit einem Kaplane besetzt; 1725 ließ der damalige Besitzer, Ritter Lamotte, sie mit einem Thurme und einer Schlaguhr zieren, und 1728 die Kirche von Grund auf neu erbauen; 1763 wurde sie zu einer Pfarrkirche erhoben. Sie steht, sammt der Schule, unter dem Patronate der Obrkt. Die Einw. nähren sich von Ackerbau, Spinnerei und Kalkbrennerei; die hier befindlichen Lagen von Kalkstein liefern einen vorzüglich reinen Kalk. Im J. 1157 soll hier Chwalo von Wartenberg eine Maltheser-Comthurey gestiftet, und Hirßo von Zwiketitz, welcher im J. 1399 Großprior des Ordens war, soll hier gewohnt haben; im J. 1421 soll das Kloster zerstört worden seyn, so daß gegenwärtig keine Spur mehr davon vorhanden ist. — 10. Hodka, (Hodek), D. am Jeschken, 1 1/4 St. nnw. von Alt-Aicha, hat 33 H., 213 E.; hier sind bedeutende Kalksteinbrüche, welche jährlich mehre Tausend Strich Kalk liefern. — 11. Passeka, (Passek), D. 1 1/2 St. nnw. vom Amtsorte, hat 54 H., 327 E., wovon 2 H. mit 15 E. zur Hft. Böhmisch-Aicha gehören; dazu ist auch das auf dem Jeschken stehende hschftl. Böhmisch-Aicher Forsth. conscribirt. — 12. Padauchow (Padauchen) D., 3/4 St. nnö. von Alt-Aicha, am Fuße des Jeschken, hat 9 H., 65 E. — 13. Prosek (Proschwitz) D., 1 St. nö. von Alt-Aicha, am s. Abhange des Jeschken, hat 92 H., 626 E. — 14. Bistra (Bistray) D., 1 St. nö. am Fuße des Kutschen, hat 16 H.,

64 E. — 15. Raschen, D., $1^1/_4$ St. nö. am Gebirgsabhange gleiches Namens, hat 22 H., 118 E.; die teutsche Sprache ist hier die herrschende; der Ort ist nach Langenbruck (Hft. Böhmisch-Aicha) eingepf.

*) Fideicommiß-Herrschaft Wartenberg.

Die ältesten bekannten Besitzer dieser Herrschaft waren die Herren von Wartenberg, deren berühmter Stamm von diesem Sitze den Familiennamen führte. Im XVI. Jahrhunderte waren die Hirsperger von Kinikschein, aus dem Ritterstande, Eigenthümer. Den Brüdern Balthasar und Erasmus Hirsperger von Kinikschein wurde ihr Besitzthum nach der Schlacht am Weißen Berge confiscirt, und Albrecht von Waldstein erkaufte Wartenberg um 96968 fl. 40 kr. Im J. 1645 kommt Christoph Paul Graf von Lichtenstein, 1652 Maximilian Graf von Lichtenstein, und 1676 Christoph Philipp, Graf von Lichtenstein, im Wartenberger Kirchen-Memorabilienbuche als Besitzer vor. Es ist nicht bekannt, auf welche Art die Herrschaft an die gräflich-Hartig'sche Familie gelangte; wir finden im J. 1718 den Grafen Ludwig von Hartig als Besitzer derselben, bei dessen Nachkommen sie nun schon über 100 Jahre als Eigenthum verblieben ist. Der gegenwärtige Besitzer ist der k. k. Geheimerath Graf Franz von Hartig, Gouverneur des Lombardisch-Venetianischen Königreiches. (S. Landtäfl. Hauptb. Litt. W. Tom. II. Fol. 121.)

Die Herrschaft gränzt gegen Norden an die Herrschaften Gabel und Lämberg, gegen Osten an die Herrschaften Böhmisch-Aicha und Niemes, gegen Süden an Niemes, und gegen Westen an die Herrschaften Reichstadt und Bürgstein (im Leitmeritzer Kreise). Der Flächeninhalt derselben beträgt 11108 Joch $78\frac{2}{3}$ □Kl. oder etwas über $1\frac{1}{10}$ □Meile.

Auf ihrem Gebiete erhebt sich der Rollberg, unter 50° 40′ 34,4″ nördlicher Breite und 32° 25′ 50″ östlicher Länge, 358 Wiener Kl. über die Nordsee (nach Astronom David's Messungen), dessen südlicher und westlicher Abhang jedoch zur Herrschaft Niemes gehört; ferner, der Laufberg, der Tolzberg (mit dem nördlichen Abhange zur Hft. Gabel gehörend), der Limberg, und der Krassaberg; diese letztern 4 Berge sind viel niedriger als der Rollberg, und, so wie dieser, isolirte Basaltberge, an deren Fuße überall Quadersandstein zum Vorscheine kommt, welcher auch die herrschende Felsart im ganzen Gebiete des Dominiums bildet, und die Gegend zwischen den vorbenannten Bergen zum Theile hüglig gestaltet, hie und da auch in steilen, obwohl nicht hohen Felsenwänden ansteht.

Die hier vorkommenden Gewässer sind: 1. der von Gabel südlich fließende Jungfern-Bach, oder der Gabler-Bach; 2. der Jeschken-Bach, oder das Lange Wasser, mit welchem sich bei Wartenberg 3. der Seifersdorfer-Bach, gleichfalls wie der vorige vom Jeschkengebirge kommend, und 4. der Hennersdorfer-Bach vereinigen; letztere Gewässer verursachen bei starken Gewittern, oder sonst lang anhaltendem Regen, besonders aber im Frühjahre durch den schmelzenden Schnee am Jeschkengebirge, häufige Ueberschwemmungen der Wiesen. Von Teichen sind der Großhorka-Teich, bei Wartenberg, und der Krassa-Teich als Fischteiche, nebst 13 kleinern Streck- und Kammerteichen vorhanden; nebst Karpfen finden sich in diesen Teichen Hechte, Schleihen und Barsche, und in den Bächen Aale, Forellen, Aalruppen und besonders Weißfische.

Die zur Landwirthschaft verwendbare Bodenfläche beträgt nach dem Katastral-Zergliederungssummarium vom J. 1832:

	Dominicale.		Rusticale.		Zusammen.	
	Joch.	□Kl.	Joch.	□Kl.	Joch.	□Kl.
An ackerbaren Feldern	1153	951	4445	819	5599	170
= Trischfeldern . .	—	—	414	1272	414	1272
= Wiesen	410	181	1016	161	1426	342
= Gärten	28	1515	201	209	230	124
= Teichen mit Wiesen verglichen . . .	240	1496	—	—	240	1496
= Hutweiden rc. . .	101	541	180	191	281	732
= Waldungen. . . .	2801	1531	1150	309	3952	240
Ueberhaupt	4736	1415	7407	1361	12144	1176

Die obrigkeitlichen Waldungen betragen 2830 Joch 335 □Kl. im Ausmaße; sie sind: der Neuländer Forst, der Thiergartner Forst, der Stadtforst und die Wrasche oder der Schwarze Busch; diese bilden zusammen das Großrohler Revier, und liegen an dem nördlichen Gehänge des Rollberges; ferner, der Limberger Forst, am Limberge, der Tolzberger Forst, am Tolzberge, und der Hulitschkaforst; diese bilden zusammen das Grönauer Revier; endlich der Lange Busch, und der sogenannte Schafberg, zusammen das Krassa'er Revier bildend. Der Bestand ist theils gemischt, aus Eichen, Ahorn, Buchen, Erlen, Birken, Eschen, Ulmen, Linden, Kiefern, Fichten, Tannen und Lärchen; theils finden sich Nadel- und Laubhölzer abgesondert. Viel von dem jährlich gefällten Holze wird auf die benachbarten Dominien abgesetzt.

Der Ackergrund ist theils vorherrschend sandig, theils vorherrschend lehmig, theils gemischt, mitunter auch kiesig und steinig. Haupterzeugnisse des hiesigen Ackerbaues sind: Korn, Haber, Erdäpfel und Flachs, weniger wird Weitzen, Gerste und Erbsen gebaut; Obstkultur findet sich meist nur in Gärten. Von Viehzucht wird hauptsächlich die des Rindviehes und der Gänse getrieben; die Obrigkeit hat nebst Rindvieh auch veredelte Schafzucht und mannigfaltige Geflügelzucht.

Folgendes war der gesammte Viehstand am 30. April 1833:

	bei der Obrigkeit.	bei den Unterthanen.	Zusammen.
Pferde	22 (Alte)	322 (308 Alte, 14 Fohlen)	344
Rindvieh	323 (3 Zuchtstiere, 11 junge St., 143 Kühe, 118 Kalbinnen, 20 Zugochsen, 28 junge O.)	2269 (11 Zuchtst., 16 junge St., 1402 Kühe, 628 Kalbinnen, 10 Mastochsen, 121 Zugochs., 81 junge Ochsen)	2592
Schafe	3469 (2693 Alte, 776 Lämmer)	—	3469

Der Wildstand, an Rehen, Hasen und Rehhühnern, ist mittelmäßig, und das erlegte wird zum Theile auf den Märkten in Böhmisch-Leipa abgesetzt.

Die Feld besitzenden Einwohner nähren sich vom Ackerbaue, und treiben nebenbei Frachtfuhrwerk; die Häusler ohne Besitz von Grundstücken nähren sich vom Ertrag einiger Gewerbe, von Flachsspinnerei, Weberei, von Garn- Leinen- und Hausirhandel mit allerhand Schnittwaaren, Bildern und Galanteriewaaren. Die Anzahl der Gewerbetreibenden ist, mit Ausnahme derer in der Stadt Wartenberg, auf den Dörfern der Herrschaft mit Inbegriff der Gesellen und Lehrlinge 127 Personen vom zünftigen Gewerbsstande, nämlich: 5 Müller, 7 Bäcker, 3 Fleischer, 8 Schmiedte, 2 Wagner, 4 Faßbinder, 1 Strumpfwirker, 18 Schuhmacher, 21 Schneider, 6 Tischler, 1 Maurer, zusammen 76 Meister. Kommerzgewerbe treiben 68 Weber mit 53 Gehilfen, 2 Drechsler, 1 Bleicher und 2 Glasmaler. Mit Befugniß versehene Hausirer sind 9 mit 6 Gehilfen. Das Sanitäts-Personale besteht in einem Chirurgen und 7 Hebammen.

Die von Niemes nach Gabel führende Hauptstraße durchschneidet die Herrschaft, berührt jedoch bloß das Dorf Neuland; sonst sind die Ortschaften der Herrschaft unter einander und mit denen der angränzenden Dominien durch fahrbare Landwege verbunden. Die nächste Post ist Gabel. Die Einwohner sind durchaus katholischer Religion, bis auf eine Judenfamilie in der Stadt Wartenberg; die herrschende Sprache ist die teutsche, nur in Einer Ortschaft wird auch Böhmisch gesprochen.

Die Ortschaften sind:

1. Wartenberg, Mun. Stdtch., wird in Ober- und Unter-Wartenberg eingetheilt, wovon jedes eine für sich bestehende Ortschaft ausmacht. Ober-Wartenberg hat 230 H. und 1304 E., liegt am Fuße des Schloßberges und des Horkaberges, am Jeschkenbache, 3/4 St. von dem oben erwähnten Rollberge, und 1/2 St. vom Limberge, in einem anmuthigen Thale, 5 Meilen von der Kreisstadt nnw. Es wurde 1256 durch die Herren von Ralsko erbaut, welche dem Orte diesen Namen vermuthlich von einer auf dem Schloßberge errichteten Warte (im Böhmischen Warta, Wache) oder Burg gaben, und sich in der Folge selbst davon den Familiennamen Wartenberg beilegten. Hier ist die Pfarrkirche zum heil. Sigmund, welche bereits im J. 1384 mit einem Pfarrer besetzt, aber damals dem heil. Nikolaus geweiht war; im J. 1405 erhielt sie durch Johann von Ralsko, Herrn auf Wartenberg, einen neuen Altar zum Frohnleichnam Christi,

und jährliche Einkünfte von 8 Schock Prager Groschen; wegen Baufälligkeit und zu engem Raume wurde sie im J. 1772 abgetragen, und durch den damaligen Herrschaftsbesitzer, Adam Franz Grafen von Hartig, groß und schön, in Form eines Kreuzes neu erbaut; 1816 wurde sie auf Befehl und Kosten des gegenwärtigen Besitzers mit Ziegeln gedeckt; sie besitzt ein schönes Altarbild von Pamnich, welches von dem k. k. Hofagenten Daniel Bekerth, einem gebornen Wartenberger, geschenkt wurde. Die Pfarrei und die Schule sind von Stein, und stehen, so wie die Kirche, unter dem Patronate der Obrkt.; die meisten übrigen Häuser sind von Holz. Hier besteht eine Spitalstiftung für 6 Arme, im J. 1760 begründet von dem damaligen Pfarrer Thomas Gruß von Langenfeld, mit einem jährlichen Einkommen von 56 fl. 22½ kr. W. W. Das Armeninstitut wurde 1786 durch den Wartenberger Bürger Ignaz Bautsch, P. Karl Tischer und den damaligen Pfarrer Joseph Gürth begründet, hat 1 Stammvermögen von 92 fl. 13 kr. C. M. und 3168 fl. 32½ kr. W. W. Die jährliche Einnahme beträgt 275 fl.; es werden 30 Arme unterstützt. Der Gewerbsstand des Städtchens zählt 2 Müller, 9 Bäcker, 6 Fleischer, 2 Lebzelter, 4 Schmiedte, 1 Wagner, 3 Binder, 2 Sattler, 2 Riemer, 1 Glaser, 4 Seiler, 5 Schlosser, 10 Gärber, 1 Klämpner, 2 Hutmacher, 2 Strumpfwirker, 14 Schuhmacher, 15 Schneider, 3 Drechsler, 1 Kürschner, 3 Tischler, 1 Zimmermann und 11 Maurergesellen, mit Inbegriff der Gesellen und Lehrlinge zusammen 170 Personen. Freie Commerzialgewerbe treiben 56 Weber mit 44 Gesellen, 5 Färber mit 5 Gesellen, 1 Leinwanddrucker mit 6 Gesellen, 1 Uhrmacher, 1 Blattbinder, 1 Büchsenmacher und 2 Seifensieder; nebstdem sind hier 4 Gastwirthe und 2 Griesler. Das Städtchen hat seit 1579 das Privilegium auf 3 Jahrmärkte und 1 Viehmarkt, dann auf Wochenmärkte, welche von K. Ferdinand III. und Kaiser Leopold I. bestätigt, von der Kaiserinn Maria Theresia statt den Wochenmärkten 3 andere Jahrmärkte zu halten bewilligt wurden; es werden auf denselben in 95 Buden und Ständen die gewöhnlichen Krämerwaaren, dann Wollen- und Baumwollenwaaren, Leder- und Leinenzeuge und allerhand Geschirre feilgeboten. Das Städtchen führt eine Rose im Wappen, und genießt seit 1775 durch die Verwendung des damaligen Oberamtmannes Matiegka die Befreiung von der Zug- und Handroboth gegen Erlegung eines sehr mäßigen jährlichen Geldbetrages. Auf dem ringsum mit Obstbäumen besetzten Schloßberge an der Nordseite des Städtchens befindet sich das aus 3 Flügeln bestehende massiv erbaute herrschft. Schloß, mit einem 5 Klafter tiefen Wallgraben umgeben, über welchen eine 13 Klafter lange steinerne Brücke führt; hier ist der Sitz des Amtes; am Fuße des Schloßberges ist der hschftl. Wartenberger Mhf., sammt Stallungen für einen zahlreichen Viehstand, Scheuer und Schüttboden, das herrschaftliche Bräuh. auf 31¾ Faß, die Branntweinbrennerei mit einem Maststalle, und eine Flußhütte; diese Gebäude sind von 3 Gartenanlagen mit Obstbaum-, Linden- und Pappelalleen umgeben. Geschichtlich Merkwürdiges giebt es hier wenig; im J. 1639 wurde bei Banners Einfalle in Böhmen das Städtchen und die ganze Gegend hart mitgenommen, und 1645 wurde das Schloß von den Schweden verbrannt; 1680 herrschte hier die Pest; zum Andenken und aus Dankbarkeit wegen Befreiung von derselben wurde hier eine Statue der Mutter Gottes aufgestellt; auch wird der damals gebrauchte zweirädrige Todtenwagen noch in der Wartenberger Kirche aufbewahrt. Im J. 1813 marschirte ein Theil des Poniatowskyschen Armeekorps hier durch. Wartenberg ist der Geburtsort des Prager Fürst-Erzbischofs Daniel Jos. Mayer von Mayern; er war der Sohn eines dürftigen Fleischhauers, und lebte als Student von der Unterstützung gutherziger Menschen. — Zum Städtchen Wartenberg ist conscribirt der hschftl. Mhf. Großrohl, $3/4$ St. von Wartenberg am s. Fuße des Rollberges, mitten in der Waldung gelegen, mit 1 Lustschlößchen, 1 Jägers- und Hegerswohnung. Auf dem Gipfel des Rollberges sind die Ruinen des Schlosses Ralsko, des Stammsitzes des mächtigen böhm. Herrengeschlechts von Wartenberg, welche nebst diesem Sitze und zugehöriger Herrschaft auch Arnau, Smikitz, Bidschow, Rhoseitz, Wessely, Kumburg, Gitschin, Welisch, Skala, Turnau, Grafenstein, Dimin, Alt-Aicha, Zwikowitz, Michalowitz, Daubrawitz, Neuwaldstein, Reichstadt, Niemes, Kost, Pösig, Neuschloß, Tetschen, Bensen, Markersdorf und Kamnitz besaßen, und im n. Böhmen so reich und mächtig waren, als die Rosenberge im s.; es ist unbekannt, wenn die Burg zerstört worden ist. Von dem Gipfel des Berges genießt man eine treffliche Aussicht über die Ebene des Bunzlauer und des angränzenden Bidschower Kreises bis in das mittlere Böhmen sowohl, als in das schöne Kegelgebirge des Leitmeritzer Kreises, welche bloß nördlich und nordöstlich durch höhere und nähere Berge des Jeschkengebirgszuges und an der Gränze, beschränkt wird. — 2. Unter-Wartenberg, sw. am Städtchen Wartenberg, hat 65 H. mit 397 E., und ist nach Ober-Wartenberg eingpf.; hieher gehört der hschftl. Mhf. Kleinrohl mit 1 Schäf., $1/2$ St. entfernt am n. Fuße des Rollberges und am Jeschkenbache gelegen. — 3. Neuland, D., $3/4$ St. sw. von Wartenberg, im Thale zwischen dem Roll- und Limberge, am Jeschkenbache und an der Hauptstraße; hat 73 H. mit 476 E. Hier ist 1 öffentliche Kapelle und 1 Schule, beide durch den hier gebornen, zu Lemberg in Galizien ansäßigen Handelsmann Anton Fischer und einige hiesige Insassen erbaut; ferner 1 Mhl. und Brettsäge, 1 hftl. Mhf. und Schäf. mit einer Gartenanlage; ist gleichfalls nach Wartenberg eingepf. — 4. Smrdak, gewöhnlich Dörfel genannt, 1 St. w. auf einer Anhöhe, etwas zerstreut liegend, hat 12 H. mit 76 E. Hieher gehört der $1/4$ St. entfernte hftl. Mhf. Zedlisch, mit 1 Schäf., Beamtenwohn. und Gartenanlagen; ferner 1 Ziegelei und 1 Wirtsh. am Fuße des Tolzberges, an der Hauptstraße. — 5. Grönau oder Grünau, $1^1/4$ St. w. von Wartenberg, am Jungfernbache, zwischen dem zur Hft. Niemes gehörigen D. Barzdorf und dem Hft. Gabler Orte Schneckendorf, wird zum Unterschiede von Klein-Grünau bei Zwickau auch Groß-Grünau genannt, hat 93 H. mit 558 E., 1 Filialkirche zu Mariä-Heimsuchung, 1 Schule mit einer Schulbibliothek von 125 Bänden, 1 Mhl., 1 Oelpresse und 1 Lederwalke, dann 1 hschftl. Jägerh.; der Ort ist eingepf. nach — 6. Brims (auch Brins, Prims, Brems genannt), D. von 135 H., wovon 2 zur Hft. Gabel gehören, mit 783 E., liegt $1^1/2$ St. w. von Wartenberg, an Schneckendorf anstoßend, längs dem Jungfernbache, zwischen dem Tolz- und Laufberge. Hier ist eine Pfarrkirche zum heil. Nikolaus, die schon 1384 in den Errichtungsbüchern vorkommt; sie gehörte nach wiederhergestellter katholischer Religion bis 1790 als Filiale zu Wartenberg, in welchem Jahre die gegenwärtige Kirche erbaut und mit einem eignen Seelsorger besetzt wurde; eine Schule mit einer Schulbibliothek von 200 Bänden; Kirche und Schule stehen unter hftl. Patronate. Im J. 1808 am 21. April traf während einem sehr heftigen von Sturm und Schloßen begleiteten Gewitter die hiesige Kirche ein merkwürdiger Blitzstrahl, welcher ohne zu zünden, in der Kirche und am Thurme große Verwüstungen anrichtete, und durch seine Heftigkeit die benachbarten Wohnhäuser erschütterte, so daß die Fenster zersprangen, und das Rädwerk in der nicht fernen Mhl. außer Gang gerieth, das Blechdach vom Thurme abgedeckt, die Orgelpfeifen geschmolzen, und fast alles Holzwerk im Innern der Kirche zertrümmert wurde. Die Einw. dieser Ortschaft nähren sich vom Ackerbau und von der Lohnweberei. Zu Brims sind noch eingepf. die hftl. Gabler Orte Joachimsdorf, Schneckendorf, Tölzeldorf und das hierhftl. D. Luhe. — 7. Luhe, 1 St. w. von Wartenberg, am Fuße des kegelförmigen Tolzberges, hat 37 H. mit 227 E., die vom Ackerbau leben. Der Tolzberg ist in der Umgegend wegen der mannigfaltigen wildwachsenden Arzneipflanzen berühmt. Die Ortschaften Grünau, Brims und Luhe scheinen in früherer Zeit ein für sich bestehendes Gut gebildet zu haben, welches erst später der Hft. Wartenberg einverleibt wurde. — 8. Hennersdorf (böhm. Dubnic), 1/2 St. n. von Wartenberg, liegt in einem angenehmen Thale an einem ungenannten Bache, und auf Anhöhen zerstreut, hat 231 H. mit 1306 E., eine Lokaliekirche zu Mariä-Heimsuchung, 1700 durch einen Grafen Lichtenstein erbaut, 1782 mit einem Expositen, und 1797 mit einem Lokalisten besetzt, eine Schule, beide unter hftl. Patronate, 2 Mhl., 1 Brettsäge und 1 hftl. Hegerh. Das hiesige Armen-Institut hat ein Vermögen von 1119 fl. 43 1/2 kr. W. W., und betheilt mit einem Einkommen von 147 fl. 17 Arme. — 9. Krassa, D. von 36 H. mit 224 E., liegt am Fuße des Krassaberges zwischen hftl. Niemser und Böhm.-Aicher Ortschaften, am Jeschkenbache, 1 1/2 St. ö. von Wartenberg entfernt, hier ist 1 hftl Mhf. und 1 Schäf. mit Gartenanlagen, 2 Mhl., 1 Brettsäge, 1 hftl. Jägerh., 1 Leinwand- und Garnbleiche. Der Ort ist nach Oschitz eingpf. — 10. Hultschken, 1 1/2 St. osö. von Wartenberg, im Bezirke der Hft. Niemes, von Anhöhen umgeben, hat 42 H. mit 251 E., ist nach Schwabitz eingepf. Hieher ist auch der zur Hft. Niemes gehörige Mhf. Mednay, 1/4 St. s. entfernt, conscribirt. — 11. Nahlau (böhm. Nahlawa), 2 St. sö. zwischen hftl. Niemeser und Böhmisch-Aicher Ortschaften, hat 35 H. mit 198 E., ist von Anhöhen umgeben, und nach Hlawitz (Hft. Münchengrätz) eingpf. Die Einw. sprechen theils Teutsch, theils Böhmisch.

Von fremdherrschaftlichen Ortschaften sind noch hieher gehörig:

a. der Mhf. sammt Schäf. in Tolzbach, auf der Hft. Gabel, am Tolzberge liegend, und b. Dollanken, ein zu Wlachay, auf der Hft. Böhmisch-Aicha, gehöriges H.

*) Allodial-Herrschaft Niemes.

Die ältesten bekannten Besitzer der Hft. Niemes waren die Herren von Wartenberg, welche als solche vom XIII. bis in das XV. Jahrhundert vorkommen. Nach dem Memorabilienbuche der Pfarrkirche zu Niemes waren 1505 Herr Ulrich von Bieberstein, 1516 Johann von Wartenberg und Déwin, 1554 Karl von Bieberstein, 1580 Bohuslaw Masanetz von Frimburg, 1601 Karl Masanetz von Frimburg, und 1604 Johann Müller von Mühlhausen Herren von Niemes, welchem Letztern sie nach der Schlacht am Weißen Berge confiscirt, und an Johann Zeidler Hofmann um 32000 Schock Groschen verkauft wurde. Kurz darauf gelangte diese Herrschaft an den Herrn Putz von Adlerthurm, k. k. Hoflehen- und Kammergerichtsbeisitzer, und durch Verheurathung der Fräulein Theresia

Isabella von Ablerthurm: kam sie 1726 an Ludwig Grafen von Hartig, Besitzer der angränzenden Hft. Wartenberg, seit welcher Zeit die Familie der Grafen Hartig beständig im Besitze derselben geblieben ist; der gegenwärtige Eigenthümer ist der k. k. Geheimerath Graf Franz von Hartig, Gouverneur des Lombardisch-Venetianischen Königreiches. Mit der Hft. Niemes wurde im J. 1673 das G. Drausendorf durch Ankauf vereinigt; dieses war früher ein Bestandtheil der Hft. Böhmisch-Aicha, von welcher es als Lehngut getrennt und von Albrecht von Waldstein, Herzog von Friedland, an Christian von Waldstein für 15691 fl. 3½ kr. vergeben wurde. (S. Landtäfl. Hauptb. Litt. N. Tom. IX. Fol. 41.)

Die Herrschaft gränzt gegen Norden an die Hften. Gabel, Lämberg und Wartenberg, gegen Osten an die Hften. Böhmisch-Aicha und Swigan, gegen Süden an die Hften. Weißwasser und Hirschberg, und gegen Westen an Hirschberg und Reichstadt. Der Flächeninhalt derselben beträgt ungefähr 2 □Meilen. Der südöstliche Theil der Herrschaft ist meist eben oder sanft wellenförmig hüglig; der isolirte Basaltberg Roll, dessen Gipfel jedoch zur Hft. Wartenberg gehört, verbreitet seine Abhänge größtentheils auf dem Gebiete dieser Herrschaft; im nordwestlichen Theile derselben, von diesem Berge in nordöstlicher Richtung, finden sich noch der Große und Kleine Hirschberg oder Hirschstein, der Spitzberg, der Dewin, und mehr südlich der Kalvariberg bei Schwabitz; sie sind viel niedriger als der Roll, fast bloße Hügel gegen diesen, und bestehen gleichfalls aus Basalt; am Fuße derselben, und beim Dewin auch an den Gehängen, kommt überall Quadersandstein als Felsart vor, in welcher der Basalt am Dewin als mächtige Gangmasse auftritt. Quadersandstein bildet auch die niedrigeren Berge um den Dewin, als den Ziegenrücken, den Hohen Berg, den Spernich, Kalkberg, Branberg und Hultschken, und ist überhaupt hier die herrschende Felsart, welche in den Thaldurchrissen in ihren charakteristischen steilen Felswänden, obwohl keineswegs in solcher Höhe wie anderwärts, ansteht. Im östlichen Theile der Herrschaft, bei Schwabitz, Halbhaupt und Neuland, wird der Sandstein von mergeligem Plänerkalke bedeckt, der auch gebrannt und als Düngmittel benützt wird. Zahlreiche Eisensteingruben waren sonst, als noch die Eisenwerke zu Hammer und Straßdorf bestanden, im Bau, sind aber jetzt gänzlich verlassen; das Erz war ein zuweilen sandiger Thoneisenstein, welcher gangartig oder lagenartig im Quadersandsteine sich vorfindet.

Die Gewässer sind: die Pulsnitz (auch Polzen genannt), welche bei Niemes durch den Zusammenfluß des von Norden kommenden Jungfernbaches und des von Wartenberg südwestlich herbeifließenden Langen Wassers (oder Jeschkenbaches) gebildet wird, und erst hier diesen Namen erhält, mit welchem sie ihren Lauf anfänglich südlich, dann westlich mit vielen Krümmungen durch die ebenen, zum Theile Heidegegenden der Hft. Niemes, Hirschberg und Reichstadt fortsetzt, und bei Wesseln in den Leitmeritzer Kreis eintritt. Außer diesem ist noch der Höflitzer Bach zu merken. Von Teichen ist außer einigen kleinern bloß der 256 Metzen Area haltende Hammerteich, welcher mit

Karpfen und Hechten besetzt ist, anzuführen. Die Waldungen der Herrschaft, meist um die genannten Berge, und zum Theile mit denen der Hft. Wartenberg zusammenhangend, sind in 4 Reviere eingetheilt, nämlich das Höflitzer, Pinskayer, Schwabitzer und Dewitzer; die um den Roll sind mit Buchen, Tannen, Fichten, auch etwas Eichen und Birken bestanden, in den übrigen ist die Kiefer der vorherrschende Waldbaum; das Holz wird theils auf der Herrschaft, zum Theile auch an die Fabriken und Bleichen der Herrschaft Reichstadt und nach Böhmisch-Leipa abgesetzt, und der Ertrag der Waldungen ist nicht unbedeutend. Der Wildstand, aus Hasen, Rehen und Rebhühnern bestehend, ist dem Areale angemessen, und das erlegte Wild findet seinen Absatz zum Theile auf dem Markte von Böhmisch-Leipa.

Die landwirthschaftliche Bodenfläche war nach dem Katastral-Zergliederungssummarium vom J. 1832:

	Dominicale.		Rusticale.		Zusammen.	
	Joch.	□Kl.	Joch.	□Kl.	Joch.	□Kl.
An ackerbaren Feldern .	1284	836	4250	19	5534	855
= Trischfeldern . . .	136	823	1606	183	1742	506
= Wiesen	439	223	514	1541	954	164
= Gärten	52	772	154	1177	207	349
= Teichen mit Wiesen verglichen . . .	131	721	—	—	131	721
= Hutweiden ꝛc. . .	98	1155	293	663	392	418
= Waldungen . . .	4128	1149	1439	696	5568	245
Ueberhaupt	6271	479	8258	1279	14530	158

Die Einwohner beschäftigen sich größtentheils mit dem Ackerbaue, und es wird hier hauptsächlich Korn erbaut; in feuchten Jahrgängen geräth bei dem vorherrschend sandigen Boden auch Hafer, Flachs, Klee und andere Futterkräuter gut, nur braucht der Boden des häufig hier wuchernden Queckengrases wegen, viele Bearbeitung und Düngung. Obstkultur wird wenig betrieben; die Unterthanen haben bloß Rindviehzucht, unbedeutend ist die Schweinzucht und Bienenwirthschaft, die Obrigkeit hat 7 Maiereien, wovon 2 zeitlich verpachtet sind, und 6 Schäfereien.

Der gesammte Viehstand war am 30. April 1833:

	bei der Obrigkeit.	bei den Unterthanen.	Zusammen.
Pferde	14 (Alte)	249 (Alte)	263
Rindvieh	173 . . . . . (3 Zuchtstiere, 8 junge St., 87 Kühe, 41 Kalbinnen, 22 Zugochsen, 12 junge Ochsen)	1720 . . . . (10 Zuchtst., 5 junge Stiere, 1090 Kühe, 261 Kalbinnen, 314 Zugochsen, 40 junge O.)	1893
Schafe	3650 . . . . . (2840 Alte, 810 Lämmer)	—	3650

Nebst dem Ackerbaue treiben viele Einwohner auch Industrialgewerbe, und eine bedeutende Anzahl nähren sich fast ausschließlich davon; einige

Grundbesitzer sind zugleich Frachtfuhrleute. Mit Ausnahme von Niemes, von welcher Stadt der Gewerbsstand unten besonders angegeben werden wird, finden sich auf der Herrschaft 19 Meister mit 6 Gesellen und 6 Lehrlingen von zünftigen Polizeigewerben, dann 11, zu unzünftigen Polizeigewerben befugte Personen. Commerzialgewerbe betreiben 244 Weber mit 169 Hilfsarbeitern, welche meist für die Fabrikanten der Gegend von Rumburg und Warnsdorf um Lohn arbeiten. Das Sanitäts-Personale besteht aus 3 in Niemes ansässigen Wundärzten, und in 5 Hebammen.

Das Armeninstitut wurde im J. 1786 eingeführt, und besitzt ein Stammvermögen von 5042 fl. 21 kr. W. W.; die jährliche Einnahme beträgt 1824 fl. 38½ kr. W. W., es werden 70 Arme betheilt.

Die Anzahl der Einwohner ist 8134; die Religion durchaus katholisch, die Sprache teutsch, bloß in Einem Dorfe wird Böhmisch gesprochen.

Die von Hühnerwasser nach Gabel gehende Haupt-, Post- und Commercialstraße durchschneidet die Herrschaft und den Hauptort Niemes, von wo aus auch die Mährisch-Schlesische Verbindungsstraße über Reichstadt nach Hayde führt; eine Landstraße geht ferner von Niemes nach Schwabitz und Oschitz bis Böhmisch-Aicha.

Die Ortschaften sind folgende:

1. Niemes, Niems (böhm. Mimonic), Municipalstädtchen, 4 M. nw. von der Kreisstadt, der Sitz des Amtes, liegt in einem nicht tief eingeschnittenen Thale, am Zusammenflusse des Jungferbaches und des Jeschkenbaches, welche nach ihrer Vereinigung hier der Polzen genannt werden, hat 580 H. mit 3336 E., eine Pfarrkirche zu den heil. Aposteln Petrus und Paulus, 1 Schule, beide unter dem Patronate der Obrkt., 1 schönes hschftl. Schloß mit einem Garten, 1 Rathh., der Stadtgemeinde gehörig, 1 hschftl. Bräuh. auf 31¾ Faß, 1 Branntweinbrennerei, Mhf. und Schäf., 2 Mhl. Nebst etwas Ackerbau sind Gewerbe die vorzüglichste Nahrungsquelle der Einw., und es befinden sich hier 15 Bäcker, 5 Faßbinder, 8 Fleischhauer, 6 Hufschmiedte, 2 Maurermeister mit 85 Gesellen, 2 Müller, 1 Rauchfangkehrer, 4 Schlosser, 18 Schneider, 3 Tischler, 1 Ziegeldecker, 80 Schuhmacher, 3 Zimmerleute, zusammen 148 Meister von zünftigen Polizeigewerben mit 154 Gesellen und 43 Lehrlingen, dann 23 unzünftige Gewerbsbefugte. Commerzialgewerbe betreiben 1 Buchbinder, 1 Drechsler, 1 Färber, 1 Feilenhauer, 1 Hutmacher, 3 Kürschner, 6 Lohgärber, 7 Weißgärber, 4 Nagelschmiedte, 1 Büchsenmacher, 3 Riemer, 4 Seiler, 4 Sattler, 4 Strumpfwirker, 65 Tuchmacher, 1 Töpfer, 1 Uhrmacher, 2 Wagner, 60 Strumpfstricker und 146 Weber, mit dem Hilfspersonale zusammen 448 Personen. Nebst dem findet sich hier 1 k. k. privil. Rosoglio-Fabrik, welche 6 Personen, und die k. k privil. vormals Stow k'sche, nunmehr Karl Leitenbergersche Kattunfabrik, welche in der Fabrik selbst 250 Personen, worunter 50 Drucker und 15 Modelstecher, beschäftigt, und mit einer Walzendruck- und Gravier-Maschine, Dampffärberei und Bleicherei nach den neuesten englischen Principien arbeitet, und jährlich gegen 25,000 Stück Callicoes und Musselins liefert. Die Hauptprodukte der hiesigen Industrie sind, außer diesen Fabriksartikeln, welche in die Niederlagen der Hauptstädte abgesetzt werden, hauptsächlich gestrickte Wollstrümpfe und ordinäre Tücher, welche letztere meist von den Erzeugern selbst durch

Hausiren und auf den Landesjahrmärkten abgesetzt werden. Den hiesigen Handelsstand bilden 5 gemischte Waarenhandlungen, 6 Krämer und ein Märkte beziehender Handelsmann; die hiesigen 4 Jahrmärkte sind nicht von Bedeutung; es werden beiläufig in 40 Buden und Ständen, Tuch und andere Schnittwaaren, Leder- und Töpferwaaren feilgeboten. Von Wohlthätigkeitsanstalten besteht hier ein Spital zur heil. Dreifaltigkeit, im J. 1591 gestiftet, für 12 Pfründler, dessen Vermögen gegenwärtig in 22218 fl. 40 1/2 kr. W. W. besteht, dann das Spital zum heil. Grabe, im J. 1679 vom Freiherrn Joh. Ignaz Putz von Adlerthurm für 14 Personen gestiftet; es besitzt gegenwärtig ein Vermögen von 8319 fl. 31 kr. W. W. — Niemes ist ein schon alter Ort, doch ist über den Ursprung desselben nichts bekannt; die hiesige Pfarrkirche kommt schon auf das Jahr 1384 als mit einem Seelsorger versehen vor. Im 30jährigen Kriege 1633 brannte die Stadt ganz ab, (nach Rohn ließ der Herz. von Friedland das Feuer anlegen); im J. 1778 hatte Prinz Heinrich von Preußen mit seiner Armee eine Zeitlang sein Hauptquartier hier aufgeschlagen. Am 11. Juni 1806 wurde fast die ganze Stadt durch eine Feuersbrunst zerstört; es brannten binnen 2 Stunden 275 Häuser sammt Scheuern, das Rathh., Bräuh., und das hschftl. Schloß ab, und die Gluth war so heftig, daß selbst die auf der Anhöhe etwas abseits stehende Kirche, und zwar, wie Augenzeugen versichern, der ziemlich hohe Thurm zuerst, von der Flamme ergriffen, und sammt der Pfarrei und fünf um dieselbe befindlichen Kapellen gänzlich eingeäschert wurden. Die Kirche war im J. 1663 durch Freiherrn Putz von Adlerthurm von Grund auf neu erbaut, und 1689 feierlich eingeweiht worden, auf welche Errichtung und Einweihung die in Schallers Topographie (S. 238) nachzulesenden lateinischen Inschriften Bezug haben, welche sich an der Kirche und am Thurme befinden; sie wurde gleich nach gedachtem Brande 1807 von der Obrkt. wieder aufgebaut und bedeutend vergrößert; auch das hschftl. Schloß wurde wieder aufgebaut, und mit einer zahlreichen Bibliothek und Sammlungen von Naturalien, Kupferstichen und physikalischen Apparaten, welche der gegenwärtige Besitzer aus seinem Hause in Prag dahin bringen ließ, geschmückt; die Stadt aber, in welcher ohnedieß nie viel Wohlstand herrschte, hat sich seitdem noch nicht gänzlich von diesem Schlage erholen können, und zeigt noch Spuren des fürchterlichen Brandes. Das Wappen von Niemes sind zwei Thürme mit einem offenen Thore; es ist hier 1 Briefsammlung; die nächsten Poststationen sind Hühnerwasser, Gabel und Hayde. Zur hiesigen Kirche sind eingepfarrt: — 2. Barzdorf, gewöhnlich Batzdorf genannt, 1/4 St. n. von Niemes, am Jungfernbache und am Fuße des unbedeutenden Wacheberges, hat 117 H. mit 740 E., 1 Schule und 1 Mhl.; es stößt mit seinem n. Ende an das hftl. Wartenberger D. Grönau. — 3. Rehwasser, auch Röhwasser, 1/2 St. n. von Niemes, am Langen Wasser, und am w. Fuße des Rollberges, hat 10 H. mit 51 E. — 4. Rabendorf, hat 25 H. mit 169 E., liegt 1/2 St. nö. von Niemes, am Fuße des Rollberges; hier ist 1 einschichtige Ziegelhütte. — 5. Höflitz, D., 3/4 St. sö. von Niemes, an einem kleinen Bache, hat 63 H. mit 453 E.; hier ist 1 Schule, 2 Mhl., 1 hftl. Jägerh. Ein Theil des Ortes, der ö., führt den Namen Neudorf oder Neu-Höflitz, 3/4 St. ö. von Höflitz an den zur Hft. Weißwasser gehörenden Ort Plauschnitz anstoßend. Hieher gehört auch der hftl. Mhf. Neuhof sammt der Schäf., sonst Wüste Wiese genannt; beide liegen, sammt der sogenannten Neumühle, 1/2 St. nö. von Höflitz; ferner das hftl. Jägerh. Pinzkay, oder Wildsthal, 1 St. ö. von Höflitz, wo früher eine, nunmehr kassirte, Einsiedelei war, dann die einschichtige sogenannte Wiesenhütte, 1 St. osö. von Höflitz. Zur Niemeser Pfarrkirche sind außerdem noch die zu den Hftn. Weißwasser, Hirschberg und Reichstadt gehörenden Orte Plauschnitz, Kummer und Haidedörfel eingpf. — 6. Schwabitz, D., $1\frac{1}{4}$ St. s. von Niemes, hat 118 H. mit 697 E., eine Pfarrkirche zu Mariä-Himmelfahrt, 1680 vom Freiherrn Putz von Adlersthurm erbaut, 1 Schule, beide unter dem Patronate der Obrkt.; auch ist hier 1 hftl. Forsth.; die Einw. des D. leben zum Theile von Weberei. Der Ort ist von zum Theil bewaldeten Hügeln umgeben; auf dem Vorsprunge eines derselben, am w. Ende des D., sind die Ueberreste der sogenannten Schwedenschanze wahrscheinlich aus dem 30jährigen Kriege herrührend. Zu Schwabitz ist auch der $\frac{1}{4}$ St. nö. entfernte hftl. Mhf. Spernig oder Spornig conscribirt; in der Umgegend dieser Ortschaft wurde ehedem Bergbau auf Eisenerze getrieben; eingepf. sind hieher: — 7. Halbehaupt, D., $2\frac{1}{4}$ St. ö. von Niemes, hat 48 H. mit 310 E. und 1 Schule. — 8. Neuland, D., 2 St. ö. von Niemes, hat 29 H. mit 173 E. — 9. Schwarzwald, D., $2\frac{1}{4}$ St. onö. von Niemes, hat 18 H. mit 110 E. — 10. Hammer, D., 2 St. nö. von Niemes, an dem ziemlich großen Hammerteiche, hat 35 H. mit 200 E. Hier ist 1 hschftl. Schloß, 1 Mhf., welcher zeitweilig verpachtet ist, 1 Schäf., 1 Mhl., 1 Papiermühle und 1 Eisenhammer, von welchem das D. den Namen hat; früher bestand hier auch ein Hochofen, welcher aber seit länger als 40 Jahren eingegangen ist; viele Einw. nähren sich durch Weberei, das D. ist nach Wartenberg eingepf. S. unfern dem Hammerteiche ist der felsige Berg Dewin, auch Tebon und gewöhnlich Teben genannt, mit den Ruinen der Burg Dewin, welche einst die Herren von Wartenberg, dann die von Bieberstein, endlich die Herren von Rädern besaßen, welche hier Alchemie trieben. Es ist unbekannt, wenn die Burg zerstört wurde; wahrscheinlich geschah es durch die Schweden bei Banners Einfalle; der bei Schaller (S. 239) angeführte 1000 Ellen tiefe Brunnen gehört wohl unter die unbegründeten Sagen; sonst ist der Berg wegen eines im Sandsteine streichenden Basaltganges merkwürdig, und die Gegend selbst ziemlich pittoresk. Unfern vom Berge liegt im Walde das hschftl. Jägerh. Dewin. — 11. Audishorn, D., $2\frac{1}{4}$ St. nö. von Niemes, unfern dem vorigen, hat 28 H. mit 163 E., welche meist von der Weberei sich nähren; es ist gleichfalls nach Wartenberg eingpf. — 12. Merzdorf, $2\frac{1}{2}$ St. nö. von Niemes, an den vom Jeschkengebirge herabkommenden Jeschkenbache, welcher sich in den Hammerteich ergießt. Der Ort ist von Sandsteinhügeln umgeben, hat 70 H., 430 E., 1 Schule, 1 Mhl., 1 hschftl. Maierei und Schäf.; auch hier sind viele Weber; er ist nach Oschitz (Hft. Böhmisch-Aicha) eingepf. — 13. Drausendorf, hat 70 H. mit 499 E., liegt $3\frac{1}{2}$ St. nö. von Niemes, am Fuße des Jeschkengebirges; hier ist ein zeitlich verpachteter hftl. Mhf., $\frac{1}{4}$ St nw. vom Orte entfernt. Die Einw. sind größtentheils Weber, und der Ort ist nach Oschitz eingpf.; er war früher ein Gut für sich, welches 1673 vom Freiherrn Putz von Adlerthurm um 14500 fl. angekauft, und der Hft. Niemes einverleibt wurde; 3 H. dieses D. gehören zur Hft. Böhmisch-Aicha. — 14. Johannesthal, D. von 68 H. mit 418 E., $3\frac{1}{2}$ St. nö. von Niemes, am Fuße des Jeschkengebirges, ist ebenfalls nach Oschitz eingepf.; hier wird Kalk gebrannt; auch nähren sich viele Einw. von der Weberei; 2 H. gehören nach Böhmisch-Aicha. — 15. Kühthal, D., 3 St. nö. von Niemes, unfern von Oschitz, wohin es auch eingpf. ist, am Kühthalberge, hat 7 H., 45 E. — 16. Kessel, D., $3\frac{1}{2}$ St. onö. von Niemes, an der Westseite der Teufelsmauer, umgeben von den niedrigen, aus Sandstein bestehenden Bergen Kallich, Wiedayerberg, Sarthaberg und Puzelberg und mehren ungenannten Hügeln, hat 30 H. mit 229 E., und ist nach Oschitz eingpf.; der natürliche Basaltdamm, die Teufelsmauer genannt, ist hier durchbrochen und die Landstraße von Oschitz nach Böhmisch-Aicha führt durch. — 17. Sobaken, D. $3^3/_4$ St. s. von Niemes, an der Ostseite der Teufelsmauer, hat 17 H. mit 129 E., bei welchen zum Theile die böhm. Sprache herrschend ist; ist nach Swietlay (S. Alt-Aicha) eingepf., zu welchem Gute auch ein Haus von hier gehört.

Zur Hft. Niemes gehört auch noch der Mhf. und die Schäf. Mednay, $2^1/_4$ St. s. entfernt, welche zu dem hschftl. Wartenberger D. Hultschken conscribirt ist.

*) Allodialherrschaft Reichstadt.

Die ältern bekannten Besitzer der Herrschaft Reichstadt waren die Herren von Berka, von welchen Zdislaw Berka, Herr auf Leipe, 1541 Landeshofmeister des Königreiches Böhmen, als Unterstützer des böhmischen Chronikenschreibers Hagek, und vom J. 1576 Zbinek Berka von Duba und Lipa, Oberstkämmerer im Königreiche Böhmen, bekannt sind. Nach einer Glockenumschrift in der Kirche zu Dobern war im Jahre 1589 Zbinek von Kolowrat Herr auf Reichstadt und Buschtiehrad. Gegen die Hälfte des siebzehnten Jahrhunderts gelangte Reichstadt an Julius Franz, Herzog von Sachsen-Lauenburg, und war demselben Wechsel der Besitzer unterworfen, wie die Herrschaft Politz im Leitmeritzer Kreise, mit welcher sie stets im Besitzthum zusammengehörte. Der gegenwärtige Besitzer ist demnach Se. kais. Hoheit Leopold II., regierender Großherzog von Toskana. Im J. 1815 wurde durch einen Familienvertrag diese Herrschaft und die übrigen Besitzungen des Großherzogs von Toskana in Böhmen, nämlich Politz, Ploschkowitz, Tachlowitz, Buschtiehrad, Swollinowes, Kronporitschen und Katzow, unter dem Titel eines Herzogthums, als künftiges Besitzthum des Sohnes Ihrer Majestät, Maria Ludovika, Herzogin von Parma, und des franz. Kaisers Napoleon bestimmt, wovon dieser Prinz (Franz Joseph Karl, gest. am 20. Juli 1832) den Titel eines Herzogs von Reichstadt erhielt. (S. Landtäfl. Hauptbuch Lit. R. Tom. VI. Fol. 1.)

Die Herrschaft besteht aus drei von einander getrennten Bestandtheilen; der nördliche gränzt gegen Westen an die Herrschaft Böhmisch-Kamnitz im Leitmeritzer Kreise, gegen Norden an die in demselben Kreise liegende Herrschaft Rumburg und an das Königreich Sachsen, gegen Osten an die Herrschaft Gabel, und gegen Süden an die Herrschaft Bürgstein, abermals im Leitmeritzer Kreise. Dieser nördliche abgesonderte Theil bildete in ältern Zeiten das Gut Krombach, welches eigene Besitzer hatte, unter denen die Schürer von Waldheim gewesen seyn sollen, worüber aber nichts Näheres bekannt ist; gegenwärtig wird dieser Theil der Krombacher Antheil genannt. Von den beiden südlichen Theilen wird der größere, die eigentliche Herrschaft Reichstadt, gegen Westen von der Herrschaft Neuschloß im Leitmeritzer Kreise, gegen Norden von der Herrschaft Bürgstein, gegen Osten von den Herrschaften Niemes und Wartenberg, und gegen Süden von der Herrschaft Hirschberg begränzt; der kleinere Theil, das Dorf Schaßlowitz, liegt als Enclave im Leitmeritzer Kreise zwischen den Herrschaften Bürgstein und Ober-Liebich. Der Flächeninhalt des nutzbaren Bodens der ganzen Herrschaft beträgt (nach eigener Angabe des Reichstädter Amtes) 22958 Joch 866 □Klafter; mit Zuschlag der unbenutzbaren Strecken, dann des durch Gebäude und Straßen weggenommenen Areals, mag dasselbe 3 □Meilen ausmachen. Nach dem Katastral-Zergliederungssummarium vom J. 1832 betrug die Bodenfläche im Einzelnen:

	Dominicale.		Rusticale.		Zusammen.	
	Joch.	□Kl.	Joch.	□Kl.	Joch.	□Kl.
Ackerbare Felder . . .	993	395	4072	1128	5575	1523
Teiche mit Aeckern verglichen	158	684	—	—	158	684
Trischfelder	154	4	1536	1038	1690	1042
Wiesen	650	328	1852	1428	2503	151
Gärten	95	30	415	352	510	382
Teiche mit Wiesen verglichen	2	31	3	1502	5	1533
Hutweiden ꝛc.	135	221	534	221	669	442
Waldungen	9057	665	2599	1116	11657	181
Ueberhaupt	11155	558	11615	580	22770	1138

Der nördliche abgesonderte Theil ist ganz gebirgig, und die daselbst vorkommenden Berge sind: der kegelförmige Kleis bei Röhrsdorf, der zum Theile zur Herrschaft Bürgstein gehört, 387 Wiener Klafter über die Nordsee hoch, und nördlich von diesem der Hammerich, der Klötzerberg, der Buchberg, der Schöber, an der Gränze der Herrschaft Kamnitz und Rumburg, der Friedrichsberg (oder die Wolfsgrube) der Mittagsberg, gewöhnlich der Spitzberg, auch die Lausche genannt, ein 372 Wiener Klafter über die Nordsee erhöhter Kegelberg unter 50° 51′ 3″ nördlicher Breite und 32° 18′ 39,6″ Länge, welcher sich als riesenhafter Gränzstein zwischen Oberlichtewalde in Böhmen und Waltersdorf in Sachsen erhebt; der Hochwald, gleichfalls die Gränze mit Sachsen und zugleich mit der Herrschaft Gabel bezeichnend, nach Charpentier 360, nach von Gersdorf 393½ W. Kl. über die Meeresfläche, unter 50° 49′ 27,5″ nördl. Breite und 32° 23′ 27″ östlicher Länge nach David. Zwischen diesen beiden der Plissenberg, der Haydeberg, der Hammerstein und der Hain, letztere 3 an der Gränze von Sachsen; der Gulichberg, südlich von Krombach, der Ziegenrücken, die Lichtewalder Steinberge, der Mühlstein, der Glaserst, der Dürrberg, der Hengstberg, der Zwickauer Calvariberg und der Grünberg; ferner der Mergenthaler Calvariberg, der Stiefelberg, der Limberg und der Hutberg bei Kunnersdorf. Diese sämmtlichen Berge bilden ein zusammenhangendes Gebirge, welches westlich auf die Herrschaft Böhmisch-Kamnitz fortsetzt, und sich östlich an das Gebirge auf der Herrschaft Gabel anschließt. Die vorherrschende Felsart ist hier Klingstein (Porphyrschiefer), aus welchem die meisten der genannten Berge, insbesondere die höchsten bestehen; nur der Zwickauer Calvariberg und der Hutberg bestehen aus Basalt, und der Mühlstein so wie der Hengstberg aus Quadersandstein, welcher auch am Fuße mehrer der vorgenannten Berge, als am Schöber, am Mittagsberge und den Bergen an der sächsischen Gränze bei Lichtewalde, Schanzendorf und Krombach, in Felsenwänden ansteht, die mit der berühmten grotesken Gebirgsgegend von Oybin in Sachsen zusammenhangen; eben so findet sich dieser Sandstein am Fuße des Calvariberges und des Grünberges. Nur zwischen Röhrsdorf und Zwickau verbreitet sich eine Ebene, welche südlich auf die Herrschaft Bürgstein fortsetzt, deren Unterlage gleichfalls der Quadersandstein bildet.

Minder gebirgig, zum Theile bloß hüglig, zum Theile eben, ist der südliche Theil der Herrschaft, das Reichstädter Gebiet, wo sich am bedeutendsten der Kamnitzberg erhebt, der aus Basalt besteht, während die anderen niedrigern Berge, oder vielmehr Hügel, den Quadersandstein als Felsart zeigen. Von nutzbaren Mineralien kommt Lehm, der zu Ziegeln verwendet wird, vor; der Quadersandstein wird zu Bau- und Mühlsteinen gebrochen, und auch zur Glasfabrikation verwendet. Auf Erschürfung von Braunkohlen sind bei Reichstadt mehre bis jetzt vergebliche Versuche gemacht worden.

Die Gewässer des Dominiums sind im nördlichen Theile kleine unbedeutende Gebirgsbäche, welche, sämmtlich im dortigen Gebirge entspringend, fast alle sich nach und nach mit dem Zwittebache vereinigen. Dieser entspringt in dem Oberlichtewalder Forstrevier am Mittagsberg, nimmt den am Hochwalde entspringenden Krombacher Bach bei Juliusthal auf, fließt durch Groß- und Klein-Mergthal, wo er den Hammerbach aufnimmt, welcher am Nesselsberge und am Friedrichsberge entspringt; auf seinem ferneren Laufe durch Kunnersdorf nimmt er unterhalb dieses Ortes den Boberbach auf, welcher sich aus mehren kleinen Gebirgsflüßchen sammelt, die um den Kleis, den Hammerich, Klötzerberg und Friedrichsberg entspringen; so verstärkt fließt er als ansehnlicher Bach durch die herrschaftlich-Bürgsteiner Orte Lindenau, Zwitte und Welnitz, und tritt unterhalb des letztern in den südlichen Theil der Herrschaft, wo er die Orte Neu-Reichstadt, Reichstadt und Götzdorf durchfließt, und mehre kleine unbenannte Bäche aufnimmt, endlich unterhalb Brenn sich in die Pulsnitz ergießt. Dieser letztgenannte bedeutende Bach, oder kleine Fluß, berührt den südlichen Theil der Herrschaft bloß auf eine Strecke an dessen südlicher Gränze, und der, von der Herrschaft Bürgstein kommende, Robawitzer Bach durchfließt das Dorf Dobern, wo ihm einige kleinere Wässer zufließen, und fällt unterhalb desselben gleichfalls in die Pulsnitz. Teiche von Bedeutung sind jetzt keine mehr vorhanden; der Hantscheiteich und der Brennerteich bei Brenn, der Voitsdorfer, der Obere und Untere Götzdorfer, und der Reichstädter Schloßteich sind bloß kleine Fischteiche. Die kleinen Gebirgswässer im nördlichen Theile waren ehedem reich an Forellen, welche aber durch die meist unbefugte Fischerei, bei der stark zunehmenden Bevölkerung sehr abgenommen haben; der Zwittebach liefert Krebse, und die Pulsnitz viele Aale.

Die Waldungen der Herrschaft sind sehr beträchtlich, besonders im Krombacher Antheile; der Gesammtflächeninhalt derselben beträgt (nach wirthschaftsämtlichen Angaben) 9012 Joch 1466 □Klafter. Sie sind in 6 Reviere eingetheilt, wovon 4, das Röhrsdorfer, Oberlichtewalder, Zwickauer und Mergthaler, im nördlichen Theile, mit schöner, zusammenhangender Waldung, welche sich an die der Herrschaften Bürgstein und Böhmisch-Kamnitz anschließt, größtentheils Fichten, Tannen und Buchen, dann auch Kiefern bestanden sind. Im südlichen Theile ist die Waldung mehr zerstreut, der Bestand meist Kiefern, und in 2 Reviere, das Haidedörfler und Reichstädter eingetheilt. Die Waldungen liefern das Haupterträgniß der Herrschaft, indem der Waldnutzen, bei der großen Consumtion des Holzes in der volk- und industriereichen Gegend, sehr beträchtlich ist; ein Theil des Holzes findet Absatz auf die Herrschaft Rumburg, und in das angränzende Sachsen. Der Wildstand in der Waldung ist unbedeutend, und beschränkt sich auf etwas Hochwild und Rehwild, im südlichen Theile giebt es auch etwas Hasen und Rebhühner; Vogelfang wird besonders im nördlichen Theile von vielen Einwohnern auf mancherlei Weise getrieben.

Der Grund und Boden ist im nördlichen Theile größtentheils kalt und steinig, und lohnt den Ackerbau kärglich; bloß in der ebenen Gegend bei Zwickau ist der Boden etwas fruchtbarer und der Feldbau minder beschwerlich; gute Wiesengründe sind jedoch in den Gebirgsortschaften ziemlich häufig. Im südlichen Theile ist der Boden mehr ein Gemenge von Lehm und Sand, und für den Feldbau ersprießlicher; hier gedeiht auch Obst besser, für dessen Anbau der nördliche Theil ein zu rauhes Klima hat, so daß es nur als Spalierbaum, und erst bei Zwickau und Kunnersdorf in kleinen Gärten gezogen wird; im südlichen Theile finden sich Obstbäume zum Theile im Freien und in Alleen. Die Produkte des Ackerbaues sind im nördlichen Theile Hafer, Korn, Flachs, Erdäpfel, (die Hauptfrucht), Kohlkraut und Rüben; im südlichen Theile ist der Anbau von Korn vorherrschend, und hier gedeiht auch der Weizen, auch wird Gerste, Haber und etwas Hopfen erzeugt; ausgedehnt ist der Kleebau und der Erdäpfelbau. Allerhand Gartenfrüchte und Gemüse werden mehr im südlichen als im nördlichen Theile erbaut, in welchem letztern die Wohlhabendern sich zum Theile aus der Gegend von Zittau in Sachsen damit versorgen. Von landwirthschaftlicher Viehzucht ist hier bloß die Rindviehzucht einheimisch; der Viehschlag ist besonders im Gebirge gesund und kräftig; in einigen Ortschaften wird auch etwas Gänsezucht getrieben; Bienenwirthe giebt es mehre im südlichen Theile.

Folgendes war der Viehstand des Dominiums am 30. April 1833:

	der Obrigkeit.	der Unterthanen.	Zusammen.
Pferde	4 (Alte) . . .	387 (381 Alte, 6 Fohlen)	391
Rindvieh	65 . . . . . . (4 Zuchtstiere, 45 Kühe, 16 Kalbinnen)	3495 . . . . (23 Zuchtstiere, 22 junge St., 2709 Kühe, 445 Kalbinnen, 266 Zugochsen, 30 junge Ochsen.)	3560

Nebst der Landwirthschaft ist Industrie die vornehmste Erwerbsquelle, welche ziemlich ausgedehnt und mannichfaltig hier herrschend ist. Sie hat zwar hauptsächlich ihren Sitz in den beiden Städten, doch finden sich auch auf den Ortschaften Gewerbtreibende, und zwar 7 Weißbäcker, 1 Bräuer, 10 Fleischhauer, 16 Müller, 5 Schneider, 13 Schuhmacher, 15 Schmiedte, 4 Wagner, 3 Binder, 4 Tischler, 1 Schlosser; zusammen 79 zünftige Meister mit 8 Gesellen. Ferner 11 gewerbsbefugte Bierschänker, 1 Weinschänker und 7 Griesler. Von Kommerzialgewerben findet sich 1 k. k. priv. Zitz- und Kattunfabrik, (S. Neu-Reichstadt), 1 Papiermühle mit 15 Arbeitern, 1 Seiler und 1 Weber, nebst einer bedeutenden Anzahl Lohnwebern, welche auf den Dörfern im Krombacher Antheile für die Fabrikanten der Herrschaft Rumburg arbeiten; dann mehre Garn- und Leinwandbleichen. Mit Handel beschäftigen sich 6 Klassen- und gemischte Waarenhändler, 18 Hausirer und 11 Garnhändler.

Mehre Grundbesitzer treiben nebst der Landwirthschaft noch Fuhrwerk, und eine große Anzahl der ärmern Einwohner aus der Klasse der Häusler und der sogenannten Hausleute, (d. h. solcher, welche keine eigene Wohnung und überhaupt keinen festen Besitzstand haben) nähren sich von der Spinnerei, von Tagarbeit, von Verfertigung von mancherlei Holzgeräthen, als Holzschläger und wandernde Klingenschleifer.

Das Sanitäts-Personale auf der ganzen Herrschaft besteht in 1 Arzt, 4 Wundärzten und 11 Hebammen.

Die Anzahl der Einwohner ist 19427, welche in 2 Städtchen und 26 Dörfern mit 3105 Häusern wohnen. Die Anzahl der Häuser hat sich seit 1788 um 621 und die der Einwohner um 5826 vermehrt. Die Sprache derselben ist durchaus die teutsche, und die Religion katholisch; Protestanten finden sich bloß einzelne. Im nördlichen Theile hat sich unter den Einwohnern viel alte Sitte erhalten, welche sich auch in der abweichenden Kleidertracht, besonders der des weiblichen Geschlechtes, kund giebt. Die Mädchen tragen nämlich das Haar in Zöpfe geflochten, welche auf dem Scheitel in ein sogenanntes Nest zusammengelegt werden, welches zur Befestigung mit einer großen Nadel quer durchstochen ist; letztere ist bei den wohlhabenden Bauerstöchtern zuweilen von Silber und mit einem Steine verziert; dazu gehört fernet ein steifes großes Mieder mit hohem Latz und Bandschleifen auf den Schultern, das Mieder zuweilen mit Gold- oder Silberborten besetzt, die faltenreichen Röcke etwas kurz, rothe Strümpfe und Pantoffeln mit hohen Absätzen; doch findet sich diese Tracht fast bloß in den zwischen Waldungen abgesondert gelegenen Gebirgsdörfern; die männliche ist von der in den übrigen teutschen Gebirgsgegenden Böhmens herrschenden Bauerntracht nicht verschieden; in den Ortschaften, wo Industrie herrscht, ist diese Tracht durch eine modische verdrängt worden.

Zwei Hauptstraßen durchschneiden die Herrschaft, nämlich 1) die Rumburger Post- und Commerzial-Hauptstraße, welche durch den westlichen Theil des Krombacher Antheils, durch das Dorf Röhrsdorf geht, von wo aus das Städtchen Zwickau durch eine Seitenstraße mit derselben verbunden ist; 2) die Mährisch-Schlesische Verbindungsstraße; sie durchschneidet den südlichen Theil der Herrschaft, und verbindet den Hauptort Reichstadt mit den Städten Niemes und Haide; sonst sind auch die meisten Ortschaften durch fahrbare Landwege mit einander verbunden. Die nächste Poststazion ist Hayde, und für einen Theil des nördlichen Bezirks Gabel.

Folgendes sind die Ortschaften des Dominiums:

1. Reichstadt, (in der Volksmundart Reischt, böhmisch Zakopy, von seiner Lage zwischen Bergen und Hügeln so genannt) $7\frac{1}{2}$ St. von der Kreisstadt nw., unter 50° 41′ 20,8″ n. Breite und 32° 18′ 30,6″ ö. Länge, ein unterthäniges Städtchen, liegt am Zwittebache, am Fuße des Kamnitzberges, welcher s., so wie der Schafberg n., der Vogelberg nw. das Städtchen umgiebt, in einer angenehmen Gegend, hat mit Inbegriff der Vorstadt, welche nicht besonders conscribirt wird, 283 meist alte hölzerne H. mit 1898 E. Hier ist eine Dekanalkirche zu den heil. Fabian und Sebastian, ein schönes und festes Gebäude, wahrscheinlich zu Ende des XVI. Jahrh. neu erbaut, statt der ältern Kirche, welche schon 1384 einen eignen Seelsorger hatte; die Seelsorge wird durch einen Dechant und 2 Kapläne versehen. Nebst dieser Kirche ist noch die zum heil. Franz Seraph mit einem Kapuziner-Kloster, welches von Julius Franz Herzog von Sachsen-Lauenburg 1684 erbaut und gestiftet wurde; gegenwärtig leben 2 Priester und 3 Laienbrüder daselbst, welche von den prekären Almosen der hohen Obrigkeit ihren Unterhalt genießen. Die Schule mit 2 Klassen und 2 Lehrzimmern ist mit 1 Lehrer und 2 Gehilfen besetzt, und steht, so wie die Dechantkirche, unter dem Patronate der hohen Obrigkeit. Das hschftl. Schloß, auf einer Anhöhe erbaut, hat 3 Höfe, und ist geräumig genug für eine fürstliche Hofhaltung, auch im guten Baustande, aber nicht eingerichtet; hier ist der Sitz des Oberamtes, und in den etwas davon entfernten Gebäuden, das untere Schloß genannt, befindet sich das Rent- und Kastenamt, mit den Wohnungen der betreffenden Beamten, das Bräuh. (auf $33\frac{1}{4}$ Faß), das Branntweinh. und der hschftl. Mhf. Der Schloßgarten ist sehr groß; die alten Anlagen und Wasserkünste werden aber nicht mehr unterhalten. Das Städtchen hat 1 Rathh., und nebst dem Herrenh. ist noch 1 Wirthsh. hier, dann am Zwittebache 2 Mhl. und 1 Brettsäge. Die Vorstadt umgiebt das Städtchen auf 3 Seiten; sie hat 105 H. welche in der oben angegebenen Häuserzahl von Reichstadt mit begriffen sind; in derselben befindet sich eine Barchet-, Leinen- und Garnbleiche, und etwas abseits eine hschftl. Ziegelhütte. Die Einw. von Reichstadt nähren sich großentheils von Ackerbau und etwas Viehzucht, nebstdem von bürgerlichen Gewerben; und viele arbeiten in der Fabrik zu Neu-Reichstadt. Von Gewerben finden sich hier 4 Weißbäcker, 5 Fleischhauer, 1 Lebzelter, 1 Maurermeister, 1 Zimmermeister, 2 Schlosser, 10 Bierschänker, 2 Weinschänker, 9 Griesler, 2 Färber, 1 Weißgärber, 1 Rothgärber, 2 Scheidewasserbrenner, 6 Weber, 1 Formstecher, 4 Schneider, 5 Schuhmacher, 2 Seifensieder, 4 Tischler,

2 Nagelschmiedte, 1 Riemer, 2 Kürschner, 1 Horndrechsler, 2 Hufschmiedte, 2 Wagner, 3 Faßbinder, 1 Rauchfangkehrer; sammt Gehilfen in Allem 230 Personen. Mit Handel beschäftigen sich 4 mit gemischten Waaren, 1 Lederhändler, 1 Fischhändler, 4 Krämer, und 1 Marktfierant. Die hiesigen Jahrmärkte sind unbedeutend. Das Sanitätspersonale besteht in 1 Arzte, 2 Wundärzten und 2 Hebammen. Von Wohlthätigkeitsanstalten findet sich hier 1 Spital auf 7 Personen, von Zbislaw Herrn von Berka 1554 gestiftet, dessen jährliche Einkünfte mit dem namhaften Beitrage von 444 fl. 48 kr. aus den hschftl. Renten 576 fl. 39 kr. betragen. Das Armeninstitut wurde hier bereits vor 40 Jahren errichtet, besitzt ein Vermögen von 5688 fl. 14 kr. W. W., und mit sehr ansehnlichen Zuschüssen von ungenannten Wohlthätern eine jährliche Einnahme von 2021 fl. W. W., womit 73 Arme unterstützt werden. Zu Reichstadt gehört auch noch die ehemalige Einsiedelei am Kamnitzberge, welche von einer Familie bewohnt wird; die dabei befindliche St. Josephs-Kapelle hat ein schönes Altarbild, und wird zu Andachtsverrichtungen im Baue erhalten; man genießt von hier eine reizende Aussicht; ferner die Einschichte Kamnitzberg genannt. Nach Reichstadt sind eingepf: 2. Neu-Reichstadt, Dorf 1/4 St. n. vom vorigen, hier war vordem ein Mhf., St. Prärupt (gewöhnlich Prädt genannt), welcher emph. und von Ignaz Leitenberger, Zitz- und Kattunfabrikanten zu Wernstadtl, zur Errichtung einer Fabrik angekauft wurde; es entstand daraus 1 D. von 32 H. mit 256 E. Die ehemaligen Maierhofsgebäude wurden zu Fabriksgebäuden umgestaltet, und die neu errichtete k. k. privilegirte Zitz- und Kattunfabrik wurde nach und nach von ihm und seinem Sohne, dem jetzigen Besitzer, Ignaz Leitenberger, so ausgedehnt und vervollkommnet, daß sie gegenwärtig als die erste Fabrik dieser Art unter den zahlreichen Fabriken des Landes in allen ihren Theilen musterhaft und vollendet dasteht, wie solches von den übrigen Kattunfabrikanten Böhmens bei Gelegenheit der Gewerbsprodukten-Ausstellungen in den Jahren 1829 und 1831 laut und öffentlich anerkannt wurde. Sie genießt hinsichtlich ihrer Produkte sowohl in der ganzen österreichischen Monarchie, als im Auslande, eines ausgezeichneten Rufes, der sich selbst bis nach England verbreitet hat, und ihre schönen und geschmackvollen Produkte finden selbst auf Plätzen Absatz, wo sie mit den englischen und andern berühmten Waaren dieser Art concurriren. Die Fabrik besteht in einem schönen Hauptgebäude und in mehren abgesonderten Gebäuden, in welchen die feuergefährlichen Arbeiten, als das Sengen und Appretiren, die Bereitung der Farben und anderer nöthigen chemischen Präparate, die erforderlichen Schmiedte- und Schlosserarbeiten, das Gießen und Abschleifen, dann das Graviren und Punziren der Walzen, das Trocknen der Zeuge, vorgenommen wird; in andern befinden sich die durch Wasserkraft getriebenen Maschinen, und die Walken. In der Fabrik selbst sind gegenwärtig 650 Menschen beschäftigt, welche zum Theile in Neu-Reichstadt, zum Theile in Reichstadt und den benachbarten Dörfern wohnen; sie arbeitet mit 170 Drucktischen, hat 3 Gravier-, 1 Walzendruck- und 1 Plattendruck-Maschine. Die Bleiche und Färberei sind nach den neuesten englischen Principien eingerichtet; eine Menge geschickte Zeichner, Formstecher und Graveurs, Maschinisten, Schlosser, Drechsler u. d. gl. finden hier ihren Unterhalt. Außerdem werden mittelbar durch diese Fabrik in andern Gegenden des Landes gegen 2000 Weber beschäftigt, welche die rohen Callico's, Kattune, Percalins, Croisées und Mouslinet's an die Faktoreien abliefern. Sie liefert jährlich gegen 40,000 Stück Callico's-

Mousselins, und dergl. Artikel. Der Fabriksbesitzer hat für die Kinder der Fabriksarbeiter eine eigene Schule gegründet, so wie eigene Versorgungsanstalten für die hilfsbedürftigen Kranken und die unfähig gewordenen Arbeiter. Die Gegend um die Fabriksgebäude ist durch geschmackvolle Garten- und Obstanlagen verschönert, und eine Obst- und Pappelallee führt von da nach Reichstadt. Nebst dieser Fabrik ist hier auch eine Garn- und Leinwandbleiche. — 3. Klemensdorf (gewöhnlich Hemme genannt), ein durch Emph. eines Mhf. entstandenes D. von 77 H. mit 420 E., 3/4 St. nw. von Reichstadt; hier ist eine Schule, die Einw. leben von Ackerbau, Tagarbeit, Spinnen und Fabriksarbeit. — 4. Altschiebel, 3/4 St. nw. von Reichstadt, an der Hauptstraße am Schwoiker Gebirge, hat 50 H. mit 256 E., die von Feldbau, Viehzucht, Obstbau und Tagarbeit leben. — 5. Kamenitz, 1/2 St. nö. am Fuße des Kamnitzberges liegendes Dorf, an einem kleinen Bache, der oberhalb Reichstadt in die Zwitte fällt, und an der Straße von Gabel nach Böhmisch-Leipa; hat 67 H., 437 E. Hier ist 1 Schule und 1 kleine Kapelle; nebst Feldbau, Obstbaumzucht, Rindviehzucht wird auch Gänse- und Hühnerzucht hier betrieben. — 6. Götzdorf, 1/4 St. s. von Reichstadt, an dessen Vorstadt anstoßend, hat 87 H. 461 E., liegt zu beiden Seiten des Zwitte-Baches, der hier wegen der flachen Lage durch Ueberschwemmung vielen Schaden bringt; hier ist 1 Schule und 1 Kapelle. Die Einw. nähren sich von Ackerbau und Viehzucht, ziehen vorzüglich viele Gänse und anderes Federvieh, und viele treiben Spinnerei und Tagarbeit. — 7. Brenn, D., 3/4 St. s. von Reichstadt, an einem mäßig hohen sandigen Berge, auf dessen höchstem Punkte die Kirche zu St. Johann Baptist steht; diese ist eine Filiale von Reichstadt, und wurde 1730 von Maria Anna Franziska Großherzoginn von Toskana neu erbaut; sie steht, so wie die Schule, unter herrschaftlichem Patronate; wegen ihrer hohen und freien Lage ist diese Kirche sehr weit sichtbar, so wie man auch von ihrem Standorte eine vortreffliche Aussicht genießt; nach Astronom David's Bestimmung liegt sie unter 50° 39′ 32,8″ n. Breite und 32° 20′ 35″ östl. Länge. Früher war Brenn eine eigene Pfarre; weil aber die Einw. zur Reformazionszeit ihren Seelsorger und Schullehrer verjagt hatten, wurden sie dieser Selbständigkeit verlustig. Die Einw. leben meist von Feldbau, der aber hier der sandigen Gründe wegen nicht sehr lohnend ist. Auch sind hier einige Gewerbtreibende und 1 Waarenhandlung. An der Stelle, wo jetzt die Kirche steht, soll früher eine Burg gestanden haben, die von einem Raubritter, Namens Bruno, bewohnt worden seyn soll, der von hier aus die ganze Gegend beunruhigte; es haben sich davon noch mancherlei Sagen, aber nichts historisch Gewisses erhalten. Zum Dorfe gehörig, aber etwas entfernt, am Fuße des Berges, an der Pulsnitz, ist ein Wirthsh. (es war eine Zeitlang eine Kattunfabrik), dann eine 3gängige unterschlächtige Mhl. mit Graupenstampfe und Brettsäge und einem Aalfange. Die Pulsnitz theilt sich hier in 2 Arme und bildet 1 kleine Insel; über beide Arme führt hier eine ziemlich lange Brücke von Holz zu der zur Hft. Neuschloß gehörenden Gießemhl. — 8. Wolfsthal, 1/2 St. s. von Reichstadt, am rechten Ufer der Pulsnitz, hat 58 H. mit 266 E., wovon 30 H. auf emph. Grunde den Namen Neu-Wolfsthal führen; diese sind nach Reichstadt, der übrige Theil nach Dobern eingepf. Die Einw. leben von kärglichem Feldbaue auf magern sandigen Gründen und von Tagarbeit. — 9. Voitsdorf, 1/2 St. sö. von Reichstadt, an der Hauptstraße, hat 69 H. mit 412 E., 1 Schule und 1 Kapelle. Feldbau, Viehzucht, Tagarbeit und Spinnerei sind die Nahrungsquellen; der Boden ist hier sehr sandig; einige Grundbesitzer haben etwas Waldung. (Nebst diesen bis jetzt angeführten Ortschaften sind noch nach Reichstadt eingpf., die zur Hft. Neuschloß gehörenden Wesseln und Hermsdorf, und der Ort Haidethor auf der Hft. Hirschberg.) — 10. Haidedörfel oder Annahaid, 1½ St ſö., hat 22 H. mit 101 E., hier ist 1 hftl. Jägerh., und etwas vom Orte entfernt 1 Papiermhl., die Hammermhl., (auch Haidemhl.) genannt, welche 15 Arbeiter beschäftiget. Der Ort ist nach Niemes eingpf. — 11. Dobern, (vor Alters Deber, böhm. Dobernaw) ein altes D., 1 St. w. von Reichstadt, hat 115 H. mit 562 E. Hier ist 1 Pfarrkirche zum heil. Georg, und 1 Schule, beide unter hftl. Patronate, 1 Mahlmhl. und 2 Wirthsh. Die Einw. nähren sich größtentheils vom Feldbau und von der Viehzucht, welche sie beide mit Eifer und Einsicht betreiben, auch wird viel Federvieh hier gezogen. Die Gründe sind hier bedeutend besser als bei den meisten benachbarten Orten; von andern Gewerben giebt es hier 1 Fleischhauer, 1 Griesler, 2 Schmiedte und 1 Tischler; die Häusler und ärmeren Einw. leben von Tagarbeit, und im Winter von Spinnerei. Der Ort hat eine angenehme Lage, in einem flachen Thale längs dem Robowitzer Bache; die Anhöhe gegen Osten heißt der Israelsberg; dort soll vor alten Zeiten eine Stadt gestanden haben, von welcher jedoch alle historischen Spuren verwischt sind; unter der Dammerde soll man noch hie und da Spuren von Pflasterung finden, und der Sage nach soll die Stadt durch ein Erdbeben zu Grunde gegangen seyn. Die Einw. von Dobern halten noch auf alte Tracht und Sitte, und sind fleißig, und im Ganzen wohlhabend. Der Ort soll in frühern Zeiten ein Gut für sich gewesen seyn und einem Herrn von Deber gehört haben, dessen Grabstein in der Kirche noch vorhanden ist; diese ist sehr alt und hat Spuren von mehrmaligen Erweiterungen; über ihren Ursprung ist jedoch nichts bekannnt. Dobern und die ganze Umgegend hat in den J. 1599 und 1680 viel durch die Pest gelitten, und im erstgenannten Jahre soll es bis auf 3 Menschen ausgestorben seyn; auch nach der großen Theurung 1772 brachen hier verheerende Seuchen aus, welche viele Menschen hinwegrafften. Nach Dobern sind eingepf.: — 12. Leskenthal, 1 St. sw. von Reichstadt, am Einflusse des Leskenwassers in die Pulsnitz, hat 40 H. mit 191 E. Das Dorf ist durch emph. Maierhofsgründe in neuerer Zeit entstanden, der Boden ist meist sandig und giebt mageren Ertrag; die Einw. nähren sich meist von Spinnerei und von Tagarbeit. — 13. Neuschiebel, ¾ St. nw. von Reichstadt und 1 St. von Dobern, am Schwoiker Gebirge, in einem felsigen Thale, hat 39 H. mit 224 E., die sich von wenigem Feldbau und bei gutem Wiesenwachs von Rindviehzucht, von Obstbaumzucht, dann von Spinnerei und Tagarbeit nähren. (In den Doberner Kirchsprengel gehören noch das D. Pisnich auf der Hft. Neuschloß und das D. Kleinhayde auf der Hft. Bürgstein). — 14. Schaßlowitz, (gewöhnlich Schaßplitz genannt) D. von 51 H. mit 319 E., hat 1 gestiftete öffentliche Kapelle und 1 Schule. Der Ort liegt in einer angenehmen Gegend zwischen den Hftn. Bürgstein und Ober-Liebich, 2½ St. von Reichstadt nw., und ist nach Böhmisch-Leipa zur Pfarrei bei der Allerheiligen-Kirche eingpf., von welcher auch alle Sonn- und Feiertage der Gottesdienst in der Kapelle besorgt wird. Die Einw. nähren sich von gutem Feldbau, und mehre treiben Frachtfuhrwerk; auch giebt es einige Gewerbtreibende hier. Im n. Theile der Hft. liegen: — 15. Zwickau (gewöhnlich Zwikke genannt), ein unterthäniges Städtchen, 2½ St. n. von Reichstadt und 5 Meilen von der Kreisstadt entfernt, 173,8 W. Kl. über der Meeresfläche, hat sammt der nicht besonders conscribirten Vorstadt 516 H. mit 3558 E., liegt am Boberbache, am Fuß des Calvariberges und des Glaserberges, im Angesichte des 1 St. w. entfernten Kleis und des 1 St. s. entfernten Urtelsberges, bis zu welchem sich hier am Fuße des n. Gebirges eine durch einige unbedeutende Hügel unterbrochene Ebene verbreitet. Hier ist eine schöne Pfarrkirche zur heil. Elisabeth, in den J. 1553 bis 1558 durch den Baumeister Benedikt Fervi erbaut; die frühere Kirche kommt schon in den J. 1384 und 1396 als Pfarrkirche vor; sie steht, so wie die Schule mit 2 Klassen und 2 Lehrzimmern, unter dem Patronate der Obrkt. Die Stadt besitzt 1 Bräuh., mit der Gerechtigkeit auf 16 Gebräue zu 24 Faß, 1 Branntweinh. und 1 Rathh., dann ist hier 1 Herrenh. und 4 Wirthsh. Die Nahrungsquellen der Einw. bestehen, nebst einem mittelmäßigen Feldbaue, hauptsächlich in Gewerben, welche hier eifrig betrieben werden; es befinden sich von Gewerbsinhabern hier: 7 Bäcker, 6 Fleischhauer, 1 Lebzelter, 4 Müller, 1 Zimmermeister, 11 Schneider, 23 Schuhmacher, 2 Faßbinder, 7 Tischler, 1 Glaser, 1 Nagelschmiedt, 3 Hufschmiedte, 1 Wagner, 1 Hutmacher, 1 Handschuhmacher, 1 Kürschner, 1 Sattler, 1 Töpfer, 1 Horndrechsler, 1 Seiler, 1 Spengler, 1 Lohgärber und 1 Wachszieher, zusammen 78 Meister mit 44 Gehilfen von zünftigen Gewerben; dann 18 Gewerbsbefugte von ungezünfteten Gewerben mit 7 Gehilfen, und von eigentlichen Commerzgewerben 2 landesbefugte Baumwollengarn-Färbereien mit 21 Gehilfen, 3 Bleichen mit 11 Arbeitern, 8 Baumwollengarn-Spinnereien, wovon mehre durch Wasser getrieben werden, und welche zusammen 139 Personen beschäftigen, 77 Weber mit 413 Gehilfen. Die Garnfärberei von Ignaz Martin war die erste in der österr. Monarchie, in welcher echt und dauerhaft türkischroth gefärbt wurde. In der Stadt befinden sich ferner 2 Mhl., und in der Vorstadt 3 Mhl. und 1 Brettsäge, 1 hftl. Jägerh. und am w. Ende derselben in einiger Entfernung 4 Glasperlenschleifereien, gewöhnlich die Schleifmühlen genannt. Vom Handelsstande befinden sich hier 3 Klassen- oder gemischte Waarenhandlungen, 5 Krämer und 12 Märkte beziehende Handelsleute. Das Städtchen hat das Privilegium auf 3 Jahrmärkte und auf Wochenmärkte für Getraide, Flachs und Garn; es sind jedoch bloß die Garnmärkte von Bedeutung. Auf den Jahrmärkten werden in 80 Buden und Ständen hauptsächlich Tuch und allerhand Schnittwaaren, Spenglerwaaren, Eisen- und Galanteriewaaren, Strumpfwirker-, Kürschner-, Hafner-, und Lebzelterwaaren feilgeboten. Das Sanitätswesen besorgen 2 Wundärzte und 2 Hebammen. Das seit 40 Jahren bestehende Armeninstitut besitzt 5992 fl. $12\frac{3}{4}$ kr. W. W. Stammvermögen, und ein jährliches Einkommen von 371 fl. 48 kr W. W., womit 43 Arme betheilt werden. Zwickau ist der Geburtsort des k. k. wirklichen Hofrathes Augustin Zippe († 1816) und des letzten Prälaten des Cisterzienserstiftes Neuzell in der Niederlausitz, Optatus Paul; es hat mehre Male durch Brand gelitten, und im J. 1820 gingen 72 Häuser, meist am Marktplatze gelegen, mit vielen Hintergebäuden, im Rauche auf, welche seitdem feuerfest und schön wieder aufgebaut wurden. Eine Chaussée verbindet Zwickau mit der Rumburger Hauptstraße bei Röhrsdorf; die nächste Poststation ist Hayde. Zum Städtchen gehört auch die schön gelegene, jedoch itzt unbewohnte Einsiedelei auf dem Calvariberge. In den Zwickauer Kirchsprengel gehören: — 16. Röhrsdorf, 1 gegen 1 St. langes D., dessen ö. Ende sich fast bis an die Zwickauer Vorstadt erstreckt, das obere w. aber in dem engen Thale zwischen dem Kleis und dem Hammerich in die Waldung längs dem Boberbache sich hinzieht; es hat 162 H. und 1033 E., wird quer von der Rumburger Hauptstraße durchschnitten, an welcher hier 2 große Wirthsh. sind, und hat eine

Schule, 1 Kapelle, 1 hftl. Jägerh, eine Mhl. und 1 Brettsäge. Die Einw. nähren sich von Ackerbau, Taglöhnerei, Verfertigung verschiedener Holzgeräthe, Holzschlagen, Spinnen und Lohnweberei. Von Professionisten giebt es hier 1 Hufschmidt, 1 Wagner, 1 Faßbinder und 1 Tischler, dann ist hier 1 Waarenhandlung und 3 Garnhändler. Hieher gehört die 1 St. n. von hier entfernte, an der Hauptstraße mitten in der Waldung auf der Höhe zwischen dem Buchberge, dem Friedrichsberge und dem Schöber liegende Glashütte Antonihöhe, gewöhnlich die Neuhütte oder Röhrsdorfer Hütte genannt, mit 1 großen Wirthsh. und einigen Wohnh.; sie wird gegenwärtig von Jos. Kittels Erben in Kreybitz betrieben, und wurde statt der kassirten Falkenauer Hütte errichtet. — 17. Morgenthau, auch Morgenthal genannt, $^1/_2$ St. nw. von Zwickau, in einem Thale, von Waldung umgeben, an einem Bache, der sich in den Boberbach ergießt und hier 1 Mhl. und 6 Glasschleifereien treibt, in welchen meist Glasperlen geschliffen werden. Das D. hat 43 H. mit 319 E. — 18. Glasert, $^1/_4$ St. n. von Zwickau, am Fuße des Glasert- und des Calvariberges, hat 66 H. mit 430 E., 1 Kapelle und 1 Schule. — 19. Kleingrün, D. von 55 H. mit 426 E., $^1/_4$ St. s. von Zwickau, am Fuße des Grünberges. — 20. Kunnersdorf, $^3/_4$ St. s. von Zwickau und 2 St. n. von Reichstadt, langes, in einem Thale zwischen dem Grünberge, dem Hutberge und Steinberge, am Zwittebache liegendes D. von 273 H. mit 1795 E., hat 1 Lokaliekirche zum heil. Joseph, 1680 von der Gemeinde erbaut, und 1787 mit einem Seelsorger besetzt; sie steht unter dem Patronate des Religionsfonds; da diese Kirche nicht hinlänglich Raum für die wachsende Seelenzahl hatte, wurde 1832 eine neue geräumige Kirche auf Kosten des k. k. Religionsfonds erbaut, die 1833 vollendet und consecrirt wurde. Ferner eine 1813 neu und geräumig, von der Obrigkeit erbaute Schule mit 2 Lehrzimmern. Die Ortsbewohner nähren sich von Feldbau, Flachshandel, Weberei und Spinnerei, auch giebt es hier mehre Garn- und Leinwandbleichen; durch den Ort geht die Landstraße von Gabel nach Zwickau, an welcher $^1/_4$ St. s. vom D. 1 Wirthsh., und einige einzelne H. ohne besondere Benennung liegen, die zu Zwickau conscribirt sind. Unfern der Kirche, auf dem sogenannten Schloßberge, findet man noch Spuren einer Burg, von welcher aber historisch nichts bekannt ist. — 21. Klein-Mergenthal, (gewöhnlich Kleinmarkel) $2^1/_2$ St. n. von Reichstadt, im Thale am Zwittebache, hat 55 H. mit 388 E., eine öffentliche Kapelle zum heil Joh. von Nepomuk, 1 Mhl. und 2 Bleichen; hieher gehören die $^1/_4$ St. sö. am Fuße des Limberges liegenden sogenannten Dreihäuser. Das D. ist eingpf. nach — 22. Groß-Mergenthal (auch Mergthal und in der Volksmundart Markl genannt), D., 3 St. n. von Reichstadt, im Thale am Zwittebache, hat 204 H. mit 1147 E., eine 1699 erbaute Kirche zur heil. Magdalena, unter hftl. Patronate, 1706 mit 1 Pfarrer besetzt, 1 Schule, 3 Mhl., 8 Garn- und 2 Leinwandbleichen. Am s. Ende des D. war sonst ein Jagdschlößchen, Franziskathal genannt, jetzt befindet sich dort bloß 1 hftl. Jägerh. Nebst kärglichem Feldbau treiben die Einw. meist Weberei, und verfertigen gegen Lohn verschiedene Baumwollenzeuge. Mehre vom Orte entfernte zerstreute H., als das Schützenhäusel, die Einsiedelei St. Anna, am Calvariberge, die Fuchshäuser und die Bierhäuser, gehören hieher. Das D. hält Montag nach Magdalena einen bedeutenden Jahrmarkt. — 23. Hoffnung (Hoffche in der Volksmundart), D. von 61 H. mit 322 E., $3^1/_2$ St. n. von Reichstadt, $^1/_2$ St. w. vom vorigen, in einem engen Thale, an einem kleinen Bache, der bei Klein-Mergthal in den Zwittebach fällt; hier ist

1 Mhl., die Hammermhl. genannt, etwas entfernt am n. Ende des D., 1 Brettsäge und 1 Baumwollenspinnerei. In der Nachbarschaft des D. ist im Sandsteinfelsen 1 Mühlsteinbruch, und auf dem Berge finden sich die Ueberreste der Burg Rabenstein, von welcher keine anderweitigen historischen Spuren vorhanden sind; gewöhnlich wird der ganze Berg und die Ruinen der Mühlstein genannt. Auch finden sich Spuren von hier bestandenen Eisenhämmern und Glashütten. Das D. ist nach Groß-Mergthal eingpf. — 24. Juliusthal (gewöhnlich Justhal genannt), D. von 26 H. mit 170 E., 3½ St. n. von Reichstadt, in einem engen Thale am Krombacher Bache, der hier 2 Mhl. treibt. Das D. wurde von Franz Julius von Sachsen-Lauenburg erbaut, und mit einem Jahrmarkte begnadigt, der stark besucht wird. Die Einw. nähren sich meist von Spinnerei und Weberei, und sind nach Groß-Mergthal eingepfarrt. — 25. Nieder-Lichtewalde, 4 St. n. von Reichstadt, D. von 144 H. mit 932 E., hat 1 Schule, liegt in dem ziemlich engen Thale zwischen dem Plissenberge und dem Mittagsberge, zum Theile an einem kleinen Bache, zum Theile an den Gehängen der genannten Berge, und erstreckt sich mit dem untern Ende bis an Juliusthal, mit dem obern nö. fast bis an die äußerste Gränze von Sachsen, an welcher sich hier der Haideberg mit seinen Felsenwänden hinzieht. Hier ist ein k. k. Gränzzollamt, 2 Mhl. Die Einw. nähren sich von beschwerlichem Feldbau, Taglöhnerei, Spinnerei und Weberei, auch ist hier eine gemischte Waarenhandlung und mehre Hausirer. — 26. Ober-Lichtewalde, D., 4 St. n. von Reichstadt, hat 108 H. mit 783 E., liegt hoch am Fuße des Mittagsberges (hier der Spitzberg, seiner kegelförmigen Gestalt wegen genannt); hier ist 1 Schule und 1 hftl. Jägerh., welches nebst einigen 20 H. am Mittagsberge vom Orte nö. ¼ St. entfernt liegt, und mit diesen zusammen das Jägerdörfel genannt wird. Hier wird viel Flachs gebaut und zu feinem Garne versponnen; viele Einw. nähren sich von Weberei, und als Taglöhner und Holzschläger. Auf dem Gipfel des Mittagsberges (oder der Lausche), über welchen die Gränze Böhmens und Sachsens gezogen ist, genießt man einer herrlichen Aussicht über einen großen Theil des Leitmeritzer, Bunzlauer und Bidschower Kreises, bis in die Mitte von Böhmen, und fast über die ganze Lausitz; es befindet sich seit einigen J. ein Gebäude darauf, in welchem die sich hier häufig einfindenden Lustreisenden durch einen Einw. aus Waltersdorf in Sachsen mit Erfrischungen bedient werden. Nebst dem genannten sind noch in der hiesigen Waldung, der Friedrichsberg mit der Wolfsgrube, auf welchem eine Burg gestanden haben soll, von der jedoch keine Spuren mehr vorhanden sind, ferner der Hengstberg, Nesselsberg und Dürreberg. Spuren von Glashütten, die früher hier bestanden, und wahrscheinlich durch die Schürer von Waldheim betrieben worden, finden sich hier gleichfalls. — 27 Krombach, D., 4¼ St. n. von Reichstadt, hat 156 H. mit 972 E., liegt am Fuße des Hochwaldes und im Thale zwischen dem Plissen- und Gulichtberge an einem kleinen Bache, zum Theile an den Abhängen dieser Berge; das D. erstreckt sich mit seinem untern Ende bis an Juliusthal, mit seinen obern ö. bis an das sächsische D. Hayn bei Oybin. Hier ist eine Lokaliekirche zu den heil. 14 Nothhelfern, unter dem Pattronate des k. k. Religionsfonds, 1772 von den Einw. erbaut, und 1782 mit einem Seelsorger besetzt; früher war Krombach nach Groß-Mergthal eingepf.; eine von der hohen Obrkt. 1826 neu erbaute geräumige Schule, 1 hftl. Amth., mit dem Verwalteramte für den größten Theil des n. Hstsbezirkes., welches aber dem Oberamte zu Reichstadt untergeordnet ist, ferner 1 hftl. Bräuh.

auf 33 Joch, 1 Branntweinh. und 1 Wirthsh. Krombach soll früher Drei Linden geheißen und mit einigen der vorangeführten Ortschaften ein eigenes Gut gebildet haben, deren Besitzer sich Waldheim bei Drei Linden genannt haben sollen, doch ist darüber nichts Urkundliches vorhanden; das Wirthsh. in Krombach ist 1 großes, sehr altes und massives Gebäude, und dürfte der Sitz des Gutsherrn gewesen seyn. — 28. Schanzendorf, auch die Schanze genannt, stößt an Krombach, und erstreckt sich von da n. bis an das sächsische D. Jonsdorf, ist am Abhange des Pfeifenberges, auf emph. Gründen des Krombacher Mhf. erbaut, und erhielt seinen Namen von einer im siebenjährigen Kriege hier erbauten Schanze, hat 145 H. mit 833 E., welche meist von Spinnerei und Lohnweberei leben; es ist nach Krombach eingepf. und eingeschult.

4) Allodial-Herrschaft Gabel, sammt den Gütern Laden und Walten.

Der gegenwärtige Besitzer dieser Herrschaft und der damit vereinigten Güter ist der k. k. Kämmerer Franz Joseph Graf von Pachta, Freiherr von Rayhofen, welcher sie von seinem Großvater, dem Grafen Franz Joseph von Pachta, Oberstlandrichter im Königreiche Böhmen, ererbte. Die ältesten bekannten Besitzer von Gabel waren die Herren von Berka, welche als solche schon im XIII. Jahrh. vorkommen. Gegen die Mitte des XIV. Jahrh. kam die Herrschaft an die Herren von Lämberg und Zwieřetitz, fiel aber zu Ende des 14. Jahrh. abermals den Herren von Berka zu, welche dann ununterbrochen Eigenthümer derselben blieben, bis auf den letzten Sprossen dieses mächtigen und berühmten böhm. Herrengeschlechtes, den Grafen Franz Anton von Berka, der 1706 in Wien starb und in der Dominikanerkirche zu Gabel, in der Familiengruft, beigesetzt wurde. Nach dessen Tode erhielt diese Herrschaft Franz Anton, Graf von Nostitz, welcher sie 1708 der Schwester des verstorbenen Grafen von Berka, Franziska Rosalia Beatrix Gräfinn von Kinsky um 180000 fl. verkaufte; diese starb 1714, und vererbte die Herrschaft an den Grafen Albrecht von Wrbna und Freudenthal, welcher sie 1718 an den Grafen Johann Joachim von Pachta um 182000 fl. verkaufte; seit jener Zeit ist sie Eigenthum dieser gräflichen Familie geblieben. Das Gut Laden gehörte dem Dominikanerkloster zu Gabel, nach dessen Aufhebung es durch Ankauf 1789 mit der Herrschaft Gabel vereinigt wurde; das Gut Walten aber wurde schon im Jahre 1719 erkauft und mit der Herrschaft vereinigt.

(S. Landtäfl. Hauptb. und zwar Hft. Gabel und Walten: Litt. G. Tom. I. Fol. 1. und Gut Laden Litt. C. Tom. I. Fol. 21.)

Die Gränzen sind, gegen Westen die Herrschaften Bürgstein und Reichstadt, gegen Norden die letztgenannte und das Königreich Sachsen, gegen Osten die Herrschaften Grafenstein und Lämberg, und gegen Süden die Herrschaften Niemes und Wartenberg. Der Flächeninhalt beträgt beiläufig 1 □Meile.

Die nutzbare Bodenfläche betrug nach dem Katastral-Zergliederungs-summarium vom J. 1832:

I. Gut Gabel mit Walten.

	Dominicale.		Rusticale.		Zusammen.	
	Joch.	□Kl.	Joch.	□Kl.	Joch.	□Kl.
Ackerbare Felder . . .	900	1162	2234	188	3134	1350
Trischfelder	76	811	593	1020	670	231
Wiesen	356	628	789	580	1165	1208
Gärten	8	1037	—	—	8	1037
Teiche mit Wiesen verglichen	137	729	—	—	137	729
Hutweiden ꝛc.	27	1506	267	660	295	566
Waldungen	2784	1144	750	442	3534	1586
Ueberhaupt	4292	617	4634	1290	8947	307

II. Gut Laden.

	Dominicale.		Rusticale.		Zusammen.	
	Joch.	□Kl.	Joch.	□Kl.	Joch.	□Kl.
Ackerbare Felder . . .	63	507	—	—	63	507
Wiesen	19	571	—	—	19	571
Hutweiden ꝛc.	2	1492	—	—	2	1492
Waldungen	11	640	—	—	11	640
Ueberhaupt	97	10	—	—	97	10
Hiezu Gabel	4292	617	4634	1290	8947	307
Im Ganzen	4389	627	4634	1290	9044	317

Der Bezirk der Herrschaft ist bergig, ohne jedoch ein zusammenhangendes Gebirge zu bilden; der höchste Berg ist der Hochwald unter 50° 49′ 27,5″ nördlicher Breite und 32° 23′ 27″ östlicher Länge nach David, und nach von Gersdorf 393 W. Kl. über die Nordsee erhoben; über ihn geht die Gränze mit Sachsen und mit der Herrschaft Reichstadt, und sein Gipfel mit dem östlichen, südlichen und zum Theile westlichen Abhange gehört hieher. Der Falkenberg, nächst diesem der höchste Berg der Herrschaft, der Hutberg, der Tolzberg: 50° 43′ 40″ nördlicher Breite und 32° 24′ 32,6″ östlicher Länge, an der südlichen Gränze der Herrschaft, und mit seinem südlichen Abhange zur Herrschaft Wartenberg gehörend, sind viel niedriger, als der Hochwald, und bestehen aus Basalt, welcher sich hier in diesen einzelnen Bergen und in mehren Hügeln aus dem Quadersandsteine erhebt, der hier die herrschende Felsart bildet. Der Hochwald hat Klingstein zu seiner Felsart, und an seinem nördlichen Fuße, der aber schon nach Sachsen gehört, ist das berühmte groteske Sandsteingebirge von Oybin, welches sich auch am östlichen und südlichen Gehänge mit seinen malerischen Formen fortzieht.

Von Gewässern ist hier bloß der Jungfernbach zu bemerken, welcher aus kleinen Waldflüßchen, die am Hochwalde und am Falkenberge entspringen, sich bildet, bei Gabel den von der Hschft. Lämberg kommenden Markersdorfer-Bach aufnimmt, und südlich nach Niemes der Polsnitz zufließt. Teiche sind eine bedeutende Anzahl, jedoch sämmtlich, bis auf den Mühlteich bei Gabel, unbedeutend. Die Bäche führen Forellen, und in den Teichen werden Karpfen gezogen.

Der Waldbestand der Herrschaft, 3535 Joch im Ausmaße, ist meist Fichten und Tannen, nebst wenigen Buchen und Birken; die Waldungen befinden sich hauptsächlich am Hochwalde und am Falkenberge; im südlichen Theile sind sie mehr zerstreut; das geschlagene Holz wird auf der Herrschaft selbst verbraucht.

Der Grund und Boden ist größtentheils mittelmäßig fruchtbar, zum Theile lettenartig, mit Sand vermischt, zum Theile sandig und auch steinig; er lohnt zum Theile nur kärglich; man baut Korn, Gerste, Flachs, Hafer und Erdäpfel, als hauptsächlichste Erzeugnisse; Obstbau findet sich wenig. Rindviehzucht wird, wie überall in den Gebirgsgegenden, als vorzüglichste Stütze des Landmannes und des Kleinhäuslers betrieben; die Obrigkeit hat auch Schäfereien; auch treibt man etwas Bienenzucht.

Den Viehstand am 30. April 1833 zeigt folgende Uebersicht:

	der Obrigkeit.	der Unterthanen.	Zusammen.
Pferde	4 (Alte)	201 (200 Alte, 1 Fohlen)	205
Rindvieh	136 (5 Zuchtst., 2 junge Stiere, 100 Kühe, 15 Kalbinnen, 10 Zugochsen, 4 junge Ochs.)	1314 (6 Zuchtstiere, 6 junge St. 1027 Kühe, 194 Kalbinnen, 67 Zugochsen, 14 j. Ochsen)	1450
Schafe	1005 (765 Alte, 240 Läm.)	—	1005

Etwas Hochwild und Rehwild findet sich am Hochwalde; es wird aber nicht gehegt; auch die niedere Jagd auf Hasen und Rebhühner ist unbedeutend.

Nebst Ackerbau und Viehzucht sind Weberei und Spinnerei die vorzüglichsten Nahrungsquellen der Einwohner, und der Gewerbsstand ist bedeutend, wie die folgende Uebersicht zeigt. Es sind auf der Herrschaft, mit Ausnahme der Stadt Gabel, von welcher der Gewerbsstand besonders angegeben werden wird, 6 Bäcker, 7 Fleischer, 6 Hufschmiedte, 15 Schuhmacher, 14 Schneider, 1 Tischler, 1 Maurer, 3 Zimmerleute, 2 Faßbinder, 1 Glaser, 3 Wagner, 1 Spinnzeugmacher, 283 Baumwollenzeugweber, 33 Leinweber, 7 Leinwand- und Garnbleicher, 1 Seiler, 1 Strumpfstricker, 128 Flachsspinner, 1 Schwarzfärber, 1 Messerschmiedt, 1 Baumwollspinnerei mit 28 Arbeitern, und ein Commerzialfuhrmann; mit Innbegriff der Hilfsarbeiter überhaupt 612 Personen, die von Gewerben leben. Die Gesammtzahl der Einwohner ist 7561, welche in einer Stadt, 2 Vorstädten und 15 Dörfern, zusammen in 1228 Häusern wohnen; sie sprechen bloß Teutsch und sind durchaus Katholiken. Die Bevölkerung ist seit dem J. 1788 um 2382 Personen gewachsen, und die Zahl der Häuser hat sich um 251 vermehrt.

Das Sanitäts-Personale besteht in 2 Wundärzten (in Gabel), 6 Hebammen (3 in Gabel, die übrigen in Postrum, Walten und Hermsdorf), und 1 Apotheker (in Gabel).

Das Armeninstitut der Herrschaft besitzt ein Kapital von 2213 fl. 16½ kr. W. W.; es ist jedoch noch nicht geregelt.

Die von Prag über Jungbunzlau, nach Zittau in Sachsen, führende Post- und Commerzial-Hauptstraße, durchschneidet die Herrschaft und die Stadt Gabel, von wo aus auch eine fahrbare Landstraße nach Böhmisch-Leipa geht.

Die einzelnen Ortschaften sind:

1. Gabel, (böhm. Gablon, Jablona), mit Mauern umgebene Municipalstadt, zerfällt in die eigentliche Stadt und in die beiden Vorstädte, die obere und untere, welche für sich conscribirt werden. Die Stadt hat 177 H. mit 1011 E., die obere Vorstadt hat 68 H. mit 399 E., die untere Vorstadt 126 H. mit 725 E., zusammen 371 H. mit 2135 E. Die Stadt liegt 5 Meilen nnw. von der Kreisstadt, 1 St. von der Landesgränze und 2 Meilen von der sächsischen Stadt Zittau entfernt, in einer angenehmen Gegend, in der Nähe von Hügeln, und in einiger Entfernung von den Bergen Falkenberg, Hochwald, Hutberg, Limberg, Tolzberg und den Ausläufern des Jeschkengebirges umgeben. Hier ist die schöne Kirche zum heil. Laurentius, welche zu den 1784 aufgehobenen Dominikaner-Kloster gehörte; nachdem aber 1788 die Pfarrkirche zu Mariä Geburt abbrannte, wurde sie zur Pfarrkirche, und ein Theil des aufgehobenen Klosters zur Pfarre und Schule bestimmt; beide stehen unter hftl. Patronate. Die Stadt hat ihren eigenen Magistrat, aus 1 Bürgermeister und 1 geprüften Rathe bestehend; und was die Seelsorge und das Schulwesen betrifft: 1 Pfarrer mit 3 Cooperatoren, 1 Schule, bestehend aus 2 Klassen, und besitzt 1 Rathhaus, 1 Herrnh., 1 Bräuh. auf 20 Faß, 1 Gemeindewaldung von 61 J. 142 □Kl. und das D. Waldau; von den Häusern sind in der Stadt 4 zur Hft. und 2 zum G. Laden gehörig; in der obern Vorstadt gehört 1 H. zur Hft. und 7 (die sogenannte Rinnegasse) zum G. Laden; in der unteren Vorstadt gehören 11 H zur Hschft., auch befindet sich hier 1 hftl. Mhf. mit 1 Schäf., 4 Mhl. und 1 Brettsäge. Die Einw. betreiben etwas Ackerbau und Viehzucht, nähren sich aber größtentheils von Gewerben und Handel. Nach dem Katastral-Zergliederungssummarium vom J. 1832 betrug die nutzbare Oberfläche der städtischen Gründe:

	Dominicale.		Rusticale.		Zusammen.	
	Joch.	□Kl.	Joch.	□Kl.	Joch.	□Kl.
Ackerbare Felder	68	460	287	738	355	1198
Trischfelder	—	—	25	34	25	34
Wiesen	9	192	66	1444	76	36
Hutweiden	21	748	7	163	28	911
Waldungen	61	142	18	1011	79	1153
Ueberhaupt	159	1542	405	190	565	132

An landwirthschaftlichen Hausthieren besaßen die Bürger am 30 April 1833: 25 Pferde (Alte) und 171 Stück Rindvieh (149 Kühe und 22 Kalbinnen. Den Gewerbsstand zeigt folgende Uebersicht. Von zünftigen Polizeigewerben sind hier 12 Bäcker, 1 Bräuer, 3 Faßbinder, 12 Fleischhauer, 1 Glaser, 4 Hufschmiedte, 2 Lebzelter, 4 Müller, 2 Rauchfangkehrer, 26 Schuhmacher, 15 Schneider, 8 Tischler, 1 Ziegeldecker, zusammen 90 Meister mit 37 Ges. und 21 Lehrl. Von unzünftigen: 1 Barbierer, 10 Bier- und Branntweinschänker, 6 Gastwirthe, 6 Griesler, 5 Höckler, 1 Holzhändler, 10 Musikanten, 4 Obsthändler, 3 Putzmacherinnen, 2 Weinschänker und 1 Zuckerbäcker, zusammen 49 Personen. Von zünftigen Commerzialgewerben sind hier: 1 Buchbinder, 1 Büchsenmacher, 2 Drechsler, 1 Feilenhauer, 3 Handschuhmacher, 1 Kammmacher, 3 Kürschner, 3 Lohgärber, 1 Nagelschmiedt, 1 Messerschmiedt, 2 Riemer, 3 Seiler, 2 Sattler, 7 Schlosser, 7 Strumpfwirker, 1 Spengler, 4 Tuchmacher, 1 Tuchscheerer, 2 Uhrmacher, 2 Wachszieher, 3 Weißgärber, 3 Wagner, zusammen 54 Meister mit 13 Ges. und 10 Lehrl. Freie Gewerbe betreiben 1 Bildhauer, 80 Flachs- und Schafwollenspinner, 3 Baumwollenspinner mit Maschinen und 30 Gehilfen, 106 Weber mit 63 Gehilfen, 5 Blattbinder, 4 Seifensieder und 1 Leinwanddrucker. — Das Sanitätspersonale besteht aus 2 Wundärzten, 3 Hebammen und 1 Apotheker. Handel treiben 4 mit gemischten Waaren, 6 Krämer und 8 Märkte beziehende Handelsleute. Die Stadt besitzt das Privilegium auf 4 Jahrmärkte, 2 Wollmärkte am 8. Mai und 4. Oktober, jeden Montag Leinwand-, Garn- und Flachsmärkte, dann Montags und Freitags Getraidemärkte, endlich auch auf Roßmärkte, welche jeden Montag in der Fasten, den Montag nach Johann Baptist und nach Kreuzerhöhung, von welchen aber nur die 4 Jahrmärkte und der Wochenmarkt am Montage gehalten werden. Die Jahrmärkte sind stark besucht, und es werden in 160 Buden und Ständen von inländischen Verkäufern Tuch, Leinwand und andere Schnittwaaren, Strumpfwirkerwaaren, Hüte, Schuhmacherwaaren, Leder-, Klämpner- und Geschmeidewaaren, Drechsler- und Tischlerwaaren, dann Glas- und Töpferwaaren feilgeboten. Auf den Getraide-Wochenmärkten versorgt sich ein großer Theil der benachbarten Gebirgsgegend mit Getraide und andern Viktualien, welche hauptsächlich von den Dominien Niemes, Weißwasser, Münchengrätz und Kosmanos dahin gebracht werden. Von Wohlthätigkeits-Anstalten ist hier ein Spital nebst einer St. Wolfgangs-Kapelle, mit einem Vermögen von 19435 fl $16^1/_2$ kr. W. W., in welchem 18 Pfründler mit Wohnung, Kleidung und täglichen Geldportionen betheilt werden. Das Armen-Institut wurde 1825 neu eröffnet, indem das früher schon seit langer Zeit bestandene durch den Brand der Stadt eingegangen war; es besitzt ein jährliches Einkommen von 1109 fl. $55^1/_2$ kr. W. W., von den Interessen des Stammkapitals von 1725 fl. $11^1/_4$ kr. W. W. und sehr nahmhaften jährlichen Beiträgen hiesiger Wohlthäter, und unterstützt 28 Hilfsbedürftige. In Gabel ist eine Poststazion und ein Postamt (es sind von hier $1^1/_2$ Station nach Hühnerwasser, und 1 Station nach Zittau), so wie ein k. k. Commercialwaaren-Stempelamt. — Die Stadt Gabel ist alten Ursprungs und hat mancherlei Schicksale erlitten, welche zum Theil durch ihre Lage unfern der Gränze, an einem wichtigen Passe nach Sachsen, herbeigeführt wurden; sie galt in frühern Zeiten als ein fester Punkt zur Vertheidigung dieses Passes, und zeigt noch die Ueberreste ihrer alten Befestigung. Ihre Entstehung als Stadt verdankt sie der seligen Pribislawa, der Schwester des heil. Wenzel, welche hier zur Welt gekommen, nach der Zeit an die Herren von Gablon verehelicht gewesen seyn und das vorherige Dorf Gablon mit Mauern umgeben haben soll. Sie errichtete am Berge Krutina ein Bethaus, bei welchem sie nach vollendetem frommen Lebenswandel begraben wurde, und welches nach ihrem Tode von frommen Christen häufig besucht, und vom Wladiken Chotislaus in eine Kirche umgestaltet wurde. Ihr Leichnam wurde 1367 auf Veranstaltung Kaiser Karls IV. erhoben, und vor der St. Wenzelskapelle in der Domkirche zu Prag beigesetzt. Im XIII. Jahrhundert finden wir das mächtige Geschlecht der Berka im Besitze der Stadt und Hft. Gabel, und 1260 stifteten Jaroslaw von Berka und dessen Gemahlinn Zdislawa das (nunmehr aufgehobene) Dominikaner-Kloster. Im J. 1419 überfiel Žižka die Stadt, ließ sie plündern, und befahl die Dominikaner zu ermorden; 1466 bekriegte Heinrich Berka von Duba, Herr von Gabel, und sein Sohn Jaroslaw mit seinen Verbündeten, Zarda von Ugše, Felix von Skal und Beness von Michelsberg (Michalowitz) die Gegend von Zittau, worauf 1468 die Zittauer die Stadt Gabel, wiewohl vergeblich, belagerten (s. Karpzow). Die Stadt war nach der Reformation zum Protestantismus übergetreten, und verharrte bei demselben bis 1623, wo der letzte lutherische Prediger, Georg Roscher, die Kirche den Katholiken einräumen mußte. Im 30jährigen Kriege wurde die Stadt und Gegend mehrmals sehr hart mitgenommen; sie erhalte sich nur langsam. Die im J. 1686 wüthende Pest beraubte sie der Hälfte ihrer Einw.; zum Andenken und zur Danksagung wegen Befreiung von derselben wurde die auf dem Marktplatze befindliche Statue des triumphirenden Jesus errichtet. Im 7jährigen Kriege hatte sie abermals viel zu leiden, im J. 1757 ward sie von den Preußen besetzt, und von den kais. Truppen am 15. Juli beschossen, und der preuß. General Pottkammer sammt seinem Corps gefangen genommen. Im bairischen Erbfolgekriege war sie vom 2. Aug. bis 12. Sept. 1778 von den Preußen besetzt. Im J. 1788 brach am 11. Mai Nachmittags eine verheerende Flamme aus, durch welche die Stadt sammt den Kirchen, dem Rath- und Bräuhause und dem Schulgebäude im Rauche aufgingen; nur durch die äußerste Anstrengung wurden die beiden Vorstädte gerettet; dabei haben sich die zur Rettung mit ihren Löschgeräthschaften herbeigeeilten Bürger von Zittau ein bleibendes Andenken in dem Herzen der Einw. erworben, indem hauptsächlich diesen die Rettung der oberen Vorstadt zu danken war. Im J. 1809 hatte der Herzog Friedrich Wilhelm von Braunschweig eine Zeitlang vor seinem denkwürdigen Zuge durch Norddeutschland sein Hauptquartier hier, und im ewig denkwürdigen J. 1813 wurde Gabel von dem polnischen Armeekorps des Fürsten Poniatowsky besetzt, und K. Napoleon war am 19. Aug. in Person hier, kam jedoch, wie bekannt, in Böhmen nicht weiter vorwärts, und die verlorenen Schlachten an der Katzbach und bei Kulm befreiten die Stadt und die Gegend von diesen Gästen. Zu Ende Septembers und Anfang Oktobers desselben Jahres hatte die Stadt viel durch die Durchmärsche der kais. russischen Armeekorps zu tragen; bei dieser Gelegenheit zeichnete sich das hiesige bürgerliche Schützencorps aus, welches Gensdarmerie-Dienste verrichtete. Dieses Schützencorps ist eines der ältesten in Böhmen, denn es wird seiner schon in einer ihm gewährten Privilegiums-Urkunde vom J. 1577 als alt gedacht; es stellte im J. 1799 aus eignen Mitteln 10 Mann, völlig armirt, und 1805 abermals 3 Mann zur Vertheidigung des Vaterlandes, und hat eine eigene Wohlthätigkeitskasse für arme Mitbrüder, welche ein Kapital von 2000 fl. besitzt. Das Wappen der Stadt Gabel hat in einem runden Schilde drei rothe Thürme mit einem Schließgitter und offenen Thore; darin eine Gabel. — Zur Stadt Gabel wird conscribirt das obrktl. Schloß Neu-Falkenburg; es liegt einige hundert Schritte w. von der Stadt am großen Mühlteiche, und ist eigentlich der Sitz der Herrschaftsbesitzer; gegenwärtig befindet sich nicht weit davon eine Baumwollenspinnerei; die Gegend um das Schloß ist durch Gartenanlagen und Alleen verschönert; dann die $1/4$ St. n. von Gabel befindliche Tuchwalke. — Der Stadtgemeinde gehört: 2. das D. Waldau (oder Birkenhain), $1/2$ St. ö. von der Stadt, hat 17 H. mit 103 E., und ist nach Gabel eingpf.

Die übrigen Orte der Herrschaft sind:

3. Böhmischdorf, s. von Gabel, an die untere Vorstadt anstoßend, an der Hauptstraße, hat 59 H. mit 363 E., ist nach Gabel eingpf., so wie — 4. Franzensdorf, $1/4$ St. s. von Gabel, an das vorige anstoßend, gleichfalls an der Hauptstraße, hat 3 H. mit 20 E. — 5. Felden, D von 10 H. mit 51 E., liegt $3/4$ St. sö. von der Stadt, in einiger Entfernung davon ist der hftl. Mhf. Neuhof, und einige Teiche. Der hiesige Mhf. ist zeitlich verpachtet. — 6. Postrum, D., $3/4$ St. s. von Gabel, an der Hauptstraße, hat 112 H. mit 746 E., hier ist 1 Schule und eine öffentliche Kapelle, in der vier Mal Gottesdienst gehalten wird. Ferner ist hier eine Bleiche. Viele Einw. nähren sich von Weberei und Spinnerei; der Ort ist wie der vorige nach Gabel eingepf. — 7. Tölzeldorf, $3/4$ St. s. von Gabel, am Fuße des Tolzberges, hat 33 H. mit 209 E., und ist nach Brims, (Hft. Wartenberg) eingepf.; hier ist 1 Schäf. und 1 Bleiche; es wird hier hauptsächlich viel Sackleinwand verfertiget. — 8. Tolzbach, D. von 10 H. mit 66 E., 1 St. ssw. von Gabel, am Fuße des Tolzberges, ist gleichfalls nach Brims eingepf., hier ist ein, zur Hft. Wartenberg gehörender Mhf. In der Nähe liegt der unbedeutende Kapellenberg. — 9. Rosenthal, D von 24 H. mit 123 E., $3/4$ St. sw. von Gabel, auf einer Niederung längs dem sogenannten Rosenhügel, ist ebenfalls nach Brims eingepf.; in der Nähe ist der unbedeutende Sandberg und einige Teiche; die hiesigen Weber verfertigen Manschester, Leinwand, Barchet und Leinendamast. — 10. Schneckendorf, $1^1/_2$ St. sw. von der Stadt, zwischen den hftl. Wartenberger Dörfern Brims und Grünau, am Jungfernbache, hat 42 H. mit 253 E., und ist nach Brims eingepf. Hier sind 3 Garn- und Leinwandbleichen; der vormalige hiesige Mhf. war laut Brimser Kirchenmatrik von 1592, ein Edelsitz, welcher dem Herrn von Schwendi gehörte; er kam käuflich an die Hft. Gabel und wurde 1788 emph.; auf seinen Gründen entstand das D. — 11. Joachimsdorf, von Grafen Joachim Pachta 1788 erbaut, hat 45 H. mit 240 E, liegt am Fuße des Tolzberges, $1^1/_2$ St. s. von Gabel und ist nach Brims eingepf. Hier ist 1 Mhl., eine Bleiche, und 1 Bad, welches fur gichtartige Uebel von den Bewohnern der Gegend gebraucht wird, und zu Schneckendorf gehört. — 12. Walten, D., $1/2$ St sw. von Gabel hat 53 H. mit 322 E., ist nach Gabel eingepfarrt. Hier ist 1 hftl. Schloß, 2 Mhf, Groß-Walten und Klein-Walten genannt, 1 hftl. Bräuh. auf 16 Faß, 1 Branntweinbrennerei, 1 schöne Kapelle, 1 Schule, 1 Bleiche, 3 Mhl. und 1 Brettsäge. Zu dem früher für sich bestehenden Gute Walten, welches im 16. Jahrhunderte dem Herrn von Tölzel gehörte, waren auch die Ortschaften Tölzeldorf und Tolzbach und ein Theil von Postrum gehörig. — 13. Hermsdorf, 1 St. nnw. von Gabel, hat 230 H. mit 1476 E., 1 Schule, und ist nach Gabel eingepf. Das D. ist über $1/2$ St. lang, liegt längs dem Jungfernbache in einem Thale, zwischen dem Falkenberge, Steinberge, Hutberge, Limberge und Langen Berge; die Einw. nähren sich meist von Spinnerei und Weberei; auch ist hier 1 Bleiche, 5 Mhl. und 2 Bretsägen. — 14. Großhirndorf, $3/4$ St. n. von Gabel, am Fuße des Hutberges, hat 76 H. mit 472 E., 1 Schule, ist ebenfalls nach Gabel eingepf., auch hier giebt es viele Weber, 1 Bleiche und 1 Mhl. — 15. Petersdorf, 1 St. n. von Gabel im Thale zwischen dem Falken-

bergs und dem zur Hft. Grafenstein gehörigen Punzelberge, unfern der Gränze von Sachsen, an der Hauptstraße nach Zittau, hat 120 H. mit 817 E., 1 Filialkirche und 1 Schule, und ist nach Gabel eingepf.; die Einw. leben meist von Weberei und Spinnerei. Hier ist 1 k. k. Commerzial-Zollamt; der hiesige Mhf. ist zum Theile zeitlich verpachtet. Auf dem Gipfel des Falkenberges sind die Ruinen der Falkenburg, des ehemaligen Wohnsitzes der Besitzer von Gabel, welcher wahrscheinlich im 30jährigen Kriege zerstört wurde. In der Waldung am Hochwalde ist das einschichtige hftl. Jägerh. Nummer Sechs genannt, wo zuweilen Scheibenschießen gehalten werden, zu welchem sich die Liebhaber sowohl aus den benachbarten Orten in Böhmen als aus Sachsen einfinden. Der Hochwald, der höchste Berg der Hft., hat 2 Kuppen, wovon die eine der Ilmenstein, die andere der Johannesstein genannt werden; auf der ersteren steht ein Kreuz, welches die Gränze der Hft. Reichstadt und Gabel und des Königreiches Sachsen bezeichnet. Die Aussicht von dieser Kuppe sowohl nach Böhmen als nach Sachsen ist vortrefflich.

Zur Hft. Gabel gehören noch:

a. von dem hftl. Wartenberger Dorfe Brüns 2 H. mit 13 E., — b. von dem hftl. Lämberger Dorfe Markersdorf 32 H. mit 168 E.

Das Gut Laden,

welches dem ehemaligen Dominikanerkloster in Gabel gehörte, nach dessen Aufhebung es angekauft und der Hft. Gabel einverleibt wurde, wird noch als selbstständige Realität in der k. Landtafel fortgeführt (s. oben); es besteht aus dem Dorfe — 16. Laden, 1/2 St. n. von Gabel, hat 26 H. mit 165 E., und ist nach Gabel eingepf.; dazu gehört die Ziegelhütte am Eisberge; der hiesige Mhf. ist zeitweilig verpachtet. Die übrigen Bestandtheile des Gutes Laden sind schon bei der Stadt Gabel erwähnt worden.

*) Allodial-Herrschaft Lämberg.

Die Hft. Lämberg gehört gegenwärtig dem k. k. Geheimen Rath und Kämmerer Christian Christoph Grafen von Clam-Gallas. Die ältesten bekannten Eigenthümer derselben waren die Herren von Wartenberg, aus welchem Geschlechte um das J. 1240 Zdenko von Wartenberg, oder wie Chanowsky ihn nennt, Gallus Jablonsky von Wartenberg, als Gemahl der seligen Zdislawa, Tochter des Herrn von Berka, Besitzer von dem benachbarten Gabel, bekannt ist. Im J. 1396 besaß Lämberg Herr Hasko, der dem Kloster in Gabel anderthalb Huben Ackers schenkte; 1471 kommt als Besitzer Hans Olsnitz vor, der vermuthlich wie Hasko aus dem Geschlechte der Wartenberger war, und welcher um diese Zeit als mächtiger Ritter viele Fehden in der Lausitz hatte. Zu Anfang des XVII. Jahrhunderts war Heinrich von Waldstein Eigenthümer von Lämberg, dessen Güter nach der Schlacht am Weißen Berge confiscirt wurden. Im Jahre 1623 kaufte Albrecht von Waldstein, nachmaliger Herzog von Friedland, die Hft. Lämberg um 50300 Schock meißnisch, und verkaufte sie später als Lehn an Hans Rudolph, Freiherrn von Bredau um 72350 fl., welchem sie nachher als freies

Eigenthum überlassen wurde. Im J. 1701 war Hartwig Graf von Breda Besitzer, und 1732 kaufte von diesem oder von seinem Nachfolger dieses Namens Graf Philipp von Gallas diese Herrschaft; seit der Zeit ist sie bei den übrigen Gallas'schen Besitzungen geblieben, und mit denselben an die Familie der Grafen von Clam-Gallas übergegangen. (S. Landtäfl. Hauptb. Litt. C. Tom. I. Fol. 33. Verglichen auch die Hft. Reichenberg.)

Die Hft. Lämberg wird von der Hft. Grafenstein durchschnitten, und in zwei Theile abgesondert; der kleinere östliche liegt am Abhange und am Fuße des Jeschken, und gränzt bloß mit den Hften. Grafenstein und Reichenberg, der größere westliche Theil gränzt östlich an die Hft. Grafenstein, südlich an die Hften. Böhmisch-Aicha, Niemes und Wartenberg; westlich an die Hft. Gabel, und nördlich an dieselbe und an Grafenstein. Der Flächeninhalt derselben beträgt nach wirthschaftsämtlichen Angaben 8818 Joch, 85 □Kl. Nach dem Kataſtral-Zergliederungssummarium vom J. 1832 war die nutzbare Bodenfläche:

	Dominicale.		Rusticale.		Zusammen.	
	Joch.	□Kl.	Joch.	□Kl.	Joch.	□Kl.
Ackerbare Felder . . .	490	1288	3147	270	3637	1558
Teiche mit Aeckern vergl.	1	463	—	—	1	463
Trischfelder	—	—	156	1149	156	1149
Wiesen	147	783	925	285	1072	1068
Gärten	2	1448	—	—	2	1448
Teiche mit Wiesen verglichen	30	807	—	—	30	807
Hutweiden ꝛc.	55	1343	374	865	430	608
Waldungen	2573	1268	911	1316	3485	984
Ueberhaupt	3302	1000	5515	685	8818	85

Der östliche Theil ist, wie schon angedeutet, ganz gebirgig, und die hier vorkommenden Berge gehören zu dem nordwestlich vom Jeschken auslaufenden Gebirgszuge; namentlich sind hier zu erwähnen: der Waitzberg und der Kirchberg. Die Felsarten dieses Gebirgstheils sind Thonschiefer, in welchem mehr oder minder mächtige Lager von Kalkstein vorkommen. Der östliche Hauptantheil der Herrschaft ist weniger bergig, zum Theile bloß hügeliges, zum Theile fast ebenes Land; einzelne hier vorkommende Berge sind der Silberstein, der Ladeberg und der Spitzberg bei Seifersdorf, der Hagelsberg, bei Johnsdorf, der Heuberg und der Harzberg, bei Neusorge, der Hatigberg bei Schwarzpfütz, sämmtlich nicht von bedeutender Höhe; die herrschende Felsart ist hier Quadersandstein, der hier meist sehr thonig und eisenschüssig ist, und die Unterlage des ganzen Bezirkes bildet; bloß am Gipfel der erstgenannten 4 Berge kommt Basalt als Felsart, und in der Gegend dieser Berge als Gerölle zerstreut vor.

Die Gewässer der Hft. sind 1. der Jeschkenbach; er entspringt am westlichen Gehänge des Jeschkengebirges, fließt hier durch Kriesdorf und Seifersdorf in westlicher Richtung, und wendet sich dann südlich auf die Hft. Wartenberg; er nimmt mehre kleine ungenannte Bäche auf, und richtet durch Ueberschwemmungen oft vielen Schaden an; 2. Ein ungenannter Bach, der auf der Hft. Grafenstein entspringt, hier durch Ringelshain und Lämberg, und bei Gabel in den Jungfernbach fließt. 3. Der Eckersbach, im östlichen Theile der Herrschaft, entspringt am Jeschkengebirge und fließt in die Neisse. Von Teichen kommen hier vor: der Markersdorfer Teich, der Brauteich, bei Lämberg, der Feldteich, der Inselteich, der Obermühlteich, bei Klein-Herrendorf, der Mühlteich, bei Seifersdorf, der Finkendorfer Teich, der Auenteich und der Thalteich, bei Jahnsdorf, der Schwarze Teich und der Straßenteich, bei Jüdendorf; sie sind sämmtlich nicht von bedeutender Größe, und werden als Karpfenteiche benützt.

Die Waldungen der Herrschaft sind in 2 Reviere getheilt, haben gegenwärtig, nach wirthschaftsämtlichen Angaben, 2541 J. 1437 □Kl. im Ausmaße, und sind mit Fichten, Tannen, Kiefern, etwas Lärchen, Buchen und Birken bestanden; die Unterthanen besitzen 917 Joch 1001 □Kl. gemischter Waldung. Das Holz wird meist auf dem Dominium selbst verbraucht; etwas wird zu Holzwaaren verarbeitet, und als solche weiter verschlissen.

Der Ackergrund ist vorherrschend sandig, mit Lehm und Thon untermischt, und braucht viel Kultur und Dünger. Man gewinnt Korn, wenig Gerste, dann Haber, Erdäpfel und Flachs; Obst wird wenig gebaut; im östlichen Gebirgstheile sind vortreffliche Wiesengründe. Nebst der Rindviehzucht von ziemlich kräftigem Schlage ist hier auch die Zucht der Ziege einheimisch, und es wird viel Ziegenkäse erzeugt; Schafzucht hat bloß die Herrschaft, welche viel auf Veredlung derselben verwendet. Der Viehstand war am 30. April 1833:

	bei der Obrigkeit.	bei den Unterthanen.	Zusammen.
Pferde	8 (Alte) . . .	136 (133 Alte 3 Fohlen)	144
Rindvieh	83	1243	1326
	(3 Zuchtstiere, 2 junge St., 48 Kühe, 18 Kalbinnen, 12 Zugochsen)	(7 Zuchtst., 2 junge Stiere, 910 Kühe, 162 Kalbinnen, 142 Zugochs., 20 junge O.)	
Schafe	1352	—	1325
	(1124 Alte, 228 Lämmer)		

Der Wildstand, sowohl für hohe als niedere Jagd, ist mittelmäßig, und besteht in etwas Hochwild, Rehen, Hasen und Rebhühnern.

Der Gewerbsstand der Herrschaft ist minder beträchtlich als der der angränzenden Dominien, doch beträchtlicher als der des flachen Landes; die Art desselben giebt die nachfolgende Uebersicht. Es finden sich nämlich überhaupt von zünftigen Gewerben: 12 Bäcker, 7 Fleischer, 9 Müller, 26 Schneider, 16 Schuhmacher, 10 Schmiedte, 12 Tischler, 4 Maurer, 3 Zimmerleute, 1 Schlosser, 1 Gärber, 1 Wagner, 3 Faßbinder, 1 Gärtner und 1 Bräuer, zusammen 107 Meister mit 75 Gesellen und 5 Lehrlingen; dann 1 gewerbsbefugter Fischer, 1 Branntweinbrenner, 2 Weinschänker und 11 Bierschänker. Commerzialgewerbe betreiben:

eine k. k. privilegirte Baumwollenspinnerei mit 84 Arbeitern, 152 Weber und 1 Bleicher mit 7 Gehilfen. Von Flachsspinnerei ausschließlich ernähren sich 107 Personen; Krämer sind 3, Hausirer 19 und 1 Garnhändler. Das Sanitätswesen wird von den Aerzten und Wundärzten zu Gabel und Wartenberg besorgt; auf der Herrschaft sind bloß 4 geprüfte Hebammen.

Die Einwohner sprechen durchaus Teutsch, und die herrschende Religion ist die katholische; Protestanten sind 30.

Die Gesammtzahl der Einwohner ist 7740, welche in 15 Dörfern mit 1200 Häusern wohnen; seit 1788 hat sich die Häuserzahl um 250, und die der Einwohner um 3684 vermehrt.

Das Dominium wird bloß von der Zittauer Hauptstraße berührt, und die Landstraße von Grottau nach Gabel geht durch einige der nördlichen Ortschaften; die übrigen sind unter einander durch gewöhnliche Landwege verbunden. Das nächste Postamt, mit der Briefsammlung für die Herrschaft, ist in Gabel.

Die Ortschaften sind:

1. Lämberg, (in der Volksmundart Lamrich) D. von 29 H. mit 189 E., nnw. $5^1/_2$ M. von der Kreisstadt, $^1/_2$ St. s. von Gabel. Hier ist ein sehr altes Schloß, welches schon 945 bestanden haben soll, in der Beschaffenheit aber, wie es gegenwärtig sich befindet, aus dem XIII. Jahrh. herrühren mag; von drei Seiten betrachtet, liegt es auf einer steilen Anhöhe, welche sich jedoch nach Osten in die Ebene verläuft; es ist im Viereck und ganz massiv gebaut, hat 1 geräumigen Hof, 1 runden hohen Thurm, und 1 wohlerhaltene Kapelle zum heil. Geiste. In der ältern Zeit war der Zugang von der Ebene aus durch 2 Zugbrücken und 2 Basteien geschützt; statt der Zugbrücken sind jetzt gewölbte Einfahrten vorhanden; sonst hat das Schloß in seiner ganzen Beschaffenheit wenig Veränderungen erlitten. Im 7jährigen Kriege war längere Zeit ein Feldspital hier, und die hier Verstorbenen wurden auf einem eigends im benachbarten Walde errichteten Kirchhofe begraben, zu dessen Andenken ein noch heut stehendes Kreuz daselbst gesetzt wurde. Nach geschlossenem Frieden war das Schloß öde und unbewohnt, bis es 1798 wieder im baulichen und wohnlichen Zustande hergestellt wurde. Im ersten Stockwerke befindet sich der große Rittersaal, mit verschiedenen Porträts in Lebensgröße, Oel- und Freskomalereien, Scenen aus dem 30jährigen Kriege darstellend; im westlichen Theile des Schlosses, zu ebener Erde, ist noch die Kammer mit dem Vorgemache vorhanden, welche 1266 die selige Zbislawa in stiller Zurückgezogenheit bewohnte, in derselben Beschaffenheit, wie sie damals eingerichtet war. Diese Zbislawa war die Gemahlinn Jaroslaws von Berka, damaligen Besitzers von Gabel, und stammte wahrscheinlich aus dem Hause Wartenberg; sie stiftete mit ihrem Eheherrn das Dominikaner-Kloster zu Gabel, und lebte nach seinem Tode im Schlosse zu Lämberg in stiller Zurückgezogenheit, der Andacht und frommen Werken. Am Fuße des Berges gegen Mitternacht ist in einem anmuthigen Wiesenthale eine starke krystallhelle Quelle, der Zbislawa-Brunnen genannt, dabei ist eine Nische im Felsen ausgehauen, mit dem Bildnisse der seligen Zbislawa; dieser Quelle wurden in frühern Zeiten Heilkräfte beigelegt, und der gemeine Mann glaubt noch bis jetzt, daß vor Fassung derselben ein Sauerbrunnen hier vorhanden war. Das Wasser dieser Quelle wird durch ein Druckwerk bis in die hftl. Gebäude und das Dorf ge-

hoben. Wislawa wurde nach ihrem Hinscheiden in der von ihr gestifteten Dominikaner-Kirche in Gabel begraben, und im J. 1731 wurden ihre Ueberreste mit Bewilligung des erzbischöflichen Consistoriums in der neuerbauten Gruft daselbst beigesetzt. Ihr Andenken hat sich durch so viele Jahrh. im Volke erhalten, und von Vielen wird sie als eine Heilige verehret. Am Abhange des Berges Krutina befindet sich 1 uralte Kapelle, in welcher der Leichnam der seligen Přibislawa, Schwester des heil. Wenzels, begraben war. Bei dem Schlosse ist ein besonderes Gebäude für die Kanzleien und Beamtenwohnungen; dann ist hier 1 Schule, 1 Bräuhaus auf 20½ Faß, 1 Branntweinbrennerei, 1 Mhf mit Schäferei und 1 Ziergarten. Lämberg ist nach Gabel eingepf. — 2. Markersdorf, an Lämberg anstoßend, erstreckt sich im Thale am Bache bis an Gabel, wohin es eingepf. ist, ½ St. in die Länge, hat 127 H. mit 733 E., wovon 32 H. mit 168 E. zur Hft. Gabel gehören. Hier ist eine k. k. privil. Baumwollenspinnerei, (Firma Ignaz Kittel) mit 1 Dampfmaschine, der ersten in Böhmen angewendeten, und mit Luftheizung. Noch ist hier 1 Mhl., die von dem nahen Teiche ihr Wasser erhält. Die Bewohner beschäftigen sich größtentheils mit Manschesterweberei. — 3. Klein-Herrndorf, (oder Hirndorf), ¼ St. nw. von Lämberg, hat 21 H. mit 147 E., 2 Mhl., ist nach Gabel eingepf. — 4. Vogelgesang, ein in neuerer Zeit angelegtes, auf Hügeln zerstreut liegendes Dörfchen, von 14 H. mit 108 E., ¼ St. nö. von Lämberg, ist nach Gabel eingepf. — 5. Kunnwalde, D. von 15 H. mit 92 E., ¼ St. ö. von Lämberg, ist nach Gabel eingepf.; hier ist 1 zeitweilig verpachteter hftl. Mhf. — 6. Jüdendorf, ½ St. nö. von Lämberg, hat 42 H. mit 291 E., liegt zwischen Bergen auf einem, von einem kleinen Bache durchschnittenen Wiesengrunde, zum Theil zerstreut, ist nach Gabel eingpf. — 7. Ringelshain, D., ¾ St. nö. von Lämberg, an einem kleinen unbenamten Bache, hat 189 H. mit 1287 E. Hier ist eine Kirche zur heil. Barbara, welche schon in den Errichtungsbüchern von 1384 als Pfarrkirche vorkommt; die gegenwärtige wurde 1669 von Christoph Rudolph, Freiherrn von Bredau erbaut, und mit 3 Glocken versehen; sie wurde 1746 durch die Einw. vergrößert und der Thurm zugebaut; 1787 wurde sie zu einer Lokalie unter hftl. Patronate erhoben; bis dahin war sie Filiale von Seifersdorf gewesen; auch ist hier 1 Schule; die Einw. nähren sich zum Theile durch Spinnerei und Weberei, und etwas Hausirhandel. Im J. 1823 wurde durch Erlegung eines Kapitals von 229 fl. 20 kr. W. W. von den hiesigen Einw. Tobias Schicht und Joseph Linke das Armeninstitut begründet, welches mit den Interessen dieses Kapitals und einigen andern Zuflüssen 10 Arme unterstützt. Hieher sind eingepf. und eingeschult: — 8. Finkendorf, 1 St. nö. von Lämberg, ist von 3 Seiten von Walde eingeschlossen, hat 60 H., 408 E. — 9. Schwarzpfütz, ö., unfern dem vorigen, hat 20 H. mit 154 E. — 10. Neusorge, D., ¾ St. ö. von Lämberg, hat 20 H. mit 140 E. — 11. Seifersdorf, (gewöhnlich Seiersdorf, [Sigfridi villa]) D., 1½ St. sö. von Lämberg, am Jeschkenbache, erstreckt sich längs demselben auf 1 St., und hangt ö. mit Kriesdorf (Hft. Grafenstein) zusammen, hat 242 H. mit 1636 E. Hier ist 1 Kirche zu den heil. Aposteln Simon und Judas; sie war bereits 1384 mit einem eigenen Pfarrer besetzt; später nach wiedereingeführter kathol. Religion, bis zum J. 1651, gehörte sie in den Kirchsprengel nach Grottau, und bis 1657 nach Wartenberg; erst 1662 wurde wieder ein eigener Pfarrer angestellt, und 1672 statt der hölzernen Kirche eine von Stein erbaut; sie steht sammt der Schule unter hftl. Patronate; ferner 1 hftl. Mhf.

und 3 Mhl. Spinnerei und Weberei beschäftigen viele Einw. Hieher sind eingepfarrt: — 12. Jonsdorf, $^3/_4$ St. sö. von Lämberg, hat 82 H. mit 497 E. und 1 Schule; hier ist 1 hftl. Jägerh., 1 Ziegelei, und ein 1800 emph. Mhf., Wüstewiese genannt. — 13. Christophsgrund, D., 3 St. ö. von Lämberg, am Jeschkengebirge, in einem wiesenreichen Thale am Eckersbache, hat 147 H. mit 865 E. Hier ist eine von Holz erbaute Kirche, zum heil. Christoph, 1684 nach Abtragung der alten errichtet, und mit einem Pfarradministrator besetzt, und 1 Schule, beide unter hftl. Patronate, 1 hftl. Forst- und 1 Jägerh., 2 Mhl. und 2 Brettsägen, 1 Dachschieferbruch, und mehre Kalksteinbrüche. Die Einw. leben, da hier und in dem folgenden Orte wenig Feldbau vorhanden, und in diesen Ortschaften kein Bauer, sondern bloß Gärtler und Kleinhäusler ansäßig sind, hauptsächlich von der Rindvieh- und Ziegenzucht; es werden vortreffliche Ziegenkäse hier verfertigt und auswärts verkauft; ferner geben das Kalksteinbrechen, das Schieferbrechen und Zurichten, das Kalkbrennen, das Schneiden der Späne, (Fackeln), die Verfertigung anderer Holzwaaren, als Schachteln, Spindeln und Spinngeräthe, der Hausirhandel damit, endlich Spinnerei und Tagarbeit, den nothdürftigen Unterhalt. Nebst dem zur Hft. Grafenstein gehörigen D. Eckersbach ist noch hieher eingepf. — 14. Neuland, D., s. von Christophsgrund, höher im Gebirge, am nämlichen kleinen Bache, hat 81 H. mit 562 E.; hier ist 1 hftl. Försterh.

Von getheilten Ortschaften gehört noch zur Hft. Lämberg ein Theil von Kriesdorf, bestehend in 123 H. mit 789 E. Der andere Theil dieses Dfs. gehört nach Grafenstein, und 4 H. zu der Hft. Böhmisch-Aicha.

*) Allodial-Herrschaft Grafenstein.

Die ältesten Besitzer der Allodial-Herrschaft Grafenstein waren die Herren Berka von Duba, welchen fast der ganze nördliche Bezirk des Bunzlauer Kreises gehörte; Přemisl Ottokar entzog ihnen im J. 1277 nebst mehren andern Gütern, auch diese Herrschaft und vergab sie an die aus Meißen stammenden Burggrafen von Dohna, welches Geschlecht im Besitze derselben blieb, bis sie im J. 1562 Albert von Dohna an Georg Mehl von Strelitz, kais. Vicekanzler, um 300000 fl. verkaufte. Dieser trat später um dieselbe Summe die Herrschaft an des vorhergehenden Besitzers Schwiegersohn, Ferdinand Hofmann, Freiherrn von Grünenbühl und Streuchew ab, welcher sie seiner Wittwe Elisabeth, gebornen von Dohna, hinterließ. Durch Vermählung dieser Besitzerinn gelangte sie 1610 an Herrn von Tschirnhaus, Freiherrn von Poltenheim, in Schlesien, dessen Sohn, David Heinrich von Tschirnhaus, sich wieder mit einer Burggräfinn von Dohna vermählte, so daß diese Herrschaft über 400 Jahre im Besitze der Familie der Burggrafen von Dohna blieb, bis sie 1664 vom Herrn von Tschirnhaus an den Grafen Mathias von Trautmannsdorf verkauft wurde. Im J. 1704 verkaufte sie Franz Graf von Trautmannsdorf an Johann Wenzel Grafen von Gallas, und so gelangte sie mit den übrigen Besitzungen der gräflich-Gallasschen Familie (s. Hschft. Reichenberg) an den gegenwärtigen Besitzer, den k. k. Geheimen-

Rath und Kämmerer, Christian Grafen von Clam-Gallas. (S. Landtäfl. Hauptb. Litt. G. Tom. V. Fol. I.)

Die Herrschaft Grafenstein bildet einen zusammenhangenden Bezirk von 2½ □M. und gränzt gegen Norden mit dem Königreiche Sachsen, und zwar mit dem Gebiet der Stadt Zittau und dem gräflich-Einsiedelschen Gute Reibersdorf, östlich mit der Herrschaft Reichenberg, südlich mit dem Gute Alt-Aicha und den Herrschaften Böhmisch-Aicha, Niemes, Wartenberg und Lämberg, gegen Westen mit den Herrschaften Lämberg und Gabel.

Der vom Jeschkengebirge in nordwestlicher Richtung auslaufende Gebirgszug, das Weißkirchner Gebirge genannt, durchstreicht den ganzen südwestlichen Theil der Herrschaft; dieser ist daher ganz gebirgig, doch sind die Berge nicht von bedeutender Höhe, und stehen darin dem Jeschken, an welchen sie sich anschließen, weit nach. Die bedeutendsten Höhenpunkte dieses Gebirgszuges sind, von Nordwesten anfangend, der Aspenberg, der Schafberg, der Brandberg, der Lindenberg, der Pfaffenberg, der Hufeisenberg, der Scheibenberg, alle längs der sächsischen Gränze; der Punzelberg, der Schwarze Berg, der Rabenstein, die Ruhebank, der Hatigberg, der Weite Berg, der Giebelsberg, der Kanne, der Trögelsberg, der Schwammberg, der Falkenstein, der Roynungen, der Fuchsberg, der Sauberg, der Kalkberg, der Klötzerberg, der Kirchberg, der Kreuzberg, der Buchberg, der Leckerberg, der Hammerstein, der Ranserich, der Schweitzerberg, und der Dürre Berg. Der nordöstliche Theil ist mehr hügelliges Land, welches sich in die Ebene verläuft, und die hier vorkommenden Berge sind ohne Bedeutung, als: der Kratzauer Berg, der Schafberg, der Lerchenberg, der Kiebichtberg und der Grafensteiner Schloßberg. Durch die Neisse wird der gebirgige Theil der Herrschaft von dem hügeligen und ebenen Lande getrennt, bis auf kleine Gebirgsstrecken, die sich auf das rechte Ufer der Neisse bei Hammerstein hinüberziehen. Die hier vorkommenden Felsarten sind ziemlich mannigfaltig, und gehören mehreren Formationen an. Im niedrigern nördlichen und nordöstlichen Theile der Herrschaft, rechts der Neisse, ist gneusartiger Granit die herrschende Felsart, welche sich von hier auf die angränzenden Herrschaften Reichenberg und Friedland gegen das Isergebirge hin verbreitet; er kommt an den wenigen hier hervorragenden Bergen und Hügeln zum Vorscheine; bei den Ortschaften Dönis und Ketten zieht sich diese Felsart auch auf das linke Ufer der Neisse, und findet sich am Giebelsberge, Steinberge, Fritschberge, der Großen und Kleinen Hölle und am Dürren Berge, welche meist nur unbedeutende Kuppen sind. Basalt wird von Reuß bloß an einem Hügel westlich von Spittelgrund vorkommend angeführt. Die unmittelbar vom Jeschken auslaufenden, und zu diesem Gebirgszuge gehörenden Berge sind von Thonschiefer zusammengesetzt; diese Felsart zieht sich am Hammersteine, am Schafberge und am Kratzauer Berge auf das rechte Ufer der Neisse, und alle Berge in nordwestlicher Richtung bis zum Schwammberge bei Pankratz bestehen daraus. In dieser Gebirgsformation sind die hier vorkommenden Lager von Kalkstein von besonderer Wichtigkeit; einige sind von bedeutender Mächtigkeit, so z. B. am Kalkberge bei Pankratz; sie liefern trefflichen Kalk, der weit verführt wird. Grauwakke, hier ebenfalls der Thonschieferformation untergeordnet, findet sich am Adamsberge bei Weißkirchen. — Der Quadersandstein bildet die Berge im nordwestlichsten Theile der Herrschaft, an der Gränze von Sachsen, zieht sich über Spittelgrund und Paß bis an den Trögelberg, von da in südlicher Richtung über Pankratz, wo er den Kirchberg südlich von Pankratz, und die niedrigern Berge am Fuße des Thonschiefergebirges, als den Kranzberg, den Buchberg bei Schönbach zusammensetzt, und sich von da weiter in südlicher und südöstlicher Richtung, über die angränzenden Dominien verbreitet. Die Braunkohlenformation findet sich im Neissethale bei Görsdorf bis über Ketten hinauf verbreitet, und wird an den genannten Orten abgebaut.

Der Hauptfluß der Herrschaft ist die Neisse; sie tritt bei Machendorf von der Herrschaft Reichenberg auf das Grafensteiner Gebiet, und durchfließt dasselbe in nordwestlicher Richtung bis zur Gränze bei Görsdorf, wo sie sich nördlich in das Nachbarland wendet. Das Neissethal, welches hier Anfangs durch den Hammerstein und die Berge zwischen Eckersbach und Engelsberg sehr eingeengt wurde, breitet sich unterhalb des letztern Ortes wieder mehr aus, und verläuft sich allmählich in die Thalebene der angränzenden Lausitz. In die Neisse fließt zuvörderst der Giersbach; er kommt von der Herrschaft Reichenberg, durchfließt Ober-Kratzau, Stadt Kratzau und fällt bei Nieder-Kratzau in die Neisse. Unter mehren kleinen Bächen, die nach kurzem Laufe am rechten Ufer in die Neisse fallen, sind die bedeutendsten der Grafensteiner Bach, der bei Wetzwalde entspringt, und bei Ketten in die Neisse fließt; dann der Ullersbach, der bei Ullersdorf entspringt, und von da bis zu seinem Einflusse in die Neisse die Gränze mit Sachsen bezeichnet. Die vom Gebirge an der linken Seite der Neisse herabkommenden Bäche sind ebenfalls unbedeutend, und meist ohne Namen, sie heißen: der Aarbach; er entspringt am Aarberge, einem Abhange des Jeschken, und fließt bei Machendorf in die Neisse; der Eckersbach, er kommt von Christophsgrund (Hrft. Lämberg) und fließt der Ruine Hammerstein gegenüber in die Neisse; der Kaltbach, er fließt bei Weißkirchen, und der Natterbach bei Berzdorf in die Neisse; der Spittelbach kommt vom Schwarzen Berge, fließt durch Spittelgrund und bei Dönis in die Neisse. Diese sämmtlichen Gewässer gehören zum Flußgebiete der Oder. Zum Flußgebiete der Elbe gehören die an der Südseite des Gebirges entspringenden Wässer, als: der Jeschkenbach; er entquillt dem Abhange des Jeschken, und fließt hier durch Kriesdorf auf die angränzende Herrschaft Lämberg, nach Seifersdorf, wo er den vom Fuchsberge herabkommenden Schönbach aufnimmt. Die Flüsse und Bäche führen Forellen, Karpfen, Hechte, Barben, Weißfische und Aalruppen. Fischteiche sind gegenwärtig keine mehr vorhanden; von einer Reihe von Teichen, die sich von Grottau längs dem rechten

Ufer der Neiße bis zur Gränze erstreckten, sind die Dämme durchstochen, und die Teiche in Aecker und Wiesen verwandelt worden.

Die zu landwirthschaftlichen Zwecken verwendbare Bodenfläche betrug nach dem Kataſtral-Zergliederungssummarium vom J. 1832:

	Dominicale.		Rusticale.		Zusammen.	
	Joch.	□Kl.	Joch.	□Kl.	Joch.	□Kl.
An ackerbaren Feldern	1940	848	7193	898	9134	146
= Teichen mit Aeckern verglichen . .	36	378	—	—	36	378
= Trischfeldern . .	16	1134	59	1006	76	540
= Wiesen . . .	867	338	2567	1290	3435	28
= Teichen mit Wiesen verglichen . .	37	525	2	640	39	1165
= Hutweiden ꝛc. . .	324	874	916	1280	1241	554
= Waldungen . .	6590	1013	1725	317	8315	1330
Ueberhaupt	9813	310	12465	631	22278	941

Die Waldung der Herrschaft ist beträchtlich und gut bestanden; sie hat nach eigenen Angaben des Grafensteiner Amtes im Ausmaße 6633 Joch, welche in 6 Reviere eingetheilt sind; von diesen sind 5 zusammenhangend in dem oben angeführten Gebirgszuge, und das sechste von 270 Joch im nördlichen Theile an der sächsischen Gränze. Die vorkommenden Holzarten sind Fichten, Kiefern, etwas Tannen und Lärchen, von Laubholz Buchen, Ahorn, etwas Eschen, Ulmen, Linden, Espen und Birken. Der Holznutzen ist bedeutend, und das geschlagene Holz wird größtentheils auf der Herrschaft, vieles nach Reichenberg, und der Ueberschuß nach Sachsen abgesetzt; die Neiße dient zum Verflößen des Holzes. Der Wildstand ist mittelmäßig.

Der Boden ist im Durchschnitte von lehmiger und thoniger Beschaffenheit, und erfordert viel Bearbeitung und Düngung. Von Getreide wird meistens Korn und Hafer, weniger Gerste und Waizen, dann Flachs, hauptsächlich aber Erdäpfel und Kraut erbaut; die Obstkultur ist mittelmäßig, und wird meist in kleinen Gärten bei den Häusern betrieben.

Nebst der Rindviehzucht, von dem kräftigen böhmischen Gebirgsschlage, findet sich hauptsächlich bei den Kleinhäuslern die Ziegenzucht; Schafzucht betreibt nur die Herrschaft, und hat viel auf Veredlung derselben verwendet.

Der Viehstand des Dominiums war am 30. April 1833:

	der Obrigkeit.	der Unterthanen.	Zusammen.
Pferde	46 (40 Alte, 6 Fohlen)	437 (433 Alte, 4 Fohlen)	483
Rindvieh	352 . . . . (13 Zuchtstiere, 7 junge Stiere, 196 Kühe, 85 Kalbinnen, 46 Zugochsen, 5 junge Ochsen)	2773 . . . . (16 Zuchtstiere, 4 junge Stiere, 2193 Kühe, 382 Kalbinnen, 134 Zugochsen, 44 junge Ochsen)	3125
Schafe	4301 . . . . (3365 Alte, 936 Lämmer.)	—	4301

Für Bienenzucht giebt es einige Liebhaber, welche sie aber ohne besonderen Nutzen betreiben. Die Obrigkeit besitzt 6 Maiereien mit 5 Schäfereien, welche sie sämmtlich selbst bewirthschaftet.

Nebst Ackerbau und Viehzucht ist auch die Industrie hier keine unbedeutende Nahrungsquelle, und folgende Uebersicht zeigt den Stand derselben: es finden sich auf den Dorfschaften der Herrschaft (die der Städte wird besonders aufgeführt werden) von zünftigen Polizeigewerben 7 Bäcker, 9 Müller, 9 Fleischer, 12 Schuhmacher, 8 Schneider, 11 Schmiedte, 3 Tischler, 2 Zimmerleute, 2 Maurer, 5 Faßbinder, 3 Wagner und 1 Ziegeldecker, zusammen 72 Meister mit 52 Gesellen und 12 Lehrlingen. Unzünftige Gewerbsbefugte sind 16 Bierschänker, 9 Branntweinschänker und 5 Bier- und Branntweinschänker, 4 Griesler. Commerzial- und freie Gewerbe betreiben 3 Lohgärber, 1 Büchsenmacher, 1 Tuchwalker, 1 Uhrmacher, 2 Steinmetze, 1 Kattundrucker, 12 Leinweber (mit 42 Gesellen), 4 Leinwandbleicher. Nebstdem beschäftigt das Steinbrechen und Kalkbrennen mehre Menschen, und viele leben von Spinnerei und Tagarbeit. Handel treiben 2 Leinwandhändler, 2 Zwirnhändler, 1 Lederhändler, 2 Viehhändler, 2 Geschirrhändler und 8 Krämer und Hausirer. Das Sanitätspersonale auf der Herrschaft besteht in 3 Wundärzten und 23 geprüften Hebammen.

Die Anzahl der Einwohner ist 15772, welche in 2 Städten und 26 Dörfern mit 2474 Häusern wohnen. Seit 1788 ergiebt sich eine Vermehrung der Volksmenge von 5127 und der Häuser von 693. Die Einwohner sprechen bloß Teutsch, und sind bis auf 61 Protestanten durchaus katholisch.

Hauptstraße führt keine durch die Herrschaft, wohl aber mehre zum Theile gut unterhaltene Landstraßen, als eine von Reichenberg über Kratzau, Weißkirchen und Grottau nach Zittau, von Weißkirchen und von Grottau führen Straßen nach Gabel, und von Grottau und Grafenstein eine nach Friedland, welche durch eine Strecke von 2 Stunden über sächsisches Gebiet geht.

Die nächsten Poststationen sind Reichenberg und Gabel, und die Briefsammlungen für die Herrschaft sind in Kratzau und in Grottau.

Die Ortschaften des Dominiums sind:

1. Grafenstein (Grabstein, Grewenstein, Grabistein, Alšřz), D. von 29 H. mit 164 E., $6^1/_4$ teutsche Meilen in gerader Richtung n. von der Kreisstadt Jung-Bunzlau, unfern der Gränze von Sachsen. Hier ist auf einem Granitberge (nach Reuß, also weder ein Marmorfelsen noch Basalt, wie Schaller anführt) das alte Schloß Grafenstein mit 2 Thürmen; es soll bereits 1044 erbaut gewesen seyn; seine 3 Vormauern wurden im Hussitenkriege zerstört; wie es gegenwärtig ist, wurde es durch die Burggrafen von Dohna wieder hergestellt. Im J. 1433 hatten es die Hussiten im Besitze, und machten von hier aus ihre Streifzüge in die benachbarte Lausitz. Im J. 1569 wurde die Schloßkapelle zur heil. Barbara wieder hergestellt; diese Kapelle besaß ehedem Grundstücke bei der Stadt Zittau, und den Ortschaften Klein-Schönau und Luptin in Sachsen; von diesen Grundstücken bezieht sie noch gegenwärtig einen Zins von 4 Schock 6 gGr. oder 9 fl. 34 kr. C. M, welchen man am Weihnachtsabende beim Stadtschreiber in Zittau erhebt, wogegen diesem 1 Hase verabreicht wird. Im J. 1645 wurde das Schloß vom schwedischen Feldherrn Königsmark, der die 52 Mann starke Besatzung zur Uebergabe zwang, besetzt, und von hier aus Streifereien in die Gegend unternommen. Im Schlosse sind die Amtskanzleien und die Beamtenwohnungen, und unten am Berge wurden im J. 1818 vom gegenwärtigen Besitzer der Hft. 2 ältere Schloßgebäude erweitert, und für den Aufenthalt eingerichtet, auch mit schönen Gartenanlagen versehen. Hier ist ferner 1 Schule, das hftl. Bräuh. auf 30 Faß, die Branntweinbrennerei, 1 hftl. Mhf. sammt Schäf. und Schüttboden, und 1 Jägerh.; Grafenstein ist nach Grottau eingpf. — 2. Grottau (Krotau, Grote), ein unterthäniges Städtchen von 235 H. mit 1473 E., $^1/_2$ St. w. von Grafenstein, am rechten Ufer der Neisse, unfern der Gränze von Sachsen, $1^1/_4$ St. von Zittau. Hier ist 1 Pfarrkirche zum heil. Bartholomäus, wahrscheinlich zuerst als Kapelle mit einer Grabstätte (Grotte) um das J. 1286 von Otto von Dohna erbaut; im J. 1375 wird ihrer bereits als Pfarrkirche gedacht, 1586 wurde sie von Hofmann von Grünenbühl erneuert und 1665 durch den Grafen Mathias von Trautmannsdorf mit einem Thurme versehen, dann 1765 durch den Grafen Christoph von Clam erweitert, und von Johann Spitzer ausgemalt; ferner ist hier 1 Schule, sammt der Kirche unter hftl. Patronate; 1 hftl. Herrenwirthh., und ein sogenanntes Fabriksgebäude, gegenwärtig Beamtenwohnung, 1 hftl. Mhf. und Schäf., 1 Mhl. mit 6 Mahlgängen und 1 Brettsäge, dann 1 Garnbleiche. Auch befindet sich hier ein k. k. Commerzial-Zollamt. Ueber die Neisse führt 1 Brücke. — Der Hauptnahrungszweig der Einw. ist Kattun- und etwas Leinweberei, nebst Bleicherei, dann die gewöhnlichen Stadtgewerbe und etwas Feldbau; von Kaiser Rudolph II. erhielt Grottau das Marktprivilegium. Das Armeninstitut wurde hier durch die Geistlichkeit und die Fabrikanten bereits 1786 eingeführt, und im J. 1829 erneuert; das Stammvermögen betrug mit Schluß 1831: 435 fl. $27^3/_4$ kr. W. W.; die jährlichen Einnahmen betragen 292 fl. $24^1/_4$ kr. W. W., womit 18 Arme betheilt werden. Nach Grottau sind eingpf.: — 3. Allersdorf, $^3/_4$ St. n. von Grafenstein, an der äußersten Gränze von Sachsen, am Allersbache; hier ist 1 Schule, und 1 hftl. Mhf. Die H. dieser Ortschaft sind untermischt, zur sächsischen Hft. Reibersdorf und zur Hft. Grafenstein gehörend, letztere an der Zahl 80 mit 493 E. Die Kirche ist auf sächsischem Grunde und 1 Gemeinbauer besitzen die Einw. gemeinschaftlich, die sächsischen zu zwei Drittel, die böhm. zu ein Drittel. — 4. Görsdorf (auch Gersdorf), erstreckt sich von

Grottau am linken Ufer der Neisse bis an die äusserste Gränze, hat 79 H. mit 464 E. Hier ist 1 Braunkohlen-Bergwerk auf 7 Grubenfeldmaßen, von der Obrkt. eingemuthet. — 5. Döhnis (Dönis), am linken Ufer der Neisse, an Görsdorf anstoßend, hat 98 H. mit 508 E. — 6. Ketten, D. ½ St. von Grafenstein, an beiden Ufern der Neisse, über welche hier eine Brücke führt, im Thale zwischen dem Lerchenberge und Giebelsberge, hat 108 H. mit 684 E. und 1 Schule. Hier ist 1 Holzrechen zum Auffangen des auf der Neisse geflößten Holzes; auch wird hier auf Braunkohlen Bergbau getrieben; sie werden aber bloß zu Dungasche verbrannt. — 7. Spittelgrund, D., 1 St. sw. von Grafenstein, zum Theil in einem engen Thale, an einem kleinen Bache, dem Spittelbache, zwischen dem Brandberge, Pfaffenberge und Hufeisenberge, dann dem Giebelsberge und Rabensteine, hat 55 H., 422 E. Der Ort ist auf einem ehemals dem Spitale in Zittau gehörenden Grunde, das Spittel-Vorwerk genannt, erbaut. — 8. Paß, D. von 23 H., 149 E., 1¼ St. sw. von Grafenstein, auf dem Gebirge, über welches hier die Straße von Grottau nach Gabel führt, zwischen dem Rabensteine und dem Trögelberge, hat seinen Namen von seiner Lage auf einer Vertiefung des Gebirgsrückens, auf der Wasserscheide zwischen dem Elbe- und Odergebiete. Vermöge der hohen Lage genießt man hier eine treffliche Aussicht in die Lausitz. Die schönste Aussicht gewährt jedoch der nahe Pfaffenberg, dessen Spitze eine große Sandsteinmasse bildet. Der Ort gehört ins Gemeindegericht nach Spittelgrund — 9. Nieder-Berzdorf, ¾ St. s. von Grafenstein, am Natterbache, der unfern von hier entspringt und hier in die Neisse fällt, hat 75 H. mit 535 E., 1 Schule, ist nach Pankratz eingpf. — 10 Pankratz, D., 1½ St. s. von Grafenstein, hat 155 H. mit 1020 E., liegt zwischen dem Trögelberge, Schwammberge, Fuchsberge, Kalkberge, dessen Gipfel der „steinerne Tisch" genannt wird, und dem Kirchberge. Hier ist 1 Kirche zum heil. Pankratius, wahrscheinlich im XVI. Jahrh. erbaut, früher Filial von Grottau, im J. 1772 zur Pfarre erhoben, eine Schule, beide unter hftl. Patronate, und 1 Mhl. Am Kalkberge ist ein hftl. und ein den Einw. gehörender Kalksteinbruch, aus welchen Brüchen hier viel Kalk gebrannt, und bis in die w. gelegenen Gegenden des Bunzlauer und die angränzenden Gebirgsgegenden des Leitmeritzer Kreises verführt wird. Am Trögelberge ist 1 Steinbruch im Sandsteine, dessen Bearbeitung mehre Steinbrecher und Steinmetze beschäftiget. — 11. Schönbach, D., 2 St. s. von Grafenstein in einem Thale am Schönbache, hat 159 H. mit 1009 E., 1 Kirche zum heil. Johann dem Täufer, Filiale von Pankratz, 1 Schule, 1 hftl. Mhf. mit Schäf., 1 Mhl. und 1 hftl. Jägerh. Auch hier sind Kalksteinbrüche und Kalköfen, von welchen der Kalk in die Ferne verführt wird. — 12. Kriesdorf, (Griesdorf, auch Chriesdorf und Christoph, böhm. Křižani), 3 St. ssö. von Grafenstein, am Jeschkenbache, erstreckt sich längs demselben vom Abhange des Jeschken bis an den hftl. Lämberger Ort Seifersdorf auf 1½ St. Länge, hat 314 H. mit 1907 E., wovon 123 H. mit 789 E. zur Hft. Lämberg und 4 H. mit 40 E. zur Hft. Böhmisch-Aicha gehören. Hier ist 1 Kirche zum heil. Maximilian, schon 1384 mit einem Pfarrer besetzt, nach der Zeit aber Filiale von Grottau, und erst 1718 wieder zur Pfarrkirche erhoben; 1 Schule, beide unter hftl. Patronate, und 4 Mhl., wovon 2 im hftl. Lämberger Antheile. — 13. Eckersbach, D., 2 St. sö. von Grafenstein, in einem Thale am kleinen Eckersbache, hat 18 H. mit 119 E., ist nach Christophsgrund, (Hft. Lämberg) eingepf. und eingeschult, und zum Engelsberger Gemeindegerichte zugetheilt; hier ist 1 hftl. Kalksteinbruch und 3 Kalkösen. — 14. Ober-Berzdorf, auch bloß Berzdorf, und zum Unterschiede des unter Nr. 9 angeführten so genannt, wird in Ober- und Nieder-Berzdorf eingetheilt, und liegt am Fuße des Jeschken, am Schwarzen Berge, an einem Bache, der die Gränze zwischen den Hften. Reichenberg und Lämberg bildet, 3 St. sö. von Grafenstein, hat 67 H. mit 484 E., 1 Schule, ist nach Reichenberg eingepf. — 15. Karlswalde, Dsch. von 25 H. mit 190 E., 2¾ St. sö. von Grafenstein, an einem kleinen Bächlein, Aar genannt, ist auf Dominikalgrunde erbaut, und nach Kratzau eingepf. — 16. Machendorf, 2½ St. sö. von Grafenstein, an beiden Ufern der Neisse, über welche hier 1 Brücke führt, hat 60 H. mit 424 E., und 1 Schule. Hier ist 1 hftl. Mhf. und Schäf., 1 hftl. Jägerh., 1 Mhl. und Brettsäge, 2 Leinwandbleichen und 1 Fabriksgebäude, dem Tuchfabrikanten Demuth in Reichenberg gehörig; der Ort ist nach Kratzau eingepf. Unfern von hier befinden sich auf einem felsigen Berge an den Ufern der Neisse die Ruinen der Burg Hammerstein, von einigen auch Biberstein genannt, 1370 von Friedrich von Biberstein erbaut, und 1512 von Niklas II. Burggrafen von Dohna Herrn auf Grafenstein, zerstört. Der Ruine gegenüber, am linken Ufer der Neisse, befindet sich ein neuerrichtetes Fabriksgebäude, zur Tuchfabrik von Sigmund Neuhäuser und Compagnie in Reichenberg gehörig. — 17. Engelsberg, D., 2 St. sö. von Grafenstein, an beiden Ufern der Neisse, über welche hier eine steinerne Brücke führt, hat 95 H. mit 628 E. Hier ist eine dem heil. Wenzel gewidmete Kapelle, in welcher zuweilen Gottesdienst verrichtet wird, 1 Schule, 1 hftl. Jägerh., 1 Mhl. und einige Bleichen. Im J. 1586 wird Engelsberg als ein Bergstädtchen erwähnt; es ist nach Kratzau eingepf. — 18. Friedrichshain, D., 2½ St. osö. von Grafenstein, an einem Abhange an der Landstraße von Reichenberg nach Kratzau, hat 18 H. mit 143 E., 1 Kapelle; ist nach Kratzau eingpf. Das Dsch. ist 1782 auf verkauften Dominikalgründen erbaut; 1778 lagerte hier die preußische Armee. — 19. Kratzau, (Kratze, böhm.: Kracawa), vor Alters Pirnau, 1 Municipalstadt von 278 meist von Holz erbauten H. mit 1889 E., liegt 1 M. sö. von Grafenstein, und 1 M. nw. von Reichenberg, am Görsbache, in einem angenehmen Thale. Hier ist 1 Pfarrkirche zum heil. Laurentius, welche schon in den Errichtungsbüchern von 1384 erwähnt wird; sie gehörte damals mit noch 32 Pfarrkirchen zum Zittauer Dekanate, welches einen Theil des Bunzlauer Archidiakonates ausmachte, und mußte an Johann von Genstein, Erzbischof von Prag, 7 Gr. als Decem bezahlen. Ihre gegenwärtige Gestalt verdankt sie wahrscheinlich den Burggrafen von Dohna; 1417 erhielt sie von Albrecht, Burggrafen von Dohna, ein Geschenk von etlichen Schocken; sie hat ein schönes Altarblatt von einem unbekannten Meister; die hiesige Stadtschule hat 2 Lehrzimmer. Die Stadt besitzt 1 Rathh., 1 Branntweinbrennerei, viele Gemeindegrundstücke, welche vom Grafen von Dohna 1539 zur Viehweide angekauft wurden. Der Gewerbsstand ist beträchtlich, und zählt von zünftigen Polizeigewerbsmeistern: 9 Bäcker, 16 Fleischhauer, 1 Müller, 11 Faßbinder, 3 Maurer, 4 Schlosser, 18 Schneider, 38 Schuhmacher, 16 Tischler, 2 Zimmermeister, 5 Schmiedte, 1 Rauchfangkehrer, 1 Lebzelter, zusammen 185 Meister mit 63 Gesellen und 19 Lehrlingen; von unzünftigen Gewerben 6 Bierschänker, 2 Gastwirthe, welche zugleich Wein schänken, 4 Griedler, 1 Ziegelbrenner, mit Inbegriff der Gehilfen 29 Personen; Commerzial- und freie Gewerbe betreiben 2 Buchbinder, 1 Büchsenmacher, 1 Glaser, 1 Hutmacher, 1 Kammmacher, 1 Kürschner, 3 Lohgärber, 1 Posamentirer, 1 Riemer, 2 Sattler, 2 Seiler, 1 Spengler, 5 Strumpfwirker, 5 Töpfer, 16 Tuchmacher, 4 Tuchscheerer, 1 Uhrmacher, 1 Sägenschmied, 1 Wagner, 3 Weißgärber, 3 Seifensieder, 1 Strumpfstricker, 210 Leinen- und Baumwollenweber, 1 k. k. privil. mit 175, und 1 befugte Baumwollenspinnerei mit 34 Arbeitern, mit Inbegriff der Hilfsarbeiter zusammen 540 Personen. Handel treiben 1 Eisenhändler, 2 Lederhändler, 1 Leinwandhändler, 5 gemischte Waarenhandlungen, 5 Krämer und 3 Märkte beziehende Handelsleute mit 16 Hilfspersonen; auch ist hier 1 Apotheke. Die Stadt hat Privilegien auf 4 Jahrmärkte, auf welchen von 253 inländischen Verkäufern in 41 Buden und 175 Ständen Tuch, Schnittwaaren, Leinwand, Schuhmacher-, Galanterie-, Strumpfwirker-, Spengler-, Eisen- und Töpferwaaren feilgebothen werden. Die Wochenmärkte, schon von K. Maximilian II. 1574 bewilligt, und in neuerer Zeit wieder in Gang gebracht, werden wenig besucht. Die Armenunterstützungs-Anstalten wurden hier am 1. Mai 1829 eröffnet, nachdem durch den verstorbenen Pfarrer Joseph Wondrak bereits ein Grund gelegt war; das Stammvermögen betrug im J. 1831: 2443 fl. 40$^1/_4$ kr. W. W. und die jährl. Einkünfte aus Kapitalszinsen und anderweitigen Beiträgen gaben 1308 fl. 54$^3/_4$ kr., es werden 29 Arme unterstützt. Kratzau war in frühern Zeiten eine Bergstadt, worauf noch die beiden verschränkten Kratzen im Stadtwappen (ein blaues Schild mit einer Mauer und 2 Thürmen, dazwischen ein offenes Thor mit 2 Kratzen, darüber ein Schwan mit einem goldenen Strahle) und der davon hergeleitete Name der Stadt deuten. Ihr Umfang mag damals viel größer gewesen seyn, denn noch jetzt stößt man auf Mauern und Gewölbe, wenn man in der Umgebung der Stadt etwas tiefer gräbt. Im J. 1428 war hier ein blutiges Treffen zwischen den Hussiten unter ihrem Anführer Kralowetz, und den Schlesiern, worin die Hussiten aufs Haupt geschlagen wurden, der tapfere Anführer der Schlesier, Ulrich von Biberstein, jedoch auf dem Platze blieb. Bei dieser Schlacht, oder kurz nach derselben, wurde die Stadt eingeäschert und verwüstet, und blieb bis zum J. 1512 öde liegen; damals gingen auch die Bergwerke zu Grunde. Der Burggraf Niklas II. von Dohna machte den Anfang zur Wiedererbauung der Stadt, vermehrte die Einw., verbesserte ihren Zustand und reluirte die Naturalrobot; die Stadt erholte sich allmählich wieder, und im J. 1230 waren bereits 50 Hauswirthe; 1586 unter der Grundhft. des Georg Mehl von Strelitz waren bereits 130 H., auch er begünstigte die Stadt, weil sie ihm bei einem Bauernaufstande treu geblieben war. Im 30jährigen Kriege wurde sie zweimal geplündert, und 1644 eingeäschert; seit dieser Zeit hat sie sich durch den Fleiß und biedern Charakter ihrer Einw., und die Milde der Regierung und Grundhft. allmählich wieder erholt. Im J. 1651 wurde die kath. Religion wieder hergestellt, und die letzten Lutheraner, 149 an der Zahl, wanderten aus; 1652 war Balthasar Niering der erste kath. Pfarrer.

Zur hiesigen Kirche sind außer den 4 Ortschaften noch eingepf.: — 20. Nieder-Kratzau, D. von 75 H. mit 382 E., s. an der Stadt, am Einflusse des Görsbaches in die Neisse; hier ist 1 hftl. Ziegelbrennerei und 1 Garnbleiche; einige H. stehen entfernt vom Orte. — 21. Ober-Kratzau, n. an der Stadt am Görsbache, hat 81 H. mit 464 E., 1 Mhl. und eine Tuchwalke; 1 H. steht etwas entfernt vom Orte. — 22. Kratzauer-Neudörfel, $^1/_2$ St. ö. von Kratzau, am Neudörfler Berge, hat 13 H. mit 110 E. — 23. Hohendorf, $^1/_4$ St. nnö. von Kratzau, auf einer Anhöhe, hat 8 H. mit 64 E., gehört zum Gemeindegerichte nach Ober-

Kratzau. 24. — Weißkirch (Weißkirchen, ehedem Heinrichsdorf, Henrin), D. von 181 H. mit 1023 E., liegt 1 St. sö. von Grafenstein an beiden Ufern der Neisse, über welche hier 1 Brücke führt. Hier ist 1 Kirche zum heil. Nikolaus, welche bereits 1384 in den Errichtungsbüchern angeführt wird, 1399 von Wilhelm von Dohna und seiner Gemahlin Machna erweitert wurde, und in das Dekanat von Zittau gehörte; die jetzige Kirche scheint jedoch später erbaut; sie besitzt 1 schönes Altarbild von einem italiänischen Meister. Die hiesigen Kirchenbücher gehen bis zum J. 1642, in welchem die kath. Religion wieder eingeführt wurde; 1679 wurde vom Grafen Trautmannsdorf ein Thurm zur Kirche gebaut; Weißkirchen war damals Filiale von Grottau, und erhielt erst 1786 wieder 1 Lokalseelsorger; die Kirche und die Schule stehen unter hftl. Patronate. Die Obrkt. hat hier 1 Mhf. und Schäf., und 1 Jägerh., auch ist hier 1 Mhl. In der Gegend wurde ehedem Bergbau getrieben, und nahe an der Brücke ist 1 H. mit der Jahrszahl 1590 und zwei Berghämmern in der Wetterfahne, welches das Zechenh. der Frauenberger Bergknappen gewesen seyn soll; $3/4$ St. von hier auf der Anhöhe am sogenannten Kaltbachhügel, an der Straße nach Gabel, ist das Jagdschlößchen Freudenhöhe, mit einem Jägerh., und noch einem Wohngebäude, vom Grafen Christian Philipp von Clam-Gallas 1795 erbaut, und wegen der trefflichen Aussicht von hier, Freudenhöhe genannt. Unfern davon befinden sich die Ruinen des alten Schlosses Roynungen, (auch Rumschloß genannt), welches 1347 von Johann Burggrafen von Dohna erbaut, und 1512 von Niklas II. Burggrafen von Dohna zerstört wurde. Nach Weißkirch sind eingepf.: — 25. Frauenberg, D. von 31 H. mit 170 E., $1^1/_2$ St. sö. von Grafenstein: in der Gegend sind viele Spuren von Bergbau, der vordem hier getrieben worden, und der Ort wird 1586 noch als Bergstädtchen aufgeführt. — 26. Bäckenhain, $1/4$ St. n. von Weißkirchen, hat 21 H. mit 228 E. — 27. Wetzwalde, D., $3/4$ St. ö. von Grafenstein, hat 208 H. mit 1285 E., erstreckt sich vom Fuße des Gickelsberges auf der Hft. Reichenberg in einem Thale längs einem kleinen Bache bis gegen Grafenstein. Hier ist 1 Kirche zum heil. Jakob Apostel, welche 1384 schon als Pfarrkirche bestand. Im 30jährigen Kriege wurde sie mit der Ortschaft zerstört, und letztere nach hergestelltem Frieden nach Kratzau eingepf.; 1699 wurde die Kirche wieder erbaut, und 1788 mit einem Lokalseelsorger besetzt; sie steht sammt der Schule unter hftl. Patronate; hieher ist eingepf. und eingeschult — 28. Kohlige, D. von 30 H. mit 170 E., $1/4$ St. n. von Wetzwalde, an der Gränze von Sachsen, auf einer Anhöhe auf Dominikalgrunde erbaut; hier ist 1 k. k. Gränzzollamt in einem eigends dazu erbauten Hause; der Ort hat seine Benennung von den Köhlereien in der vordem hier bestandenen Waldung.

*) Allodial-Herrschaft Reichenberg.

Die ältesten Besitzer von Reichenberg waren die Herren von Berka, welche vom Herzoge Udalrich die hinter der Elbe gelegene Landschaft, von Bunzlau bis an das Wendische oder Lausitzer Gebirge, im XI. Jahrh. zum Geschenke oder vielmehr zu Lehen erhielten, und somit auch Friedland und Reichenberg, welche in diesem Striche mitbegriffen waren; allein König Přemisl Ottokar II. zog diese Besitzungen wieder ein, und sie wurden königl. Kammergüter, bis 1278 Rulko von Biberstein damit belehnt wurde, wofür dieser 800 Mark Silber erlegte. Das Geschlecht der Herren von Biberstein blieb im Besitze der Hft. Reichenberg und Friedland bis 1551, wo die Sorauer Linie des Hauses Biberstein ausstarb, und die Forster Linie die Belehnung anzusuchen versäumte. Die Besitzer aus dieser Familie waren bis 1310 der genannte Bolko, bis 1368 Friedrich I., bis 1410 Hanns III. und Ulrich I., bis 1424 Johann IV., bis 1465 Ulrich II., bis 1472 Wenzel I., bis 1483 Ulrich III., bis 1490 Ulrich IV., bis 1519 Ulrich V., bis 1534 Joachim, bis 1549 Hieronymus, der Reiche genannt, bis 1551 Christoph von Biberstein. Kaiser Ferdinand I. zog nach dem Abgange dieser Linie Reichenberg sammt den andern Gütern der Familie als eröffnetes Kronlehen ein, und verkaufte es 1558, sammt Friedland und Seidenberg, dem Freiherrn Friedrich von Rädern für 40000 Thaler. Der letzte Besitzer aus dieser Familie war Christoph von Rädern, welcher, so wie seine Familie, Anhänger des Protestantismus und der Parthei des Pfalzgrafen Friedrichs (des sogenannten Winterkönigs) ergeben war, von welchem er sich auch mit diesen Gütern belehnen ließ. Nach der Schlacht am Weißen Berge flüchtete er nach Polen; seine Güter wurden von K. Ferdinand II. eingezogen, und Reichenberg mit Friedland an Wenzel Eusebius Albrecht von Waldstein um 150000 fl. verkauft, welcher 1625 von dieser Besitzung den Titel eines Herzogs von Friedland erhielt. Nach dessen Tode 1634 schenkte Ferdinand II. die Hft. Reichenberg und Friedland dem Grafen Matthias Gallas von Campo, Herrn zu Freyenthurm und Materello, Herzog von Lucera, k. k. Hofkriegsrathspräsidenten, zur Belohnung seiner bewiesenen Treue und Tapferkeit; dieser hinterließ 1647 die Güter seinen minderjährigen Erben, und bei dieser gräflichen Familie verblieben sie bis zum Erlöschen derselben mit Philipp, dem letzten Grafen Gallas, 1759, welcher diese Güter an seinen Schwester-Sohn, den Grafen Christian Philipp von Clam vererbte, welcher darauf den Namen Clam-Gallas annahm und die Besitzungen im J. 1805 seinem Sohne, dem gegenwärtigen Besitzer, Christian Christoph Grafen Clam-Gallas, k. k. wirklichen geheimen Rathe und Oberstlandmarschall, Ritter des kais. österreich. Leopoldordens, des großherzogl. toskan. St. Stephansordens und Großkreutz des königl. sächs. Ordens für Verdienst und Treue, hinterließ. (S. Landtäfl. Hauptb. Litt. R. Tom. V. Fol. 141.)

Mit der Hft. Reichenberg ist das G. Neundorf vereinigt; dasselbe gränzt gegen Osten an die Hften. Morchenstern und Klein-Skal, gegen Süden an die Hft. Böhmisch-Aicha und das G. Alt-Aicha, gegen Westen an die Hft. Lämberg und Grafenstein, und gegen Norden an das Königreich Sachsen und an die Hft. Friedland. Der Flächenraum beträgt 2¼ □Meilen.

Die zu landwirthschaftlichen Zwecken verwendbare Bodenfläche ergiebt sich aus dem Katastral-Zergliederungssummarium für 1832, wie folgt:

	Dominicale.		Rusticale.		Zusammen.	
	Joch.	□Kl.	Joch.	□Kl.	Joch.	□Kl.
Ackerbare Felder	—	—	39	1071	39	1071
Teiche mit Aeckern verglichen .	1	1013	—	—	1	1013
Trischfelder .	871	20	7169	875	8040	895
Wiesen . . .	458	1345	2672	106 4/8	3130	1451 4/8
Gärten	10	47	2	534	12	581
Teiche mit Wiesen verglichen	25	491	—	—	25	491
Hutweiden rc. .	237	102	1000	47	1237	149
Waldungen .	9056	684	4391	1106	13448	190
Ueberhaupt .	10660	502	15275	539 4/8	25935	1041 4/8

Der Herrschaftsbezirk ist durchaus gebirgig, und zwei Gebirgszüge verbreiten sich mit ihren Abhängen und Ausläufern auf derselben; diese sind zwar Zweige eines und desselben mächtigen Gebirgsstockes, des Riesengebirges; hier aber sind sie durch ein, stellenweise über eine Stunde breites Thal, welches die Herrschaft in der Richtung von Süd-Osten nach Nord-Westen durchzieht, von einander getrennt. Der nordöstliche Gebirgszug ist ein Theil des hohen Isergebirges, welches sich von da über die angränzenden Hften. Friedland und Morchenstern, weiter nördlich und nordöstlich verbreitet, und von welchem hieher der Neundorfer Steinberg, der Schafberg, der Kikelsberg, der Drachenberg, die Vogelkuppen (oder die Vogelsteine), der Schwarze Berg, der Absknochen, der Böckelsberg, der Hohe Berg, der Rollberg, der Kunersdorfer und Luxdorfer Berg und der Proschwitzer Kamm zu zählen kommen. Den südwestlichen Gebirgszug bildet das Jeschkengebirge, dessen höchster Punkt, der Jeschken oder die Jeschkenkuppe, sich nach Kiemanns Bestimmung 525 Wiener Klafter über die Nordsee erhebt und dessen östliche Ausläufer sich auf den angränzenden Herrschaften Klein-Skal und Morchenstern mit dem Isergebirge verbinden. Seine Gehänge sind gegen Süden, wo sie aus der Ebene aufsteigen, mehr aber gegen Norden, wo sie sich dem Neissethale zu stürzen, sehr steil. Einzelne Vorsprünge und Abhänge dieses Gebirges, welche sich besonders, obwohl nicht bis zu der Höhe des Gipfels desselben erheben, erhalten hier die besondern Namen Jaberlich, Hlubokay und Saskal. Es gehört jedoch hauptsächlich der nördliche Abhang dieses Gebirges hieher; der südliche verbreitet sich zum Theile auf die südlich angränzenden Dominien. Das Thal zwischen diesen beiden Gebirgen, das Neissethal, ist grossentheils von hügeliger Beschaffenheit, verflächt sich gegen Nordwesten, wird an der westlichen Gränze der Herrschaft durch Annäherung der Ausläufer der beiden Gebirgszüge ziemlich enge, und gestaltet sich daher auf dem Bezirke der Hft. Reichenberg beinahe kesselförmig. Die Felsarten dieser Gebirgszüge sind im Isergebirge Granit, welcher als grobkörniger Granit den größten Theil dieses

Gebirges, und auch der hieher gehörigen Berge, so wie die felsigen Hügel im Neissethale und in der Umgebung Reichenbergs zusammensetzt, und hie und da in großen Felsmassen ansteht. Am Kikelsberge und Hochwalde kommt auf diesem Granite, der aber hier, so wie am Neundorfer Steinberge gneusartig erscheint, Basalt vor.

Der Jeschkengebirgszug besteht hier größtentheils aus talkartigem Urthonschiefer, welcher in den östlichen Zweigen auf den Granit des Isergebirges aufgelagert ist; in dem Thonschiefer finden sich zahlreiche Lager von Quarzschiefer, wovon eines von besonderer Mächtigkeit stockförmig hervorragt, und den Gipfel des Jeschken bildet; ferner viele Lager von Urkalkstein, welche die Herrschaft und die angränzenden Dominien mit trefflichem Kalke versorgen. Die südlichen Gehänge dieses Gebirges werden hier vom Mandelsteine gebildet, dessen Blasenräume mit Achat- und Chalzedon-Kugeln und Quarzdrusen ausgefüllt sind; nebst dieser Gebirgsart findet sich auch Porphyr und Basalt hier vor. Der Grund des Neissethales ist besonders an seinem nordwestlichen Theile auf beträchtliche Tiefe mit Granitgerölle, Kies, Sand- und Lehmlagern ausgefüllt; Torflager finden sich besonders auf dem Isergebirge vor, und man hat auch angefangen sie zu benützen. In dem Granite der Gegend um Reichenberg sind mehre Steinbrüche eröffnet, und er wird zu Treppenstufen, Fenster- und Thürstöcken, und Pfeilern für Gartenzäune und dgl. bearbeitet; die Lehmlager werden zum Ziegelbrennen benützt.

Die Gewässer der Herrschaft sind: 1. Die Neisse, auch Görlitzer Neisse genannt, kommt von der angränzenden Hft. Klein-Skal, und fließt in nordwestlicher Richtung mit vielen Krümmungen, durch das obenerwähnte Thal, auf die angränzende Hft. Grafenstein; in diesen Gebirgsfluß ergießen sich die meisten übrigen Gewässer, als: 2. Der Görsbach oder Giersbach; er entspringt am Hammerich, nimmt das Rothe Wasser und mehre kleine Flüßchen auf, fließt zum Theile auf herrschaftlich-Friedländer Gebiete durch Busch-Ullersdorf und Einsiedel, und heißt hier das Gränzwasser, weil er die Gränze zwischen den beiden Herrschaften auf dieser Strecke bezeichnet; in Einsiedel nimmt er den Voitsbach auf, fließt nach Neundorf, wo er den Scheidebach aufnimmt, und fällt bei Kratzau, auf der Hft. Grafenstein, in die Neisse. Dieser Bach wird auch die Schwarze Neisse genannt; doch giebt es auch noch einen andern, der diesen Namen führt, nämlich 3. Die Schwarze Neisse, welche an den Vogelkuppen im Isergebirge entspringt; sie nimmt mehre kleine Gebirgswässer auf, und fällt bei Habendorf in die Neisse. 4. Der Baiersbach; er entspringt bei Ruppersdorf und fällt nach kurzem Laufe bei Reichenberg in die Neisse. 5. Der Hartsdorfer-Bach; er entspringt bei Luxdorf, nimmt gleichfalls mehre kleine Flüßchen auf, und fällt bei Reichenberg in die Neisse. 6. Der Lautschneybach; er entspringt nördlich von Friedrichswald, durchfließt diesen Ort und das Dorf Gränzendorf, und macht von hier bis zu seinem Einflusse in die Neisse, zwischen Proschwitz und Gablonz, die Gränze mit der Hft. Klein-Skal. Dieß sind die benannten Bäche, welche aus dem Isergebirge der Neisse zu fließen; eine Anzahl kleinerer unbenannter ergießen sich nach kurzem Laufe in dieselbe, oder vereinigen sich mit einem der genannten. Die vom Jeschkengebirge nordwärts der Neisse zufließenden Gewässer haben alle einen kurzen Lauf, wegen der Nähe und Steilheit der Thalgehänge, und nur wenige haben Namen, als: 7. Das Gränzwasser; es entspringt bei Schimsdorf, macht auf eine Strecke die Gränze zwischen den Hften. Reichenberg und Böhmisch-Aicha, und fällt bei Röchlitz in die Neisse. 8. Der Hanichenbach; 9. Der Johannesthaler Bach; 10. Der Berzdorfer Bach, bloß nach den Orten, durch welche sie fließen, benannt, nebst mehren kleinen unbenannten. Diese sämmtlichen Wässer gehören zum Flußgebiete der Oder; endlich entspringt noch im nordöstlichen Theile der Herrschaft, am Schwarzen Berge, 11. der Kamenitzbach, welcher südlich fließt, in die Iser fällt, und somit zum Flußgebiete der Elbe gehört.

Die vielen kleinen Bäche, welche diese Gebirgsgegend so reichlich bewässern, sind von ungemeiner Wichtigkeit für die Industrie in der Gegend der Stadt Reichenberg; sie eignen sich ihres starken Gefälles wegen vorzüglich zu Wasserwerken und zur Betreibung von Maschinen, die sich denn auch hier in großer Menge vorfinden. Teiche giebt es keine auf der Herrschaft. Von Fischen kommen hauptsächlich Forellen vor.

Die Waldungen der Herrschaft sind in 7 Reviere eingetheilt, nämlich: das Habendorfer von 84 Joch, das Neundorfer von 300 Joch, das Voigtsbacher von 2781 Joch, das Katharinaberger von 1486 Joch, das Friedrichswalder von 3112 Joch, das Neuhartsdorfer von 1049 Joch, (die letzten 4 zusammenhängend am Isergebirge) dann das Hanicher Revier am Jeschken von 1434 Joch. Der Gesammtflächeninhalt dieser Waldungen beträgt folglich nach den Angaben des Reichenberger Amtes 10246 Joch, oder über 1 □Meile. Die herrschende Holzart ist die Fichte, doch giebt es auch Buchen, Tannen und etwas Ahorn und Ulmen; die Niederungen tragen Fichten, Tannen, Kiefern, etwas Buchen, Birken und Lärchen, im hohen Gebirge findet sich auch etwas Knieholz ein; im Durchschnitte ist $\frac{7}{8}$ der Waldung Nadelholz und $\frac{1}{8}$ Laubholz. Bei der außerordentlich starken Bevölkerung und den zahlreichen Fabriken hat das Holz sehr großen Werth; das Erträgniß der Waldungen ist demnach sehr bedeutend, und das geschlagene Holz für den Bedarf der Herrschaft kaum zureichend. Ein Theil des Holzes wird auf den Gebirgsbächen und auf der Neisse nach den daran liegenden Orten geflößt, der größte Theil aber im Winter durch Schlittenfuhren nach der Stadt geschafft. Der Wildstand ist nicht so beträchtlich, als er nach der Ausdehnung und der Lage derselben seyn könnte, doch giebt es auf dem Isergebirge noch Hochwild und Rehe als Standwild.

Der Ackergrund ist meist steiniger und sandiger, hie und da auch wohl lehmiger Beschaffenheit, und kaum mittelmäßig fruchtbar, zudem meist in kleine Parzellen zertheilt. Das Haupterzeugniß der Felder sind Erdäpfel und rothes Kohlkraut, welches letztere besonders in nassen Jahren gut gedeiht. Diese beiden Erzeugnisse gehören unter die ersten Bedürfnisse, welche sich jeder Kleinhäusler entweder auf seinem eigenen kleinen Grunde oder durch Pacht einiger Beete von einem Besitzer größerer Feldwirthschaften, den er gewöhnlich durch Bedüngung und Bearbeitung derselben abträgt, selbst zu erzeugen trachtet. Nebstdem wird auch Korn, Hafer und Flachs, und von Futterkräutern Klee und Wicken gebaut, und das vorhandene wenige Feld und die trefflichen Wiesengründe überhaupt sehr fleißig bearbeitet, und auf das Beste benützt. Der Obstbau ist des kalten Klima wegen sehr eingeschränkt. Die Viehzucht wird von den größern und kleinern Grundbesitzern mit Eifer betrieben, und eine Kuh gehört unter die wesentlichsten Bestandtheile der kleinen Haushaltungen; das Rindvieh ist von kräftigem Gebirgsschlage. Von den ärmern Häuslern, die das Futter für eine Kuh nicht erzeugen können, werden statt derselben auch Ziegen gehalten. Pferde finden sich in bedeutender Anzahl bei den Besitzern größerer Grundstücke, doch findet keine eigentliche Pferdezucht statt; Schafzucht findet sich bloß auf den herrschaftlichen Maiereien, und Bienenzucht wird nur als Liebhaberei getrieben. Die Produkte der landwirthschaftlichen Viehzucht haben in dieser volkreichen Gegend, und bei der beträchtlichen Consumtion der Stadt Reichenberg, einen hohen Werth.

Folgendes war der Viehstand des Dominiums am 30. April 1833:

	bei der Obrigkeit.	bei den Unterthanen.	Zusammen.
Pferde	15 (Alte) . . .	497 (Alte 491, 6 Fohlen) .	512
Rindvieh	173 . . . . . . (5 Zuchtstiere, 4 junge St. 137 Kühe, 21 Kalbinnen, 6 Zugochsen.)	3604 . . . . (26 Zuchtstiere, 7 junge St., 2934 Kühe, 304 Kalbinnen, 256 Zugochsen, 47 junge O.)	3777
Schafe	635 . . . . . . (514 Alte, 121 Lämmer)	—	635

Die vorzüglichste Nahrungsquelle der Bewohner der Stadt Reichenberg, und der zunächst um dieselbe liegenden Ortschaften, sind Manufakturen und Gewerbe, und Reichenberg mit seiner Umgebung gehört unter die industriereichsten Gegenden, nicht nur von Böhmen, sondern von der ganzen österreichischen Monarchie. Die folgende Uebersicht wird am besten die Bedeutsamkeit und die Mannichfaltigkeit der hiesigen Industrie auf den Dörfern der Hft. Reichenberg zeigen; die der Stadt Reichenberg soll bei der Topographie derselben besonders aufgeführt werden. Es finden sich auf dem Lande A. von zünftigen Polizeigewerben: 18 Bäcker, 14 Fleischer, 24 Müller, 36 Schneider, 18 Schuhmacher, 7 Hufschmiedte, 3 Zimmermeister, 1 Maurer, 2 Schlosser und 1 Faßbinder; sammt Gesellen und Lehrlingen 240 Personen. B. Unzünftige Polizeigewerbs-Befugte: 30 Bierschänker, 4 Weinschänker, 1 Grießler, 3 Gastwirthe, 4 Fuhrleute, 2 Ziegelbrenner. C. Zünftige Commerzialgewerbe betreiben: 28 Strumpfwirker mit 13 Gesellen, 1 Lohgärber, 1 Papiermacher, jeder mit 1 Gesellen. D. Unzünftige Commerzialgewerbs-Befugte 10 Kattunweber mit 416 Gesellen, 9 Leinweber mit 12 Gesellen. E. Von freien Gewerben giebt es 20 Schafwollspinnereien, welche 650, und 6 Baumwollspinnereien, welche 206 Perf. beschäftigen; diese Spinnereien werden von Wasser getrieben; ferner 3 Leinwand- und 2 Garnbleichen, 1 Tuch- und Kasimirfabrik, 1 Maschinenfabrik, 1 Kattundruckfabrik und 2 Glashütten. Der Handelsstand auf dem Lande zählt 1 gemischte Waarenhandlung, und 12 Krämer und Hausirer. Die Bewohner der in der Waldung, im Gebirge gelegenen Dörfer erwerben ihren Unterhalt zum Theile durch Taglöhnerei, Holzfällen, und im Winter durch Holzrücken (Holzführen mit Handschlitten, aus den Wäldern bis an gewisse Stellen, von welchen es durch Flößen auf den Bächen, oder durch Fuhrwerk weiter geschafft werden kann), und durch Verfertigung von mancherlei Holzgeräthen.

Das Sanitätswesen auf dem Lande wird durch die, in der Stadt Reichenberg ansäßigen, Aerzte und Wundärzte besorgt; auf den Dörfern befinden sich 21 Hebammen.

Das hftl. Armeninstitut, im J. 1798 begründet, besitzt an Stammvermögen 172 fl. 40 kr. C. M. und 2013 fl. 50 kr. W. W. Die jährliche Einnahme von Kapitalsinteressen und anderen Zuflüssen beträgt 71 fl. 46. C. M. und 359 fl. 42⅖ kr. W. W.; durch dasselbe werden 63 Personen aus verschiedenen Kirchspielen der Herrschaft unterstützt. Die Stadt Reichenberg und einige Ortschaften haben ihre eignen Lokalinstitute.

Die Anzahl der Einwohner der Stadt und Hft. Reichenberg ist nach der letzten Volkszählung 30984, welche in einer Stadt, einer Vorstadt, und 39 Dörfern, zusammen in 4058 Häusern wohnen; es kommen also auf die □Meile 11065 Köpfe. Seit dem J. 1788 ergiebt sich eine Zunahme von 927 Häusern und 11204 Personen. Die Sprache der Einwohner ist durchaus die teutsche, und die Religion die katholische; die Anzahl der zerstreut lebenden Protestanten ist 39.

Eine Post- und Commerzial-Hauptstraße verbindet Reichenberg mit der Hauptstadt Prag; sie geht von Reichenberg weiter nach Friedland; eine andere Hauptstraße führt nach Zittau; die übrigen Landstraßen und Fahrwege, zur Verbindung der Ortschaften unter einander und mit den benachbarten Dominien, sind zahlreich, und werden gut unterhalten.

Folgendes sind die Ortschaften des Dominiums:

1. Reichenberg (böhm. Liberk), unterthänige Municipalstadt an der Neisse, im Thale zwischen dem Jeschken- und dem Isergebirge, welches hier seinen hügeligen Fuß bis an die Stadt selbst vorstreckt, unter 50° 44′ 30″ n. Breite und 32° 48′ 30″ ö. Länge, 186½ W. Kl. über der Nordsee (nach Dr. Riemann), hat ohne die Vorstadt Christianstadt, welche als besondere Gemeinde für sich betrachtet werden wird, 1288 H. und 9862 E., ungerechnet die Fremden, welche sich zeitweilig in Handelsgeschäften hier aufhalten, deren Anzahl sich nach einem 10jährigen Durchschnitte auf 571 beläuft. Die Stadt sammt der Vorstadt hat gegen 2 St. im Umfange, und ist in Rücksicht auf Größe und Volkszahl in Böhmen die erste Stadt nach Prag, und eine der ersten Manufakturstädte in der östreichischen Monarchie. Die Stadt ist in 4 Viertel eingetheilt; die altgebräuchliche Eintheilung ist die in die Altstadt und Neustadt; sie hat 7 Plätze, 95 größere und kleinere Gassen, welche fast durchaus gepflastert sind, und Nachts durch 125

Laternen erleuchtet werden. Die Häuser sind meist von Stein, oder von Ziegeln, 2 Stockwerke hoch, mehre sehr schön und pallastähnlich aufgeführt, mit Schiefer oder Ziegeln, auch wohl mit Kupfer gedeckt; doch giebt es auch noch viele niedrige, unansehnliche, von Fachwerk erbaute Häuser, deren Zahl sich aber, so wie die Schindeldächer, von Jahr zu Jahr verringert. Die Straßen und Gassen sind mitunter enge und winklich, auch hat die Stadt eine unebene Lage. Die merkwürdigen Gebäude und Anstalten der Stadt sind: a die Dechanteikirche zum heil. Anton, in den Jahren 1579 bis 1587 von dem Baumeister Spaz von Lanz durch die damaligen Besitzer Christoph und Melchior von Rädern erbaut; sie soll schon 1370 von Friedrich von Biberstein errichtet, wegen Baufälligkeit aber abgetragen worden seyn, wurde 1724 durch Vergrößerung des Schiffes und Anbau eines neuen Presbyteriums beträchtlich erweitert, und 1730 zu einer Dechanteikirche erhoben. b. Die Kreuzkirche, ein sehr schönes Gebäude, 1694 durch den Grafen Franz von Gallas und dessen Gemahlinn, von dem Baumeister Marcantonio Canivalle erbaut, 1753 von dem Grafen Philipp von Gallas um 40 Ellen verlängert und beträchtlich verschönert, und mit Altarblättern von Albrecht Dürer, Balko, Molitor und Schäfler geziert. Oberhalb der Sakristei befindet sich eine nicht unbedeutende Bibliothek. Die Seelsorge an diesen Kirchen wird durch einen Dechant und 4 Kapläne versehen. Bei der Kreuzkirche, welche auch die Neue Kirche genannt wird, befindet sich der Gottesacker, mit einigen schönen Monumenten, worunter eines für das hier verstorbene Fräulein von Merkel, von Prachner gearbeitet, sich besonders auszeichnet. Seit dem J. 1831 ist jedoch die Beerdigung auf diesem Kirchhofe eingestellt, und es ist ein neuer Gottesacker n von der Stadt, seitwärts Paulsdorf, für den ganzen Kirchsprengel bestimmt worden. c. Die Hauptschule, das am meisten hervorragende Gebäude der Stadt, im J. 1810 bis 1812 erbaut, wozu 1/3 der Baukosten der gegenwärtige Besitzer der Hft., und 2/3 die Bürger von Reichenberg beitrugen. Diese Schule hat 4 Klassen und 1 Zeichenschule, und die 4. Klasse 2 Abtheilungen oder Jahrgänge; der Unterricht wird von einem Katecheten, 7 Lehrern, 4 Unterlehrern, und 2 Gehilfen, in 14 geräumigen Lehrzimmern ertheilt. Das Lehrpersonale wird aus einem zusammengebrachten, hinreichenden Schulfonds besoldet, und der Unterricht ist für die einheimischen Schüler unentgeldlich. Die Anzahl der Schulkinder ist nach einem 10jährigen Durchschnitte 862 Knaben und 761 Mädchen. Um diese großartige Schulanstalt hat sich der gegenwärtige Dechant von Reichenberg, Herr Franz Wolf, vorzügliche Verdienste erworben. Zur Errichtung einer Realschule wurde durch den Kaufmann Hubert Till bereits im J. 1804 ein Kapital von 24000 fl. legirt, welchem der verstorbene Fürst-Erzbischof von Prag, Wenz. Leop. Ritter von Chlumzansky, ein sehr beträchtliches Legat von jährl. 1900 fl. C. M. beifügte, und die zu errichtende Realschule den Priestern der frommen Schulen zu übergeben anordnete; die Errichtung eines zu diesem Zwecke angekauften Hauses ist eben im Werke, und die Eröffnung der neuen Lehranstalt wird im nächsten J. Statt finden. c. Das städtische Rathhaus, 1601 von Katharina von Rädern, geb. Gräfinn von Schlick, erbaut. Der Stadtmagistrat besteht aus einem geprüften Bürgermeister, 2 geprüften und 3 bürgerlichen Räthen, 3 Repräsentanten, 4 Polizeikommissären und dem Kanzleipersonale. Die Stadtgemeinde besitzt 1 Branntweinh., und die nöthigen Gemeindeauslagen, welche sich jährlich über 10,000 fl. C. M. belaufen, werden größtentheils aus freiwilligen Beiträgen der Bürger bestritten. Von Wohlthätigkeitsanstalten besteht ein, von Katharina von Rädern gestiftetes Spital für 12 Pfründler, mit einem Vermögen von 17854 fl. 31 kr. C. M. Bei demselben befindet sich auch 1 Kirche zu Allerheiligen; gegenwärtig soll dieser alte Bau jedoch abgetragen, und Spital und Kirche an einem andern Platze neu erbaut werden. Das Armeninstitut besitzt ein Kapital von 1598 fl. 10 kr. C. M. und 10855 fl. 52 kr. W. W.; es unterstützte bis 1828 von den Zinsen und freiwilligen Beiträgen 130 Arme, jeden mit $3^3/_4$ kr. wöchentlich; bei der Unzulänglichkeit dieser Unterstützung jedoch, wurde durch die Thätigkeit des Bürgermeisters Lahn eine neue Organisirung des Armeninstitutes vorgenommen, und durch Subskriptionsbeiträge, Kapitalsinteressen, Sammlungen bei Hochzeiten und andern Gelegenheiten, Strafgelder und andere Empfänge, ein jährliches Einkommen von 4762 fl. 32 kr. C. M. und 520 fl. $17^1/_2$ kr. W. W. aufgebracht, von welchem nun die in der Stadt vorhandenen 291 Armen nach Maßgabe ihrer Dürftigkeit mit täglichen 2, 4 bis 6 kr. C. M. unterstützt werden, wodurch die Bettelei gänzlich abgestellt worden ist. — Das Sanitätswesen der Stadt wird von 4 Aerzten, 8 Wundärzten und 9 geprüften Hebammen besorgt. Für die Errichtung eines Krankenhauses sind gleichfalls Voranstalten getroffen, und bereits ein namhaftes Kapital vorhanden, und gewisse jährliche Einkünfte ausgemittelt. Apotheken sind hier zwei. Die Anstalten zur Verhütung von Brand und zur Löschung des ausgebrochenen Feuers sind hier wahrhaft musterhaft; die Stadt besitzt 13 größere und kleinere Spritzen, und zahlreiche andere Feuerlöschapparate. Feuersbrünste ereignen sich bei der trefflichen Wachsamkeit sehr selten, und durch zweckmäßige Mittel wird das Umsichgreifen und beträchtlicher Schade verhindert; auch sind bereits die meisten Häuser in der k. k. privilegirten böhm. wechselseitigen Feuerversicherungsanstalt, nämlich im J. 1829 bereits 1069 H. mit einem Kapitale von 591010 fl. C. M. versichert. Den nöthigen Wasservorrath für Gewerbe und Küche, so wie das Trinkwasser, erhält die Stadt theils durch die Neisse und die sich hier in dieselbe ergießenden Bäche, theils durch 18 öffentliche Wasserbehälter, in welche das Wasser durch eiserne Röhren, in mehren Wasserleitungen zugeführt wird, und durch 5 Gemeinde- und sehr viele Privatbrunnen. Für öffentliche Vergnügungen besteht ein schönes, im J. 1820 von der Tuchmacherzunft erbautes Theater, in welchem im Winter von einer Schauspielergesellschaft, außerdem aber von Liebhabern zur Unterstützung von Wohlthätigkeitsanstalten, Vorstellungen gegeben werden; ein musikalischer Verein sorgt für musikalische Abendunterhaltungen, und durch eine Musikschule, von dem jetzt in Prag lebenden blinden Musiker Joseph Proksch nach Laugiers Methode eingerichtet, wird für Erweckung und Ausbildung musikalischer Talente gesorgt; denn auch hier, wie überall in Böhmen, wird Musik als ein wesentlicher Theil der Erziehung und Bildung betrachtet. Drei Tanzsäle, und die, dem bürgerlichen Schützencorps gehörige Schießstätte mit einem geräumigen und schönen Schießh. gewähren den Einw. ebenfalls Unterhaltung und Belustigung. Das bürgerliche Schützencorps, bereits 1790 errichtet und seit 1794 uniformirt, stellte im J. 1800 und 1805 aus seiner Mitte 17 Freiwillige zu den damals errichteten Jägercorps, und unterhielt sie während des Feldzuges. — Die Stadt Reichenberg verdankt ihre Entstehung und ihren gegenwärtigen Wohlstand der Industrie, und ihre ganze Existenz ist auf Gewerbe gegründet. Eine vollständige Uebersicht des gegenwärtigen Standes derselben wird daher hier am rechten Orte seyn. A. Zünftige Polizeigewerbe treiben 27 Bäcker, 4 Faßbinder, 29 Fleischhauer, 2 Glaser, 12 Hufschmiedte, 2 Lebzelter, 2 Maurermeister, 2 Müller, 2 Rauchfanglehrer, 3 Schleifer, 31 Schneider, 32 Schuhmacher, 6 Seifensieder, 17 Tischler, 5 Zimmermeister, zusammen 179 Meister mit 365 Gesellen und 85 Lehrlingen. B. *Unzünftige Polizeigewerbe*: 65 Bier- und Branntweinschänker, 4 Billardhälter, 1 Branntweinbrenner, 1 Essigsieder, 6 Gastwirthe, 21 Griesler, 7 Grünzeughändler, 2 Kuchenbäcker, 9 Landkutscher, 12 Obsthändler, 1 Rosogliofabrikant, 10 Weinschänker, und 1 Zuckerbäcker, zusammen 140 Gewerbseigenthümer mit 133 Gehilfen. C. *Commerzialgewerbe*; unter diesen nimmt das *Tuchmachergewerbe* bei weitem den ersten Rang ein. Es werden hier zünftige Meister und Fabrikanten unterschieden, obschon von dem minder wohlhabenden Tuchmacher, der sein Gewerbe allein, oder mit wenig Gehilfen betreibt, bis zu dem Tuchfabrikanten, alle Abstufungen statt finden. Zünftige Tuchmachermeister giebt es hier 1100, von diesen betreiben jedoch bloß 630 ihr Gewerbe selbständig, die übrigen arbeiten um Lohn, oder zu Handen der vermöglichern Meister. Diese 630 Meister haben zusammen 721 Gesellen und 223 Lehrlinge, welche 2044 Personen, die eigentliche Tuchmacherzunft ausmachen. 3 Fabriken, nämlich: *Joseph Demuth*, *Wilhelm Sigmund*, und *Sigmund Neuhäuser und Comp.*, wovon letztere das Landesbefugniß besitzt, beschäftigen zusammen 800 Personen. Tuchbereiter sind, 31 Meister mit 33 Gesellen und 9 Lehrlingen, Tuchscheerer 94 Meister, 56 Gesellen 15 Lehrlinge, Tuchwalker 6 mit 54 Gehilfen; Schwarzfärber 12 mit 4 Gehilfen; Blau- und Kunstfärber 5 mit 20 Gehilfen; Schafwollenspinnereien (ohne die 20, mit 650 Arbeitern auf den Dörfern bei Reichenberg) 7 mit 290 Arbeitern; es beschäftigt demnach das Tuchmachergewerbe bloß in der Stadt Reichenberg 3383 Menschen unmittelbar, die mancherlei Vorarbeiten beim Spinnen und Weben, als das Klauben und Sortiren der Wolle, das Waschen, Krämpeln, Weifen, Auflegen u. s. w., welche zum Theile von Weibern und Kindern verrichtet werden, ungerechnet. Die Erzeugung betrug im Jahre 1826: 47,582 Stück zu 30 Ellen, im Werthe von 3,927415 fl. C. M. Die dazu verbrauchte Wolle betrug 18769 Centn., im Werthe von 1,501520 fl. C. M. Der Gewinnst für Arbeitslohn beträgt demnach 2,425895 fl. C. M., von welchem indeß die Auslagen für Färbematerialien, Maschinenbedarf, und Kapitalszinsen vom nöthigen Fundus instructus der Fabrikanten und gewerbtreibenden Meister in Abschlag gebracht werden müssen, durch welche der reine Arbeitsgewinn auf beiläufig 2 Millionen Gulden C. M. reduzirt werden dürfte. Früher wurden hier bloß ordinäre und mittelfeine Tücher erzeugt, gegenwärtig werden sie von allen Graden der Feinheit, von 1¼ fl. bis 9 fl. C. M. die Elle, und von allen Farben verfertigt, und die Erzeugung der feinern Tücher ist im Zunehmen, die der ordinären dagegen etwas im Abnehmen. Die übrigen Commerzialgewerbsinhaber der Stadt sind: 3 Buchbinder, 3 Büchsenmacher, 1 Bürstenbinder, 6 Drechsler, 1 Feilenhauer, 4 Goldarbeiter, 2 Gürtler, 1 Handschuhmacher, 8 Hutmacher, 1 Instrumentenmacher, 3 Kammmacher, 3 Kammsetzer, 3 Kürschner, 3 Klämpner, 2 Knopfmacher, 3 Kupferschmiedte, 4 Lohgärber, 4 Nagelschmiedte, 4 Riemer, 2 Sattler, 8 Schlosser, 5 Seiler, 6 Strumpfwirker, 2 Töpfer, 5 Uhrmacher, 1 Wachszieher, 5 Wagner, 6 Weißgärber, 2 Zeugweber, 2 Zinngießer und 4 Zirkelschmiedte, zusammen 107 Meister mit 78 Gesellen und 32 Lehrlingen. D. *Freie Gewerbe* betreiben: 3 Baumwollenweber, 2 Blattbinder, 24 Leinweber, 5 Maler, 5 Maschinenbauer, 1 Mechaniker, 3 Putzblumenmacher, 3 Strumpfwirker, 1 Wattenmacher, sammt den Hilfspersonen 134. — Der *Handelsstand* der Stadt zählt 1 Eisenhandlung, 1 Galanteriewaarenhandlung, 35 gemischte Waarenhandlungen, 3 Lederhändler, 4 Schnittwaaren-, 2 Putzwaarenhandlungen, 2 Tuchhandlungen, zusammen 48 Klassenhandlungen, ferner 2 Geschirr- und 4 Steinguthändler, 3 Hausirer, 1 Berchtoldsgadner-Waarenhändler, 1 Garnhändler, 2 Korbhändler, 2 Leinwandhändler, 1 Südfrüchtehändler, 28 Wollhändler und 163, die Märkte von Wien, Prag, Pilsen, Linz u. s. w. beziehende Handelsleute; sammt Hilfspersonale zählt der Handelsstand 311 Personen. Gasthöfe sind 7 in der Stadt, worunter das Gemeindehaus besonders gut eingerichtet ist. Die Stadt hat Privilegien auf 2 Jahrmärkte von 8 Tagen, dann 2 von 2 Tagen, 2 Viehmärkte, 2 Wollmärkte, und alle Montage und Donnerstage Wochenmärkte für Getraide, Viktualien und Erzeugnisse. Die Jahrmärkte werden von inländischen Verkäufern sehr stark besucht, und es werden in 660 Buden und Ständen die mannichfaltigsten Schnittwaaren von Leinen, Baumwolle, Wolle und Seide, gestrickte und gewirkte Waaren, fertige Kleider und Putzwaaren, Leder und Rauwaaren, Hüte, Holz- und Metallwaaren aller Art, Glas und anderes Geschirr, mathematische, physikalische, optische und Musikinstrumente, Früchte, Lebzelter- und Zuckerbäckerwaaren, Bilder und Gebetbücher feilgeboten. Getraide auf die Wochenmärkte liefern die Dominien Rohosetz, Großskal, Swigan, Böhmisch-Aicha, Alt-Aicha und Münchengrätz, und im Durchschnitte kommen jeden Markttag 30 Fuhren zu 30 Metzen Getreide, oder jährlich 93,600 Metzen, in die Stadt. — In Reichenberg ist ein k. k. Postamt und eine Poststation, so wie die Briefsammlung für die Hft. und einen Theil der angränzenden Dominien; auch ist hier eine k. k. Zolllegstatt. — Die Zeit der Entstehung, so wie die ältere Geschichte der Stadt ist in Dunkel gehüllt. Wahrscheinlich war die Errichtung einer Herberge an der Straße nach der Lausitz, zum Schutze gegen die Räuber in dieser, damals wilden und unbebauten Gebirgsgegend, unter Přemisl Ottokar II. um das J. 1268, die erste Veranlassung zur Entstehung der Stadt. Im J. 1278 nannte man den Ort Habersberg, und in der böhm. Sprache Liberka, in welcher Sprache er seinen alten Namen beibehalten hat. Die Ableitung des Namens Reichenberg ist ungewiß, und führt zur Vermuthung, daß Bergwerke, (vielleicht Goldseifen) in der Gegend die Veranlassung zur Benennung waren; doch fehlt darüber jede Spur. Die Pfarrkirche von Reichenberg wird als solche 1384 erwähnt; 1421 plünderte und verbrannte Žižka den Ort, und die Züge der Hussiten wiederholten sich mehre Male. Als nach dem Abgange der Familie Biberstein die Herren von Rädern zum Besitze der Gegend gelangten, beginnt die Stadt bekannter und wichtiger zu werden. Friedrich von Rädern ernannte Ulrichen von Rosenberg zum Hauptmanne in Reichenberg, der sich um die Stadt bleibende Verdienste erworben hat. Durch ihn erhielt sie vom Kaiser Rudolph II. 1577 das Privilegium auf 2 Jahrmärkte, ein eigenes Wappen (zwei Thürme mit einem gekrönten Löwen) und die Bierbrauerei. Im J. 1579 den 11. Mai wanderte der erste Tuchmacher, Urban Hoffmann, hier ein; er war aus Seidenberg, welches damals zur Hft. Friedland gehörte; 1605 wurde die erste Färberei durch Peter Lehmann errichtet. Katharina, die Wittwe Melchiors von Rädern, General-Feldmarschalls K. Rudolphs II., welcher 1600 starb, ertheilte der Stadt den Salzschank, und erbaute das Rathhaus. In die Zeit des Besitzes der Familie von Rädern, von 1558 bis 1620, fällt die Begründung von Reichenberg als eigentliche Stadt mit bedeutendem Gewerbe. Sie hatte sich nach der Reformation dem Protestantismus zugewandt, und die Wiedereinführung der kathol. Religion erfolgte nicht ohne Widerstand. Albrecht von Waldstein, Herzog von Friedland, entzog der Stadt das Bräu-Urbar, doch erweiterte er dieselbe durch Anlegung der Neustadt, und baute den Tuchmachern das Meisterhaus und die Knappenherberge. Im J. 1631 hatten einige Fanatiker den kathol. Pfarrer Andreas Stommäus ermordet; der Herzog, bei dem dieser Vorfall den Verdacht einer Verschwörung der Protestanten gegen die Katholiken erweckte, wollte sie die Schwere seines Zornes fühlen lassen, und hatte schon einigen Compagnien Kroaten den Befehl ertheilt, die Stadt anzuzünden und die Einw. niederzuhauen, als es dem Magistrate noch zu rechter Zeit gelang, sich zu rechtfertigen, und durch den fürstlichen Kanzler, Stephan von Ilgenau, den Herzog von ihrer Unschuld zu überzeugen. Im 30jährigen Kriege hatte Reichenberg viel durch Brandschatzungen und Plünderungen zu leiden, da der Kriegsschauplatz öfters in diesen Gegenden wechselte, und bald die Kaiserlichen, bald die Schweden die Stadt im Besitze hatten. 1643 starb ein großer Theil der Einw. an der Pest. Nach Beendigung des Krieges wurden die hier noch ansäßigen Protestanten verwiesen; die meisten wanderten in das nahe Zittau, und brachten dort das Tuchmachergewerbe in Aufnahme. 1680 wüthete abermals die Pest in der Gegend, und viele Einw. wurden von der Seuche hingerafft. Im J. 1719 erhielt die Stadt das Privilegium auf 2 Jahr-, 2 Vieh- und 2 Wochenmärkte, und den Wein- und Branntweinschank. Um diese Zeit fing, nebst dem blühenden Tuchmachergewerbe, auch die Leinweberei an, in Aufnahme zu kommen, und die Stadt breitete ihren Handel immer mehr aus; 1722 wanderten 200 Leinwebergesellen, die mit ihren Meistern in Streit gerathen waren, nach der Lausitz aus, und konnten erst im folgenden Jahre, nach Zugestehung ihrer Forderungen, zur Rückkehr bewogen werden. Die Strumpfwirkerzunft erhielt 1749 das Privilegium, daß sich alle Meister des Bunzlauer Kreises bei derselben einverleiben lassen mußten. — Der schlesische und der siebenjährige Krieg führten die streitenden Armeen mehre Male in diese Gegend, und in ihrem Gefolge Requisitionen, Plünderungen und andere Kriegsdrangsale. Am 21. April 1754 fiel hier ein Gefecht vor zwischen einem 20000 Mann starken Armeekorps, unter den Prinzen von Bevern, und einem halb so starken, unter dem Befehle des k. Generals Grafen von Königseck, welcher letztere durch die Uebermacht nach beträchtlichem Verluste zum Rückzuge gezwungen wurde. Nach der glorreichen Schlacht bei Kolin wurde das Hauptspital der k. Armee nach Reichenberg verlegt; dieß verursachte Krankheiten, an welchen in einem Jahre 1200 Einw. erlagen. Während und nach dieser Periode und nach den Hungerjahren von 1772, welche in der Gebirgsgegend eine furchtbare Noth erzeugten, war der Zustand der Gewerbe doch immer im Zunehmen, und 1775 zählte Reichenberg 500, 1785 aber 600 Tuchmachermeister, 400 Leinweber und 500 Strumpfwirker. Der Leinwandhandel war besonders blühend, und von hier wurden mit diesem Erzeugniß Geschäfte in die südeuropäischen Länder, nach der Türkei, und nach Amerika getrieben. Auch die Tuchmanufakturen vervollkommten sich immer mehr, und die erzeugten Tücher fanden ihren Absatz auch außerhalb der Monarchie, in der Schweiz und Italien; 1795 hatte sich die Anzahl der Tuchmachermeister abermals um 200 vermehrt, und es wurden bereits 35000 Stück Tuch verfertiget. Im J. 1800 entstanden die ersten Tuchfabriken, während bis dahin bloß die zünftigen ansäßigen Meister das Gewerbe betrieben, und weniger auf Vervollkommnung des Produktes, als auf Menge der Erzeugniß gesehen wurde. Von 1796 bis 1805 steigt die jährliche Erzeugniß bis auf 60,000 Stück im Werthe von 4 Millionen Gulden. Die seit jener Zeit vorgefallnen politischen und kriegerischen Ereignisse, welche Veränderungen in den Verhältnissen aller europäischen Staaten herbeiführten, waren auch für Reichenberg nicht ohne Folgen. Der sonst so blühende Leinwandhandel fing dadurch, und hauptsächlich durch das Emporkommen der Baumwollenwaaren, zu sinken an; statt dessen bildete sich auch hier die Fabrikation der Baumwollenwaaren zu einem hohen Grade von Vollkommenheit aus. Die hier erzeugten Tücher, denen durch die politischen Veränderungen und durch Verbotsmaßregeln mancher Staaten der Weg des Absatzes abgeschnitten wurde, mußten durch größere Vollkommenheit die Concurrenz auf anderen Handelsplätzen, hauptsächlich in Italien und der Schweiz, mit französischen, englischen und niederländischen Waaren zu erringen suchen. Die 1814 erfolgte Wiedervereinigung des Lombardisch-Venetianischen Königreiches mit der Monarchie eröffnete den hiesigen Erzeugnissen neuen Absatz; diesem und dem Streben nach Vollkommenheit, welches durch die angedeuteten Verhältnisse geweckt wurde, ist der blühende Zustand dieser Manufakturen zuzuschreiben. Die Anwendung der Maschinen bei der Spinnerei sowohl, als bei der Appretur der Tücher, trug hauptsächlich zur Vollkommenheit der Erzeugnisse bei; die ersten Maschinen wurden 1808 von dem damaligen Geschäftsführer der Bergerschen Fabrik, Ferdinand Römheld, eingeführt; gegenwärtig haben die Maschinen die frühere Handspinnerei ganz verdrängt. Nächst der Tuchfabrikation ist die der Baumwollenwaaren von erster Bedeutung, und die von hier aus versendeten Kattune und andere Baumwollenwaaren betrugen im J. 1826, 140,000 Stück, im Geldwerthe von 1,600,000 fl. Die Leinwandsfabrikation der Stadt und der Gebirgsgegend ist trotz dem Sinken dieses Produktionszweiges immer noch von Bedeutung, und im J. 1826 betrugen die von hier aus verschickten Leinwanden 69,500 Stück meist ordinäre Leinenwaaren, im Werthe von 737,500 fl. C. M. Der Sitz der Leinweberei ist jedoch nicht sowohl Reichenberg, als die ganze hiesige Gebirgsgegend; Reichenberg ist gleichfalls nur der Stapelplatz dafür. Dasselbe ist der Fall mit den gewirkten Wollwaaren, von welchen durch die Reichenberger Strumpfwirkerzunft, die jedoch über die ganze Gebirgsgegend des Bunzlauer Kreises verbreitet ist, 54,600 Dutzend Stück im genannten Jahre produzirt wurden, welche im Geldwerthe 436,800 fl. betrugen und ebenfalls von hier aus versendet wurden *). Reichenberg hat mehre Männer aufzuweisen, welche Erwähnung hier verdienen. Von den bereits verstorbenen führen wir an: 1. Johann Karl Rohn; er war Canonicus regularis der Kreuzherren mit dem rothen Stern in Prag, und schrieb eine Chronik von Friedland und Reichenberg; † 1763. 2. Antonius Kopsch, Dechant zu Reichenberg von 1743 an durch 25 Jahre; er wirkte viel zur Verbesserung des Unterrichts, zur Vergrößerung und Verschönerung der beiden Kirchen, besonders der Kreuzkirche, welche er mit herrlichen Gemälden beschenkte, die sie noch besitzt. 3. Anton Simon, 1760 in Reichenberg geboren, wurde 1803 von Sr. Maj. unserm glorreich regierenden Monarchen zum Miterzieher des Kronprinzen, des gegenwärtigen jüngern Königs von Ungarn Majestät berufen; von ihm existiren mehre dichterische Arbeiten; † 1809. 4. Franz Anton Spielmann, Dechant zu Reichenberg, Erzieher des gegenwärtigen Besitzers der Herrschaft, hinterließ mehre Erziehungsschriften und Fabeln.

*) Mehr über diese und andere interessante Verhältnisse, als hier anzuführen der Raum gestattet, findet man in der trefflichen „Topographisch-historisch-statistischen Beschreibung von Reichenberg," von Carl Joseph Czörnig. Wien, 1829.

Zur Stadt Reichenberg gehört:

2. Die Vorstadt Christianstadt; sie wird jedoch besonders conscribirt, und steht unter dem hftl. Oberamte. Sie hat 89 H. mit 750 E. und wurde 1787 auf emph. hftl. Grunde erbaut, hat breite und schöne Straßen und schöne Häuser, welche meist durch kleine Gärtchen von einander gesondert sind. Hier ist das alte, und das neue hftl. Schloß. Ersteres von den Brüdern Christoph und Melchior Freiherren von Rädern erbaut, brannte 1615 ab, und wurde von Katharina von Rädern wieder hergestellt; es enthält die Schloßkapelle; letzteres wurde von Christian Philipp Grafen Clam-Gallas im J. 1774 schön und geräumig erbaut und mit Gartenanlagen umgeben. Bei diesen hftl. Gebäuden ist das hftl. Bräuh. auf 60 Faß, mit einer Branntweinbrennerei und 1 hftl. Mhf.; auch ist hier der Sitz des Oberamtes und der übrigen hftln. Aemter. Von Gewerben finden sich hier: 3 Bäcker, 2 Bierschänker, 2 Gastwirthe, 2 Tischler, 1 Glaser, 1 Maurermeister, 3 Schneider, 2 Schuhmacher, 1 Schlosser, 1 Fleischhauer, 2 Leinweber, 30 Tuchmacher mit 56 Gesellen, 1 Baumwollenweberei, welche hier und in den nächsten Ortschaften 576 Menschen beschäftigt, und mit welcher 1 Baumwollen-Garnfärberei in Grünwald verbunden ist (Firma Joseph Herzig); 1 Merino- und Wollzeugfabrik der (Gebrüder Liebig), 1 Baum- und Schafwollenzeugfabrik (Firma Heinrich Hennig), dann 2 Schafwollespinnereien von Joseph Moritz Horn und Anton Ludwik, ferner 3 gemischte Waarenhandlungen und 1 trefflich eingerichteter Gasthof, zum Goldenen Löwen genannt. Zur Gemeinde Christianstadt ist auch der Ort Josephinenthal conscribirt; er liegt ö. an der Stadt, und besteht aus 10 H.; hier ist 1 Branntweinbrennerei und 1 Schönfärberei. Die Vorstadt Christianstadt macht mit Reichenberg ein Ganzes und ist auch dahin eingepf.; die folgenden Orte, welche sich zunächst an der Stadt befinden und zum Theile mit ihr zusammenhängen, sind ebenfalls dahin eingpf. — 3. Neu-Paulsdorf, 1/4 St. n. von der Stadt, hat 84 H. mit 761 E.; hier ist 1 Wirths- und Einkehrh. — 4 Alt-Paulsdorf, 1/4 St. nw. von der Stadt, auf einer Anhöhe, hat 19 H. mit 155 E. — 5. Ruppersdorf, 1/2 St. n. von der Stadt, wurde von den Herren von Rädern erbaut und nach ihrem Stammsitze in Schlesien benannt, hat 86 H. mit 768 E.; hier ist 1 Schule, 2 Tuchwalken, und mitten im Walde 2 Schafwollenspinnereien (Firma: Franz Rehwald, dann Franz Schmidt und Mauermanns Erben), 2 Baumwollenspinnereien (Ant. Trenkler, Leopold Sindel), dann 1 Lohstampfe, 1 Mhl. (die Bergmühle genannt) und 1 hftl. Jägerh. — 6. Katharinaberg (Kottersberg), 1 1/4 St. n. von der Stadt, am Fuße des Drachenberges, an der Schwarzen Neisse, hat 66 H. mit 617 E., 1 Schule, 1 Schafwollen- und 1 Baumwollenspinnerei, erstere mit der Firma Ferdinand Seibel, letztere Anton Kettel; 1 hftl. Jägerh., 1 Brettsäge und 1 Kammgarnspinnerei. Unfern von hier an der Schwarzen Neisse ist der sogenannte Angst- oder Reitstein, ein schwer zu erklimmender Granitfels in wildromantischer Umgebung; die ganze Ortschaft ist von Waldung und felsigem Gebirge umgeben. — 7. Rudolphsthal (Rudelsthal), auch Buschdorf genannt, 1 1/2 St. no. im Gebirge an der Schwarzen Neisse, von Waldung umgeben, hat 38 H. mit 346 E., hier ist 1 Mhl. — 8. Alt-Habendorf, 3/4 St. nw. von der Stadt, an der Schwarzen Neisse, hat 140 H., 1259 E., 1 Filialkirche zur h. Katharina, und 1 Schule. Hier ist 1 k. k. privil. Tuch- und Casimirfabrik, Firma Johann Berger und Comp., die älteste unter den bestehenden Tuchfabriken, in den Gebäuden des vormals

hier bestandenen hftl. Mhl. von Johann Georg Berger im J. 1800 errichtet; ferner sind hier 3 Tuchwalken, 1 Leinwandbleiche, und 1 hftl. Jägerh. — 9. Neu-Habendorf, $1/4$ St. ö. vom vorigen, an der Hauptstraße nach Friedland, an der Schwarzen Neisse, hat 38 H. mit 303 E., hier ist 1 Schafwollenspinnerei (der Wittwe Weber), 1 Leinwandbleiche und 1 Mhl. — 10. Ratschendorf, 1 St. n. von der Stadt, an der Hauptstraße nach Friedland, hat 42 H. mit 343 E. — 11. Schönborn, $1/4$ St. w. vom vorigen, an dem Neundorfer Forste, hat 83 H. mit 577 Einw. — 12. Schworau (Schwore), $1^1/4$ St. w. von der Stadt, an der Neisse, hat 21 H. mit 160 E., eine Tuchwalke. — 13. Berzdorf, 1 St. sw. von Reichenberg, an dem vom Jeschken herabkommenden Berzdorfer-Bache, hat vom Fuße des Jeschken bis zur Neisse 1 St. Länge, wird in Ober- und Nieder-Berzdorf eingetheilt, wovon jedoch bloß die auf der rechten Seite des Baches liegenden 44 H. mit 358 E. hieher gehören; hier ist eine Schafwollspinnerei und 1 Kalkbrennerei. — 14. Karolinsfeld, 1 St. sw. von Reichenberg, am Fuße des Jeschken, nahe an Ober-Berzdorf, hat 56 H. mit 508 E. — 15. Rosenthal, $1/4$ St. w. von der Stadt, an der Neisse, hat 56 H. mit 378 E., 1 Mhl., 2 Tuchwalken, 2 Schafwollspinnereien (Firma: Joseph Gahler und Joseph Gänzel); der Ort wird in Ober- und Nieder-Rosenthal abgetheilt. — 16. Franzensdorf, $1/2$ St. sw., erstreckt sich längs einem kleinen Bache bis nahe an die Stadt, hat 58 H. mit 486 E. Hier ist 1 Mhl. und 1 Farbholzraspel. — 17. Johannesthal, $1/2$ St. ssw. von der Stadt, längs einem kleinen Bache, hat 76 H. mit 639 E. Hier ist eine Kapelle, 1704 vom hftl. Inspektor Karl Christian Platz von Ehrenthal erbaut, und mit einem Kapitale von 500 fl. dotirt, 1 Schule, 1 k. k. privil. Kattunfabrik (Firma: Franz Hermann), welche 576 Personen beschäftigt, und vorzüglich weißbödig gedruckte Tücher und Kattune liefert, dann 2 Schafwollenspinnereien und 1 Mhl. — 18. Alt-Harzdorf (auch Alt-Hartsdorf), $1/2$ St. ö. von der Stadt, am Harzdorfer Bache, hat 140 H. mit 1259 E., und 1 Schule. Hier ist eine seit wenigen Jahren von dem Engländer Thomas errichtete Maschinenfabrik, welche 125 Menschen beschäftigt, in welcher Gewerbsmaschinen aller Art und auch Dampfmaschinen gebaut werden, 2 Schafwollspinnereien (Firma: Jos. Mor. Horn), 1 Bleiche, dann 2 Mhl. und 1 Brettsäge. Das Dorf liegt zum Theil sehr zerstreut, und es gehört hieher die s. g. Louisenshöhe, 7 H. mit 1 Wirthsh., an der Straße von Gablonz, dann die n. und nö. vom Orte gegen die Waldung zerstreut liegenden Häuser, der Lange Zippel (von 25 H.), Mittelzippel (12 H.) und Kurze Zippel (11 H.) benannt. — 19. Neu-Harzdorf, $3/4$ St. ö. von der Stadt, hat 86 H. mit 762 E., liegt am Harzdorfer Bache, an welchem eine Mhl. ist; hier sind Strumpfwirkereien und 1 hftl. Jägrh. — 20. Röchlitz (Rechlice), D. von 100 H. mit 675 E., $1/2$ St. s. von der Stadt, an der Neisse und der Prager Hauptstraße. Hier ist eine Pfarrkirche zum h. Johann dem Täufer, früher Filiale von Reichenberg, seit 1652 zu einer Pfarrkirche erhaben, unter hftl. Patronate (sie besitzt ein schönes Altarblatt von einem neapolitanischen Meister), dann 1 Schule, 2 Mhl., 1 großes Wirths- und Einkehrh., 4 Schafwollen- und 1 Baumwollenspinnerei (Anton Hübner, Christoph Horn, Ignaz Salomon, Franz Finke) und Leinwebereien. Das hiesige Armen-Institut hat bei einem Stammvermögen von 11 fl. $21^1/2$ kr. eine jährliche Einnahme von 170 fl. $29^1/2$ kr. W. W., und unterstützt 20 Personen. Der Ort ist alten Ursprungs und hatte 1384 schon eine Pfarrkirche zum h. Nikolaus, welche in den hussitischen Unruhen zerstört wurde. Nach einem alten Manuscripte von einem Schösser der Burg Hammerstein, Namens Möser, verfaßt, soll Röchlitz früher ein Städtchen gewesen seyn; er schreibt in der noch gegenwärtig hier herrschenden Volksmundart: „Ai dö Khörche uffn Stötchlein Rochlitz ho ich öne gudt holbö schunds zu gihn" u. s. w. Zur Röchlitzer Kirche sind eingpf. — 21. Eichicht (Dicht), D., $^3/_4$ St. s. von Reichenberg, an der Hauptstraße, an Röchlitz anstoßend, hat 66 H. mit 489 E. — 22. Heinersdorf (Hennersdorf, Heinrichsdorf), 1 St. s. von Reichenberg, an einem kleinen vom Jeschken herabkommenden Bach, hat 33 H. mit 236 E., und 1 Kalkbrennerei. — 23. Münchendorf (Minkendorf), $1^1/_4$ St. s. von Reichenberg, hat 28 H. mit 169 E., 1 Mhl. und 1 Schafwollspinnerei. — 24. Hlubokay (böhm. Hluboka, gewöhnlich Lukey), am Fuße des Berges gleiches Namens, einem Ausläufer des Jeschken, $1^1/_2$ St. ssw. von Reichenberg, hoch gelegen, hat 24 H. mit 162 E. — 25. Ober-Hanichen, D. am Fuße des Jeschken, 1 St. ssw. von Reichenberg, hat 114 H. mit 801 E., und 1 Mhl. — 26. Nieder-Hanichen, $^3/_4$ St. ssw. von der Stadt, an das Vorige und an Johannesthal anstoßend, hat 82 H. mit 608 E. Hier ist 1 Papierm., 2 Schafwollspinnereien (Firma: Christoph Günzel und Wenzel Altmann), und 1 hftl. Jägerh.; vordem bestand hier 1 hftl. Mhf. — 27. Maffersdorf, 1 St. sö. von Reichenberg, an der Neisse, hat 338 H. mit 2670 E., wovon jedoch nur die auf der rechten Seite der Neisse gelegenen 110 H. mit 857 E. zur Hft. Reichenberg gehören und für sich conscribirt werden; von denen an dem linken Ufer der Neisse stehenden gehören 211 H. zur Hft. Böhmisch-Aicha und 17 H. zur Hft. Swigan, und sind ebenfalls für sich conscribirt. In dem Hft. Reichenberger Antheile ist die Pfarrkirche zur heil. Dreifaltigkeit unter hftl. Patronate, 1701 erbaut und 1768 zur Pfarrkirche erhoben, sie war früher Filiale der Röchlitzer Kirche; ferner 1 Schule, 1 Mhl., 1 Schafwollspinnerei (Firma: Ignaz Riedel), Webereien und Strumpfwirkereien. Das hiesige Armeninstitut, 1786 begründet, hat ein Stammvermögen von 6 fl. C. M. und 134 fl. 58 kr. W. W. Das jährl. Einkommen beträgt 5 fl. C. M. und 91 fl. W. W.; es unterstützt 12 Arme. — 28. Proschwitz, $1^1/_2$ St. sö. von Reichenberg, an der Neisse, zwischen dem Proschwitzer Kamme und dem Wolaner Berge, mit dem vorigen zusammenhängend, hat 117 H. mit 790 E., 1 Mhl., 2 Schafwollespinnereien (Firma Gottfried Hartig, Franz Elstner) und 1 Leinwandbleiche; dann Strumpfwirkereien. Das D. ist nach Maffersdorf eingepf. — 29. Kunnersdorf, 1 St. osö. von Reichenberg, an der Straße von Gablonz, hat 39 H. mit 299 E., ist nach Maffersdorf eingpf. — 30. Reinowitz (Reinewitz), D, 2 St. osö. von Reichenberg, hat 71 H. mit 451 E., 1 Kirche zum heil. Geiste, 1700 erbaut, früher Filiale von Maffersdorf, seit 1785 zur Lokalie erhoben, 1 Schule, beide unter hftl. Patronate; vordem war hier eine hölzerne Kirche. Hier ist 1 Flußsiederei, 1 Bleiche und 1 Mhl.; in der Nachbarschaft wird Torf gegraben. Das Armeninstitut wurde hier 1786 begründet; es besitzt 306 fl. $48^1/_2$ kr. W. W. Stammvermögen und 15 fl. W. W. jährl. Einnahme; es werden 7 Arme unterstützt. Hieher sind eingpf.: — 31. Luxdorf, $1^1/_2$ St. ö. von Reichenberg, hat 59 H. mit 424 E., hier ist 1 Farbholzraspel, 2 Schafwollespinnereien, (Joseph Herzig, Anton Hübel) und 1 Mhl. — 32. Gränzendorf, 2 St. ö. von Reichenberg am Lautschneibache, der hier in die Neisse fällt, hat 108 H. mit 854 E., 1 Schule; hier sind viele Kattunweber, 1 Mhl. und Brettsäge; ein Theil des D. ist nach Johannesberg (Hft. Morchenstern) eingepf. — 33. Friedrichswald, D., im waldigen Isergebirge am hier entspringenden Kratschneibache, 3 St. onö. von Reichenberg, hat 80 H. mit 674 Einw., 1 Mhl. und Brettsäge; die früher bestandene Glashütte wurde wegen zunehmenden Holzbedarf der Stadt Reichenberg 1807 kassirt. Die Einw. nähren sich von Holzschlagen, von Taglöhnerei und Glasbearbeitung; hieher sind conscribirt die Einschichten a. Neuwiese, ¾ St. n. von Friedrichswald, 1 Glash., Firma Franz Riebel, in welcher Hohlglas, Stängelglas, Glasperlen und Lustersteine erzeugt werden, 1 hftl. Jägerh. und 2 Wohngebäude. b. Plattnay, ½ St. entfernt, 1 Brettsäge mit Wohngebäude. c. Christiansthal, 1 St. nö. von Friedrichswald, am Kamenitzbache, 1 Glash., Firma Karl Joseph Riebel, 1 Kapelle in welcher alle 14 Tage Gottesdienst gehalten wird, dann 1 Lokaliegebäude, und 5 Wohnh. Das D. Friedrichswald ist nach Johannesberg eingpf. — 34. Boitsbach, D., 2 St. n. von Reichenberg im Gebirge, von Wald umgeben, hat 119 H. mit 890 E. Hier ist 1 Jägerh. und 2 Mhl.; ein großer Theil der Einw. lebt von Kattunweberei, eine größere dgl. Weberei führt die Firma Joseph Scheufler. Das D. ist nach Einsiedel (Hft. Friedland) eingpf. Hieher gehört auch Giersbach (oder Boitsbacher Neuland) ½ St. von hier, 1 hftl. Försterh. mit 16 Häusleransiedlungen. — 35. Neundorf, 2 St. nw. von Reichenberg, am Görsbache, hat 140 H. mit 1003 E. Hier ist 1 Pfarrkirche zu Mariä Himmelfahrt, 1617 erbaut und 1673 mit einem Seelsorger besetzt, hat ein Altarblatt von Donat; eine Schule, beide unter hftl. Patronate; 1 hftl. Schloß, 1 Bräuh. auf 20 Faß, 1 hftl. Mhf. mit Schäf., ein ¼ St. w. abseits liegendes Jägerh., und eine Mhl. Das Armeninstitut wurde hier 1786 begründet; es besitzt 221 fl. 6½ kr. W. W. Stammvermögen und 62 fl. 20 kr. W. W. jährl. Einkommen, und unterstützt 11 Arme. Neundorf bildet ein Gut für sich, zu welchem die Orte Neudörfel, Mühlscheibe und Hohenecke gehören; hinsichtlich der Verwaltung ist es jedoch der Hft. Reichenberg einverleibt. (S. Landtäfl. Hauptbuch Litt. N. Tom. V. Fol. I.) Es gehörte früher dem Freiherrn von Heißler, und zu Anfange des vorigen Jahrh. den Grafen Pachta; wann und wie es zur Hft. Reichenberg gelangte, ist nicht bekannt. Die zum Gute gehörigen 3 Orte sind zur Neundorfer Kirche eingpf., nämlich: — 36. Neudörfel (auch Neundorfer Neudorf), 1¼ St. s. von Neundorf, am Abhange des Steinberges, hat 29 H. mit 196 E. — 37. Hohenecke (auch Saugraben genannt, weil früher ein Saugarten da war; die obere Hälfte des D. heißt auch Heidelade), liegt ¼ St. w. von Neundorf an einem kleinen Bache, hat 45 H. mit 320 E., 1 Mhl., 1 Baumwollenspinnerei und Kattunweberei, beide unter der Firma von Gottlob Menfel. — 38. Mühlscheibe, ½ St. n. von Neundorf, an einem Bergabhange, am Scheidebache, hat 19 H. mit 121 E., hier ist 1 Kattunweberei, Firma Franz Bekert. — 39. Ober-Wittig (Alt-Wittkow, gewöhnlich Wittche), D., 2½ St. nw. von Reichenberg, zieht sich an einem kleinen Bache aufwärts fast bis an die sächsische Gränze, hat 106 H. mit 729 E., 1 Pfarrkirche zu Mariä Heimsuchung, und 1 Schule, beide unter dem Patronate der Obrkt. Nach der Innschrift der Glocke bestand die Kirche schon 1575, sie wurde 1674 zur Pfarre erhoben. Hier sind mehre Baumwollenwebereien, welche den Einw. Nahrung verschaffen. Das Armeninstitut wurde im J. 1786 durch Legirung eines Kapitals von 100 fl. von Joseph Kaulfersch begründet, besitzt jetzt 280 fl. 30 kr. W. W. Stammvermögen, 54 fl. 43½ kr. W. W. jährlich Einkünfte, und unterstützt 22 Arme. Zu dem Dfe. gehört die sogenannte Feldsieberei, 2 einzelne Bauernhöfe und 1 Bauerngut an der Straße nach Wetzwald. Am n. Ende des D. erhebt sich hart an der Gränze Sachsens der Kikelsberg, von welchem man eine treffliche Aussicht in die Lausitz sowohl, als eine schöne Ansicht der Gebirge der Hften. Friedland, Reichenberg und Grafenstein genießt. — 40. Nieder-Wittig, s. von Ober-Wittig, an dasselbe anstoßend und dahin eingpf., hat 96 H. mit 652 E., 3 Mhl.

Von getheilten Ortschaften gehören zur Hft. Reichenberg:

15 H. von Schimsdorf, die übrigen zur Hft. Böhmisch-Aicha, wo auch die Ortschaft conscribirt wird.

*) Allodialherrschaft Friedland.

Der gegenwärtige Besitzer dieser Herrschaft ist der k. k. Geheimerath ꝛc. ꝛc. Christian Christoph Graf von Clam-Gallas; die frühern Besitzer sind bei der Herrschaft Reichenberg nachzusehen, mit welcher Friedland stets im Besitzthume vereinigt war. Der berühmte kaiserliche Generalissimus im 30jährigen Kriege, Albrecht von Waldstein, führte von dieser Herrschaft den Titel eines Herzogs von Friedland; doch war unter dem Herzogthume Friedland nicht bloß diese Herrschaft, sondern seine sämmtlichen böhmischen Besitzungen, 68 an der Zahl, begriffen, und er wählte den Namen Friedland, weil diese darunter die größte war und weil bloß im Bezirke dieser adelige Lehngüter lagen. Diese Lehngüter wurden unter dem Besitze der Grafen Gallas nach und nach alle eingekauft. (S. Landtäfliches Hauptbuch Litt. F. Tom. II. Fol. 101.)

Die Herrschaft Friedland gränzt gegen Westen an den Lausitzer Kreis des Königreichs Sachsen, gegen Norden und Osten an das Königreich Preußen, und zwar an den Görlitzer und Laubaner Kreis der ehemaligen Oberlausitz, und an den Löwenbergischen Kreis von Schlesien, (von welchem sie zum Theile durch einen gegen eine Stunde langen sehr schmalen Landstrich, auf dem hohen Gebirge zwischen den Quellen der Großen Iser, getrennt wird, welcher das Streitstück genannt wird, weil über den Besitz desselben zwischen Böhmen und Schlesien noch nicht entschieden ist), gegen Süden an die Herrschaften Semil, Morchenstern und Reichenberg. Der Flächeninhalt der Herrschaft beträgt 60783 Joch 1309 □Klafter oder $6\frac{1}{16}$ □Meilen, der ganze Umfang 24 Meilen. Sie bildet ein zusammenhängendes Areal; nur an der westlichen Gränze, bei Waigsdorf, sind einige nach Sachsen gehörige Dörfer und einzelne Höfe innerhalb des herrschaftlichen Bezirkes.

Nach dem Katastral-Zergliederungssummarium vom J. 1832 betrug die nutzbare Bodenfläche:

	Dominicale.		Rusticale.		Zusammen.	
	Joch.	□Kl.	Joch.	□Kl.	Joch.	□Kl.
Ackerbare Felder . .	2748	1141	11538	173	14286	1314
Teiche mit Aeckern verglichen	45	669	4	351	49	1020

	Dominicale.		Rusticale.		Zusammen.	
	Joch.	□Kl.	Joch.	□Kl.	Joch.	□Kl.
Trischfelder . . .	88	566	1345	897	1433	1463
Wiesen.	1946	943	6597	99	8543	1042
Gärten.	8	1258	10	1060	19	718
Teiche mit Wiesen verglichen	147	1114	13	1069	161	583
Hutweiden ꝛc. . .	1091	839	4519	356	5610	1195
Waldungen . . .	24324	731	6352	1242	30677	373
Ueberhaupt . . .	30401	861	30381	447	60782	1308

Den südlichen Theil der Herrschaft bildet das hohe Isergebirge, oder der westliche Flügel des Riesengebirges, auch das Lausitzer Gebirge genannt, welches sich mit seinem größten, rauhesten und höchsten Theile hier verbreitet, und von da auf die südlich angränzenden Dominien abdacht. Die höchsten Punkte dieses Gebirges sind hier: die Tafelfichte, auf der Gränze zwischen Preußen und Böhmen, 607 Wiener Klafter, nach Hoser, nach Dr. Riemann aber nur 582 Wiener Klafter über der Nordsee; der Mittel-Iserkamm, (der Hohe Iserkamm ist in Schlesien östlich von diesem); der Wohlsche Kamm (auch der Pohlsche oder Welsche Kamm genannt), 578 Wiener Klafter nach Gersdorf. Diese Kämme sind lange, gezogene, in nordwestlicher Richtung fortlaufende Gebirgsrücken, welche aus mehreren sich nicht bedeutend hervorhebenden Kuppen bestehen, und den höchsten Theil dieses rauhen Gebirges bilden; ferner der Keulichte Buchberg, 505 Wiener Klafter nach Hoser, nach Dr. Riemann aber 520 Wiener Klafter über der Nordsee; die Steinkoppe, der Sieghübel, der Mittagsstein, der Schwarze Berg, welcher zum Theil schon auf der Herrschaft Reichenberg liegt, die Vogelberge, der Mittagsberg, der Brechstein, der Hemmerich, der Scheibenberg (oder Scheibaberg), der Spitzberg, sämmtlich im Hochgebirge. Als Vorberge von minderer Höhe, am nördlichen Rande des Gebirges, finden sich: der Schwarze Berg, der Scharfstein, der Grubenberg, der Mittagstein, der Keulsche Berg, der Hauskirchenberg, der Dreßlerberg, der Sauberg, der Kupferberg und der Rappelt. Diese genannten Berge sind meist unter einander und mit dem ganzen Gebirgsstocke vereinigt, und nicht durch tiefe Thäler von einander getrennt; es sind eigentlich die mehr hervorragenden Theile des sehr abgeplatteten Gebirges. Nur die am nördlichen Rande sind durch tiefere Einschnitte und Schluchten von einander getrennt, und stehen mehr isolirt, zeigen daher auch steilere und öfters klippige Gehänge. Der bei weitem größere nördliche Theil der Herrschaft ist niedriges Hügelland, welches allmählich in Flachland übergeht, über welches nur hie und da einzelne Bergkuppen oder kleine Hügelgruppen hervorragen, oder sich zum Theile als Hügelketten durch dasselbe hinziehen, worunter eine derselben die ganze Herrschaft von der westlichen Gränze bei Friedland, bis zur östlichen bei Ditterbächel, durchzieht. Die Benennungen der einzelnen Berge und Bergkuppen werden bei der Topographie der Ortschaften angegeben werden.

Die Felsarten dieses weitläufigen Herrschaftsbezirkes sind eben so mannichfaltig, als die Gestaltung desselben in ortographischer Hinsicht verschieden ist. Das Hohe Isergebirge besteht fast durchaus aus einem grobkörnigen Granite, der durch eingemengte größere Feldspathkrystalle porphyrartig erscheint. Vermöge seiner leichten Verwitterbarkeit erscheint er seltener in schroffen grotesken Felsmassen anstehend, häufig, besonders auf der Höhe des Gebirges, kommt er in großen abgerundeten Blöcken vor, welche bald vereinzelt, bald in übereinander geworfenen Haufen, sich auf den langgezogenen Gebirgsrücken und an deren Gehängen finden. Nur längs dem nördlichen Abhange des Gebirges, mit welchem es sich steil aus der Ebene erhebt, und in den tiefen Schluchten und Thaleinschnitten dieses Abhanges, finden sich häufiger groteske Felsmassen dieses Gesteines, steile Wände und jähe Abstürze bildend; so am Scharfstein, Brechstein, an der Saustirn, am Hemmerich und in den Thalschluchten bei Haindorf und Weisbach, Granitblöcke, im Verlaufe von Jahrtausenden durch Verwitterung der Felsmassen von diesen getrennt, und zum Fuße des Gebirges herabgerollt, finden sich längs demselben, und werden besonders im Flußbette der Wittiche, wo sie von Dammerde entblößt sind, bemerkbar; bei Mildeneichen und Haindorf findet man im Flußbette auch anstehende Granitmassen. Außer dem Granit findet sich als Felsart des Isergebirges der Gneus; er erscheint jedoch hier sehr zurückgedrängt, bildet den höchsten Punkt des Isergebirges, die Tafelfichte, fällt aber von da steil ab, und nur der Sauberg gehört noch zu seiner Bildung. Mehr verbreitet sich derselbe an den niedern Bergen, zunächst dem Fuße des Isergebirges, bei Liebwerda, am Klötzerbusch, bei Karolinenthal, Mildeneiche, Raspenau, Dittersbach und Wüst-Ullersdorf, wo er sich wieder mehr ins Hochgebirge hinaufzieht, und den Schwarzen Berg, den Scheibenberg und den Spitzberg bildet. Diese Felsart erscheint jedoch hier meist als gneusartiger Granit, und findet sich nicht als charakteristischer flasriger Gneus. Glimmerschiefer, meist aber Chloritschiefer, bildet die Berge nördlich der Tafelfichte bei Neustadtel, und verbreitet sich von da in einem schmalen Striche über Lustorf bis Raspenau. An letzterm Orte findet sich im Gneuse ein Lager von Urkalkstein, oder eigentlichem Ophikalcit. Das niedrige Land, nördlich des Lomitzbaches, hat wieder Granit zu seiner Unterlage, welcher aber nur an wenig Orten als festes Gestein angetroffen wird, so an den Hügeln bei Nieder-Ullersdorf, Göhe und Ebersdorf an der äußersten Gränze, bei Wiese, Engelsdorf, am Sauberge bei Waigsdorf, bei Pridlanz, Arnsdorf und Schönwald; meist ist er zu Sand aufgelöst, der die Niederungen zwischen den Hügeln ausfüllt. Von den Felsarten der vulkanischen Trappformation findet sich Basalt am Keulichten Buchberge auf dem Isergebirge, dann an mehren isolirten Bergen und Kuppen von nicht bedeutender Höhe, als am Friedländer Schloßberge, am Hagberge, am Rösselberge und einigen unbedeutenden Hügen der Wiese und Aschenhäuser; Klingstein kommt am Kupferberge bei Friedland vor.

Unter den jüngern Formationen, den sogenannten Diluvial-Gebilden, findet sich hier die äußerst merkwürdige, edelsteinführende Formation, auf der Höhe des Isergebirges, hauptsächlich auf der Iserwiese. Sie besteht aus einer weit verbreiteten Ablagerung von Geröllen, Gneus und Sand, in welchem kleine Geschiebe und Körner von Titaneisen, (vom Fundorte Iserin genannt), von schwarzen Spinellen, Hyazinthen, Granaten und Sapphiren vorkommen; die letztern sind zuweilen ziemlich rein und schön von Farbe, jedoch selten von einiger Größe. Auf dem weitverbreiteten Rücken dieses Gebirges giebt es auch bedeutende Torfmoore, welche aber der Lage nach unbenützbar sind.

Die Gewässer der Herrschaft, sämmtlich auf ihrem Gebiete entspringend, gehören größtentheils zum Flußgebiete der Oder, nur einige zu dem der Elbe. Das stärkste dieser Gewässer ist der Wittigfluß, auch die Wittche, Wüthige genannt. Sie sammelt sich im hohen Gebirge aus mehren kleinen Flüßchen, welche an der Nordseite des Schwarzen Berges und des Sieghübels entspringen, und die Weiße und Schwarze Wittig, das Hintere Wasser, das Gänsewasser und der Tiefe Graben genannt werden, eilt mit starkem Gefälle durch Weißbach (wo sie den vom Dreßlerberge herabkommenden Hegbach und den Fischbach aufnimmt), nach Haindorf und Mildeneichen, wo ihr der Liebwerder Bach zufließt, ferner durch Raspenau und Mildenau nach Friedland, bis wohin sie den Charakter eines wild daher brausenden Gebirgsbaches behauptet. In Raspenau nimmt sie die von den Vogelbergen herabkommende Stolpige auf, welche aus dem Zusammenflusse der Weißen und Schwarzen Stolpige, und einer Menge kleiner Flüßchen sich bildet, und bei Ferdinandsthal einen schönen Wasserfall macht; ferner den Telkebach, und in Mildenau den Lomnitzbach, welcher aus den im Gebirge bei Neustadtel entspringenden vielen kleinen Waldflüßchen entsteht und gleichfalls westwärts fließt, endlich noch einige unbekannte vom Hemmerich, dem Brechsteine und Scheibaberge herabkommende Gebirgsbäche. Bei Friedland nimmt die Wittig allmählich eine mehr nördliche Richtung und einen sanfteren Lauf an, verstärkt sich durch den Rasnitzbach, welcher in dem waldigen Hemmerich hart an der Landesgränze entspringt und ebenfalls westwärts fließt, ferner durch die kleinen Bäche, das Thonwasser und den Grundbach, endlich bei Priedlanz durch den Bullendorfer und Berzdorfer Bach, tritt dann bei Wiese als ein kleiner Fluß, welcher die meisten Gewässer der Herrschaft vereinigt hat, über die Gränze, und fällt bei Radmeritz in der Lausitz in die Neisse, auf diesem Wege noch die Staaten Preußen und Sachsen von einander scheidend.

Der Wittigfluß wird zum Holzflößen benützt; er richtet durch Ueberschwemmungen oft großen Schaden an. Außer diesem gehören noch zum Flußgebiete der Oder die im Gebirge bei Ditterbächel, Heinersdorf und Wünschendorf entspringenden Wässer, welche in einen Bach versammelt, bei letztgenanntem Orte, zum Theile auf eine kurze Strecke, die Gränze mit Schlesien bilden, und bei Markliſſa in den Queiß fallen; ferner der Nieder-Ullersdorfer Bach, der nach kurzem Laufe über die Gränze tritt; das Höllenwaſſer, welches am Jokelsberge bei Bullendorf entspringt, bis Seidenberg die Gränze mit der preußischen Lausitz bezeichnet, und jenseits derselben bei Wilke in die Wittig fließt. Der Kyprabach fließt aus dem am Spitzberge, Scheibenberge und Schwarzen Berge, bei Wüst-Ullersdorf, entspringenden Mordwaſſer und Erlwaſſer zusammen, nimmt bei Hermsdorf das Hofflößel auf, und fließt da über die Gränze nach Sachsen, wo er bei Hirschfeld in die Neiſſe fällt.

Zum Elbeflußgebiete gehörend entspringt hier die Iſer; sie vereinigt unter dem Keulichten Buchberge ihre beiden Hauptquellen, die Große und die Kleine Iſer, als zwei schon ziemlich starke, reißende Gebirgsbäche. Die Große Iſer entspringt aus mehren Quellen unter dem Wohlschen Kamme, am Dreßlerberge und dem Keulichten Steine, fließt südlich zwischen dem Hohen und Mittlern Iſerkamme, nimmt von diesen beiden Gebirgsrücken eine Menge kleiner Gewäſſer auf, und bildet auf diesem Wege die Gränze mit Preußen. Die Kleine Iſer entspringt aus den sumpfigen Iſerquellen am Hinterberge, und fließt zwischen dem Wohlschen Kamme und dem Mittlern Iſerkamme über die Iſerwiese. Nach Vereinigung dieser beiden bildet die Iſer noch auf eine Strecke die Gränze mit Schlesien, und tritt auf das Gebiet der Herrschaft Semil. Ferner entspringen hier noch die Weiße und Schwarze Deſſe, beide am Sieghübel, treten aber bald nach ihrem Ursprunge auf die Herrschaft Morchenstern.

Die sämmtlichen Bäche und Flüßchen der Herrschaft führen bloß Forellen. Teiche werden gegenwärtig 9 unterhalten, davon als Hauptteiche der Pfaffenteich bei Ober-Berzdorf, der Puschteich und der Mühlteich bei Schönwald, als Streckteiche der Mühlteich bei Zahne, der Flarrteich bei Ober-Berzdorf, der Rasnitzteich bei Schönwald, und als Kammerteiche drei kleine Teichel bei Schönwald, sämmtlich mit Karpfen und Forellen besetzt sind. Die übrigen vormals bestandenen, 72 an der Zahl, sind aufgelaſſen und werden als Aecker oder Wiesen benützt.

Die Waldungen der Herrschaft sind in 12 Reviere eingetheilt, wovon 7 Gebirgsreviere die Waldung auf dem Iſergebirge, und 5 Landreviere die zerstreuten Waldungen der Niederung begreifen; im Ausmaße betragen sie nach eigenen Angaben des Friedländer Amtes sämmtlich 24406 Joch 423 □Klafter. Die niedern oder Landreviere haben gemischte Waldung von Fichten, Tannen, Kiefern, etwas Lärchen, Buchen und Eichen; auf dem Gebirge herrscht die Fichte, bloß auf den vordern niedern Bergen finden sich auch Tannen und Buchen.

Im höchsten Gebirge trifft man sehr häufig die Zwergkiefer oder das Knieholz (Pinus pumilio), und zwar hier mit hochstämmigen Fichten untermischt, meist an sumpfigen Moorgründen. Die Waldwirthschaft auf dem Hochgebirge ist sehr beschwerlich, und vermindert durch ihre Kosten sehr den sonst bedeutenden Ertrag der Forsten. Die

Unterthanen besitzen 6270 Joch 1260 □Klafter eigenthümliche Waldungen. Das Holz findet größtentheils auf der Herrschaft selbst Absatz; der Ueberfluß geht nach Sachsen.

Der Wildstand für hohe und niedere Jagd ist nicht mehr so bedeutend, als er nach der Ausdehnung der geschlossenen Waldungen seyn könnte; Hochwild findet sich nur auf dem Isergebirge. Die Herrschaft unterhält eine Fasanerie.

Der ackerbare Boden des niedern Landes ist theils sandig und kiesig, theils lehmig und thonartig, oft auch naßgallig; er braucht viele Düngung und gute Kultur; erbaut wird von Getreidearten bloß Korn, Hafer und wenig Gerste, dann hauptsächlich Erdäpfel und Flachs. Obstkultur wird wenig betrieben, und findet meist bloß in einigen geschlossenen Gärten Statt; Obstalleen finden sich nur wenige.

Der landwirthschaftliche Viehstand der Unterthanen beschränkt sich auf Rindviehzucht; der Viehschlag ist als einer der kräftigsten in Böhmen bekannt, und abgeschlachtete Kälber werden viele nach Prag verführt. Die Obrigkeit hat auch veredelte Schafzucht; Bienenzucht wird nicht viel betrieben.

Die Stärke des Viehstandes ergiebt sich aus folgender Uebersicht vom 30. April 1838:

	Der Obrigkeit.	Der Unterthanen.	Zusammen.
Pferde	65 (60 Alte, 5 Fohlen)	634 (622 Alte, 12 Fohlen)	699
Rindvieh	577 . . . . . (13 Zuchtstiere, 14 junge Stiere, 269 Kühe, 145 Kalbinnen, 4 Mastochsen, 93 Zugochsen, 19 junge Ochsen)	9029 . . . . (42 Zuchtstiere, 26 junge Stiere, 6146 Kühe, 1740 Kalbinnen, 28 Mastochsen, 851 Zugochsen, 196 junge Ochsen)	9586
Schafe	5097 . . . . . . (4874 Alte, 223 Lämmer)	1131 . . . . (908 Alte, 223 Lämmer.)	6228

Von den früher bestandenen 19 Maierhöfen der Herrschaft sind 6 emphiteutisirt, 4 zeitlich verpachtet, und 9 werden von der Obrigkeit in eigener Regie bewirthschaftet.

Die Nahrungsquellen der Einwohner sind vorherrschend Ackerbau und Viehzucht, doch beschäftigen auch die Gewerbe hier eine bedeutende Anzahl Menschen; viele treiben auch Holzhandel. Die Zahl der Meister von zünftigen Polizeigewerben ist, mit Ausnahme der beiden Städte Neustadtel und Friedland, 280 mit 97 Gesellen und 13 Lehrlingen, nämlich 32 Bäcker, 22 Fleischhauer, 33 Hufschmiedte, 61 Schuhmacher, 33 Schneider, 3 Maurer, 2 Zimmerer, 9 Faßbinder, 46 Müller, 19 Wagner, 11 Tischler, 4 Glaser, 1 Rauchfangkehrer, 2 Steinmetze und 2 Oelschläger. Commerzial-Gewerbe betreiben 2 Schlosser, 1 Schwarz- und Schönfärber, 2 Drechsler, 2 Rothgärber, 1 Uhrmacher, 10 Ringelmacher, 1 Papiermacher, 1 Glashütte mit 3 Gesellen und 7 Leinwandbleicher; zusammen 31 Personen. Weber, welche um Lohn, hauptsächlich für die Fabrikanten der Gegend von

Warnsdorf und Rumburg arbeiten, sind 945. Handel treiben 17 Krämer und 19 Hausirer.

Das Sanitätspersonale auf der Herrschaft besteht aus einem Arzte, 3 Wundärzten und 30 geprüften Hebammen.

Das Armeninstitut wurde auf der Herrschaft fast in allen Ortschaften zwischen den J. 1785 und 1790 durch den damaligen Bezirksvikär und Domherrn Tobias Schöpfer eingeführt. Mit Ausnahme der Städte Friedland und Neustadtel, welche ihre eigenen Institute haben, besitzt das herrschaftliche an Stammvermögen, und zwar an 2 pCt. ständischen Obligazionen 2520 fl. W. W., an 5 pCt. Stammkapitalien 6510 fl. 27¼ kr. W. W. und 116 fl. C. M. Die jährliche Einnahme an Kapitalsinteressen und an Beiträgen durch Sammlungen, zu welchen die Obrigkeit jährlich 100 fl. W. W. widmet, beläuft sich auf 1315 fl. 32½ kr. W. W.; es werden 168 Arme unterstützt.

Die Anzahl der Einwohner ist 32203, welche in 2 Städten und 47 Dörfern, zusammen in 5452 Häusern wohnen. Seit 1788 haben sich die letztern um 1638, und die Einwohner um 11322 vermehrt. Die Sprache ist bloß die teutsche, und die Mehrzahl der Einwohner sind Katholiken; die Anzahl der protestantischen Familien, die in den Gränzorten Hermsdorf, Pridlanz, Waigsdorf, Ebersdorf, Wustung, Wünschendorf, Lautsche und Göhe ansäßig sind, ist 460, bestehend aus 1750 Personen.

Eine Hauptstraße durchschneidet die Herrschaft; sie führt von Reichenberg über Friedland nach Seidenberg in der Preußischen Ober-Lausitz. Mehre gut unterhaltene Landstraßen verbinden die Ortschaften der Herrschaft unter einander, und mit den benachbarten Orten der angränzenden sächsischen und preußischen Lande; eine davon, die Hohe Straße genannt, führt von Wigandsthal im Preußischen, über Neustadtel und Friedland, nach Zittau in Sachsen.

Folgendes sind die Ortschaften des Dominiums:

1. Schloß Friedland, sammt dem Schloßbezirke von 45 H. zusammen mit 258 E. Die Burg Friedland, von welcher die Stadt und Herrschaft den Namen hat, ist 15 Meilen von Prag, 9 Meilen von der Kreisstadt Jung-Bunzlau, 2 Meilen von der Stadt Zittau in Sachsen, und eine Meile von der Gränze entfernt. Sie steht auf einem merkwürdigen, von den Ufern des Wittigflusses sich sehr steil, gegen 30 Klftr. erhebenden Basaltfelsen, von schöner säulenförmiger Zusammensetzung, welcher bloß von der Nordseite, gegen die er sich allmählich abdacht, zugänglich ist. Die Burg hat daher nur ein an der Nordseite befindliches Thor, ist überdieß mit einer 10 Fuß dicken und 50 Fuß hohen Mauer umgeben, und wird in das Obere und Untere Schloß eingetheilt. Das Erstere ist der älteste Theil der Burg, die eigentliche alte Ritterburg; sie bildet ein unregelmäßiges Viereck von 79 Kl. im Umfange, und hat einen 26 Kl. hohen Thurm. Diese alte Burg, eine der ältesten und am besten erhaltenen in Böhmen, wurde im J. 1014 durch den Ritter Berkowetz oder Berka gegründet, der zuerst den noch stehenden Thurm erbaute, zu welchem seine nächsten Nachfolger, die Berka von Duba, noch im XI. Jahrh. die Burg hinzufügten. Der erste Name dieser Burg soll Indrka (Indkca) gewesen seyn; dieser alte Theil des Friedländer Schlosses ist sehr gut erhalten; es befindet sich darin eine Schloß-

Kapelle, ein Rittersaal mit den Bildnissen sämmtlicher Besitzer von Friedland, von Melchior Freiherrn von Rädern († 1600) anfangend bis auf den gegenwärtigen, sämmtlich in Lebensgröße, worunter die Porträts von vielen merkwürdigen Männern, als von Albrecht, Herzoge von Friedland (welches für das beste unter allen bekannten Porträts dieses berühmten Mannes gehalten wird; es ist vom J. 1626), von Mathias Grafen von Gallas, nebst andern ältern und neuern Familiengemälden; dann ein Gemach mit einigen und zwanzig andern, ältern Gemälden, worunter die Skizze von dem trefflichen Altarblatte der Domkirche zu Leitmeritz, von Skreta, 4 Landschaften von Reiner, ein Bild von Marchetti und eins von Karl Loth, vorzüglich merkwürdig sind; ferner eine Rüstkammer mit vielen merkwürdigen alten Waffenstücken. Der untere Theil der Burg wurde 1551 von Christoph Freiherrn von Biberstein erbaut, ist gegenwärtig der Sitz des Amtes und der Kanzleien der Herrschaft, und wird von den Beamten bewohnt. — Das Schloß hat in älteren Zeiten, seiner Festigkeit wegen, wenig gelitten, und die Hussiten auf ihren Zügen in dieser Gegend, 1428 und 1433, wagten es nicht, dasselbe anzugreifen. Im 30jähr. Kriege wurde es bald von kaiserlichen, bald von schwedischen Truppen belagert und besetzt, und von den Letztern im J. 1645 auch die äußern Mauern verstärkt, so wie das äußere Thor gebaut und mit einer Zugbrücke versehen. Im J. 1676 wurde das Dach und obere Stockwerk des westlichen Flügels durch Blitz entzündet, welches Graf Franz Gallas wieder herstellen ließ; derselbe errichtete seinem Vater das an diesem steinernen Gebäude befindliche Monument. Am 10. Dezember 1744 übernachteten hier 8000 Preußen auf ihrem eiligen Rückzuge von Prag, und hausten als schlimme Gäste. Auch in den spätern preußischen Kriegen war Friedland öfters in Gefahr. Im J. 1802 wurde der Thurm neu mit Blech gedeckt, und in dem darauf folgenden Jahre ließ der gegenwärtige Besitzer der Herrschaft die Mauern ausbessern, das Innere zweckmäßig einrichten, und die Bildnisse aufstellen *). Im Schloßbezirke, theils an den Gehängen des Wittigthales, theils am Flusse, sind zum Theile Wohnungen für hschftl. Beamte, 1 Bräuh. auf 35 Faß, 1 Branntweinbrennerei, 2 Mhl., 1 Brettsäge, 1 Holzraspel, 1 Sensenschleife und Graupenmhl., 1 Tuchwalke, 1 Mhf. mit Schäf., 1 Ziegelschlag, 1 Garnbleiche und 1 gut eingerichteter Gasth., gewöhnlich Schloßschänke genannt, 1 großer gut angelegter Garten mit Treibh. und vielen exotischen Gewächsen. — 2. Stadt Friedland, nw. am Fuße des Schloßberges und am Zusammenflusse der Wittig und des Rasnitzbaches, Schutzstadt, mit Mauern umgeben, hat 3 Vorstädte und mit diesen 549 H. mit 3197 E. Hier ist die Dechanteikirche zur Kreuzerfindung, im J. 1255 von den Herren von Berka errichtet, und durch Christoph von Biberstein 1549 erweitert und überbaut, 1714 und 1785 im Innern verschönert; der Ueberrest der von dem Herrn von Berka erbauten Kirche ist die jetzige Sakristei. Die Kirche hat ein Altarblatt von Johann von Aachen. Unter der Kirche ist die Familiengruft der Freiherren von Rädern und in der Kapelle über der Gruft befindet sich das kostbare Monument des Melchior Freiherrn von Rädern, der im J. 1600 im September zu Teutschbrod verstarb; er war k. Hofkriegsrathspräsident und Feldmarschall, und ein tapferer Feldherr gegen die Türken. Das Monument ließ seine hinterbliebene Wittwe Katharina, geborne Gräfinn Schlick, errichten; es ist aus

*) S. Das Schloß Friedland in Böhmen, ꝛc. von Franz Némethy, Prag 1818.

rothem, grünem und weißem Marmor zusammengesetzt, 15 Ellen hoch und 10 Ellen breit, mit metallenen vergoldeten Tafeln mit Innschriften und Darstellungen aus der Feldherrnlaufbahn des Verstorbenen, und mit marmornen Figuren und Trophäen verziert; die metallene Bildsäule des Freiherrn befindet sich in der Mittelnische, über deren Haupte Genien von Alabaster angebracht sind. Auf der rechten Seite des Monumentes befindet sich das lebensgroße Bildniß der Wittwe, gleichfalls von vergoldetem Metalle, und auf der linken Seite das des Freiherrn Christoph von Redern; in den über diesen beiden Statuen befindlichen Innschriften ist der Tag und die Jahrszahl des Absterbens nicht ausgefüllt; die Wittwe ließ nämlich sich und ihrem Sohne das Grabmahl bei Lebzeiten setzen; nach der Schlacht am Weißen Berge mußten jedoch beide als Geächtete flüchten; sie starben im Exil und ihre Güter kamen in andere Hände. Die Kosten dieses Monumentes, welches von dem Meister Erhard Heinrich aus Amsterdam, Bildhauer in Breslau, gearbeitet wurde, beliefen sich gegen 40,000 Rthlr., es wurden dazu 80 Ctr. Metall und 520 Ctr. Marmor verbraucht. In der Kirche befinden sich auch noch 3 Grabsteine der Freiherren von Biberstein, in Sandstein gehauen, und die steinerne Kanzel mit kleinen Figuren, dann der Taufstein, sind gleichfalls noch Denkmahle alterthümlicher Bildhauerkunst. Die hiesige Stadtschule, mit 3 Lehrern und einem Katecheten, besitzt mehre Schulstiftungen, theils zur Bekleidung armer Schulkinder, theils für Beischaffung des nöthigen Schulmaterials, und zur Erhaltung eines eignen, mit 300 fl. C. M. gestifteten Schulkatecheten; diese Stiftungen wurden von Joseph Zappe, gewesenem Carmeliterordenspriester in Prag, mit 4000 fl. und von Johann Preußler 1822 mit einem Kapitale von 1040 fl. gemacht. Die Stadt besitzt das Rathh., und 1 Branntweinbrennerei. Das Bräuurbar, welches die Stadt in frühern Zeiten besaß, gab Veranlassung zu Streitigkeiten mit der Obrkt.; im J. 1671 trat daher die Bürgerschaft dasselbe der Obrkt. gegen Vergütung von 1 fl. 30 kr. von jedem Faß Bier, welches in der Stadt ausgeschänkt wird, ab, welches auch von Kaiser Leopold I. im J. 1673 bestätigt wurde. Der Gewerbsstand der Stadt zählt von Polizeigewerben 12 Bäcker, 14 Fleischhauer, 24 Schuhmacher, 8 Tischler, 4 Wagner, 3 Schmiedte, 4 Schlosser, 6 Griesler, 25 Schneider, 2 Glaser, 3 Faßbinder, zusammen mit 53 Gehilfen. Von Commerzial- und freien Gewerben sind hier 86 Tuchmacher, wovon jedoch bloß 30 das Gewerbe selbständig betreiben, 3 Hutmacher, 3 Drechsler, 3 Rothgärber, 4 Weißgärber, 3 Seiler, 1 Buchbinder, 1 Büchsenmacher, 1 Blattbinder, 1 Bürstenbinder, 10 Töpfer, 1 Schönfärber, 1 Schwarzfärber, 1 Feilenhauer, 1 Handschuhmacher, 3 Kürschner, 125 Weber, 1 Nagelschmiedt, 2 Riemer, 2 Sägenschmiedte, 3 Sattler, 2 Spengler, 1 Strumpfwirker, 1 Tuchwalker, 8 Tuchscheerer, 2 Uhrmacher, 2 Seifensieder, 1 Zuckerbäcker; sammt Ges. und Lehrl. 354 Pers.; hiezu gehört noch eine große Garnbleiche, 1 Papiermhl. und 1 Apotheke. Handelsleute sind: 3 gemischte Waarenhändler und 10 Hausirer. Die Stadt hat das Privilegium auf 3 Jahrmärkte von 8 Tagen, und auf Wochenmärkte, welche aber nicht abgehalten werden. Auf den Jahrmärkten kommen in 121 Buden und Ständen durch 175 theils in- theils ausländische Verkäufer Tuch, Leinwand, Kattune, Blech-, Eisen- und Kupferwaaren, Schuhmacherwaaren, Kotzen, Glas, Porzellän und Galanteriewaaren zum Verkaufe. Von Wohlthätigkeitsanstalten besitzt die Stadt 1 Spital für 6 Personen, im J. 1560 von Friedländer Bürgern gegründet und durch spätere Spenden vom Grafen Franz von Gallas, Ritter Platz von Ehrenthal, Wilh. Scholz und Michael Fischer, vermehrt; es besitzt an Kapital 13465 fl. 35 kr. W. W. Das Armeninstitut wurde am 1. Juli 1829 neu organisirt, und besitzt an Kapitalien 3056 fl. 32 kr. W. W. und 573 fl. 24 kr. C. M. Die jährliche Einnahme, zu welcher der gegenwärtige Besitzer 150 fl. und der gegenwärtige Stadtdechant, der P. Salomon, 75 fl. W. W. spenden, beträgt 2006 fl. 47 kr. W. W.; es werden 54 Arme betheilt. — In Friedland ist 1 Postamt und 1 Poststation, und die Briefsammlung für die ganze Hft. Das Wappen der Stadt ist ein offenes Thor mit 2 Thürmen. Die Zeit der Entstehung der Stadt ist nicht bekannt; sie erfolgte wohl bald nach Erbauung der Burg und theilte zum Theile deren Schicksale. Im J. 1599 herrschte die Pest in Friedland; es starben 700 Menschen, und im J. 1600 und 1633 abermals. Zum Andenken an dieselbe wurde bei dem sogenannten Pestkirchhofe die große Kapelle zur heiligen Magdalena errichtet, welche im Jahre 1831 auf Veranstaltung des Grafen Friedrich Clam Gallas, des (leider zu früh verstorbenen) Bruders des Besitzers, renovirt und mit einem Gemälde von Quaisser geziert wurde. Im J. 1639 fielen die Schweden in Friedland ein, vertrieben die katholischen Priester, besetzten die Kirche mit lutherischen Predigern, und hinterließen eine starke Besatzung, welche am 17. März von den kaiserlichen Truppen geschlagen und gefangen wurde. Im J. 1642 fielen die Schweden unter Torstensohn abermals ein, und um sich für den frühern Verlust, den sie der Verrätherei der Einw. zuschrieben, zu rächen, plünderten sie die Stadt und zündeten sie an. Im J. 1759 fielen die Preußen unter Fouquet, 3000 M. stark, hier ein, nahmen 400 Kroaten gefangen und brandschatzten die Stadt. — Von den 3 Vorstädten, liegt die eine, Jäkelsthal, auch Neu-Friedland genannt, ½ St. n. von der Stadt, am Rösselsberge; sie zählt 54 H. und hat 1 Schule unter hftl. Patronate. Zur Dechanteikirche in Friedland sind eingepf.: — 3. Ringenhain, D. von 124 H. mit 677 E.; es erstreckt sich von der Stadt in s. Richtung, längs einem kleinen Bache, auf ½ St. in die Länge, hat 1 Filialkirche zur heil. Magdalena, und 1 Schule. Die Kirche ist nach der daran befindlichen Jahrszahl im J. 1233 errichtet, also früher, als die Herren von Biberstein Besitzer von Friedland waren; das Bibersteinische Wappen über der Sakristeithüre ist also eine spätere Zuthat. — 4. Kunnersdorf, (früher Konradsdorf) ¾ St. w. von Friedland, unfern der Gränze in einem Thale, zwischen dem Steinerichberge und dem Vorder- und Mittelberge, an einem kleinen Bache, der hier in die Wittig fällt, hat 100 H. mit 531 E., 1 Filialkirche zu Allerheiligen, 1 Schule, 1 Wasser- und 1 Windmhl.; s. vom Orte an der Straße nach Zittau ist ein k. k. Zollh. mit einem Gränzzollamte. — 5. Wustung, D. 1¼ St. nnw. von Friedland, an der Wittig und an der äußersten Gränze, hat 66 H. und 368 E., 1 Schule. Hier ist 1 hftl. Mhf., 1 Jägerh. und eine Mhl. und Brettsäge; in der Nachbarschaft längs der Gränze liegen die unbedeutenden Berge, der Mühlberg, Heideberg, Kühberg und Buchberg. — 6. Priedlanz, D., 1½ St. nnw. von Friedland, an der Wittig, und an der äußersten Gränze, hat 78 H., 484 E. Hier ist 1 hftl. Mhf. und Schäf. und 1 Mhl., in der Nähe der Aschberg, 1 bloßer Hügel. — 7. Weigsdorf, auch Waigsdorf, 1½ St. nw. an der äußersten Gränze, gemischtes D., wovon ein Theil der H. nach Sachsen, der andere, 66 an der Zahl, mit 335 E. zur Hft. Friedland gehören. Hier ist 1 protestantische Kirche, zu welcher nebst den hiesigen auch die protestantischen Einw. von Wustung, Priedlanz und Lautsche eingpf. sind, dann 1 hftl. Mhf., 1 Windmhl.

und 1 Oelschlägerei. — 8. Wiese, D. 2½ St. n. von Friedland, an der äußersten Gränze von Sachsen und Preußen (die nächsten sächsischen Orte sind Krattlau, ¼ St. w. und Wansche ½ St. nw. Die nächsten preußischen Orte Wilke ½ St. n. und Mästrich, ö. an Wiese anstoßend, und nur durch die Wittig getrennt.) Das D. hat 44 H. mit 254 E., 1 Pfarrkirche zum heil. Laurentius, auf einer Anhöhe gelegen, und 1 1820 ganz neu erbaute Schule unter hftl. Patronate, 1 hftl. Mhf., 1 Mhl. und Oelschlägerei, dann 1 Ziegelschlag. Wiese war früher ein Lehngut von Friedland, welches 1666 von den Erben des letzten Lehnträgers, Wolf von Nechtritz, Hauptmanns auf Grafenstein, dessen Grabmahl in der Kirche befindlich ist, an den Grafen Mathias von Gallas verkauft, und so der Hft. Friedland wieder einverleibt wurde. Die kleine Pfarrkirche von altgothischer Bauart gehörte schon 1346 zur Meißner Diözöse, mag aber schon viel früher bestanden haben; sie hat ein Altarblatt von Leubner, und Wappen und Grabmähler der frühern Lehnbesitzer aus dem XVI. und XVII. Jahrh., Hochberg von Leipa, Nostitz von Ullersdorf, von Haugwitz, Kynau von Bertelsdorf, Geißler von Byla, Zaltza von Linde, Stanger von Stansdorf, von Bellwitz, Czernhaus, von Gersdorf, Rodowitz, Metzerode, Büchler, Millendorf; von vielen sind die Innschriften nicht mehr lesbar. Zu Wiese sind eingpf.: — 9. Bunzendorf, ¼ St. s. von Wiese, an der Wittig, hat 35 H. mit 223 E. Hier ist 1 zum Theile zerstückelter Mhf. mit Schäf., 1 Mhl. mit Brettsäge. Der Ort hieß früher Budiansdorf, (oder Putiansdorf,) und gehörte als Lehen den Herren von Puteani, von welchen es an Friedland verkauft wurde. — 10. Philippsthal, D., ¾ St. s. von Wiese, an einem kleinen Bache, hat 16 H. mit 76 E. — 11. Engelsdorf, ¾ St. sw. von Wiese, hat 84 H. mit 552 E. Hier ist 1 Kirche zur heil. Anna, 1781 statt der früher von Holz erbauten errichtet, mit einem Altarblatte von Donat; sie ist der Pfarrkirche zu Wiese als Filiale zugetheilt; 1 Schule, und 1 hftl. Mhf. mit Schäf. Nicht weit von hier auf der Gränze ist der Lohnberg. — 12. Zahne, D. von 32 H. mit 155 E., ¼ St. s. vom vorigen; der hart an der Gränze liegende Ort ist nach Engelsdorf eingpf. und eingeschult; hier ist 1 Mhl. — 13. Lautsche, D. von 33 H. mit 251 E., liegt ¼ St. sö. von Engelsdorf, wohin es zur Kirche und Schule zugetheilt ist. Am Jäkelsberge zwischen Lautsche und Zahne, sind Spuren eines Schloßgebäudes. — 14. Ebersdorf, ½ St. ö. von Wiese und 2½ St. n. von Friedland, an der Hauptstraße, ist von der preußischen Stadt Seidenberg bloß durch den Katzbach, oder das Höllenwasser, getrennt, hat 80 H. mit 455 E., ist nach Wiese eingepf. und die hiesigen Protestanten sind zur Seelsorge nach Seidenberg zugetheilt; hier ist 1 k. k. Gränzzollamt, 1 Lehngericht mit 1 Branntweinbrennerei, 1 Mhl. Ebersdorf war vordem ein Lehngut von Friedland; die letzten Besitzer, die Herren von Rodowitz, verkauften das Lehen an den Grafen Wenzel Gallas im J. 1712. Es werden hier an gleichen Tagen mit Seidenberg Jahrmärkte gehalten. — 15. Göhe, D., 1 St. ö. von Wiese, ebenfalls hart an der Gränze, hat 49 H. mit 270 E., zum Theile Protestanten, eine Schule, in welcher die Kinder beider Religionsverwandten gemeinschaftlich unterrichtet werden, 1 Mhl. und Brettß.; die hiesigen Protestanten sind nach Seidenberg eingepf. — 16. Tschernhausen (Černaus), D. von 41 H. mit 253 E., ½ St. sö. von Wiese, wohin es eingepf. ist. Hier ist 1 hftl. Lustschloß mit einer 1792 erbauten Schloßkapelle, zum heil. Johann von Nepomuk, 1 hftl. Mhf., 1 Mhl. und Schäf. Früher war dies ein Lehngut von Friedland, welches die Herren von Lernaus, dann die Herren von Speth besaßen; im J. 1664 wurde es eingekauft. Zu Zschernhausen gehören die einschichtigen Zimpelhäuser, 15 an der Zahl, 1/4 St. s. vom Orte, unfern dem Steinberge. — 17. Nieder-Berzdorf, 2 St. n. von Friedland, liegt an einem Bache und hat 48 H. mit 284 E., eine Kirche zum heil. Jodokus, welche im J. 1346 als zur Meißner Diözöse gehörig vorkommt; gegenwärtig ist sie Filiale von Wiese; sie besitzt ein merkwürdiges Altarblatt, wahrscheinlich von Carlo Maratti gemalt, ein Geschenk des Grafen Gallas; 1 Schule; hier ist ferner 1 hftl. Mhf., eine Schäf. und 1 Mhl. — 18. Ober-Berzdorf, hangt mit dem vorigen zusammen und bildete mit ihm früher eine Ortschaft, Berzdorf, welches vordem ein Friedländer Lehngut war, und 1689 vom Grafen Franz Gallas eingekauft wurde. Ober-Berzdorf hat 94 H. mit 627 E., hieher gehört das einschichtige hftl. Jägerh. Hainhaus, hart an der Gränze, die einschichtige Flarrschänke und 1 Mhl. — 19. Neu-Berzdorf, hat 50 H. mit 393 E., wurde 1782 auf einem Theile der emph. Berzdorfer Mhfsgründe errichtet; südl. von hier ist der Loderberg. — 20. Bullendorf, auch Nieder-Bullendorf genannt, 1 Meile n. von Friedland, längs dem Bullendorfer Bache, an mäßigen Anhöhen erbaut, hat 192 H. mit 1112 E. Hier ist 1 Kirche zum heil. Erzengel Michael, welche schon 1346 zur Meißner Diözös einverleibt vorkommt; bis zum J. 1741 war sie als Filiale zur Pfarre in Wiese zugetheilt, wurde dann durch den Grafen Philipp Gallas zur Pfarre erhoben, und mit einem Pfarrer besetzt; 1 Schule, beide unter hftl. Patronate, 1 hftl. Mhf. mit Schäf., und 1 Mhl. Hieher gehört auch das sogenannte Judithengut, vordem ein Lehnhof, der zur Hft. eingekauft und vertheilt wurde. — 21. Arnsdorf, w. am vorigen, an der Hauptstraße und am Bullendorfer, hier Arnsdorfer Bache, in einem freundlichen Thale, hat 108 H. mit 597 E. Hier ist 1 schöne Kirche zur heil. Maria Magdalena, 1738 vom Grafen Philipp Gallas erbaut, bis 1741 Filiale von Wiese, dann aber als Filialkirche zur Pfarre zu Bullendorf zugetheilt, 1 Schule, beide unter hftl. Patronate, 1 hftl. Mhf. mit Schäf. 1 Mhl. Arnsdorf war vordem ein Lehngut und wurde 1736 vom letzten Besitzer Heinrich von Unwürde an den Grafen Philipp Gallas verkauft. — 22. Nieder-Ullersdorf, 2 1/2 St. nnö. von Friedland, an der preußischen Gränze, hat 77 H. mit 488 E., 1 Kirche zum h. Martin B., mit einem schönen Altarblatte von Leubner, ist als Filialkirche zur Pfarre zu Bullendorf zugetheilt; bis 1741 war sie Filiale von Wiese, 1 Schule, beide unter hftl. Patronate; dann ist hier 1 hftl. Mhf. und Schäf., 2 Jägerh., 2 Mhl. und 1 Brettsäge. Der Ort war früher ein Lehngut, im XVI. und Anfangs des XVII. Jahrh. im Besitze der Edlen von Eberhard auf Ullersdorf, von welchen mehre Grabsteine, gegenwärtig in der Todtenkapelle aufbewahrt, vorhanden sind. — 23. Schönwald, D., 1 St. nö. von Friedland am Rasnitzbache, in einem seichten Thale, erstreckt sich gegen 1 St. in die Länge, hat 151 H. mit 776 E. Hier ist 1 Kirche zur heil. Helena, welche schon 1346 als zur Meißner Diözös gehörend vorkommt, 1764 neu erbaut wurde, früher Filiale von Friedland war, und 1778 mit einem Lokalseelsorger besetzt wurde, für welchen das Lokaliegebäude von den E. aus eigenen Mitteln erbaut wurde; 1 Schule; Kirche und Schule unter hftl. Patronate, 2 Mhl., 1 Brettf. und am w. Ende des D. 1 hftl. Fasangarten, von welchem eine Allee zum Friedländer Mhf. führt. Die Einw. haben beträchtliche Waldung und treiben zum Theile Holzhandel. Im 30jähr. Kriege wurde die Kirche und der Ort geplündert, mehrere E. von ihren Besitzungen verjagt. Hieher ist eingpf. und eingeschult: — 24. Räckersdorf, hat 211 H. und 1096 E., liegt s. an Schönwald am Ratnitzbache, an welchem hier 3 Mhl. und 1 Brettsäge sich befinden. — 25. Heinersdorf (Heinrichsdorf), $2^{1}/_{2}$ St. onö. von Friedland, hat 187 H. mit 1009 E., liegt unfern der preußischen Gränze, an einem kleinen Bache, in einer waldigen, etwas bergigen Gegend. Hier ist eine Kirche zur h. Dreifaltigkeit, 1715 vom Grafen Philipp Gallas erweitert, und 1774 mit einem Pfarradministrator besetzt, 1 Schule, beide unter hftl. Patronate, 2 Mhl. und 1 Brettsäge; dann ist hier 1 k. k. Gränzzollamt. Auf dem Wege von hier nach Dittersbächel sieht man die wenigen Ruinen der ehemaligen St. Jakobskirche, welche von den Hussiten zerstört wurde. Zur Heinersdorfer Kirche sind eingpf.: — 26. Wünschendorf, $^{1}/_{2}$ St. n. vom vorigen, an der preußischen Gränze, hat 139 H. mit 699 E.; hier ist 1 Schule, 2 Mhl. und 1 Brettsäge. NW. vom D. ist der s. g. Weiße Stein, eine Gruppe von Quarzfelsen, welche sich bis über die Gränze Böhmens fortzieht. — 27. Dittersbächel, $^{1}/_{4}$ St. sö. von Heinersdorf, an einem kleinen Bache, hart an der Gränze, in einer etwas bergigen Gegend, hat 68 H. mit 375 E., 1 Mhl. — 28. Neustadtel, (auch Böhmisch-Neustadtel und Friedländer-Neustadtel genannt), Berg- und Schutzstadt, $2^{1}/_{2}$ St. ö. von Friedland, am Fuße des Isergebirges, in einer Thalgegend, an dem unfern von hier entspringenden Lunz- oder Lomnitzbache, 1 St. von Wiegandsthal im Preußischen, hat 379 H. mit 2430 E. Hier ist eine Pfarrkirche zur heil. Katharina, 1607 von Katharina von Rädern errichtet, 1683 vom Grafen Ferdinand Gallas mit einem katholischen Pfarrer besetzt, vom gegenwärtigen Herrschaftsbesitzer, dem Grafen Christian von Clam-Gallas aber ganz neu und schön erbaut, und mit Gemälden von Führich und Quaisser beschenkt; dann 1 Schule, beide unter hftl. Patronate. Die Stadt besitzt das Rathhaus und 1 Branntweinbrennerei; die Häuser sind, wie in den meisten Gebirgsstädten, meist von Holz, die Gassen aber sehr regelmäßig angelegt. Nebst etwas Ackerbau und Viehzucht sind Gewerbe und etwas Handel die vorzüglichsten Nahrungszweige. Vom Gewerbsstande finden sich 8 Bäcker, 7 Fleischhauer, 1 Zimmermann, 2 Maurer, 2 Feilenhauer, 13 Schlosser, Schmiedte und Sägenschmiedte, 8 Schneider, 9 Schuhmacher, 4 Tischler, 1 Sattler, 1 Riemer, 3 Wagner, 3 Lohgärber, 1 Glaser, 6 Gürtler, 2 Müller, zusammen 70 zünftige Meister mit 38 Gef. und 6 Lehrl.; ferner 1 Branntweinbrenner, 4 Bier- und Branntweinschänker, 1 Weinschänker, 1 Griesler, 1 Höckler, 2 Kattun- und Tücheldrucker, 1 Seiler, 1 Porzelanmaler, 103 Kattun- und Leinweber, zusammen 115 Gewerbsbefugte mit 219 Gef. und 122 Lehrlingen von unzünftigen Gewerben. Vom Handel nähren sich 3 gemischte Waarenhändler, 13 Hausirer und einige Holzhändler. Im hiesigen Gebirge, am Rappoldsberge, wird seit vielen Jahren ein fruchtloser Hoffnungsbau auf Zinn, durch einen Steiger und einen Häuer, betrieben; auch wurde am Kupferberge früher ein Bergbau auf einem Lager von Kupferkies mit Magnetkies und Arsenikkies gemengt, versucht, aus Mangel an Ergiebigkeit aber wieder aufgelassen. Die hiesigen 3 Jahrmärkte sind ohne Bedeutung, und die bewilligten Wochenmärkte werden nicht besucht. Das Armeninstituts-Vermögen besteht in 286 fl. 19 kr. W. W., die jährliche Einnahme in 201 fl. 48 kr. W. W.; es unterstützt 12 Arme. Die Stadt wurde von Melchior Freiherrn von Rädern 1584 angelegt, brannte 1653 bis auf wenige H., und 1757 bis auf 111 H., 1804 und 1818 ein bedeutender Theil der Stadt ab. In der Nähe der Stadt auf der Gränze zwischen preuß. Wiegandsthal finden sich noch Spuren von den im 30jähr. Kriege zerstörten Orte Schickewald. Zur hiesigen Kirche sind eingpf.: — 29. Bernsdorf (Bärnsdorf, Bernhardsdorf), 3/4 St. nw. von Neustädtel, am Rasnitzbache, in einem Thale zwischen dem Hutberge, dem Hummerich und Damerichberge (unbedeutende Anhöhen), hat 173 H. mit 893 E. Hier ist 1 Filialkirche zu Mariä-Empfängniß, 1 Schule, 1 hschftl. Jägerh. und 2 Mhl. — 30. Hegewald, 1/4 St. nw. von Neustädtel, früher ein einschichtiger Mhf., von welchem ein Theil der Gründe im J. 1787 vertheilt wurde, und auf welchen das Dsch., auch die Neuhäuser genannt, entstand, hat 37 H. mit 175 E. Hier befindet sich 1 hftl. Mhf., 1 Jägerh., 1 Mhl. und 1 Leinwandbleiche. — 31. Lusdorf (Lustorf, sonst Ludwigsdorf), 1/2 St. sw. von Neustädtel, an einem kleinen Bache, welcher in den Lunzbach fällt, hat 174 H. mit 1008 E., 1 Filialkirche zu St. Peter und Paul, welche schon 1346 vorhanden war, 1 Schule, beide unter hftl. Patronate, 2 Mhl. und 1 Brettsäge. 1/4 St. von hier, am Fuße des Kupferberges, findet sich im Walde ein stark quellendes, angenehm säuerlich schmeckendes, eisenhaltiges Mineralwasser, welches zwar gefaßt, aber nicht näher untersucht ist, obwohl es sich zu Versendungen eignen dürfte. Zu Lustorf gehören 31 H. von der s. g. Ueberschaar, 1/4 St. s. vom Orte, etwas zerstreut liegend. — 32. Haindorf, 2 St. sö. von Friedland, am Fuße des Isergebirges, an der Wittig, in einer schönen Gebirgsgegend, hat 203 H. mit 1358 E. Hier ist eine berühmte Wallfahrtskirche zu Mariä-Heimsuchung, von Philipp Joseph Grafen von Gallas, und seiner Mutter Emerenziana, geb. Gräfinn von Gaschin, im J. 1722 durch den berühmten Baumeister Fischer von Erlach, groß und schön in Form eines Kreuzes erbaut, 100 Ellen lang, 70 Ellen breit, mit 2 Thürmen und 6 Kapellen, mit einem Kreuzgange umgeben; dabei ein Franziskaner-Kloster, vom Grafen Franz Ferdinand von Gallas 1691 gestiftet. Eine breite hochstämmige Lindenallee führt durch das D. zur Kirche. Früher war hier bei dem Gnadenbilde, Maria formosa genannt, bloß eine, von Bernard von Biberstein, Herrn auf Hutberg und Bernstadt, im XIII. Jahrh. erbaute Kapelle. Das Kloster und die Kirche brannten im J. 1762 fast gänzlich ab, wurden aber von Johann Christoph von Clam, Administrator der Herrschaften, wieder hergestellt. Im J. 1786 wurde die Kirche zu einer Pfarrkirche erhoben, bis dahin war sie Filiale von Raspenau, und die zur Seelsorge bestimmten Priester, 1 Pfarrer und 2 Kooperatoren aus dem Franziskanerorden, mit Beibehaltung ihrer Ordenskleider in die neuerbaute Pfarrei eingeführt. In der ehemaligen Marienkapelle ist die Familiengruft der Grafen Gallas und der jetzigen Besitzer Grafen von Clam-Gallas. Im D. ist 1 Schule, 1 hftl. Jägerh., 1 Mhl. und 2 Bretts., dann 2 gut eingerichtete Gasth. Der schönen Lage und Gegend wegen wird es von den Badegästen des nahe gelegenen Liebwerda stark besucht, und an Wallfahrtstagen strömen Menschen von Nahe und Ferne, auch aus Schlesien und Sachsen herbei, um hier ihre Andacht zu verrichten. Zu Haindorf sind eingepf.: — 33. Weißbach, D., 2 1/2 St. sö. von Friedland, am Isergebirge und der von demselben herabeilenden Wittig, hat 241 H. mit 155 E. Hier ist 1 Kapelle, 1 Schule, 1 Mhl. und 3 Bretsägen. Hieher gehört das einschichtige Jägerh. Hinterborn, 1/4 St. s. von Weißbach, dann das Wittigh. 1 St., das Börnelh. 1 1/4 St. und das Paulh. 1 1/2 St. von hier entfernt, einsam auf dem Gebirge liegende Wohnungen mit Alpenwirthschaften. Die Einw. nähren sich hier größtentheils von Verfertigung verschiedener Holzgeräthe und treiben damit bedeutenden Handel. — 34. Ferdinandsthal, 1/4 St. sö. von Haindorf, im Gebirge, an der Stolpige, hat 44 H. mit 419 E. Hier ist 1 Papiermühl. Das D. wurde im J. 1783 auf einem ganz wüsten hftl. Grunde angelegt. — 35. Liebwerda (Elwerde), D. von 123 H mit 704 E., liegt an einem kleinen Bache gleiches Namens, der unweit von hier in die schäumende Wittig fällt, in einem anmuthigen, durch treffliche Gartenanlagen und Spaziergänge verschönerten Thale, 2 St. von Friedland osö., hat 1 1820 neu erbaute Schule, 2 Mhl. und 1 Brettsäge. Liebwerda ist ein berühmter Brunnen- und Badeort, welcher zwar nicht unter die weltberühmten Kurorte ersten Ranges in Böhmen gehört, doch hinsichtlich seines Rufes im Inlande und in den beiden Nachbarländern, hinsichtlich seiner Besuchtheit und seiner trefflichen Einrichtungen sich unmittelbar an jene anschließt, und gleichen Rang mit den berühmtern übrigen, auf der Nordseite der Sudeten liegenden, behauptet, die meisten derselben aber übertrifft. Es verdient diesen Ruf sowohl wegen der Beschaffenheit und des Gehaltes der Quellen, und ihrer bewährten Heilkräfte, sowohl bei innerlichem als äußerlichem Gebrauche, als auch der trefflichen Anstalten für die Bequemlichkeit und das Vergnügen der Kurgäste, und für die Verschönerung der schon von Natur ungemein reizenden Gegend, welche theils weiland Graf Christoph von Clam-Gallas, theils dessen Sohn, der menschenfreundliche und edelherzige gegenwärtige Besitzer der Hft., hier geschaffen haben. Das Thal von Liebwerda verläuft sich ö. bis an den bewaldeten Fuß des Isergebirges, und mündet w. in das Wittigthal, ist gegen Mittag durch einen niedrigen Hügelrücken, über welche eine Allee nach Haindorf führt, und n. durch den Klötzerbusch und den Eichberg geschlossen. Mehre Punkte auf dem Rücken dieser, mit mannichfaltigen Anlagen und Spaziergängen bedeckten Gehänge, gewähren höchst malerische Ansichten des unfern in S. steil aufsteigenden hohen Isergebirges, und treffliche Aussichten, nicht nur über das Hügelland der Hft. Friedland und das anmuthige Wittigthal, sondern auch in die benachbarte Lausitz, in die Gegend von Zittau, Herrnhut, Görlitz bis zur Landskrone. Die Quellen entspringen am Fuße des n. Thalgehänges aus Gneus, und obwohl Reuß in seiner „Mineralogischen Geographie des Bunzlauer Kreises" dafür hält, daß diese Quellen nicht aus dieser Urfelsart, sondern aus den darauf gelagerten Flötzlagen kommen, so widerlegt sich diese Meinung hinreichend durch den Umstand, daß dergleichen jüngere Flötzlagen, als dem Gneuße aufgelagerte Gebirgsformationen, hier nirgends vorhanden sind, das aufgeschwemmte Land ausgenommen, welches zum Theile aus der Zerstörung des leicht verwitterbaren Gneußes selbst gebildet und aus losen Gesteinen, Grus, Sand und Gerölle besteht, welche sich hie und da in nicht großer Mächtigkeit, aber eben nicht viel in der Nachbarschaft der Quellen vorfinden. Liebwerda's Heilquellen waren schon in alten Zeiten bekannt, doch geriethen sie, wahrscheinlich durch die häufigen Landesunruhen, wieder in Vergessenheit; Kaspar Schwenkfeld rühmte sie in seinem 1600 herausgekommenen Werke: Stirpium et fossilium Silesiae Catalogus etc. als ein liebliches Mineralwasser von vortrefflichen Wirkungen, dessen sich August, Churfürst in Sachsen, mit trefflichem Erfolge bedient hatte. Christian Philipp Graf von Clam-Gallas ließ die Brunnen reinigen und fassen, und durch den Dr. Jos. Heinr. Bauer, Physikus in Prag, untersuchen. Im J. 1786 gab Dr. Joh. Mayer, Mitglied der kgl. Gesellschaft der Wissenschaften zu Prag, eine Beschreibung davon heraus. Im J. 1810 ließ der gegenwärtige Herrschaftsbesitzer durch den berühmten böhm. Hydrographen, den Bergrath Dr. Fr. A. Reuß, die Quellen neuerdings chemisch untersuchen, und da die Heilkräfte der Brunnen bewährt gefunden wurden, so wurde nebst den schon früher bestandenen Trinkanstalten auch ein Badeh. für Männer mit 8 Bädern und eines für Frauen mit 9 Bädern errichtet, und die Umgebungen durch Gartenanlagen, Alleen, Spaziergänge mit verschiedenen Ruheplätzen verschönert. Eigentlich sind 4 Brunnen, welche für den Gebrauch gefaßt sind, der Christiansbrunnen, der Josephinenbrunnen, der Wilhelmsbrunnen, diese sind Säuerlinge, welche zum Trinken dienen, dann der Stahlbrunnen, die berühmteste und wassereichste unter diesen Quellen, welche in 24 St. 669 Kubikfuß Wasser giebt, und sowohl zum Trinken als auch zum Baden verwendet wird. Sowohl die Säuerlinge, als der Stahlbrunnen werden auch in Flaschen gefüllt versendet. Der Gehalt der Quellen besteht nach den Untersuchungen von Reuß, in etwas Extraktivstoff, kohlensaurem Natron, schwefelsaurem Natron, Kochsalz, kohlensaurer Talkerde, kohlensaurer und schwefelsaurer Kalkerde, und Eisenoxyd, an welchem letztern der Stahlbrunnen sich vorzüglich reich, und in seiner Zusammensetzung wie in seinen Wirkungen ganz ähnlich dem Spaawasser zeigt; der Gehalt an kohlensaurem Gas ist bei dem Christiansbrunnen 108 p. C., beim Josephinenbrunnen 18,72 p. C., beim Wilhelmsbrunnen 83,68 p. C. und beim Stahlbrunnen 100 p. C. dem Volumen nach. Die Temperatur der Quellen ist zwischen 8 und 9 Grad Reaumur, bei dem Gebrauche zu Bädern muß daher das Wasser gewärmt werden. Nebst den Badeh. befindet sich hier 1 hftl. Schloß, 1 schönes trefflich eingerichtetes Traiteurh., und mehre, auf hftl. Kosten errichtete Gebäude zur bequemen Unterkunft der Kurgäste. Zum D. Liebwerda gehören auch 2 einschichtige H., auf der Ueberschaar genannt, $3/4$ St. entfernt. — 36. Mildeneiche, D. von 41 H. mit 252 E., liegt im Thale am rechten Ufer der Wittig, $1 1/2$ St. von Friedland, erstreckt sich bis gegen Haindorf, hier ist 1 Mhl. und 1 Brettf. Das D. ist eingpf. und eingeschult nach — 37. Raspenau, D. von 229 H. mit 1415 E., erstreckt sich von seinem w. Ende, unfern dem Friedländer Schloßbezirke, längs dem linken Ufer der Wittig auf $1 1/2$ St. in die Länge. Von den H. sind 38 auf dem 1787 emph. hftl. Mhf. erbaut. Hier ist 1 alte Kirche zu Mariä-Himmelfahrt, welche schon 1346 als dem Meißner Sprengel einverleibt erscheint. Nach Wiedereinführung der kath. Religion wurde sie als Filiale der Dechanteikirche in Friedland zugetheilt, und im J. 1726 wieder zur Pfarre erhoben (sie besitzt 1 schönes Gemälde von Führich), 1 Schule, beide unter hftl. Patronate. Die hiesigen Kalksteinbrüche, am Kalkberge, liefern seit Jahrh. Kalkstein für die ganze Herrschaft, und schönen weißen grüngefleckten Marmor, der hier auch verarbeitet wird; es sind hier 2 hftl. und 5, den Unterthanen gehörige, Kalköfen. Vordem bestand hier ein Eisenwerk, welches besonders stark unter dem Herzoge von Friedland, Albrecht von Waldstein, betrieben wurde, der hier Munition und andere Kriegsbedürfnisse, und das Eisen für den Bau seiner Paläste in Prag und Gitschin verfertigen ließ; das hiesige Wirthsh. führt noch davon den Namen Hammerschänke. Viele Einwohner nähren sich durch Weberei, auch sind hier 2 Brettf. und 1 hftl. Jägerh. — 38. Mildenau, D. von 169 H. mit 1039 E., Raspenau gegenüber am rechten Ufer der Wittig; die untern 25 H., vom Einflusse des Lomnitzbaches, sind nach Friedland, die übrigen nach Raspenau eingepf. Hier sind 2 Mhl., wovon die eine am Lomnitzbache die Lunzm. genannt wird. — 39. Karolinthal, D. von 65 H. mit 445 E., $1 1/2$ St. s. von Friedland, am Telkebache, in einem flachen Thale zwischen dem Eichberge und dem hohen Hahne. Hier war früher 1 hftl. Mhf. mit 6 H., die Hölle genannt; durch Emph. desselben im J. 1787 entstand dieses Dorf, welches zu Ehren der Gräfinn Karoline von Clam-Gallas benannt wurde. Die Einw. treiben zum Theile Weberei; der Ort ist nach Raspenau eingpf. — 40. Dittersbach, 1 St. s. von Friedland, am Gebirge, am sogenannten Mordwasser und Erlenwasser, hat 174 H. mit 934 E. welche sich großentheils durch Weberei nähren. Hier ist 1 alte Kirche, nach dem Friedländer Urbarium bereits 1409 vorhanden, bis 1786 Filiale von Friedland, seit dem zur Lokalie erhoben, 1 1820 neuerbaute Schule, beide unter hftl. Patronate, 1 Mhl. und Brettſ. Hieher sind eingepf.: — 41. Hermsdorf, 1 St. sw. von Friedland, an der äußersten Landesgränze, an das sächsische D. Markersdorf anstoßend, am Kyprabache, hat 111 H. mit 538 E., 1 Schule, 3 Mhl., 1 hftl. Jägerh. und 1 Brettſ. Viele Einw. nähren sich durch Lohnweberei. — 42 Christiansau, D., $1/4$ St. sw. von Dittersbach, hat 73 H. mit 395 E., ist auf dem 1780 zergliederten Hermsdorfer Mhf. erbaut. — 43. Olbersdorf, gewöhnlich Wüst-Ullersdorf, in frühern Zeiten Albrechtsdorf, hat 80 H. mit 478 E., liegt im Gebirge am Scheibebache, $1^1/_2$ St. s. von Friedland, an das zur Hft. Reichenberg gehörige Dorf Mühlscheibe anstoßend, hat eine, 1820 neu erbaute, Schule. Das Hauptgewerbe der Einw. ist Lohnweberei. — 44. Hohenwald, D., am Hochwalde, ganz nahe an der sächsischen Gränze, 2 St. ssw. von Friedland, nach Schaller von den Preußen angelegt, als sie 1745 im Winter von kaiserlichen und sächsischen Truppen hier eingeschränkt waren, hat 31 H. mit 185 E., ist nach Ober-Wittig auf der Hft. Reichenberg eingepf. und eingeschult. Hier ist 1 Windmhl.; die Hauptbeschäftigung der Einw. ist Lohnweberei. — 45. Einsiedel, D. von 138 H. mit 941 E., liegt 3 St. s. von Friedland, im Gebirge, am Görsbache. Die hiesige Kirche bestand schon vor der Reformation, dann wurde sie als Filiale zu Friedland, und 1674 zu Wittig zugetheilt; im J. 1739 wurde sie neu von Stein erbaut und 1766 zur Pfarre erhoben; auch ist hier 1 Schule; beides unter hftl. Patronate, und 1 Mhl. Die Einw. nähren sich, so wie die der übrigen Gebirgsd., von Spinnerei, Lohnweberei, Taglohn und Holzfällen. Zu Einsiedel sind eingepf. und eingeschult: — 46. Busch-Ullersdorf, nö. an voriges anstoßend, von Bergen und Waldung umgeben, hat 103 H. mit 840 E., 1 Mhl., 4 Bleichen und 4 Brettſ. — 47. Philippsgrund, D., 1 St. no. von Einsiedel an das vorige anstoßend, hat 31 H. mit 232 E. Hier ist 1 hftl. Jägerh. — 48. Philippsberg, D., $1/2$ St. nw. von Einsiedl, am sogenannten Scheidebache, hat 36 H. mit 230 E. — 49. Iser oder Buchberg, gegenwärtig auch Wilhelmshöhe genannt, 21 zerstreute H. mit 134 E., 6 St. sö. von Friedland auf der sogenannten Iserwiese und am Fuße des Keulichten Buchberges im hohen Gebirge liegend. Die Einw. leben von Holzfällen und von Viehzucht ohne Ackerbau, dessen Produkte sie von Pollaun und Přichowitz 2 bis 3 St. entfernt herbeischaffen müssen. Ihre Wohnungen heißen auch Bauden oder die Iserh., und wahrscheinlich ist eine derselben die von Schaller unter dem Namen Baude Ling Elis angeführte, welche seitdem ihren Namen und Besitzer geändert hat. Hier ist 1 hftl. Jägerh. Früher gehörte der Ort ins Gericht nach Weißbach, eingepf. ist er nach Pollaun, auf der Hft. Semil. Seit Kurzem ist hier 1 Glash. errichtet worden (Firma Franz Riedel), in welcher Hohlglas und Lustersteine erzeugt werden.

*) Fideicommiß=Herrschaft Morchenstern.

Der gegenwärtige Besitzer der Herrschaft Morchenstern ist Joseph Graf Desfours=Walderode, welcher nach dem Absterben des letzten Besitzers, Franz Anton Grafen Desfours zu Mont und Athienville die Majoratsherrschaften antrat. Die ältern Besitzer dieser Herrschaft sind nicht bekannt. In der Mitte des XVII. Jahrhunderts kommen zuerst die Grafen Desfours zu Mont und Athienville als Besitzer vor. Früher gehörte dieser ganze Herrschaftsbezirk zu der südlich angränzenden Herrschaft Semil, und war nur wenig bewohnt; erst späterhin wurden die Waldungen dieser rauhen Gebirgsgegend gelichtet und Ortschaften angelegt. Die erste Veranlassung zur Entstehung derselben gaben wahrscheinlich die in den Waldungen errichteten Glashütten. In der Urkunde, wodurch Graf Albrecht Maximilian Desfours im J. 1678 die Herrschaft Groß=Rohosetz zum Fideicommiß erhob, erscheint als Bestandtheil desselben das von der Herrschaft Semil zur Herrschaft Rohosetz übertragene „Obergericht Morchenstern, Tannwald, Wiesenthal, Neudorf, Johannesberg, dann die in dem Bezirke dieses Obergerichts neuerbauten zwei Dörfer Georgenthal und Albrechtsdorf." Auch wird noch in der kön. Landtafel Groß=Rohosetz und Morgenstern als ein Ganzes aufgeführt. (S. Landtäfl. Hauptb. Lit. G. Tom. VII. Fol. 61).

Die Herrschaft Morchenstern liegt hoch an der südlichen Abdachung des Isergebirges, und gränzt gegen Norden an die Herrschaften Reichenberg und Friedland, gegen Osten an die Herrschaft Semil, gegen Süden an die Herrschaft Kleinskal, gegen Westen an dieselbe und an die Herrschaft Reichenberg; die Größe derselben beträgt 14406 Joch, oder beiläufig 1½ □Meile.

Nach dem Katastral=Zergliederungssummarium vom J. 1832 war die landwirthschaftliche Area:

	Dominicale.		Rusticale.		Zusammen.	
	Joch.	□Kl.	Joch.	□Kl.	Joch.	□Kl.
Ackerbare Felder . . .	314	462	1072	153	1386	615
Trischfelder	477	526	1231	303	1708	829
Wiesen	327	1557	846	311	1174	268
Hutweiden rc.	432	753	920	1340	1353	493
Waldungen	7426	1109	1251	1189	8677	698
Ueberhaupt	8977	1207	5322	96	14299	1303

Die Lage der Herrschaft ist ganz gebirgig, und unter den einzelnen Bergen, welche als ausgezeichnete Höhenpunkte hervorragen, sind hier der Schwarzbrunnenberg, dessen mittlerer Theil mit dem Abhange gegen Mitternacht hauptsächlich hieher gehört, und auch der Morgenstern genannt wird, der Spitzige Berg, der Bramberg oder Braunberg, der Finkenstein, der Balzerstein und der Binerberg anzuführen. Im nördlichen Theile der Herr=

schaft hangen die Berge mit den hohen langgezogenen Rücken des Isergebirges auf den Herrschaften Reichenberg, Friedland und Semil zusammen, und führen keine besondern Namen. Die höchsten Punkte des hieher gehörigen Gebirgstheiles dürften die Höhe von 400 Wiener Klafter erreichen, einige auch übersteigen, und die tiefsten Punkte der Thäler über 200 Klafter Seehöhe haben.

Keine andere Felsart als Granit kommt in diesem Gebirgsbezirke vor.

Die Gewässer der Herrschaft sind: 1. Der Kamenitzbach; er entspringt auf dem zur Herrschaft Reichenberg gehörigen Theile des Isergebirges, am Schwarzen Berge, fließt südwärts auf hierherrschaftlichem Gebiete durch die Orte Antoniwald, Georgenthal und Tannwald, und nimmt auf diesem Wege eine Menge kleiner unbenannter Gebirgsbäche, und bei Antoniwald 2. den Tonnenbach, oder das Thonwasser auf, welches am Sieghübelberge auf der Herrschaft Friedland entspringt; 3. der Weiße Deschen und 4. der Schwarze Deschen entspringen beide im hohen Gebirge auf der Herrschaft Friedland, und fließen ebenfalls südwärts, vereinigen sich bei Tiefenbach, und heißen dann der Deschen oder die Desse, welche etwas weiter südlich auf der Herrschaft Semil in den Kamenitzbach fällt. Diese sämmtlichen Gewässer gehören zum Flußgebiete der Elbe. Nahe an der Gränze der Hft. Kleinskal, zwischen Neudorf und Morchenstern, entspringt 5. die Neisse, welche aber bald nach ihrem Ursprunge auf das benachbarte Dominium tritt; diese gehört bekanntlich zum Flußgebiete der Oder, so wie 7. der Lautschneibach, der durch das hier herrschaftliche Dorf Johannesberg fließt (Siehe Hft. Reichenberg). Die beiden Dessen und der Kamenitzbach werden zum Holzflößen benützt. Teiche sind keine auf der Herrschaft, und außer der Forelle kommen in diesen harten Gebirgswässern keine andern Fische vor.

Die Waldungen der Herrschaft betragen im Ausmaße fast die Hälfte des Flächeninhalts, nämlich 7147 Joch 662 □Klafter; sie sind mit Fichten, Tannen und Buchen bestanden, und in vier Reviere eingetheilt. Das jährlich geschlagene Holz wird mit 3814 Klafter weichen und 533 Klafter harten Holzes angegeben, welches meist auf dem Dominium selbst abgesetzt wird. Der Wildstand ist nicht ansehnlich; der strenge Winter, welcher meist sehr lange dauert und meistens durch sehr tiefen Schnee ausgezeichnet ist, hindert dessen Vermehrung; man findet daher bloß etwas Hochwild und Rehe. Von Federwild kommt hier das Auerhuhn vor. Die Vogelstellerei wird von den Unterthanen sehr stark und auf mannichfaltige Weise betrieben.

Der Ackergrund ist vorherrschend sandig, aus aufgelöstem Granit bestehend, und wenig fruchtbar; von Getreide wird hier wenig Korn, etwas Hafer und Lein erbaut; das hauptsächlichste Erzeugniß des Landbaues sind die Erdäpfel, zugleich die Hauptnahrung der Gebirgsbewohner; Obstbäume gedeihen hier nicht wohl, doch werden in Gärten bei den Häusern Kirsch- und Pflaumenbäume angetroffen. Der Grund ist meist in kleine Theile zerstückt, und größere Besitzungen giebt es wenig; eine oder einige Kühe, zuweilen auch Ziegen bilden den Viehstand der kleinen Hauswirthschaften.

Der Viehstand aller Unterthanen des Dominiums war am 30. April 1833: 99 Pferde (Alte), und 1758 Stück Rindvieh (8 Zuchtstiere, 7 junge Stiere, 1528 Kühe, 111 Kalbinnen, 81 Zugochsen und 18 junge Ochsen).

Die vorzüglichste Nahrungsquelle der ungewöhnlich dichten Bevölkerung in dieser rauhen Gebirgsgegend sind Gewerbe, unter welchen die Glasschleiferei, das Glasperlen- und Korallenblasen und die fernere Bearbeitung dieser Artikel, so wie der Handel mit denselben den ersten Rang behaupten. Viele erwerben ihren kärglichen Unterhalt durch Flachsspinnerei, Holzfällen und Taglöhnerei. Die ämtliche Gewerbstabelle giebt folgende Uebersicht des Gewerbs- und Handelsstandes: 29 Bäcker, 18 Fleischer, 25 Müller, 15 Schuhmacher, 15 Schneider, 13 Schmiedte, 3 Schlosser, 5 Wagner, 1 Glaser, 5 Zimmerer, 14 Tischler, 2 Maurer, 5 Faßbinder, 1 Kaminfeger; zusammen 153 zünftige Meister, 63 Gesellen und 44 Lehrlinge. Wirthshäuser und Schänken sind 39 und Griesler 12. Von zünftigen Kommerzgewerben werden bloß 3 Rothgärber und ein Spengler aufgeführt. Die freien Kommerzgewerbe zählen 1 Glashütte mit 11 Glasmachern, welche Hohlglas von mannichfaltigen Farben, schwarzes Glas (Hyalith genannt), kleine Galanterieartikel, Compositions- und Lustersteine erzeugt; 1 Glascompositions-Fabrik, welche Glaskorallen und Perlen, und mannichfaltige kleine Galanterieartikel erzeugt; 8 Compositionsbrenner, welche bloß die rohe gefärbte Glasmasse schmelzen, und in Stangen und hohle Röhren formen; 14 Glas- und Compositionsdrucker (auch Quetscher genannt), welche mittelst metallener Formzangen die Compositions- und Lustersteine aus der weichen Glasmasse formen, 40 Perlenblaser, 1579 Glasschleifer, welche in, von Wasser getriebenen Werkstätten, Schleifmühlen genannt, arbeiten; in einer solchen Schleifmühle sind gewöhnlich 6 bis 15 Zeuge oder einzelne Werkstätten vorhanden, welche von dem Eigenthümer der Schleifmühle den Schleifern meist gegen Zins überlassen werden; es werden hier hauptsächlich Glaskorallen und Lustersteine, aber auch Hohlglas geschliffen; ferner sind hier 4 Glasschneider (Glasgravirer), 2 Glasvergolder, 270 Perlenanreiher, welche die fertigen Perlen auf Drath und auf Fäden ziehen, und ein Lusterbauer, in Allem 1923 Personen, welche sich durch Glasproduktion und Glasbearbeitung ernähren; die weiblichen Gehilfen und die Kinder, welche eine Menge Hilfsarbeiten dabei verrichten, ungerechnet.

Von Kommerzgewerben anderer Art sind hier: eine Baumwollspinnerei mit 350 Arbeitern, 8 Weber, 2 Wattenmacher, 1 Leinwandbleiche, 4 Porzellanmaler und ein Seifensieder. Vom Handelsstande giebt es hier 8 Glashändler, welche ins Ausland Geschäfte treiben, und 56, welche die hiesigen Produkte im Innlande verschleißen, 2 gemischte Waarenhandlungen, 18 Krämer und Hausirer, und 14 Märkte beziehende Handelsleute.

Das Sanitätspersonale der Herrschaft besteht aus 1 Arzte, 1 Chirurgen und 6 geprüften Hebammen. Die Armenunterstützungs-Anstalten wurden schon in früherer Zeit durch den Grafen Joseph

Desfours begründet; das Stammvermögen betrug mit Ende des Jahres 1831: 5274 fl. W. W., die jährlichen, durch Kapitalsinteressen, Lizitazionsprozente, Strafbeträge und andere Zuflüsse erhaltene Einnahme betrug 736 fl. $58\frac{1}{2}$ kr. W. W.

Die Landstraßen, welche die Herrschaft mit den angränzenden verbinden, sind gut unterhalten, und ziemlich lebhaft ist die hier durchführende Straße aus Schlesien nach Reichenberg. Von Hauptstraßen führt keine hier durch; die nächste Post ist Reichenberg.

Die Anzahl der Einwohner ist 12188, welche in 16 Dörfern (zwei getheilte Ortschaften mit eingerechnet) mit 1984 Häusern wohnen. Seit dem J. 1788 hat sich die Volksmenge um 5345 vermehrt, und die der Häuser um 762. Die Sprache der Einwohner ist die teutsche; doch giebt es hier sehr viele, welche auch der böhmischen kundig sind, wie es auch der häufige Verkehr mit den benachbarten böhmischen Ortschaften erfordert. Die Religion ist durchaus katholisch, eine Judenfamilie ist in Morchenstern ansäßig.

Die Ortschaften sind folgende:

1. Morchenstern (auch Morgenstern, böhm. Smkowka), D., 6 Meilen nö. von Jung-Bunzlau, 2 Meilen osö. von Reichenberg, hat 471 H. mit 2550 E., liegt an einem Anfangs von N. nach S. laufenden, dann ö. sich wendenden Bache, in welchen sich mehre kleine Gewässer hier ergießen, und der am ö. Ende des Dfs. in den Kamenitz-Bach fällt. Der Lauf dieser Gewässer in den Thälern zwischen dem Schwarzbrunnenberge (hier der Morgenstern genannt) und dem Binerberge und Finkensteine, dann dem n. liegenden Buchberge, bestimmt meist die Lage der Häuser; doch sind auch viele an den Abhängen der genannten Berge erbaut. Das D. hat eine große Ausdehnung, und die einzelnen Abtheilungen führen besondere Namen, als: das Oberdorf, der Hof-Antheil, der Schleifergrund, der Lange Grund, der Hofberg, der Bettelgrund, die Wiese, die Kleinseite, Kleinpohlen, der Hirschwinkel; letzterer Theil ist am weitesten entfernt, und begreift die zerstreuten Häuser unter dem Kamme des Morgensternes am Waldrande. Im Oberdorfe ist die Kirche zum h. Erzengel Michael, unter hftl. Patronate, 1735 vom Grafen Nikolaus Desfours zuerst von Holz erbaut, 1749 zur Pfarrkirche erhoben, und vom Grafen Karl Jos. Desfours im J. 1766 groß und schön in Form eines Kreuzes von Stein erbaut, und mit dem Altarbilde und den Glocken aus der aufgehobenen Kirche zu St. Michael in Prag beschenkt. Die zur Zeit des Protestantismus bestandene Kirche, welche mit einem Pastor besetzt war, wurde wahrscheinlich im 30jährigen Kriege zerstört, und der Ort wurde dann nach Rabfel eingpf. Ferner ist hier 1 Schule mit einem Lehrer und 2 Gehilfen, und ein eignes Haus für einen eignen Katecheten, 1766 vom damaligen Pfarrer Franz Arzt errichtet und gestiftet. Im s. g. Hof-Antheile ist das hftl. Schloß, das Amth. mit den Kanzleien, das Bräuh. (auf 20 Faß), das Branntweinh.; am Buchberge ist 1 hftl. Jägerh.; dann sind hier 6 Mhl. und 33 Glasschleifmhl., viele Glas-Compositions- und Perlenarbeiter und Handelsleute mit Glaswaaren, wie auch eine gemischte Waarenhandlung und 5 Wirthsh. Die Landstraße von Flinsberg und Schreiberhau in Schlesien nach Reichenberg geht durch diesen lebhaften und wegen seiner Industrie merkwürdigen Ort. Nach Morchenstern sind eingpf.: — 2. Marsdorf, n. am vorigen, zwischen dem Buchberge und dem Bramberge, hat 178 H. mit 1097

W. Hier ist 1 Schule, 1 Mhl. und 8 Glasschleifmhl. — 3. Wiesenthal, D., $1/2$ St. nw. von Morchenstern, liegt zerstreut an einigen kleinen Bächen, die in die Neisse fließen, hat 272 H. mit 1670 E., 1 Schule, 6 Mhl., 23 Glasschleifmhl., und mehre andere Glas- und Perlenarbeiter und Handelsleute; die Landstraße nach Reichenberg führt durch diesen Ort, welcher in Ober- und Unter-Wiesenthal und Bramberg abgetheilt wird. — 4. Neudorf, $1/2$ St. sw. von Morchenstern, am Schwarzbrunnenberge, sehr zerstreut liegend, an mehren kleinen Bächen, die hier entspringen und in die Neisse fließen, hat 138 H. mit 752 E., 1 Schule mit einem Lehrer, der von den Einw. unterhalten wird, 1 Mhl., 4 Schleifmhl. Ein Theil des Ortes, 36 H. mit 216 E., Nieder-Neudorf genannt, gehört zur Hft. Klein-Skal und ist nach Gablonz eingepf. — 5. Tannwald (Tonnwald,) D., $1/2$ St. s. vom Amtsorte, im Thale am Kamenitzbache, hat 157 H. mit 955 E., 1 Filialkirche, zu St. Peter und Paul, 1788 von dem gewesenen Richter Friedrich auf eigene Kosten erbaut und dotirt, 1 Schule, 1 Mhl., dann 1 Baumwollenspinnerei (Firma Hölzel, Nedelhammer und Rieger), 10 Glasschleifmhl., 1 Leinwandbleiche. Ein Theil des Ortes ist nach Albrechtsdorf eingpf. — 6 Georgenthal, D., nö. von Morchenstern, fast an dasselbe anstoßend, am Kamenitzbache, hat 42 H. mit 269 E., 1 Schule, von dem durch mehre philologische Arbeiten bekannten Schriftsteller Ignaz Seibt gestiftet, 2 Mhl., 3 Glasschleifmhl. und 1 Wirthsh. — 7. Antoniwald, D., n. am vorigen, im Thale am Kamenitzbache, $1^1/_4$ St. nnö. vom Amtsorte, hat 67 H. mit 379 E. Hier ist 1 obrktl. Glash., dermalen unter der Firma des Pächters Franz Riebel, 10 Glasschleifmhl., mehre andere Glasarbeiter und Handelsleute, 1 Mhl., 1 hftl. Försterh., 2 Wirthsh. Der Ort ist theils nach Morchenstern, theils nach Albrechtsdorf eingepf.; die Kinder gehen theils nach Josephsthal, theils nach Albrechtsdorf in die Schule. — 8. Josephsthal, D., n am vorigen, im Thale am Kamenitzbache, $1^3/_4$ St vom Amtsorte, hat 71 H. mit 456 E., 1 Schule. Hier ist 1 Compositions-Glasperlen- und Lusterstein-Fabrik (Firma Karl Joseph Zenker), 10 Glasschleifmhl., mehre Glas- und Perlenarbeiter und Handelsleute, dann 1 Mhl. und 4 Wirthsh. — 9. Karlsberg, 2 St. n. von Morchenstern, an einem kleinen Bache, der in die Kamenitz fällt, hat 37 H. mit 229 E. Hier ist 1 Kapelle, 1 hftl. Jägerh., 3 Schleifmhl., 1 Mhl., 1 Wirthsh., und ein Badh. an einer Quelle, welcher Heilkräfte zugeschrieben werden, die aber nicht näher bekannt und bloß von den umliegenden Ortschaften besucht wird. Der Ort ist nach Johannesberg eingepf., und gehört auch ins dortige Gemeindegericht. — 10. Grafendorf, 2 St. nnw. von Morchenstern, an einem kleinen Bache, der bei Johannesberg in den Lautschneybach fließt, hat 28 H. mit 192 E., welche meist von Spinnerei und Tagarbeit leben; der Ort ist nach Johannesberg eingepf., und dem dortigen Gemeindegerichte zugetheilt. — 11. Johannesberg, D., 2 St. nw. von Morchenstern, am Lautschneybache, zwischen den hftl. Reichenberger Orten Friedrichswald und Gränzendorf, hat 177 H. mit 1162 E. Hier ist 1 Kirche zum heil. Joh. dem Täufer, 1681 von den Einw. von Holz errichtet, dann 1732 durch den Grafen Joseph Desfours als eine Administratur gestiftet, 1800 zur Pfarrkirche erhoben, und 1804 neu von Stein erbaut; 1 Schule, beide unter dem Patronate der Herrschaft, 3 Mhl., 9 Schleifmhl., und 1 Waarenhandlung. Der Ort wird in Ober- und Unter-Johannesberg eingetheilt. Nebst den vorgenannten beiden Ortschaften sind hieher auch die hftl. Reichenberger Orte Friedrichswald und ein Theil von Grän-

zendorf eingpf. — 12. Albrechtsdorf (auch Lichtenberg genannt), D., 1 St. nö. von Morchenstern, an einem kleinen Bache, der hier in den Kamenitzbach fällt, hat 116 H. mit 773 E. Hier ist 1 Kirche unter hftl. Patronate, im J. 1787 mit einem Lokalisten, und erst seit wenigen Jahren auch mit einem Cooperator, zu dessen Unterhaltung die Kirchkinder beitragen, aus dem Religionsfonds besetzt, 1 Schule, 1 hftl. Jägerh., 13 Schleifmhl. und 3 Wirthsh. Hieher sind nebst einem Theile von Tannwald und Antoniwald noch die folgenden Orte eingpf.: — 13. Brand, D., 1 St. ö. vom Amtsorte, an einem kleinen, in die Desse fließenden Bach, hat 52 H. mit 278 E. Hier ist 1 Mhl., 1 Schleifmhl. und 1 Wirthsh. — 14. Marienberg, D., 1¼ St. no. vom Amtsorte, hat 87 H. mit 547 E., liegt zerstreut an einigen kleinen Bächen, die in den Kamenitzbach fließen; hier sind 2 Schleifmhl. und 3 Wirthsh. Hieher gehört die ¾ St. n. liegende Fritzbaude, 3 H. am sogenannten Giftböffel. Die Ortschaft gehört ins Gericht nach Albrechtsdorf. — 15. Dessendorf, 1½ St. nö. an der Weißen Desse, hat 97 H. mit 637 E., 1 Schule, die durch einen Gehilfen von Albrechtsdorf versehen wird, 1 Mhl., 2 Glasschleifmhl. Das D. gehört ins Gericht nach Albrechtsdorf, und 1 Theil desselben führt den Namen Hinterwinkel. Hieher gehört auch die Einschichte Eule, 3 H. ½ St. entfernt.

Von getheilten Ortschaften gehören zu dieser Herrschaft:

30 H. mit 168 E. von dem bei der Hft. Klein-Skal conscribirten Dorfe Schwarzbrunn, welche dem Gemeindegerichte zu Neudorf zugetheilt sind.

7) Allodial-Herrschaft Klein-Skal.

Die ältern bekannten Besitzer dieser Herrschaft waren die Herren von Wartenberg. Ein in Klein-Skal vorhandenes Urbarium vom J. 1608 nennt Karl von Wartenberg, Herrn auf Rohosetz und Skaly, und benennt alle Ortschaften, welche damals zu den genannten Herrschaften gehörten, nebst sehr vielen, welche jetzt zu benachbarten Dominien gehören. Aus diesem Urbarialbuche geht hervor, daß Karl von Wartenberg diese Herrschaft nach Christoph von Wartenberg besaß, und daß im J. 1557 der Werth derselben zu 25000 Schock meißner Groschen erhoben war. Klein-Skal hieß damals auch zum Unterschiede von Groß-Skal das Wartenberger Skaly. Nach der Schlacht am Weißen Berge wurden diese Herrschaften von der königl. Kammer eingezogen, und an Albrecht von Waldstein, nachherigen Herzog von Friedland, überlassen. Dieser vergab das Gut Groß-Rohosetz als ein Friedländer Lehen an Niklas Freiherrn Desfours zu Mont und Athienville, kais. obersten Feldwachtmeister, welcher nach des Herzogs Tode 1634, wo dessen Güter eingezogen wurden, nicht nur zur Belohnung seiner dem Staate geleisteten Dienste in Besitz von Groß-Rohosetz blieb, sondern von Kaiser Ferdinand II. auch unterm 21. November 1635 das Gut Klein-Skal zum Geschenk erhielt, nachdem er kurz zuvor in den Grafenstand erhoben worden war. Nach der Erbtheilungsurkunde nach dem Grafen Albrecht Max Desfours ddto. Prag 18. Oktober 1697, fiel die Herrschaft Klein-Skal an den mittlern Sohn desselben, Wenzel Mathias Grafen Desfours, bei dessen Nachkommen sie verblieb, bis Franz Graf Desfours, k. k. Kämmerer und General-Feldwachtmeister sie im J. 1803 an den kürzlich verstorbenen Besitzer Herrn Franz Zacharias Edlen von Römisch verkaufte. (S. Landtäfl. Hauptb. Litt. K. Tom. V. Fol. 141.)

Gegen Osten gränzt diese Herrschaft an die Dominien Morchenstern, Semil und Nawarow, gegen Süden an die Herrschaft Groß-Rohosetz, gegen Westen an die Herrschaften Swigan, Böhmisch-Aicha und Reichenberg, gegen Norden endigt sie in einem schmalen Striche zwischen den Herrschaften Reichenberg und Morchenstern. Die größte Ausdehnung derselben ist von Süden nach Norden über 3 Stunden; der Flächeninhalt ist nach eigenen Angaben des Wirthschaftsamtes:

An Aeckern und Trieschfeldern	3762	Joch	857	□Kl.
= Wiesen und Hutweiden	1284	=	444	=
= Teichen	1	=	217	=
= Gärten	28	=	748	=
= Waldungen	3329	=	160	=
Zusammen	8405	=	826	=

Nach dem Kataſtral-Zergliederungssummarium vom J. 1832 war die nutzbare Bodenfläche:

	Dominicale.		Rusticale.		Zusammen.	
	Joch.	□Kl.	Joch.	□Kl.	Joch.	□Kl.
Ackerbare Felder	207	218	2259	1257	2466	1475
Trischfelder	60	141	1235	841	1295	982
Wiesen	136	475	935	1139	1072	14
Gärten	16	1387	11	961	28	748
Hutweiden ꝛc.	22	257	191	354	213	611
Waldungen	1890	404	1438	1356	3329	160
Ueberhaupt	2332	1282	6072	1108	8405	790

Die Herrschaft bildet einen schmalen Strich an der südlichen Abdachung des Isergebirges, wo dieses in das Mittelgebirge übergeht; der nördliche Theil derselben ist auch höher gelegen und mehr gebirgig, als der südliche; der höchste Rücken ist hier auf dem vom Jeschken zum Isergebirge auslaufenden Kamme, über welchen die Wasserscheide des Elbe- und Odergebietes läuft. Den östlichen Theil dieses Kammes bildet der Schwarzbrunnenberg, der sich südlich in die Anhöhen bei Schumburg abdacht; westlich verläuft derselbe in die Anhöhen bei Kukan und Seidenschwanz. Dieser hohe Rücken durchschneidet die Herrschaft und bildet den Uebergang aus dem hohen Gebirge in das Mittelgebirge; auch steht diese orographische Verschiedenheit im Zusammenhange mit den hier herrschenden Felsarten. Der erwähnte Gebirgsrücken zeigt an seinem südlichen Abhange den talkartigen, hier in Glimmerschiefer übergehenden Thonschiefer des Jeschkengebirges, mit Lagern von Quarzschiefer; die Höhe des Rückens besteht aus Granit, der sich von Seidenschwanz und Schwarzbrunn nordwärts über den übrigen Theil der Herrschaft verbreitet. Im südlichsten Theile, bei Klein-Skal und Friedstein, ist der Rothe Sandstein des ältern Flötzgebirges und der darin vorkommende Mandelstein sehr zurückgedrängt, und wird hier durch groteske Felsmassen des Quadersandsteines bedeckt, welche die malerischen Felsenparthien an der Iser, bei Klein-Skal und Friedstein, bilden. Basalt kommt als mächtige Gangmasse vor an der Sudka bei Klein-Skal, und auf dem Granitgebirge finden sich Torflagerungen bei Grünwald.

Die Gewässer sind: 1. Die Iser; sie berührt die Herrschaft im südlichen Theile und bildet die Gränze mit der Herrschaft Groß-Rohosetz; das Thal derselben ist hier enge, und die Gehänge steil und felsig; in diesen Fluß ergießen sich hier nur einige kleine Bäche, die nach den Ortschaften, durch welche sie fließen, benannt werden; 2. der Mohelka-Bach; er entspringt bei Kukan, und fließt sehr bald auf die Herrschaft Böhmisch-Aicha; 3. die am Schwarzbrunnenberge bei Schumburg und Labau entspringenden Gewässer fließen in dem Zerbownik zusammen, der auf der Herrschaft Groß-Rohosetz bei Eisenbrod in die Iser fällt; 4. die Neisse; sie entspringt am Schwarzbrunnenberge aus mehren Quellen, von welchen eine den Namen Neißbrunnen führt, fließt Anfangs nördlich, dann nordwestlich durch Gablonz, und nimmt hier den Hennersdorfer, den Gablonzer und den Lautschney-Bach auf, welche vom nördlichen Gebirge herabfließen. Teiche sind fünf auf der Herrschaft, sämmtlich unbedeutend; die Gewässer liefern Forellen, Aale, Aalruppen, Barben und Karpfen.

Die Waldungen der Hft. sind in 3 Reviere getheilt, das Klein-Skaler, Schumburger und Grünwalder; sie enthalten Fichten, Tannen, Lärchen, Kiefern, Buchen, Erlen, Birken und Espen. Die Nutzung der Waldung ist dem jährlichen Zuwachse auf 1 Strich im Durchschnitte 1 Kl. angemessen, und die Waldkultur ist ausgezeichnet.

Der Boden der Herrschaft ist nach der Lage und dem Untergrunde verschieden; im südlichsten Theile, um Klein-Skal, hat er eine gute Mischung und ist sehr fruchtbar; hier gedeiht Korn, Hafer, Hopfen, Obst und Gartengewächse; weiter nördlich findet sich kein Obst- und Hopfenbau, und im nördlichsten Theile wird nur Korn, Haber, Klee und Erdäpfel gebaut. Die Viehzucht ist auf das Rind beschränkt, und beim Kleinhäusler findet sich statt dessen die Ziege.

Der Viehstand war am 30. April 1833:

	bei der Obrigkeit.	bei den Unterthanen.	Zusammen.
Pferde	7 (Alte)	118 (Alte), . . .	125
Rindvieh	68	2606	2674
	(1 Zuchtstier, 40 Kühe, 21 Masto., 6 Zugochs.)	(21 Zuchst., 12 j. St., 1532 Kühe, 582 Kalb. 418 Zugo., 41 j. O.)	

Die Wildbahn ist wegen des häufigen und lange liegenden Schnees dem Areale nicht angemessen; doch liefert sie Rehe und Hasen, Auerhühner, Birkhühner, Haselhühner und Rebhühner; der Vogelfang wird in einigen Ortschaften von den Einw. ziemlich stark betrieben.

Die Nahrungsquellen der Einw. sind im südlichen Theile hauptsächlich Feldbau, im nördlichen Manufakturen und Fabriken, und bei sehr vielen Familien das Flachsspinnen. Die Art der Gewerbe, so wie die Anzahl der sich damit Beschäftigenden, zeigt folgende Uebersicht. Es sind auf der Herrschaft mit Ausnahme des Marktes Gablonz, von welchem der Gewerbsstand besonders aufgeführt wird: 13 Bäcker, 4 Fleischhauer, 11 Müller, 7 Schmiedte, 3 Böttcher, 27 Schuhmacher, 27 Schneider, 3 Maurer, 13 Tischler, 4 Zimmerleute, 1 Rauchfangkehrer, 4 Schlosser; zusammen 115 zünftige Polizeigewerbsmeister, mit 23 Gesellen und 30 Lehrlingen; dann 19 gewerbsbefugte Bierschänker, 5 Butter- und Geflügelviehhändler, 1 Glaser, 1 Steinmetz; von zünftigen Commerzgewerben 7 Strumpfwicker, 6 Wagner, 10 Lohgärber, 10 Gürtler, 1 Seiler nnd 1 Hutmacher, zusammen mit 6 Gesellen und 8 Lehrlingen. Freie Gewerbe betreiben 57 Leinweber, 22 Kattunweber, 3 Mühlenbauer, 78 Glasschleifer und Glaskugler, 3 Glasschneider, 4 Perlenbläser und 11 Perlenschleifer, 1 Galanteriewaarenarbeiter, 2 Pfeifenbeschläger, 4 Feuermaler, 3 Dosenmaler, sammt den Gehilfen 250 Personen, dann eine Baumwollenspinnerei mit 30 Arbeitern. Handel treiben 8 Garnhändler, 4 Getreidehändler, 1 Pferdehändler, 1 Viehhändler, 5 Glashändler, 1 Glasperlenhändler, 36 Krämer und Hausirer und ein Markthändler. Das Sanitätspersonale der Herrschaft besteht in einem Chirurgen und 7 geprüften Hebammen.

Die Armenanstalten wurden in Klein-Skal im J. 1826 begründet, und in den übrigen bedeutenden Ortschaften im J. 1831 geregelt; sie erhalten durch die Obrigkeit und durch die wohlhabendern Insassen jährliche milde Beisteuern; im J. 1831 betrug das gesammte Stammvermögen 1855 fl. 57 kr. W. W.; das jährliche Einkommen betrug 1106 fl. 7½ kr. W. W.; es wurden 108 Arme unterstützt.

Die Anzahl der Einwohner ist 11354, welche in 1 Marktflecken, 25 Dörfern und mehren getheilten Ortschaften, zusammen mit 1747 H. wohnen; darunter sind 256 Protestanten, 12 Juden, die Hauptmasse aber Katholiken. Die Sprache ist im südlichen Theile in 13 Ortschaften und den Dorfstheilen der Hftn. Groß-Rohosetz und Swigan, zusammen bei 8508 Einw., bloß die böhmische, im übrigen nördlichen Theile bloß die teutsche. Seit 1788 hat sich die Häuserzahl um 534 und die Einwohnerzahl um 5037 vermehrt.

Die Herrschaft wird zwar von keiner Hauptstraße berührt, doch sind die vorzüglichsten Ortschaften durch gut unterhaltene Landstraßen unter einander und mit den benachbarten Dominien verbunden. Die nächsten Posten sind in Liebenau und Reichenberg.

Folgendes sind die Ortschaften des Dominiums:

1. Klein-Skal (böhm. Mala Skala, gewöhnlich bloß Skal, vordem auch Wartenberg-Skal genannt,) D., 4¼ Meile nö. von Jungbunzlau, an einer Berglehne über dem rechten Ufer der Iser, hat 21 H. mit 106 E., wovon 3 H. mit 20 E. zur Hft. Böhmisch-Aicha gehören. Hier ist das hftl. Schloß mit 1 Kapelle, darin Altargemälde von Balko und von Kindermann, 2 Beamtenwohnungen, das hftl. Bräuh., 1 hftl.

Mhl., 1 Jägerh. und 1 schön gebaute Schule. Der Ort ist nach Rabsel eingepf., und liegt etwas zerstreut, 6 Häch., Wranke genannt, wovon 3 zur Hft. Böhmisch-Aicha gehören, liegen 1/4 St. sw. von hier, an der Iser. Die von Natur schon wahrhaft schöne Gegend von Klein-Skal ist durch den Eifer und die rastlosen Bemühungen des letztverstorbenen Besitzers zu einem schönen großen Naturpark umgeschaffen worden. Um das zwar nicht große, aber zierliche Schloß breiten sich treffliche Gartenanlagen aus, in welchen, durch die warme und geschlossene Lage des gegen die stürmenden Nord- und Westwinde von Bergen und Felsen geschützten Thales begünstigt, in dieser sonst rauhen Gebirgsgegend die seltensten und edelsten Früchte gedeihen, und selbst der Weinstock reife Trauben spendet. Unfern dem Schlosse zieht sich ein hoher klippiger Felsenkamm, als w. Gehänge des Thales in nw. Richtung fort. Auf dem Vorsprunge desselben, der sich am Iserthale endet, sind die wenigen Ruinen der Burg Skal, welche zuerst nach einer dort befindlichen Jahrzahl 1282 erbaut, aber unbekannt wenn zerstört, dann im J. 1447 wieder erbaut, und von Georg von Podiebrad im J. 1468 abermals in Trümmer verwandelt wurde. Nach der Volkssage ist die erwähnte Zahl 1282, die des Jahres, in welchem die Burg zur Zeit der Minderjährigkeit Wenzels II., als Otto der Lange, Markgraf von Brandenburg, Landesverweser war, verlassen wurde. Diese Ruinen und der ganze klippige Felsengrath, so wie die romantische Thal- und Berggegend, ist mit geschmackvollen Gartenanlagen und Baumparthieen verziert, in welchen der Lustwandler durch eine große Anzahl, an schicklichen Plätzen auf eine überraschende Weise angebrachter Denkmähler, bald an einen vaterländischen Helden, bald an einen großen Regenten, einen großen Dichter, an einen Helden der Vorzeit, oder an einen Wohlthäter der Menschheit erinnert wird. Die meisten dieser oft mit sinnvollen Innschriften gezierten Denkmähler, befinden sich in den felsigen Parthieen dieses Naturparkes, welcher auch deßhalb das Felsenpantheon genannt wird *). Weiter nw., 1/2 St. entfernt, ragen auf dem nämlichen Felsengrathe die Ruinen der Burg Friedstein empor; auch diese, und die ganze Gegend bis dahin, sind noch in dem Naturparke begriffen, obwohl sie sich nicht mehr auf dem hierhftl. Grunde befinden. Die Schönheit der Gegend und diese Anlagen locken in der schönen Jahrszeit viele Lustwandler aus der Nähe und aus der Ferne hieher, welche dann ihren Weg gewöhnlich weiter in das benachbarte Riesengebirge fortsetzen. — 2. Laab, D. von 25 H. mit 179 E., liegt im Iserthale, etwas s. von Klein-Skal, am Fuße des vorerwähnten Sandsteinfelsens; hier ist 1 Mhl.; der Ort ist nach Rabsel eingpf., so wie — 3. Splsow, D., hat 14 H. mit 90 E., liegt an der Iser 1/2 St. nö. von Klein-Skal; hier ist 1 Mhl. — 4. Rabsel, (Nabzy auch Bzy), D., 3/4 St. nö. von Klein-Skal, hat 67 H. mit 497 E., hier ist 1 Kirche zur heil. Dreifaltigkeit, wahrscheinlich gegen Ende des XVI. Jahrh. von Karl von Wartenberg aus Holz erbaut (auf einer Glocke ist die Jahrszahl 1593) und 1692 neu von Stein errichtet; sie war nach einer alten Matrik bereits 1699 eine Pfarrkirche; 1 Schule, beide unter hftl. Patronate. Hieher sind nebst den vorhergehenden 3 Ortschaften noch eingpf.: — 5. Wesely, D. von 20 H. mit 135 E., 3/4 St. nö. von Klein-Skal. — 6 Chlystow, D. von 21 H. mit 147 E., unfern dem vorigen ö. — 7. Tieper, D. von 42 H. mit 294 E., 1 St. nö. von Klein-

*) S. Felsenpantheon und Naturpark auf der Hft. Klein-Skal in Böhmen, von Fr. Ferd. Effenberger; Leitmeritz, bei Medau, 1828.

Skal, hier ist 1 Steinbruch auf Dachschiefer; die einschichtige Mhl. Zerdownik, in einem wilden bewaldeten felsigen Thale, durch welches der Zerdownik-Bach fließt, gehört hieher; dabei ist gleichfalls ein der Hft. gehörender Dachschieferbruch. Unterhalb des Dfs. schlängelt sich der Bach um einen Felsenkamm, über welchen ein Fußsteig nach Ratschitz geht, welcher einen malerisch schönen, den Besuch lohnenden Anblick gewährt. — 8. Zelletz, (Zeliek), D, 1/2 St. n. von Klein-Skal, an einem unbekannten Bache, hat 12 H. mit 105 E., 2 Mhl.; hieher gehört die Einschichte Patřička, aus 1 Chaluppe bestehend, etwas s. vom Orte entfernt. — 9. Směhow, 1/2 St. n. von Klein-Skal, auf der Anhöhe an der Straße nach Gablonz, hat 35 H. mit 267 E. — 10 Mukak, D., 3/1 St. n. von Klein-Skal, an der Straße nach Gablonz, auf der Anhöhe, von welcher man hier eine schöne Aussicht genießt, hat 62 H. mit 473 E. Hieher gehören die einschichtigen 2 Bauernhöfe und 3 Hsch., Protiwna genannt, zwischen Mukak und Bobow; der hiesige Mhf. ist emph. — 11. Bobow, D., 1/2 St. n. von Klein-Skal, unfern dem vorigen w., hat 16 H. mit 230 E. — 12. Huntirsch, (Huntikow) D. von 55 H. mit 400 E., 3/4 St. nö. von Klein-Skal. — 13. Skuhrow, D. von 39 H. mit 278 E., 1 St. nö. von Klein-Skal. — 14. Halschowitz, (Halssowic) D., hat 41 H. mit 308 E., liegt 1 1/4 St nö. von Klein-Skal. In den bis jetzt angeführten Ortschaften der Hft. ist die böhm. Sprache die herrschende, in den folgenden wird bloß teutsch gesprochen. — 15. Schumburg, D., 1 1/4 St. n. von Klein-Skal, am Abhange des Schwarzbrunnenberges, hat 28 H. mit 167 E. Hier ist 1 Kirche zum heil. Joseph unter hftl. Patronate, 1756 als öffentliche Kapelle errichtet, von dem berühmten Arzte Kittel, dessen Andenken sich noch weit umher bei dem Landvolke erhalten hat, und welcher hier ein stattliches Wohnh. hatte. Sie wurde 1783 zur Pfarrkirche erhoben; ferner 1 Schule und 1 hftl. Jägerh. — 16. Schwarzbrunn, D. am waldigen Schwarzbrunnenberge, 1 3/4 St. n von Klein-Skal, hat 66 H. mit 418 E., wovon 30 H. mit 168 E. zur Hft. Morchenstern gehören und auch dahin eingpf. sind; die übrigen sind zu Schumburg eingpf. Hier entspringt aus dem sogenannten Reißbrunnen der Fluß Neisse. — 17. Giftey, D., 1/4 St. sö von Schumburg, wohin es eingpf. ist, hat 36 H. mit 223 E. — 18. Labau, (auch Labauhütten), 1 1/2 St. ö. von Klein-Skal, in einem Thale am Abhange des Schwarzbrunnenberges, am Zerdownik-Bache, hat 75 H. mit 519 E. Hier ist 1 öffentliche Kapelle zum heil. Adalbert, in deren Nähe vormals ein Mhf. gestanden, dann 2 Mhl.; der Ort ist nach Schumburg eingpf.; vordem bestand hier eine Glash., und der Ort ist auf dem zugehörigen Hüttengute, welches mit der Herrschaft durch Ankauf vereinigt wurde, entstanden. — 19. Marschowitz, D., 1 1/2 St. n. von Klein-Skal, hat 65 H. mit 459 E., wovon 31 H. mit 216 E. zur Hft. Swigan gehören, welche gewöhnlich Jannaus genannt werden, und zu welchen auch die vormaligen Einschichten Hasel und Mikolz gezählt werden. Hier sind Glasschleifereien; der Ort ist nach Schumburg eingpf. — 20. Kukan, D. von 174 H. mit 1092 E., 1 3/4 St. n. von Klein-Skal. Hier ist 1 Schule und 2 Mhl. Viele Einw. nähren sich von Glas- und Perlenschleiferei; der Ort ist nach Gablonz eingepf., liegt etwas zerstreut, und ein Theil desselben, 29 H. mit 163 E., Gutbrunn genannt, gehört zur Hft. Swigan. — 21. Seidenschwanz, (böhmisch Wrkosslawice,) D., 2 St. n. von Klein-Skal, hat 53 H. mit 336 E., 1 öffentliche Kapelle zum heil. Johann von Nepomuk, ist ebenfalls nach Gablonz eingpf.: die Einw. nähren sich meist von Glasraffinerie, Perlschleiferei, Weberei und andern Commerzgewerben. — 22. Gablonz,

(Gablunka, Gablonec), Markt, $2^{3}/_{4}$ St. n. von Klein-Skal, an der Neisse und dem Gablonzer Bache, grossentheils an den nicht steilen Thalgehängen erbaut, erstreckt sich gegen 1 St. in die Länge, hat 523 H. mit 5209 E. Hier ist 1 Kirche zur heil. Anna, welche (wenn hier nicht eine Namensverwechslung Statt findet) schon 1384 in den Errichtungsbüchern vorkommt, und zur Zeit der herrschenden lutherischen Religion von einem Pastor, Namens Nikolaus Sagittarius verwaltet wurde. Nach Wiederherstellung der katholischen Religion war die Kirche Filiale von Rabsel, einige Zeit auch von Rochlitz und von Morchenstern; 1686 wurde sie neu erbaut, und 1737 zu einer Pfarrkirche erhoben; das Patronatsrecht steht der Herrschaft zu. Die Schule ist ein schönes geräumiges Gebäude, in welchem in mehren Lehrzimmern Raum für 600 Schulkinder vorhanden ist. Der Markt Gablonz ist einer der wichtigsten Industrieplätze Böhmens, und der Hauptsitz des Glaskorallen- und Schmelzperlen-Handels, welcher von hier aus theils direkt, theils durch fremde Handelsh. nach Philadelphia, New-York und Baltimore, Mexiko, Columbia, Buenos Ayres, nach Brasilien, über Frankreich nach Hayti, über Liverno nach Aegypten und der Berberei, über Triest und Konstantinopel nach der Levante getrieben wird. Die Erzeugung und der Verschleiß dieses höchst wichtigen böhm. Industrieproduktes beschäftigt hier und in den umliegenden Orten dieser Herrschaft und der angränzenden Hst. Morchenstern gegen 6000 Menschen, und der Werth der erzeugten Waare übersteigt jährl. 1 Million Gulden C. M. Die Arbeiter theilen sich in Compositionsbrenner, welche die äußerst mannichfaltig gefärbten Glasmassen schmelzen und in Stangen formen, in Glasdrücker oder Quetscher, welche den zu schleifenden Luster- und Schmucksteinen durch eine metallene Formzange die rohe Form geben, in Schleifer, Perlenbläser, Perlenschleifer, Vergolder und Perlenanreiher, zu welchen letztern auch Kinder verwendet werden. Mit dem Glasperlen-Schmuck- und Lusterstein-Handel verbinden die hiesigen Handelsleute gewöhnlich auch den Vertrieb anderer geschliffener Glaswaaren, welche hier ebenfalls sehr schön und mannichfaltig erzeugt werden, so wie die Lustersteine auch hier zu Glaslustern zusammengesetzt werden. Nebst diesem Industriezweige ist hier auch die Tuchfabrikation sehr bedeutend; es werden meist schwarze, feine und halbfeine Tücher erzeugt. Den gesammten Gewerbsstand zeigt folgende Uebersicht; es sind 69 Meister von zünftigen Polizeigewerben, als: 10 Bäcker, 2 Böttcher, 6 Fleischhauer, 4 Schmiedte, 1 Maurer, 6 Müller, 2 Schlosser, 10 Schneider, 21 Schuhmacher, 6 Tischler, 1 Zimmermeister, zusammen mit 56 Gesellen und 23 Lehrlingen; dann 13 gewerbsbefugte Bierschänker, 5 Fuhrleute, 3 Gastwirthe, 2 Glaser, 8 Griesler, 5 Musikanten, 2 Obsthändler, 3 Seifensieder und 6 Weinschänker. Zünftige Commerzialgewerbe betreiben: 72 Tuchmacher mit 35 Gesellen und 21 Lehrlingen, 7 Tuchbereiter, mit 50 Gesellen und 34 Lehrlingen, 1 Tuchwalker, 3 Lohgärber, 1 Büchsenmacher, 2 Strumpfwirker, 1 Kürschner, 2 Uhrmacher, 1 Seiler, 1 Sattler, 1 Schwarzfärber, 1 Nagelschmiedt, 1 Wagner, 1 Buchbinder, zusammen 95 Meister mit 90 Gesellen und 67 Lehrlingen. Von freien Gewerben findet sich 1 Baumwollenspinnerei mit 45 Arbeitern, 2 Schafwollenspinnereien mit 40 Arbeitern, 2 privil. Handschuhleder-Fabriken mit 25 Arb., 1 privil. Messingwaaren-Fabrikant mit 7 Arb., 1 Porzellänpfeifenmacher mit 2 Gehilfen, 10 Feuermaler mit 6 Gehilfen, 2 Steinschleifer, 10 Perlenbläser mit 14 Gehilfen, 6 Glasschneider, 6 Glaskugler, 4 Galanteriearbeiter, 12 Leinweber, 20 Pfeifenbeschlägmacher mit 7 Gehilfen, und 5 Wattenmacher. Handel treiben: 14 Compositionsstein- und

Perlenhändler, 6 Glashändler, 5 gemischte Waarenhandlungen, 7 Krämer und Hausirer, und 12 Märkte beziehende Handelsleute. Der Markt hat das Privilegium auf 2 Jahrmärkte, auf welchen in 92 Buden und Ständen, alle Arten von Baumwollen-, Leinen-, Wollen- und Seidenwaaren, Galanterie-, Porzellain- und Nürnbergerwaaren, neue fertige Kleider, Mützen, Hüte, Schuhe und Stiefeln, Leder, Handschuhe, Kämme u. s. w. feilgeboten werden; auch die Viehmärkte sind sehr bedeutend, die bewilligten Wochenmärkte werden aber nicht gehalten. Der neu angelegte Gottesacker auf der Anhöhe hat ein schönes Monument für den verstorbenen Vikär Joseph Uttsch. — Gablonz ist ein erst in neuerer Zeit so bedeutend gewordener Ort; er wurde durch die Gnade Sr. Majestät des jetzt regierenden Monarchen, Franz I., im 1808 zum Markte erhoben, und erst seit dieser Zeit ist der Marktplatz regelmäßig, obschon wegen der abschüßigen Lage, abhängig angelegt worden; an diesem und in einigen neu entstandenen Straßen befinden sich auch schöne Gebäude, sonst ist der Ort ganz nach Art der Gebirgsortschaften gebaut, und die H. meist von Holz. Der Ursprung und Name von Gablonz wird von einem wilden Apfelbaume (böhm. Gablon) hergeleitet, der in der einsamen wilden Waldgegend an der Straße stand, und bei welchem die Fuhrleute, welche von Eisenbrod und andern Gegenden nach Reichenberg, Friedland u. s. w. fuhren, zu füttern pflegten; dieß gab Veranlassung zur Errichtung einer Herberge, um welche sich nach und nach eine Ansiedluug gestaltete. Der 30jährige Krieg brachte den Ort sehr wieder herab, und nach demselben erhob er sich nur langsam; im J. 1686 wohnten nur 11 Familien hier, 100 J. später war die Häuserzahl 265 und im J. 1802 bereits 411. Nach Gablonz sind eingepf.: — 23. Schlag, D., 1/4 St. ö. von Gablonz, hat 35 H. mit 191 E., hier sind 3 Glasschleifereien und 1 Wirthsh. — 24. Hennersdorf, auch Neu-Hennersdorf genannt, 1/2 St. nö. von Gablonz, an einem kleinen Bache, hat 74 H. mit 480 E., hier ist 1 Kapelle und 1 Mhl., mehre Glasschleifereien und Webereien. — 25. Lautschney, D., 1 St. n. von Gablonz, am Lautschney-Bache, hat 44 H. mit 297 E., hier ist 1 Mhl. — 26. Grünwald, D., 1/2 St. n. von Gablonz, am Lautschney-Bache, hat 142 H. mit 986 E. Hier ist 1 Baumwollenspinnerei, Webereien und Glasschleifereien, 1 hftl. Jägerh. Grünwald war früher ein Gut für sich, und wurde durch die Grafen Desfours angekauft, und mit der Herrschaft vereinigt; der Mhf. ist emph.

Von getheilten Ortschaften, welche bei andern Dominien conscribirt werden, gehören noch zur Hft. Klein-Skal:

a von Friedstein (Hft. Böhmisch-Aicha) 1 H. mit 5 E. — b. von Litschnay (Hft. Groß-Rohosetz) 6 H. mit 44 E. — c. von Koppan (Hft. Swigan) 1 Wirthsh. und 3 H. mit 15 E. — d. von Pintschay (Hft. Groß-Rohosetz) 5 H. mit 23 E. — e. von Tschischkowitz (Hft. Swigan) 5 H. mit 34 E. — f. von Neudorf (Hft. Morchenstern) 36 H. mit 216 E., 1 Mhl. und 3 Schleifmhl.

*) Allodial-Gut Nawarow.

Der gegenwärtige Besitzer des Gutes Nawarow ist Johann Freiherr von Ehrenburg, welcher durch Erbrecht nach seinem Vater, dem im J. 1807 verstorbenen k. k. Landrath, Johann Freiherrn von Ehrenburg, in den Besitz desselben gelangte. Während seiner Minderjährigkeit wurde das Gut bis zum J. [illegible] von seiner Mutter, gleichfalls einer gebornen Freiinn von Ehrenburg, nachher verehlichten Gräfinn Khuenburg, verwaltet.

In früheren Zeiten war mit Nawarow das angränzende Gut Jesseney vereinigt, und diese bildeten zusammen die Hft. Nawarow, deren älteste bekannte Besitzer im XIV. Jahrh. die Ritter Czuch von Zasada waren, welche die alte Burg Nawarow erbaut haben sollen, deren Ruinen noch vorhanden sind. Es ist unbekannt, wie lange diese Familie in dem Besitze von Nawarow geblieben, und auf welche Weise diese Herrschaft an Albrecht Johann Smiřižky von Smiřitz gekommen ist, welcher Anfangs des XVII. Jahrh. Eigenthümer derselben war. Die Güter desselben, der für blödsinnig erklärt war, geriethen bekanntlich in den Besitz des Albrecht von Waldstein, Herzogs von Friedland. Dieser verkaufte Nawarow im J. 1627 an die Wittwe des Obristen Lamotte, geborne Gertrud von Schifflberg, für die Summe von 30,000 fl. und wurde nachher mit der Käuferinn in Prozeß verwickelt. Damals gehörten außer den Ortschaften, welche gegenwärtig die beiden Güter Nawarow und Jesseney bilden, auch die D. Kamenitz (jetzt zu Swigan) und Skodiegow (jetzt zu Semil gehörig) und die ganze Ortschaft Wolleschnitz dazu. Die genannte Besitzerinn hinterließ die Herrschaft im J. 1624 ihren Kindern Vincenz und Maria Angela, und noch ihren letzten Willen wurde sie in die beiden Güter Nawarow und Jesseney getrennt. Der Bruder als der ältere zur Theilung beauftragt, schlug zu Nawarow einen bedeutend größern Theil, und stellte der Schwester die Wahl anheim, in der Voraussetzung, diese werde das milder und freundlicher gelegene Jesseney, wo sich ein schönes wohnliches Schloß vorfand, wählen, und nicht Nawarow, wo erst Schloß und Wirthschaftsgebäude hergestellt werden mußten; sie wählte aber das einträglichere Nawarow, und verheurathete sich später mit einem Herrn von Runkel. Die Tochter aus dieser Ehe vermählte sich mit Paul, Ritter von Ehrenburg, dessen Nachkommen noch gegenwärtig im Besitze dieses Gutes sind. (S. Landtäfl. Hauptb. Litt. N. Tom. II. Fol. 65.)

Das Gut Nawarow liegt ziemlich hoch, an der südlichen Abdachung des Isergebirges, zwischen den Hftn. Klein-Skal und Semil, und dem Gute Jesseney.

Nach der Katastral-Zergliederungssummarium vom J. 1832 war die landwirthschaftliche Area;

	Dominicale.		Rusticale.		Zusammen.	
	Joch	□Kl.	Joch.	□Kl.	Joch.	□Kl.
Ackerbare Felder	230	813	1584	10	1814	823
Trischfelder	22	672	1096	848	1118	1520
Wiesen	65	448	530	25	595	473
Gärten	3	1380	5	345	9	125
Hutweiden	33	1217	342	369	275	1586
Waldungen	407	1576	1543	1238	1951	1214
Ueberhaupt	763	1306	5001	1235	5765	941

Die Lage des Gutes ist ganz gebirgig, und durch das Thal der Kamnitz wird es in zwei Theile geschieden, wovon der östl. am Hochstädter Gebirge liegt; der westliche Theil, auf der rechten Seite des Kamenitzthales, erstreckt sich an dem Gehänge desselben und über dasselbe bis an den südlichen und östlichen Abhang des Schwarzbrunnenberges, welcher letztere hier in einen, sich steil erhebenden, Kamm ausläuft, und den Namen Mochow führt. Sonst haben die hier vorkommenden Bergabhänge keine besonderen Namen; sie werden nach den daranliegenden Ortschaften benannt, sind meist weit ausgedehnt, und erstrecken sich über die Gränzen des Dominiums.

Was die Felsarten betrifft, so kommt Granit am Mochow in großen, losen, übereinander gehäuften Blöcken vor; sonst fällt der Bezirk des Gutes ganz in die Region der Schieferformation, welche an der südlichen Abdachung des Isergebirges vorherrscht, und talkartiger Thonschiefer, in welchem sich Lager von Urkalkstein und auch Eisenerze finden, bildet den Untergrund.

Das Hauptgewässer des Dominiums ist die Kamenitz, welche dasselbe von Norden nach Süden durchfließt; das Thal derselben ist ziemlich enge, die Gehänge sind steil, und zum Theile felsig. In die Kamenitz ergießen sich hier der Welleschnitzer Bach und noch einige kleine unbenannte Gebirgsflüßchen. An den Abhängen des Schwarzbrunnenberges und des Mochow entspringen mehre kleine Flüßchen, welche dann vereinigt den sogenannten Zerdownik (Mühlbach) bilden, der auf die angränzende Herrschaft Klein-Skal, und dann bei Eisenbrod in die Iser fließt. Teiche sind hier keine. In den Bächen werden Forellen und Weißfische gefangen.

Die herrschaftlichen Waldungen sind in 4 Reviere eingetheilt, wovon das Nawarower 210 Joch 886 □Klftr., das Lastiboker 202 Joch 1391 □Kl., das Safadler 61 Joch 307 □Kl., und das Bohdalowitzer Revier 103 Joch 1337 □Kl. an Flächeninhalt haben. Diese Wälder sind meistens auf den Bergrücken und in Schluchten, und liefern Fichten, Tannen, Kiefern und etwas Birkenholz, nach dem jährl. Zuwachse von 1½ Kl. pr. Joch. Auch die Unterthanen besitzen bedeutende Waldungen, und die Orschkower Kirche den sogenannten Plchow-Wald, so daß der Holzbedarf des Dominiums hinreichend gedeckt ist. Der Wildstand ist unbedeutend; es wird nichts gehegt, und der rauhe Winter, dann die vielen Füchse, welche sich in den zahlreichen Felsschluchten aufhalten, thun dem Wilde vielen Abbruch.

Der Ackergrund ist mager und steinig; von Getraide ist Haber die Hauptfrucht; doch wird auch Korn erbaut, vorzüglich aber Erdäpfel, welche die Hauptnahrung des Landmannes ausmachen, nebst dem rothes Kraut und Flachs. Obstbäume giebt es zwar, aber gewöhnlich bringen nur einige Frühsorten reife Früchte. Der Viehstand besteht in Pferden, Rindvieh und Ziegen.

Es befanden sich am 30. April 1833:

	bei der Obrigkeit.	bei den Unterthanen.	Zusammen.
Pferde	9 (Alte) . . .	39 (35 Alte, 4 Fohlen)	48
Rindvieh	58 . . . . . . (1 Zuchtstier, 46 Kühe und 11 Kalbinnen)	952 . . . . (5 Zuchtstiere, 28 junge St. 651 Kühe, 59 Kalbinnen, 175 Zugochsen, 34 junge Ochsen)	1010.

Da der Landbau nicht ergiebig und als Nahrungsquelle nicht ausreichend ist, so beschäftigen sich sehr viele Einwohner mit Industrie und Handel, und hauptsächlich ist es dieses Dominium, von welchem viele Hausirer mit Glas-, Galanterie- und sogenannten Geschmeidlerwaaren im Inlande sowohl, als im nahen und fernen Auslande herumwandern; Flachsspinnerei macht eine Hauptbeschäftigung der ärmern Klasse aus, und es wird sehr feines Garn erzeugt. Von den Produkten des Mineralreiches wird der Kalkstein und die hier vorkommenden Eisenerze benützt; letztere werden auf dem Eisenwerke zu Eugenthal verschmolzen, welches zwar Grundeigenthum des Gutes Nawarow, aber im emphiteutischen Besitze des angränzenden Gutes Jessenep ist, und daher dort aufgeführt werden wird.

Die Zahl aller Gewerbtreibenden besteht in 47 zünftigen Meistern mit 14 Gesellen und 11 Lehrlingen, nämlich: 1 Bäcker, 1 Bräuer, 6 Fleischhauer, 8 Müller, 2 Faßbinder, 11 Schmiedte, 2 Schlosser, 3 Tischler, 2 Zimmerleute, 3 Wagner, 1 Glaser, 2 Schuhmacher, 3 Schneider, 1 Lohgärber und 1 Seifensieder.

Mit Hausierhandel beschäftigen sich 90 Personen, wovon viele im Auslande, hauptsächlich in Italien und in den türkischen Provinzen, ein ausgedehnteres Handelsgeschäft betreiben und Gehilfen haben, deren Anzahl auf 15 angegeben wird. Märkte beziehende Handelsleute sind 10. Die Anzahl der Einwohner ist 5088, welche in 12 Dörfern mit 642 Häusern wohnen. Der Zuwachs seit 1788 beträgt 1527 Einwohner und 162 Häuser. Die Religion ist durchaus die katholische, und die Sprache die böhmische. Straßen führen keine durch das Dominium; bloß fahrbare Gebirgswege verbinden die Orte unter einander. Die nächste Post ist Reichenberg, 3 Meilen entfernt.

Die Ortschaften sind:

1. Schloß Nawarow, sammt den dazu gehörigen H., 11 Nrn. mit 115 E., liegt $5^1/_2$ Meilen nö. von der Kreisstadt, an der linken Seite der Kamenitz, auf der nö. Abdachung eines Berges, an dessen Fuße der genannte Fluß vorbeirauscht. Das Schloß bildet mit dem Amthause, dem Mhf., dem Bräuh., und der Wohn. des Branntweinhauspächters ein Viereck; alle diese Gebäude sind am 5. August 1827 abgebrannt, nun aber größtentheils wieder aufgebaut. Am Schlosse befindet sich der hftl. Garten mit der Gärtnerswohnung, und außerhalb desselben der weithin sichtbare Schüttboden; außerdem sind noch 2 Obst- und Grasgärten da, und eine Obstbaumallee führt bis Jessenep. Oestl. und nö. liegen die obern, und im Thale an der Brücke über die Kamenitz, die untern zu Nawarow gehörigen Häuser. Im Schlosse ist 1 Kapelle zur Himmelfahrt Christi. Der Ort Nawarow, wozu noch das im Walde Wikowina $^1/_2$ St. östl. entfernt liegende Hegerhaus

Troyanek gehört, ist nach Drschkow eingepf. Nö. unterhalb Nawarow sind auf einem Felsenabhange über der Einmündung des Wolleschnitzer Baches in die Kamenitz die Ruinen der alten Burg Nawarow, welche ziemlich weitläufig gewesen seyn muß. Sie soll von den Rittern Czuch von Zasada erbaut worden seyn, und über ihren Ursprung und Namen hat sich im Volke folgende Sage erhalten, welche der von Nawarow gebürtige k. k. Gymnasial-Professor Wenzel Swoboda (durch mehre litterärische Arbeiten in teutscher, böhmischer und lateinischer Sprache rühmlich bekannt,) in Hormayers historischem Taschenbuche und in der böhm. Zeitschrift des vaterländischen Museums aufbewahrt hat. Ein Edeljunker liebte die Tochter des reichen und stolzen Besitzers von Friedland, und fand Gegenliebe, ohne jedoch die Einwilligung des Vaters je erwarten zu dürfen. Darum entfloh er mit ihr in seine tief in den Wäldern verborgene Behausung. Der Vater, auf der Jagd verirrt, fand nach Jahren hier die Tochter, wie sie am Herde stehend ihrem Söhnlein die beim Kochen geröstete obere Erbsenlage (Nawara in der böhm. Sprache) reichte. Er verzieh der nach Jahren wiedergefundenen Tochter und ihrem Gatten, und gab dem Orte den Namen Nawarow, von der Kost, die er seinem Enkel hatte darreichen sehen. Die Volkssage, um Anachronismen unbekümmert, nimmt den Herzog von Friedland, den berühmten Feldherrn, für den Vater. Hat die Sage jedoch einigen Grund, so müßte ein Herr von Berka, oder ein Biberstein, der Vater gewesen seyn. Die Burg wurde 1643 von den Schweden zerstört, und beim Falle des Wartthurms sollen durch die Erschütterung in dem ½ St. entfernten Dorfe Zhotka die Fenster zersprungen seyn. Von der Burg sind Gänge angelegt, auf welchen man bequem bis an die schäumende Kamenitz gelangen kann, und einzelne Denkmahle erinnern an die Ereignisse, die das Haus des Besitzers getroffen haben. Sw. im Thale, unterhalb der Brücke nahe am Flusse, befindet sich zwischen Felsen eine kalkhaltige Quelle, deren Wasser Stalaktiten von Kalktuff absetzt. — 2. Zhotka, D., ¼ St. nö. von Nawarow, hat 36 H. mit 278 E., 1 Mhl und 1 Brettsäge; hier findet man Kalksteinbrüche und Eisenerz; das D. ist nach Wolleschnitz eingepf. — 3. Harratitz (Haratice), D., ½ St. nnö. von Nawarow, an einem kleinen, hier in die Kamenitz fließenden Bache, hat 65 H. mit 523 E. Hier ist 1 große Mhl. und Brettsäge an der Kamenitz. Der Ort ist nach Wolleschnitz eingpf. Die Reste verfallener Wasserbauten in der Nähe lassen schließen, daß sich vordem ein Eisenhüttenwerk hier befundrn habe, von welchem auch der Name des Dfs. (von dem böhm. Worte „harati" brennen) abgeleitet seyn möchte. Zu Haratitz gehören die 2 einschichtigen H., Dolanek genannt, ¼ St. n. entfernt. — 4. Bochhalowitz (Bohdalowice), D., 1¼ St. n. von Nawarow, hat 29 H. mit 254 E. Hier ist 1 hftl. Mhf. und 1 Jägerh., Jeschkrabetz genannt, ¼ St. nö. im Walde gleiches Namens; die einschichtigen 2 H. Podolanek, ¼ St. n. entfernt, gehören hieher. Der Ort ist ebenfalls nach Wolleschnitz eingepf.; man findet hier Kalkstein und Eisenerz. — 5. Plawi oder Plaw, D., ½ St. n. von Nawarow, an der Kamenitz, hat 48 H. mit 380 E., ist nach Drschkow eingepf. Hieher gehören die 3 einschichtigen, ¼ St. entfernten Häuser, Hampeis genannt. — 6. Drschkow, (Držkow,) D., ½ St. nw. von Nawarow, hat 89 H. mit 697 E. Hier ist 1 Kirche, zum heil. Bartholamäus, welcher schon 1384 gedacht wird; der Pfarrer derselben mußte dem Könige Wenzel 12 böhm. Groschen zu seinem Römerzuge beisteuern; nach Wiedereinführung der kath. Religion wurde sie im J. 1658 durch Vincenz Lamotte wieder mit einem Pfarrer besetzt; es ist nicht bekannt, wann und von wem die gegenwärtige Kirche erbaut wurde, doch läßt das Presbyterium auf ein höheres Alter schließen; sie steht, so wie die Schule, unter dem Patronate der Obrkt.; die hiesigen Einw. nähren sich zum Theile von Hausirhandel. Zur Ortschaft gehören 2 einschichtige Mhl., 1/4 St. vom Orte, an einem kleinen, in die Kamenitz fallenden Bache, nebst 2 H., zusammen Machlow genannt. Zur Orschkower Kirche sind eingepf. — 7. Zasada, (Sasadi,) D., 1 St. nw. von Nawarow, am Fuße des Schwarzbrunnenberges, am Ursprunge des Žerdownik-Baches, hat 107 H. mit 792 E., hier ist 1 Filialkirche zum heil. Prokop, mit einem Altarbilde von Leubner, 1 Schule, 1 hftl. Mhf., und 1 Wirthsh.; viele Einw. nähren sich von Hausirhandel, zum Theile im fernen Auslande. Zasada war der Sitz der Ritter Czuch von Zasada, doch ist von ihrer Burg hier keine Spur mehr vorhanden. Zur Ortschaft gehören die 1/2 St. n. am Abhange des Mochow stehenden 3 H., Zbitky genannt. — 8. Lauschnitz, (Laužnice) D., 1 St. w. von Nawarow, am Žerdownik-Bache, hat 41 H. mit 279 E., unter welchen viele bedeutenden Handel mit Glaswaaren ins Ausland treiben, dann sind hier auch 3 Mhl. — 9. Bratřikow, D., 1 1/4 St. w. von Nawarow, am Labaubache, hat 39 H. mit 300 E., 1 Mhl. Mehrere Einw. handeln mit Glaswaaren, wie in den vorhergehenden Ortschaften. — 10. Silow, Silowey, D., 3/4 St. wsw. von Nawarow, am Ursprunge eines kleinen Baches, der in die Kamenitz fällt, hat 58 H. mit 473 E., 1 Schule; mehre Einw. treiben Hausirhandel mit Glaswaaren. — 11. Lastibok, D., 1/2 St. sw. von Nawarow, hat 52 H. mit 485 E., worunter mehre Handelsleute mit Glas- und andern Waaren; hier ist 1 hftl. Mhf.; die einschichtige Chaluppe, Dolanek genannt, 1/2 St. sw., gehört hieher. (Nebst diesen Orten sind dem Orschkower Sprengel noch die hftl. Semiler Orte Oberhammer und Unterhammer zugetheilt.)

Von getheilten Ortschaften gehören zum Gute Nawarow, die auf der rechten Seite des Baches liegenden H. des Dorfes

Wolleschnitz, 67 an der Zahl, mit 512 E. sammt der Kirche, über welche die Nawarower Obrkt. das Patronatsrecht ausübt. (S. Hft. Semil.)

*) Allodial-Gut Jessenney.

Das Gut Jessenney bildete ehemals mit dem angränzenden Gute Nawarow Ein Dominium; im J. 1664 wurde aber dieses getheilt, und Jessenney fiel dadurch an den Ritter Vincenz von Lamotte Frintropp. (Siehe Gut Nawarow.) Im J. 1730 wurden die zu diesem Gute gehörigen D. Kamenitz, Wolleschnitz und Skodiegow davon getrennt, und ersteres dem Gute Sichrow, die letztern aber der Hft. Semil einverleibt. Die Familie Lamotte Frintropp blieb im Besitze von Jessenney bis zum J. 1794, in welchem Ritter Johann Lamotte dieß Gut an seinen Schwiegersohn, den Freiherrn Franz Xaver von Deym und Střitež verkaufte, welcher es ungemein verbesserte und verschönerte; durch abermaligen Verkauf kam es im Jahre 1813 an Jakob Veith, damaligen Besitzer der Hft. Semil, welcher es durch seinen Sohn, Wenzel Veith verwalten ließ, und im J. 1824 mit Semil zugleich an den gegenwärtigen Besitzer Fürsten Karl von Rohan-Guémené (S. Hft. Semil). (S. Landtäfl. Hauptbuch Litt. G Tom. II. Fol. I.)

Es ist östlich und südlich von der Hft. Semil, westlich von einem Theile des Gutes Sichrow und vom Gute Nawarow, nördlich aber bloß von letzterm umgeben, und bildet ein zusammenhangendes Areal von 2635 Joch 700 □Kl.

Die landwirthschaftliche Bodenfläche betrug nach dem Katastral-Zergliederungssummarium vom J. 1833:

	Dominicale.		Rusticale.		Zusammen.	
	Joch.	□Kl.	Joch.	□Kl.	Joch.	□Kl.
An ackerbaren Feldern .	68	1085	1336	493	1404	1578
= Trischfeldern	—	—	72	325	72	325
= Wiesen	19	1547	115	1140	135	1087
= Gärten	4	414	79	365	83	779
= Hutweiden ꝛc. . . .	18	1061	130	1413	149	874
= Waldungen . . .	219	888	509	1552	729	840
Ueberhaupt	331	195	2304	488	2635	683

Die Lage des Gutes ist gebirgig, so wie die der genannten benachbarten Dominien, von welchen es eingeschlossen ist; es liegt nämlich an der Westseite des Hochstädter Gebirges; auch sind hier dieselben Felsarten herrschend, nämlich Thonschiefer mit Lagern von körnigem Kalksteine. Bei Jesseney werden auch Eisenerze und weißer Thon gegraben.

Von Gewässern berührt die Kamenitz das Gut, und trennt es von den erwähnten westlichen Gränznachbarn durch ihr enges felsiges Thal. In dieselbe fällt hier der Jesseneyer Bach, bei Engenthal, durch eine enge felsige Thalschlucht; der Rostocker Bach fließt in den Woschmenda-Bach. Auf der Kamenitz wird das Holz zu dem Engenthaler Eisenwerke geflößt. Von Teichen ist bloß ein unbedeutender Mühlteich im D. Jesseney vorhanden. Von Fischen finden sich hier hauptsächlich Forellen, und in der Kamenitz auch noch Aalruppen, Eschen und Aale.

Die Waldung, im Ausmaße 728 Joch 1441 □Kl., liefert Fichten, Tannen und Buchen als Hauptbestand, nebstdem aber auch Kiefern, Birken, Erlen, Eschen, Ahorn, Eichen, Päppeln und Ebereschen. Das jährlich geschlagene Holzquantum, von 496½ Kl. weichen, und 64½ Kl. harten Holzes, ist für den Bedarf des Dominiums nicht ausreichend; der Wildstand ist ganz unbedeutend.

Der Ackergrund ist zum Theile gemischt aus kalkigem, thonigem und sandigem Boden, zum Theile steinig. Korn, hauptsächlich Hafer, Flachs und Erdäpfel sind die vorzüglichsten Erzeugnisse. Obstbäume finden sich zwar sowohl in Gärten als im Freien; doch gerathen die Früchte selten, da die auf dem Gebirgsrücken liegenden Ortschaften den rauhen Nordostwinden, welche vom benachbarten Riesengebirge herstreichen, zu sehr ausgesetzt sind. Von Viehzucht findet sich hauptsächlich die des Rindviehes; auch etwas Bienenzucht wird betrieben.

Der Viehstand war am 30. April 1833:

	der Obrigkeit.	der Unterthanen.	Zusammen.
Pferde	—	23 (Alte)	23
Rindvieh	32 (8 Kühe, 1 Kalbinn, 8 Zuchtochs., 15 junge O.)	418 (287 Kühe, 23 Kalbinnen, 60 Zugochsen, 48 junge Ochsen.)	450

Der vorzüglichste Industriezweig ist die Flachsspinnerei, und nach der Berechnung des Wirthschaftsamtes wird hier für 20,000 fl. C. M. Garn für den Handel, und für 4000 fl. für den Hausbedarf erzeugt. Von Professionisten giebt es hier 48 zünftige Meister, nämlich 7 Bäcker, 4 Fleischhauer, 6 Müller, 7 Schuhmacher, 6 Schneider, 1 Zimmermeister, 3 Tischler, 2 Binder, 1 Schlosser, 6 Hufschmiedte, 3 Wagner, 1 Glaser und 1 Rauchfangkehrer, welche zusammen 11 Gesellen und 9 Lehrlinge halten; nebstdem sind noch hier 9 Maurergesellen und von freien Gewerben 8 Leinweber. Ein der Herrschaft gehöriges Eisenwerk beschäftigt 36 Arbeiter.

Es berührt zwar keine Hauptstraße das Dominium; doch sind die Verbindungswege mit den benachbarten Dominien sehr gut unterhalten; eine Briefsammlung ist im Amtsorte, von welcher die Briefe zur weitern Beförderung nach Turnau gesandt werden.

Die Anzahl der Einwohner, welche durchaus katholisch sind und bloß Böhmisch sprechen, ist 2474, welche in 5 Dörfern zusammen mit 319 Häusern wohnen. Seit 1788 hat sich die Häuserzahl um 126, und die Bevölkerung um 1135 Menschen vermehrt, also beinahe verdoppelt.

Die Ortschaften des Dominiums sind folgende:

1. Jesseney (Geseneg, auch Geseny), D., $5^1/_2$ M. von Jung-Bunzlau nö., ziemlich hoch und etwas zerstreut, zwischen zwei sanften Anhöhen an einem Gebirgsbache gelegen, hat 141 meistens nett gebaute H. mit 1140 E. Hier ist das hftl. Schloß, ein zierliches, obwohl nicht sehr großes, gut unterhaltenes Gebäude, dabei das Amth.; 1 hftl. Bräuh. auf $12^1/_2$ Faß, welches jährlich 80 bis 100 Gebräue macht, 1 Branntweinh., dessen jährliche Erzeugung gegen 300 Eimer beträgt, 2 hftl. Mhfe., wovon der eine, der Kleine Hof (Dworek) genannt, zeitlich verpachtet, der andere in eigner Regie bewirthschaftet wird, 1 Schäf. Im Schlosse ist eine Schloßkapelle mit einem schönen Altarblatte, St. Johann der Täufer, nach Dominichino, und im Dorfe eine Bergkapelle zum heil. Kreuze, mit Freskomalereien, welche vordem zu einer Einsiedelei gehörte, 1 Schule, von Herrn Wenzel Veith errichtet, dann 3 Mhl. und 1 Brettsäge. Der Ort ist nach Boskow (Hft. Semil) eingpf. Jesseney hat seinen Namen von den vielen Eschen (böhm. Gesen), welche hier wachsen; das Schloß wurde 1630 von dem Ritter Vincenz Lamotte erbaut; es brannte zweimal in den J. 1735 und 1738 ab, und wurde jedesmal von der Wittwe und Vormünderinn, Frau Anna Barbara von Lamotte, wieder aufgebaut. Hieher sind conscribirt: die Einschichten Ramzina 2 H., und Trosa 5 H., beide $^3/_4$ St. n. vom Orte, dann das Eisenwerk Engenthal, $^1/_4$ St. sw. von Jesseney, an der Kamenitz; dieses hat den Namen von seiner Lage in dem tiefen und hier besonders engen Thale des genannten Flusses; es wurde im J. 1798 von Ignaz Laubal errichtet; der Grund gehört eigentlich zum

G. Rawarow, von welchem der genannte Errichter ihn emph. erkaufte. Der gegenwärtige Besitzer der Hschft. Semil und des G. Jessenen erkaufte dies Eisenwerk, und so wurde es dem G. Jessenen einverleibt, und durch die Errichtung eines Walz- und Schneidewerkes, dann durch die zur Stahlerzeugung nöthigen Werke sehr beträchtlich erweitert. Außer den Gebäuden für die genannten Werke, den Hochofengebäuden und einigen Hammerwerken ist noch das Schichtamtsgebäude hier. Das hier erzeugte Eisen kommt in seinen Eigenschaften dem steyrischen gleich; die Erze sind theils fasriger Brauneisenstein, theils Magneteisenstein, und werden theils in dem benachbarten Dorfe Kamenitz (Gebirgs-Kamenitz, zur Hft. Swigan gehörig), theils bei dem G. Rawarower Dorfe Chotka, theils auf dem G. Jessenen gegraben. Im J. 1829 wurden von diesem Werke die ersten in Böhmen erzeugten Feilen zur Gewerbs-Produkten-Ausstellung nach Prag gebracht. Das Holz zum Betriebe des Werkes wird auf der Kamenitz, aus den am Hohen Isergebirge gelegenen Waldungen der Hft. Semil bis zum Werke herbeigeflößt, und erst hier verkohlt. Die Holzwehre, der Holzplatz und die Köhlereien befinden sich daher gleichfalls hier. — 2. Rostock (Rostoka), D., 1/4 St. nö. von Jessenen, liegt sehr zerstreut auf dem Bergrücken und im Thale am Rostocker Bache, hat 77 H. mit 572 E., 1 Schule, von Herrn Wenzel Veith errichtet, 2 Mhl., ist nach Boskow eingpf. Es soll in frühern Zeiten eine Kirche hier gewesen, und im 30jährigen Kriege zerstört worden seyn. Das zur Erbauung einer neuen Kirche nöthige Holz, welches die hiesige Gemeinde bereits zum Theile auf dem Bauplatze beisammen hatte, fand sich, der Sage nach, in einer Nacht nach Boskow übertragen, und wurde dann zum dortigen Kirchenbaue verwendet. — 3. Helkowitz (Helkowice), D., 3/4 St. ö. von Jessenen, an einem kleinen Bache, der hier in den Woschmenda-Bach fließt, hat 42 H. mit 313 E., ist nach Ruppersdorf (Hft. Semil) eingepf. — 4. Stanow (Stanoweg), D., 1 1/4 St. nnö von Jessenen, an einem kleinen Bache, der in den Wolleschnitzer Bach fließt, hat 47 H. mit 364 E., eine von einem Gehilfen versehene Schule, und ist zum Theil nach Hochstadt, zum Theile nach Wolleschnitz eingepf. — 5. Bohenowsko, auch Bauniowsko, Dsch. von 12 H. mit 85 E., liegt im tiefen und engen Kamenitzthale, 1/2 St. sw. von Jessenen; hier ist 1 Mhl. und 1 Oelstampfe. Die Lage des Ortes ist ungesund, wegen der im Frühjahre und im Herbste hier herrschenden Nebel, und die Einw. sind mit Kröpfen behaftet.

*) Allodial-Herrschaft Semil.

Es ist nicht mit Gewißheit bekannt, wer die ältern Besitzer dieser Herrschaft gewesen. Gegen Ende des XIV. und Anfangs des XV. Jahrh. erscheinen die Herren von Waldstein, und Wierbunk von Zeleznitz als Gutthäter der Kirche zu Ruppersdorf, ungewiß jedoch, ob sie Besitzer der Herrschaft Semil waren. Anfangs des XVII. Jahrh. war Albrecht Smiřicky von Smiřic Eigenthümer derselben; dieser war blödsinnig, und Albrecht von Waldstein, sein Vormund, kam nach dessen Tode in den Besitz seiner sämmtlichen Güter. Nach dem Tode dieses berühmten Feldherrn wurden fast seine sämmtlichen Güter eingezogen, und Semil wurde an Nikolaus Grafen Desfours, Herrn zu Mont und Athienville, k. k. Feldmarschall verkauft, bei dessen Nachkommen der Besitz dieser Herrschaft verblieb, bis in der Mitte des vorigen Jahrh. Ferdinand Ignaz Graf Desfours ohne männliche Erben starb. Dessen einzige Tochter Therese vermählte sich mit dem Grafen Wenzel von Millesimo; der Urenkel desselben, Graf Joseph Caretto von Millesimo, erreichte im Jahre 1810 seine Großjährigkeit, übernahm die Herrschaft, und verkaufte sie in demselben Jahre an Jakob Veit, welcher sie seinem Sohne Wenzel zur Verwaltung übergab; von diesem erhielt der gegenwärtige Besitzer, Karl Alain Fürst von Rohan-Guemené, Herzog von Bouillon und Montbazon, k. k. General-Feldmarschallieutenant und Ritter des goldenen Vließes ꝛc. durch einen am 1. Septbr. 1824 abgeschlossenen Tauschvertrag, gegen die Güter Groß-Wschelis und Wrutitz, die Hschft. Semil und das Gut Jessenep. (S. Landtäfl. Hauptb. Litt. S. Tom. X. Fol. 1.)

Diese Herrschaft liegt beisammen an der Südostseite des Isergebirges, und erstreckt sich von der Höhe desselben bis an dessen Fuß in einer Länge von 3½ Meile, nämlich vom Keulichten Buchberge, an der Gränze mit der Hschft. Friedland, bis zum Kosakow (Hft. Groß-Skal), bei einer Breite von 1 Meile. Die Gränzen der Herrschaft sind gegen Norden die Hft. Friedland, gegen Osten Preußisch-Schlesien, und zwar die Hften. Greifenstein und Hermsdorf unter dem Kynast; ferner die im Bidschower Kreise liegende Hft. Starkenbach, gegen Süden die Hftn. Kumburg-Aulibitz und Lomnitz, gleichfalls im Bidschower Kreise, und gegen Westen die Dominien Groß-Skal, Groß-Rohosetz, Jessenep, Nawarow, Klein-Skal und Morchenstern.

Der Flächeninhalt derselben beträgt nach dem Catastral-Zergliederungssummarium vom J. 1832:

	Dominicale.		Rusticale.		Zusammen.	
	Joch.	□Kl.	Joch.	□Kl.	Joch.	□Kl.
An ackerbaren Feldern	548	1031	8439	1502	8988	933
„ Trischfeldern . .	235	213	1162	1122	1397	1335
„ Wiesen	528	1158	1671	716	2200	274
„ Gärten	1	757	43	620	44	1377
„ Hutweiden ꝛc. . .	639	1207	2635	1409	3275	1016
„ Waldungen . . .	5517	1392	2343	616	7861	408
Ueberhaupt	7471	958	16296	1185	23768	543

Die Lage der Herrschaft ist ganz gebirgig, und die Berge bilden breite langgezogene Rücken, wie im ganzen Isergebirge, welche hier durch tiefe und enge Thäler von einander getrennt sind. Im nördlichen höchsten Theile sind der Keulichte Buchberg (S. Hschft. Friedland), die Steinkoppe, der ausgedehnte Antoniberg (dessen höchste Kuppe, der Haidstein, nach Dr. Riemanns Messung 507,4 W. Kl. Meereshöhe hat, und der Formberg über die Rücken noch besonders hervorragende und benannte Höhen. Im mittlern Theile erhalten die Berge und Berglehnen meist ihre Benennungen von den an ihnen liegenden Ortschaften; großentheils ist dieser ganze ausgedehnte mittlere Theil ein einziger hoher Bergrücken, der östlich und südlich vom

Iſerthale und weſtlich von dem der Kamenitz begränzt wird, ſeine Gehänge ſehr ſteil in die genannten engen Thäler abdacht, und ſich auf ſeiner Höhe mehr oder weniger ſanft wellenförmig geſtaltet, gegen Norden mit dem hohen bewaldeten Iſergebirge, und zwar mit dem Wohlſchen Kamme zuſammenhangt, gegen Mittag ſich allmählich in niedere Berge und Hügel in dem hier erweiterten Iſerthale verliert. Wir haben in der Einleitung dieſen Gebirgstheil mit dem Namen des Hochſtädter Gebirges bezeichnet; ein Theil der Herrſchaft liegt auf der rechten Seite der Kamenitz, und gehört zum Jeſchkengebirgszuge, welcher hier durch den genannten Fluß vom vorigen getrennt wird. Im ſüdlichſten Theile erhebt ſich auf der linken Seite des Iſerthales das Land wieder bedeutend, am Koſakower Gebirgszuge, welcher mit ſeinem größten Theile hieher gehört. Dieſer berühmte Berg, der ſich als Vorberg des Rieſen- und Iſergebirges in einem, über 1 Stunde in nordweſtlicher Richtung fortlaufenden Kamme erſtreckt, auf welchem ſich mehre Kuppen erheben, dacht ſich gegen Südweſten ziemlich ſteil auf das benachbarte Dominium Groß-Skal ab, gegen Nordoſten aber fallen ſeine Gehänge etwas ſanfter dem Iſerthale bei Semil zu; gegen Südoſten verliert es ſich in Hügelzügen im angränzenden Bidſchower Kreiſe und nordweſtlich hangt er mit dem Gebirge des angränzenden Dominiums zuſammen. Seine höchſte Kuppe erhebt ſich nach Dr. Kiemanns Meſſung 387 W. Kl. über die Nordſee; auch dieſer Gebirgszug erhält nach den an ihm liegenden Ortſchaften beſondere Benennungen.

Die Felsarten dieſes ausgedehnten Bezirkes ſind ziemlich mannichfaltig. Im nördlichſten höchſten Theile der Herrſchaft herrſcht der im ganzen hohen Iſergebirge verbreitete Granit; dieſer findet ſich bis unter Polaun gegen Přichowitz, Schumburg und Ober-Hammerdorf, wo er am Mochow, dem öſtlichen Abhange des Schwarzbrunnenberges, in großen abgerundeten Blöcken übereinandergehäuft liegt; hier wird dieſe Felsart in einer, durch die genannten Orte laufenden Linie durch Glimmerſchiefer begränzt, der ſich hauptſächlich an dem Antoniberge bei Přichowitz, über Paſſek bis gegen Glasersdorf herab verbreitet, wo er allmählich in talkartigen Thonſchiefer übergeht, welcher weiter ſüdlich über den ganzen mittlern Theil der Herrſchaft, bis unter Ruppersdorf, Boskow, Bitauchow herab, als herrſchende Felsart vorkommt und die unter dem Namen Skrkawsky Skaly, Spalowska Skala und Říkawa Skala bekannten ſteilen Felſenufer bei Spalow, an beiden Seiten der Iſer, dann die ſteilen Gehänge an dieſem Fluſſe von Sittow nördlich, bei Gilem, am Zamečnička bis zum Fuße des Haidſteines, ſo wie die ſteilen Felſengehänge im Thale der Kamenitz zuſammenſetzt. Lager von Kalkſtein kommen im Thonſchiefer vor, bei Boskow und Ruppersdorf. Im ſüdlichen Theile der Herrſchaft beſteht das niedrige Gebirge, ſo wie der hier ſich erhebende Rücken des Koſakow, aus der Formation des rothen Sandſteines und des damit verbundenen Mandelſteines. Letzterer findet ſich hauptſächlich am Koſakow, und an den felſigen Ufern der Iſer bei Beneſchow, an der Mochowska Skala bei Ribnitz, Laukow bis oberhalb Sittawa in ihm kommen hier in unendlicher Menge kleinere und größere Achat- und Chalcedonkugeln, oft von sehr schöner Zeichnung, oft inwendig hohl und mit schönen Krystallen überzogen, vor; besonders häufig finden sich diese bei Beneschow, am Swarow und am Kosakow. Durch Verwitterung des Gesteines gerathen sie in die Dammerde, durch die Fluthen werden sie in die Flüsse, und durch diese weit von ihrer ursprünglichen Lagerstätte verführt. Der rothe Sandstein herrscht in der Thalgegend am Woleschkabache, und von Beneschow an der Iser abwärts bis Bitauchow, und an der vorher bezeichneten südlichen Gränze des Thonschiefers; er bildet hier bloß niedrige Berge und Hügel, und zum Theile die untern Gehänge der über ihn hervorragenden Mandelstein-Kuppen. Am Swarow bei Boškow fand vor einigen Jahren ein merkwürdiger Bergsturz Statt, indem am untern Theile des Berges der sehr thonige rothe Sandstein, durch Verwitterung zerweicht, abrutschte, und der am Gipfel vorragende Mandelstein, seiner Stütze beraubt, in großen Trümmern über ihn zusammenstürzte. Im rothen Sandsteine kommen hier mächtige Lager von Schieferthon bei Přikry vor. Basalt findet sich am höchsten Rücken des Kosakow, mitten im Mandelsteine, und nördlich davon im Thonschiefer, an mehren Kuppen bei Spalow und Prosetz am Čertowa Lauče.

Die Gewässer der Herrschaft sind: 1. die Iser, sie fließt nach der Vereinigung der Großen und Kleinen Iser, am Fuße des Keulichten Buchberges, durch ein tiefes enges Thal, der Isergrund genannt, und bildet bis Grünthal und bis zu den sogenannten Stricker-häusern die Gränze mit Preußisch-Schlesien; von hier aber, auf ihrem weitern südlichen Laufe, scheidet sie den Bunzlauer von dem Bidschower Kreise. Nur hie und da erweitert sich das Iserthal etwas und läßt Raum für einige Ansiedelungen; die Gehänge sind, besonders am rechten Ufer, hoch und steil. Bei Sittow wendet sie sich südwestlich und tritt aus dem Hochgebirge in das Mittelgebirge, und bei Beneschow wendet sie sich in Krümmungen nordwestlich und tritt in das Gebiet der Herrschaft ein. Bei Bitauchow wird das Thal derselben abermals enge und die Gehänge felsig; sie tritt bei Kleinhorka ins Gebiet der angränzenden Herrschaft Rohosetz. Unfern von da ergießt sich in sie 2. die Kamenitz (Kamenice); sie kommt von der angränzenden Hft. Morchenstern, fließt durch Nieder-Hammerdorf, und tritt dann in das Gebiet der Dominien Nawarow und Jessenev, aus welchen sie vor ihrem Einfluß in die Iser, unfern Spalow, wieder auf Semiler Gebiet kommt; sie nimmt bei Schumburg 3. die Schwarze Desse auf, welche gleichfalls aus dem Hohen Isergebirge herabkommt und durch Tiefenbach fließt, wo sie die Weiße Desse aufnimmt. Die Thäler dieser Flüsse sind größtentheils enge, und hie und da felsig. 4. Der Wolleschka-Bach tritt von der Hft. Kumburg-Aulibitz auf das Gebiet der Hft. Semil, durchfließt hier das Dorf Boškow, und fällt bei Semil in die Iser. 5. Der Woschmenda-Bach kommt vom Gute Jessenev auf hiesiges Gebiet, fließt durch ein Thal zwischen Boskow und Přikry und fällt in die Kamenitz. Eine Menge kleiner Gebirgsbäche, die meistens hier entspringen und theils der Iser, theils der Kamenitz zufließen, erhalten ihre Benennung von den Ortschaften, durch welche sie laufen, und werden bei denselben erwähnt werden. Teiche sind keine auf der Herrschaft; die Iser, die Kamenitz und die Desse werden zum Holzflößen benützt. Die Bäche führen Forellen, und die größern Gewässer Aale, Aalruppen, Hechte, Barben, Aeschen, Gründlinge, Weißfische und Krebse.

Der Boden der Herrschaft ist nach den angeführten geognostischen Verhältnissen verschieden, und die Fruchtbarkeit steht mit diesen und den, von der Lage abhangenden, klimatischen Verhältnissen im Zusammenhange. Im nördlichen höchstgelegenen Theile der Herrschaft ist der Boden kalt und sandig, hie und da mit Moorerde gemischt, und an den Abhängen gegen Mitternacht sehr naß; von Getreide wird hier kaum ein anderes als Hafer erbaut, nebstdem aber vorzüglich Erdäpfel und Flachs. Der Ackerbau ist hier sehr beschwerlich, und die an den steilen Berglehnen liegenden Felder müssen häufig durch Menschenhände bearbeitet werden; der Dünger wird hingetragen, oder auch mittelst zwei, um eine Rolle an einem Seile auf und abgehenden Schiebkarren (hier Robern genannt) hinaufgeschafft. Im mittlern Theile ist der Ackergrund sehr seicht, und der Boden enthält viel Kiesel und Sand; doch wird hier schon Korn, hauptsächlich aber Hafer, Erdäpfel, Flachs und Kraut gebaut. Im südlichen, am tiefsten gelegenen, Theile besteht der Ackergrund aus einer Mischung von Lehm und Sand; hier wird auch etwas Weitzen und Gerste erbaut; auch trifft man Obstbäume sowohl in Gärten als im Freien, und einige Ortschaften erbauen im freien Felde viele Gurken und verführen sie auf die umliegenden Märkte.

Die Waldungen der Herrschaft betragen im Ausmaße 5288 Joch; der größte Theil liegt am hohen Isergebirge; im mittlern und südlichen Theile sind sie mehr zerstreut. Sie werden in 7 Reviere eingetheilt, wovon die 3 größten, das Pollauner und Buchberger, mit 2990 Joch, und das Prichowitzer mit 1350 Joch im hohen Gebirge, dann das Passeker mit 227 Joch, das Oberhammerer mit 177 Joch mit Fichten, Tannen, Buchen und etwas Ahorn bestanden sind. Die südlichen Reviere, das Semiller mit 473 Joch, und das Boskower mit 71 Joch, liefern nebst Fichten und Tannen hauptsächlich Kiefern, Buchen und Birken. Das jährlich geschlagene Holzquantum beträgt 271 Kl. hartes und 3376 Kl. weiches Holz, welches, das harte zu 3 bis 4 fl., das weiche zu 2 bis 3 fl. C. M., und das Nutzholz von beiderlei Art noch einmal so theuer verkauft wird. Das ganze Holzquantum wird übrigens auf der Herrschaft selbst verbraucht.

Die Viehzucht beschränkt sich auf das Rind, nebst welchem auch viele Ziegen angetroffen werden; im mittlern und südlichen Theile der Herrschaft wird etwas Bienenzucht getrieben.

Der Viehstand der Unterthanen war am 30. April 1833: 242 Stück Pferde (233 Alte, 9 Fohlen), und 4336 Stück Rindvieh (68 Zuchtstiere, 34 junge Stiere, 3092 Kühe, 462 Kalbinnen, 579 Zugochsen, 101 junge Ochsen.)

Der Wildstand im Hochgebirge ist veränderlich, je nachdem die gelindern oder strengern Winter ihm günstig oder ungünstig sind; man trifft

Hirsche, Rehe, Hasen, Auerhühner, Birk- und Haselhühner, Rebhühner und Schnepfen.

Die Nahrungsquellen der Einwohner sind nebst dem, in den höhern Gegenden sehr kärglich lohnenden, Landbaue, hauptsächlich Flachsspinnerei und Weberei; es wird hier das feinste, zu Battist taugliche Garn gesponnen, und mit Flachs sowohl als mit Garn von hier aus viel Handel in die Industrialgegenden des Leitmeritzer Kreises getrieben. Von zünftigen Gewerben sind hier 209 Meister, als: 51 Bäcker, 45 Müller, 16 Fleischer, 14 Schmiedte, 4 Maurer, 3 Steinmetze, 8 Zimmerleute, 4 Schlosser, 6 Tischler, 1 Glaser, 21 Schuhmacher, 14 Schneider, 12 Gärber, 6 Schwarzfärber, 1 Weißgärber, 1 Kammmacher, 1 Riemer, 1 Sattler, 1 Wagner, 1 Klämpner, 2 Binder, 1 Wachszieher, 2 Drechsler, 1 Kürschner, 1 Hutmacher, 1 Seiler; diese haben zusammen 144 Gesellen und 137 Lehrlinge. Nebst diesem sind gewerbsbefugte Bierschänker 37, dann 10 Griesler, 12 Weber mit 15 Gehilfen, 1 Seifensieder, 3 Bleicher mit 32 Gehilfen, 1 Papiermacher mit 3 Gehilfen; außerdem sind noch Töpfer in Semil, und sehr viele Glasarbeiter in den nördlichen Ortschaften. Handel treiben: eine gemischte Waarenhandlung und 67 Krämer und Hausirer. Das Sanitätswesen zählt 3 Wundärzte und 13 Hebammen.

Die Anzahl der Einwohner ist 28288, die der Häuser 3831, welche in 2 Städte und 33 Dörfer vertheilt sind; seit 1788 ergiebt sich ein Zuwachs von 1196 H. und 12046 E. Die Religion ist katholisch, Protestanten sind 38 Personen und Juden 2 Familien mit 14 Personen. Die Sprache ist in dem größten Theile der Herrschaft die böhmische, bloß in dem nördlichsten Theile herrscht die teutsche Sprache.

Keine Hauptstraße durchschneidet die Herrschaft, doch verbinden gut unterhaltene Landwege die Hauptorte unter einander und mit den benachbarten Dominien. Von Semil führt eine solche nach Eisenbrod, eine zweite über Boskow auf die Dominien Jessenep, Nawarow und Klein-Skal, und eine dritte über Ruppersdorf und Hochstadt in den nördlichen Theil der Herrschaft, und von da weiter auf die angränzenden Hften. Starkenbach und Morchenstern. Für den nördlichen Theil ist die nächste Post in Reichenberg, für den südlichen in Gitschin; in Semil ist eine Briefsammlung.

Folgendes sind die Ortschaften des Dominiums:

1. Semil (Semile), der Amtsort, unterthäniges Städtchen, 5 Meilen nö. von der Kreisstadt, an der Iser, über welche hier eine hölzerne Brücke führt, und an dem Einflusse des Wolleschka-Baches in dieselbe, hat 265 H. mit 1716 E. Hier ist eine Pfarrkirche zum heil. Petrus und Paulus, welche schon im J. 1384 erwähnt wird; sie wurde nach dem Brande im J. 1691 neu erbaut, und steht unter dem Patronate der Herrschaft; eine Kapelle zum heil. Johann dem Täufer, auf dem Kirchhofe, Kostofrank genannt; 1 Schule, 1 hftl. Schloß, von dem Grafen Millesimo im Anfange des vorigen Jahrh. neu erbaut, mit einem Obst- und Küchengarten, 1 hftl. Bräuh. (auf 20 Faß) und 1 Branntweinbrennerei, 1 Kontributionsgetraide-Schüttboden für sämmtliche Unterthanen; der hie-

sige hftl. Mhf. ist größtentheils emph. Das Städtchen besitzt das Rathhaus; die Einw. nähren sich meist von Feldbau und treiben einige städtische Gewerbe, besonders Töpferei; auch ist hier 1 Mhl. und Brettsäge, und 1 Papiermhl. Auf dem Marktplatze steht gegenwärtig die schöne Marienstatue, welche früher beim sogenannten Gesundbrunnen am Kirchhofe Kostofrank errichtet war. Das Städtchen ist durch Privilegium des Grafen Ferdinand Dessours im J. 1710 von der Robot befreit, mit Vorbehalt der Botengänge auf 3 Meilen, und der Aushilfe bei Beschädigung der Iserbrücke und der Mhl. K. Joseph I. ertheilte ihm 1709 das Privilegium auf 4 Jahrmärkte und auf Wochenmärkte; auf ersteren werden in beiläufig 60 Buden Schnitt-, Galanterie- und Krämerwaaren feilgeboten: die Wochenmärkte werden nicht abgehalten. Im J. 1691 brannte das ganze Städtchen bis auf 1 H. ab, und im J. 1775 wurde durch die Aufrührer aus dem benachbarten Bidschower Kreise das Schloß geplündert, und alle Papiere und das Archiv vernichtet. Das Wappen des Städtchens ist ein aufrechtstehender Hirsch mit einem Lindenbaume und 6 Sternen. Semil ist der Geburtsort des gegenwärtigen Erzbischofs zu Zara in Dalmatien, Joseph Nowak. Zu Semil gehören folgende, in der Entfernung von $1/4$ bis $1/2$ St. liegende Einschichten, als: U Zakautj, 7 H., Na Strazniku, 3 H., Nad Silowcem, 6 H., Na Cymbale, 3 H., Bei 14 Nothhelfern, 4 H., Schüttboden, 2 H., Na Raunym, 2 H. mit Grundstücken, Na Wystrece, ebenfalls 2 H. mit Gründen. Zur Pfarrkirche in Semil sind eingpf. — 2. Podmoklitz (Podmoklice), s. an Semil anstoßendes D., hat 78 H. mit 581 E. Hier ist 1 hftl. Mhf. mit 1 Branntweinbrennerei. — 3. Bokkow, D. von 48 H. mit 335 E., $1/2$ St. sö. von Semil, am Wolleschka-Bache; hieher gehören die $1/4$ St. entfernten Einschichten Blazjwka von 5 H., Krakow von 3 H. und Kozince von 4 H. — 4. Slana, D., $3/4$ St. s. von Semil, an einem kleinen Bache, hat 50 H. mit 352 E., hier ist eine Schule und 1 Mhl. Hieher gehören die $1/4$ St. entfernten 7 H., Poritz genannt. — 5. Lhota, D., $3/4$ St. sw. von Semil, am Fuße des Kosakow, hat 41 H. mit 294 E. Hier ist 1 hftl. Försterh. — 6. Komarow, D., 1 St. wsw. von Semil, am Abhange des Kosakow (hier der Komarower Berg genannt), hat 27 H. mit 203 E. Hieher gehört die einschichtige, $1/4$ St. entfernte Chaluppe pod Brezim. Auf dem nach Huschcks und Moteglets Messung 370 W. Kl., nach Riemann aber 387 W. Kl. über der Nordsee liegenden Kosakow, der seiner geognostischen Verhältnisse und der zahlreichen Abänderungen von mancherlei Mineralien wegen höchst merkwürdig ist, und dessen Gipfel man von hier aus bequem ersteigt, genießt man einer vortrefflichen Ansicht des Riesen- und Isergebirges, und einer unbegränzten Aussicht über die Ebenen des Bunzlauer und Bidschower Kreises, bis tief in das mittlere Böhmen. — 7. Kuchelna, D., $1/4$ St. w. von Semil, hat 145 H. mit 1002 E., hier ist eine Schule. Hieher gehören die Einschichten w Dolich, 2 H.; Pod Komarowem, 3 H.; Za Zlapem, 3 H. und Zabor, 1 Chaluppe. — 8. Bitauchow, D., $1/2$ St. nw. von Semil, am rechten Ufer der Iser, hat 47 H. mit 356 E. Der früher bestandene Mhf. ist emph. Hieher gehören die $1/4$- bis $1/2$ St. entfernten Einschichten Mocidlo, Roklisstie und Wrssi, 3 H. — 9. Spalow, D., 1 St. n. von Semil, auf der Höhe gelegen, hat 38 H. mit 322 E.; 6 H., Unter-Spalow genannt, liegen im Thale, am Zusammenflusse der Iser und Kamenitz, 7 führen den Namen Janetsek, und 2 Unter-Boskow. — 10. Beneschau (Beneschow), D., $1/2$ St. ö. von Semil, im Iserthale, hat 119 H mit 857 E., eine Schule. Der Ort liegt zerstreut, und ein Theil desselben, von 32 H., führt den Namen Podoley, ein anderer von 15 H. heißt Podkal; dann gehören hieher die Einschichten Hradisst, Přisec, Podhagsky, Honka und Konkicky, letztere ½ und ¾ St. entfernt liegend. — 11. Přikry (Přikra, Přikrey), D., 1 St. nö. von Semil, an einem kleinen Bache, hat 97 H. mit 752 E., 1 Mhl. Hieher gehören die einschichtigen 2 H. na Kruhu genannt. Ein Theil des Dfs., Unter-Přikry genannt, ist nach Boskow eingpf. — 12. Boskow (oder Bozkow), D., 1 St. nnö. von Semil, auf dem Bergrücken zwischen der Kamenitz und dem Woschmenda-Bache. Hier ist eine Pfarrkirche zu Mariä Heimsuchung, welche schon 1384 erwähnt wird; nach dem 30jährigen Kriege kam sie als Filiale zu Semil; im J. 1690 wurde statt der von Holz erbauten Kirche das gegenwärtige schöne Gebäude von Stein, durch Maria Polyxena Gräfinn Dessours, errichtet und im J. 1757 mit einem Pfarrer besetzt; sie steht, so wie die Schule, unter dem Patronate der Herrschaft. An den Marienfesttagen wird die Kirche von mehren tausend Wallfahrern besucht; hier ist die Grabstätte Ferdinands Grafen von Millesimo, k. k. General-Feld-Wachtmeisters, der 1778 zu Semil starb; ferner die Familiengruft der ehemaligen Besitzer von Jesseney, der Ritter Lamotte von Frintropp. Zu Boskow gehört auch Doman, von 15 H., von Unter-Boskow 19 H., und Kopanina, 4 H., ¼ St. entfernt, dann 3 am Woschmenda-Bache liegende einschichtige Mhl.; zur Kirche sind, nebst Unter-Přikry, die frmdhftl. Orte Jesseney, Baunidwsko und Rostock eingpf. — 13. Sirkow, D., 1½ St. nnw. von Semil, auf der Höhe an der rechten Seite der Kamenitz, hat 65 H. mit 520 E., eine Schule. Viele Einw. treiben Hausirhandel; der Ort ist nach Eisenbrod (Hft. Rohosetz) eingpf.; so auch — 14. Stkewelna, D., s. vom vorigen, hat 27 H. mit 200 E. — 15. Ratschitz (Račice), D. von 46 H. mit 332 E., liegt 2 St. nnw. von Semil und ist gleichfalls nach Eisenbrod eingpf. Hier giebt es viele Hausirhändler. — 16. Groß-Horka (Hruba Horka), D. von 46 H. mit 341 E., liegt 1¼ St. nw. von Semil, hart an Eisenbrod, wohin es auch eingpf. ist, so wie — 17. Klein-Horka, unfern vom vorigen, im Iserthale, hat 25 H. mit 210 E. — 18. Ribnitz (Rybnice), D., 1 St. onö. von Semil, an der Iser, hat 86 H. mit 631 E., ist eingepf. nach — 19. Laukow, D., 1¼ St. onö. von Semil, an der Iser, hat 35 H. mit 289 E. Hier ist 1 Kirche zum heil. Stanislaus, mit einem Residenzialkaplane besetzt, 1758 erbaut, eine Schule, beide unter hftl. Patronate, 1 Mhl. Hieher gehören die Einschichten Hradek und Sylza, nicht fern vom Orte. Bei diesem und dem vorigen Orte werden viele Gurken im freien Felde erbaut. — 20. Sittow, oder Sittowy, und zwar Unter-Sittow (Ober-Sittow gehört zum Bidschower Kreise), D., 1½ St. onö. von Semil, an der Iser, hat 123 H. mit 892 E., und eine Schule, ist nach Laukow eingpf. — 21. Ruppersdorf (Ruprechtsdorf, Rochpratice, Roprechtice), langes, an einem kleinen Gebirgsbache, 2 St. nö. von Semil, ziemlich hochgelegenes D. von 229 H. mit 1708 E., wovon 8 H. mit 69 E. zur Hft. Starkenbach im Bidschower Kreise gehören. Hier ist eine Pfarrkirche zur h. Dreifaltigkeit, unter dem Patronate der Obrkt., welche schon 1384 mit einem Pfarrer besetzt war und von den Herren von Waldstein und von Zeleznitz mit reichlichen Einkünften versehen wurde. Durch den Grafen Wenzel von Millesimo wurde sie im J. 1756 neu erbaut und mit einem Pfarrer besetzt. Im J. 1825 brannte durch einen Blitzstrahl alles Holzbauwerk der Kirche und des Thurmes, mit Ausnahme der innern

Einrichtung, welche von den Einwohnern gerettet wurde, ab, wurde aber noch im nämlichen Jahre durch den Patronatsherrn, Fürsten Karl von Rohan, wieder hergestellt. Auch ist hier 1 Schule, und 2 Mhl. — 22. Stobiegow, hochgelegenes D., 1/2 St. sw. vom vorigen, wohin es auch eingepf. ist, hat 28 H. 242 E. — 23. Přiwlak, Přiwlaka, 1/2 St. no. von Ruppersdorf, an der Iser, hat 101 H. mit 830 E., 1 Schule, 1 Mhl., und ist nach Ruppersdorf eingpf.; der n., 1/4 St. entfernte Theil des Ortes heißt Silem. — 24. Hochstadt, (Wisoky, Wisokey), ein unterthäniges Städtchen von 243 meist von Holz erbauten H. mit 1604 E., 3 St. nnö. von Semil, hat seinen Namen von seiner hohen Lage auf dem Gebirgsrücken am Ursprunge des Woschmenda-Baches, und eines andern kleinern unfern von hier in die Iser fallenden Baches. Hier ist 1 Pfarrkirche zur heil. Katharina, unter hftl. Patronate, welche bereits 1384 erwähnt wird. Nach dem 30jährigen Kriege war sie Filiale von Semil, erhielt aber 1700 wieder einen eignen Pfarrer. Im J. 1725 wurde der Bau der gegenwärtigen schönen Kirche begonnen, aber erst 1743 vollendet. Ferner ist hier 1 Schule, ein der Stadt gehöriges Rathh., 1 Apotheke und 4 Mhl., wovon 3 von dem genannten kleinen Bache und eine von der Iser getrieben werden. Der Hauptnahrungszweig ist Flachsspinnerei und Garnhandel, nebst kärglich lohnendem Feldbau und Viehzucht, und einigen städtischen Gewerben. Das Städtchen wurde im J. 1660 vom damaligen Besitzer der Hft. Semil, Nikolaus Grafen Desfours, unentgeltlich von der Robot befreit, mit Vorbehalt der Dienstleistungen bei Jagden; 1703 erhielt es das Privilegium auf 3 Jahrmärkte und auf Wochenmärkte, welche jeden Samstag gehalten werden. Auf den Jahrmärkten werden in 120 Buden die gewöhnlichen Schnitt-, Galanterie- und Krämerwaaren feilgeboten, auf die Wochenmärkte wird Getreide und andere Viktualien von den Hftn. Starkenbach, Kumburg und Groß-Skal zugeführt. Das Wappen von Hochstadt ist ein Kohlenbrenner mit einem Bären; ein Kohlenbrenner, Namens Pawlata, soll unter König Wenzels IV. Regierung einen Bären, welche sich damals noch häufig in der waldigen Gebirgsgegend aufhielten, so zahm gemacht haben, daß er ihn an einer Flechte aus Weidenruthen herumführen konnte; so führte er ihn auch dem Könige vor, welches die Veranlassung der Erhebung des Ortes zur Stadt und zum Wappen gewesen seyn soll. Oestlich unterhalb Hochstadt, auf einer in die Iser sich steil abstürzenden Anhöhe, sind die Ruinen einer Burg, Hradisst, oder Zamcisste (das alte Schloß) gewöhnlich genannt; sie soll früher Rectin geheißen haben; von der Erbauung und Zerstörung derselben ist nichts bekannt. Nach Hochstadt sind eingepf.: — 25. Altendorf, (Stara Wes) sw. an Hochstadt, am Woschmenda-Bache, hat 89 H. mit 796 E., 1 Schule und 2 Mhl. — 26. Třic, D., nö. an Hochstadt, an einem kleinen hier entspringenden Bache, hat 135 H. mit 1110 E., 1 Mhl. — 27. Glasersdorf, (Sklenaržice,) 1/4 S. n. von Hochstadt, an einem kleinen hier entspringenden, und der unfern von hier in der Tiefe vorbeifließenden Iser zueilenden Bache, hat 154 H. mit 1217 E., 1 Schule und 2 Mhl.; der Ort hat den Namen von einer früher hier bestandenen Glash. Hieher gehört Blansko, einige Häuser an der Iser, dem im Bidschower Kreise liegenden D. Gablonetz gegenüber, und Jesenetz, der untere Theil von Glasersdorf. — 28. Wolleschnitz (Wolessnice auch Wolessna), D. von 176 H. mit 1263 E., liegt 3 1/2 St. nnö. in einem erlenreichen Thale an einem Bache, der in die Kamenitz fällt, und hier die Gränze zwischen der Hft. Semil und dem G. Nawarow bildet, zu welchem die an der rechten

Seite liegenden 67 H. mit 512 E. gehören. Hier ist 1 Kirche zum heil. Martin, Bischof, unter dem Patronate des Dominiums Rawarow; sie kommt schon 1384 vor, war nach dem 30jährigen Kriege Filiale von Drschkow und wurde 1769 mit einem Pfarrer besetzt; früher war sie, wie damals die meisten Kirchen im Gebirge, von Holz erbaut; erst 1781 wurde sie von Stein errichtet; ferner ist hier 1 Schule und 2 Mhl.; die Einw. bauen viel Flachs, treiben etwas Bienenzucht und Spinnerei. — 29. Unter-Hammerdorf, (Hamerska, Dolenj-Hammer) 3 St. n. von Semil, im Thale an der Kamenitz, hat 38 H. mit 316 E., ist nach Drschkow (G. Rawarow) eingepf., so auch: — 30. Ober-Hammmerdorf, (Hořenj-Hammer), 3 St. n. von Semil, 1/4 St. w. vom vorigen, am Mochow, einem Theile des Schwarzbrunnenberges, hat 128 H., 1022 E., 1 Schule, 1 hftl Jägerh.; hieher gehört der 1 St. entfernt, am Schwarzbrunnenberge liegende, aus 6 H. bestehende Ort Beran, dann die 1/4 St. entfernten 2 einschichtigen Chaluppen na Sautj genannt. — 31. Passek, (Paseka) D., 3 1/2 St. nnö. von Semil, größtentheils auf einem Berge, der sich s. sehr steil gegen den Isergrund abdacht, sehr zerstreut liegend, zum Theile auch im Thale an der Iser und an einem kleinen Bache, gegen W. und N. von Wald umgeben. Hier ist eine 1787 errichtete Lokalkirche zum heil. Wenzel, unter dem Patronate des k. k. Religionsfonds, 1 Schule, 1 hftl. Försterh., 5 Mhl. und 1 Brettſ. Der Ort ist durch Holzschläger entstanden, welche vor 200 J. den Wald zu lichten anfingen; bei demselben sind innbegriffen die Ortschaft Makow von 32 H., an einem kleinen Bache, s. von Passek, Hawirna, 54 H. in einer Thalschlucht an der Nordseite des Dfs.; hier wurde früher Bergbau getrieben, daher die Benennung; die Bergleute sollen durch den Einsturz der Grube ihren Tod gefunden haben, und so der Bergbau eingegangen seyn; Zabity, 6 H. am steilen Ufer der Iser, und Wystrkow, 4 H. Zusammen hat die ganze Dorfgemeinde Passek 163 H. mit 1302 E. — 32. Přichowitz, (Přichowice) D., 3 1/2 St n. von Semil, hat 279 H. mit 1842 E. Hier ist 1 Kirche zum heil. Veit, im J. 1690 von Polyxena, verwittweten Gräfinn Desfours, gebornen von Schönfeld, von Holz erbaut, und 1736 zur Pfarrkirche erhoben, und 1 Schule, beide unter hftl. Patronate. Eine neue geräumige Kirche von Stein ist noch im Baue, nach deren Vollendung und Einweihung die alte hölzerne abgetragen werden soll. Der Ort liegt sehr zerstreut und größtentheils sehr hoch; der Winter ist hier sehr strenge und von langer Dauer, der Feldbau daher sehr mühevoll und wenig lohnend, und wird meist durch Menschenhände bestellt. Es wird hier bedeutender Flachs- und Garnhandel getrieben; auch sind hier 3 Mhl., 1 Brettſ., 2 Glasschleifereien, und 1 hftl. Försterh. am Fuße des Haidsteines. Die einzelnen zerstreuten Theile des Dfs. führen folgende Benennungen: a. Ober-Přichowitz, von 95 H.; b. Unter-Přichowitz, 38 H.; c. Liebstadt; d. Mähren, 1/4 St. entfernt; e. Wustung, 1/2 St. w. von 63 Nrn.; f. Tiefenbach, von 16 Nrn., 3/4 St. w. im Thale an der Schwarzen Desse; hier ist 1 Glashütte und 1 große Leinwandbleiche mit einer englischen Mangel; g. Swietlay; h. Falkenberg; i. Neudörfel; k. Kälberloch; l. Schänkenhahn, 2 Chaluppen; m. Hüttenberg, oder Polauner Gränze, 1/2 St. n., 22 H. Die Sprache der Einw. ist die teutsche. Zur Pfarre in Přichowitz sind die, in den sogenannten Strickerhäusern, jenseits der Iser in Preußisch-Schlesien wohnenden, 23 katholischen Familien eingpf.; von Ortschaften der Hft. Semil aber noch folgende: — 33. Schumburg, D., 1/2 St. sw. von Přichowitz, hat 145 H. mit 1043 E., 1 Schule, in welcher Vormittags böhm. und Nachmittags teutscher Unterricht ertheilt wird, da die Sprache der Einw. gemischt ist; 3 Mhl. Auch dieser Ort liegt sehr zerstreut, theils auf der Höhe, theils im Thale an der Kamenitz; letzterer Theil, von 14 H., führt den Namen Popelnitz und ist 1/2 St. von Schumburg entfernt, ein anderer 3/4 St. entfernter Ortstheil von 6 H. heißt Swarow. (In Schallers Topographie ist dieser Ort mit dem auf der Herrschaft Klein-Skal vorkommenden gleichnamigen verwechselt.) — 34. Reiditz (Reydice), D. von 65 H. mit 462 E., 1/2 St. s. von Prichowitz, an einem kleinen Bache, der in die Kamenitz fällt. Hier ist 1 hftl. Bräuh. (auf 20 Faß), 1 Branntweinh., 1 hftl. Mhf. und 2 Mhl. Ein Theil des Dfs., von 17 H., 1/4 St. entfernt, führt den Namen Počatek, ein anderer von 16 H., ebenfalls 1/4 St. entfernt, heißt Kalkofen; hier waren früher Kalksteinbrüche; noch ein anderer, gleichfalls 1/4 St. entfernter Theil von 8 H. heißt Swillay. Die Sprache der Ortschaft ist gemischt. — 35. Polaun (Polobny), D., 4 St. n. (zu gehen 5 St.) von Semil, im hohen Gebirge, hat 342 H. mit 2500 E. Hier ist eine Pfarrkirche unter dem Patronate des k. k. Religionsfonds, 1782 erbaut, und eine Schule. Die Einw. nähren sich meist von Tagarbeit, Holzfällen, Spinnen, Weberei, Glasschleiferei und Glasblaserei; auch sind hier mehre Pottaschensiedereien und 5 Mhl., wovon 2 von der Iser, 2 vom Schwarzfloß und 1 vom Gabelbache getrieben werden, nebst 1 hftl. Försterswohn. Das D. liegt sehr zerstreut, theils auf dem Bergrücken, theils in Thälern, und besteht aus nachfolgenden besonders benannten Theilen: a. Ober-Polaun, der Haupttheil, hier ist die Kirche, Pfarrei und Schule; b. Unter-Polaun, 1/2 St. w. am Schwarzfloßbache, 44 H.; c. Rosenthal, 1/4 St. s., hat 13 H.; d. Wurzeldorf, 1/4 St. ö., hat 60 H.; e. Antoniwald, 1/4 St. sö., 7 H.; Grünthal, 1/4 St. ö. mit Wurzeldorf in einer Schlucht, die sich bis in den Isergrund hinabzieht, hart an der Gränze; g. Irrgrund, an Ober-Polaun anstoßend, hat 11 H.; h. Markelsdorf, 1/4 St. sö., hat 7 H.; i. Watzelsborn, 1/4 St. n., hat 6 H.; k. Schwarzfloß, 1/4 St. w., hat 44 H.; l. Ritschehäuser, 8 H., 1/2 St. entfernt; m. Vorder- und Hinter-Darre, 11 H., 3/4 St. nw.; n. Neustück, 20 H., 1 St. w.; o. Kobel, 1 Häusel, 1/4 St. n. und p. Buchhäuser, 2 H., 1 St. n. am Keulichten Buchberge. Zur Pfarre in Polaun ist noch die zur Hft. Friedland gehörige Dorfschaft Iser eingepf. In der ganzen Dorfgemeinde wird bloß Teutsch gesprochen. Die Benennung der Ortschaft soll von einem gewissen Pohl herrühren, welcher vor beiläufig 150 Jahren der erste Ansiedler hier gewesen seyn soll; gegenwärtig führt noch ein Grundstück den Namen Pohls Aue. Andere leiten sie von dem böhmischen polowu, Rast nach der Jagd, her.

Fideicommiß-Herrschaft Groß-Rohosetz.

Dieses Dominium liegt zu beiden Seiten der Iser, zwischen den Herrschaften Swigan, Klein-Skal, Semil, Groß-Skal und Böhmisch-Aicha.

Der gegenwärtige Besitzer ist der k. k. Kämm. Joseph Graf von Desfours-Walderode, welcher diese Herrschaft nach dem Tode des vorigen Besitzers, seines im J. 1831 ohne männliche Leibeserben verstorbnen Oheims, Franz Anton Grafen von Desfours, Freiherrn von Mont und Athienville, k. k. Kämm. und emerit. Gubernialraths, Ritters des Malthеser = Ordens rc. als nächster Fidei= commiß=Erbe übernahm.

In älterer Zeit gehörte Groß = Rohosetz den Herren von Trka, kam von diesen an die königl. Kammer und wurde von derselben an Adam von Wartenberg abgetreten. Auf diesen folgte 1588 sein Sohn Karl von Wartenberg, von dem das Gut Rohosetz an dessen Sohn Johann Georg überging, welchem, als Theilnehmer an der Empörung gegen den Monarchen, nach der Schlacht auf dem Weißen Berge, 1620, seine sämmtlichen Besitzungen confiscirt wurden, worauf Groß= Rohosetz, dessen Abschätzungswerth 49244 Sch. 24 Gr. betrug, am 21. Jäner 1623 an den Grafen Albrecht von Waldstein, nachmaligen Herzog zu Friedland, für 49244 fl. verkauft wurde, (S. Rieggers Materialien rc. IX. Heft, S. 67.) Dieser vereinigte es bald darauf mit seinem Herzogthum Friedland und überließ es als Lehn desselben im J. 1628 an den Freiherrn Niklas von Desfours zu Mont und Athienville. Es bestand damals, laut Lehnbrief, dd. Gitschin, 23. Mai 1628, aus dem Gute und Schlosse (Groß=) Rohosetz, dem Marktflecken Eisenbrod und 29 Dörfern. Nach dem Tode des Herzogs Albrecht und der Einziehung seiner Besitzungen blieb der erwähnte Freiherr Niklas von Desfours, zur Belohnung seiner sich um den Monarchen und den Staat erworbnen Verdienste nicht nur im Besitz des Gutes Groß = Rohosetz, sondern erhielt auch als Geschenk das benachbarte Gut Klein = Skal (damals Wartenberger Skal genannt) und wurde am 21. November 1635 in den Reichsgrafenstand, so wie zur Würde eines k. k. Feldmarschall = Lieutenants, Hofkriegsraths und Kämmerers erhoben. Nach seinem Tode gelangten die Güter Groß = Rohosetz und Klein = Skal an seinen ältesten Sohn Albrecht Maximilian, Grafen von Desfours rc., k. k. Kämm. und des heil. röm. Reichs General=Wachtmeister, welcher auch die Hft. Semil dazu kaufte und durch Testament dd. Prag, 8. März 1678 die Herrschaft Groß=Rohosetz nebst Morchenstern, Tannwald, Wiesenthal, Neudorf, Johannesberg, Georgenthal und Albrechtsdorf, jedoch mit Ausnahme von Klein = Skal, zum Fideicommiß oder Majorat erhob. Ihm folgte als Erbe desselben unter der Vormundschaft der hinterbliebenen Frau Wittwe, Maria Polexina, geborne Gräfinn Schönfeld, sein noch minderjähriger erstgeborner Sohn Albrecht Maximilian Anton, dessen zwei jüngere Brüder Wenzel Matthias und Ferdinand Ignaz Magnus sich späterhin durch Vertrag in die Allodial = Erbschaft theilten, in der Art, daß jener die Hft. Klein = Skal, dieser aber die Herrschaft Semil erhielt. Durch die letztwillige mündliche Anordnung seiner Frau Mutter erbte der erwähnte Graf Wenzel Matthias von Desfours nach dem Tode derselben auch das ihr zugehörig gewesene benachbarte Gut Klein= Rohosetz, und brachte durch Kauf die Hft. Povitschan mit Mitrowitz, für 323000 fl., das Gut Pruchowitz für 90000 fl., das Gut Mladegow für 56000 fl., und am 16. Oktober 1698 von dem Grafen Franz Anton von Hollewepl das Gut Gillowey für

46000 fl. und 1000 fl. Schlüsselgeld an sich. Durch Testament vom 6. August 1732 bestimmte derselbe Graf Wenzel Mathias seine beiden Söhne Karl Joseph und Albrecht als Erben seiner Allodial-Güter, welche sich am 27. April 1733 dahin verglichen, daß der älteste, zugleich Fideicommiß-Erbe, die Hft. Poritschan und Mitrowitz, im Werthe zu 315000 fl., so wie die Güter Klein-Rohosetz, zu 20000 fl., und Gillowey, zu 49000 fl. übernahm, der zweitgeborne aber die Güter Pruchowitz, zu 90000 fl., und Mladěgow, zu 56000 fl., nebst mehren Kapitalsposten, erhielt. Der erwähnte Graf Karl Joseph, k. k. Kämmerer und Appellationsrath, starb ohne Testament im J. 1775, und ihm folgte als Fideicommiß-Erbe sein ältester Sohn Franz Anton Graf Desfours ꝛc., welcher beide Fideicommiß-Herrschaften (Groß-Rohosetz und Morchenstern) durch Anpflanzung zahlreicher Obstbäume, die Errichtung eines steinernen Holzschwemm-Kanals u. s. w. bedeutend im Werthe erhöhte, und den schon von seinem Vater begonnenen Bau der Kirchen zu Morchenstern, Jentschowitz und Johannesberg vollendete. Durch Testament vom 5. Oktober 1807 und Codicill vom 23. März 1821 ernannte er seine vier Kinder: 1. Aloysia, Kapitularinn des Damenstifts zu den heil. Engeln in Prag, 2. Gabriela, vermählte Gräfinn Wratislaw von Mitrowitz, 3. Antonia, vermählte Gräfinn Waldstein-Wartenberg, resp. deren Sohn Christoph Graf von Waldstein-Wartenberg, und 4. Franz Anton, k. k. Kämm., Gub. Rath und Ritter des Malth. O., zu Erben seines gesammten Allodial-Vermögens, den erkauften emphyteutischen Hof Hlubočep (Rak. Kr.) aber vermachte er seiner Frau Schwiegertochter, Gräfinn Gabriela von Desfours ꝛc., gebornen Gräfinn Trautmannsdorf. Im Besitz des Fideicommisses folgte ihm 1822 sein einziger Sohn, der bereits erwähnte Graf Franz Anton von Desfours ꝛc. ꝛc. Nach dem Tode desselben im J. 1831 übernahm beide Fideicommiß-Herrschaften sein Neffe Graf Joseph von Desfours-Walderode, welcher ebendamals die Allodial-Güter Klein-Rohosetz und Gillowey an den Besitzer der benachbarten Herrschaft Swigan, Fürsten Karl Alain von Rohan ꝛc. ꝛc. verkaufte. (S. Landtäfl. Hauptbuch Litt. G. Tom. VII. Fol. 61.)

Der nutzbare Flächeninhalt des jetzigen Dominiums Groß-Rohosetz war, laut Katastral-Zergliederungssummarium vom J. 1832:

	Dominicale.		Rusticale.		Zusammen.	
	Joch.	□Kl.	Joch.	□Kl.	Joch.	□Kl.
An ackerbaren Feldern . .	606	$918\,^{2}/_{6}$	3416	1100	4023	$418\,^{2}/_{6}$
= Trischfeldern .	49	$136\,^{1}/_{6}$	1462	$621\,^{5}/_{6}$	1511	758
= Wiesen . .	123	704	473	$1365\,^{4}/_{6}$	597	$469\,^{4}/_{6}$
= Gärten . .	40	126	284	$1315\,^{4}/_{6}$	324	$1441\,^{4}/_{6}$
= Hutweiden ꝛc.	28	292	477	$1213\,^{2}/_{6}$	505	$1505\,^{2}/_{6}$
= Waldungen .	1063	$375\,^{2}/_{6}$	1463	$1251\,^{4}/_{6}$	2527	27
Ueberhaupt . .	1910	$951\,^{5}/_{6}$	7579	$468\,^{1}/_{6}$	9489	1420

Die Oberfläche des Dominiums ist zwar großentheils, besonders im östlichen Theile, gebirgig; es befindet sich aber nirgends ein Berg von besonderer Höhe. Die Gebirgsarten sind im nördlichsten Theile, bei Eisenbrod, der Thonschiefer, welcher in der südlichen Abdachung des Isergebirges die herrschende Formation ist; er setzt hier auf das linke Ufer der Iser über und bildet die steilen Gehänge des Iserthales, wird aber weiter südlich, bei Smrtsch, Dluhey, Wrat, Prosetschka und Lischnay vom rothen Sandstein verdrängt, welcher bis in die Gegend von Prackow und Laukek herrschende Felsart ist. Der übrige, größere Theil der Herrschaft fällt ins Gebiet des Quadersandsteines, welcher auch hie und da in steilen, obwohl nicht hohen, Wänden ansteht.

Der Hauptfluß ist die Iser, welche, vom Gebiete der Hft. Semil kommend, das Dominium Groß-Rohosetz oberhalb Eisenbrod betritt, in mancherlei Krümmungen ihren Lauf nach Westen und Südwesten fortsetzt und unterhalb Dalmeritz auf das Gebiet der Hft. Groß-Skal übergeht. Bei Dolánek löst sich links ein Arm von derselben ab, der sich aber weiter unten, bei Turnau, wieder mit dem Hauptarme vereinigt und eine Insel bildet, die von Nordosten nach Südwesten ¼ St. lang und ¼ Viertelst. breit ist. In der Gegend von Eisenbrod sind beide Ufer beträchtlich hoch, weiter abwärts verflachen sie sich und erst bei Dolánek und Groß-Rohosetz erheben sie sich wieder. Bei Thauwetter und starken Regengüssen schwillt die Iser sehr schnell und beträchtlich an, so daß sie aus ihren Ufern tritt und an den Wiesen und Feldern, namentlich bei Lauzek, oft großen Schaden anrichtet. Dagegen nützt dieser Fluß durch die Holzflößung, welche besonders im Frühjahre von der Hft. Morchenstern aus lebhaft Statt findet. Es werden nämlich im Winter zur Zeit der Schlittenbahn aus den weitläuftigen Gebirgswaldungen der letztern Herrschaft ansehnliche Quantitäten Scheiterholz an dazu bestimmten Plätzen zusammengeführt und dann im Frühjahre nebst Stämmen, Klötzern rc. auf dem Giftflössel, der Schwarzen und Weißen Desse und dem Kamenitz-Bache nach der Iser geflößt, deren Fluthen sie nach dem bei Dolánek errichteten Holzfange führen, wo sie dann in dem dortigen, 6000 Klafter fassenden Holzgarten zum Verkauf aufgeschichtet werden. Außerdem gewährt die Iser auch einigen Nutzen durch den Fischfang, indem sie Forellen, Aale von bedeutender Größe, mehre kleinere Fischgattungen und auch Fischottern enthält. Unter den kleinen Bächen, welche die Iser auf dem Gebiete von Groß-Rohosetz empfängt, ist der Wasowetzer-Bach, welcher sich unterhalb Dolánek in die Iser ergießt, von Bedeutung, indem er auf der kurzen Strecke seines Laufs 6 Mühlen treibt. Er bricht oberhalb Slap und Mokrin aus einer backofenähnlichen Oeffnung (daher auch die Einwohner diese Quelle w Pece, beim Ofen, nennen) in ansehnlicher Mächtigkeit hervor, so daß er schon hier eine Mühle in Bewegung setzen kann. Man findet auch Forellen im Wasowetzer Bache. Bei Eisenbrod ergießt sich der von Schumburg (Hft. Klein-Skal) in Norden herabkommende Bach Zerdownik in die Iser.

Die Zahl der Einwohner betrug im J. 1830: 10090. Sie bekennen sich, einige Israeliten ausgenommen, sämmtlich zur katholischen Religion, und sprechen größtentheils Böhmisch.

Die Ertrags- und Nahrungsquellen sind Ackerbau, Obstbau, Viehzucht, Waldkultur, und mancherlei Industrial-Gewerbe.

Der Ackerboden ist größtentheils sandig und nur mittelmäßig fruchtbar. Man baut hauptsächlich Roggen, Haber, Flachs und Erdäpfel. Von großer Erheblichkeit ist der Obstbau, welcher hier, wie schon oben gemeldet, durch den vorletzten Besitzer des Dominiums, Franz Anton Grafen von Desfours, besonders emporgebracht wurde, und noch fortwährend sowohl von der Obrigkeit als von den Unterthanen mit Sachkenntniß, Liebe und Eifer betrieben wird. Die obrigkeitliche Baumschule in Groß-Rohosetz enthielt, nach amtlichen Angaben vom J. 1825, an edlen Obstsorten 13873 Aepfel-, 515 Birn-, 184 Kirsch-, 198 Weichsel, 44 Nuß- und 1801 Zwetschkenbäumchen, und außerdem noch 6453 Aepfel-, 4555 Birn-, 170 Kirsch-, und 105 Weichselwildlinge. Auch bestehen bei dem Maierhofe in Groß-Rohosetz zwei geräumige und bei dem Maierhofe Neuhof ebenfalls ein beträchtlicher Obstgarten, wozu noch zahlreiche Obstbaum-Alleen kommen, welche nicht bloß der ganzen Gegend zur großen Zierde gereichen, sondern auch einen nicht unbedeutenden Ertrag gewähren. Die Zahl sämmtlicher Bäume in den genannten Gärten und Alleen war im J. 1825 (wo aber Klein-Rohosetz und Gillowey noch mit diesem Dominium vereinigt waren) 2986 Aepfel-, 913 Birn-, 1353 Zwetschken-, 485 Kirschen-, 284 Weichsel- und 90 Nußbäume. Auch auf die Unterthanen hat das Beispiel der Obrigkeit sehr günstigen Einfluß gehabt. Sie besitzen nicht nur bei ihren Wohnungen mehr oder weniger stark besetzte Obstgärten, sondern haben auch zum Theil manches sonst öde gelegne Grundstück angepflanzt, so daß 1825 die Zahl der tragbaren Bäume auf 80000 Stück geschätzt wurde.

Der Viehstand war am 30. April 1833:

	der Obrigkeit.	der Unterthanen.	Zusammen.
Pferde	4 (Alte) .	228 (207 Alte, 21 Fohlen)	232
Rindvieh	81 . . . . (2 Zuchtstiere, 4 j. Stiere, 35 Kühe, 36 Kalbinnen, 2 Zugochsen, 2 j. O.)	1435 . . . . (2 Zuchtstiere, 10 j. Stiere, 1065 Kühe, 250 Kalbinnen, 124 Zugochsen, 44 j. Ochs.)	1516
Schafe	1393 . . . . (958 Alte, 435 Läm.)	—	1393

Veredelte Racen werden nur in den Ställen der obrigktl. Maierhöfe angetroffen. Die übrigen Einwohner begnügen sich mit der gewöhnlichen Landesrace und kaufen sich, ohne eigne Zucht, die nöthigen Pferde auf den nächsten Viehmärkten. Die Schweine- und Geflügelzucht ist unbedeutend und auch die Bienenzucht beschränkt sich auf wenige Stöcke bei einzelnen Häusern.

Zur Bewirthschaftung der obrigkeitlichen Gründe sind zwei Maierhöfe in eigner Regie vorhanden, einer zu Groß-Rohosetz und der andere, der Neu- oder Rothe Hof, bei Jentschowitz.

Die obrigktl. Waldungen bilden zwei Reviere: das Bessetitzer und das Neuhöfer. Sie enthalten größtentheils Kiefern, gemischt mit Fichten, Birken, Buchen und Erlen. Der gesammte Ertrag beläuft sich jährlich auf 900 Klafter, welche den einheimischen Bedarf nicht völlig decken, so daß das Fehlende auf der Iser von der Hft. Morchenstern herabgeflößt werden muß. (S. oben.)

Der dem Areale angemessene Wildstand beschränkt sich auf Rehe, Hasen und Rebhühner. Zwischen Jentschowitz und dem Neuhofe ist ein Fasangarten. Das jährlich geschossene Wild betrug 1825 (mit Klein-Rohosetz und Gillowey) 10 St. Rehwild, 400 Hasen, 300 Fasanen und 400 Rebhühner. Der Absatz geschieht hauptsächlich nach den benachbarten Städten Turnau, Liebenau und Reichenberg.

Die Fischerei beschränkt sich, da die Herrschaft keine Teiche besitzt, auf die Iser und den Wasowitzer Bach. (S. oben).

Bei Eisenbrod besitzt die Obrigkeit einen guten Kalkstein-Bruch, dessen Ausbeute größtentheils an die benachbarten Ortschaften verkauft wird. Ein zweiter Kalkstein-Bruch, aus dem die Obrigkeit ihren Bedarf zieht, ist in der Nähe von Groß-Rohosetz, am Abhange des Hügels Wopěnik. Dieser Kalkstein enthält eine Menge Schalen von Seemuscheln.

Mit Industrial-Gewerben waren am Anfange des J. 1832 auf dem ganzen Dom. 178 Pers. beschäftigt. Darunter befanden sich folgende Meister und Gewerbsherren: 10 Bäcker, 7 Bierschänker, 1 Branntweinbrenner, 2 Edelsteinschleifer, 1 Färber, 2 Faßbinder, 12 Fleischhauer, 1 Garnhändler, 1 Getraidehändler, 2 Glaser, 8 Griesler, 1 Hutmacher, 1 Kammmacher, 1 Kürschner, 3 Lebzeltler, 10 Leinweber, 8 Lohgärber, 1 Maurermeister (4 Gesellen), 9 Müller, 2 Obsthändler, 1 Riemer, 1 Sattler, 1 Schlosser, 7 Schmiedte, 13 Schneider, 12 Schuhmacher, 1 Seiler, 1 Strumpfwirker, 5 Tischler, 1 Töpfer, 26 Tuchmacher, 2 Tuchscheerer, 1 Wachszieher, 2 Wagner, 2 Weinschänker, 1 Weißgärber und 1 Zimmermeister.

Zum Handelsstande gehörten 8 Besitzer von gemischten Waarenhandlungen, 4 Hausirer und 8 freien Handel Treibende, zusammen 20 Personen, sämmtlich in Eisenbrod.

Auf den Jahrmärkten zu Eisenbrod werden in 30 Buden und 60 Ständen alle Gattungen von Schnittwaaren, Leinwand, Tuch, Leder und Lederwaaren, Töpfergeschirr, Strümpfe, Hüte, Eisenwaaren rc.; ferner Getraide, Rindvieh und Pferde zum Verkauf ausgestellt. Die Wochenmärkte ebendaselbst versorgen die Einwohner des hiesigen Dominiums so wie der Hften. Groß- und Klein-Skal mit Getraide, Obst, Erdäpfeln, Grünzeug rc.

Sanitäts-Personen sind 2 Wundärzte (in Eisenbrod) und 8 Hebammen (2 in Eisenbrod, die übrigen in Bessetitz, Dalimeřitz, Jentschowitz, Koberow, Michowka und Smrtsch.

Ein regulirtes Armen-Institut war bis zum Anfange des J. 1832 auf der Hft. Groß-Rohosetz noch nicht eingeführt.

Zur Beförderung des Verkehrs mit den benachbarten Dominien dient zuvörderst die von Jung-Bunzlau nach Reichenberg führende

Post- und Commerzial-Straße, und Chaussée, welche den westlichen Theil des Dominiums durchschneidet und an der die Dörfer Pateřitz, Goldenstern und Ždiárek liegen. Ein Arm derselben geht vom Pyramiden-Wirthshause bei Wohrasenitz nach Turnau. Außerdem sind bereits unter dem vorigen Besitzer seit 1822 folgende Seitenstraßen in guten Stand gesetzt worden: a. Die Gabrielen-Straße, von der Chaussée an der Brücke bei Turnau, in gerader Linie über Dalimeřitz bis zum Groß-Rohosetzer Branntweinhause, 728 Kl. lang, $3\frac{1}{2}$ Kl. breit und durchaus mit Pappeln bepflanzt; b. die Bukowiner Straße, $1715\frac{1}{2}$ Kl. lang und $3\frac{1}{2}$ Kl. breit, vom Groß-Rohosetzer Branntweinhause über Dolanek und Bukowina bis zur Gränze der Hft. Klein-Skal, wodurch der Weg nach Klein-Skal und Eisenbrod, der sonst über Turnau und Lautschek führte, bedeutend abgekürzt wird; c. die Wodalnowitzer Straße, 582 Kl. lang und $3\frac{1}{2}$ Kl. breit, vom Goldensterner Wirthshause bis Wodalnowitz und von da weiter bis Friedstein. Die nächste Post ist in Liebenau, an der Reichenberger Straße, und die nächste Briefsammlung in Turnau.

Folgendes sind die einzelnen Ortschaften des Dominiums, und zwar zuvörderst die ungetheilten:

1. Groß-Rohosetz, gewöhnlich nur Rohosetz genannt (Welký oder Hrubý Rohosec), 4 Meilen nö. von der Kreisstadt Jung-Bunzlau, hoch am rechten Ufer der Iser gelegen, D. von 15 H. mit 61 E., ist nach Jentschowitz eingpf. und hat 1 obrktl., schon in älterer Zeit von den Herren von Trčka erbautes, aber späterhin vergrößertes und unter dem letzten Besitzer größtentheils erneuertes, auch im Innern nach dem neuesten Geschmack eingerichtetes Schloß mit einer Schloßkapelle unter dem Titel der heil. Dreieinigkeit, bei welcher ein eigner Schloßkaplan angestellt ist, einer Rüst- und Gewehrkammer mit sehenswerthen alten Waffen verschiedener Gattungen, die einen Bestandtheil des Fideicommisses ausmachen, und einem großen englischen Garten, welcher zahlreiche ausländische Baum- und Straucharten und 1 Glash. mit vielen exotischen Gewächsen enthält. Ferner ist hier die Wohnung des hftl. Oberbeamten mit den Kanzleien des obrktl. Wirthschaftsamtes, 1 Bräuh. (auf 25 Faß), 1 Branntweinh., 1 emph. Wirthsh., 1 Mhf. und 1 Schäf. — 2. Dalimeřitz oder Dalmeřitz, $^1/_4$ St. ssw. von Rohosetz, auf der Anhöhe, am rechten Iser-ufer, der Stadt Turnau gegenüber, D. von 36 H. mit 228 E., worunter 9 israel. Familien; nach Jentschowitz eingpf. — 3. Dollanek (Dolanek), $^1/_4$ St. onö. von Rohosetz, in schöner Lage, unweit vom rechten Ufer der Iser, die hier den Wasowetzer Mühlbach aufnimmt, und an der Straße nach Klein-Skal, D. von 16 H. mit 86 E., ist nach Jentschowitz eingpf. und hat 1 Schule und 1 Mhl. — 4. Bukowina, $^1/_2$ St. onö. von Rohosetz, rechts von der Iser, an der Straße nach Klein-Skal, auf einer Anhöhe, D. von 29 H. mit 210 E., nach Jentschowitz eingpf. — 5. Kobilka, $^1/_2$ St. nö. von Rohosetz, D. von 30 H. mit 212 E.; nach Jentschowitz eingpf. — 6. Lautschek (Laužek), $^3/_4$ St. onö. von Rohosetz, am rechten Ufer der Iser, D. von 11 H. mit 69 E., nach Jentschowitz eingpf. — 7. Pačeřitz, $^3/_4$ St. nw. von Rohosetz, an der Reichenberger Straße, D. von 45 H. mit 307 E., nach Jentschowitz eingpf. — 8. Jentschowitz, (Genčowice, Geničowec), $^3/_4$ St. n. von Rohosetz, auf einer An-

höhe, D. von 87 H. mit 529 E., unter welchen sich viele geschickte Musiker befinden, die sich den Sommer über im Lande zerstreuen und mit ihrem Erwerbe gegen den Winter zurückkommen; hat 1 Pfarrkirche unter dem Titel des heil. Georg, welche schon 1384 ihren eignen Pfarrer hatte, späterhin, nach dem 30jährigen Kriege, als Filialkirche dem Pfarrer in Rabsel (Hft. Klein-Skal) zugewiesen, 1728 aber wieder zur Pfarrkirche erhoben und vom damaligen Besitzer der Herrschaft, Wenzel Matthias Grafen von Desfours, neu dotirt wurde. Sie steht nebst der hiesigen Schule unter dem Patronate der Obrk. Die jetzige Kirche ist an der Stelle der ehemaligen hölzernen im J. 1744 vom Grafen Karl Joseph von Desfours ganz neu von Stein erbaut und 1795 von der Gräfinn Antonia von Desfours, geb. Gräfinn Černin, mit 3 neuen Glocken beschenkt worden. Die eingpf. Ortschaften sind, außer Jentschowitz selbst, Groß-Rohosetz, Bukowina, Daliměřitz, Dolanek, Goldenstern, Kobilka, Lauschek, Pakeřitz, Wodalnowitz, Wranowey und Zbiarek, ferner die zur Hft. Swigan gehörigen: Klein-Rohosetz, Schutzengel, Mokřin, Seblowitz und Wasowetz, und die zur Hft. Böhmisch-Aicha gehörigen: Borek, Friedstein, Horek, Kaschkowitz, Křižek, Raudney, Slap, Woděrad, Wondřechowitz und Zabokj. — Zum D. Jentschowitz ist auch der $\frac{1}{4}$ St. s. gelegene Mhf. Neuhof oder Rothe-Hof (auch Činow genannt), mit 1 Försterh., und das im Fasangarten, zwischen Jentschowitz und dem Neuhofe liegende Jägerh. conscribirt. — 9. Goldenstern, $1\frac{1}{4}$ St. nnw. von Rohosetz, an der Reichenberger Straße, Dfch. von 9 H. mit 62 E., nach Liebenau (Hft. Böhmisch-Aicha) eingepf., hat 1 Einkehrh. — 10. Zbiarek oder Scharchen, $1\frac{1}{2}$ St. nnw. von Rohosetz, an der Reichenberger Straße, D. von 29 H. mit 210 E., ist nach Jentschowitz eingpf., hat 1 Mhl. (die Neumühle) $\frac{1}{4}$ St. nw. am Mohelka-Bache. — 11. Wodalnowitz, 1 St. n. von Rohosetz, auf einer flachen Anhöhe, D. von 78 H. mit 457 E., nach Jentschowitz eingepf., hat keinen Brunnen, so daß das Wasser mühsam aus der Entfernung geholt werden muß. — 12. Brodetz (auch Protzen), $2\frac{1}{4}$ St. nö. von Rohosetz, am linken Ufer der Iser, dem Schutzstädtchen Eisenbrod gegenüber, D. von 17 H. mit 99 E., nach Eisenbrod eingpf. — 13. Prosetsch (Proseč), $3\frac{1}{4}$ St. onö. von Rohosetz, am linken Iserufer, von Waldungen umgeben, D. von 39 H. mit 196 E., ist nach Semil (Hft. dieses Namens) eingpf. und hat 1 Mhl. — 14. Pellechow, $2\frac{1}{2}$ St. nö. von Rohosetz, links von der Iser, D. von 20 H. mit 120 E., nach Eisenbrod eingepf. — 15. Smrtsch (Smrč), $2\frac{1}{2}$ St. onö. von Rohosetz, auf einer Anhöhe, an einem kleinen Mühlbache, D. von 30 H. mit 207 E., ist nach Eisenbrod eingepf. und hat 1 Schule und 1 Mhl. — 16. Zabok, $2\frac{1}{4}$ St. ö. von Rohosetz, in einem kleinen nach So. abfallenden Thale, D. von 43 H. mit 271 E., nach Semil eingepf., hat 1 Schule. — 17. Pipitz, 2 St. ö. von Rohosetz, an einer Anhöhe, D. von 21 H. mit 125 E., worunter 1 Israel. Familie, nach Eisenbrod eingpf. — 18. Dluhey (auch Dlauhey), 2 St. onö. von Rohosetz, auf einer flachen Anhöhe, D. von 52 H. mit 386 E., nach Eisenbrod eingpf. — 19. Chlaudow (Chloudow), $1\frac{1}{2}$ St. onö. von Rohosetz, auf einer flachen Anhöhe und am Walde, Dfch. aus 5 zerstreuten H. mit 42 E. bestehend, nach Eisenbrod eingpf. — 20. Wrat, 2 St. onö. von Rohosetz, zwischen Waldungen, hochgelegenes D. von 23 H. mit 148 E., nach Eisenbrod eingepf. Unweit ö. vom Orte liegt die dazu conscribirte Einschicht Propastnj, aus 1 Mhl. und noch 1 H. bestehend. — 21. Proslitschko

(Proßicko), 2 St. nö. von Rohosetz, auf einem Berge, von Wald umgeben, D. von 16 H. mit 118 E., nach Rabsel (Hft. Klein-Skal) eingepf. — 22. Zibentin, 1½ St. nö. von Rohosetz, ebenfalls hoch gelegen und von Wald eingeschlossen, Dfch. von 6 H. mit 29 E., nach Rabsel eingepf. — 23. Koberow, 1½ St. onö. von Rohosetz, in einer Vertiefung gelegnes D. von 50 H. mit 327 E., theils nach Eisenbrod, theils nach Lautschek eingpf., hat 1 Mhl. — 24. Lautschek (Lauček), mit dem Beinamen im Walde, oder auch Hinter-Lautschek, 1¼ St. onö. von Rohosetz, am Fahrwege von Turnau nach Eisenbrod, an einem steilen und kahlen Berge, D. von 51 H. mit 328 E., hat eine im J. 1792 errichtete, auf Kosten des k. k. Religionsfonds von Grund aus neu erbaute Lokalie-Kirche unter dem Titel des h. Anton von Padua, nebst 1 Schule. Das Patronat besitzt seit dem J. 1801 die Obrkt. Eingpf. sind die hftl. D. Bessetitz, Michowka, Zbiroch, Wranowey, Hamstein und ein Theil von Koberow, so wie die frmdhftl. Klokotsch, Prackow, Smrzj und Wesetz, welche zur Hft. Groß-Skal, und Rakaus, welches zur Hft. Böhmisch-Aicha gehört. Die Kirche liegt auf der Höhe des Berges und ist in der ganzen Gegend sehr weit zu sehen. — 25. Bessetitz (Besetice), 1½ St. onö. von Rohosetz, am Fahrwege von Turnau nach Eisenbrod, nahe am Walde, D. von 35 H. mit 187 E., nach Lautschek eingpf., hat 1 Jägerh. — 26. Michowka, 1 St. onö. von Rohosetz, nahe am Walde, D. von 27 H. mit 137 E., nach Lautschek eingpf. — 27. Zbiroch, 1 St. nö. von Rohosetz, unweit links von der Iser, im Thale und auf einer Anhöhe zerstreut liegendes D. von 18 H. mit 110 E., ist nach Lautschek eingpf. und hat 1 Mhl. Auf der Höhe des Berges, am linken Iserufer, steht die malerische Ruine der alten Burg Zbiroch, über deren Geschichte nichts Zuverlässiges bekannt ist. Man findet hier noch sehr starkes Mauerwerk, Stallungen und tiefe Keller. — 28. Hamstein, 1½ St. onö. von Rohosetz, auf einer felsigen Höhe, D. von 10 H. mit 68 E., nach Lautschek eingepf. — 29. Eisenbrod (ehemals Brödel, böhm. Železný Brod, lat. Ferrobroda), 2½ St. onö. von Rohosetz, am rechten Ufer der Iser, über welche eine hölzerne Brücke führt, und an der Mündung des von Schumburg (Hft. Klein-Skal) herabkommenden Baches Žerdownik, schutzunterthäniges Städtchen von 272 H. mit 1735 E., worunter 2 israel. Familien. Es hat sein eignes Stadtgericht mit 1 Stadtrichter und 1 Stadtschreiber, und führt im Wappen 1 Rathh., zur Rechten mit einem Löwen, zur Linken mit einem Greif. Uebrigens steht das Städtchen in Hinsicht der Gerichtsbarkeit und der übrigen Verwaltung unter dem hftl. Oberamte zu Groß-Rohosetz. Das vor etwa 200 J. erbaute, mit einem Thurme gezierte Rathh. ist zwar nur von Holz, aber ein solides und geräumiges Gebäude. Es ist gegenwärtig zugleich 1 Einkehrh. Die Pfarrkirche unter dem Titel des heil. Jakob des Gr. war schon im J. 1384 als solche vorhanden, war später eine Filiale von Rabsel, wurde im J. 1721 wieder zur Pfarrkirche erhoben, und ist im J. 1769 vom Grafen Karl Joseph von Desfours rc. erneuert und vergrößert worden. Eingepf. sind folgende hftl. D.: Wrat, Chlaudow, Dluhey, Pipitz, Smrtsch, Pellechow, Brodetz und ein Theil von Koberow; dann die zur Hft. Semil gehörigen: Groß-Horka, Klein-Horka, Střewelna, Sirkow und Ratschitz und das zur Hft. Swigan gehörige Kamenitz (im Gebirge). Die Kirche steht nebst der Schule unter dem Patronate der Obrkt. Außerdem hat Eisenbrod auch 3 Mhl. und 1 Schafwollen-Spinnerei. Die Einw. leben theils von der Landwirthschaft, theils von mancherlei städtischen Gewerben, mit welchen Letztern am Anfange des J. 1832 zusammen 146 Personen beschäftigt waren. Darunter befanden sich: 7 Bäcker, 3 Bierschänker, 1 Branntweinbrenner, 3 Färber, 1 Faßbinder, 9 Fleischer, 2 Glaser, 7 Griesler, 1 Hutmacher, 1 Kammmacher, 1 Kürschner, 3 Lebzelter, 8 Leinweber, 5 Lohgärber, 1 Maurermeister, 3 Müller, 2 Obsthändler, 1 Riemer, 1 Sattler, 1 Schlosser, 3 Schmiedte, 4 Schneider, 6 Schuhmacher, 1 Seiler, 1 Strumpfwirker, 4 Tischler, 1 Töpfer, 26 Tuchmacher, 2 Tuchscheerer, 1 Wachszieher, 2 Weinschänker, 1 Weißgärber und 1 Zimmermeister; außerdem noch 20 verschiedene Kauf- und Handelsleute. Das Städtchen hat das Recht, 3 Jahrmärkte zu halten, nämlich an den Dienstagen vor Fastnacht, Veit und nach Wenzeslai; auch ist jeden Dienstag Wochenmarkt. (S. oben die allgemeine Uebersicht des Dominiums). Obwohl die erste Gründung des Städtchens und überhaupt seine Geschichte in Folge der hussitischen Unruhen und des 30jährigen Krieges, wo durch Feuersbrünste die frühern Urkunden zerstört wurden, ganz unbekannt ist, so wird doch aus mehren Umständen ein hohes Alter des Ortes und ein ehemals weit größerer Umfang desselben wahrscheinlich. Schon die Größe des Rathh. spricht dafür und die ältesten noch vorhandnen Urkunden sind von 12 Rathsmännern unterzeichnet. In der Nähe des Städtchens sieht man auf einem Hügel am rechten Iserufer eine alte runde thurmähnliche Ruine, welche das ehemalige Hochgericht gewesen seyn soll, zu der Zeit, wo Eisenbrod noch eigne peinliche Gerichtsbarkeit besaß. Auch sollen in frühern Zeiten hier Eisenwerke bestanden und der Ort davon seinen Namen erhalten haben. — Am linken Iserufer, 1/4 St. s. von Eisenbrod, liegt die dazu gehörige Kapelle zum heil. Johann von Nepomuk, worin am 16. Mai, als dem Feste dieses Heiligen, vom Pfarrer zu Eisenbrod Gottesdienst gehalten wird.

Von folgenden Ortschaften gehören Antheile zu fremden Dominien:

30. Wohrasenitz, Wohrazenitz, (eigentlich Ohrazenitz,) 1/2 St. wsw. von Rohosetz, unweit der Reichenberger Straße, D. von 84 H. mit 534 E. Davon besitzt die Hft. Groß-Rohosetz 81 H. mit 516 E. und 3 H. mit 18 E. (worunter das s. g. Pyramiden-Wirthsh.) gehören zur Hft. Swigan. Das ganze D. ist nach Přepeř (Hft. Swigan) eingepf. Zum hiesigen Antheile ist die 1/2 St. n. liegende Einschicht Kositz (Kozitz), 6 H. mit 36 E., conscribirt. — 31. Lischney, 1 3/4 St. nö. von Rohosetz, im Thale am linken Ufer der Iser, D. von 43 H. mit 303 E., von welchen 37 H. mit 261 E. hieher, und 6 H. mit 42 E. zur Hft. Klein-Skal gehören; ist nach Rabsel eingepf. Beim hiesigen Antheile ist 1 Mhl. — 32. Pintschey, 3 1/2 St. nö. von Rohosetz, im Gebirge, D. von 43 H. mit 223 E., von welchen 22 H. mit 114 E. hieher, 16 H. mit 83 E. zur Hft. Swigan und 5 H. mit 36 E. zur Hft. Klein-Skal gehören; ist nach Schumburg (Hft. Klein-Skal) eingepf. — 33. Wranowey, 3/4 St. nö. von Rohosetz, am linken Ufer der Iser, D. von 38 H. mit 227 E. Davon gehören 27 H. mit 161 E. hieher, und 11 H. mit 66 E. zur Hft. Böhmisch-Aicha; ist nach Lautschek eingepf.

Außerdem besitzt das Dom. Groß-Rohosetz einen Antheil von

34. Sedlowitz, 1 1/2 St nw. von Rohosetz, am rechten Ufer des Mohelka-Baches, ein nach Liebenau eingepf. D. der Hft. Swigan, von welchem 4 H. mit 26 E. hieher gehören; ferner von — 35. Prackow, 1 1/2 St. ö. von Rohosetz, am Prackower Berge, einem nach Lautschek eingepf. D. der Hft. Groß-Skal, 1 H. mit 7 E.

Allodial-Herrschaft Groß-Skal und Turnau.

Diese Herrschaft liegt im östlichen Theile des Bunzlauer Kreises, da, wo derselbe an den Bidschower Kreis angränzt, auf der linken Seite der Iser, und wird in Norden von der Hft. Groß-Rohosetz, in Osten von der Hft. Semil und den Hften. Kumburg und Lomnitz des Bidschower Kreises, in Süden von dem G. Mladègow und der Hft. Kost, in Westen von den Hften. Münchengrätz und Swigan begränzt.

Die Burg Skala gehörte mit ihrem Gebiete laut Balbin, den Schaller anführt (S. 53), im X. Jahrhunderte dem Chrstan von Skala, einem Sohne des Herzogs Boleslaw I. In der Folge kam sie an die ebenfalls mit den Beherrschern Böhmens verwandten Herren Swihowsky von Skala, und späterhin wurde Heinrich von Bzow damit belehnt. Im J. 1325 erscheint Johann Benedikt von Wartenberg als Besitzer der Herrschaft Groß-Skal und Turnau. Um die Mitte des XV. Jahrhunderts gehörte sie den Herren Zagic von Hasenburg. Den in Turnau noch vorhandenen Urkunden zufolge war im J. 1496 Heinrich Sstiastny von Waldstein und im J. 1530 dessen Sohn Karl Sstiastny von Waldstein im Besitz der Hft. Von diesem kaufte sie im J. 1538 Johann von Wartenberg (auf Zwjřetitz), Oberstburggraf zu Prag, nach dessen Tode (1562) sie sein Sohn Adam von Wartenberg erbte. Von diesem gelangte sie 1596 ebenfalls als Erbschaft an seinen Sohn Karl und 1613 auf demselben Wege an dessen Sohn Otto Heinrich. Der nächstfolgende Besitzer war im J. 1616 Albrecht Johann Smiřicky von Smiřitz, welchem sie in Folge seiner Theilnahme an der protestantischen Empörung vom königlichen Fiscus entzogen, auf 103903 Schock 37 Gr. abgeschätzt (s. Rieggers Materialien rc. IX. Heft, S. 73) und 1623 an den Grafen Albrecht von Waldstein, nachmaligen Herzog zu Friedland, verkauft wurde. Nach dessen Tode 1634 gelangte die Herrschaft Groß-Skal an den Grafen Maximilian von Waldstein, von welchem sie 1655 an seinen Sohn Ferdinand Ernst Grafen von Waldstein, k. k. Appellations-Präsidenten und obersten Lehnrichter, als Erbschaft überging. Nach dessen Tode stand sie unter der Verwaltung seiner hinterbliebenen Wittwe Marie Eleonore, geb. Gräfinn von Rottal, als Vormünderinn des minderjährigen Sohnes Ernest, welcher die Herrschaft nach erlangter Volljährigkeit im J. 1675 selbst übernahm. Auf ihn folgte 1707 sein Sohn Franz, und auf diesen 1730 dessen Sohn Joseph, von welchem sie 1763 dessen Sohn Emanuel erbte. Als dieser 1779 ebenfalls mit Tode abging, übernahm die Verwaltung der Herrschaft seine hinterlassene Gemahlinn Maria Anna, geborne Fürstinn von Lichtenstein, als Vormünderinn des minderjährigen Sohnes und Erben, Karl Joseph, bis zum J. 1784, in welchem dieser bei erlangter Volljährigkeit die Herrschaft selbst übernahm. Nach dem Tode desselben (1815) gelangte sie an seinen Bruder Franz Adam, Grafen von Waldstein und Wartenberg, welcher sie im J. 1821 an Joseph Anton Lexa Ritter von Aehrenthal verkaufte. Als dieser am 4. Febr. 1824 mit Hinterlassung eines schriftlichen Testaments verschied, gelangte nach den Bestimmungen desselben die Herrschaft an seinen jüngern Sohn, den gegenwärtigen Besitzer, Aloys Leza Ritter von Aehrenthal. (S. Landtäfl. Hypb. Litt. G. Tom. VII. Fol. 121.)

Die Oberfläche des Dominiums ist durchaus gebirgig. Im westlichen Theile zieht sich am linken Ufer der Libunka eine Reihe hoher und schroffer Sandsteinfelsen von Bohuslaw in Süden bis nördlich in die Gegend von Turnau, deren pyramidenförmige Massen, besonders um Groß-Skal, einen sehr malerischen Anblick gewähren. Der südliche Theil dieser Felsenkette, bei Bohuslaw und Roketnitz, führt den Namen Rabenfelsen. Weiter südlich davon bemerkt man den Basaltberg Trosky. Dicht an Groß-Skal gewährt der hohe Berg Prachowna eine reizende und mannichfaltig abwechselnde Aussicht auf das ganze Gebiet des Dominiums, und weit darüber hinaus erblickt man die Städte Jung-Bunzlau, Münchengrätz, Liebenau, Turnau, Gitschin und Sobotka. Besonders malerisch ist in Norden und Nordosten das Isergebirge und ein Theil des Riesengebirges mit der Schneekoppe. An der nordöstlichen Seite wird das Dominium durch die Berge Prackow, Kosakow und Komarow von dem Gebiete der Herrschaft Semil getrennt, so daß die östlichen Abhänge dieser Berge dorthin, die westlichen hieher gehören. Die Felsarten sind hier Quadersandstein, welcher die erwähnten malerischen Felsenpartien um Groß-Skal und weiter nördlich und südlich davon bildet, sich am westlichen Abhange des Kosakow fast bis unter den Kamm dieses Gebirgsrückens hinaufzieht, und in welchem sich hier, obwohl nicht sehr mächtige, Lagen von Braunkohlen vorfinden; ferner der Plänerkalk im südwestlichen, minder gebirgigen Theile der Herrschaft. Am Kosakow selbst kommt die Formation des Rothen Sandsteines, und mit ihr der hier vorherrschende Mandelstein zum Vorschein, aus welchem am Gipfel des Berges Basalt emporsteigt. Der Porphyr und der Dichte Kalkstein dieser Formation finden sich bei Tatobit. Der Mandelstein ist hier vorzüglich reich an vielen Edelsteinen, als: Chalcedon, Achat, Jaspis, Carneol u. s. w., dergleichen auch in den tiefern Gegenden, auf den Feldern unterhalb Kosakow, bei Leskow, einerseits bis Libun, andererseits bis an die Ufer der Iser gefunden werden und den hiesigen Steinschleifern, namentlich in Turnau, eine reiche Erwerbsquelle darbieten. Chrysolith kommt im Basalte des Kosakow vor. Bei Teyn, oberhalb Rowensko, findet sich Kalkmergel (Plänerkalk) mit vielen Muschelversteinerungen, namentlich Ammonshörnern. Auch Granaten (Pyrope), zum Theil von Erbsengröße, aber von lichterer Farbe als die Dlaschkowitzer, kommen zuweilen in der Gegend von Rowensko vor.

Die Vertiefungen des Bodens und die Felsenschluchten werden von zahlreichen Gewässern durchströmt, welche sämmtlich zum Gebiet der Iser gehören, die in Nordwesten die Gränze der Hft. Groß-Skal gegen die Hften. Swigan und Groß-Rohosetz bildet. Der Hauptbach ist die Libunka. Sie entspringt im südöstlichen Theile der Herrschaft, oberhalb Libun, richtet ihren Lauf nach Nordwesten, empfängt bei Ktowa die von Osten kommende Weselka und ergießt sich ¼ St. südwestlich von Turnau in die Iser. Nähe an der westlichen Seite von Turnau nimmt die Iser auch den Bach Steben auf, welcher ehemals Popelka hieß und am Abhange des Berges Komarow aus dem Radostna-Brunnen enspringt. Den südlichen Theil des Dominiums berührt der Žehrower Bach, welcher von hier auf das Gebiet der Herrschaft Swigan tritt und dort ebenfalls in die Iser geht.

Die Zahl der Teiche beläuft sich auf 49, von welchen 4 mit Karpfen besetzt sind, die übrigen aber als Streck- und Streichteiche benützt werden. Sie nehmen zusammen eine Fläche von 295 Joch 186 □Klafter ein.

Die Volksmenge des ganzen Dominiums, mit Einschluß der Munkipalstadt Turnau, beträgt 13468 Seelen. Die Einwohner sind, mit Ausnahme von 6 protestantischen und 3 israelitischen Familien, sämmtlich Katholiken, und die herrschende Sprache ist die böhmische.

Die Ertrags- und Erwerbsquellen des Dominiums und der Einwohner bestehen in Ackerbau, Viehzucht, Waldkultur, Fischerei, verschiedenen Industrialgewerben, Flachsspinnen und Garnhandel.

Die zu landwirthschaftlichen Zwecken verwendbare Bodenfläche betrug (ohne die Stadt Turnau) nach dem Katastral-Zergliederungssummarium vom J. 1832:

	Dominicale.		Rusticale.		Zusammen.	
	Joch.	□Kl.	Joch.	□Kl.	Joch.	□Kl.
An ackerbaren Feldern .	2179	1038	9666	1338	11846	776
„ Trischfeldern . . .	—	—	119	1549	119	1549
„ Teichen mit Aeckern verglichen . . .	176	218	—	—	176	218
„ Wiesen	475	1124	1380	1063	1856	587
„ Gärten	95	929	546	1349	642	678
„ Teichen mit Wiesen verglichen . . .	118	1564	—	—	118	1564
„ Hutweiden ꝛc. . . .	224	168	749	629	973	797
„ Waldungen . . .	3497	108	1608	719	5105	827
Ueberhaupt	6767	349	14072	247	20839	596

Der Ackerboden ist im Ganzen nur von mittelmäßiger Fruchtbarkeit, indem in den meisten Gegenden Sand der vorherrschende Bestandtheil ist. Auch das rauhe Klima der höher gelegenen Orte ist dem Ackerbau nachtheilig. Man erzeugt vornehmlich Korn und Haber, weniger Waizen, Gerste und Flachs. Der Obstbaumzucht wird viel Aufmerksamkeit geschenkt, namentlich bei Žernow, und man findet sowohl in Gärten als im Freien, zu beiden Seiten der Fahrwege, mancherlei gute Sorten.

Der landwirthschaftliche Viehstand war nach den letzten amtlichen Angaben vom 30. April 1833:

	der Obrigkeit.	der Unterthanen.	Zusammen.
Pferde	16 (Alte)	965 (825 Alte, 140 Fohlen)	981
Rindvieh	396 . . . . (5 Zuchtstiere, 15 junge Stiere, 203 Kühe, 106 Kalbinnen, 4 Mastochsen, 42 Zugochsen, 21 junge Ochsen)	4851 . . . . (16 Zuchtstiere, 53 junge Stiere, 2844 Kühe, 1455 Kalbinnen, 30 Mastochsen, 295 Zugochsen, 158 junge Ochsen.)	5247
Schafe	4525 . . . . (3400 Alte, 1125 Lämmer.)	1298 . . . . (840 Alte, 458 Lämmer.)	5823

Der Schlag der Pferde sowohl als des Rindviehes ist vorzüglich. Auch sind von Seiten der Obrigkeit beträchtliche Summen auf die Veredlung der Schafe verwendet worden. Außerdem werden auch viel Schweine und in den Gebirgsgegenden viel Ziegen gehalten.

Die Obrigkeit besitzt zum Betriebe ihrer Oekonomie folgende acht Maierhöfe: Groß-Skal, Nudwogow, Oberhof, Waldstein, Kiselow, Lautschek, Augezd und Semin; nebst 6 Schäfereien bei den Maierhöfen Groß-Skal, Nudwogow, Oberhof, Waldstein und Augezd, so wie in Kwitkowitz.

Die obrigkeitlichen Waldungen betrugen nach wirthschaftsämtlichen Angaben vom J. 1826: 3365 J. 1104 □Kl. Sie sind in sieben Reviere eingetheilt: das Wartenberger, Waldsteiner, Hollenitzer, Troskowitzer, Tatobiter, Lautscheker und Skaler. Die vorherrschenden Holzgattungen sind Fichten, Tannen und Kiefern; Birken, Rothbuchen und Eichen werden nur in zerstreuten kleinen Beständen angetroffen. Der jährliche Ertrag ist nicht unbedeutend. Das geschlagene, zum Verkauf bestimmte Brennholz wird durch Robotfuhren nach der bei Turnau befindlichen obrigkeitlichen Holz-Legstätte gebracht.

Der Wildstand beschränkt sich auf Hasen, Rebhühner und einige Rehe. Bei den im Herbste gehaltenen 3 bis 4 Kreisjagden werden an 4- bis 500 Hasen erlegt und größtentheils nach Turnau verkauft. Der Wildstand würde weit ansehnlicher seyn, wenn nicht die in diesen Felsengegenden so häufigen Füchse und größern Raubvögel den jungen Hasen und der Rebhühnerbrut beträchtlichen Schaden zufügten.

Ueber den Ertrag der Fischerei liegen keine Angaben vor.

Das Mineralreich liefert gute Bausteine in den Kalkbrüchen bei Raudney, Blattetz, Tatobit und Zernow, feine Schleifsteine bei Wesela, Steinkohlen bei Kosakow, die zu Asche gebrannt und als Dünger benutzt werden, Töpferthon bei Segkoritz, Lehm zu Ziegeln bei Turnau, Wisker ꝛc., und eine Menge verschiedner Edelsteine, als Carneole, Achate, Chrysolithe ꝛc., deren Haupt-Fundgrube der Berg Kosakow ist.

Mit Gewerben und Handel beschäftigten sich am Anfange des J. 1832 auf dem ganzen Dominium (Turnau mitgerechnet) 548 Meister und andere Gewerbbesitzer, 239 Gesellen, 541 Lehrlinge und Hilfsarbeiter, zusammen 1328 Personen. Darunter befanden sich folgende Meister und Gewerbsherren: 22 Bäcker, 26 Bierschänker, 1 Blaufärber, 8 Branntweinbrenner, 1 Büchsenmacher, 2 Compositions-Laboranten, 20 Compositions-Steinschneider, 23 Edelsteinschneider, 9 Faßbinder, 1 Feilenhauer, 29 Fleischhauer, 1 Getraidehändler, 5 Glaser, 1 Glasspinner, 2 Goldarbeiter, 3 Granatenbohrer, 16 Griesler, 3 Grünzeughändler, 1 Gürtler, 1 Holzhändler, 5 Hutmacher, 7 Kalkbrenner, ein Kammmacher, 5 Kattunfabrikanten (in Turnau), 3 Kürschner, 1 Kupferschmiedt, 2 Lebzeltler, 3 Leinwandhändler, 43 Leinweber, 1 Lichterhändler, 10 Lohgärber, 1 Maler, 6 Maurermeister (57 Gesellen), 17 Müller, 9 Obsthändler, 1 Posamentierer, 3 Riemer, 1 Salpetersieder, 2 Sattler, 5 Schlosser, 26 Schmiedte, 63 Schneider, 82 Schuhmacher, 2 Schwarzfärber, 4 Seifensieder, 2 Seiler, 4 Steindrucker, 1 Steinmetz, 10 Strumpfwirker, 17 Tischler, 9 Töpfer, 7 Tuchmacher, 2 Tuchscheerer, 2 Wachszieher, 8 Wagner, 1 Wasenmeister, 1 Weinschänker, 3 Weißgärber, 3 Wollhändler, 2 Zeugmacher, 1 Zeugschmiedt, 1 Ziegelbrenner und 7 Zimmermeister (31 Gesellen).

Zum Handelsstande gehören 15 Besitzer von gemischten Waarenhandlungen, 10 Krämer und Hausirer und 8 Handelsleute, welche bloß Märkte beziehen, zusammen 37 Personen.

Der Verkehr auf den Jahrmärkten ist nur in Turnau von Bedeutung, wo er in 60 Buden und 260 Ständen, und außerdem noch von 500 andern Verkäufern betrieben wird. In Rowensko beschränkt er sich auf 4 Buden und Stände mit 15 Verkäufern. Wochenmärkte werden nur in Turnau gehalten.

Das Sanitäts-Personale besteht in 1 graduirten Wundarzt (in Turnau), 5 Hebammen (in Dobrawitz, Bukowina, Tatobit, Rowensko und Wisker) und 1 Apotheker (in Turnau).

Für die Armen des Dominiums, deren Zahl am Anfange des J. 1832 zu 170 angegeben wurde, besteht kein geregeltes Institut; doch werden dieselben theils von der Obrigkeit, theils von den wohlhabendern Einwohnern hinreichend unterstützt. In Teyn ober Rowensko besteht, angeblich schon seit dem XVII. Jahrhundert, ein für 6 kränkliche Arme bestimmtes Spital. Auch Turnau hat ein Spital und ein eignes Armen-Institut, worüber das Nähere bei der Beschreibung dieser Stadt folgen wird.

Zur Verbindung der Ortschaften unter sich und mit den benachbarten Dominien besteht eine von Turnau aus mitten durch die Herrschaft, über Neudorf, Hnanitz, Borek, Ktowa, Angezd, Libun und Jawornitz in den Bidschower Kreis nach Gitschin führende Commercialstraße, mit welcher der Amtsort Groß-Skal durch eine größtentheils von der Obrigkeit gebaute Chaussée, die zum Teiche Hurtig bei Radwanowitz geht, in Verbindung gesetzt ist. Auch nach Wartenberg ist, von Groß-Skal aus, auf Kosten der Obrigkeit eine Chaussee errichtet worden. Eine zweite Fahrstraße führt von Turnau durch das Gebiet der Hft. Groß-Rohosetz nach Eisenbrod an der obern Iser; sie steht durch eine Fahrstraße, die von Koberow südlich über Westetz, Lochtusch, Wollawetz, Teyn und Rowenſko nach Ktowa geht, mit der Gitſchiner Straße in Verbindung. Weſtlich von Turnau gelangt man über die beiden Iſerarme mittelſt zweier Brücken auf die Straßen der Hſten. Groß=Rohoſetz und Swigan. (S. dieſe.) Die nächſte Poſt iſt in Sobotka (Hſt. Koſt.) In Turnau iſt 1 Brieffammlung.

Folgendes ſind die einzelnen Ortſchaften des Dominiums, und zwar zuvörderſt die ungetheilten:

1. Groß=Skal (Hruba Skala), 10 M. von Prag und 5 St. nö. von der Kreisſtadt Jung=Bunzlau, enthält mit Unter=Skal zuſammen 23 H. mit 159 E. In Groß=Skal befindet ſich das obrktl. Schloß, auf einem hohen und ſchroffen Felſen erbaut, welcher ſich aus der Tiefe eines ringsum von andern dergleichen Felsmaſſen und dichten Waldungen umgebenen Thalkeſſels emporhebt. Es ruht theils auf dieſem Felſen, theils auf den über die Steinklüfte geſpannten Bogen. Seine jetzige Geſtalt hat es größtentheils zu Anfange des XVIII. Jahrh. erhalten, wo es nach einem großen Brande, welcher unter Anderm auch das ganze Archiv zerſtörte, neu hergeſtellt wurde. Urſprünglich hat es als Beſitzthum der ältern Beherrſcher Böhmens ſchon im XII. Jahrh. beſtanden. Herzog Sobieſlaw II. vertheidigte ſich hier 1178 gegen K. Heinrich VI. lange Zeit mit glücklichem Erfolge, wurde aber, als er ſich im folgenden Jahre mit dem vom Kaiſer begünſtigten Prinzen Friedrich, dem Sohne K. Wladiſlaw I., in ein Treffen eingelaſſen hatte, gänzlich geſchlagen und die Burg Groß=Skal ergab ſich darauf an den Sieger. Eine Belagerung, die dieſer Burg im J. 1399 durch den K. Wenzel IV. bevorſtand, wurde durch die Nachgiebigkeit ihres damaligen Beſitzers und ſeine Ausſöhnung mit dem Könige abgewendet. Im J. 1469, wo Groß=Skal dem Zagic von Haſenburg gehörte, wurde es nebſt der Burg Troſky und andern feſten Schlöſſern deſſelben von K. Georg von Podebrad zerſtört und konnte erſt ſpäterhin wieder hergeſtellt werden. Das jetzige Schloß enthält noch viele Beweiſe ſeines hohen Alterthums. Beſonders merkwürdig iſt der große Ritterſaal im zweiten Stockwerke, mit dem darin befindlichen uralten Ofen. Dieſer hat eine Höhe von $1^1/_2$ Kl. und beſteht aus einer Menge kleiner Kacheln von ungemein feſtem Thone, mit verſchiedenfarbiger Glaſur überzogen. Jede einzelne Kachel enthält das Bildniß eines Ritters mit einer Frau am Arme und der Unterſchrift WMDE, in umgekehrter Stellung der Buchſtaben, welches vielleicht wěd mě (führe mich) heißen ſoll. Die Wände dieſes Ritterſaals und eines zweiten damit zuſammenhangenden Saales ſind mit Bildniſſen der Wartenberg=Waldſteinſchen Familie geſchmückt. Auch befindet ſich hier der Stammbaum derſelben. Links von der Einfahrt des Schloſſes ſieht man ein Gewölbe, aus welchem ein ſehr ſchmaler unterirdiſcher Gang wohl 30 Ellen weit in den Felſen zu einer Oeffnung führt, unter der ſich eine zweite Vertiefung von vielleicht mehr als 20 Ellen befindet, die man für das ehemalige Burgverließ hält. Im Schloßhofe ſteht ein großer Waſſerbehälter, welcher mittelſt eines Druckwerkes aus der Quelle Sauſeda unterhalb des Schloßberges verſorgt wird. Das Schloß enthält die Wohnung des Oberbeamten und die Kanzleien des obrktl. Wirthſchaftsamtes. Zugleich iſt hier 1 obrktl. Mhf. und 1 Schäf. Vor dem Schloſſe ſteht die vom Grafen Karl Joſeph von Waldſtein=Wartenberg im J. 1813 von Grund aus neu erbaute Kirche zum heil. Joſeph und die Wohnung des eben damals geſtifteten Lokal=Seelſorgers. Hinter dem Altare ruht in einer in den Felſen gehauenen Gruft der am 17. März 1815 verſtorbene

Gründer der Kirche. Das Patronat besitzt die Obrk. Die eingepf. Ortschaften sind: Bohuslaw, Bukowina, Daubrawitz, Unter-Skal, Hnanitz, Podhay, Radwanowitz, Radetz, Neudorf, Roketnitz (mit Langendorf) und Zelegow. Der Kirche gegenüber liegt das Schloß-Wirthsh. und in geringer Entfernung davon die Schmiede. — Am ö. Fuße des Schloßberges liegt Unter-Skal (Podskal), aus 18 H. bestehend, worunter das obrktl. Bräuh., das Branntwein-Haus und 1 Mhl. zum Malzschroten. Bei dieser Letztern befindet sich die Wasserleitungsmaschine, welche das Wasser mittelst Röhren den Berg hinauf in den Schloßhof treibt. — 2. Bukowina (bei Skal, zum Unterschiede von Bukowina bei Biela), 1/4 St. nw. von Groß-Skal, D. von 15 H. mit 112 E. (worunter 3 protest. Familien), nach Groß-Skal eingpf. Dazu ist auch die abseits liegende, aus einigen Chaluppen bestehende Einschicht Rausow (Rauzow) conscribirt. — 3. Radetz, 3/8 St. nw. von Groß-Skal, D. von 10 H. mit 76 E., nach Groß-Skal eingpf. — 4. Podhay (Podhag), 1/2 St. von Groß-Skal ssö., Dfch. von 8 H. mit 71 E.. nach Groß-Skal eingpf. — Dazu gehört das abseits liegende ehemalige Jägerh. Wartenberg, 1 obrktl. Brettmhl., und das einschichtige H. Sedmihorka. — 5. Bohuslaw, 3/4 St. s. von Groß-Skal, Dfch. von 5 H. mit 47 E., nach Groß-Skal eingpf. Hier befinden sich Spuren von ehemals betriebnem Eisenbergbau. — 6. Zelegow, 1 St. ssö. von Groß-Skal, Dfch. von 6 H. mit 50 E., nach Groß-Skal eingpf. Dazu gehört das 1/4 St. s. liegende H. Zlaby. — 7. Roketnitz, 3/4 St. sö. von Groß-Skal, am w. Rande des Roketnitzer Teiches, D. von 14 H. mit 101 E., ist nach Groß-Skal eingpf. und hat 1 Mhl. mit Brettf. („Neumühle" oder „Rokitener Mühle"). Dazu ist das sö. liegende Langendorf (Dlauhawes) conscribirt. — 8. Hnanitz, 1/2 St. sö. von Groß-Skal, an der Straße nach Gitschin, D. von 10 H. mit 67 E., nach Groß-Skal eingpf. — 9. Daubrawitz, 1/4 St. sö. von Groß-Skal, D. von 42 H. mit 246 E.; ist nach Groß-Skal eingpf. und hat 1 Mhl. und 1 emph. Wirthsh. Der obere Theil dieses Ofs. heißt Hladow und ist von späterer Entstehung. — 10. Radwanowitz, 1/2 St. ö. von Groß-Skal, D. von 15 H. mit 88 E., nach Groß-Skal eingpf. Die dem Bauer Joh. Horek gehörige Wirthschaft war vor alter Zeit ein Rittergut, und gehörte mit dem D. den Herren von Radwanowitz. 1/2 Viertelst. n. von diesem D. liegt die einschichtige, zum Sprengel der Dechantei in Turnau gehörige Filialkirche Präslawitz, unter dem Titel des heil. Georg und dem Patronate der Obrkt. Die dazu eingpf. Ortschaften sind: Swatonowitz, Karlowitz, Lautschek, Ouderko, Kwitkowitz, Lochtusch und Neudorf (mit Ausnahme des Oberhofes und des Wirthsh.) — 11. Neudorf (Nowawes), 1/4 St. nnö. von Groß-Skal, an der Gitschiner Straße, Dfch. von 8 H. mit 53 E., dazu gehören die von S. nach N. liegenden Mhf. Oberhof, Waldstein und Kiselow, jeder etwa 1/8 St. vom andern entfernt, und zwar die beiden letztern an der Gitschiner Straße. Der Waldsteiner Hof enthält die Wohnung des hftl. Steuereinnehmers; auch ist dabei ein großer obrktl. Küchengarten mit der Wohnung des Gärtners, so wie die Schäf. Konkin. Zum Oberhofe gehört die Schäf. Wystrkalow. Zwischen Oberhof und Waldstein liegt an der Straße ein großes Wirthsh. Der Oberhof und das Wirthsh. sind nach Groß-Skal, alles Uebrige aber zur Turnauer Filialkirche Präslawitz eingpf. — 12. Rudwogowitz, 1 1/4 St. nw. von Groß-Skal, am rechten Iserufer, D. von 12 H. mit 64 E., hat 1 Mhf. mit 1 Schäf. Die hiesige Filialkirche zu St. Johann dem Täufer gehört zum Sprengel der Dechantei in Turnau, und war im J. 1384 mit einem eignen Seelsorger versehen. — 13. Hruschtitz, 1 St. n von Groß-Skal, auf einer Anhöhe nö. von Turnau, Dfch. von 6 H. mit 30 E., hat eine Filialkirche zu St. Matthäus, welche zum Sprengel der Dechantei in Turnau gehört und urkundlich als Pfarrkirche in den J. 1383, 1406, 1409 und 1415 bestanden hat. Sie steht nebst der Schule unter dem Patronate der Obrkt. Eingpf. sind: Maschow, Pelleschan, Biela, Bukowina (bei Biela), Rochlin, Hrachowetz, Chutnowka, Chlomek und Steben. — 14. Pelleschan, 3/4 St. unw. von Groß-Skal, D. von 27 H. mit 234 E., ist nach Hruschtitz eingepf. und hat 1 Jägerh., worin der obrktl Waldbereiter wohnt. — 15. Biela, 1 St. n. von Groß-Skal, D. von 20 H. mit 138 E., nach Hruschtitz eingepf. — 16. Bukowina (bei Biela), 1$^1/_4$ St. n. von Groß-Skal, D. von 25 H. mit 183 E., nach Hruschtitz eingepf. — 17. Rochlin (Rochlina), 1$^1/_4$ St. nnö. von Groß-Skal, D. von 15 H. mit 116 E., nach Hruschtitz eingepf. — 18. Hrachowetz, 1 St. nö. von Groß-Skal, D. von 11 H. mit 82 E., nach Hruschtitz eingepf. — 19. Kutnowka (Chudnowka), 1 St. nö. von Groß-Skal, D. von 10 H. mit 72 E., nach Hruschtitz eingepf. — 20. Chlomek, 3/4 St. nnö. von Groß-Skal, D. von 12 H. mit 71 E., nach Hruschtitz eingepf., hat 1 Mhl. — 21. Steben, 3/4 St. nö. von Groß-Skal, Dfch. von 6 H. mit 47 E., nach Hruschtitz eingepf. — 22. Lautschek (böhm Laučeк sekyrkowa, auch Vorder-Lautschek, zum Unterschied von dem zur Hft. Groß-Rohosetz gehörigen Hinter-Lautschek), 3/4 St. nnö. von Groß-Skal, D. von 18 H. mit 135 E., zur Filialkirche Přaslawitz eingepf., hat 1 Mhl., 1 Jägerh. und 1/4 St. s. 1 Schäf. — 23. Dubecko, 1 St. nö. von Groß-Skal, Dfch. von 8 H. mit 63 E., zur Fil. K. Přaslawitz eingepf., hat 1 Mhl. — 24. Kwitkowitz, 1 St. nö von Groß-Skal, Dfch. von 3 H. mit 12 E., zur Fil. K. Přaslawitz eingepf., hat 1 Schäf. — 25. Lochtusch, 1$^1/_4$ St. nö. von Groß-Skal, D. von 20 H. mit 134 E., zur Fil. K. Přaslawitz eingepf. — 26. Swatonowitz, 3/4 St. nö. von Groß-Skal, D. von 19 H. mit 160 E., zur Fil. K. Přaslawitz eingepf. — 27. Karlowitz, 1/2 St. nö. von Groß-Skal, D. von 16 H. mit 100 E., zur Fil. K. Přaslawitz eingepf. — 28. Smržj, 1$^1/_2$ St. nö. von Groß-Skal, D. von 14 H. mit 88 E., nach Lautschek (Hft. Groß-Rohosetz) eingepf. — 29. Wesetz, 1$^1/_4$ St. nö. von Groß-Skal, D. von 22 H. mit 141 E., nach Lautschek eingpf. — 30. Klokoč, 1$^1/_4$ St. nnö. von Groß-Skal, D. von 34 H. mit 243 E., nach Lautschek eingepf. Dazu gehören die 2 Chaluppen Tuknow, 1/4 St. n. Auf dem Berge 1/4 St s. vom Orte liegt die Ruine der alten Burg Rodstein (Rotstein) — 31. Tatobit, 1$^1/_2$ St. onö. von Groß-Skal, am Fuße des Berges Komarow, D. von 99 H. mit 808 E., welche sich, da der Ackerbau hier wenig einträglich ist, meist von den Arbeiten in den nahen Kalkbrüchen, vom Kalkbrennen und Flachsspinnen ernähren; hat 1 Lokalie-Kirche unter dem Titel des heil. Laurentius, welche nebst der Schule unter dem Patronate der Obrkt. steht und im J. 1714 erbaut worden ist. Vor dem 30jährigen Kriege soll nach Schaller (S. 67) hier ein Nonnenkloster gewesen seyn, zu dem diese Kirche gehörte. Eingepfarrt sind, außer Tatobit selbst, die D. Prosek, Waclawy, Wolawetz, Leskow, Kosakow und Žlabek (Hft. Lomnitz Bidsch. Kr.) Merkwürdig ist die in der Mitte des Dfs. stehende hohe und starke Linde, die wahrscheinlich mehr als 200 J. alt und deren Stamm im Innern ganz vermodert und ausgehöhlt ist. Abwärts vom D. ist 1 Mhl., und 1/4 St. n.

Mgt. 1 Försterh. — 32. Kosakow (Kozakow), 1½ St. nö. von Groß-Skal, am Fuße des Berges Kosakow, D. von 25 H. mit 184 E., nach Tatobit eingepf.; ¼ St. oberhalb des Dfs., am Berge, ist 1 Mhl. am Radostna-Brunnen, dessen Abfluß den Bach Popelka bildet. Die bei diesem D. gewonnenen Steinkohlen werden zu Asche gebrannt und als Dünger verkauft. — 33. Leskow, 1 St. nö. von Groß-Skal, D. von 27 H. mit 229 E., nach Tatobit eingpf. — 34. Wolawetz, 1 St. onö. von Groß-Skal, D. von 19 H. mit 150 E., nach Tatobit eingpf. — 34. Waclawy, 1 St. onö. von Groß-Skal, D. von 16 H. mit 114 E., nach Tatobit eingpf. — 36. Prosek, 1½ St. ö. von Groß-Skal, D. von 14 H. mit 83 E., wird in Groß- und Klein-Prosek eingetheilt, wovon jenes (9 H.) nach Tatobit, dieses (5 H.) nach Teyn eingpf. ist. — 37 Rowensko, 1¼ St. osö. von Groß-Skal, am Weselka-Bache, über den eine gedeckte Brücke führt, schutzunterthäniger Marktflecken von 246 H. mit 1564 E., worunter auch das dazu conscribirte, ⅛ St. n. liegende Pfarrdorf Teyn mit begriffen ist. Das Städtchen hat ein Marktgericht (mit 1 Marktrichter und 1 Stadtschreiber), 1 Rathhaus, 1 Schule von 2 Klassen, 2 Mahlmhl., 1 Brettmhl. und 1 emph. Wirthsh. Die Privilegien sind von K. Ferdinand III., 1558, und vom Grafen Ernst Joseph von Waldstein, 1676, und beziehen sich auf die Jahrmärkte (an Josephi, Veit und Michaeli) und Wochenmärkte (alle Dienstage und Freitage). Die Jahrmärkte sind aber höchst unbedeutend, indem der Verkehr 1832 nur in 4 Buden und Ständen getrieben wurde, und Wochenmärkte werden schon längst nicht mehr gehalten. Ueberhaupt sind die Einw. dieses Städtchens größtentheils arm. Der Feldbau ist wegen des schlechten Bodens wenig einträglich. Die Zahl aller mit Gewerben und Handel beschäftigten Personen belief sich am Anfange des J. 1832, auf 292 Personen, nämlich: 265 Meister und andere Gewerbsbesitzer, 72 Ges. und 15 Lehrl. Darunter befinden sich: 5 Bäcker, 2 Bierschänker, 20 Compositions-Steinschneider, 4 Faßbinder, 10 Fleischhauer, 3 Glaser, 8 Griesler, 3 Grünzeughändler, 2 Hutmacher, 2 Kürschner, 1 Lebzelter, 38 Leinweber, 1 Maurermeister (14 Ges.), 2 Müller, 5 Obsthändler, 1 Riemer, 6 Rothgärber, 2 Sattler, 2 Schlosser, 3 Schmiedte, 14 Schneider, 23 Schuhmacher, 2 Schwarzfärber, 1 Seifensieder, 2 Seiler, 7 Strumpfwirker, 4 Tischler, 6 Töpfer, 2 Tuchmacher, 2 Wagner, 1 Weinschänker, 1 Weißgärber und 2 Zimmermeister (2 Ges.). Zum Handelsstande gehörten 3 gemischte Waarenhandlungen, 10 Krämer und Hausirer, und 5 bloß Märkte beziehende Handelsleute. Viele Einw. suchen ihren Unterhalt mit Musik, besonders als Harfenspieler zu gewinnen. — Oestl. von Rowensko ist eine Anhöhe, na Železy, wo ehemals Eisen-Bergbau getrieben wurde. Eine Mhl. in Rowensko heißt noch jetzt beim Schmelzofen (v pece). — Teyn (Tegn) mit dem Beinamen ober (oberhalb) Rowensko, liegt nw. vom Städtchen auf einer Anhöhe, an deren Fuße sich der Waclawer Bach in die Weselka ergießt. Die hiesige Pfarrkirche, unter dem Titel des heil. Wenzeslaus, hatte schon 1384 ihren eignen Seelsorger. Im XVI. und XVII. Jahrh. waren protestantische Pastoren bei derselben angestellt, und erst 1683 erhielt sie wieder einen katholischen Pfarrer. Eine sehr unleserliche böhm. Inschrift an der Vorderseite der Kirche enthält die Jahrszahl 1573. Das schöne Hochaltar befand sich früher in der Kirche des Paulaner-Klosters zu Prag, und wurde bei der Aufhebung desselben vom damaligen Besitzer der Hft. Groß-Skal, als Patron der Teyner Kirche, erkauft und derselben geschenkt. Es enthält ein Gemälde, welches die Aufnahme des h. Johannes von Nepomuk in den Himmel darstellt. Rechts vom Hochaltare sieht man in der Mauer das Grabmahl des Heinrich Smiřicky von Smiřitz, welcher 1560 hier beerdigt wurde. Das zinnerne, gegen 2 Centner schwere Taufbecken ist 1572 in Königgrätz gearbeitet worden. In einem Fenster sieht man noch Ueberreste alter Glasmalerei. Die zu dieser Kirche eingepf. Ortschaften sind, außer Rowensko und Teyn selbst, die hftl. Dörfer: Žernow, Wesela, Seykořitz, Klein-Prošek, Stěpanowitz, Borek, Raudny, Blatetz, Lissčikoce, Křečowitz, Wrenowsko, Žbiar und Dračow, nebst Bitauchow, welches theilweise, und Kotelsko, welches ganz zur Hft. Lomnitz des Bidschower Kr. gehört. — 38. Žernow, 1¼ St. ö. von Groß-Skal, D. von 22 H. mit 160 E., nach Teyn eingpf., hat schöne Obstbaum-Pflanzungen und Kalkstein-Brüche; ¼ St. n. liegen die 2 Chaluppen Skařichow. — 39. Wesela, 2 St. ö. von Groß-Skal, D. von 32 H. mit 213 E., nach Teyn eingpf. An dem hier entspringenden Bache Weselka werden besonders feine Schleifsteine gebrochen; ¼ St. ö. liegen auf der Anhöhe Hradek 2 Chaluppen. — 40. Wranowsko, 2¼ St. ö. von Groß-Skal, Dsch. von 5 H. mit 42 E., nach Teyn eingpf. — 41. Žbiar, 2 St. onö. von Groß-Skal, D. von 18 H. mit 118 E., nach Teyn eingpf. — 42. Dračow, 2 St. sö. von Groß-Skal, Dsch. von 6 H. mit 47 E., nach Teyn eingpf. — 43. Segkořitz, 1¼ St. ö. von Groß-Skal, am Weselka Bache, D. von 24 H. mit 192 E., ist nach Teyn eingpf. und hat 1 Mhl., in deren Nähe schwarzer Alaunschiefer gefunden wird, den man als mineralischen Dünger auf Kleefelder benutzt; auch ist hier ein tiefes, von Wasser ausgehöhltes Thal, Truba genannt, wo die Töpfer von Rowensko ihren Thon graben; ⅛ St. w. vom D. liegt die dazu conscribirte Einschicht Unter-Teyn (Podtegn), aus 2 Bauerhöfen bestehend. — 44. Stěpanowitz, ½ St. sö. von Groß-Skal, D. von 19 H. mit 115 E., nach Teyn eingpf. — 45. Borek, ¾ St. sö. von Groß-Skal, an der Gitschiner Straße, Dsch. von 5 H mit 31 E., nach Teyn eingpf. — 46. Raudny, ¾ St. ö. von Groß-Skal, D. von 26 H. mit 175 E., nach Teyn eingpf.; hier wird ein guter Baustein gebrochen. — 47. Blatetz, ¾ St. osö. von Groß-Skal, D. von 14 H. mit 106 E., nach Teyn eingpf., hat ebenfalls gute Bausteinbrüche. — 48. Lisscikoce, 1½ St. s. von Groß-Skal, Dsch. von 5 H. mit 40 E., nach Teyn eingpf. — 49 Křečowitz, 1½ St. ö. von Groß-Skal, D. von 13 H. mit 84 E., nach Teyn eingpf. — 50. Libuň, 2¼ St. sö. von Groß-Skal, an der Gitschiner Straße und am Bache Libunka, der unweit von hier n. entspringt, in einem anmuthigen Thale, zwischen den Bergrücken Kozlow in N. und dem Střeleč in S., D. von 63 H. mit 434 E., welche größtentheils von Ackerbau leben. Die hiesige Pfarrkirche unter dem Titel des heil. Martin B., welche nebst der Schule unter dem Patronate der Obrkt. steht, erscheint in den Errichtungsbüchern schon 1384 als eine zum Gitschiner Dekanat gehörige Kirche. Vom Hussitenkriege bis zum Anfange des 30jährigen Krieges scheint sie keinen katholischen Seelsorger gehabt zu haben. Späterhin stand sie unter der Verwaltung der Jesuiten in Gitschin. Im J. 1771 wurde sie überbaut, und mit einem steinernen Glockenthurme geziert. Sie enthält unter andern ein Gemälde mit der Jahrszahl 1447. Die eingepf. Ortschaften sind, außer Libuň selbst, folgende zum hiesigen Dom. gehörige Dfr.: Ciwan, Jawornitz, Cimissl, Holenitz, Knjžnitz, Augezd (mit 2 Filialkirchen), Ciwina, Hrdonowitz, Ktowa, Lhota seminowa, Tachow und Troskowitz; ferner die zur Hft. Welisch im Bidschower Kreise gehörenden Dörfer Březka, Cinolitz, Libunetz und Lhota Pakeška. Das Pfarrgebäude besitzt eine Bibliothek von 2000 (nach

Schaller 3500) Bänden, welche unter andern fast alle Werke der böhm. Geschichtschreiber enthält. Sie wurde um die Mitte des XVIII. Jahrh. durch den Pfarrer Martin Hlawa gegründet, am meisten aber durch dessen Nachfolger, den bei Schaller (S. 69.) erwähnten Mauritius Max († 1796) vergrößert. An der w. Seite des Dfs. steht eine Denksäule mit einem Kreuze, welche dem am 9. Aug. 1629 an dieser Stelle vom lutherischen Pöbel aus Rowensko ermordeten Jesuiten Matthias Burnatius zu Ehren von seinen Ordensbrüdern zu Gitschin errichtet worden ist. Die drei lateinischen Inschriften waren schon zu Schallers Zeit sehr unleserlich geworden *). Auf dem Berge Kozlow sind noch einige Reste des alten Schlößchens Kozlowa. Auch sind zu Libuň folgende 2 Einschichten conscribirt: St. Peter, 1/4 St. n., 8 H., worunter eine verfallene Kapelle, und Schidloba, 1/8 St. nö., aus 14 H. bestehend. — 51. Knjžnitz, 2 1/2 St. sö. von Groß-Skal, D. von 75 H. mit 458 E., besteht aus Ober-Knjžnitz (Hoken] Knižnice) und Unter-Knjžnitz (Dolenj Knjžnice), nebst den Einschichten Pasek oder Paseka (3 H.) und Pekla oder Peklo (12 H.), welche letztere zum Bidschower Kr. gehört. Das Ganze ist nach Libuň eingpf. — 52. Cimissl, 1 3/4 St. sö. von Groß-Skal, an der Gitschiner Straße, D. von 16 H. mit 108 E., nach Libuň eingpf.; es soll in älterer Zeit ein Städtchen gewesen seyn, doch ist nichts Urkundliches darüber vorhanden. — 53. Siwan, 2 St. sö. von Groß-Skal, D. von 16 H. mit 112 E., nach Libuň eingpf. — 54. Jawornitz (Gawornice), 2 1/2 St. sö. von Groß-Skal, am Bache Miblyna, der in die Libunka fällt und hier ehemals einen Teich bildete, Dsch. von 9 H. mit 49 E., nach Libun eingpf. — 55. Holenitz, 1 3/4 St. osö. von Groß-Skal, D. von 40 H. mit 254 E., nach Libuň eingepf. — 56. Troskowitz, 1 St. ssö. von Groß-Skal, am s. Abhange des Berges Trosky, D. von 30 H. mit 241 E., nach Libuň eingepf. Dazu sind auch die Einschichten Zdiar, 3 H. 1/4 St. s., Zlatina, 1 H., der Mhf. Semin, 1/4 St. sw., und die Mhl. Podsemin und Rebakow conscribirt. Auf dem genannten Berge n. von Troskowitz sieht man noch die Ruinen der alten Burg Trosky, welche sich auf 2 kegelförmigen Basaltfelsen erheben, die durch eine 4 bis 5 Ellen dicke Mauer mit einander verbunden sind. Sie bestehen aus zwei Abtheilungen, dem Schlosse Panna (Jungfer) auf dem ö., und dem Schlosse Baba (alte Mutter) auf dem w. Felsen. Jenes ist fast um die Hälfte höher als dieses und hat sich, da es von Žižka nicht erobert werden konnte, am besten erhalten, so daß noch einige Gemächer vorhanden sind. Der obere Theil desselben ist aus Ziegeln erbaut, die aber ungemein fest sind. Die Baba dagegen ist von Žižka fast gänzlich in einen Schutthaufen verwandelt worden. Durch die hohe und starke Mauer, welche beide Abtheilungen verbindet und einschließt, führt ein Thorweg in den sehr geräumigen innern Schloßhof. An der ö. Seite des Berges befindet sich der Eingang zu einem unterirdischen mannshohen Gange, welcher noch ziemlich weit verfolgt werden kann und ehemals mit dem Innern der Burg zusammenhing. Es ist nicht bekannt, zu welcher Zeit und von wem diese Burg erbaut worden ist; aber für ihr hohes Alter sprechen außer mehren andern Merkmahlen verschiedene Münzen, die noch über die Zeit Wenzels II. († 1305) hinausgehen und nebst alten Pfeilen, Bogen rc. hier gefunden worden sind. Als sie nach der Verwüstung durch Žižka zum Theil wieder

*) Eine sehr umständliche Erzählung dieser Begebenheit enthält ein Aufsatz des gelehrten Dechanten Wacek zu Kopidlno, im Hesperus, 1814, Nr. 68.

hergestellt war, wurde sie im Jahre 1469, wo sie dem Wilhelm Zagic von Hasenburg gehörte, abermals durch König Georg von Podiebrad belagert und zur Uebergabe gezwungen. Doch erhielt sie der Besitzer, nach erfolgter Aussöhnung mit dem Könige, wieder zurück und noch 1493 gehörte Trosky der Wittwe Agnes von Sternberg, einer gebornen von Hasenburg, welche, nach Paprocky (bei Schaller, a. a. O. S. 59) ihrem Vater und den Brüdern Nikolaus und Johann die Summe von 2500 Schock Groschen für den lebenslänglichen Genuß dieses Schlosses entrichtete. — 57. Augezd (ehemals auch Ugezd), 1½ St. sö. von Groß-Skal, an der Gitschiner Straße, D. von 50 H. mit 327 E., wird in Ober und Unter-Augezd eingetheilt und hatte ehemals einen größern Umfang, indem an der Stelle des jetzigen Mhfs. und der Gründe desselben, 18 Bauernwirthschaften standen. Hier sind 2 Filialkirchen der Pfarrei Libuň, welche in älterer Zeit, obwohl sie nur etwa 200 Schritt von einander entfernt liegen, besondere Pfarrkirchen waren. Jede derselben hat noch ihr eignes Kirchenvermögen und ihren eignen Kirchhof; doch wird nur noch in der obern Kirche, zu St. Johann dem Täufer, und zwar an jedem dritten Sonntage, Gottesdienst gehalten. Die untere Kirche zu St. Philipp und Jakob ist im J. 1775 durch einen Blitzstrahl eingeäschert und seit dieser Zeit nicht wieder aufgebaut worden. Die zur obern Kirche jetzt eingepf. D. des Libuňer Kirchsprengels sind: Hrdonowitz, Giwina, Ktowa, Lhota seminowa und Tachow. — Eine freudige und ewig theure Erinnerung für die Einw. dieser Gegend bleibt das J. 1813, wo Se. Majestät K. Franz I. vor dem nahen Ausbruche des damaligen Krieges mit Frankreich im hiesigen Mhf. bei dem obrktl. Wirthschaftsbeamten Franz Spengler Allerhöchstihr Mittagsmahl einzunehmen geruhten. — 58. Giwina, 1¼ St. sö. von Groß-Skal, Dfch. von 5 H. mit 44 E., nach Libuň (Fil. Augezd) eingepf. — 59. Ktowa, 1¼ St. sö. von Groß-Skal, an der Mündung der Weselka in die Libuňka, D. von 54 H. mit 364 E., ist nach Libuň (Fil. Augezd) eingepf. und hat 2 Mhl., die eine oberhalb des Dfs. an der Weselka, die andere, die Žampacher Mhl. genannt, ¼ St. s. an der Libunka und dem Žampacher Teiche. Auch ist in diesem D. eine k. k. Beschäler-Station; ¼ St. sö. liegt die zu Ktowa conscribirte Einschicht Bukowina, aus 6 H. bestehend. — 60. Lhota seminowa, 1¾ St. sö. von Groß-Skal, D. von 27 H. mit 201 E., nach Libuň (Fil. Augezd) eingepf. — 61. Tachow, ¾ St. sö. von Groß-Skal, am nw. Abhange des Berges Trosky, D. von 28 H. mit 184 E., nach Libuň (Fil. Augezd eingpf. — 62. Krčkowitz, ½ St. s. von Groß-Skal, D. von 27 H. mit 235 E., nach Wiskř eingepf. — 63. Drahonowitz, ¼ St. sw. von Groß-Skal, Dfch. von 7 H. mit 62 E., nach Wiskř eingepf.; ½ St. s. liegt das dazu conscribirte einzelne H. Dečin oder Degkin. — 64. Lazan (bei Chlum), ¾ St. s. von Groß-Skal, D. von 17 H. mit 171 E., nach Wiskř eingepf. — 65. Podbaubj, ¾ St. sw. von Groß-Skal, Dfch. von 8 H. mit 64 E., ist nach Wiskř eingpf. und hat 1 Mhl. mit Brettf. — 66. Mladostow (oder Mladiejstow), ½ St. wsw. von Groß-Skal, D. von 10 H. mit 67 E., nach Wiskř eingepf. — 67. Skalan (Skalana), ¾ St. wsw. von Groß-Skal, Dfch. von 8 H. mit 62 E., nach Wiskř eingepf. Dazu ist die 500 Schritte w. liegende Einschicht Ssermowa, 4 H., conscr. — 68. Wrcha (oder Wrchy), ¾ St. nw. von Groß-Skal, D. von 13 H. mit 130 E., nach Wiskř eingepf. — 69. Chlum oder Chlomek, ½ St. wnw. von Groß-Skal, D. von 12 H. mit 71 E., nach Wiskř eingepf. — 70. Kacanow,

$1/2$ St. w. von Groß-Skal, D. von 21 H. mit 146 E., nach Wiskř eingpf. Dazu gehört das einschichtige H. Podhabřin, 200 Schritte ö. vom Orte. — 71. Pohoř, $3/4$ St. wnw. von Groß-Skal, D. von 25 H. mit 160 E., nach Wschen (Hft. Swigan) eingepf. Dazu ist die $1/4$ St. s. bei Skalan liegende aus 4 H. bestehende Einschicht Raudey conscribirt. — 72. Woleschnitz (Woleśnice), 1 St. w. von Groß-Skal, D. von 37 H. mit 254 E., ist nach Wschen (Hft. Swigan) eingepf. und hat 1 Mhl. mit Brettſ. („Mlegnec"). Auch ist dazu das einschichtige H. Rosypalow conscribirt. — 73. Mobřitz, 1 St. nw. von Groß-Skal, in einer sumpfigen Ebene, am linken Ufer der Iser, D. von 63 H. mit 380 E., nach Wschen (Hft. Swigan) eingepf. Dazu gehört das $1/4$ St. abseits liegende einschichtige H. Babina. — 74. Lažan (bei Turnau), $1^1/2$ St. nw. von Groß-Skal, jenseits der Iser, ganz vom Gebiet der Hft. Swigan umgeben, D. von 36 H. mit 234 E., nach Přepeř (Hft. Swigan) eingepf.

Von folgenden Ortschaften gehören Antheile zu fremden Dominien:

75. Wiskř, $1/2$ St. sw. von Groß-Skal, hochgelegenes D. von 67 H. mit 490 E. Davon gehören 65 H. mit 477 E. hieher und 2 H. mit 13 E. zur Hft. Kost. Die hiesige Lokaliekirche unter dem Titel Mariä Himmelfahrt ist ein uraltes Gebäude und hatte schon 1384 ihren eignen Pfarrer. Während der hussitischen Unruhen fielen die meisten Einw. des Kirchspiels vom kath. Glauben ab. Späterhin war die Kirche der Verwaltung des Münchengrätzer Seelsorgers zugewiesen und zuletzt war sie ein Filial der Turnauer Dechantei, bis sie im J. 1789 unter K. Joseph II. wieder einen Lokal-Seelsorger erhielt, welcher aus dem k. k. Religionsfonds besoldet wird. Das Patronat sowohl über die Kirche als die Schule besitzt seit 1805 die Groß-Skaler Obrkt. Die Kirche hat noch aus alter Zeit ein Vermögen von 1460 fl. Capital und 77 J. 844 □Kl. Felder, Wiesen, Gärten, Hutweiden und Waldungen, welche Grundstücke noch jetzt den Namen Knezky führen und von 6 zu 6 Jahren verpachtet werden. Im Innern der Kirche befinden sich außer dem Hochaltare noch zwei Seitenaltäre. Die eingepf. D. sind: Krčkowitz, Drahonowitz, Lažan (bei Chlum), Podbaudj, Mladostow, Skalan, Wrcha, Chlum und Kacarow. Auf dem gleichfalls den Namen Wiskř (oder auch Hura) führenden Berge, nö. vom Orte, steht eine verfallne Kapelle zur heil. Anna, bei welcher aber noch immer am Sonntage nach dem Feste dieser Heiligen zahlreiche Wallfahrer aus nahen und fernen Orten sich einfinden. Die Aussicht von der Höhe dieses Berges ist eine der schönsten und weitesten, die es in dieser Gegend giebt. Die Kapelle wurde 1720 durch einen Blitzstrahl eingeäschert, nach der Zeit wieder hergestellt, 1791 auf allerhöchste Anordnung geschlossen und darauf von der Wiskřer Gemeinde an sich gekauft, ist aber seitdem durch Unterlassung der nöthigen Reparaturen fast zur Ruine geworden. Seit 1825 ist ein gebahnter, mit Linden besetzter Kreuzweg vom D. aus zur Kapelle angelegt worden. — 76. Maschow, $3/4$ St. nnw. von Groß-Skal, D. von 36 H. mit 243 E., von welchen 34 H. mit 230 E. der Hft. Groß-Skal, und 2 H. (1 Bauernwirthschaft und 1 Chaluppe) mit 13 E. der Stadt Turnau gehören; ist nach Hruschtitz (Filialkirche von Turnau) eingpf.; 4- bis 500 Schritte vom Orte liegen die einzelnen H. Hamry und Kaluschnjk. — 77. Kadekawitz, $3/4$ St. nw. von Groß-Skal, D. von 22 H. mit 144 E., von welchem die Hft. Groß-Skal 20 H. mit 129 E., die Stadt Turnau aber 2 H. (1 Bauernwirthschaft und 1 Wohnhsch.) mit 15 E. besitzt; ist nach Wschen (Hft. Swigan) eingpf.; $1/4$ St. sö. liegt die dazu conscribirte Einschicht Konitz, aus 3 H. bestehend, und unweit derselben erblickt man von

einem Sandsteinfelsen, von dichten Waldungen umgeben, die altergrauen, ehrwürdigen Trümmer des ehemaligen festen Bergschlosses Waldstein, des Stammsitzes der Herren von Wartenberg, welche späterhin den Namen desselben mit ihrem Geschlechtsnamen vereinigten. Die Erbauung dieser Burg fällt in das XIII. Jahrh. Während des Hussitenkrieges gerieth es in die Hände der Taboriten, welche späterhin den bei der Einnahme der Stadt Retz in Baiern gefangnen Grafen Hartig in den Kerker dieser Burg warfen, wo er bald darauf sein Leben endigte. Im J. 1440 soll Johann Kolda, Herr auf Nachod, die Burg Waldstein überfallen und zerstört haben. Indessen scheint sie bald wieder hergestellt worden zu seyn, denn im J. 1493 kommt bei Paprocky (s. Schaller a. a. O. S. 60 und 61) Heinrich Schnoffa von Helfenburg als Besitzer derselben vor. Auf diesen folgten die Herren von Smiřicky, und späterhin Graf Albrecht von Waldstein. Die noch vorhandene Kapelle zu St. Johann von Nepomuk ist im J. 1722 vom damaligen Besitzer der Hft., Grafen Franz von Waldstein, errichtet und dotirt worden. — 78. Prackow, 1½ St. nö. von Groß-Skal, am Prackower Berge, der die n. Fortsetzung des Kosakow ist, D. von 16 H. mit 108 E., nach Lautschek (Hft. Groß-Rohosetz) eingpf. Davon gehören 15 H. mit 101 E. hieher, und 1 H. mit 7 E. zur Hft. Groß-Rohosetz. — 79. Hrdonowitz, 1¾ St. sö. von Groß-Skal, auf der Gränze des Bidschower Kreises, D. von 39 H. mit 264 E., nach Libuň (Filial Augezd) eingpf. Davon besitzt die Hft. Groß-Skal 25 H. mit 153 E., und die Hft. Welisch-Wokschitz (Bidschower Kr.) 14 H. mit 111 E.

Von folgenden Ortschaften gehören Antheile zur Hft. Groß-Skal:

80 Turnau (Turnow mit dem Zusatze nad Gizerau, an der Iser, auch Trnawa), 1 St. nnw. von Groß-Skal, am linken Ufer der Iser, Schutzstadt der Hft. Groß-Skal, aus der eigentlichen mit Mauern umgebnen Stadt, der Vorstadt Konelup und mehren zerstreuten Häusern bestehend, zusammen 452 H. mit 3505 E., von welchen 8 H. mit 48 E. unmittelbar zur Hft. Groß-Skal gehören, die übrigen 444 H. aber mit 3457 E. der Gerichtsbarkeit des städtischen Magistrats zugewiesen sind. Unter den Letztern befinden sich 21 Israel. Häuser mit 168 E. Die übrigen Bewohner sind Kathol. Die Iser theilt sich oberhalb der Stadt, bei dem Pfarrwalde, in zwei Arme. Der ö., welcher die Kleine Iser heißt, ist derjenige, an dessen linkem Ufer die Stadt liegt, aus der eine Brücke, ebenfalls die Kleine genannt, nach der von beiden Armen gebildeten Insel führt. Er vereinigt sich unterhalb der Stadt, bei der Schoťaler Mühle, mit dem andern stärkern Arme, welcher vom Pfarrwalde an seinen Lauf durch die Wiesen der Hft. Groß-Rohosetz nimmt, und über welchen unterhalb Dalemkitz ebenfalls eine größere Brücke führt. Nach der Vereinigung beider Arme an der angezeigten Stelle theilt sich der Fluß abermals in zwei kleine Arme, die aber nach einem kurzen Laufe von 400 Schritten wieder zusammen kommen, worauf die Iser ihren Weg s. durch das Groß-Skaler Gebiet fortsetzt. Dicht am s. Ende der Stadt empfängt die Kleine Iser den bereits oben erwähnten Bach Steben oder Popelka. Die Iser treibt bei Turnau 2 Mhl., versorgt 4 Wasch-, 2 Badehäuser (1 christliches Privat-Badehaus und 1 israel. Gemeindebad) und 6 Kattunfabriken, führt der Stadt das aus den Waldungen der Hften. Morchenstern, Nawarow, Jesseney, Semil und Klein-Skal herabgeflößte Brennholz zu, gewährt einen nicht unbeträchtlichen Ertrag an mancherlei Fischen, namentlich Karpfen, Hechten und Aalen, und liefert den hiesigen Steinschneidern verschiedene Edelsteine, als Carneole, Chalcedone, Chrysolithe u. a. m.

— Die Stadt Turnau hat ihren eignen Magistrat (mit 1 Bürgermeister und 1 geprüften Rath), welcher bis zum J. 1760 auch die peinliche Gerichtsbarkeit besaß. Das gegenwärtige Rathhaus ist im J. 1614 neu erbaut worden. Außerdem war hier von Alters her ein städtisches Bräuhaus auf $12^{1}/_{2}$ Faß, worin jeder bräuberechtigte Bürger, deren 169 vorhanden sind, bräuen konnte. Bei dem Brande der Stadt im J. 1707 wurde es in Asche gelegt, und konnte in Folge des herabgekommenen Wohlstandes der Bürgerschaft nicht sogleich wieder erbaut werden. Ferner befinden sich hier 13 Branntwein-Brennereien, 2 Einkehrh., zum „Goldnen Adler" und zur „Weintraube", und 1 Briefsammlung. Auch hat die Stadt 1 Schauspielh., worin zuweilen von Dilettanten Vorstellungen gegeben werden, deren Ertrag dem Armen-Institute gewidmet ist. — Von geistlichen Gebäuden sind hier 2 Kirchen, das Dechantei-Gebäude, die Schule und das Franziskaner-Kloster anzuführen. Die Pfarr- und Dechantei-Kirche, unter dem Titel des heil. Nikolaus und seit 1796 unter dem Patronate der Groß-Skaler Obrkt (welches sonst der Magistrat besaß, der es aber damals freiwillig abtrat,) war schon 1384 mit einem eignen Pfarrer versehen. Vom Hussiten- bis zum 30jähr. Kriege scheint sie von akath. Geistlichen verwaltet worden zu seyn. Bei dem Brande der Stadt im J. 1643 wurde diese Kirche eingeäschert, aber späterhin auf Kosten der Bürgerschaft und des Kirchsprengels wieder neu erbaut. Im J. 1707 theilte sie neuerdings das traurige Schicksal der Stadt, welche am 20. April bis auf wenige Häuser gänzlich von den Flammen verzehrt wurde. Erst 1722 konnte sie wieder von neuem hergestellt werden. Im Innern der Kirche befinden sich die Grabmähler des Jaroslaus von Wartenberg († 1585) und des Adam von Wartenberg († 1596). Das Hochaltar enthält ein schönes Gemälde vom Turnauer Maler Georg Hertl, den heil. Nikolaus darstellend. Die große, auf sehr weite Entfernung zu hörende Glocke ist aus dem ehemaligen Dominikaner-Kloster hieher übertragen worden. Die zum Sprengel der Dechantei gehörigen Ortschaften sind: Hruschtitz (mit 1 Filialkirche), Rudwogowitz (mit 1 Filialkirche), Praslawitz (1 Filialkirche), Maschow, Pelleschan, Biela, Rochlin, Chlomek, Steben, Vorder-Lautschek, Kwitkowitz, Bukowina, Hrachowetz, Kutnowka, Dubecko, Lochtusch, Swatonowitz, Neudorf (der größte Theil) und Karlowitz. Auch die Kapelle zu St. Johann von Nepomuk, bei der Ruine Waldstein, ist der Verwaltung des Turnauer Dechanten zugewiesen. — Die zweite Kirche, unter dem Titel Mariä Geburt, über welche seit 1796 ebenfalls die Obrkt. zu Groß-Skal das Patronat besitzt, gehörte sonst zu dem oben erwähnten Dominikaner-Kloster, welches Benesch von Wartenberg nebst seiner Gemahlinn Dorothea, geb. Berka von Duba, im J. 1241 gründete. Es wurde im J. 1424 von den Hussiten unter Žižka's Anführung nebst der Kirche zerstört, und erst 50 J. später konnte die Letztere von der Stadtgemeinde wieder hergestellt werden; das Kloster selbst aber blieb in Trümmern liegen, von welchen jetzt fast nichts mehr anzutreffen ist. Nach dem Brande vom J. 1643 erstand die Kirche neuerdings aus ihrer Asche und blieb dem Gottesdienste bis zum J. 1789 gewidmet, wo sie auf allerhöchsten Befehl K. Josephs II. aufgehoben werden sollte, welche Anordnung jedoch, auf die Fürbitte des aus Turnau gebürtigen damaligen k. k. Hofbibliothekars, P. Durich, aus dem Paulaner-Orden, (s. weiter unten) vom Monarchen wieder zurückgenommen wurde. Wegen ihrer Baufälligkeit wurde jedoch die Kirche im J. 1824 auf hohe Gubernial-Verordnung geschlossen, im J. 1825 abgetragen und der Grund zu einer ganz neuen Kirche gelegt, welche der gegenwärtige Besitzer der Hft. Groß-Skal größtentheils ganz auf seine Kosten, und zwar nach einem sehr erweiterten und großartigen Plane hat erbauen lassen, so daß dieselbe ihrer Vollendung nahe ist, und unter die schönsten Kirchen des Königreichs gehört. Als die Gründe zu dieser neuen Kirche gegraben wurden, fand man an der Stelle des ehemaligen Hochaltars zwei zinnerne Särge, deren einer der weitläufigen lateinischen Inschrift zufolge, die Gebeine des am 30. August 1612 verstorbnen Karl von Wartenberg, Herrn auf Groß-Skal und Rohosetz, enthielt, in dem andern aber dessen Bruder Jaroslaus von Wartenberg, Herr der Hft. Swigan, † 1602, beigesetzt war. Diese Särge wurden in die Todtengruft der Franziskaner-Kirche gebracht, wo sie sich noch jetzt befinden. — Das Franziskaner-Kloster, im n. Theile der Stadt, w. von der Dekanalkirche, ist im J. 1650 vom Grafen Maximilian von Waldstein-Wartenberg gestiftet und erbaut worden, welcher zu diesem Behuf 10 Bürgerh. ankaufte und abtragen ließ, und zum Unterhalte der hier eingeführten 12 Ordensgeistlichen größtentheils die Einkünfte des D. Rodwogowitz bestimmte. Am 1. Mai 1651 wurde auch von dem Sohne desselben, Grafen Ferdinand Ernest von Waldstein-Wartenberg, der Grundstein zu der, dem heil. Franziscus Ser. geweihten Kirche dieses Klosters gelegt und dieselbe am 26. Febr. 1657 vom Prager Erzbischof und Cardinal, Ernest Grafen von Harrach, feierlich eingeweiht. Die Todtengruft dieser Kirche enthält den Leichnam des erwähnten Grafen Ferdinand Ernest und die vorhin beschriebnen, bei der Grundlegung der jetzigen Marienkirche gefundenen zwei zinnernen Särge. Nach dem Brande von 1707 wurde das Kloster nebst der Kirche vom Grafen Franz von Waldstein-Wartenberg, dem damaligen Besitzer der Hft., wieder hergestellt. Im J. 1785 wurde die Zahl der hiesigen Ordensgeistlichen, die bis auf 19 angewachsen war, in Folge allerhöchsten Befehls K. Josephs II. auf die ursprüngliche von 12 herabgesetzt. Im J. 1803 wurde das Kloster neuerdings durch eine Feuersbrunst sehr beschädigt, sah sich aber durch die Güte des Grafen Franz Adam von Waldstein-Wartenberg in den Stand gesetzt, in der am 5. August 1822 zum zweiten Mal eingeweihten Kirche wieder Gottesdienst zu halten. — Außerhalb der Stadt liegen die dazu conscribirten Einschichten: Wesecko, 2 Wohnh., $1/4$ St. w.; nad Chlomkem, 5 Wohnh., $1/4$ St. sö.; pod Chlomkem, 3 Wohnh., $1/2$ St. ö.; Podhrusstice, 4 Wohnh., $1/4$ St. nö.; v Farakstwj, 1 Wohnh., $1/4$ St. n.; und Kamenec, 1 Wohnh., $1/4$ St. sö. — Die Ertrags- und Nahrungsquellen der Stadtgemeinde und der einzelnen Einw. bestehen im Betriebe der Landwirthschaft und verschiedener Industrial-Gewerbe Die Stadt besitzt an landwirthschaftl. Gründen, nach der Angabe des Magistrats vom J. 1826: 633 J. 1281 □Kl. Aecker, 166 J. 27 □Kl. Wiesen und Gärten, und 14 J. 88 □Kl. Waldungen. Der Boden gehört zu dem mittelmäßig fruchtbaren; der Untergrund ist fast überall rother Lehm und Kalkfelsen; am fruchtbarsten sind die aus angeschwemmtem Erdreich bestehenden Fluren an der Iser. Man baut Waizen, Roggen, Gerste, Hafer, Erbsen, Wicken, Erdäpfel, Rüben rc. Obstbau wird sowohl im Freien als in Gärten lebhaft betrieben. Der Hügel Wrchhura ist mit Getraidefeldern und Obstanlagen bedeckt. Der landwirthschaftliche Viehstand war am 30. April 1833: 38 Pferde (37 Alte, 1 Fohlen), 333 St. Rindvieh (1 Zuchtstier, 291 Kühe, 32 Kalbinnen, 3 Mastochs. und 6 Zugo.), und 141 St. Schafvieh (130 Alte, 11 Lämmer).

Die Waldungen bestehen bloß in dem Pfarrwalde (Farařtwj), welcher n. an der Iser liegt und sich bis zur Vorstadt Konelup erstreckt. Er liefert jährl. an 20 Kl. Fichtenholz, die meistens als Deputat für die städtischen Beamten verwendet werden. Die Bewirthschaftung der städtischen Gründe geschieht durch 1 Mhf. („Gemeindehof"), welcher zeitweilig verpachtet ist. Es ist ein freier landtäfl. Hof, welchen die Stadt am 2 Dezbr. 1654 von der Gräfinn Katharina von Waldstein-Wartenberg, geb. Gräfinn von Mannsfeld, für 1100 Schock meißnisch. erkauft hat. Die dazu gehörigen Gründe bestehen in 62 J. 579 □Kl. Aecker, 11 J. 1233 □Kl. Wiesen und 32 J. 89 □Kl. Hutweiden. Im Allgemeinen wird von den Bürgern die Landwirthschaft nur als Nebensache betrieben. Den Haupt-Nahrungszweig bilden die Industrial-Gewerbe, welche am Anfange des J. 1832 in Allem 873 Personen, nämlich 238 Meister und andere Gewerbsbesitzer, 111 Ges., 524 Lehrl. und Gehülfen beschäftigten. Darunter sind zuvörderst 5 Kattun-Fabrikanten, 4 mit einfacher Fabriksbefugniß und 1 bloß Gewerbsbefugter, zu erwähnen, deren Arbeitspersonale zusammen mit 456 Individuen angegeben wird. Nächst diesen verdient die Bereitung der Compositions-Edelsteine, so wie das Schneiden und Poliren echter Edelsteine den ersten Platz unter den Gewerben der Stadt. Die Verfertigung der Compositionssteine aus einem glasartigen Stoffe, welcher die echten Edelsteine an Farbe und Glanz sehr täuschend nachahmt, und nur durch die geringere Härte sich unterscheidet, geschieht in eigenen Oefen durch die s. g. Steindrucker (4 zünftige Meister mit 3 Ges. und 2 Lehrl., außerdem 2 Laboranten, welche die Masse bereiten mit 3 Gehilfen). Es wird damit ein beträchtlicher Handel theils nach der Moldau, Walachei, Bessarabien, Konstantinopel und der Levante, theils nach Frankreich und Spanien, ja selbst nach Amerika getrieben. Der Geldwerth dieser Erzeugnisse betrug nach amtlichen Angaben im J. 1824: 18410 fl. und im J. 1825: 17080 fl. Nächstdem beschäftigen sich mit dem Schneiden und Poliren echter Edelsteine, wie sie in der hiesigen Gegend gefunden werden, 23 zünftige Meister, mit 5 Ges. und 5 Lehrl., und außerdem noch besonders 3 Granatenbohrer mit 2 Ges. Unter den übrigen Gewerbsleuten zählt man im Einzelnen folgende Meister und Gewerbsherren: 17 Bäcker, 17 Bierschänker, 1 Blaufärber, 8 Branntwein-Brenner, 1 Büchsenmacher, 1 Feilenhauer, 14 Fleischhauer, 1 Getraidhändler, 2 Glaser, 1 Glasspinner, 2 Gold- und Silberarbeiter, 8 Griesler, 1 Gürtler, 1 Holzhändler, 3 Hutmacher, 1 Kammmacher, 1 Kürschner, 1 Kupferschmiedt, 1 Lebzelter, 3 Leinwandhändler, 5 Leinweber, 1 Lichterhändler, 3 Lohgärber, 1 Maler, 5 Maurermeister (18 Ges.), 3 Müller (6 Ges.), 4 Obsthändler, 1 Posamentierer, 2 Riemer, 1 Salpetersieder, 2 Schlosser, 3 Schmiedte, 7 Schneider, 22 Schuhmacher (10 Ges.), 3 Seifensieder, 3 Strumpfwirker, 6 Tischler, 3 Töpfer, 5 Tuchmacher, 2 Tuchscheerer, 2 Wachszieher, 3 Wagner, 1 Wasenmeister, 2 Weißgärber, 3 Wollhändler, 2 Zeugmacher, 1 Zeugschmiedt, 1 Ziegelbrenner und 3 Zimmermeister (12 Gesellen). Zum eigentlichen Handelsstande gehörten: 12 Besitzer von gemischten Waarenhandlungen, 1 Hausirer und 3 bloß Märkte beziehende Handelsleute. Der Verkehr auf den 6 Jahrmärkten, zu welchen die Stadt berechtigt ist (an den Mittwochen nach der Mittfasten, vor Johann d. Täufer, nach Egidi, nach Heiligthum [Hauptmarkt], vor Verklärung Christi und vor Allerheiligen ist sehr lebhaft und wird in 60 Buden und 250 Ständen von beiläufig 300 inländischen Verkäufern betrieben, welche allerlei Schnitt-, Holz-, Eisen-, Kupfer-, Blech-, Krämer-, Spengler-, Leder-, Rauch-, Glas-,

Töpfer- und Galanterie-Waaren, Seife, Lichter, Kleidungsstücke, Getraide, Sämereien, Grünzeug, Obst, und andere Victualien, auch Zug- und Nutzvieh zum Verkauf bringen. Außerdem werden auch Wochenmärkte gehalten, welche von den Einw. der Hft., so wie von den angränzenden Dominien Münchengrätz, Kost, Lomnitz, Groß-Rohosetz und Swigan mit Getraide, Hülsenfrüchten, Holz, Obst, Geflügel, Gemüse rc. versorgt werden. — Das Sanitäts-Personale der Stadt besteht aus 3 Wundärzten (worunter ein Doctor der Chirurgie), 5 Hebammen und 1 Apotheker. — Das neu errichtete, am 1. Jäner 1829 eröffnete Armen-Institut hatte am Schluß des J. 1831 ein Stammvermögen von 104 fl. und bezog im Verlauf desselben Jhrs. eine Einnahme an milden Beiträgen von den Einw. der Stadt, so wie an Strafgeldern, Lizitations-Perzenten, Abgaben für Musikbewilligung rc. 1119 fl. W. W., mit welchen 48 Hausarme unterstützt wurden. Außerdem besteht in Turnau ein bereits vor 80 Jahren durch Beiträge und Vermächtnisse entstandener Armenfonds, welcher bis zum Schluß des J. 1831 auf 1992 fl. 16 kr. C. M. angewachsen war und dessen Zinsen wahrscheinlich unter der obigen Einnahme mit begriffen sind. Auch besaß die Stadt bis zum 30jähr. Kriege ein Armen-Spital, welches aber am 7. Mai 1643 beim Einfalle der Schweden durch Feuer zerstört und seitdem nicht wieder aufgebaut worden ist. Indessen ist noch das nicht unbeträchtliche Stammvermögen desselben vorhanden, welches zu Ende des J. 1831 in 2200 fl. C. M. und 2991 fl. 35 kr. W. W. bestand. Die Einkünfte beliefen sich auf 126 fl. 26 kr. C. M. und 149 fl. 34 kr. W. W., von welchen 2 Pfründler verpflegt wurden. — Die erste Gründung der Stadt ist in Dunkel gehüllt, wahrscheinlich aber geschah sie schon zu den Zeiten der böhm. Herzoge. Der ältere böhmische Name Trnow mag von den Dornen (Trn) herstammen, mit welchen diese Gegend wahrscheinlich bedeckt war. An der Stelle des nachmaligen im J. 1241 gestifteten Dominikaner-Klosters soll früher ein den Herren von Wartenberg gehöriges Schloß gestanden haben. Bei dem Ueberfalle der Hussiten unter Žižka, im J. 1424, war Turnau schon eine ansehnliche, volkreiche und wohlhabende Stadt, wurde aber damals ganz ausgeplündert und nicht nur die Dominikaner sondern auch mehre Einw. fielen unter den tödtlichen Streichen jener Glaubenswütheriche. Das älteste vorhandene Privilegium der Stadt ist vom K. Wladislaw II., dd. Olmütz, 1. August 1497, und bezieht sich auf das Recht 2 Jahrmärkte mit achttägiger Freiung zu halten. Ein zweites Privilegium von demselben Monarchen, 1500, welches K. Ferdinand I. 1531 bestätigte, erlaubt der Stadt, von allen eingehenden Waaren einen Zoll zu erheben. Mittelst Urkunde vom Dienstage nach Lukas 1507 schenkte Heinrich Sstiastny von Waldstein, Besitzer der Hft. Groß-Skal, der Stadt den Wald Farařstwj, und im J. 1538 erhielt sie von K. Ferdinand I. das Privilegium eines dritten Jahrmarktes mit achttägiger Freiung. Aber in demselben Jahre traf auch die Stadt am Mittwoch nach dem Palmsonntage das Unglück, fast ganz von Feuer zerstört zu werden. Es brannte damals unter Andern das Rathh. mit einem schönen und kunstreichen Uhrwerke, die Nikolaikirche, die Dechantei, die Schule, das Salzhaus und das städtische Bräuhaus ab. Im J. 1560 erklärte Adam von Waldstein-Wartenberg, kein Bräuhaus auf seinen Herrschaften Groß-Skal und Groß-Rohosetz zum Nachtheil des Turnauer errichten zu wollen, und berechtigte die Stadt, gegen einen ihm abzuführenden jährlichen Zins von 10 Schock böhm. Groschen, aus ihrem Bräuh. das Bier auf beide Herrschaften zu liefern. Im J. 1596 ertheilte K. Rudolph II. der Stadt das Privilegium, außer den bereits bestehenden noch 3 Jahrmärkte zu halten. Von den Verheerungen, welche Turnau im 30jährigen Kriege durch Brand und Plünderung erfuhr, ist schon oben die Rede gewesen; eben so von dem großen Brande des J. 1707. Gleich nach dem Ausbruche des 7jährigen Krieges rückte am 6. Oktober 1756 eine Abtheilung preußischer Truppen in die Stadt, führte den Bürgermeister Adam Stetter als Geisel mit sich fort, und setzte ihn nicht eher in Freiheit, als bis die Summe von 1000 Dukaten erlegt war. Die Gefahren, mit welchen Turnau in den J. 1668 und 1775 durch die Bauernaufstände in hiesiger Gegend bedroht wurde, wo das aufgereizte Landvolk gegen die Stadt anrückte, wurden durch die Entschlossenheit der tapfern Bürger, welche jedes Mal die Empörer mit bewaffneter Hand in ihre Gebirge zurücktrieben, glücklich abgewendet. — Von bemerkenswerthen Männern, die in Turnau das Licht der Welt erblickten, sind anzuführen: Thomas Sichäus von Richenberg, der zu seiner Zeit für einen vorzüglichen Dichter galt, geb. am Anfange des XVI. Jahrh.; Heinrich Labe, ein gelehrter Franziskaner, † 1693; Wenzel Czerwenka von Wecnow, geb. 1636, gest. 1694 als Domherr zu Leitmeritz. Seine theils gedruckten, theils noch in der Handschrift vorhandnen Werke sind in Balbin's Boemia docta verzeichnet. Fortunat Wenzel Durich, geb. 28. Sept. 1730, trat in den Paulaner-Orden zu Prag, widmete sich hauptsächlich dem Studium der slawischen Sprachen, und legte die Ergebnisse seiner Forschungen in der von ihm herausgegebnen Biblioth. slav. antiquiss. dialecti communis et eccles. univ. Slavorum gentis, Viennae 1795, nieder, von welcher aber nur die erste Abtheilung des 1. Bandes erschienen ist. Auch bearbeitete er mit P. Prochaska desselben Ordens die neueste Ausgabe der böhm. Bibel. Außerdem war er ein gründlicher Kenner des Hebräischen, Chaldäischen und Arabischen. Er war unter K. Joseph II. k. k. Hofbibliothekar zu Wien, starb aber als emeritirter Professor der hebräischen Sprache an der Prager Universität am 31. Aug. 1802 zu Turnau, wohin er sich seit 1795 zurückgezogen hatte, und hinterließ handschriftliche Memor. liter. Turnoviensium *). — Schließlich ist noch zu bemerken, daß zur Gerichtsbarkeit des Turnauer Magistrats 2 H. des Groß-Skaler Dfs. Maschow, und 2 H. des Dfs. Kadekawitz gehören.

Zur Hft. Groß-Skal gehört auch 1 H. von dem D.

81. Widochow (Bietochow, Bitauchow), der Hft. Lomnitz (Bidschower Kreises).

Allodial-Gut Mladějow und Rowen.

Dieses Dominium liegt im östlichen Theile des Bunzlauer Kreises, zwischen den Herrschaften Kost und Groß-Skal desselben Kreises, und den Herrschaften Welisch-Wokschitz und Kopidlno des Bidschower Kreises.

Das Gut Mladějow gehörte zu Anfange des XVII. Jahrhunderts dem Konrad von Hodějow, wurde nach der Schlacht am Weißen Berge vom königl. Fiscus eingezogen und am 30. Mai 1623 sammt Walten und Tlocel (oder Tlustitz) an Albrecht von Waldstein, nachmaligen Herzog von Friedland, für die Summe von 49452 Schock 10 Gr. verkauft. Nach dessen Tode kam es in verschiedene

*) S. Monatschrift der Gesellschaft des vaterländischen Museums in Böhmen, 1828, Jänerheft, S. 79.

Hände und wurde zu Ende des XVII. Jahrhunderts von Albrecht Maximilian Anton Reichsgrafen Desfours, Freiherrn zu Mont und Athienville, Besitzer der Fideicommiß-Herrschaft Groß-Rohosetz, für 56000 fl. gekauft, von welchem es, nachdem derselbe am 7. August 1732 verstorben war, dessen zweitgeborner Sohn Albrecht als Bestandtheil der Allodial-Erbschaft übernahm. Von diesem gelangte das Gut Mladĕgow an den Freiherrn von Unwerth und dessen Gemahlinn, geb. Freiinn von Malowetz, aus deren Händen es 1747 in den Besitz des Reichsgrafen Wenzel Casimir Netolicky von Eyhenberg kam, dem zugleich die benachbarte Hft. Kost und das Gut Rowen gehörten. Der Erbe desselben war sein Schwiegersohn Anton Wratislaw, Reichsgraf von Mitrowitz und Netolicky, dessen hinterlassene Wittwe, geb. Gräfinn Netolicky von Eyhenberg, das Gut Mladĕgow an Wenzel Augustin Edlen von Hawle verkaufte, welcher bald nachher auch das Gut Rowen käuflich an sich brachte. Der gegenwärtige Besitzer Joseph Pabstmann gelangte zu beiden Gütern durch Abtretungsvertrag im Jahre 1821, noch bei Lebzeiten seines Vaters, Augustin Pabstmann, welcher sie im Jahre 1792 bei der öffentlichen Feilbietung derselben erstanden hatte. (S. Landtäfl. Hauptbuch Litt. M. Tom. VIII. Fol. 21.)

Der gesammte nutzbare Flächeninhalt des Dominiums beträgt 1220 Joch 858 □Klafter. Davon gehören der Obrigkeit: an Aeckern 402 Joch 1200 □Kl., an Wiesen und Gärten 79 Joch 670 □Kl., an Teichen 16 Joch 716 □Kl., an Hutweiden 34 Joch 1170 □Kl., an Waldungen 191 Joch 1309 □Kl., zusammen 725 Joch 299 □Kl. Den Unterthanen gehören: an Aeckern 371 Joch 463 □Kl., an Wiesen und Gärten 50 Joch. 980 □Kl., an Hutweiden 28 Joch 336 □Kl., an Waldungen 45 Joch 379 □Kl., zusammen 495 Joch 559 □Kl.

Die Oberfläche des Dominiums wird von einigen kleinen Thälern durchschlängelt, welche zu beiden Seiten von schroffen Sandsteinfelsen eingeschlossen sind. Sie enthalten fruchtbare Wiesen und zwei Teiche. Unterhalb Křenow vereinigen sich fünf solcher Thalgründe mit ihren Wasseradern zu einem kleinen Bache, welcher von hier auf das Gebiet der Hft. Groß-Skal übergeht. Hie und da erheben sich einige Basalthügel. Der Sandstein wird an einigen Stellen als Baustein gebrochen; er verlangt aber, um an Festigkeit zu gewinnen, hinlängliche Abtrocknung.

Die Seelenzahl des Dominiums war 1830: 769. Sie sind, mit Ausnahme eines einzigen Israeliten in Mladĕgow, sämmtlich Katholiken und sprechen größtentheils Böhmisch.

Die Ertrags- und Nahrungsquellen fließen vornehmlich aus dem Betriebe der Landwirthschaft. Der Boden besteht größtentheils aus Lehm mit etwas Sand gemischt, ist leicht zu bearbeiten und von mittelmäßiger Fruchtbarkeit. Es wird Waizen, Korn, Gerste und Haber angebaut; auch gedeiht der Kleebau, vorzüglich bei Anwendung des Gypses und der Asche von der Oppelsdorfer Braun- und Schwefelkohle. Der Obstbaumzucht wird nicht nur in 8 Gärten, sondern auch in 4 Alleen und auf mehren Feldrainen große Pflege gewidmet, so daß die Anzahl veredelter Stämme gegenwärtig bei der Obrigkeit 2350, auf den Gründen der Unterthanen aber gegen 4000 beträgt. Die Gärten der Letztern enthalten größtentheils Zwetschkenbäume.

Der Viehstand war am 30. April 1833:

	Der Obrigkeit.	Der Unterthanen.	Zusammen.
Pferde	5 (Alte) . . .	18 (16 Alte, 2 Fohlen) . .	23
Rindvieh	78 . . . . . . (2 Zuchtst., 1 j. Stier, 46 Kühe, 22 Kalbin., 6 Zugochsen, 1 junger O.)	167 . . . . (90 Kühe, 38 Kalbinnen, 37 Zugochsen, 2 junge Ochsen.)	245
Schafe	750 . . . . . . (530 Alte, 220 Lämmer.)	—	750

Zur Bewirthschaftung der obrktl. Gründe bestehen 3 Maierhöfe (in Mladĕgow, Rowen und Krenow).

Die Waldungen bilden ein einziges Revier. Die Wildbahn liefert einige Hasen und Rebhühner.

Mit einigen Gewerben beschäftigten sich am Anfange des Jahres 1832 nicht mehr als 18 Personen, nämlich 3 Bierschänker, 1 Branntweinbrenner, 1 Faßbinder, 1 Glaser, 1 Maurer, 4 Müller, 1 Schmiedt, 2 Schneider und 1 Tischler, zusammen mit 2 Gesellen und 1 Lehrling; auch betreiben die meisten diese Gewerbe nur als Nebenbeschäftigung.

In Mladĕgow ist eine Hebamme.

Ein geregeltes Armeninstitut ist zwar noch nicht vorhanden, aber in der Errichtung begriffen, und es war dazu am Schluß des Jahres 1833 bereits eine Baarschaft von 510 fl. 18 kr. W. W. beisammen. Die Zahl der wahrhaft hilflosen Armen dürfte nicht über 6, höchstens 8 betragen.

Die Verbindung mit der Nachbarschaft wird durch zwei Landwege unterhalten, deren einer von hier in das Thal von Libuň, der andere nach Turnau und Semil geht. Die nächste Poststation ist Sobotka (Hft. Kost).

Folgendes sind die Ortschaften des Dominiums:

1. Mladĕgow, 4¾ St. onö. von der Kreisstadt Jung-Bunzlau, D. von 42 H. mit 231 E., ist der Amtsort des Dominiums und hat 1 kleines obrktl. Schloß, 1 Pfarrkirche, 1 Schule, 1 Bräuh., 1 Mhf., 1 Schäf., 1 Jägerh., 1 Ziegelhütte, 1 Wirthsh. und 1 Mhl. Die Pfarrkirche, unter dem Titel des heil. Egidius, bestand als solche schon im J. 1384, wurde während des Hussitenkrieges ihres Seelsorgers beraubt, und erhielt erst 1740 wieder einen eignen Pfarrer. Sie steht nebst der Schule unter obrktl. Patronate. Die älteste Glocke trägt die Jahrszahl 1580. Eingepf. sind, außer Mladĕgow selbst, alle übrigen Dörfer des Dominiums, und von der angränzenden Hft. Welisch-Wokschitz die Dfr. Huboged, Pelhow, Střeletsch und Zamost. Auf dem Gottesacker bei der Kirche befinden sich unter andern die Grabstätten der Eltern des gegenwärtigen Besitzers von Mladĕgow, so wie seines Oheims, Johann Niklas Ritter von Pulpan, k. k. Hofraths, † 1816, und seines Schwiegervaters, Franz Joseph Ritter von Gerstner, k. k. Gubernialraths, Wasserbau-Direktors

Dominica
Joch. □Kl. Joch.

=						
	. . .	230	67			
=	. . .			61	1318	
=	. . .	313	872	764	1528	
=	. . .	50	710			
=	Wiesen					
	. .	181	374			181
=	K. .	113	252			
=	. .	2777	37			
Ueberhaupt . . .						

Viehst

Pferde	. . .	
Rindvieh 361	2234	
20 junge	(46 Zuchtstiere,	
120 Kal=	1330 Kühe, 458	
	18 Mastochsen,	
	ochsen, 78 junge	
Schafvieh 4153	1190 . . .	
(3110 Alte, 1043 Läm.)		

Geflügelviehzucht, die

dem Tode seines Vaters Anton Wratislaw Reichsgrafen von Mitrowitz und Netolitzky geerbt hat.

Der älteste bekannte Besitzer ist Peter Kost von Wartenberg, welchem die Herrschaft, nach den von Schaller angeführten Quellen, im J. 1355 gehörte. Nach diesem kam sie an die Herren Zagic von Hasenburg, deren Wappen noch gegenwärtig am Schlosse in Kost zu sehen ist. Pulkawa erwähnt einen Zagic von Kost als Besitzer dieses Schlosses im J. 1458, und bei Paprocky erscheint Nikolaus Zagic von Hasenburg für das J. 1493. Späterhin, im XVI. Jahrhundert, finden wir die Herrschaft Kost im Besitz der Herren Popel von Lobkowitz, auf welche die Grafen Czernin von Chudenitz folgten. Graf Hermann Czernin von Chudenitz vererbte durch letztwillige Anordnung im J. 1651 die Herrschaft Kost nebst seinen übrigen Besitzungen in Böhmen an den Enkel seines Bruders, den Grafen Humbert (Humprecht) Czernin von Chudenitz, und von diesem gelangte sie an Wenzel Casimir Grafen Netolitzky von Eyhenberg, welcher die Herrschaft Kost zu einem Fideicommiß erhob, und, weil von seinem einzigen Sohne Johann Adam keine Erben zu hoffen waren, in der darüber ausgefertigten Urkunde festsetzte, daß nach dessen Tode die Herrschaft an die von seiner ältern, mit dem Grafen Wratislaw von Mitrowitz vermählten, Tochter abstammenden männlichen Nachkommen, falls aber auch diese Familie aussterben würde, an die Freiherren von Kallar und Schönowetz übergehen sollte. (S. Landtäfl. Hauptbuch Lit. A. Tom. XII. Fol. 1.)

Die Oberfläche des Dominiums ist größtentheils ebenes Land, mit einzelnen emporragenden Sandsteinmassen; nirgends aber erhebt sich ein eigentlicher Berg. Plänerkalk ist die herrschende Formation, über welche sich der weithin sichtbare Basalthügel Humprecht bei Sobotka erhebt. Die genannte Flötz-Formation erscheint hie und da an den Thalrändern. Im nordwestlichen Theile bei Musky kommen auch Felsmassen des Quadersandsteins vor.

Die Gewässer bestehen in kleinen aus den Abflüssen zahlreicher Teiche gebildeten Bächen, welche sämmtlich in die Iser fließen. Von diesen Teichen hat indeß keiner eine beträchtliche Größe; sie sind mit Karpfen und Hechten besetzt, von welchen jährlich an 50 Centner gefischt werden.

Die Bevölkerung des Dominiums bestand im J. 1830 aus 9893 Seelen. Die Einwohner bekennen sich, mit Ausnahme von 17 Israeliten-Familien, sämmtlich zur katholischen Religion. Die herrschende Sprache ist die böhmische.

Die Ertrags- und Nahrungsquellen des Dominiums und der Einwohner bestehen im Betriebe der Landwirthschaft, welcher nach dem Katastral-Zergliederungssummarium von 1832 folgende Bodenfläche gewidmet war:

	Dominicale.		Rusticale.		Zusammen.	
	Joch.	□Kl.	Joch.	□Kl.	Joch.	□Kl.
An ackerbaren Feldern .	1553	88	7262	617$^3/_6$	8815	705$^3/_6$
„ Teichen mit Aeckern verglichen	230	67	—	—	230	67
„ Trischfeldern . . .	—	—	61	1318	61	1318
„ Wiesen	313	872	764	1528	1078	800
„ Gärten	50	719	272	777	322	1496
„ Teichen mit Wiesen verglichen	181	374	—	—	181	374
„ Hutweiden ꝛc. . .	113	252	407	850	520	1102
„ Waldungen . . .	2777	37	500	538	3277	575
Ueberhaupt	5218	809	9269	828$^3/_6$	14488	37$^3/_6$

Der Ackerboden ist bei den einzelnen Ortschaften sehr verschieden, kann aber im Ganzen genommen fruchtbar genannt werden. Außer den gewöhnlichen Getreidearten und andern Feldfrüchten wird auch viel Brabanter Klee zum Behuf der Samengewinnung angebaut und die Menge des jährlich verkauften Kleesamens ist sehr beträchtlich. Auch die Obstbaumzucht ist in blühendem Zustande, indem die Obrigkeit allein (im J. 1825) theils in Gärten, theils in Alleen 23750 Stück Obstbäume besaß. Außerdem befindet sich beim Maierhofe Humprecht eine Baumschule von 13000 Stück Setzlingen.

Folgendes war der Viehstand des Dominiums am 30. April 1833:

	der Obrigkeit.	der Unterthanen.	Zusammen.
Pferde	4 (Alte) . . .	681 (563 Alte, 118 Fohlen)	685
Rindvieh	361 . . . . . . (6 Zuchtstiere, 20 junge St., 206 Kühe, 129 Kalbinnen)	2234 . . . . (46 Zuchtstiere, 41 junge St., 1330 Kühe, 458 Kalbinnen, 18 Mastochsen, 268 Zugochsen, 73 junge Ochsen)	2595
Schafvieh	4153 . . . . . (3110 Alte, 1043 Läm.)	1190 . . . . (818 Alte, 372 Lämmer.)	5343

Auch wird einige Schweine- und Geflügelviehzucht, hie und da auch Bienenzucht getrieben.

Zur Bewirthschaftung der obrigkeitlichen Gründe bestehen folgende 8 Maierhöfe: Semtin, Humprecht, Kbanitz, Rakow, Wischopol, Ober-Bautzen, Wobrub und Zagezd; bei den Höfen Semtin, Kbanitz, Rakow, Wischopol, Wobrub und Oberbautzen sind Schäfereien.

Die Waldungen, welche nach wirthschaftsämtlichen Angaben vom J. 1825 einen Raum von 3170 Joch 800 □Kl. bedecken, sind in 5 Reviere eingetheilt, nämlich das Koster, Humprechter, Pleskoter, Spakenetzer und Wischopoler. Sie enthalten Tannen, Fichten, Buchen und theilweise auch Eichen; doch deckt der jährliche Ertrag derselben nur den einheimischen Bedarf.

Der Wildstand besteht in einer beträchtlichen Anzahl von Rehhühnern und Hasen; auch einiges Rehwild ist vorhanden. Beim Schlosse Humprecht befindet sich eine wilde Fasanerie.

Mit den gewöhnlichen Polizei=Gewerben, einigen Commerzial=Gewerben und Handel beschäftigten sich am Anfange des J. 1832 auf dem ganzen Dominium (mit Ausnahme der Schutzstadt Sobotka, deren Gewerbstand weiterhin besonders angegeben werden soll) 170 Meister, 43 Gesellen und 32 Lehrlinge, zusammen 245 Personen. Im Einzelnen befanden sich darunter: 7 Bäcker, 8 Bierschänker (worunter 4 Fleischhauer), 1 Bräuer, 1 Branntweinbrenner, 1 Büchsenmacher, 5 Faßbinder, 1 Färber, 4 Getraidehändler, 1 Glaser, 4 Griesler, 1 Hutmacher, 22 Leinweber (wovon allein 16 in Ober=Bautzen), 3 Maurermeister (2 Gesellen), 16 Müller, 1 Riemer, 12 Salzhändler, 1 Sattler, 2 Schlosser, 14 Schmiedte, 17 Schneider, 14 Schuhmacher, 1 Seifensieder, 2 Seiler, 1 Siebmacher, 6 Strumpfwirker, 6 Tischler, 1 Tuchmacher, 1 Viehhändler, 1 Wagner und 2 Zimmermeister (4 Gesellen).

Zum eigentlichen Handelsstande gehörten 8 Krämer und Hausirer.

Das Sanitäts=Personale besteht in 1 Wundarzte (in Sobotka), 8 Hebammen (3 in Sobotka, 2 in Unter=Bautzen, die übrigen in Ober=Bautzen, Liboschowitz und Markwatitz).

Das schon seit älterer Zeit bestehende Armen=Institut des Dominiums besaß am Schlusse des J. 1831 ein Stammvermögen von 5321 fl. 54¾ kr. W. W., von dessen Zinsen pr. 266 fl. 6 kr. und einigen andern ihm gegenwärtig zugewiesenen Einnahmen 49 Arme unterstützt wurden. Außerdem ist auch, und zwar in der Schutzstadt Sobotka, ein obrigkeitliches Spital für 5 Pfründler vorhanden, welches, so weit die Rechnungen zurückgehen, schon 1740 bestand und gegenwärtig ein Stammvermögen von 800 fl. C. M. und 2853 fl. W. W. besitzt, dessen Zinsen sich jährlich auf 194 fl. W. W. belaufen.

Zur Verbindung des Dominiums mit den Nachbarorten dient zuvörderst die von Jung=Bunzlau über Sobotka nach Gitschin, im Bidschower Kreise, führende Post= und Commerzial=Straße, welche durch eine bei Sobotka abgehende Seitenchaussée mit dem Amtsorte Kost in Verbindung steht. Auch geht westlich von Ober=Bautzen eine zweite Seitenchaussée nach Münchengrätz und von Ober=Bautzen führt ein fahrbarer Landweg über Unter=Bautzen auf das Gebiet des Gutes Domausnitz. In Sobotka ist eine k. k. Fahr= und Briefpost.

Folgendes sind die einzelnen Ortschaften des Dominiums, und zwar zuvörderst die ungetheilten:

1. Kost, 4 St. nö. von der Kreisstadt Jung=Bunzlau, D. von 41 H. mit 153 E., worunter 1 Israel. Familie, ist der Sitz des obrktl. Wirthschaftsamtes, nach Liboschowitz eingepf. und hat 1 obrktl. auf einem Sandsteinfelsen liegendes Schloß mit einer Kapelle unter dem Titel der heil. Anna, worin jährl. am Feste dieser Heiligen Gottesdienst

gehalten wird; sie enthält Ueberreste alter Glasmalerei, worunter das Wappen der Grafen Černin von Chudenitz. Es ist nicht bekannt, zu welcher Zeit dieses Schloß erbaut worden, man weiß aber urkundlich, daß es schon im Hussitenkriege bestand und von Žižka, obwohl vergebens, belagert wurde. Früher soll es Hradek geheißen, den Namen Kost aber nach jener Belagerung erhalten haben, bei welcher Žižka ausrief: Ten Zámek gest twrdy gako kost (dieses Schloß ist hart wie ein Knochen). Indessen wird als der älteste bekannte Besitzer dieses Schlosses, schon im J. 1355, also lange vor dem Hussitenkriege, Peter Kost von Wartenberg angegeben. (S. oben). Es soll ehemals ein unterirdischer Gang nach der 1½ St. von hier entfernten Burg Trosky (Hft. Groß-Skal) geführt haben. Ueber dem Eingange des noch sehr wohl erhaltnen und bewohnbaren Gebäudes sieht man das Wappen der Herren Zagic von Hasenburg. Außerdem ist hier noch 1 im J. 1576 erbautes Bräuh. (auf 31 Faß) und 1 Branntweinh. Die in neuerer Zeit unterhalb des Schlosses erbauten Häuser führen den Namen Podkost. In geringer Entfernung vom Orte liegen die Maierh. Semtin mit 1 Schäf., und Zagezd, und 1 Jägerh. — 2. Liboschowitz, ½ St. ö. von Kost, D. von 56 H. mit 400 E., worunter 1 Israel. Familie, hat eine Lokalie-Kirche unter dem Titel des heil. Prokop, welche den Errichtungsbüchern zufolge schon 1384 eine Pfarrkirche war. Auch 1620 hatte sie, wie aus einer Glockeninschrift hervorgeht, noch ihren eignen Pfarrer, der wahrscheinlich in Folge der Religionsunruhen vertrieben wurde. Die Kirche kam späterhin als eine Filiale zur Dechantei von Sobotka und erhielt 1788 einen Lokal-Seelsorger. Das Patronat darüber, so wie über die hiesige Schule, besitzt seit dem J. 1827 die Obrkt. Die eingepf. Ortschaften sind, außer Liboschowitz selbst, die hftl. Dfr.: Dobschitz, Dobschin, Kost, Klein-Lhota, Lhota rytjřowa, Malechowitz und Mezyluz. — 3. Dobschin, ¼ St. sw. von Kost, D. von 30 H. mit 192 E., worunter 1 Israel. Familie; ist nach Liboschowitz eingpf. und besteht aus 3 Theilen: Groß-Dobschin, Klein-Dobschin und Kamenitz, die etwa 10 Min. von einander entfernt sind; 20 Min. sö. liegt die Woborer Mühle. — 4. Dobschitz, ½ St. nnö. von Kost, D. von 23 H. mit 176 E., nach Liboschowitz eingpf. — 5. Klein-Lhota, ¾ St. nö. von Kost, D von 21 H. mit 152 E., nach Liboschowitz eingpf. Abseits liegen die Einschichten Pleskota, 6 H. mit 1 Mhl.; Zahorska, 3 Chaluppen, und 1 einzelnes Gebäude, Warta genannt. — 6. Lhota rytjřowa, ½ St. nö. von Kost, D. von 33 H. mit 248 E., worunter 3 israel. Familien, nach Liboschowitz eingepf. Abseits liegen die Einschichten Křečkow, 3 Chaluppen, Lisstice, 3 Chaluppen, Kauta, 2 Chaluppen, und Borek, 1 einzelnes H. — 7. Mezyluz, ¾ St. nnö. von Kost, D. von 17 H. mit 136 E., worunter 1 israel. Familie, ist nach Liboschowitz eingpf.; ¼ St. n. liegt die nach Wiskř (Hft. Groß-Skal) eingpf. Wisokoler-Mühle, und das Bauerngut, zugleich Wirthsh., Dehrtnjk. — 8. Unter-Bautzen (auch gewöhnlich nur Bautzen genannt, Dolenj Bausow), 1½ St. s. von Kost, an der Straße nach Domausnitz, unterthäniges Städtchen von 208 H. mit 1419 E., worunter 3 israel. Familien, hat ein eignes Marktgericht und ein Gemeindehaus; ferner eine vom Grafen Wenzel Wratislaw-Netolitzky erneuerte Pfarrkirche unter dem Titel der heil. Katharina, welche nebst der Schule unter dem Patronate der Obrkt. steht. Die eingpf. Ortschaften sind, außer dem Städtchen selbst, Lhota zahumna, Ober-Bautzen,

Překopek, Wischopol (mit Filialkirche) und Rohacko; ½ Viertelst. n. liegt die Rothe Mühle (Čerwenský Mlegn) mit 1 Brettsäge und 1 Walkmühl. Unter den Einw. des Städtchens sind 129 Gewerbsleute, nämlich 87 Meister und andere Gewerbsbesitzer (worunter 16 Leinweber, 14 Schuhmacher, 10 Schneider, 6 Strumpfwirker ꝛc.) mit 21 Ges. und 20 Lehrl. Die hiesigen 2 Jahrmärkte (Montag nach Invocavit, an Laurenzi und Donnerstag vor Weihnachten) sind, so wie die Wochenmärkte am Donnerstage, von keiner Erheblichkeit. — 9. Lhota zahumna, am s. Ende von Unter-Bautzen, fast damit zusammenhangend, Dfch. von 7 H. mit 55 E., nach Unter-Bautzen eingpf. — 10. Ober-Bautzen, ¾ St. s. von Kost, an der von Jung-Bunzlau nach Gitschin führenden Poststraße, D. von 40 H. mit 264 E., ist nach Unter-Bautzen eingepf. und hat 1 Mhf. nebst 1 Schäf. — 11. Wischopol (Wissypol, auch Wikipole), 2 St. ssö. von Kost, D. von 35 H. mit 229 E., hat 1 kleines obrktl. Schloß mit einem Garten, 1 Mhf. nebst Schäf., und eine zum Sprengel der Pfarrei in Unter-Bautzen gehörige Filialkirche, unter dem Titel der h. Apostel Simon und Judas, welche schon 1384 als Pfarrkirche bestand. Das Patronat darüber steht der Obrkt. zu. — 12. Rohacko, 1¼ St. wsw. von Kost, D. von 26 H. mit 218 E., ist nach Unter-Bautzen eingpf. und hat 1 Mhl. — 13. Markwatitz oder Markwartitz, auch Marquartitz, 2 St. ssö. von Kost, D. von 65 H. mit 461 E., hat eine Pfarrkirche unter dem Titel des h. Egidius, welche nebst der Schule unter dem Patronate der Obrkt. steht und schon 1384 ihren eignen Pfarrer hatte. Wahrscheinlich wurde derselbe durch die Hussiten vertrieben, und die Kirche kam später als Filiale zu einer benachbarten Pfarrei; denn es heißt bei Schaller (S. 51) daß sie „im J. 1753 auf Verlangen des Grafen Wenzel Netolický abermal mit einem eignen Pfarrer versehen worden" sei. Daß hier ehemals ein Frauenkloster gewesen, welchem nebst Markwatitz auch die Dfr. Spakenetz und Mrkwoged gehört haben sollen, ist nicht urkundlich bewiesen. Die gegenwärtig eingepf. Ortschaften sind, außer Markwatitz selbst, die hftl. Dfr.: Spakenetz, Mrkwoged, Přichwog, Netolitz, Leschtin, Rakow und Skuřina. — 14. Spakenetz, 1½ St. ssö. von Kost, D. von 19 H. mit 116 E., nach Markwatitz eingepf. — 15. Mrkwoged, 2 St. ssö. von Kost, D. von 12 H. mit 67 E., nach Markwatitz eingpf. — 16. Přichwog, 2 St. osö. von Kost., D. von 44 H. mit 299 E., worunter 1 israel. Familie, ist nach Markwatitz eingpf. und hat eine öffentliche Kapelle unter dem Titel der heil. Apostel Peter und Paul. — 17. Netolitz, 2¼ St. osö. von Kost, D. von 16 H. mit 101 E., nach Markwatitz eingpf. — 18. Leschtin oder Leschtina, 2¼ St. sö. von Kost, Dfch. von 9 H. mit 61 E., ist nach Markwatitz eingpf. und hat 1 Mhl. (die „Podzesstiner Mühle"). — 19. Rakow, 2½ St. sö. von Kost, D. von 38 H. mit 210 E., ist nach Markwatitz eingepf. und hat 1 Mhf., 1 Schäf. und 3 Mhl., s. vom Orte; auch gehört hieher die ¼ St. s. liegende Einschicht Battin, aus 4 Wohnhäusch. bestehend. — 20. Skuřina, 2¼ St. ssö. von Kost, D. von 32 H. mit 160 E., ist nach Markwatitz eingpf. und hat 2 Mhl., n. vom Orte. — 21. Zagalur, 1¾ St. osö. von Kost, D. von 16 H. mit 113 E., nach Samschin (Hft. Welisch-Wokschitz im Bidschower Kr.) eingpf. — 22. Lhota zelenska, 2¼ St. ssö. von Kost, D. von 40 H. mit 226 E., worunter 1 israel. Familie, nach Liban (Hft. Kopidlno im Bidschower Kr.) eingpf. — 23. Březno, 1 St. sö. von Kost, unweit w. von der Stadt Sobotka, an der Jung-Bunzlauer Poststraße,

schon oben bei der allgemeinen Uebersicht des Dominiums die Rede. Die Verbindung der Stadt mit den benachbarten Ortschaften erleichtert die von Jung-Bunzlau nach Gitschin hier durchführende Post- und Commerzial-Straße. (S. oben.) Auch ist hier eine k. k. Fahr- und Briefpost. — Die übrigen fremden Dörfer, von welchen die Hft. Kost Antheile besitzt, sind folgende:

39. Wobruh oder Wobrubh, auch Groß-Wobruh, 1 St. sw. von Kost, ein nach Schöbor eingpf. D. der Hft. Kosmanos, von welchem 21 H. mit 161 E. hieher gehören, worunter sich 1 Mhf., 1 Schäf. und 1 Mhl. befinden. — 40. Ritonitz (auch Zitonitz), 2 St. [illegible] von Kost, D. der Hft. Błezno, mit einer Lokaliekirche. Davon gehören hieher 4 H. mit 22 E. — 41. Howlowitz, 3 St. nw. von Kost, jenseits der Iser, ein nach Laukow (Hft. Swigan) eingpf. D. der Hft. Böhmisch-Aicha, von welchem 3 H. mit 14 E. zur Hft. Kost gehören. — 42. Malschitz, $1^{1}/_{2}$ St. nw. von Kost, ein nach Hlawitz (Hft. Münchengrätz) eingpf. D. der Hft. Böhmisch-Aicha, von welchem 2 H. mit 11 E. den hiesigen Antheil ausmachen. — 43. Boßin (Bozen, Bozna), $1^{1}/_{2}$ St. w. von Kost, ein zur Hft. Münchengrätz gehöriges Pfarrdorf, von welchem 2 H. mit 8 E. den hiesigen Antheil bilden. — 44. Musky, $1^{1}/_{2}$ St. nw. von Kost, ein nach Boßin eingpf. D. der Hft. Münchengrätz; davon besitzt das hiesige Dominium 4 H. mit 22 E. — 45. Dneboch, $1^{3}/_{4}$ St. wnw. von Kost, ein nach Boßin eingpf. D. derselben Hft., von welchem 1 H. mit 6 E. hieher gehört. — 46. Zapudow, $1^{1}/_{4}$ St. wnw. von Kost, ein nach Boßin eingpf. D. derselben Hft., von welchem das hiesige Dominium 1 H. mit 4 Einw. besitzt.

Allodial-Herrschaft Kosmanos.

Diese Herrschaft liegt zu beiden Seiten des mittlern Laufes der Iser, größtentheils aber östlich von derselben, ziemlich zerstreut, zwischen den Dominien Münchengrätz, Swigan, Böhmisch-Aicha, Kost, Błezno, Dobrawitz, Jung-Bunzlau, Stranow, Tschentitz und Weißwasser.

Der gegenwärtige Besitzer ist der k. k. Kämmerer [illegible] Gerhard Graf von Mirbach, an welchen sie nach dem Tode seines Vaters Friedrich Grafen von Mirbach, durch das Recht der Erbfolge gelangte. Der früheste bekannte Eigenthümer war im J. [illegible] den von Schaller (S. 86 u. f.) bereits angeführten Quellen, [illegible] Kragiř von Kragek. Zu Anfange des XVII. Jahrhunderts [illegible] Kosmanos durch Kauf an den Grafen Georg Friedrich von Hohenlohe und Langenburg, um die Mitte desselben Jahrhunderts aber an die Reichsgrafen Czernin von Chudenitz, aus welchem [illegible] Graf Hermann Czernin von Chudenitz, welchem außerdem noch mehre andere Herrschaften und Güter, namentlich Kost, gehörten, im Jahre 1651 diese sämmtlichen Besitzungen durch letztwillige Anordnung an seines Bruders Enkel Humbert (Humprecht) Czernin Grafen von Chudenitz vererbte. Von diesem Letztern gelangte die Hft. Kosmanos zu Anfange des XVIII. Jahrhunderts an die Grafen Hrzan von Harras, aus welcher Familie sie Graf Sigmund

8 H. mit 55 E., unmittelbar zur Gerichtsbarkeit des Dom. gehört. Die Stadt selbst hat ihren eignen Magistrat (1 Bürgermeister und 1 geprüft. Rath) und führt im Wappen zwei Thürme mit einem offnen Thore und einem Adler in der Mitte. An dem ein regelmäßiges Viereck bildenden Marktplatze steht das Rathh. und auf der Mitte des Platzes erhebt sich eine steinerne Bildsäule zu Ehren der unbefleckten Empfängniß der heil. Jungfrau Maria. Die hiesige Dechantei-Kirche zu St. Magdalena, ein ansehnliches, ganz von Quadersteinen aufgeführtes Gebäude, steht unter dem Patronate des obrktl. Schutzherrn, und war schon 1384 mit einem eignen Pfarrer versehen. Sie ist in ihrer jetzigen Gestalt von Udalrich Felix Freiherrn von Lobkowitz, damaligem Besitzer der Hft. Kost, im J. 1595 erbaut und eingerichtet worden. Unter den Kirchengeräthschaften ist die vom feinsten Silber gearbeitete, 16 Pfund schwere und 1¾ E. hohe Monstranz zu bemerken, welche der Kirche von ihrem oben genannten Erbauer und dessen Gemahlinn Anna Freiinn von Neuhaus (Nova Domo) geschenkt wurde. Sie hatte das Schicksal, während des 30jähr. Krieges von den Schweden mit fortgenommen zu werden, wurde jedoch mit 24 Dukaten wieder von denselben zurückgekauft. Die hftl. Gruft enthält die Leichname des Grafen Wenzel Casimir Netolitzky von Eyhenberg und dessen einzigen Sohnes Johann Adam. Auch sind noch 3 ältere Grabsteine vorhanden, und zwar a. des Adam von Lobkowitz, † 1590, b. des Joachim Christoph von Lobkowitz, † 1586 und der Maria Magdalena von Lobkowitz, † 1581; sie sind an der rechten Seite des Presbyteriums eingemauert und stammen wahrscheinlich aus der frühern Kirche her. Die eingepf. Ortschaften dieser Dechanteikirche sind, außer Sobotka selbst, folgende hftl. Dfr.: Březno, Čalowitz, Kbanitz, Lawitz, Lhota stankowa, Nepřiwetz (mit 1 Filialkirche), Spischow, Steblowitz, Střehom, Trnj, Woschtowitz, Wosek (mit 1 Filialkirche) und Wesetz. — Die Schule ist ein schönes, zwei Stock hohes Gebäude, mit den Lehrzimmern für 3 Klassen und den Wohnungen für 2 Lehrer; es wurde im J. 1823 vom jetzigen Besitzer der Herrschaft ganz neu errichtet. — Die Einwohner nähren sich theils vom Betriebe der Landwirthschaft, theils von verschiedenen städtischen Gewerben und einigem Handel. Mit der Gewerbsindustrie waren am Anfange des J. 1832 zusammen 110 Meister und andere Gewerbsbefugte, 42 Gesellen und 27 Lehrlinge, zusammen 183 Personen beschäftigt. Darunter zählte man im Einzelnen: 4 Bäcker, 2 Faßbinder, 7 Fleischhauer, 1 Gastwirth (zu „zwei Linden"), 1 Glaser, 4 Griesler, 1 Hutmacher, 2 Kürschner, 3 Lebzelter, 6 Leinweber, 5 Lohgärber, 1 Maurer (Meister), 1 Rauchfangkehrer, 2 Riemer, 2 Sattler, 2 Schlosser, 3 Schmiedte, 4 Schneider, 24 Schuhmacher, 1 Schwarzfärber, 4 Seifensieder, 1 Strumpfstricker, 1 Strumpfwirker, 5 Tischler, 1 Töpfer, 17 Tuchmacher, 2 Tuchscheerer, 1 Wachszieher und 2 Wagner. — Zum eigentlichen Handelsstande gehören 4 Besitzer von gemischten Waarenhandlungen und 4 Hausirer. — Die Stadt hat das Recht 2 Jahrmärkte (an Magdalena und Wenzeslai) zu halten, auf welchen in 4 Gewölben, 28 Buden und 220 Ständen die gewöhnlichen Artikel des ländlichen Marktverkehrs feilgeboten werden. Auch zu Wochenmärkten, an jedem Sonnabend, ist die Stadt berechtigt; doch sind dieselben schon seit längerer Zeit aufgegeben worden. Das Sanitäts-Personale besteht aus einem Wundarzte, drei geprüften Hebammen und einem Apotheker. Von dem obrktl. Spitale, welches sich in Sobotka befindet, war

oben bei der [illegible] Domin[illegible] [illegible] Rebe. Die benachbarten Ortschaften erleichtert die von Jung-Bunzlau nach Gitschin hier durchführende Post- und [illegible] Straße. (S. oben.) Auch ist hier eine k. k. Jahr- und [illegible] Die übrigen fremden Dörfer, von welchen die Hft. Kost Antheil [illegible] folgende:

30. Wobrub oder Wobruby, auch Groß-Wobrub, [illegible] über eingpf. D. der Hft. Kosmanos [illegible] hieher gehören, worunter sich 1 [illegible] Kitonitz (auch Zitonitz), 2 [illegible] mit einer Lokalieskirche. Davon [illegible] wlowitz, 3 St. nw. von Kost, jenseits der [illegible] Swigan) eingepf. D. der Hft. Böhmisch[illegible] von welchem 3 H. mit 16 E. zur Hft. Kost gehören. — 42. [illegible] 6½ St. nw. von Kost, ein nach Hlawitz (Hft. Münchengrätz [illegible] der Hft. Böhmisch-Aicha, von welchem 2 H. mit 11 E. [illegible] Antheil ausmachen. — 43. Bosin (Bozen, Bozna), 1½ [illegible] ein zur Hft. Münchengrätz gehöriges Pfarrdorf, von welchem [illegible] 8 E. den hiesigen Antheil bilden. — 44. Musky, 1½ St. [illegible] ein nach Bosin eingpf. D. der Hft. Münchengrätz [illegible] hiesige Dominium 4 H. mit 22 E. — 45. Dneboch, 1½ St. [illegible] Kost, ein nach Bosin eingpf. D. derselben Hft., von welchem [illegible] 6 E. hieher gehört. — 46. Zapudow, 1½ St. wnw. von [illegible] Bosin eingpf. D. derselben Hft., das [illegible] 1 H. mit 4 Einw. besitzt.

Allodial-Herrschaft Kosmanos

Diese Herrschaft liegt zu [illegible] des [illegible] Iser, größtentheils aber östlich von derselben, ziemlich [illegible] den Dominien Münchengrätz, Swigan, Böhmisch-Aicha, [illegible] Dobrawitz, Jung-Bunzlau, Stranow, Tschentitz und [illegible]

Der gegenwärtige Besitzer ist der k. k. Kämmerer [illegible] hard Graf von Mirbach, an welchen sie nach dem Tode [illegible] Friedrich Grafen von Mirbach, durch das Recht der [illegible] langte. Der früheste bekannte Eigenthümer war im J. [illegible] den von Schaller (S. 86 u. f.) bereits angeführten [illegible] Kragiř von Kragek. Zu Anfange des XVII. Jahrhunderts [illegible] Kosmanos durch Kauf an den Grafen Georg Friedrich [illegible] henlohe und Langenburg, um die Mitte desselben [illegible] aber an die Reichsgrafen Černin von Chudenitz, aus [illegible] milie Graf Hermann Černin von Chudenitz, [illegible] noch mehre andere Herrschaften und Güter, namentlich Kost, [illegible] im Jahre 1651 diese sämmtlichen Besitzungen durch [illegible] ordnung an seines Bruders Enkel Humbert (Humprecht) [illegible] Grafen von Chudenitz vererbte. Von diesem Letztern [illegible] Hft. Kosmanos zu Anfange des XVIII. Jahrhunderts an [illegible] Hr Jan von Harras, aus welcher Familie sie Graf [illegible]

Gustav noch im J. 1740 besaß. Im J. 1760 erkaufte Frau Johanna Nepomucena verwittwete Gräfinn von Bolza, geborne Reichsgräfinn von Martinitz, die Herrschaft, von welcher sie im J. 1804 an den Vater des jetzigen Besitzers, den vorerwähnten Grafen Friedrich von Mirbach, überging. (S. Landtäfl. Hauptbuch, Litt. K. Tom. XI. Fol. 109.)

Die Oberfläche des Dominiums ist hügeliges Land. Die Unterlage des Ackergrundes bildet überall der sandige Plänerkalk; er kommt als Felsart hauptsächlich an den steilen Gehängen des Iserthales in den obern Schichten zum Vorschein, und unter ihm erscheint an den tiefern Theilen der Quadersandstein. Nördlich von Kosmanos, fast unmittelbar am Orte, erhebt sich ein unbedeutender Hügelrücken von Basalt.

Den westlichen Theil der Herrschaft durchschneidet die von der Hft. Münchengrätz kommende Iser, deren beide Ufer sich hier mit ziemlicher Steilheit emporheben. Zwischen den im östlichen Theile der Herrschaft gelegnen Dörfern Bechow und Freidorf nimmt ein von der Hft. Kost kommender Bach seinen Lauf nach Westen und ergießt sich bei Jung-Bunzlau unter dem Namen Klenice in die Iser. Außerdem sind bei mehren Dörfern östlich von der Iser zusammen 40 Fischteiche, größtentheils mit Karpfen besetzt, vorhanden; 15 andere ehemalige Teiche sind schon seit vielen Jahren in Aecker, Wiesen oder Waldungen umgeschaffen worden. Die Ortschaften westlich von der Iser leiden, wie diese ganze Gegend überhaupt, großen Mangel an Wasser, besonders an Quellwasser.

Die Bevölkerung des Dominiums bestand im Jahre 1830 aus 4991 Seelen. Die Einwohner sind, mit Ausnahme von 11 protestantischen (helvetischen) und 10 Israeliten-Familien, Katholiken, und die herrschende Sprache ist die böhmische.

Die vorzüglichste Ertrags- und Nahrungsquelle ist die Landwirthschaft. Der zum Betriebe derselben verwendbare Flächeninhalt bestand nach wirthschaftsämtlichen Angaben vom J. 1826 in 6861 Joch 285⅙ □Kl. Aeckern, 1108 Joch 696½ □Kl. Gärten, Wiesen und Teichen, und 2712 Joch 751 □Kl. Waldungen und Hutweiden, zusammen 10682 Joch 133 □Kl. Nach dem Katastral-Zergliederungssummarium vom J. 1832 war die landwirthschaftliche Bodenfläche:

	Dominicale.		Rusticale.		Zusammen.	
	Joch.	□Kl.	Joch.	□Kl.	Joch.	□Kl.
Ackerbare Felder .	1853	413	4837	417	6690	830
Teiche mit Aeckern verglichen . .	248	850	—	—	248	850
Trischfelder . .	74	188	350	230	424	418
Wiesen	209	1589	340	274	550	263
Gärten	75	816³/₆	111	439	186	1255³/₆
Teiche mit Wiesen verglichen . .	149	1561	—	—	149	1561

	Dominicale.		Rusticale.		Zusammen.	
	Joch.	□Kl.	Joch.	□Kl.	Joch.	□Kl.
Hutweiden rc. . . .	133	395	145	32	278	427
Waldungen . . .	2253	1091	180	717	2434	208
Ueberhaupt	4998	$503\frac{3}{6}$	5964	509	10962	$1012\frac{3}{6}$

Die landwirthschaftlichen Gründe bestehen theils aus Sand-, theils aus Lehm- und schwerem Lettenboden. Auf dem Letztern wird besonders schöner Waizen und Gerste gewonnen. Außer den übrigen Getraidearten und Feldfrüchten wird auch dem Kleebau viel Aufmerksamkeit geschenkt; eben so der Obstbaumzucht, welche eine beträchtliche Menge der bessern Sorten zum Verkauf liefert.

Den Viehstand zeigt folgende Uebersicht vom 30. April 1833:

	bei der Obrigkeit.	bei den Unterthanen.	Zusammen.
Pferde	39 (38 Alte, 1 Fohlen)	233 (168 Alte, 55 Fohlen)	282
Rindvieh	361 . . . . (7 Zuchtstiere, 6 junge St., 217 Kühe, 71 Kalbinnen, 48 Zuggochsen, 12 junge Ochs.)	1681 . . . . (1 Zuchtstier, 4 junge St., 912 Kühe, 338 Kalbinn., 4 Mastochsen, 387 Zugo., 35 junge Ochsen.)	2042
Schafvieh	3496 . . . . . . (2586 Alte, 910 Lämmer.)	2305 . . . . (1622 Alte, 683 Lämmer.)	5801

Außerdem werden auch Schweine und verschiedene Gattungen Hausgeflügel, besonders Gänse, gehalten. Die Bienenzucht ist unbedeutend.

Zum Betriebe der obrigkeitlichen Oekonomie bestehen 6 Maierhöfe, und zwar in Kosmanos, Michelsberg, Ober-Stakor, Podhrad, Wobrubetz und Litkowitz; mit den 5 erstern sind zugleich Schäfereien verbunden; auch in Wobora ist eine Schäferei.

Die Fischerei in der Iser ist von Seiten der Obrigkeit an die Fischer in Debř und Rožatow verpachtet.

Die Waldungen sind in fünf Reviere eingetheilt. Das Kosmanoser Revier besteht aus dem Thiergarten bei Kosmanos, welcher aber nebst den Waldungen auch die zum Maierhofe daselbst gehörigen Felder und Wiesen umschließt und zusammen einen Flächenraum von 65 J. 1454 □Kl. einnimmt. Das Baba-Revier, 145 J. 933 □Kl., liegt unweit östlich von Kosmanos und enthält bloß Laubholz. Das Wobrubetzer Revier, 731 J. $312\frac{1}{2}$ Kl., an 2 Stunden östlich, besteht aus Kiefern, Fichten und Laubholz. Das Holla-Revier, jenseits der Iser, $1\frac{1}{2}$ Stunden entfernt, 880 J. 266 □Kl., enthält ebenfalls Kiefern, Fichten und Laubholz. Das Thaler Revier, 1 Stunde westlich, im Bukowner Thal, jenseits der Iser, 318 J. 966 □Kl., besteht zur Hälfte aus Nadel-, zur Hälfte aus Laubholz. Von dem Ertrage der drei letztern Reviere wird einiges Büschelholz an die nächst gelegnen Ortschaften des Dominiums verkauft.

Der Wildstand ist dem Areale nicht ganz angemessen. Im

Kosmanoser Thiergarten kann wegen des Ackerbaues kein Hochwild gehalten werden; er enthält nur wilde Fasanen, Rebhühner und Hasen. Beim Baba- und Wobrubetzer Revier sind Fasangärten, jeder zu 250 Stück; auch werden hier bedeutend viel Hasen und Rebhühner, nebst einigem Rehwild geschossen. Im Holla-Revier ist der Wildstand, wegen des Wassermangels, sehr unbeträchtlich.

Mit Gewerbs-Industrie und Handel waren am Anfange des Jahres 1832 auf dem ganzen Dominium 559 Personen beschäftigt. Davon gehörten beinahe zwei Drittel, nämlich 431 Personen, zu der k. k. landesprivilegirten Zitz- und Kattun-Fabrik der Franz Leitenbergerschen Erben zu Kosmanos und Josephsthal, deren Erzeugnisse unter das Vollkommenste gehören, was dieser Manufaktur-Zweig hervorzubringen vermag, so daß die Kosmanoser Waaren auf der Leipziger Messe selbst den besten englischen dieser Gattung an die Seite gestellt worden sind. Die Fabrik wurde ursprünglich zu Josephsthal, und zwar vom Grafen von Bolza, damaligem Besitzer der Herrschaft, gegründet, welcher zur Erzeugung der rohen Waaren das gegenwärtig die Militärknaben-Erziehungsanstalt enthaltende Gebäude in Kosmanos errichtete. Im J. 1793 verkaufte derselbe die Josephsthaler Fabrik an den Großvater der jetzigen Besitzer, Joseph Leitenberger, welcher sie später an seinen Sohn Franz abtrat. Dieser Letztere erkaufte bald nachher das Gebäude des aufgehobenen Piaristen-Collegiums zu Kosmanos und verlegte in dasselbe die Hauptbestandtheile der Fabrik, so daß in Josephsthal jetzt nur noch die Bleiche, Färberei und Walke bestehen. Im Jahre 1810 erhielt diese Fabrik das k. k. Landesprivilegium und erweiterte sich bald zu ihrem jetzigen ansehnlichen Umfange. — Die übrigen Gewerbsleute des Dominiums bestehen aus 63 Meistern und andern Gewerbsbefugten, 32 Gesellen und 24 Lehrlingen; darunter befinden sich: 2 Bäcker, 1 Bierbrauer, 3 Faßbinder, 2 Fleischhauer, 1 Glaser, 2 Griesler, 1 Maurermeister (10 Gesellen), 2 Müller, 2 Schlosser, 12 Schmiedte, 10 Schneider, 15 Schuhmacher, 1 Seifensieder, 1 Steinmetz, 4 Tischler, 1 Ziegelbrenner und 1 Zimmermeister (5 Gesellen). Zum Handelsstande gehören 2 Besitzer von gemischten Waarenhandlungen, 6 Krämer und Hausirer, und 1 bloß Märkte beziehender Handelsmann.

Sanitäts-Personen sind 4 Hebammen (2 in Kosmanos, 1 in Dalkowitz, 1 in Wobrub.)

Zur Unterstützung der hilfsbedürftigen Einwohner bestehen seit dem J. 1829 in Kosmanos und Bukowno zwei Armen-Institute. Das in Kosmanos verdankt seine Gründung den Vermächtnissen des vorigen Besitzers der Herrschaft, Friedrichs Grafen von Mirbach, und des Fabrik-Besitzers Franz Leitenberger, und hatte am Schluß des J. 1831 ein Stammvermögen von 2000 fl. W. W. Die Einnahme desselben Jahres an Kapitalszinsen, Strafgeldern, Vermächtnissen, milden Beiträgen (644 fl.), Opfergeldern, Ertrag der Neujahrs-Entschuldigungskarten und Musikbewilligungen betrug 1097 fl. 7 kr. W. W. Die Zahl der zu unterstützenden Armen war 21. Das vom

Seelsorger in Bukowno gegründete Armen-Institut dieses Ortes hat noch kein eignes Stammvermögen, sondern besteht bloß durch milde Beiträge, welche aber nebst einigen andern Zuflüssen im J. 1831 die nicht unbedeutende Summe von 415 fl. 49½ kr. W. W. ausmachten, mit welcher 5 Arme zu betheilen waren.

Mit den benachbarten Dominien steht die Hft. Kosmanos durch drei Hauptstraßen in Verbindung; diese sind: 1. die von Jung-Bunzlau nach Reichenberg führende Straße, an welcher Kosmanos liegt; 2. die von Jung-Bunzlau über Weißwasser rc. nach Rumburg führende Straße, an welcher die Dörfer Rožatow, Debř und Hrdlořes liegen, und 3. die Straße von Jung-Bunzlau nach Gitschin rc., welche die östlichen Dörfer Sukorad und Wobrubetz durchschneidet. Bei Rožatow und Debř führen Brücken über die Iser. Die nächste Post ist in Jung-Bunzlau.

Folgendes sind die Ortschaften des Dominiums:

1. Kosmanos, ¾ St. nnö. von Jung-Bunzlau, an der Reichenberger Straße, D. von 182 H. mit 1310 E. Davon gehören 5 H. mit 32 E. zur Hft. Münchengrätz. Von dem hiesigen Antheile bilden 55 H. die sogenannte Handwerks-Gemeinde, und zwar in Folge eines vom frühern Besitzer, Grafen Černin von Chudenitz, am 17. Juni 1738 erhaltenen Privilegiums, vermöge dessen diese Hsr. nur von Professionisten besessen werden können, welche außer einem jährlichen Schutzgeld von 1 fl. 10 kr. an die Obrkt. keine weitern Abgaben zu entrichten haben. Kosmanos ist der Sitz des obrktl. Wirthschaftsamtes und hat ein schönes, geräumiges Schloß, welches vom Grafen Jakob Hermann Černin von Chudenitz erbaut worden, eine von demselben Besitzer im J. 1688 erbaute Kirche, 2 Kapellen, zu St. Lauretta und St. Martin, eine Schule, 1 Einkehrh., 2 Mhf., 1 Jägerh., und 1 k. k. priv. Zitz- und Kattunfabrik. Die jetzige Pfarrkirche, unter dem Titel des heil. Kreuzes, gehörte ursprünglich zu dem vom erwähnten Grafen Jakob Hermann Černin von Chudenitz 1688 gestifteten Piaristen-Collegium und ist erst im Jahre 1785, nachdem dieses Collegium das Jahr vorher nach Jung-Bunzlau übersetzt worden war, auf allerhöchste Anordnung zur Pfarrkirche bestimmt worden. Indessen bestand die Pfarrei in Kosmanos, und zwar bei der jetzigen St. Martins-Kapelle, schon seit dem J. 1770, wo die bis 1769 in Michelsberg bestandene Pfarrei mit allen dazu gehörigen Rechten hieher versetzt, Michelsberg aber derselben als Filiale untergeordnet wurde. Das Patronat besitzt die Obrkt. Unmittelbar nach Kosmanos sind jetzt eingpf.: Debř (mit Filialkirche), Hrdlořes, Josephsthal, Ober-Stakor (mit Filialkirche) und Rožatow, so wie die zur Hft. Münchengrätz gehörigen Dfr. Bradletz und Bręylow. Auch die Exposituren zu Schöbok und Bukowno gehören zum Sprengel der Kosmanoser Pfarrei. Die ehemalige Kirche und jetzige Kapelle zu St. Martin hatte bereits 1384 ihren eignen Pfarrer und kam erst nach den hussitischen Unruhen, wo derselbe vertrieben worden, unter die Verwaltung des Pfarrers in Michelsberg. Das Gebäude des ehemaligen Piaristen-Collegiums enthält jetzt, wie schon erwähnt, die Kattunfabrik der Franz Leitenbergerschen Erben, und in dem Gebäude der ältern vom Grafen von Bolza errichteten Fabrik befindet sich das Militärknaben-Erziehungshaus des k. k. Infanterie-Regiments Nr. 36, so wie die Kosma-

noser Pfarrschule. Von den beiden Mhf. liegt der eine mit der dazu gehörigen Schäf., in dem w. an Kosmanos stoßenden, schon oben erwähnten Thiergarten, wo sich auch ein Jägerh. befindet, der andere aber (Hof Zaluschan), 1/2 St. sö. von Kosmanos. — 2. Debř, 1/2 St. w. von Kosmanos, an der Rumburger Straße und dem linken Ufer der Iser, über welche hier eine Brücke führt, D. von 18 H. mit 116 E., ist nach Kosmanos eingepf. und hat 1 Filialkirche unter dem Titel der heil. Barbara, die 1384 eine Pfarrkirche war. — 3. Josephsthal, 3/4 St. nw. von Kosmanos, am linken Ufer der Iser, D. von 13 H. mit 117 E., nach Kosmanos eingepf., enthält die zur Kosmanoser Kattunfabrik gehörige Bleiche, Färberei und Walke. (S. oben die allgemeine Uebersicht des Dominiums). — 4. Hrblokes (bei den Teutschen: Hünergesäß), 1 St. wnw. von Kosmanos, an der Rumburger Straße, D. von 58 H. mit 379 E., nach Kosmanos eingepf., hat 1 Schule und 1 Einkehrh. Auch ist hieher die unterhalb des Dfs. im Thale liegende Einschicht, im Thale genannt, aus 12 H. bestehend, so wie das 1/2 St. n. liegende Jägerh. Holla conscribirt. — 5. Bukowno, 1 1/2 St. w. von Kosmanos, auf einer Anhöhe, D. von 87 H. mit 546 E. (worunter 4 protest. Familien), hat 1 zum Sprengel von Kosmanos gehörige Expositur-Kirche unter dem Titel des heil. Johann von Nepomuk, welche in Folge testamentarischer Verfügung der Gräfinn Anna Maria von Hrzan, geb. von Putz, im J. 1769 erbaut worden ist. Eingpf. sind hieher die hftl. D. Dallowitz, Michelsberg und Podlaska, so wie das zum G. Groß-Aschepitz gehörige D. Sinn. Auch ist hier 1 Schule. Ferner ist das 1/4 St. sö. liegende Jägerh. Thal zu Bukowno conscribirt. — 6. Michelsberg oder Michalowitz, 3/4 St. wsw. von Kosmanos, am rechten Ufer der Iser, Dfch. von 5 H. mit 30 E., ist nach Bukowno eingpf., hat aber eine eigne Filialkirche unter dem Titel des heil. Michael, worin der Gottesdienst vom Exposíten in Bukowno gehalten wird: sie hatte schon 1384 ihren eignen Pfarrer; 1/4 St. sw. liegt der hieher conscribirte Mhf. Augezd nebst einer Schäf. Ueber die n. von der Kirche noch vorhandene Ruine der alten Burg Michalowitz ist schon oben S. 9, bei der Geschichte der Stadt Jung-Bunzlau, Einiges gesagt worden. Sie war das Stammh. der Herren von Michalowitz, welche dieses Schloß im J. 1256 erbauten. Schaller erwähnt (a. a. O. S. 89) aus dieser Familie noch des Beneš von Michalowitz, 1317, des Peter Wartenberg von Michalowitz, 1368, und des Wenzel von Michalowitz, welcher 1438 die von den Taboriten verwüstete Burg wieder aufbauen ließ. Die letzte Zerstörung derselben erfolgte im dreißigjährigen Kriege durch die Schweden, seit welcher Zeit sie nicht wieder hergestellt worden ist. — 7. Podlaska, 3/4 St. sw. von Kosmanos, am rechten Iserufer, D. von 40 H. mit 255 E., nach Bukowno eingepf. — 8. Dallowitz, 3/4 St. sw. von Kosmanos, D. von 37 H. mit 254 E., worunter 1 israel. Familie, ist nach Bukowno eingepf. und hat 1 Schule. — 9. Ražatow oder Rožatan (auch Ročatow), 1/2 St. ssw. von Kosmanos, an der Rumburger Straße und am linken Ufer der Iser, über welche eine Brücke führt, Dfch. von 8 H. mit 47 E., worunter 1 israel. Familie, ist nach Kosmanos eingpf. und hat 1 obrktl. Branntweinh., 1 Einkehrh. und 1 Dominikalmhl. mit 8 Gängen, nebst 1 Brettmhl. — 10. Chrast, 1 1/4 St. ssw. von Kosmanos, zwischen der Prager Straße und dem linken Iserufer, D. von 23 H. mit 135 E., zur Dechanteikirche in Jung-Bunzlau eingpf. — 11. Ober-

Stakor, $^3/_4$ St. nö. von Kosmanos, D. von 43 H. mit 306 E., worunter 1 israel. Familie, ist nach Kosmanos eingepf. und hat 1 Filialkirche unter dem Titel des heil. Gallus, welche schon 1384 als Pfarrkirche bestand; ferner 1 Mhf. nebst Schäf. und 1 abseits liegendes Jägerh. (Baba genannt); auch ist hieher die $^1/_4$ St. entfernte Einschicht Neudorf, aus 8 H. bestehend, conscribirt. — 12. Wobora, 2 St. ö. von Kosmanos, D. von 23 H. mit 163 E., ist zur Expositur-Kirche Schöbok eingpf., und hat 1 obrktl. Schäf. — 13. Wobrubetz (Klein-Wobrub), $2^1/_4$ St. ö. von Kosmanos, an der schlesischen Straße, D. von 32 H. mit 191 E., worunter 1 israel. Familie, hat 1 Schule, 1 Mhf., 1 Jägerh., 1 Einkehrh., und ist zu der hieher conscribirten Expositurkirche Schöbok eingpf. Diese der heil. Dreieinigkeit geweihte und zum Kosmanoser Sprengel gehörige Kirche (deren Benennung auch Scheborsko und Wsseborsko geschrieben wird) liegt, nebst der Wohnung des Exposten und noch 1 H., $^1/_4$ St. n. von Wobrubetz, auf einer Anhöhe, und erscheint in den Errichtungsbüchern schon 1384, 1408, 1410 und 1413 als Pfarrkirche. — 14. Bechow, $2^1/_2$ St. ö. von Kosmanos, D. von 17 H. mit 118 E., nach Schöbok eingpf., hat 5 obrktl. Fischbehälter und 1 abseits am Koster Bache liegende Dominikalmhl. von 2 Gängen nebst Brettsäge. — 15. Freidorf, $2^1/_2$ St. osö. von Kosmanos, D. von 18 H. mit 116 E., worunter 1 israel. Familie, nach Schöbok eingpf. — 16. Sklischitz, $2^3/_4$ St. osö. von Kosmanos, D. von 25 H. mit 153 E., worunter 3 protest. Familien, nach Kitonitz (Hft. Brezno) eingpf.

Von folgenden Ortschaften gehören Antheile zu fremden Dominien:

17. Bezdietschin (Bezděčin), $1^1/_2$ St. s. von Kosmanos, an der Prager Straße, wo sich die Nimburger Straße von derselben trennt, D. von 18 H. mit 105 E., nach Jung-Bunzlau eingpf. Davon gehören 16 H. mit 93 E. hieher, und 2 H. mit 12 E. zur Hft. Dobrawitz. — 18. Chlumin, $1^3/_4$ St. onö. von Kosmanos, D. von 15 H. mit 87 E., von welchen 13 H. mit 76 E. hieher, und 2 H. mit 11 E. zur Hft. Münchengrätz gehören; nach Schöbok eingpf. — 19. Littkowitz, 2 St. onö. von Kosmanos, D. von 16 H. mit 108 E., nach Schöbok eingpf. Davon gehören 13 H., worunter 1 obrktl. Mhf., mit 91 E. hieher, und 3 H. mit 17 E. zur Hft. Münchengrätz. — 20. Martinowitz, 2 St. ö. von Kosmanos, unweit n. von der schlesischen Straße, D. von 12 H. mit 90 E., nach Schöbok eingpf. Davon gehören 11 H. mit 84 E. hieher, und 1 H. mit 6 E. zum G. Jung-Bunzlau. — 21. Neswakil, 4 St. n. von Kosmanos, vom Gebiete der Hft. Münchengrätz enclavirt, Dsch. von 8 H. mit 36 E., von welchen 5 H. mit 19 E. hieher, die übrigen 3 H. mit 17 E. zur Hft. Münchengrätz gehören; ist nach Laukowetz (Hft. Swigan) eingpf. — 22. Wobrub oder Wobruba (auch Groß-Wobrub), $2^1/_2$ St. ö. von Komanos, D. von 47 H. mit 335 E.; davon gehömen hieher 25 H. mit 170 E., und zur Hft. Kost 22 H. mit 165 E., nach Schöbok eingpf.

Außerdem besitzt die Hschft. Kosmanos Antheile von folgenden Ortschaften fremder Dominien:

23. Autsch, $3^3/_4$ St. n. von Kosmanos, nach Laukowetz eingpf. D. der Hft. Swigan, von welchem 9 H. mit 55 E., worunter 2 israel. Familien, hieher gehören. — 24. Bukimsko, $3^3/_4$ St. nnö. von Kosmanos, nach Laukowetz eingpf. D. der Hft. Münchengrätz, von welchem 3 H. mit 27 E. hieher gehören. — 25. Wemnik, 1 St. s. von Kosmanos, nach Jung-Bunzlau eingpf. D. des G. Jung-Bunzlau, von welchem

7 H. mit 33 E. hieher gehören. — 26. Jung-Bunzlau, k. Kreisstadt; von dieser gehört der im J. 1823 ganz neu erbaute Mhf. Friedrichs-hof oder Podhrad nebst Schäfer., in der Vorstadt Podoletz, und das Bräuh. (auf 32 Faß 1 Eimer), in der Vorstadt Ptak, zusammen mit 17 E., zur Hft. Kosmanos. — 27. Liskay, 2¼ St. n. von Kosmanos, nach Hlawitz eingpf. D. der Hft. Böhmisch-Aicha, von welchem 2 H. mit 11 E. den hiesigen Antheil ausmachen. — 28. Niemtschitz (Němčice), 2¼ St. s. von Kosmanos, nach Dobrawitz eingpf. D. der Hft. dieses Namens, von welchem 1 H. den hiesigen Antheil bildet. — 29. Seytschin (Segčin), 1¾ St. s. von Kosmanos, nach Dobrawitz eingepf. D. derselben Hft., von welchem 2 H. mit 14 E. hieher gehören. — 30. Straschnow, 2¼ St. ssw. von Kosmanos, nach Unter-Krnsko eingpf. D. des G. Stra-now, von welchem 3 H. hieher gehören. — 31. Sukorad, 1½ S. osö. von Kosmanos, nach Březno eingepf. D. der Hft. dieses Namens, von welchem 5 H. mit 36 E. den Kosmanoser Antheil ausmachen. — 32. Wrtek (Wrrka), 4 St. n. von Kosmanos, nach Hlawitz eingpf. D. der Hft. Münchengrätz, von welchem 1 H. hieher gehört.

Register der Ortsnamen.

A.

B.

Seite

C und Č.

D.

L.

M.

N.

R. und Ř.

J.

K.

spector derselben, Herr Weinrich, hier
Verfahren im Großen ausgeführt hat, wor
aus dem Rübensafte gleich bei der erste
stallisation, also ohne Umschmelz
Raffiniren, einen Zucker erhält, der
wöhnlichen raffinirten aus Zuckerrohr in jeder
gleichkommt, und bereits in großen Quantitä
denselben Preisen wie der raffinirte, verkau
eine Verbesserung der Fabrication, die selbst in
reich bis jetzt noch unbekannt gewesen ist.

Seite 88, Zeile 19 v. o. statt Kojowike lese man Kogowice.
= 92, = 20 = u. = prost. = = protest.
= 104, = 8 = = = ist aber = = die Fortset
aber nach Böhmisch-Leipa ist.
= 112, = 1 v. o. statt Des lese man Das.
= 116, = 5 = = = Goldenbach lese man Galdenbac
= —, = 26 = = = Mlčehobst = = Mlčehost.
= 129, = 13 = = = Klu = = Kluk.
= 130, = 1 = = = Aubegz = = Augezd.
= 136, = 6 = u. = Kinser = = Kinser.
= 176, = 6 = o. = früht = = führt
= —, = 3 = u. = die J. = = den J.
= 199, = 12 = o. = der Seite lese man der linken Seit
= 212, = 13 = u. = Zabonowitz lese man Rabonowitz.
= 213, = 18 = = = Podgestřab = = Podgestřab.
= 224, = 3 = o. = Swěřin = = Stwěřin.
= 253, = 27 = = = Rábern = = Rábern.
= 262, = 1 = u. = Fueß = = Fuße.
= 266, = 6 = = = Litt. C. = = Litt. L.
= 269, = 23 = o. = den lese man dem.
= 273, = 18 = = = Brüns lese man Brims.
= 274, = 6 = = = Litt. C. = = Litt. L.
= 288, = 7 = = = Bolko = = Rulko oder Bulko.
= 297, = 14 = = = Rauwaaren lese man Rauchwaaren.
= 298, = 23 = = = Lansitz = = Lausitz.
= 306, = 5 = = = ortographischer lese man orogra
phischer.
= 315, = 21 und 46. v. o. statt Diözös lese man Diözes.
= 332, = 18 v. o. statt Liverno = = Livorno.
= 334, = 11 = u. = der = = dem.
= 352, = 4 = = = Povitschan = = Poritschan
= 367, = 18 = o. = Rauzow = = Rauzow.
= 374, = 27 = = ist nach den Worten „am linken Ufer der J
einzuschalten: 8,2 Wien. Kl. über dem Spiegel
selben, und 135,6 Wien. Kl. über dem Meere (
Dr. Riemann).
= 383, = 21 = u. statt Litt. A. lese man Litt. K.
= 387, = 6 = o. = 2 = = 3.
= 388, = 6 = u. = Chaluppe lese man Mühle.

Verbesserungen und Nachträge zum I. Bande (Leitmeritzer Kreis).

Seite XXXVII. sind die Angaben in Betreff der Elbschiffahrt für die ersten 4 Jahre folgendermaßen abzuändern: I. Aus Böhmen wurden nach fremden Staaten verschifft, im Jahre 1822: 317707 Hamburger Ctr. (zu 112 Pfund), 91 Pf.; 1823: 504132 Ctr., $1\frac{1}{4}$ Pf.; 1824: 395932 Ctr. 69 Pf.; 1825: 591816 Ctr. $65\frac{1}{2}$ Pf.; II. Aus fremden Staaten kamen zu Schiffe nach Böhmen: 1822: 77922 Ctr.; 1823: 55577 Ctr.; 1824: 74501 Ctr.; 1825: 47491 Ctr. $16\frac{3}{4}$ Pf.; III. Im Inlande, zwischen Melnik und der Gränze, wurden verschifft, 1822: 136802 Ctr.; 1823: 157735 Ctr.; 1824: 156424 Ctr.; 1825: 153884 Ctr. 101 Pf.

Seite 15, Zeile 5 v. u. statt Wladislaw I. lese man K. Ladislaw.
= 150, = 21 = o. = Erzbischof = = Bischof.
= 154, = 21 = = = Wladislaws II lese man Wladislaws I.
= — = 2 = u. = Směřicky lese man Smiřicky.
= 166, = 5 = o. = 27860 lese man 27,860 (d. h. $27\frac{860}{1000}$)
= — = 7 = = = 18844 = = 18,844 (d h. $18\frac{844}{1000}$)
= — = 7 = = = 9016 lese man 9,016 (d. h. $9\frac{16}{1000}$)
= 236, = 7 = u. soll es heißen: die $\frac{1}{4}$ St. ö. entfernte, ehemals Joseph Richter'sche, jetzt den Gebrüdern Bachheibel in Prag gehörige k. k. priv. Baumwoll-Spinnerei, welche durch ein Wasserrad getrieben wird und 40 Personen beschäftigt.
= 237, = 22 v. o. ist nach „2 Brettsägen" hinzuzufügen: In der Nähe dieses Dorfes ist seit einigen Jahren die neue Ansiedlung Theresienau entstanden, welche bereits 12 bewohnte Häuser zählt, aber auf 36 Häuser angelegt ist. Hier befindet sich die Johann Münzberg'sche k. k. priv. Baumwoll-Spinnerei, welche durch ein eisernes Wasserrad in Bewegung gesetzt wird und mehr als 200 Menschen beschäftigt.

Gedruckt bei C. W. Medau in Leitmeritz.

In der Verlagshandlung dieses Werkes sind auch folgende empfehlungswerthe Werke erschienen:

Ebert, K. E., Wlasta. Böhmisch-nationales Heldengedicht in drei Büchern. Mit einer von Döbler in Stahl gestochenen Titel-Vignette. Gr. 8. 1829. Steif gebunden, Velinpapier 3 fl. 30 kr. (2 Rthlr. 8 ggr.) Druckpapier 2 fl. 30 kr. C. M. (1 Rthlr. 16 ggr.)

— — Dichtungen. Zweite vermehrte Auflage. Erster Band: Lieder, Balladen, Romanzen und vermischte lyrische Gedichte. Zweiter Band: Epische, dramatische und andere größere Gedichte. Kl. 8. 1828. (32 Bog.) Brosch. 2 fl. 40 kr. C. M. (2 Rthlr.)

Schnabel, G. N., geographisch-statistisches Tableau der europäischen Staaten. Quer 8. 1826. (2 Bogen.) Cart. in Schuber 30 kr. C. M. (8 ggr.)

— — geographisch-statistisches Tableau der Staaten und Länder aller Welttheile. Nebst 5 Karten. Quer 8. Gebunden mit Schuber. (10 Bog.) 1828. 2 fl. 40 kr. C. M. (2 Rthlr.)

— — Ueber Raum- und Bevölkerungsverhältnisse der österreichischen Länder. Mit 3 lithographirten Karten. gr. 4. 1826. (2 Bogen.) Cartonirt 1 fl. 24 kr. C. M. (1 Rthlr.)

Schottky, J. M., Prag, wie es war und wie es ist, nach Aktenstücken und den besten Quellenschriften geschildert. 2 Bände. Gr. 8. 1831 und 1832. In englische Glanzleinwand sauber gebunden. Ausgabe auf franz. Velinpapier mit 8 Kupfern, 2 Titelvignetten und 2 Plänen 9 fl. C. M. (6 Rthlr. 12 ggr.) Ausgabe auf weißem Druckpapier ohne Kupfer, mit 2 Vignetten und 2 Plänen 6 fl. 36 kr. C. M. (4 Rthlr. 20 ggr.)

Sommer, J. G., Gemälde der physischen Welt, oder unterhaltende Darstellung der Himmels- und Erdkunde. Nach den besten Quellen und mit beständiger Rücksicht auf die neuesten Entdeckungen bearbeitet. 6 Bände. Neue verbesserte und vermehrte Auflage. Gr. 8. 1828 — 1834.

1. Band: Das Weltgebäude. (34 Bogen.) Mit 12 lithographirten Tafeln. Dritte verbesserte und vermehrte Auflage. 1834. 2 fl. 40 kr. C. M. — 2. Band: Physikalische Beschreibung der festen Oberfläche des Erdkörpers. (36 Bogen.) Mit 14 Kupfer- und Steintafeln. Zweite verbesserte und vermehrte Auflage. 1828. 2 fl. 40 kr. C. M. — 3. Band: Physikalische Beschreibung der flüssigen Oberfläche des Erdkörpers. (37 Bogen.) Mit 7 Kupfer- und Steintafeln. Zweite verbesserte

und vermehrte Auflage. 1829. 2 fl. 40 kr. C. M. — Physikalische Beschreibung des Dunstkreises der (31 Bogen.) Mit 6 Kupfer- und Steintafeln. Zw besserte und vermehrte Auflage. 1830. 2 fl. 24 kr. 5. Band. Geschichte der Erdoberfläche. (30 Bogen. Kupfer- und Steintafeln. Zweite verbesserte und Auflage. 1831. 2 fl. 24 kr. C. M. — 6. Band: Ge organischen Welt. (40 Bogen.) Zweite verbesserte mehrte Auflage. 1831. 2 fl. 40 kr. C. M.

Alle 6 Bände kosten jedoch, wenn sie auf C abgenommen werden, in englischem Pappeb 12 fl. C. M. oder 8 Thaler sächsisch.

Sommer, J. G., Taschenbuch zur Verbreitung phischer Kenntnisse. Eine Uebersicht des Neuesten und würdigsten im Gebiete der gesammten Länder- und kunde. 1—12 Jahrgang oder 1823—1834. Mit vielen und Karten. 1823—1831, oder 1—9. Jahrgang, im herabgesetzten Preise, à 1 fl. 30 kr. (1 1832—1834, klein 8. à 3 fl. C. M. Alle 12 Jah also 22 fl. 30 kr. C. M. oder 15 Rthlr. sächs. (Die gänge 1823—1826 können nicht mehr einzeln, sonde bei completer Abnahme gegeben werden.)

—— Böhmen; statistisch-topographisch dargestellt. 1. Leitmeritzer Kreis. Gr. 8. 1833. Mit einer Titel-Vi In englische Glanzleinwand gebunden 3 fl. 30 kr. C. (2 Rthlr. 8 ggr. sächs.)

—— neuestes wort- und sacherklärendes Verteutschu wörterbuch aller jener aus fremden Sprachen entlehnten ter, Ausdrücke und Redensarten, welche die Teutschen bis in Schriften und Büchern sowohl als in der Umgangsspr noch immer für unentbehrlich und unersetzlich gehalten ha Ein Handbuch für Geschäftsmänner, Zeitungsleser und gebildete Menschen überhaupt. Vierte verbesserte und mehrte Auflage. Gr. 8. 1833. Gebunden 3 fl. 24 kr. C. (2 Rthlr. 12 ggr.)

—— kleines Verteutschungswörterbuch, oder Anleitu die im Teutschen am häufigsten vorkommenden Wörter fremden Sprachen richtig aussprechen, verstehen und schrei zu lernen. Ein Auszug aus dem größern Verteutschung wörterbuche. 8. 1822. (15¼ Bogen.) Herabgesetzt Preis: 45 kr. C. M. (12 ggr. sächs.)

0 kr. C. M.-
rtskreises de
teintafeln. 3
. 2 fl. 24 kr.
. (30 Bogen
besserte und
3. Band: Gr
e verbessert
M.
n sie auf
nem Papi

erbreitung
rmesten und
inder- und
Mit vielen
Jahrgang
30 kr. (
lle 12 J
ächs. (
zeln, sind

gestellt.
er Titel
. 30 kr.

erteutsch
ntlehnt
tschen W
gangs
ehalten
leser und
erte und
24 kr.

Lightning Source UK Ltd.
Milton Keynes UK
UKHW021426090119
334994UK00007B/593/P

9 780364 828274